Felix Dahn

Die Könige der Germanen

Die Verfassung der Westgothen. Das Reich der Sueven in Spanien.

Felix Dahn

Die Könige der Germanen
Die Verfassung der Westgothen. Das Reich der Sueven in Spanien.

ISBN/EAN: 9783743302587

Hergestellt in Europa, USA, Kanada, Australien, Japan

Cover: Foto ©ninafisch / pixelio.de

Manufactured and distributed by brebook publishing software
(www.brebook.com)

Felix Dahn

Die Könige der Germanen

Die Könige der Germanen.

Das Wesen des ältesten Königthums

der

germanischen Stämme und seine Geschichte

bis auf die Feudalzeit.

Nach den Quellen dargestellt

von

Dr. Felix Dahn,

o. ö. Professor der Rechte an der Hochschule zu Würzburg, correspondirendem Mitglied der kgl. Akademie der Wissenschaften zu München.

Würzburg, 1871.

A. Stuber's Buchhandlung.

Sechste Abtheilung.

Die Verfassung der Westgothen. — Das Reich der Sueven in Spanien.

Bernhard von Windscheid

zugeeignet.

Vorbemerkung.

Ausscheidung umfangreicher Erörterungen über Strafrecht, Civil- und Straf-Proceß und Verweisung dieser Partien in die „westgothischen Studien" [1]) ermöglichte die Zusammendrängung der Darstellung der westgothischen Verfassung in Eine Abtheilung, anstatt der in der Vorrede zur vorigen Abtheilung p. VIII. für nöthig erachteten zwei Bände.

Würzburg, den 24. Juni 1871.

Felix Dahn.

---

1) Deßhalb werden einzelne im Literaturverzeichniß aufgeführte Schriften erst in den „westgothischen Studien" begegnen.

Literatur-Nachtrag zu A. V. p. XVII.

Dahn, über Handel und Handelsrecht der Westgothen in Goldschmidt's Zeitschrift für Handels-Recht XVI. Erlangen 1871.

Dirksens hinterlassene Schriften ed. Sanio I. Leipzig 1871.

Fitting, das castrense peculium, Halle 1871.

Homeyer, die Haus- und Hofmarken. Berlin 1870.

Lexer, mittelhochdeutsches Wörterbuch. Leipzig 1870 f.

Müllenhoff, Deutsche Alterthumskunde I. Berlin 1870.

Wattenbach, das Schriftwesen im Mittelalter. Leipzig 1871.

Inhalts-Verzeichniß.

A. Die Verfassung vor Begründung des Reiches von Toulouse.

I. Grundlagen.

1. Gliederung des Volks und der Gewalten.

Die Gliederungen, die wiederholten Lösungen und Wiedervereinigungen des westgothischen Gesammtstammes [1]) in Bezirksverbände und zu einem Stammesstaat zählen zu den wichtigsten Bestätigungen unserer Grundauffassung vom germanischen Urstaat und seinem Königthum: der Bezirksstaat (gothisch reiki? Athanarichs), der Stammesstaat (Alarichs und seiner Nachfolger, gothisch þiudinassus) und vorübergehend der Reichsstaat (Ermanarichs) liegen hier klar vor Augen [2]). Wir verweisen auf unsere frühere Darstellung jener gothischen Dinge, die hier nur ergänzt zu werden braucht [3]).

Unter der sehr lockern Bundes-Oberhoheit Ermanarichs [4]) herrschte

---

1) τὸ πᾶν φῦλον Sozom. VI. 37.

2) Vgl. die Grundanschauung A. I. S. 6–9. Waitz I. S. 290—291 statuirt schon bei „Aufrichtung" des gothischen Königthums Vereinigung unter Einem Herrscher vgl. A. II. S. 95, Köpke S. 111; aber das Bezirkskönigthum ist älter als Stamm- und Volkskönigthum. Einverstanden im Wesentlichen: Rosenstein Königthum S. 133—135.

3) A. II. S. 89. 91 f.; die dort auf die Lesart Gothos statt Golthes bei Jord. gestützte Beweisführung ist seither durch die Textfeststellung von Cloß unmöglich geworden; das gegen Richter S. 689, der von „unsichern und nur gezwungen stützenden Stellen des Jord." spricht; auch Waitz, (Gött. gel. Anz. 1861) hat mir jetzt beigestimmt.

4) Es war ein foedus iniquum, eine abhängige Bundesgenossenschaft in formaler Anerkennung der höheren Machtstellung des Ostgothenreichs; auch diese bestreiten Luden II. S. 255, Köpke S. 109; vgl. Keyser S. 379. Dagegen einverstanden Rosenstein Königthum S. 171, Waitz I. S. 311 „so wenig das Einzelne

eine Mehrzahl von erblichen Bezirkskönigen. Daneben gab es aber Bezirke mit nicht erblichen, nur gewählten Vorständen, Grafen, und in allen Bezirken spielen neben den staatlichen Organen, König oder Graf, die Häupter der alten Geschlechter eine bedeutendere Rolle als z. B. bei den Ostgothen [1]). Das erklärt sich auch ganz wohl: ein westgothisches Stammkönigthum, das den Volksadel und die Bezirkshäupter ausgerottet haben könnte, hatte es bisher nie gegeben: das Volkskönigthum der ostgothischen Herrscher (bis Ostrogotha) über die Westgothen war nicht straff genug gewesen, in den entlegenen westgothischen Bezirken Adel und gewählte Grafen durch vom König ernannte Beamte zu verdrängen, wenn es auch vielleicht stark genug war, erbliche westgothische Fürsten (Bezirkskönige) nicht aufkommen zu lassen. Solche hatten sich erst in der Zeit seit Losreißung von den Ostgothen (also nach Ostrogotha bis Ermanarich) bilden können, aber, wegen der Kürze der Zeit, nicht mit jener Festigkeit, welche dem Königsgeschlecht nur längere Tradition zu verleihen vermag.

Von Einem Bezirk aber wissen wir wenigstens bestimmt, daß der Sohn, Athanarich, in die Herrschaft des Vaters, Rotesthes [2]), eintrat. Das zwingt zwar nicht zur Annahme von Königthum, — auch der Sohn des Bezirksgrafen konnte zu dessen Nachfolger gewählt werden — aber die eidliche Verpflichtung, welche der Vater dem Sohn

---

verläßlich sein mag, doch ist kein Grund mit Pallm. I. S. 47 das ganze Reich des Erm. für sagenhaft zu halten". (Leo I. S. 261 hält airmana-reiks für den Titel: „universalis rex"). S. denselben in Kieler Monatsschrift I. S. 272 und in seiner Anzeige von Könige, A. I. u. II. in Götting. gel. Anz. 1861 S. 1991. Thierry, Attila S. 20 recipirt freilich kritiklos alle Sagen bei Jord. Pallm. I. S. 29 kann sich die secunda nobilitas der Balthen nicht erklären und meint, entweder waren sie Könige der West- oder, vor den Amalern, der Ostgothen; aber gerade dieses Durchzählen, die Gesammtrechnung durch Ost- und West-Gothen, beweist, daß früher einmal beide sich als Einheit empfunden hatten.

1) Deutlich zeigt das Eunap. p. 52: die Führer der einzelnen in das Imperium aufgenommenen Westgothengruppen, die φυλῶν ἡγεμόνες, ragen vor den Andern hervor durch Amt: (ἀξιώματι) — Grafen, oder Geburt: (γένει) — Könige oder Adelshäupter; aus dem Wort φυλή folgt, daß der Byzantiner die Gliederung in kleinere Gruppen (Bezirke und Geschlechter) durchschaute; p. 82 heißen so die einzelnen von Athanarichs Bezirken abfallenden Geschlechter-Gruppen; anders Olympiodor p. 448, dem auch Alarich und Gundahar der Burgunde φύλαρχοι heißen; diesem Sprachgebrauch folgt v. Bethm. H. Germanen S. 34.

2) Ueber die gothische Form, Hrothistius? Massmann Ulf. p. XIV. f. J. Grimm bei Waitz Ulf. S. 38.

auferlegt — daß diese vielleicht erfunden war, steht hier natürlich nicht im Wege — und welche doch schwerlich nur persönliche, private Bedeutung hatte, scheint zu beweisen [1]), der Vater wußte, der Sohn werde seine Herrschaft erben. Auch muß Rotesthes nach Außen bedeutendes Ansehen genossen haben, da ihm Kaiser Constantin eine Statue hatte errichten lassen [2]), was entschieden eher auf Königthum als auf Grafenamt und auf größere Macht, auf Zusammenfassung mehrerer Bezirke weist, die in republikanischer Form nicht wohl vorkam [3]).

Thatsächlich sind diese westgothischen Machthaber schon damals von Ermanarich so gut wie völlig unabhängig [4]). Nur etwa die Größe ihrer Bezirke unterscheidet die einzelnen Fürsten: nur der „mächtigste" unter ihnen, nicht etwa ein Oberkönig, ein þiudans, ist Athanarich c. a. 370, und in dem Krieg gegen Valens Herzog der an demselben Theil nehmenden Bezirke; aber andere Führer stehen neben ihm, als Grafen oder Könige. Den Titel rex versagt ihm Ammian eben wegen dieser Gleichstellung mit mehreren innerhalb desselben Stammes, nicht wegen der Oberhoheit Ermanarich's, von der er nichts weiß [5]).

---

1) Das gegen v. Syb. S. 120.

2) Themist. l. c., als „Haupt" der „Föderaten" willkürlich Pallm. I. S. 71.

3) A. I. S. 9; Sohn des Ariarich (A. II. S. 55) war R. nicht, wie Bünau II. S. 722 denn Ar. war Ostgothe; s. auch Waitz Vls. S. 38. Folgendes ein für alle Mal gegen Pallmann I. Derselbe meint, Oberkönige über Bezirkskönigen heben den Begriff des Königthums auf: von den nordischen Zuständen weiß er also nichts; er spricht in einer Unbestimmtheit von „Gauführern", Gaufürsten", „Gauadel", die durch „Ansehn" und „Verhältnisse" mehrere Gaue „unter ihre Führung gebracht" (S. 37. 42. 44. 179. 191. 204. 321), welche seine Sätze ebenso unangreifbar wie werthlos macht; er nennt meine Bezirkskönige ein „Auskunftsmittel" und sagt: „Dahn hat eigentlich gar kein Königthum"; hienach kann ich nur auf A. I. S. 1—39 verweisen und von diesem Schriftsteller in juristischen Fragen keine Notiz mehr nehmen.

4) Anders und irrig Biondelli p. 6, dessen kleine Abhandlung von Fehlern wimmelt und nicht weiter citirt wird. Daß (Aschb. S. 28) E. erst in Folge des glücklichen Krieges gegen Valens dem Athanarich größere Selbständigkeit eingeräumt, ist unerweislich.

5) XXVII. 5, ea tempestate judicum potentissimum . . princeps romanus et judex gentis. XXXI. 2 Thervingorum judex vgl. über Ammian im Allgem. Moeller p. 21. 22; Zos. IV. 7 in vorsichtiger Unbestimmtheit τὸν ἔχοντα τὴν ὑπὲρ τὸν Ἴστρον Σκυθῶν ἐπικράτειαν. IV. 10. Σκ. ἡγούμενος.

Themistius weiß ebenfalls, daß die Westgothen unter einer Mehrzahl von „Fürsten"[1]) stehen: er sah derselben „eine große Zahl" an dem Ufer der Donau versammelt, um mit dem Kaiser den Frieden zu vereinbaren; nur als der Mächtigste[2]) und als Oberfeldherr (Herzog) in dem bisherigen Kriege ragt Athanarich hervor, der alsdann, von einer kleinen Anzahl derselben begleitet, in Aller Namen mit Valens abschließt. Aber der Rhetor nennt dieselben, wohl wegen der Erblichkeit, *βασιλεῖς*, nicht bloß *ἡγεμόνας*[3]), obwohl er ausdrücklich angiebt, Athanarich habe nicht den Titel eines Königs geführt, sondern sich mit dem Namen eines Richters begnügt[4]).

Gering achten darf man diese Notiz, trotz der schiefen, rhetorischen Motivirung, gewiß nicht[5]).

Þiudans, Stammkönig, durfte sich der Bezirksfürst freilich nicht nennen[6]). Vielleicht aber müssen wir um dieser Stelle des Themisthius willen annehmen, daß Athanarich's Bezirkskönigthum, d. h. die Erblichmachung der Bezirksvorstandschaft in diesem Hause des Rotesthes, erst im Entstehen begriffen, überwiegend noch eine thatsächliche war und deßhalb noch nicht wagen durfte, wegen der Eifersucht nahe stehender Häuptlinge, sich anders denn Bezirksgrafschaft zu nennen[7]).

---

1) Die μεγιστάνες in v. s. Sabae.

2) Aehnlich v. Syb. S. 118. 119, Volz p. 8 majore quam caeteri Vesegotharum reguli utebatur potentia.

3) Auch Epiphan. l. c., Eunap. p. 47 und Hieron. nennen Athanarich βασιλεύς (rex) Σκυθῶν. Zosimus nennt ihn ἡγούμενος u. IV. 34 παντὸς τοῦ βασιλείου Σκυθῶν ἄρχοντα γένους d. h. nach einem noch nicht beachteten Sprachgebrauch jener Byzantiner: des „monarchisch regierten" Theil der Westgothen. Sokrates V. 10 ἀρχηγός, die Chronisten und Jord. rex, die vita Sabae Sohn des βασιλίσκος (regulus) Rotesteus. Ueber die Verlegenheit der Römer und Griechen, für das beschränkte, in Rechten und Gebiet, beschränkte, und doch erbliche germanische Königthum einen deckenden Ausdruck zu finden s. A. I. S. 88.

4) or. X. Das gothische Wort war faþs nach J. Grimm bei Waitz I. S. 247 (briefliche Mittheilung von Müllenhoff Ath. = φύλαρχος), Ulf. S. 38, mir wahrscheinlicher stava; s. unten: Gerichtsgewalt.

5) Deßhalb ist auch das „Verschmähen" zu verwerfen. (Dies gegen Waitz I. 2. Aufl. l. c.) und nur festzuhalten, daß er den Königstitel nicht führte. Thierry Attila S. 22: „Richter oder König!"

6) Gewisses läßt sich nicht darauf bauen, da Themistius doch auch den Athanarich meint, wenn er sagt ἐγὼ τεθέαμαι 'Ρωμαίων στρατηγὸν ἐπιτάττοντα Σκυθῶν βασιλεῦσιν.

7) „Verschmähen" kann man gleichwohl nur, was man beibehalten oder erlangen kann: er verzichtete — scheint mir der Sinn — auf einen Titel, den

Diese Mehrzahl von Bezirksstaaten, nur völkerrechtlich, nicht staatsrechtlich verbunden [1]), unter selbständigen Königen oder Grafen in häufigem Zwiespalt, ja Kampf untereinander, nur im Krieg gegen das übermächtige Rom vorübergehend unter der Herzogschaft eines Hervorragenden dieser Vorstände geeinigt, gewähren, Zug für Zug, dasselbe Bild, welches, (des Nordens zu geschweigen) die nach Zeit, Raum und Abstamm weit abstehenden Cherusken und Alamannen, zeigen — gewiß ein schlagender Beleg, daß die diesen Erscheinungen zu Grunde liegende Institution des Bezirksstaats als eine gemein germanische und uralte in der Einleitung dieses Werkes richtig erfaßt worden.

Vollständig bestätigt wird diese Auffassung durch Alles, was wir über die innern Verhältnisse der Westgothen durch die Kirchenschriftsteller erfahren, welche das Eindringen des Christenthums bei diesem Volke erzählen [2]). Mag Thervingen alle Westgothen oder nur den Bezirk Athanarich's [3]) bezeichnen, klar ist, daß dem Athanarich [4]) an Macht nach, aber nahe, stand das Haupt eines zweiten westgothischen Bezirks, das den Namen eines sagengefeierten Gothenhelden trug, Fridigern.

Wie vor dreihundert Jahren die Cheruskenfürsten stehen diese westgothischen Bezirkshäuptlinge bald in Bündniß, bald in Fehde miteinander und wie ehemals werden die alten Reibungen durch die verschied'ne Stellung zu Rom und die römische Politik verstärkt.

Lehrreich ist es, den Sprachgebrauch Wulfila's in diesen Ausdrücken zu verfolgen [5]). Seines Volkes Sprache gewährte ihm reiche Manchfaltigkeit auch für die feinsten griechischen Unterscheidungen der Begriffe Herrschaft, Amt, Gewalt, nach Ausdehnung und Eigenart

---

er seiner Macht und Stellung nach hätte führen können und liebte den aus dem Gerichtsbanne ihm jedenfalls auch zustehenden.

1) Deßhalb sagt Eunap. p. 48 eine Mehrzahl von kräftigen „Völkern", ἔθνη, sei zum Kampf gegen Valens zusammengetreten: ἐθνῶν συνιόντων, das ist Ammian's 26, 6: gentes Gothorum conspirare in unum.

2) Vgl. A. II. S. 93 und unten: Kirchenhoheit.

3) Luden l. c., Aschb. S. 29.

4) Der größere Vortheile beim Friedensschluß erlangt als die andern βασιλεῖς Them. or. X.

5) Rosseeuw, dessen Werk in dem rechtsgeschichtlichen Theil ungleich schwächer als in der Darstellung der politischen Geschichte, bestreitet I. p. 390 f. mit Unrecht die rein germanische Race der Gothen.

der Competenz[1]). Diese Unterscheidungen zeigen uns, daß z. B. Ermanarich's und Athanarich's Stellung die Sprache sehr wohl auseinander halten konnte[2]). Für die Gesammtheit der westgothischen (nicht auch ostgothischen) Nation hat das Volk das Wort Gut-þiuda[3]); das Wort barbarus im Gegensatz zu Griechen, Juden, Skythen[4]) blieb nothwendig unübersetzt. Doch ist die Romanisirung schon a. 370 weit vorgeschritten, wie die zahlreichen völlig eingebürgerten lateinischen Wörter darthun im Kriegswesen, in Tracht und Geräth, welche Wulfila statt der griechischen und gothischen in seiner Uebersetzung gebraucht, also als allgemein bekannt voraussetzt[5]). Obwohl der griechisch redenden Bevölkerung des Reiches räumlich näher, hatten die Gothen aus der officiellen Sprache des Staates in Kriegswesen und Verwaltung eine Menge lateinischer Wörter schon lange vor der Einwanderung recipirt.

þiuda steht für ἔθνος, namentlich im Plural für die „Heidenvölker"[6]), im Gegensatz zu den Juden[7]). Das Judenvolk ist es Joh. 18, 35; Luc. 7, 5. „Unser Volk", „dein Volk" so þiuda þeina spricht Pilatus zu Christus[8]). Sehr lehrreich heißt Rom. 10, 19[9]) die Negation des Volksverbandes, ἐπ' οὐκ ἔθνει: in un-

---

1) In den hiefür probeheischenden Stellen Col. 1, 16 giebt er unverlegen εἴτε θρόνοι εἴτε κυριότητες εἴτε ἀρχαὶ εἴτε ἐξουσίαι mit jaþþe sitlos jaþþe fraujinassjus jaþþe reikja jaþþe valdufnja; (ebenso 2, 15 ἀ. u. ἐξ.: reikja u. vald. Eph. I. 21 steht wieder für ἀ. r., für ἐξ. vald., für δυναμ. maht., für κυριότης fraujinassus und Kor. I. 15, 24 giebt er βασιλείαν mit þiudinassu, ἀρχή mit reikjis (ἐξουσία wieder mit valdufnjis und δύναμιν mit mahthais).

2) Luc. 20, 20 soll Christus übergeben werden: τῇ ἀρχῇ καὶ ἐξουσίᾳ τοῦ ἡγεμόνος, der Oberkeit und Gewalt des Landpflegers: das lautet: reikja jah valdufnja kindinis.

3) K. G.

4) Col. 3, 11.

5) S. unten. Die nationale stammthümliche Redeweise bezeichnet razda, γλῶσσα; þiuda mit þiuþs ἀγαθός von derselben Wurzel stark, tüchtig? Weinhold G. Spr. S. 32.

6) ἐθνικοί, Matth. 6, 7 Ἕλληνες Joh. 7, 35 διασπορὰν τῶν Ἑ.: distahein þiudo; laisareis þiudo, διδάσκαλος ἐθνῶν Tim. II. 11, daher þiudisko, ἐθνικῶς heidnisch.

7) Kor. I. 12, 13 u. oft Gal. 2, 14.

8) Joh. 18, 3.

9) Mos. V. 32, 21.

þiudos[1]; Rom. 15, 10, ἔθνη μετὰ τοῦ λαοῦ αὐτοῦ wird der Unterschied durch þiudos miþ managaim is, dem gewöhnlichen Wort für λαός, gegeben; dies ist nicht das Volk als nationale Einheit wie þ., sondern eben die „Menge", das Volk als große „Mehrzahl", daher auch für πλῆθος, ὄχλος, ὄχλοι[2]): für λαοί steht oft streng eingehalten, nicht þiudos, sondern manageins[3]). Das in der That unübertragbare Wort Caesar bleibt wie im griechischen Text unübersetzt[4]). Sollte es übertragen werden, so bot sich, wegen der Ausdehnung der Herrschaft, kein anderes Wort als þiudans: daher heißt so Constantin im gothischen Calender, wie ja auch die Byzantiner Imperator mit βασιλεύς geben[5]), deßhalb wird auch die Regierung des „Kaisar" Tiberius[6]), obwohl im Text mit ἡγεμονία, nicht mit reiki, sondern mit þiudinassus gegeben: man sieht, daß Wulfila nicht, sklavisch dem Wortlaut folgend, nur für βασιλεία þ. verwendet, sondern denkend unterscheidet.

Weil þiudans die ausgedehnteste Herrschaft bezeichnet, wird das Wort und seine Zugehörigen für Gott, Christus und das himmlische Königreich[7]) gebraucht[8]). þiudans ist der Volkskönig, das nationale Haupt. Nie wird ein geringeres Wort als βασιλεύς (das aber immer)[9]) mit þiudans gegeben; nur einmal steht

---

1) Die „anderen Völker" Eph. 4. 17 τὸ πλήρωμα τῶν ἐθνῶν: fullo þiudo.

2) Dies sonst hiuhma, þraihns oder iumo.

3) Luc. 2, 31 und Rom. 15, 11 Psalm 117, 1. πάντα τὰ ἔθνη καὶ πάντες οἱ λαοί: allos þiudos jah allos manageins, synonym filusna, die Vielheit, für λαός Neh. V. 18. Doch wird m. manchmal auch gebraucht z. B. Ps. 111, 9, Osee I. 10, II. 23 und Mos. III. 26, 12, wo man þ. erwarten sollte.

4) An neun Stellen; dazu Kaisaragild, Marc. 12, 14 höchst bezeichnend für κῆνσος, das im Text beibehaltne census.

5) A. II. S. 266.

6) Luc. 3, 1.

7) þ. guds Marc. 1, 15 und oft; himine Marc. 11, 12 und oft; Xristaus Eph. 5, 5 u. s. w.: unterschieden von mahts: β. καὶ δύναμις þ. jah mahts.

8) þiudanon βασιλεύειν, miþ-þiudanon συμβασιλεύειν, βασιλεὺς τῶν βασιλευόντων þiudans þiudanondane, auch in dem Gleichniß Math. 25, 40; ferner Jerusalem, die Stadt des großen Königs: baurgs þis mikilins þ.; þ. aive: βασιλεῖ τῶν αἰώνων.

9) Ein βασιλεύς zieht aus ἑτέρῳ βασιλεῖ συμβαλεῖν: þiudans atigkvan viþra anþarana þiudan du viganna. Luc. 14, 31; Joh. 12, 13 þ. Israelis; 15 þ. þeins; Joh. 19, 3. Marc. 15, 12. Math. 25, 40. 27, 11. I. Tim. 6, 15. Luc. 19, 38 ὁ β. ἐν ὀνόματι κυρίου: sa þ. in namin fraujins. Luc. 10, 24. Math. 11, 8.

þiudinassus auch für *ἡγεμονία*, aber deßhalb, weil von der Regierungszeit des Kaisers die Rede ist Luc. 3, 1. Die Stelle ist in ihren Unterscheidungen sehr willkommen: *Καίσαρος* bleibt unübersetzt, das *ἡγεμονεύειν* des Pontius Pilatus wird mit raginon übertragen [1]) und Vierfürst [2]) heißt dreimal genau und wörtlich fidur-raginja: zweimal unübersetzt Taitrarkes; freilich Luc. 1, 5, 3, 7 heißt þ. auch der Vierfürst Herodes, aber offenbar nur, weil ebenso im Text: *βασιλεύς*. Sehr lehrreich ist auch Kor. II. 11, 32, wo der Fürst Aretas im Text *βασιλεύς*, deßhalb ebenfalls þiudans, dessen *ἐθνάρχης* aber nur fauramaþleis þiudos heißt. *Βασιλεία*, regnum, ist stets þiudangardi, d. h. „Reich des Volks=Königs" — diesen Namen führte ein bloßer Bezirkskönig sicher nicht: hails þiudan Judaie! lautet der Hohngruß an Christus als König des jüdischen Volksthums; ebenso Matth. 27, 11, wo der Landpfleger, der nur *ἡγεμών*, kindins, heißt, Christus fragt: Du bist der Juden Volks=König? *βασιλεύς*, þiudans? und ebenso lautet die Inschrift auf dem Kreuz [3]); deßgleichen besorgt Jesus Joh. 12, 13, 6, 15, die Juden möchten ihn zu ihrem nationalen Haupt erheben, zu ihrem þ. „Soll ich euch den Volkskönig der Juden frei geben?" frägt Pilatus die Menge [4]). Besonders deutlich aber Joh. 19, 12: „läßt du ihn frei, bist du kein Freund des Kaisers, d. h. *(τοῦ Καίσαρος)* frijonds Kaisara, denn jeder, der sich selbst zum Volkskönig macht [5]), d. h. sahvazuh izei þiudan sik silban taujiþ widerstrebt dem Kaiser [6]). Hier ist König und Kaiser in vollem Gegensatz mit þ. und K. bezeichnet [7]).

Auch þiudangardi, zunächst Königshaus [8]), *βασίλειον*, dann Königreich, *βασιλεία*, wird, wie þiudans, nie für geringere Macht= und Gebiet=Bezeichnungen gebraucht, von reiki scharf getrennt [9]) und von der Herrschaft des Herodes nur deßhalb gebraucht, weil auch im

---

1) Ebenso das gleiche Amt des Kyrenios Luc. 2, 2 raginondin, daselbst daneben at visandin Kindina.

2) τετραρχοῦντος τῆς Γαλιλαίας.

3) ὁ β. τῶν Ἰουδαίων: sa þ. Judaie vgl. Marc. 15, 26. 32, 12 Israelis.

4) Joh. 18, 30. Marc. 6, 15.

5) πᾶς ὁ βασιλέα ἑαυτὸν ποιῶν.

6) Andstandiþ Kaisara.

7) Gebet für alle βασιλεῖς Tim. I. 2, 2.

8) Luc. 7, 25.

9) Marc. 3, 24 wenn ein Königreich β. = þ. g.; am Häufigsten für β. τῶν οὐράνων, θεοῦ, Χριστοῦ.

Text *βασιλεία* stand[1]); hier bezeichnet es das Gebiet: halba þ. meina; þiudinassus ist auch immer *βασιλεία*[2]). Ebenso þiudanon nur für *βασιλεύειν*, nie für *ἄρχειν*: Luc. 19, 14 erklären die baurgjans, sie wollen nicht diesen Knecht lassen þiudanon, *βασιλεῦσαι*[3]) über sie; dagegen *ἴσθι ἐξουσίαν ἔχων* über 10 Städte, heißt nur — sijais *valdufni* habands ufar taihun baurgim[4]). Frauja, der Herr, überträgt vor Allem *κύριος*, Gott (alsdann abgekürzt) in zahlreichen Stellen; ist aber auch der Herr, d. h. Eigenthümer des Knechts[5]); reiks ist so unbestimmt[6]), daß es gebraucht werden konnte für Nikodemus[7]) und für jeden Vornehmen[8]), Reichen[9]) und Pharisäer[10]): (das einfache reiks steht aber doch auch für Satanas den „Herrn dieser Welt"[11]), als „Herrn des Reichs der Luft")[12]), deßhalb für alle Gewalthaber[13]) und Obrigkeiten[14]). Dem entsprechend ist reiki, *ἀρχή*, der un=

---

1) Marc. 6, 23.

2) Ausnahme nur oben S. 8. Luc. 3, 1; vgl. þ. kvumanana in maþtei Marc. 9, 1.

3) Ebenso 27.

4) 17 l. c. I. Kor. 15, 25. I. Tim. 6, 15. þ. þiudandanone. συμβασιλεύειν ist miþ-þiudanon. I. Kor. 4, 8. II. Tim. 2, 12 „in den Häusern der Könige" (L.) in gardim þiudane.

5) Einmal für das einfache δεσπότης frauj̈inond frauja; fraujinon κυριεύειν.

6) Ueber die Grundbedeutung der skr. Wurzel raj lenken, ordnen Kühn S. 333 gegen Pott skr. ric übertreffen, mächtig sein.

7) Sk. VIII. 14 folg.: er heißt auch ragineis Judaie.

8) ἔντιμοι, optimates Neh. 6, 17 ἄρχων Matth. 9, 18. 23; ebenso Joh. 7, 48 „der Obersten einer" (Luther).

9) Luc. 18, 18 ἄρχων τις – reike sums, πλούσιος σφόδρα – gabeigs filu.

10) Joh. 7, 48. 12, 42. Daher adjectivisch in þamma reikistin unhulþono: ἐν τῷ ἄρχοντι τῶν δαιμονίων. Marc. 3, 22 ebenso oberster Priester; in der Parallelstelle ist es fauramaþl.

11) ὁ ἄρχων τοῦ κόσμου Joh. 12, 31; deßgleichen verbal 14, 30 saei þizai manasedai reikinoþ (obwohl im Text ὁ ἄρχων τοῦ κόσμου); vgl. Röm. 15, 12 reikinon þiudom; ebenso Marc. 10, 42.

12) Eph. 2, 2 reiks valdufnjis luftaus; 6, 12 τοὺς κοσμοκράτορας aber heißt wörtlich þans fairhvu habandans.

13) Joh. 7, 26 ἔγνωσαν οἱ ἄρχοντες: ufkunþedun þai reiks.

14) Rom. 13, 3 þai reiks, οἱ ἄρχοντες, hier synonym mit valdufnja, ἐξουσία, während Marc. 10, 42 neben reikinon (ἄρχειν) über die Völker þiudom gafraujinondim (κατακυριεύειν) und þai mikilans ize gavaldand für οἱ μέγαλοι αὐτῶν κατεξουσιάζουσιν steht.

bestimmteste Ausdruck[1]) für alle Art Herrschaft oder Gewalt. Die größeren Gebietstheile, das Land, heißen land[2]), für γῆ steht airþa[3]).

Aber die Sprache gewährt uns auch das Wort für den Bezirk: die Landschaft, der Gau heißt gavi und Athanarich hieß a. 370 sicher stava oder reiks gaujis: eine solche „Landschaft", „Gegend", zu einem größeren Verband gehörig, ist z. B. der Gau der Gergesener[4]). Dazu gehören öde Oerter staþs auþs, Städte (baurgs), Dörfer (haimos), und Flecken (veihsa)[5]) Luc. 15, 14, 15 wird ein Genosse, Bürger, *πολίτης*, eines „Gaues" (*χώρα*) erwähnt, der den verlorenen Sohn auf seine Felder[6]) schickt, Schweine zu hüten[7]); „in dem Gau" ist Hungersnoth ausgebrochen 15, während 13 sehr richtig und bezeichnend das „ferne weite Land", in welches dieser gewandert, wo der Text gleichfalls *χώρα* bot, mit „land" wieder gab. Aber die Sprache hatte auch ein besonderes Wort für den „Gaugenossen" gebildet[8]), der gauja, ein Beweis, daß die Gaugenossenschaft wichtige Rechts- und thatsächliche Folgen hatte. Das Gebiet einer Stadt hat seine bestimmten Grenzen[9]), die Markung, (daher gamarko (þ), bisitands ist Nachbar oder Grenz-Nachbar): interessant ist, daß Matth.

---

1) Für die mystischen ἄγγελοι, ἀρχαι, δύναμεις Rom. 8, 38 aggeljus, reikja, mahteis. Eph. 3, 10 ebenso ἀ. καὶ ἐ. r. jah valdufn. 6, 12 ebenso; deßgleichen Col. I. 2, 15.

2) Luc. 14, 18 sowohl für ἀγρός als für πάτρις Marc. 6, 1 (als Geburtsort gabaurþs) auch κλίματα II. 11, 10; meist χώρα, Ἰουδαία χώρα Marc. 1, 5 Judaialand; Gaddarenland statt der Bewohner: („kam zu Johannes"); kann auch ausgelassen werden: us allama (sc. landa) Judaias, af Bethanias Luc. 16, 17, Joh. 11, 1.

3) Matth. 9, 26. 11, 24 a. Saudaumje, γῆ Σοδόμων: ebenso Genezareth.

4) (χώρα Γ.) Matth. 8, 28, ebenso Luc. 8, 26, aber bei Marc. 5, 1 land, nicht gavi, ferner Marc. 6, 55 all þata gavi.

5) l. c. 56.

6) Heiden, halþjos, ἀγρούς, ungenau das lat. in villam suam.

7) Zweimal steht gavi für περίχωρος: sonst personificirt: bisitands Beisitzer, Nachbar, Marc. 6, 15 u. Luc. 4, 14 (wo das Wort bei Maßm. fehlt, ohne Grundangabe).

8) Sie brauchte nicht nothwendig baurgja gaujis zu sagen, und konnte das griechische ἅπαν τὸ πλῆθος τῆς περιχώρου L. 8, 37 u. εἰς πᾶσαν τὴν περίχωρον L. 3, 3 sehr lebendig und persönlich mit allai gaujans, allans gaujans geben; ebenso statt οἶκον gadaukans I. Kor. 1, 16.

9) τὰ μεθόρια: marka z. B. Sidon und Tyros (Luc.).

11, 21, wo nur Tyros und Sidon ohne Gebiet genannt waren, der Gothe doch übertrug: „in Tyrus= und Sidon=Land“[1]).

Verändert werden die Machtverhältnisse, zerrissen die bisherigen Verbände, als das Volk, vor den Hunnen flüchtend, die alten Sitze räumt. Deutlich unterscheidet man in dieser Zeit bei dem Gastmal zu Marcianopel neben den *reges* deren *satellites* im Palast des Lupicin[2]), und die große Menge vor den Thoren, die barbara *plebs*[3]); aber in der Unruhe der neuen Verhältnisse gestalten doch Fribigern und seinesgleichen kein rechtes Königthum[4]): ihre Stellung hat mehr vom ducatus, wiewohl ihre Schaaren viel zahlreicher als die des Athanarich in Caucaland. Dieser behauptet, in entlegnen Sitzen von Rom und Hunnen gleich unabhängig bis a. 381, viel eigentlicher das Königthum, wenn gleich geschwächt: er hatte eben doch wahrscheinlich schon von seinem Vater echtes Bezirkskönigthum überkommen — sein Bezirk war von allen westgothischen allein schon länger oder doch seit 1—2 Generationen monarchisch. Dies wird bestätigt durch eine bisher mißverstandne[5]) Ausdrucksweise des Zosimus, welcher den Athanarich, gerade in seiner Stellung in Caucaland, den *ἄρχοντα παντὸς τοῦ βασιλείου Σκυθῶν γένους* nennt[6]). Das kann nicht heißen: König des ganzen Königsgeschlechts der Skythen[7]): denn König der Königsfamilie hat keinen Sinn: es heißt vielmehr: „Beherrscher des monarchischen Bezirks der Westgothen“: er unterscheidet unter den Bezirken (*γένη*) dieses Volkes und weiß, daß nur bei Einem, eben dem des Rotesthes und Athanarich, erbliche Herrscher vorkommen: dies ist ihm

---

1) landa; vgl. ἐκ τῶν ὁρίων T. καὶ Σ., ἀνὰ μέσον τῶν ὁρίων Δεκαπόλεως: af markom T. jah S. miþ tveihnaim markom D.; aber markos Judaios; farblos fera für τὰ μέρη, κλίμα, Gegend, Seite.

2) Qui pro praetorio honoris et tutelae causa (vgl. Tac. Germ. c. 13 in pace decus, in bello praesidium) etc.

3) Die satellites sind vielleicht Gefolgen, doch ist dies nicht sicher und keinenfalls für die Königswürde der Begleiteten beweisend A. I. S. 26. 78.

4) Vgl. v. Syb. S. 123.

5) Unklar Reitemeier bei Zos. ed. Dindorf p. 336.

6) IV. 34.

7) So v. Bethm. H. Germanen, S. 53 und alle Andern.

das monarchische, königbeherrschte *γένος*: bei denen des Fridigern ꝛc. hatte Königthum früher nicht bestanden und den jetzigen Ducat dieser Führer kann Zosimus im Vergleich mit Athanarich nicht Königthum nennen.

Wie völlig diese Ausdrucksweise die obigen Ausführungen [1]) bestätigt, leuchtet ein [2]).

Auch die Stellung, welche als „Nachfolger Fridigerns“ Athanarich einnimmt, ist kein echtes Königthum: erst die nationale Erhebung von a. 395 richtet in der Person des Balthen Alarich wieder das echte Königthum, und zwar jetzt als Stammkönigthum, auf, welches dann,

---

1) S. 1–4. A. V. S. 1–19. 23. 31.

2) Hienach ist auch der Μωδάρης ἐκ τοῦ βασιλείου τῶν Σκυθῶν γένους IV. 10 nicht ein Sprößling des Königsgeschlechts, sondern Einer aus dem monarchischen Skythenbezirk (Athanarichs); daß er direct aus Caucaland zu Byzanz übertrat, ist der Sache und dem Buchstaben (αὐτομολήσας) nach unwahrscheinlich; er stand bis dahin wohl unter Fridigern: man erinnere sich, daß bei dem Uebergang über die Donau zahlreiche Anhänger Athanarichs zu Fridigern übertraten A. V. S. 8 N. 6: ein solcher war auch Modares; ganz irrig macht Pallm. I. denselben um des βασίλειον γένος willen zum Amaler und vermißt ihn dann in der Amalertafel des Jord.; richtiger v. Syb. S. 126, der aber auch an „Königsgeschlecht“ denkt; von ostgothischen Königen weiß Zos. gar nichts, und nothwendig hat βασίλειον Σκυθῶν γένος IV. 10 u. IV. 34 den gleichen auf Athanarichs Bezirk hinweisenden Sinn; daß Zos. unter βασίλειος etwas ganz bestimmtes und besonderes versteht, zeigt die Fixirung seines Sprachgebrauchs: er hat das Wort βασιλεύς ꝛc. bei Barbaren außer an diesen beiden Stellen nur noch II. 21 Σαρματῶν βασιλεὺς Ῥαυσιμόδος, III. 6 Σάλιοι μετὰ τοῦ σφῶν βασιλέως und III. 7, wo er für einen Quadenkönig abwechselnd βασιλεὺς und ἡγούμενος setzt; sonst aber braucht er constant immer nur letztern bescheidneren, die Heerführerschaft betonenden Ausdruck: man vergl. I. 30 τινα τῶν ἡγουμένων ἔθνους γερμανικοῦ, I. 67 ἡγούμενος Λογιώνων, Σέμνων, 68 Ἴγιλλος ἡγούμενος Οὐργούνδων καὶ Βανδίλων, III. 4 Βαδομάριος ἡγούμενος βαρβάρων, IV. 10 ὁ τῶν Σκυθῶν ἡγούμενος: hier ist Athanarich gemeint: seine Gothen also sind ein βασίλειον γένος, er selbst aber heißt nicht nothwendig βασιλεύς; aber auch Fridigern heißt immer nur ἡγεμών, bei ihm und den Seinen ist von βασιλεύς, βασίλειον γένος nie die Rede; IV. 34 δύο μοῖραι .. Γερμανικῶν ἐθνῶν, ἡ μὲν ἡγεμόνι χρωμένη Φριτιγέρνῳ, ἡ δὲ ὑπὸ Ἄλλοθον καὶ Σάφρακα τεταγμένη: Zos. sieht also in Fridigern nur den Heerführer und stellt ihn den beiden ostgothischen Führern, welche entschieden keine Bezirkskönige waren, völlig gleich. Theodosius sucht die Vorstände der einzelnen westgothischen Bezirke und andern Gruppen zu gewinnen IV. 56: d. h. τοὺς ἑκάστης φυλῆς ἡγουμένους: was hier φυλή, ist bei Athanarich γένος, aber sein γένος ist βασίλειον; auch bei Hunnen ἡγούμενος, τὴν ἡγεμονίαν ἔχων V. 22; ἡγούμενοι heißen auch die nationalen Officiere der foederati Stiliko's V. 33.

unter höchst wechselvollen Geschicken, über dreihundert Jahre das zusammenhaltende Band für das oft von Auflösung bedrohte und lange Zeit heimatlose Volk geblieben ist.

2. Culturzustände, Siedelung und Landtheilung.

In den Sitzen nördlich der Donau hatten die Westgothen in Dorfsiedelung gelebt [1]): in leicht gezimmerten Holzhütten aus Balken (ansts vgl. gibla, der Giebel) oder in Zelten [2]): denn noch war die alte Neigung, den Wohnsitz zu wechseln innerhalb des occupirten Gebietes, nicht ganz erloschen: sogar zur Kirche dient kein Steinbau [3]), nur ein Gezelt (hleiþra) den gothischen Christen noch a. 372 [4]); mehrere solche *κῶμαι* heißen: *ἐς τοὺς κώμους*. Zwar gebricht das Wort für den steinernen Burg=wall, Grundwall nicht [5]), aber der Steinbau und die Burg Luc. 4, 29 heißt „gezimmert" [6]). Die Z i m m e r l e u t e verwerfen den S t e i n [7]) und das Eine Wort für Thüre ist (neben daur) haurds d. h. Gitter (clathrum) [8]). Der Markt, der Sammelplatz in den Dörfern heißt garuns, wo die Leute zusammen „rennen" [9]). Aber für das Städtische *πλατεῖα*, die „Breitstraße", wurde das Fremdwort entlehnt oder bald das Umschreibende fauradaurja, bald das zu schmale gatvo, die Gasse, gebraucht [10]).

---

1) Κῶμαι; τῆς κώμης ἐξέβαλον Acta s. Sabae; das oppidum daselbst scheint römisch; vgl. im Allgemeinen Passow S. 35 (über baurgs 38; es ist πόλις), Landau Hof und Dorf S. 2, Hehn S. 76 f., Kelikn für πύργος soll aus dem Altgallischen entlehnt sein (?). Daselbst S. 77; vgl. Grimm, Gr. III. S. 430. II. S. 1000. 160. 284.

2) σκηναί hlija, hleþra, h. stakeins: σκηνοπήγια, Laubhüttenfest.

3) Bauen heißt goth. timrjan; vgl. Kühn S. 360.

4) Für ἐκκλησία hat Wulfila kein gothisches Wort (aikklesjo).

5) Baurgs-vaddjus, grunda-vaddjus: skalja der Ziegel, valhstastains der Eckstein.

6) Neh. 7, 1.

7) Ps. 118, 22.

8) Neh.; ungedeutet ist heþjo ταμεῖον, bansts ἀποθήκη (Scheuer).

9) ῥύμη und ἀγορά.

10) Und ein andermal Luc. 6, 56 für ἀγορά das nicht passende gaggs, der Gang, verwendet, welches sonst die Wegscheid ἄμφοδος, bivins bezeichnet. Doch unterscheidet man den breitern Weg vigs von dem schmalern Steig staiga; der löcherige Weg ist usdrusts.

Stehen Stadt und Dorf neben einander, so giebt stets baurgs die bergende, ummauerte Stadt, haims das offne Dorf [1]): nie steht baurgs für ein anderes Wort als πόλις und deren Einwohner: die Ableitungen baurgja, gabaurgja decken sich mit πολίτης, συμπολίτης [2]): die Befestigung, das Lager, παρεμβολή, heißt die Beburgung [3]) und als der Text κωμόπολις „Dorf-Stadt", „Markt-Flecken" verbindet Marc. 1, 38, scheidet der Gothe in: haimom jah baurgim, Dörfer und Städte, weil ihm dieser Gegensatz unvereinbar und entsprechende Wortbildung der Sprache fremd war [4]); veihs, der Flecken, (die geweihte Stätte) [5]) wird gebraucht für Bethlehem, dann für die „Dörfer" Cäsarea's des Philippos; es scheint größeren Umfangs als „haims".

Die Grundlage des wirthschaftlichen Lebens auch dieses Germanenvolkes ist bereits hier Ackerbau [6]).

Die Sprache zeigt uns die Gothen den Pflug (hoha) führen, den Acker (akrs) düngen, (maihstus, Mist) — das unbestellte Feld, welches Heu (havi) trägt, ist die Haide (haiþi, daher ἄγριος, wild, haiþivisk, anders auþida die Oede, die Wüste — den Samen (fraiv) säen (saian) die Frucht, die Aehre (ahsa) gewinnen, erarbeiten, raufen, (raupjan), die Aerndte (asans) mit der Sichel (gilþa) schneiden (sneiþan), von der Spreu (ahana) sondern, in die Scheuer sammeln, (lisan in banstins) dreschen und mahlen [7]) und die Wurfschaufel (vinþi-skauro) schwingen (vinþjan).

---

1) Luc. 8, 1 baurgs jah haimos, (vgl. Leo p. 30) π. καὶ κώμας.

2) Freilich einmal Bürger d. h. Genossen, Angehörige des Gaues: b. jainis gaujis Luc. 15, 15 πολιτῶν τῆς χώρας ἐκείνης.

3) (bibaurgeins) s. Massmann zu den Sk. p. 88. Þaurp ist das Dorf: das Feld nur einmal Neh. 5, 16, Leo p. 38.

4) Die zum Dorf gehörigen Felder heißen haimoþli; vgl. afhaims, abwesend, anahaims, heimisch.

5) Steht dreimal Luc. 8, 34 und für ἄγροι wo das Latein ebenfalls villa bietet und 9, 12, Marc. 6, 56 wo κώμη und ἄγροι neben einander standen und für κώμη haims bereits verbraucht war, sonst immer für κώμη.

6) Tim. II. 2 b. arbaidjands airþos vaurstvja skal frumist akrane andniman. Vgl. über das Material, das die gothische Sprache hiefür gewährt, Kühn S. 339—363, Grimm Gramm. III. S. 410—417; über die Art jenes urgermanischen Landbaues Roscher, Dreifelder-W. l. c., Waitz Kieler Monatsschr. I. l. c.

7) S. unten.

Diese Arbeit war so sehr die Hauptarbeit des Lebens, daß vaurstva, der Arbeiter, geradezu den Feldarbeiter *γεωργός* bezeichnet [1]).

Wohnen heißt daher geradezu bauan, d. h. das Feld bauen.

Von Getreidearten wird genannt die Gerste (baris) [2]) und der Waitzen (hvaiteis, hvaiti). Dazwischen das Unkraut des Gedörns (þaurnus) und der „Weg-Distel", viga-deina.

Weinbau der Gothen ist wohl nur für die Gothi minores anzunehmen, und vielleicht sonst nach der Einwanderung über die Donau [3]).

Der Wurzgärtner (aurtja) pflegt in seinem Garten (a. gards) der Pflanzen [4]). Den Lust-Garten, *παράδεισος*, aber bezeichnet kein besonderes Wort: vaggs ist zugleich Gefild, „Anger", Bergwiese [5]).

Von Bäumen hatten sie die Olive, alevabagms, aus dem Latein entlehnt [6]), die Feige, smakkabagms, vielleicht von je [7]) gekannt: die Palme heißt peikabagms [8]): sonst begegnet noch bainabagms (al. bairabagms) Hartriegel, *συκάμινος*.

Die Kunst des Pfropfens (trusgjan, intrusgjan) war längst bekannt. Aber den aus Obst gewonnenen Wein, *σίκερα*, bezeichnet nur das allgemeine Wort für Getränk, leiþus.

Von Pflanzen werden noch genannt raus, das Rohr, svamms, der Schwamm, aihva-tundi, der Dornstrauch [9]) — aber für die Lilie steht nur das allgemeine „Blume". —

Von Fossilien erscheint das Gold (gulþ), das Silber (silubr), das Erz (aiz) und der Schwefel (sviþls).

Selbstverständlich spielt aber neben dem doch noch nicht ganz seßhaft gewordnen, „sehr extensiven" Ackerbau die Viehzucht, einst,

---

1) Nur einmal wird airþos beigefügt; freilich auch gasmiþan für κατεργάζεσθαι.

2) Der Gersten-Laib ist hlaibs (aber auch für ψώμιον, Bissen) barizeins; ἄζυμος, das Ungesäuerte, ist bald unübersetzt, bald mit balsti, ζύμη mit beist, gegeben; gras, ahs, kaurn sind χόρτος, λάχανος, στάχυς, σῖτος: κεράτιον Johannisbrod, bei Luther Träbern, ward wörtlich mit haurn gegeben.

3) Obzwar das Wort in vielen Zusammensetzungen begegnet veina-basi, v. gards, v. tains, v. triu, v. drukhja, v. nas; keltern heißt treten, trudan; für den Weinschlauch steht balgs; den Essig haben sie wie das Oel nicht dem Griechischen, sondern dem Latein (aket) entnommen. Milch und Honig, miluk und miliþ; vgl. sinap den Senf.

4) aurts, aber auch vom Weingarten.

5) Weinhold, goth. Sprache S. 15.

6) Der wilde Oelbaum vilþeisa.

7) Nach Hehn S. 421 Umbildung aus dem Griechischen.

8) Ob peinikabagms, der Phönizierbaum? Grimm Gr. I. S. 68 oder die Fichte?

9) ? oder equisetum, ἵππουρις.

neben der Jagd, die einzige Nahrungsquelle, noch immer eine sehr wichtige Rolle: auf der Weide (vinja) treffen wir den Hirten (hairdeis, haldans) mit seiner Herde in dreifacher Bezeichnung derselben (hairda, vriþus und Schafherde, aveþi)[1]: längst nannte der Gothe mit gothischen Wörtern den jungen Stier (stiurs), den gemästeten (alidan), und das Rind (auhsus, im Joch, juks), die junge Kalbkuh (kalbo).

Dann das Fohlen[2]) (fula), das Lamm (lamb) und den Widder (viþrus), den Bock (gaits), die junge Ziege (gaitein), das Schwein (svein), den Hund (hunds) und den Hahn (hana).

Aber auch die Taube[3]) (dubo) und die Turteltaube[3]); aus dem Latein wird für *ὀνάριον* asilus entlehnt, wenn nicht Urverwandtschaft vorliegt.

Das fremde Kamel aber wird in seltsamer Uebertragung mit dem Elephant verwechselt (ulbandus)[4]).

Den Uebergang zum Ackerbau zeigt uns der dreschende Ochse, auhsus þriskandans[5]), welcher auf der Tenne, gaþrask, die Körner austritt wie die „Eselsmühle", der vom Esel rund getriebene Mühlstein, (kvairnus): und aus der Nomadenzeit des Volkes, da noch nicht die bald wieder verlaßne Ackerscholle, sondern die Herde, der werthvollste Theil der besessnen Güter war, tönt es noch herüber, wenn faihu, das Vieh, zugleich das gesammte Vermögen bezeichnet[6]).

Interessant ist es nun, in das gothische Holzhaus allmälig die griechisch-römische Cultur als Kriegsbeute und Handelswaare mit ihren Geräthen und Genüssen einziehen zu sehen.

---

1) Wie auch für Schaf-Stall ein besonderes Wort, avistr, steht, obwohl der Text nur das sonst mit gards gegebne αὐλή bot; im Stall begegnet uzeta, die Krippe.

2) maiþms Marc. 7, 11 ist δῶρον: „Pferd und Geschenk zugleich" nach Grimm l. c. S. 325 „weil im hohen Alterthum Pferde vorzugsweise geschenkt wurden" S. 222, vgl. Grimm Gr. II. S. 16 agſ. madhm, donum, *opes*, res pretiosa, S. 308 gold-m. vundar-m. im Beovulf. Aber die Bedeutung „Pferd" ist eine allseitig bekämpfte Hypothese.

3) hraiva-dubo „Leichen-Taube".

4) Von wilden und schädlichen Thieren wird genannt die Motte (malo), die Made (maþa) und die Heuschrecke (þramstei), der Scorpion, der Fisch (fisks), die Schlange (vaurms, ὄφις) und die Natter (ἔχιδνα, nadrs), der Fuchs (fauho), und der Wolf (vulfs) und von den „Vögeln des Himmels" (fuglos himinis) der Sperling (sparva) und der Adler (ara).

5) Mos. V. 25, 4.

6) χρεωφειλέτης, faihu-skula, Gut-, Geld-schuldner, πορισμός I. Tim. 6, 5 faihu-gavaurki, κτήματα πολλά, faihu-manag, ebenso χρήματα; φιλάργυρος „Silber-liebend", habsüchtig ist faihu-friks „Vieh-liebend".

Da das Latein die officielle Sprache des Reiches, namentlich des Heeres, war, durch welches die Gothen zunächst die antike Cultur aufnahmen, erklärt sich, daß Wulfila so häufig ein griechisches Wort mit einem aus dem Latein entlehnten, bereits eingebürgerten wiedergiebt: — nennt er doch die Hellenen selbst, wie er sie von den Römern nennen hörte, Krekos [1]): — zumal im Gebiet des Kriegswesens, dann der Tracht und des Tafelgeräths, sind diese lateinischen Spuren zu finden: in dem gothischen Balken-Haus [2]) schimmert auf dem Tisch (biuds), ursprünglich Opfertisch, die von den Lateinern entlehnte Leuchte, lukarn, mit dem Leuchter lukarna-stapa, neben der heimischen Fackel (skeima, φανός und haiza, λάμπας); zwar der Spiegel (εἴσοπτρον) heißt mit eignem Worte skuggva, aber in der lateinischen arka (Kiste, Futteral, Scheide) barg man frembes und eigenes Geräth [3]); der Ofen (auhns) war am Dniester und Pruth unentbehrlich gewesen.

Nicht entlehnt ist salbo, die Salbe, dagegen ἀρώματα bleibt stehen, und für die Myrrhe steht smyrn oder das aus dem Latein entlehnte balsan [4]).

Unübersetzt blieb aber auch ἀλάβαστρον, die aus diesem Marmor gefertigte Salbenbüchse, die Nardensalbe darin (pistikeins) und nardus sowie der Isop (s. aber supon, würzen,) σπυρίς, der geflochtne Korb, sportula, obwohl das Gothische tainjo, κόφινος, ebenfalls den Zweige-geflochtnen Korb und deßgleichen den aus Schnüren geflochtnen Korb snorja, (die Schnur), σαργάνη, gewährte.

Die fremde Sitte, bei dem Mahl (nahta-mat, δεῖπνον) zu liegen,

---

1) I. Kor. 1, 19. Wo aber Ἕλληνες soviel als ἔθνη, steht dafür þiudos. Vgl. ferner anno, lucerna, capillare, catillus, carcer, fascia, orale, urceus, militon; aber auch aleina? balsamum, vullareis, fullo, asilus, nobalmbair, arca (γλωσσόκομον), pund, pondus für λίτρα, anacumbjan, lectio, cautio, sigljo.

2) razn, vgl. gards, das umgürtete, vom Zaun (faþa, Faden) umhegte; (in gardis der Hausgenosse, gardavaldands Hausherr), bedeckt vom Dach, hrots (das Berußte? s. Grimm); die Halle, στοά, ist ubizva, die Säule sauls, der Hof, αὐλή, rohsns; einmal aber wird προαύλιον mit faur gard umschrieben; faurhah, der Vorhang, miþgardavadjus, Zwischenwand. Das Fenster, θυρίς, heißt schön-sinnlich auga-dauro „Augenthor".

3) z. B. silberne und goldne Gefäße kasa silubreina jah gulþeina, hölzerne und irdene triveima jah digana.

4) Zweifelhaft klisma, κύμβαλον, die Schelle.

wird mit den fremden Ausdrücken cubitus (κλισία) und anakumbjan wiedergegeben und wurde schwerlich nachgeahmt [1]).

Von Maßen begegnet die Elle (aleina) [2]), dann mela, der Schäffel, μόδιος, und pund für λίτρα aus lateinisch pondus. Das Wegmaß heißt noch die „Rast" (μίλιον), daneben aber steht für στάδιον spaurds sowohl für Rennbahn als Wegmaß. μέτρον ist mitads, was aber auch Scheffel „Malter": κόρος; in Gallien werden die römischen Maße recipirt.

Die lateinischen Monats- (menoþs-) Namen (Naubaimbair im goth. Kal.) scheinen die alten gothischen Bezeichnungen für die Jahrtheilung früh verdrängt zu haben: man hatte nach Wintern gerechnet [3]): die Spätsommerzeit heißt nach der Aerndte asans; die Worte für Osten und Westen sind noch die alten schönsinnlichen [4]): die Tageszeiten werden ebenfalls noch mit gothischen Ausdrücken benannt [5]).

Von Gewandstücken nennt uns Wulfila den Schuh skohs, das Paar Schuhe, gaskohi, und deren Riemen skaudareips, den anliegenden Rock, paida [6]), χιτών, aber den Mantel, ἱμάτιον, nur mit vasti, dem allgemeinsten Wort für Gewand (Saum des Mantels ist skauta, Schos, oder snaga; στολή wird mit „weißen Gewändern" umschrieben) [7]), ferner den Gürtel (gairda) aus Fell (fill), den Reisemantel, (hakuls, φελόνης) und den Ranzen, πήρα, „Eß-schlauch", matibalgs [8]).

---

1) Vom Tischgeräth ist lateinisch: der Kessel katils statt χαλκίον, aurkeis, urceus, der Krug statt ξέστης; gothisch stikls, der Becher, kas, das Gefäß; mes ist Tisch (sonst biuds), τράπεζα, und πίναξ, Schüssel. Der Fußschemmel, fotubaurds, stützt die Füße, vgl. stols, der Stuhl, sitls, der Sitz; in dem Bette, badi, oder Lager, ligrs, finden wir das Wangenkissen, vaggari.

2) ulna entlehnt, nach Andern urverwandt.

3) vintrus steht nicht nur für χειμών, auch für ἔτος: Jairi Töchterlein war zwölf „Winter" alt, das Weib zwölf „Winter" blutflüssig, als Jesus zwölf „Winter" alt war; (die Woche, viko, hieß vom Wechsel) (?); häufiger aber ist bereits das abstractere jer (oder ataþni) für ἐνιαυτός, ἔτος, aber auch für χρόνος und καιρός (mel).

4) fram urrunsa jah saggkva.

5) uhtvo, maurgin, Morgen, air, früh, undaurns um Mittag, daher undaurnimats, das Frühstück, andanahtja, Abenddämmerung, nahtamats, Nachtessen, hveila, die Stunde, fulliþ, der Vollmond.

6) Bestritten, ob aus dem Finnischen entlehnt.

7) Von den Römern entlehnt ist faskja, die Binde, orale, das Schweißtuch; σουδάριον, sudarium dagegen überträgt fana.

8) Auffallend ist, daß βύσσος, „köstliche Leinwand" (Luther) unübertragen blieb; für σινδών steht saban; „rothe Wolle" Sk.; lein ist urverwandt mit linum.

Die freien Gothen trugen das ungeschorne lang wallende Haar, dessen trotziges Schütteln den Byzantinern auffiel [1]); von der Tracht des Frauenhaars erzählt uns flahto, die Flechte: aber vom Schmuck der Frauen (*καταστολή*, gafeteins, *κοσμεῖν*, fetjan) erfahren wir nichts.

Ob das Wort für Perle, markreitus, urverwandt oder entlehnt, ist bestritten; den Ring nannten sie das „Finger-Gold“, figgra-gulþ.

Von Gewerken und an Geräthen gewährt Wulfila die Zimmerleute [2]) und die Axt [3]), das Seil [4]), das Bauholz [5]) und den Bau [6]), den Erz-Schmid [7]), den Fischer und das Netz [8]), das Schiff [9]), den Gransen [10]) und den Fischteich [11]), den Fleischer [12]), den Töpfer [13]) und seinen Topf [14]) aus Thon [15]), den Walker [16]) und die Wolle [17]), den Zöllner und die Zollstätte [18]), den Geldwechsler [19]), seinen Tisch [20]), seinen Säckel [21]) und seinen „Zins-Wucher“ [22]), den Hornbläser und den Schwegelpfeifer [23]), zu dessen Spiel man tanzt [24]), den Arzt [25]),

1) Das Scheeren (κείρειν) desselben heißt mit seltsamem lateinischem Ausdruck **kapillon**, daneben steht **skaban** für ξυρᾶν.

2) S. oben.

3) **akvizi**.

4) **sail**, in **insailjan**.

5) **timr**.

6) **timreins**.

7) **aiza-smiþa**, χαλκεύς.

8) **fiskja**, **nati** Math. IV. 18: 19 aber feinfühlig **nutans**, Fänger, obwohl der Text beidemale ἁλιεῖς bietet.

9) **skip**, Schiffbruch leiden etwas schwerfällig: **usfarþon gastaujan us skipa**, ein andermal: „nackt werden“.

10) **nota**.

11) **svumsl**, κολυμβήθρα.

12) ἐν μακέλλῳ, **at skiljam**.

13) **kasja**.

14) **kas** für κεράμιον, βάτος und σκεῦος.

15) **þaho**.

16) **vullareis** (vom lat. fullo).

17) **vulla**.

18) S. unten „Finanzbann“.

19) κολλυβιστής.

20) **mes**.

21) **sikls**, **puggs**.

22) **vokrs**, τόκος.

23) S. „Heerbann“.

24) **plinsjan**; aber für das hellenische χορός steht **leiks**, Spiel, Tanz.

25) **leikeis**.

den Heiler des Leibes [1]); für den Schriftgelehrten, Schreiber und sein Buch ist ein eignes Wort: bokareis, bokos gebildet [2]). Von Frauenarbeit und Geräth wird genannt das Spinnen [3]), die Nadel [4]) und ihr Oehr [5]).

Die alte Götter-Stamm- und Helden-Sage [6]) blühte dereinst so reich, daß noch der verchristlichte und verwälschte Jordanes zu Ende des sechsten Jahrhunderts manches Reis davon kennt: Lied (liuþ) [7]) und Sänger (liuþarjos) fehlten der Ueberlieferung nicht [8]).

Ueber die Formen der Bestattung geben uns die gothischen Worte [9]) wenig Aufschluß: doch scheinen sie keine Spur des Brennalters [10]) mehr zu enthalten.

Das Sippegefühl ist lebhaft, ja wärmer als das religiöse: durch frommen Betrug, selbst durch Meineid, suchen die Heiden ihre christlichen Gesippen vor der Verfolgung der Königs zu bergen [11]): nach

---

1) An Krankheiten (sauhts, unhaili, slahs) werden genannt der Aussatz, þruts-fill; bani, die Wunde; das heiße Fieber, heito oder brinno, halts, der Lahme, guns, das Geschwür, (usliþa, der Gichtbrüchige), der Blutfluß, bloþa-rinnandoi, (die Blutflüssige), gamaids, verstümmelt, haihs, einäugig, blinds, der Blinde, daubs, der Taube, ebenso bauþs; stamms, stammelnd, unrodjandans, dumbs, stumm; vgl. vundufni, die Wunde, handus gaþaursana, verdorrte Hand, dvalmon, rasen, usgaisiþs, von Sinnen, svultavairþja, τελευτᾶν μέλλων; aber auch Gift, lubi, und Giftkunde, Zauberei, lubjaleisei, fehlt nicht.

2) Vorlesung ἀνάγνωσις „Buch-Gesang" (saggvs boko), us-siggvan, auch siggvan allein, vorlesen; vgl. sokareis der Forscher; die Schreibtafel πιναχίδιον, πλάξ, heißt bereits gothisch spilda und die Tinte, μέλαν, atramentum, svartizla; ἐπιγραφή ist ufar-meli und u.-meleins, γραφή gameleins, ἀπογράφειν gameljan, aber ἐπιστόλη, ἰῶτα und μεμβράνη wird einfach recipirt, ebenso lectio, der Lese-Abschnitt, cautio, die Schuldurkunde (U. N.) und sigljo, das Siegel. Der Lehrer, διδάσκαλος, ist laisareis, laiseins διδασκαλία (ἐπιστάτης, talzjands) und der Schüler siponeis; vgl. Weinhold l. c. S. 18.

3) spinnan.

4) neþla.

5) þairko.

6) spill, μῦθος.

7) avi-liuþ, avi-liud stellt Massm. wohl unrichtig hieher.

8) saggvs ist ᾠδή, im Plural συμφωνία, hazeins ist Loblied, ὕμνος, αἶνος, ἔπαινος.

9) hvilftri, σορός, Sarg, filhan, anafilhan, θάπτειν, „befehlen" anbefehlen und hlaiv, hlaivasna, Grabdenkmal.

10) ganavistran von navis, der Todte. (hlaivs ist clivus, der Hügel).

11) Acta s. Sabae.

Auflösung des Staatsverbandes erscheinen die Häupter der einzelnen Geschlechter an deren Spitze[1]): von kuni γενεά, γένος, φυλή begegnen reiche Bildungen, bei denen Volksgenossenschaft und Blutsverwandtschaft zugleich in den Begriff fällt[2]).

Sehr charakteristisch ist, daß den Hausgenossen[3]) noch innakunds[4]) bezeichnet, d. h. nicht Haus- sondern Geschlechts-Genosse: eine Erinnerung an die Wanderzeit, da noch nicht die Gemeinschaft des Holz- oder Zelt-Hauses, das man auf Wagen mit sich führte, sondern die Sippegenossenschaft den engsten Verband bildete: innakunds ist synonym mit den zahlreichen Ausdrücken, welche sonst den Geschlechts- oder Stamm-Genossen bezeichnen[5]). Zwar ist der bloße Sippe-Staat längst seit dem Fortgang zum überwiegenden Ackerbau durch den Gemeinde-Staat abgelöst und auch dieser bereits zum Bezirks-Staat erweitert: aber die Erinnerung an jene Urzeit, da sich der Rechtsschutz, der Friede, nicht über die Sippe hinaus erstreckte, da Sippe (sibja) und Friede nicht nur sprachlich identisch waren, hallt noch im Sprachschatz und Sprachgebrauch Wulfila's nach[6]): und in Ableitung und Zusammensetzung wird sibja bald als Friede, bald als Verwandtschaft gebraucht: so heißt die Ankindung, die Annahme

---

1) Eunap. p. 52; vgl. v. Syb. 121. 163; außer den ganz bekannten Verwandtschaftswörtern, vgl. auch Kuhn S. 325, gewährt W. gadiliggs, ἀνεψιός Col. 4, 10 svaihrja, svaihro, Schwieger-vater, -mutter.

2) Ferner airþakunds und himinakunds, οὐράνιος, ἐπουράνιος, ἄρσην und θῆλυς, gumakunds und qinakunds. Die nationale Abstammung, γένος z. B. Syro-Phönikisch, ist gabaurþs: „Vatergeschlecht" ist fadreins, ἐφημερία ist afar, von af; γένος einmal knods.

3) οἰκιακός, zwar auch schon ingardis.

4) Matth. 10, 25. 26.

5) inkunja, συμφυλέτης, Thess. 2, 14 samakunds, συγγένης, und im Gegensatz aljakuns, ἀλλογενής, daneben ἀλλότριος, framaþeis. Luc. 17, 18, Eph. 2, 19: ihr seid nicht gasteis, ξένοι, Fremde, jah aljakunjai, πάροικοι, sondern gabaurgjans, συμπολῖται, jah ingardjans (οἰκεῖοι) Gottes; freilich einmal auch gards statt kuni Daveidis, aber weil im Text οἶκος; einmal steht für das abstracte οἶκος die Hausgenossen, gadaukans, (von dauhts,) Tischgenosse I. Kor. 1, 16 und für οἰκεῖος, eigen, einfach sves.

6) Ungesetzlich, außergesetzlich, ἄνομος, heißt noch unsibis Jes. 53, 12. Matth. 6, 23, Mc. 15, 28: sibjis gesippt und friedlich; in unsibjaim rahniþs was: ἐν τοῖς ἀνόμοις ἐλογίσθη, ebenso I. Tim. 1, 9 ἀσεβέσιν, den scheulosen, der auch der sibja nicht achtet oder außer ihr steht, wo eine Randglosse afgudaim, minder gothisch und juristisch und mehr theologisch, gewährt.

an Sohnesstatt frasti-sibja [1]): nicht minder aber wird: sich versöhnen sich wieder befrieden ebenfalls gasibjon [2]) genannt: d. h. wieder als Glied der Sippe betrachten [3]).

Eine Landtheilung mit den Römern hat weder in Thrakien noch in Italien stattgefunden. Zuerst suchten die Gothen, wie selbstverständlich ist und ausdrücklich bezeugt wird, ruhige, feste Sitze [4]) und in der Bewilligung des Valens lag auch gerade die Landzutheilung [5]). Der Ausbruch der Feindseligkeiten mit den Römern hinderte aber [6]) den Vollzug dieser Landtheilung. Von der Schlacht bei Marcianopel bis zu der von Adrianopel behandelten die Gothen, ohne Abtretung, Thrakien als erobertes Land [7]), womit nicht im Widerspruch steht [8]), daß vor Beginn dieser Schlacht Fridigern dem Kaiser den Frieden bietet eben gegen Abtretung dieses ganzen Landes mit allen seinen Herden und Aerndten: sie wollen sich mit dem doch gerade jetzt schwer bedrohten Besitz begnügen, wenn er ihnen garantirt wird. In der Zeit von dieser Schlacht bis zum Tode des Theodosius ist feste Landtheilung und hospitalitas mit den Provincialen weder nachweisbar noch auch [9]) anzunehmen, da die verheerenden Kriegszüge, welche die kurze Waffenruhe immer bald wieder unterbrachen und das Volksheer durch alle Nachbarprovinzen führten, dies schwerlich gestatteten. Am Ehesten vielleicht in Thrakien und Oberpannonien [10]), wo aber auch bloße Ver-

---

1) υἱοθεσία Rom. 9, 4: sunive sibja Gal. 4, 5.

2) Mc. 5, 24.

3) Daneben gagavairþjan, g. vairþnan wieder in gavairþi, Friede, aufnehmen; endlich auch gafriþon, so daß von den drei Wörtern für Friede Bildungen für „Versöhnen" bestanden, abgesehen von us-sauneins, us-saunjan. Die Verwandten heißen niþjis, συγγενής, ganiþjis, niþjo, die Base; der Geburtsort, πάτρις, ist gabaurþ; daneben stehen die gan. und für οἰκία gard, für πάροικοι bisitands, für γείτων, Nachbar, ga-razna, garazno — „Mit-Hauser".

4) Amm. Marc. 31, 3: *domicilium* remotum ab omni notitia barbarorum diuque deliberans quas eligeret *sedes*, cogitavit Thraciae receptaculum . . sibi conveniens, quod . . cespitis est feracissimi.

5) 31, 4: copiam adepti transeundi Danubium *colendique* Thraciae partes . . quibus et alimenta pro tempore et subigendos agros tribui statuerat imperator.

6) Wie Gaupp S. 374 mit Recht bemerkt.

7) Jord. c. 26 suo jure tenere.

8) Wie Gaupp meint S. 375.

9) Wie Gaupp S. 376.

10) Dann für kleinere Gruppen in Asien Claud. XX. II. v. 575.

pflegung durch „annonae“ denkbar ist. Beabsichtigt, aber nicht erreicht, war feste Niederlassung von Alarich in Noricum [1]): und unter Athaulf in Gallien kam es wohl ebenfalls nicht zu Landtheilung, sondern zu bloßer Einquartierung und Verpflegung nach alter römischer Einrichtung für cantonirende und marschirende Truppen [2]).

II. Die Stände.

Westgothischer Erbadel ist für diese Periode sicher bezeugt [3]).

Abgesehen von den Balthen heißt es auch von Niketas, daß er zu den höchsten Ehrenstellen bei seinen Volksgenossen gelangte, „vermöge des Glanzes seines Geschlechts [4]) und seiner übrigen Vorzüge an Leib und Seele“ [5]): ein solcher erlangte also auch leichter die Grafenstellen und auch diese gewähren wieder Auszeichnung, erheben zu den „Ersten des Volks“; er beherrscht [6]) durch den Glanz seiner Geburt die Stammgenossen und scheint dem König deßhalb besonders gefährlich [7]).

---

1) S. A. V. S. 41. 42.

2) So mit Recht Gaupp S. 377; nach ihm v. Bethm. H. G. P. I. S. 179, anders S. 182; „ospiti“ Troya I. 4. b. p. 443. Das goth. vairdus für ξένος bezeichnet nur den Wirth, nicht auch den Gast; dieser heißt gasts; die hospitalitas hieß wohl gastigodei, vgl. dauhts, δοχή; die Herberge, saliþvos, ist μονή, (mansio) κατάλυμα, (hiefür einmal nur staþs), ξενία Philem. 22; das „Los“ κλῆρος hieß hlauts (hl. gasatidai vesum: ἐκληρώθημεν; dalla hlautis: μερίς κλήρου), der ἀντιλαμβανομένος, συμμέτοχος, consors ist gadaila, der Getheile; gaman ist κοινωνός.

3) A. II. S. 101 u. A. V. S. 24; Landau Territorien S. 334, Zacher S. 334, Edblad p. 9; eine tertia nobilitas ist aus der secunda bei Jord. c. 29 doch nicht mit Brandes nobiles p. 41 zu folgern.

4) Unverlegen übersetzt W. ἄνθρωπός τις εὐγενής Luc. 19, 12 mit manna sums *godakunds* — und dieser zieht aus ein Königreich für sich zu nehmen franiman sis þiudangardja, vgl. 15.

5) Acta s. Nik. Bolland. 15. Sept. Νικήτας γοτθικῶν σπερμάτων ἐκφὺς καὶ τιμὴν τῶν πρώτων παρ᾽ ἐκείνοις λαχὼν (vgl. frumadim habands W. Col. 1, 18) διά τε τὸ περιφανὲς τοῦ γένους καὶ τῶν ἄλλων τοῦ σώματος καὶ τῆς ψυχῆς εὐφυιῶν: ganz haltlos Welcker S. 234, der nirgends Erbadel und Adelsrechte anerkennt; ich bemerke, daß diese Stelle dem unverdächtigen 1. Cap. der Acten angehört.

6) ἐκράτει.

7) Unbestimmter der Adel der optimates z. B. des optimas Athanarici Lagarimannus Amm. M. 31, 3. 6, Köpke S. 202; auch optimates verkaufen ihre Kinder in Knechtschaft 31, 2 Amm. M.

Als Unterfeldherrn entsendet Athanarich Munderich, Lagariman und andre optimates [1]): Geschlechterhäupter sind sie als solche nicht; einer unter ihnen, Farnob, führt auch Taifalen [2]): obwohl ein metuendus turbarum incensor, heißt er doch nie rex wie Fridigern; dieser hat später die Leitung des Krieges und entsendet abermals als Heerführer die optimates [3]): sie sind die magnates, deren größere oder geringere Hartnäckigkeit im Gefecht auch das Verhalten der großen Menge bestimmt: mit Hörnerschall rufen sie die weichenden Gemeinfreien in den Kampf zurück; sie sind die ductores, welche bei Adrianopel den Sturmcolonnen, dem altgermanischen Keil, voranschreiten, begierig, die Schätze des Kaisers zu erbeuten; diese optimates sind immer von den Königen, meist von den Heerführern, leicht zu unterscheiden: auch die honorati inter defunctos [4]), welche allein nach der Schlacht bestattet, während reliqua corpora den Vögeln überlassen werden, sind Adel und Heerführer. Zuerst wird an Valens eine nur aus Gemeinfreien (humiles) bestehende Gesandtschaft abgeschickt; als auch in der zweiten bloße Gemeinfreie erscheinen, „verachtet" [5]) der Kaiser deren vilitas, und verlangt, man solle ihm Edle senden [6]): nur diese, meint er, böten hinreichende Bürgschaft; nochmals sendet Fridigern einen Boten ex plebe und fordert dagegen Geiseln aus den römischen nobiles, nur dann wolle er selbst zur Verhandlung erscheinen.

Die Menge beeifert und bemüht sich, den Edlen an todverachtender Kühnheit zu gleichen: — hier dürfen wir vielleicht auch an Gefolgschaften und ihre Führer denken — aber über allen steht unverkennbar Fridigern [7]).

Auch Alarich verspricht noch als Geiseln „edelgeborne" [8]). Die

1) L. a. 31, 2 ebenso als Heerführer 31, 6.

2) 31, 9.

3) 31, 11.

4) 31, 2.

5) 31, 12.

6) optimates, ut firma fierent paciscenda.

7) 31, 5.

8) Zos. V. 36: τῶν παρ' αὐτῷ τινας εὖ γεγονότας; (Bessel II. S. 119 meint, auch Wulfila sei als solcher Edler a. 332 Constantin vergeiselt worden); aber mit den 300 εὖ γεγονότας, welche A. aus dem Heere hebend scheinbar als Sclaven den römischen Senatoren schenkt, ist so wenig wie mit der ganzen läppischen Erzählung bei Proc. b. V. I. 2 anzufangen: man sieht nur, daß Prokop Mitte des VI. Jahrh. westgothischen Erbadel zu Anfang des V. annahm. Waitz bemerkt I.

den Alarich berathenden „senatores“ [1]) sind seine Heerführer, vielleicht zugleich Adel [2]). Die oft citirte [3]) „Pelz tragende Curie der Gothen, die langhaarigen Väter, die Ersten des Volkes, durch Schlachten und Alter ehrwürdig“ sind poetische Compositionen Claudians, mit denen nicht zu operiren [4]). Selbstverständlich [5]) hat dieser Adel auch größeres Vermögen: die politische Bedeutung und der Einfluß in Nutzen und Schaden ist an diese thatsächliche Macht geknüpft [6]): — die erste Frage des christenverfolgenden Königs über einen Bekenner ist nach seinem Vermögen — der ganz Arme ist unbedeutend und ungefährlich [7]). Erst wiederholten Provocationen fällt der „geringe“ Saba zum Opfer, während der durch „edle Geburt“ und „ausgezeichnete Stellung“ gefährliche Niketas vom König besonders verfolgt wird [8]).

Die Gemeinfreien [9]) sind unverkennbar in ihrem stolzen Auftreten,

---

S. 192 2. A., daß auch die Eigennamen Athala (Jord.), Athalaricus auf gothischen Erbadel weisen; vgl. gabaurþivaurd, γενεαλογία, Geschlechtsregister.

1) ragineis. βουλευτής, σύμβουλος, ἐπίτροπος.

2) Ein solcher Heerführer auch Druma Zos. VI. 7. 12. Noch farbloser der Gothus potens (ὁ δυνάστης I. Tim. 6, 15 W. sa mahteiga; μεγιστᾶσι maistam πρώτοις frumistam, Gegensatz, aftumistam und andbahts) et christianus, den Oros. VII. 39 bei der Einnahme von Rom erwähnt.

3) pellita Getarum curia, crinigeri patres, primos suorum bellis annisque verendos Claud. b. G. v. 477.

4) Ebensowenig mit den c. XXVIII. v. 314 comites, clientes: der Gedanke, daß der nationale Verband die Gothen an den Volkskönig knüpft, ist dem Römer nicht stets klar genug. Das unverschorne Haar ist Abzeichen aller Freien, nicht nur der Edeln: eine thatsächliche, nicht eine standesmäßig geschloßne „Curia“ ist gemeint: vielleicht hat Tac. Germ. c. 11 nachgewirkt: prout *aetas* cuique .. prout decus bellorum.

5) A. I. S. 21.

6) Das sind þai mikilans, οἱ μεγάλοι, vgl. sves, οὐσία, gabei, πλοῦτος, gabigs (ἔνδοξοι wörtlich vulþagai) πλούσιος. Gegensatz: un-leds, πένης: „ein der Leitung Beraubter“?? Schulz s. h. v. Ferner gehören hieher die farblosen Gegensätze: sa maiza .. þamma minnizin Genes. I. 25, 23, vgl. Matth. 11, 11: auch leitils, undaraists, für ἐλάχιστος. Vgl. alaþarba, þarbs; ὑπερηφάνους, mikil-þuhtans, (die „praesumentes“ der nächsten Periode), δυνάστας, mahteigans und gahnaiwidans, (hnaivs) hauns (neigen, höhnen) ταπεινούς; Joh. 9, 8 Text zweimal προσαίτης, W. bidagva u. alhtrons.

7) Acta s. Sabae.

8) Acta s. Nik. l. c. ὅσῳ καὶ τῷ περιφανεστέρῳ τοῦ γένους .. τῶν ὁμογενῶν ἐκράτει.

9) Goth. freis Kor. I. 7. 22 im bestimmtesten Gegensatz zu Freigelaßnen und Knechten, ebenso Col. 3, 11 skalks jah freis; freihals, ἐλευθερία.

das dem erstaunten Byzantiner aristokratisch scheint: sie schütteln bei Erregung das lang wallende Haar, ihres Standes ehrendes Zeichen [1]), und wollen sich nicht von ihren Waffen trennen [2]): Geld, Vieh, Knechte, ja Weib und Kind geben sie hin, um nur die geliebten Waffen behalten zu dürfen; sie heißen aber doch schon plebs, humiles, vilitas im Gegensatz zu den optimates; diese allein verlangt man als Geiseln und Unterhändler.

Freigelaßne sind selbstverständlich und auch bestimmt bezeugt [3]). Unfreie nennen in dieser Zeit a. 390 die Acta s. Sabae [4]), und zwar bewaffnet; die „domestici" der Hausfrau daselbst sind wohl römisch; nach Ammian pressen die Römer und der Hunger den Gothen ihre Knechte ab [5]). Hauptentstehungsgrund der Unfreiheit ist Kriegsgefangenschaft [6]). Daher sind die zahlreichen Gefangenen [7]), welche die Schlacht von Pollentia befreit a. 401 [8]), Unfreie; gefangene Griechinnen dienen als Sclavinen der Königin [9]): auch Eunapius [10]) setzt ihre *οἰκέται* den Freien entgegen. Bei Wulfila steht skalks für *οἰκέτης* und *δοῦλος* [11]).

---

1) Eunap. p. 47 γενναῖοι (vgl. p. 51 γενναιότης „Tüchtigkeit", nicht Adel) μεχρὶ τοῦ κινῆσαι τὰς κόμας; ganz ebenso Claud. b. G. v. 487 concutiens comam (keine Westgothen sind die 12,000 κεφαλαιῶται ὀπτίματοι des Radagais bei Olymp. p. 450 wie Köpke S. 202); vgl. die capillati bei Jord. A. II. S. 100.

2) Eunap. p. 49.

3) Durch Wulfila's fralets, ἀπελεύθερος, Kor. I. 7, 22 im schärfsten Gegensatz zum ἐλεύθερος (freis) und δοῦλος (skalks); ἐλευθεροῦν ist frijans briggan; vgl. Joh. 8, 33 skalkinon, frijai vairþan.

4) δήμιοι, παῖδες.

5) Vgl. Jord. c. 26.

6) hunþs Eph. 4, 8 ushanþ hunþ ἠχμαλώτευσεν αἰχμαλωσίαν; vgl. frahinþan, miþfrahinþan. Philem. 23.

7) Vgl. Zos. V. 5.

8) Claud. b. G. v. 616.

9) l. c. v. 630; daher bei Wulfila Luc. 4, 19 αἰχμαλώτοις ἄφεσιν heißt frahunþanaim fralet.

10) p. 50.

11) skalkinassus galiugagude, εἰδωλολατρεία Col. 3, 5. gaskalki σύνδουλος (vgl. Col. 1. 7, Phil. 16 skalkinon als Knecht dienen (miþsk.) δουλεύειν, λατρεύειν) d. h. Mitknecht desselben Herrn; dagegen διάκονος wird an derselben Stelle Col. 4, 7 mit andbahts gegeben: es ist der freie Diener: sa liuba broþar jah triggva andbahts jah gaskalki in fraujin., ebenso andbahts für διάκονος Col. 1. 7, 23, 25 (Gottes, Paulus 4, 17 andbahti διακονία) οἰκέτης, vgl. οἰκοδεσπότης, heivafrauja Marc. 14, 14, auch mit þius Luc. 16,13, Nehemiah 5, 16. þius þevis aber auch für δοῦλος Col. 4, 1, παῖς, puer ganz genau þiumagus, der Knecht-Knabe,

Die Unfreie, Sclavin, ist þivi, δούλη und παιδίσκη [1]).

Doch auch freie, gemiethete Arbeiter [2]) kannte man und es ist lehrreich, daß man sie „Aerndtner" nannte [3]), zu welcher Arbeit und Jahreszeit man deren also zumeist bedurfte [4]).

III. Die einzelnen Hoheitsrechte des Königthums.

Von den einzelnen Hoheitsrechten [5]) des Königs ist der Natur der Quellen und der Sache nach in dieser Periode der Heerbann und das Repräsentationsrecht am klarsten bezeugt.

1. Repräsentationsrecht.

Mit der Kriegsleitung fällt für jene Zeit die Vertretung des Volkes nach Außen beinahe zusammen: die Könige verhandeln mit Byzanz und Rom über Krieg, Frieden, Bündniß, Ansiedlung: sie entscheiden damit das Schicksal des Volkes [6]), wenn auch eine Berathung mit dem Adel und den Heerführern [7]) häufig mitwirkte, wie einigemale ausdrücklich bezeugt ist, und eine summarische

---

später dafür skalks. Interessant ist die Steigerung μέγας: διάκονος = πρῶτος: δοῦλος, mikils: andbahts = frumists: skalks; ὑπηρέτης wird mit andb. gegeben, andbahtjan διακονεῖν Philem. 13: meist vom Dienst Gottes, des Evangeliums, doch nennt sich Paulus auch skalks guds Tit. I. 1, vgl. Tim. II. 1, 8. Knechtschaft δουλεία ist þivadv und skalkinassus, zwei Herrn dienen: tvaim fraujam skalkinon.

1) Joh. 18, 17 heißt π. ἡ θυρωρός nur: dauravardo. Bezeichnend Gal. 4, 30. 31, 22, der Sohn der Magd, der nicht Erbe nimmt mit dem Sohn der Freien: þiujos barna-frijalsos; auffällt Matth. IV. 10 fulla-fahjan für λατρεύειν. Dienstbar machen anaþivan.

2) μισθώτους.

3) asneis, von asans.

4) Aber auch gemiethete Schiffsknechte heißen dann so; der Lohn, mizdo, ist mit dem Griechischen urgemein, daneben laun, andalauni, andavairþi.

5) valdufnja würden sie geheißen haben, vgl. bes. Sk., I. u. V. 17, Luc. 20, 20; für Befehl, Gebot hat W. anabusns: ἔνταλμα, ἐπιταγή, παραγγελία, παράδοσις, ἐντολή, garaideins, διαταγή, κάνων; ragin ist δόγμα, γνώμη. Sk. I. wechselt anabusns mit vitoþ; über dies s. Westg. Studien; haiti, Geheiß; gagrefts ist δόγμα, edictum, das „Geschriebene", woraus doch keineswegs gothisch geschriebne Gesetze zu folgern.

6) So Athanarich, Eunap. p. 47.

7) Claud. b. G. v. 480: ästhetisch componirt.

Zustimmung des Volksheeres eingeholt wurde, welches aber der Führung seiner Häupter in der Regel einfach nachgeben muß, da unmöglich ein solches Barbarenheer die römische Politik verfolgen, beurtheilen, abwehren konnte, während Führern wie Alarich auch feinere Künste und bedenkliche Mittel des Staatsmanns nicht fremd blieben [1]). Zwar fehlt es nicht an Beispielen, daß die Menge den König zum Nachgeben zwingt oder zum Theil von ihm abfällt, wenn er nicht nachgiebt [2]). Regelmäßig aber erscheint der König als der Schützer und Vertreter der Nation [3]) gegenüber der drohend überlegnen römischen Staatskunst.

Die Quellen nennen ohne Unterscheidung bald das Volk [4]), bald die Fürsten als die völkerrechtlichen Subjecte, mit denen verhandelt wird [5]); gegen die hunnische Gefahr trifft der König die Entscheidung, aber das Volk gehorsamt nicht; Fridigern leitet nur durch Rath, nicht durch Befehl, das politische Verhalten der Seinen [6]): Er führt durch Gesandte [7]) die Verhandlungen mit Valens, aber daß die Zustimmung des Volkes unerläßlich sei, wird als bekannt vorausgesetzt [8]). Dem entsprechend steht auch manchmal noch die letzte Entscheidung über das Geschick des Volkes bei den Gemeinfreien [9]) in ihrer Gesammtheit: gegen den Willen Athanarichs beschließen sie Uebertritt auf römisches Gebiet [10]) und Fridigern kann glaubhaft erklären, seine Stammgenossen würden in die römischen Bedingungen nicht willigen: mag das eine Ausflucht gewesen sein, immerhin zeigt es, welches Verhältniß zwischen

---

1) z. B. Bestechung Claud. b. G. XXVI. S. 88. 566. Die sentimentale Vorstellung von der kindlichen Unschuld dieser Barbarenhäuptlinge sollte man endlich fallen lassen: man sehe Ammian über die Listen eines Athanarich und Fridigern.

2) Von Athanarich A. V. S. 8. 9, von Alarich S. 41, a. 402 ganze cunei und turmae d. h. Fußvolk und Reiterei Claud. XXVIII. v. 253; er scheint anzudeuten, daß diese clientes, comites, propinqui abfallen, weil Alarich den Vertrag mit Stiliko gebrochen v. 314.

3) Zos. VI. 7. 9.

4) Gothi, gens Ammian M. vor dem Krieg mit Valens v. a. 367.

5) Den Friedensschluß in der Donau verhandelt Athanarich an der Spitze anderer Fürsten l. c. Themist. X.

6) Amm. M. 31, 5.

7) airus, airinon, G. sein.

8) l. c. ähnlich nach Jord. l. c. Athanarich mit Theodos.

9) Der plebs Amm. M. 31, 5. 6.

10) A. V. S. 8.

Fürst und Volksgesammtheit als den Römern bekannt vorausgesetzt wurde, sonst hätte er dergleichen nicht vor diesen geltend machen können [1]). Und daß in der That Fridigern, sogar im Krieg, nur diese, schon von Tacitus geschilderte, rathgebende Autorität gegenüber den Seinen hat, zeigt Ammians Darstellung vielfach: er „räth", die Belagerung von Adrianopel aufzugeben und das flache Land zu durchziehen; eine Zeit lang wird dieser Rath verschmäht, endlich billigt das Volk hier den „Vorschlag" des Königs, „von dem es weiß, daß er alle seine Kämpfe theilen wird" [2]). Also der König, obwohl Heerführer, kann sogar den Feldzugsplan nur „empfehlen": das Volksheer entscheidet darüber und folgt dem König aus Vertrauen in seine erprobte Tüchtigkeit — das ist noch ganz das gleiche Verhältniß von Königthum und Volksfreiheit wie zur Zeit des Tacitus [3]). Massenhaft fallen nach Pollentia die Gothen, seinen Plänen widerstrebend, von Alarich ab [4]). Das ändert sich erst seit, etwa unter Eurich, der König den ganzen Apparat des römischen Absolutismus in geordneten Zuständen zuerst gegen die handsameren Romanen, dann auch gegen die selten mehr in größeren Massen versammelten Gothen in Wirkung zu setzen vermag.

2. Heerbann.

Athanarich hat den Heerbann [5]) für seinen Bezirk und als Herzog

---

1) Amm. 31, 12 aliter se popularium saevitiam *mollire* (befehlen kann er also nicht) non posse vel ad conditiones rei romanae *allicere*, nisi timore imperatorii nominis instituto eos a pernicioso pugnandi revocaret ardore.

2) Amm. 31. 15. 6 Fridigernus abire . . *suasit* . . *suadensque*, ut populandas opimas regiones adorirentur . . laudato regis *consilio* quem cogitatorum fore norant socium efficacem.

3) Alle berathen, was nach den, troß Fridigerns Rath, unternommenen Belagerungen zu beschließen sei: l. c. 31, 15 gentiles (d. h. die Stammgenossen) in varias consiliorum vias diducebantur, quorsum tenderent ambigentes, multisque dictatis et controversiis statuunt.

4) A. V. S. 41. Daß aber Oros. Alarich regem et comitem d. h. „Genossen" primum inter pares der Gothen nenne, ist ein Irrthum Valiente's l. c.

5) valdufni (drauhtinassaus). Diese hat der hundafaþs über seine Soldaten, wie er selbst unter v. eines Oberofficiers steht. W. Luc. 7, 8, Marc. 8, 9, II. Tim. 2, 4 ist τῷ στρατολογήσαντι leider umschrieben mit: þammei drauhtinoþ. Der „Befehlshaber der Burg", ἄρχων τῆς βιρά, heißt *fauramaþleis* baurgs. Neh. 7, 2.

für andere Bezirke [1]): er entsendet seine Unterfeldherrn [2]): ebenso Fridigern [3]) und Alarich [4]).

Das Heer, harjis, war ohne Zweifel damals bereits nach gemein gothischem System in Tausendschaften, (þusundi?), Hundertschaften, Zehenschaften gegliedert [5]). Wulfila gewährt zweimal þusundifaþs für χιλίαρχος [6]) und hundafaþs für κεντυρίων [7]) und ἑκατόνταρχος [8]). Die Rotte, σπεῖρα, heißt ihm hansa [9]). Das gothische Wort, welches regelmäßig Kriegsdienst, Kriegsdienst thun [10]), Kriegsmann, ausdrückt: gadrauhts [11]), weist auf die natürliche Gliederung des Heeres als eines durch gemeinsamen Dienst zusammen gehaltenen Ganzen [12]) hin. Sehr lehrreich aber für die längst gepflegten Beziehungen zum römischen Heerverband ist, daß neben dem heimischen Wort die lateinischen Ausdrücke für Sold und Kriegsdienst: annona, militari, anno, militon, ὀψώνιον [13]), στρατευόμενοι schon c. a. 380 völlig eingebürgert sind [14]): gewiß nannten die Gothen den Dienst in römischen Regimentern mit diesen Ausdrücken.

Von Waffen (vepna, auch sarva) und Kriegsgeräth nennt uns Wulfila die Thut-Hörner (þut-haurn) der Hornbläser (haurnja) [15]); — auch der altgermanische Schlachtruf erscholl auf der Wahlstatt von

---

1) Amm. M. 27, 5. 31, 4.

2) l. c. 31, 3.

3) l. c. 31, 4. 6, 11.

4) A. V. S. 40. 51. 53.

5) S. hierüber unten: Verfaß. der Reiche von Toulouse und von Toledo.

6) Joh. 18, 12. Marc. 6, 21.

7) Marc. 15, 39. 44. 45, Matth. 8, 5.

8) S. Schulze teva, die Schaar, die Ordnung, ob I. Kor. 15, 6 teva eine Schaar von 50? taihun tevis?

9) alla hansa, ὅλην τὴν σπεῖραν, sonst für πλῆθος Luc. 6, 17.

10) Für Jemand, mit dem Dativ. II. Tim. 2, 4.

11) στρατιώτης, drauhtinon, driugan, στρατεύεσθαι, drauhtinassus, στρατεία (vepna unsaris drauhtinassaus II. Kor. 10, 4.), drauhtiviþod (ebenso Kriegs-Gesetz-Recht I. Tim. 1, 18).

12) Leo rectit. S. 139.

13) In nicht militärischer Anwendung: andavizns.

14) Luc. 3, 14 von den römischen Soldaten þai militondans . . valdaiþ annom izvaraim; vgl. I. Kor. 9, 7; ἀθλεῖν, ἀγωνίζεσθαι ist haifstjan, ἀγών, ἐριθεία, ἔρις, haifsts; Marc. 5. 9, 15. Der Dämon, dessen Name „Legion“ Λεγεών, „denn unser ist viel“, bleibt unübersetzt: bei Luc. steht dafür harjis, Heer.

15) Daß auch das Instrument des sviglja, des Schwegelpfeifers, αὐλητής, im Feld gehört wurde, ist ungewiß.

Adrianopel [1]) — dann den Lang-Schild, skildus, (θυρεός), die Brünne, (brunja, θώραξ), den Helm (hilms, περικεφαλαία), das Geschoß (arhvazna, βέλος), das Schwert (meki und hairus) [2]) und dessen Scheide (fodr) [3]).

Leibwachen, Trabanten im Stil der Kaiser hatten die gothischen Fürsten damals noch nicht [4]).

Die Bezeichnungen für Kampf, Krieg, Schlacht sind sehr manchfaltig [5]): und hievon werden zahlreiche gothische Personennamen gebildet.

Man verstand sich darauf, befestigte Werke anzulegen, nach römischem Vorbild [6]). Aber die natürlichste Schanze bildeten für das Volk, das auf seinen Wanderzügen vom Dniestr an die Donau, von der Donau an den Ilissus und Eurotas, vom Eurotas an die Etsch, den Po und den Liris, von da an die Garonne und Loire, an den Ebro und den Tajo Weib und Kind und Habe auf Wagen mit sich führte, diese zu einer Wagenburg ineinandergeschobnen Karren (plaustra) selbst, welche in den Kämpfen von a. 376 bis 410 von Ammian und Claudian häufig erwähnt werden [7]).

3. Gerichtsbann.

Auch die Gerichtsgewalt [8]) tritt neben dem Heerbann dieser Fürsten zu jener Zeit so lebhaft hervor, daß manche derselben, namentlich in Ermanglung längerer Dauer, wiederholter Vererbung ihrer Stellung, lediglich Richter genannt wurden, von den Römern und vielleicht zum Theil vom eignen Volk [9]).

---

1) Amm. M. 31, 2 ululante barbara plebe ferum et triste.

2) Sowohl für ῥομφαία, des große, als für μάχαιρα, das kurze Schwert (den Dolch), wofür sonst meki.

3) Unser Fahne, fana, begegnet zwar, aber nur als Lappen oder Schweißtuch.

4) speculator Marc. 6, 27 blieb unübersetzt (spaikulatur).

5) vaihjo, vigans, sakjah, der Streiter, sigis, stigkvan, brakja.

6) A. V. S. 8: bibaurgeins tulgiþa; dauravardjos nennt W. die πυλωροί, θυρωροί; vardja, der Wärter, vahtvo, die Wache; über baurgs s. unten burgarii.

7) A. V. S. 34 περιβάλλειν χάρακα heißt aber bigraban þuk grabai also statt des Walls, des Pfahlwerks, steht der einfachere Graben.

8) stavos valdufni W. Sk. V. 17.

9) Auxent. p. 20. Der inreligiosus et sacrilegus judex (vielleicht dachte er an Luc. 18, 6 stava invidiþos) Gothorum Amm. M. 31 l. c. (Eunap. dagegen

Vom König gehen die Strafurtheile wider die Christen aus [1]). Der Diener des Richters d. h. der Frohnbote heißt andbahts [2]). Das allgemeinste Wort für Richter und Gericht war stava: von stava werden überhaupt alle hier einschlägigen Bildungen gewonnen [3]).

Daß aber damals noch, d. h. vor 375, das Recht in der Volksversammlung gefunden wurde, bezeugt vielleicht gakvumþs, die Zusammenkunft, womit Wulfila nicht nur die συναγώγη [4]), sondern auch das Gericht [5]) überträgt [6]).

Daß übrigens auch bei diesem Germanenvolk ursprünglich Privat-Rache, Blutrache, Privatfehde und daneben alternativ ein Compositionensystem bestand, hat man sehr mit Unrecht um deßwillen bestritten, daß später, im toledanischen Reich, für Tödtung die römischen öffentlichen Strafen recipirt sind. Einmal finden sich auch in jener spätern Periode noch Reste des Wehrgeldsystems [7]) und anderseits bestätigt die Sprache

---

p. 47 nennt ihn βασιλεύς) mag das nun Athanarich oder dessen Vater sein. Themist. l. c. τὴν μὲν τοῦ βασιλέως ἐπωνυμίαν ἀπαξιοῖ, τὴν τοῦ δικαστοῦ δὲ ἀγαπᾶ; Ambros. de spiritu sancto praef. „judicem regum" heißt aber wohl nur soviel als der von den übrigen Häuptlingen als ihr Vertreter, Führer, Anerkannte; vgl. v. Bethm. H. Germanen S. 56, v. Sybel, die Deutschen S. 37, Waitz I. S. 247 über den muthmaßlichen gothischen Ausdruck; nach Hofmann S. 7 frauja (slav. prav.): schwerlich so unbestimmt; Zimmermann S. 34 ealdorman wie einst v. Sybel Königth.; von doms, domjan hat sich bei W. kein Wort für Richter gefunden; so übrigt nur stava: stets für κρίτης: dafür spricht besonders Matth. V. 40, 11, 22, Sk. V. 11, 12 und 17: stavos valdufni, ferner Joh. 12, 31 stava þizai manasedai: κρίσις τοῦ κόσμου τούτου, ebenso 5, 22 alla stava, 16, 11 u. 8 bigaraihtiþa jah bistava: περὶ δικαιοσύνης καὶ περὶ κρίσεως (δικ. sonst usvaurhts) Matth. 7, 1 „richtet nicht, auf daß ihr nicht gerichtet werdet": ni stojiþ, ei ni stojaindau, Luc. 18, 2 stava vas sums in sumai baurg.

1) Acta s. Sabae.

2) Wie Matth. 5, 25 deutlich zeigt: sa stava thuk atgibai andbahta: ὁ κρίτης σε παραδῷ τῷ ὑπηρέτῃ; vgl. Sk. VIII. 3.

3) anda-stava, gerichtliche Gegenpartei, staustols, Richterstuhl, stojan, gastojan, richten: ganz allgemein eine Rechtssache, ein Rechtsstreit, πρᾶγμα, stava. doch auch domjan für κρίνειν: nebeneinander κρίμα und διακρίνων stava und domjands, so daß nicht etwa an Scheidung von Bann und Thum nach st. u. d. zu denken; für κρίμα, Verurtheilung, auch vargiþa.

4) Joh. 18, 20, 16, 2, Matth. 6, 2. 5. 9, 35 (andremale unübersetzt).

5) συνέδριον Matth. V. 5, 22.

6) Schuldig dem Gericht skula gakvumþai, im Unterschied vom Urtheil: κρίσει, sk. stavai, (ebenso was sonst gafaurds, von fairan, anklagen), die Anklags-Versammlung.

7) S. Westgothische Studien und unten B. „Gerichtshoheit".

noch speciell was als gemein germanisch ohnehin zu vermuthen war: die Ausdrücke für Anklage [1]), anklagen [2]), falsch-anklagen [3]) sind alle auf vrikan, rächen, ἐκδικεῖν, gavrikan, διώκειν zurückzuführen. Diese Rache, Verfolgung [4]) war ursprünglich wohl die außergerichtliche neben der späteren gerichtlichen [5]).

Der durch den Gerichtsbann des Königs geschützte Rechtsbestand heißt gavairþi, der Friede [6]): die Verwirkung dieses Friedens macht zum vargs, Geächteten, Ausgeschloßnen, Feind [7]).

Erwähnt wird von Strafen [8]) in dieser Zeit der Feuertod und das Ertränken [9]).

Die Friedlosigkeit darf man wohl für die älteste Zeit aus dem Worte vargs, der Aechter, vargiþa, Verurtheilung, folgern [10]). Die praktisch wichtigste, weil häufigste, Art des Friedebruchs war wohl der

---

1) vrohjan, κατηγορεῖν.

2) vrohs, κατηγορία.

3) frah vrojan, διαβάλλειν.

4) vraka, vrakja, vrekus, διωγμός, vraks, der Verfolger, διώκτης; tildu vrohjan.

5) Daneben steht für Rache, Rächer noch fra-veit, fraveitans, von veitan, sehen, (Luc. 18, 3 ἐκδίκησον με ἀπὸ τοῦ ἀντιδίκου: fraveit mik ana andastaþja), von dem aus sich kein Rechtswort gebildet hat. Daher heißt sich versöhnen: wieder in den Frieden aufnehmen, gasibjan, gavairþjan, gafriþon.

6) Daneben steht sibja und (erschlossen) friþus; g. auch für den Frieden mit dem Kriegsfeind. friþ, zu frijon lieben; (gav. von vairþan).

7) Freilich ist dies Wort nur aus launavargs ἀχάριστος, gavargjan κατακρίνειν, gavargeins κατάκρισις, vargiþa, κατάκριμα zu erschließen.

8) balveins, κόλασις, sleiþa.

9) Gegen die christlichen Martyrer, wobei nicht an bloße Willkür zu denken, zumal bei der Ersteren. („Karkara“ hat man von den Römern entlehnt, ebenso fascia, die Binde, für κειρία neben dem goth. veda, die Fessel, vgl. bandja, gabindi, fotubandja, kunaveda, „eiserne Nothbande, naudibandja“ für in der Untersuchungshaft Gefangene.) Verurtheilen zum Tode ist gavargjan dauþau, Todesschuldig skula dauþaus, d. afdauþjaldau; W. hat die Wörter für Steinigen: stainjan, stainam vairpan, Brandmarken: gatandjan; Ruthenstrafe: vandum usbluggvans, in L. V. so häufig, damals noch nicht Freien gedroht. Das Kreuzigen darf man schwerlich wegen hramjan, usrahmjan als gothische Strafart betrachten: wird hr. doch manchmal ersetzt durch den Galgen, galga; und hr. soll selbst hängen bedeuten Weinhold l. c. S. 20. Das Hängen (ushahan) war gemein- und altgermanische Art der Todesstrafe. Verknechten heißt anaþivan, gaþivan.

10) S. oben Anm. 7 und die Analogie des altnord. vargr, latro, maleficus, lupus: doch steht für ἀποσυναγώγους ποιεῖν kein vargr,' sondern us gakvumþim dreiban.

Raub: deßhalb wird wiederholt „Uebelthäter", vaidedjans, (auch þiubs) für Räuber, λῃστής, gesetzt.

4. Gesetzgebende Gewalt.

Von gesetzgebender Gewalt des Königs begegnet in dieser Periode noch keine Spur.

Das Recht beruht überwiegend auf der Gewohnheit [1]) und Ueberlieferung [2]). Doch fehlt nicht das Wort für das Gesetz: es ist vitoþ [3]), „Gebrauch des Gesetzes" ist [4]) biuhti vitodis; das „geschriebne" (vrit und gamelit) Gesetz (Luc. 16, 17) ist selbstverständlich nur das jüdische [5]); auch für Gesetzgebung, νομοθεσία, reichte die Sprache mit v. garaideins, d. h. Bereitung des Gesetzes, aus [6]), ja während Tim. I. 1, 18 nur von Feldzug, στρατεία, militia, spricht, spricht das Gothische vom Kriegs-Gesetz: drauhtivitoþ.

Lehrreich ist I. Tim. 1, 9: „das Gesetz ist gesetzt (satiþ) nicht dem Gerechten, (1. garaihtamma) sondern den Gesetzlosen (2. vitodalausaim), den Nicht-Fügsamen (3. untalaim), den Scheulosen (ἀσεβέσιν 4. unsibjaim) und Sündern (5. fravaurhtaim), den Unheiligen (6. unairknaim) und Unreinen" (7. usveihaim) [7]).

5. Der Amtsbann.

Der König hat den Amtsbann.

Als Beamte [8]), Grafen oder Zahlenführer, des Athanarich, er-

---

1) biuhti, συνήθεια, εἰθισμένον, ἔθος, εἰωθός, sidus, Sitte (τὰ ἤθη).

2) παράδοσις, anafilh, das „Empfohlene" von den Vorfahren; κανών ist arbaiþs und garaidein.

3) Das „Gesetz der Juden", (daher v. laisareis, v. fasteis); von veitan, das Gesehene, Gewußte oder Beobachtete, Weinhold S. 18, welches da richtet (stojiþ), nach dem gerichtet wird, und beherrscht (fraujinoþ), dem man dient (skalkinoþ), νόμος, daneben ἐντολή, anabusns Rom. 7, 9, Eph. 2, 15, gasateins, καταβολή.

4) τὸ εἰθισμένον τοῦ νόμου, Luc. 2, 27.

5) δικαίωμα τοῦ v. garaihtei v. Rom. 8, 4: Schriftgelehrter, νομικός, ist Luc. 7, 9, 10, 25 v. fastois, Gesetz-Fest-Halter; νομοδιδάσκαλος: v. laisarais.

6) Rom. 9, 4.

7) Juristisch sind hier nur 2, 4 und vielleicht 5; die übrigen Ausdrücke sind moralisch 1 und religiös 6, 7; ganz vag 3; Gegensatz: νομίμως, vitodeigo.

8) Der allgemeinste Ausdruck bei W. ist faura-maþleis, Vorsprecher, (denn maþs kommt nur in Zusammensetzung vor: außer den Zahlenführern noch synagogaf. u. bruþf.), für ἄρχων, sonst ἀρχης oder ἀρχι (oft aber hiefür ark), z. B.

scheinen die ἄρχοντες, welche die Christenverfolgung leiten; (Act. s. Sabae). Dagegen mehr als Unterfeldherrn Wunderich und Lagariman [1]); einen Herold [2]) entsendet Fridigern [3]) und Alarich [4]).

Obrigkeit ist auch „Gewalt", valdufni [5]): so hat der hundafaþs seine Soldaten unter seiner „Oberkeit" (vald.) [6]).

Pontius Pilatus, der Statthalter, ἡγεμών, heißt jedesmal kindins [7]). Das war also technischer Ausdruck für einen hohen Unterbeamten (dux? comes?) des gothischen þiudans. Aber seine Amtsstätte, τὸ πραιτώριον, blieb (viermal) unübersetzt. Die „sinistans manageins" bildeten bei den Gothen nicht als solche eine Behörde:

ἀρχιτελώνης: f. motarje, ἐθνάρχης: f. þiudos, ἀρχισυναγώγης: f. s., aber auch ἄρχων δαιμονίων: f. unhulþono, f. baurgs, dux, ἄρχων und ohne Beisatz Nehem. f. staaseis ist προϊστάμενος. Der ebenfalls höchst allgemeine Ausdruck πάντων τῶν ἐν ὑπεροχῇ ὄντων Tim. I. 2. 2 wird allzuwörtlich gegeben allaim þaim in ufar assau visandan, was Ueberfluß, Uebermaß, nicht eigentlich „Oberkeit" (Luther) ist, vgl. ufar-visan. Nehem. 5, 14 ist der f. (dux, ἄρχων, „Landpfleger") in Judäa eingesetzt von dem þiudans, dem Perserkönig Artaxerxes; daß in jener Zeit bereits auch Unfreie zu öffentlichen Aemtern gelangten, darf man aber daraus noch nicht entnehmen, daß die „Beauftragten", die συνηγμένοι, pueri, des fauramaþleis 15, 16 l. c. dessen skalkos und þivos heißen.

1) Amm. M. l. c.

2) W. spilla? (Sk. L 20) schwerlich.

3) Zos. V. 6.

4) Amm. M. 31, 2.

5) z. B. ἐξουσίαις ὑπερεχούσαις Rom. 13, 1 valdufnjam ufarvisandam, eingesetzt, τεταγμέναι, gasatida: zumal übertragene z. B. „gab v. über die unsaubern Geister", (aber auch rein factische, Joh. 19, 11), Rechtsgewalt über 10 Städte; vgl. Luc. 11, 28.

6) andbahts ist auch ὑπηρέτης, die da „streiten" würden, (bewaffnete Unterthanen, Diener), wenn Christi Reich von dieser Welt wäre Joh. 18, 36. andbahti ist διακονία II. Kor. 3, 9, andbahtjan διακονεῖν, aufwarten, Gäste bedienen; daneben andtilon. Weinhold l. c. S. 19 glaubt mit Leo Meyer in Kuhn's Z. V. S. 135—161 in gagrefts, (s. oben S. 27 Anm. 5) die Erklärung von „Graf" gefunden, „das gothisch grefja gelautet" und „Befehlshaber, Gebieter bedeutet haben muß": aber gagrefts begegnet nur einmal für das Edict des Kaisers und steht doch wohl zu graban, schreiben. Graf, wovon im Gothischen gar keine Spur, ist wahrscheinlich aufgenommen aus dem früh-mittellateinischen gravio, grafio, graphio vom gr. γράφειν. Vgl. Lexer, mhd. Handwb. I. S. 1071.

7) Aber ein Verbum für ἡγεμονεύειν, Luc. 2, 2, fehlte, scheint es: daher die Umschreibung at visandin k.; (reiki und valdufnja, ἀρχή und ἐξουσία, stehen ihm zu), eine Glosse modificirt dies anziehend mit: „*raginondin*" Saurim, „regieren"; vgl. Leo rectit. p. 140.

später freilich bezeichnet seniores die neue Aristokratie[1]). Die militairischen Zahlen-Führer haben wir uns zugleich als Richter im Frieden zu denken: wenigstens waren sie das im Reiche von Toledo.

Der Verwalter ἐπίτροπος, procurator, des Herodes heißt sehr unbestimmt fauragaggja[2]): die Sprache hatte wohl kein technisches Wort dafür[3]).

Die den „Beamten" gebührende Naturalverpflegung „der Landpfleger, der Oberkeit, Kost" heißt ziemlich sinnlich und naiv *hlaif* fauramapleis[4]), wie es im nächsten Vers für „Brod" steht: (hlaibans jah vein).

6. Finanzbann.

Athanarich empfängt reiche Geschenke vom Kaiser wie von je die Germanenkönige.

Auch Tribut und Brandschatzung von besiegten Feinden und Jahrgelder[5]) bezieht der König, letztere für sein Volk[6]); regelmäßige Besteuerung der freien Volksgenossen zu Staatszwecken kannten die Gothen so wenig wie andre Germanen: mit „Kaisergeld" überträgt Wulfila den specifisch römischen census, den auch der griechische Text als κῆνσος Marc. 12, 14 hatte stehen lassen; ein Wort für Abgabe[7]) hätte nicht gemangelt, aber kaisara-gild sollte die nur dem römischen Imperator zukommende Leistung ausdrücken.

Obwohl das Wort für Zoll, Zollstätte und Zöllner[8]) nicht fehlt[9]), ist das Finanzinstitut den Gothen doch wohl erst von den Römern bekannt, wie das aus dem Latein entlehnte Wort bezeugt, und vor dem tolosanischen Reich schwerlich von ihnen das Zollrecht geübt worden.

---

1) Ueber den Richter, stava, s. oben; er sitzt auf dem Richterstuhl, stavastols, wie emphatisch das bloße τὸ βῆμα übersetzt wird.

2) Ebenso der οἰκονόμος, (πόλεως, f. baurgs) arcarius, οἰκονομία f. gaggi, auch wörtlich für Voran-gehend.

3) andstaldan? für ἐπιχορηγία.

4) Neh. V. 14. 17.

5) A. V. S. 20.

6) A. V. S. 20. 30. 42 f.

7) φόρος, gabaur, Rom. 13, 6, 7, gilstr; gilstrameleins, ἀπογραφή, wohl Zinse von Halbfreien oder Besiegten.

8) τέλος, τελώνιον, τελώνης, ἀρχιτελώνης.

9) mota, lat. muta, unser Mauth, motastaþs, motareis, fauramapleis m.

Den Königsschatz [1]) Ermanarichs rühmt die späte Heldensage [2]).

Der Königsschatz Alarichs, meist aus Kriegsbeute gewonnen, wird bei Pollentia erbeutet [3]); der neu gesammelte zum großen Theil mit im Busento begraben [4]).

Gemünzt haben die Gothenkönige gewiß erst im tolosanischen Reich: auf den unstäten Wanderungen wäre schon thatsächlich die Ausübung dieses Regals schwer gewesen [5]).

7. Religion. Cult. Kirchenhoheit.

Leider wissen wir von Götter-cult und Götter-Glauben der Gothen sehr wenig [6]): die Ausdrücke Wulfila's [7]) scheinen Thieropfer [8]) als sehr allgemeine und häufige Culthandlung vorauszusetzen — auch Athanarich läßt Opfer, „Sudopfer", schlachten [9]). — biuds [10]) zunächst Altar, Opfertisch, wird dann allgemein für Tisch gebraucht [11]).

---

1) Hort, huzd, huzdjan, Schätze sammeln. Doch γαζοφυλάκιον, Schatzkammer, blieb unübersetzt.

2) Ueber den Fund eines Goldrings angeblich aus diesem (?) Hort s. Holtzmann, Germania 1856; vgl. Dietrich, G. 1866 S. 207, Müllenhoff S. 303.

3) Claud. b. G. divitiae spoliisque diu quasita supellex v. 624 c. XXVIII. v. 129 omnibus direptis opibus .. captae opes v. 282, wiederholt wird großer Nachdruck darauf gelegt.

4) Jord. c. 30.

5) W. nennt uns die Drachme, das Aß mit griechischer Form (assarjus) aber ἀργύριον, den Silberling, den Denar, und die Mine in gothischer Uebertragung silubreins, skatts, dalla (ausgelassen bei silubr.); einmal steht aiz, Erz, wörtlich für χαλκόν, Geld. Der κοδράντης heißt ihm kintus. Den skilliggs nennen U. N. L. A. Die Inschrift der Münze hieß ihnen ufar-meleins.

6) Amm. Marc. 31, 2 spricht nicht von Gothen, wie Rosseeuw I. p. 391.

7) usbloteins für παράκλησις, Gebet, Verehrung, ganz allgemein; guþblostreis für θεοσεβής, blotinassus, θρησκεία, λατρεία, σέβασμα, blotan für σέβεσθαι, λατρεύειν, guþblotan, θεοσεβεία.

8) Ebenso sauþs für θυσία, Sudopfer, das Opfer eines geschlachteten und gekochten Thieres, zumal von Schafen, Weinhold g. Sprache S. 10.

9) Schulze S. 297 und die vielen Belegstellen daselbst.

10) Farblos hunsl, προσφορά, von skr. hu, opfern, v. der Hagens Germania X. S. 192 f., hunslastaþs, θυσιαστήριον, h. saljan d. h. λατρείαν προσφέρειν, veräußern.

11) Schulze S. 52.

Auch für Brandopfer (*ὁλοκαύτωμα*) gewährt die Sprache alabrunsts [1]).

διάβολος blieb manchmal unübersetzt: doch fehlt es nicht an Unholden [2]) beiderlei Geschlechts, welche *δαίμων*, *δαιμόνιον*, *σατανᾶς*, auch *διάβολος* anderemal [3]), wiedergeben; die weibliche Form [4]) scheint jedoch hiebei die „alte Regel" und läßt also schädliche Gewalten zumeist als Göttinnen gedacht annehmen. Beelzebub bleibt unübersetzt [5]).

Echtestem germanischem Cult gehört es an, wenn ein Götterbild [6]) auf einem Wagen von Dorf zu Dorf gefahren wird, auf daß vor ihm geopfert werde [7]) und auch die Darstellung der Gothensiege auf der Säule des Theodosius zeigt eine gothische Priesterin, welche Götterbilder auf einem von Hirschen gezogenen Wagen geleitet [8]).

Offenbar vermied Wulfila seinen Landsleuten die noch allzu unvergeßnen [9]) Bezeichnungen des väterlichen Götterglaubens dadurch neu einzuprägen, daß er sie für verwandte Vorstellungen der christlichen Mythologie verwendet hätte [10]). Daneben wirkte wohl das Pflichtgefühl

---

1) Fremd aber war die orientalische Sitte des Räucheropfers, daher blieb θυμίαμα unübersetzt, ebenso ἀρώματα; für θυμιάσαι einmal **saljan**.

2) **unhulþa**, **unhulþo**.

3) **Matth.** 25, 11, leider blieben hier seine ἄγγελοι unübersetzt.

4) Schulze S. 137, besessen sein ist **unhulþon haban**, oft bleibt es unübersetzt, **Marc.** 1, 32; s. aber auch **diabula**, die Verläumderin.

5) Ueber die „übeln Wichte" **Thess.** I. 5, 22 J. Grimm's s. Weinhold l. c. S. 8.

6) Das Bild des Kaisers auf der Münze heißt **man-leika**.

7) **Soz.** VI. 37.

8) Mask. I. S. 308 und Literatur daselbst **Bandurl Imper. orient.** II. p. 508 **praef.** p. XIV. (Ein Hirschgespann vor gothischem Königswagen.) Ueber den Götternamen „**Hore**" **Krafft de fontibus** p. 16; vgl. εἰδωλεῖον, Götzenhaus, **galliugastaþs**; manchmal für εἴδωλον nur **galiuga**, nicht g. **guþ**; während ἐθνικός mit **þiudisko**, wird ἑλληνίς, d. h. hellenischem Götterglauben zugethan, mit **haiþno** gegeben; vgl. **haiþiviskя**, ἄγριος, beide von **haiþi**, also damals schon hatte „**paganus**" den bekannten Sinn. Das Wort **skohls** für δαίμων, δαιμόνιον soll von Wald abzuleiten sein (Leo, **Rectitudines**), also einen Waldgeist bezeichnen. (**Skeat. s. h. v.** angels. **scucca**) nach Weinhold, g. Sprache S. 8: vagiren machen, verführen. Dagegen mündliche Mittheilung von College Lexer: „Das Wort gehört mit **skaþjan**, schaden, wohl zur Wurzel **ski** (sanskr. χι) vernichten, zerstören; auch **skanda** dürfte hieher gehören und ursprünglich „Verletzung, Beschädigung, Beschimpfung" bedeuten. Vgl. **Leo Meyer's** goth. Sprache S. 6".

9) Denn so rasch wie **Rosseeuw** I. p. 302 meint, schritt die Christianisirung nicht vor; daß die **Cc.** nur römisches, nicht auch Reminiscenzen von germanischem Heidenthum bekämpfen, ist nicht wahrscheinlich; mancher Zug der genannten abergläubischen Bräuche ist wenigstens auch germanisch.

10) So blieb ἄγγελος, ἀρχάγγελος unübertragen — s. d. zahlreichen Stellen bei Schulze.

möglichst wortgetreuer Uebersetzung [1]). Für die Feuerhölle, gehenna ignis (siebenmal), versagte die germanische Mythologie ohnehin: aber für ᾅδης steht das Reich der alten heidnischen Göttin Hali, halja, und zwar — was bezeichnend — ohne Artikel, wie im Nordischen z. B. fahr zu Hel [2])! Mammon, der alte Götze, blieb bald unübersetzt [3]), bald wird das Wort, dessen mythologische Bedeutung sich längst abgeschliffen, mit faihuþrain [4]), wörtlich „Vieh-Gedräng", Vermögens-Fülle, gegeben [5]).

Die heidnischen Priester hatten geheißen gudja [6]): das wird für die jüdischen, nicht auch für die christlichen Priester verwerthet [7]); alhs der alte Heidentempel, bezeichnet auch τὸ ἱερόν, den Tempel zu Jerusalem; manchmal hiefür gudhusa (auch alhs guþs), nie aber die christliche ἐκκλησία, diese bleibt unübersetzt.

Dulþs, ἑορτή, das Fest, überträgt die religiösen Feste der Laubrüste [8]) und des Pascha [9]): es war also wohl auch das Wort für die heidnischen Götterfeste gewesen, welche mit den großen Volksversammlungen (Gerichts-, Heer-, Markt-Versammlungen) zum Theil zusammen trafen.

Können wir auch von Kirchenhoheit des Königs zur Heidenzeit nicht sprechen, so hatte doch der König vermöge seiner priesterlichen Func-

---

1) S. unten arianische Kirche.

2) Vgl. Grimm, Mythol. I. S. 288, Gramm. III. S. 154. 384, οἰκουμένη ist midjungards, mythischen Anklangs.

3) Matth. 6, 24.

4) Luc. 16, 11. 13.

5) Daß weder Gott Fro in frauja für κύριος, noch Wodan in vods, δαιμονιζόμενος steckt, s. Weinhold, g. Spr. S. 7. Unübersetzt blieb der jüdische Sabbat und das Pascha mit der παρασκευή, (aber für ἐγκαίνια steht innjujiþa), der Psalm, der Prophet, manchmal der Satan, und Mammon, immer Belial, der christliche Martyr, (leider auch ἀνάθεμα), εὐαγγέλιον, εὐλογία, εὐχαριστία, diese offenbar aus frommer Scheu; ferner aggilus, aikklesjo, aipiskaupus, apaustaulus, daimonareis (manchmal), diakaunus, hairaisis, paintekuste, praisbytaireis, synagoge (manchmal).

6) ἱερεύς, auch manchmal für ἀρχιερεύς, gewöhnlich aber für diesen ufargudja, auhmista, veiha, maista, reikista gudja, davon gudjinon (ἱερατεύειν, gudjinassus, ἱερατεία).

7) Für diese bleibt das praizbyterei, praizbytereiei des Textes, auch diakaunaus, wo technisch: sonst andbahts.

8) Joh. 7, 2, 8—11, 20.

9) 6, 4. 12, 12. 13, 20. Luc. 2, 41. 42. κατὰ τὸ ἔθος τῆς ἑ. bi biuhtja dulþais Joh. 7, 87, auch dulþjan, ἑορτάζειν.

tionen [1]) das Recht und die Pflicht, die heimischen Götter gegen die oft gewaltsame, z. B. die Heiligthümer zerstörende, Propaganda der Christen zu schützen [2]) und die Christenverfolgungen von a. 355—372 sind, abgesehen von den politischen Beweggründen, Aeußerungen und Erscheinungen jenes Rechts, jener Stellung des germanischen Königs. So erläßt Athanarich den Befehl, den Priester Sansala zu verhaften [3]): mit starken Schaaren bewaffneter Begleiter [4]) zieht Athanarich, „der All-Schreckliche", von Dorf zu Dorf, ein Götterbild mit sich führend [5]): vor diesem wird geopfert, alle Bewohner müssen von dem Opferfleisch genießen [6]), die Dorfversammlung wird eidlich befragt, ob hier Christen wohnen; christliche Priester und Laien werden gefangen und bei Weigerung des Rücktrittes zum Tode verurtheilt [7]): ja es wird wohl eine ganze Christengemeinde, Männer, Weiber, Kinder, welche in das als Kirche dienende Gezelt flüchtet, sammt demselben verbrannt [8]), wie anderseits der Häuptling Fridigern seine Bezirke zur Annahme der neuen Lehre zu bestimmen vermag [9]).

Von der Geschichte der Christianisirung der Westgothen heben wir hier nur die für unsere Darstellung unentbehrlichen Züge hervor [10]). Daß schon seit Anfang des IV. Jahrhunderts das Christenthum auch den Nachbarn der Römer, den Westgothen, bekannt geworden, ist über Vermuthung hinaus [11]) beglaubigt durch die Anwesenheit eines

---

1) Gegen Mißverständnisse dieses Satzes verweise ich auf A. I. S. 26; vgl. Waitz I. S. 259. 285.

2) Socr. IV. 33 ὁ 'Αθανάριχος ὡς παραχαραττομένης (hienach Sozom. VI. 37 καινοτονουμένης) τῆς πατρῴου θρησκείας πολλοὺς . . τιμωρίαις ὑπέβαλλεν.

3) Acta s. Sabae.

4) „Räuber", λῃστάς, nennt sie die kirchliche Quelle.

5) Act. s. Nik. τῷ πάντα δεινῷ.

6) τι ξόανον ἐφ' ἁρμαμάξης Sozom. VI. 37; über die gothischen Götzenbilder auf der Säule des Theodosius Bessel G. S. 161; die Kirchenschriftsteller fassen das Heidenthum der Gothen als „hellenisches".

7) Acta s. Sabae.

8) Sozom. l. c., Acta s. Nik. l. c.

9) Socr. IV. 33.

10) Vgl. im Allgem. Cenni p. 173, Gieseler I. S. 616, Phillips I. S. 645 (St. Ascholius?), Maßmann, Ulfila p. XIV. XV., Köpke Römer u. G. S. 210, Fauriel I. p. 11, Rückert, Culturg. I. S. 199 f., Waitz Ulf. S. 35 f., Bessel, Ulf. l. c., Gothen S. 140, Skeat p. VIII., Krafft I. S. 214. 216, Gams II. a. S. 480, Troya II. 2. append. p. 81, Baur, christl. K. S. 14, Richter, west. R. S. 452—659.

11) Sozom. II. 5; hienach Cassiod. hist. trip. II. 21.

gothischen Bischofs, Theophilus, auf dem Concil von Nicäa a. 325 [1]). In die Mitte dieses Jahrhunderts fällt die Bibelübersetzung und Missionsarbeit Wulfila's [2]).

Während der ersten der erwähnten Verfolgungen [3]) entwich Wulfila, Bischof seit a. 348, vorher Lector, mit den zahlreichen Seinen über die Donau und suchte den Schutz der Römer [4]); sie siedelten am Fuß des Hämus [5]), ein friedlich ackerbauend Völklein [6]). Wulfila lebte noch 33 Jahre hier als Bischof [7]) und unterschrieb a. 360 auf der Synode von Constantinopel das arianische Bekenntniß [8]), er starb während einer zweiten Synode daselbst a. 388; als seinen Nachfolger nennt man [9]) seinen Schreiber Selena, dessen Vater ein Gothe, dessen Mutter eine Phrygierin; der von Chrysostomus [10]) zum Bischof für Gothien

---

1) Harduin Conc. I. p. 320, Waitz Ulfila S. 35, Bessel U. S. 117, Revillout p. 23. Dieses Theophilus Schüler war der Martyr Niketas Acta s. Nik.; christliche Gothen erwähnen Athanasius, Cyrillus u. A. s. Tillemont X. p. 2, Neander Kirchengesch. II. 1 S. 180. Bekehrung unter Constantin noch Socr. I. 18; schon a. 258 nach Philostorg. bei Photius h. eccles. II. 5, Maßmann; einzelne Bekehrungen durch Gefangne in den asiatischen Streifzügen A. II. S. 54. Fabelhaft der Saba militum dux, natione Gothus, unter Aurelian A. S. S. 24. April (wohl dem s. Saba von a. 372 nachgebildet). Das foedus mit Constantin mag, alle Uebertreibungen der Kirchenschriftsteller (Euseb. v. Const. M. IV. 5, Socr. IV. 33, noch bei Revillout p. 12—15—21) abgerechnet, zu zahlreichen Bekehrungen (gavandeins) geführt haben.

2) Geboren a. 318, Bessel Ulfila p. XXI. S. 53, Skeat p. VIII., a. 311, denn a. 388 siebzigjährig gestorben Waitz Ulf. S. 36, abweichend Bessel Ulf. l. c. † 381, Skeat l. c. p. 40, Gams II. a. S. 480; vgl. Thierry Attila S. 25, Richter weſt. R. S. 215.

3) a. 355 hatte sie schon eine Weile gedauert, also wohl vor a. 354 begonnen, schon a. 348 nach Bessel Gothen S. 141.

4) Nicht erst mit Fridigern, wie Thierry Attila S. 27.

5) Daher heißt dieser geticus Claud. c. I. v. 120; vgl. b. G. v. 165. 166.

6) Auxentius p. 20 „in montibus". Das sind die Gothi minores Jord. c. 51: in Mösien um Nikopolis; Maßmann Ulf. p. XIV.

7) Nicht des ganzen Gothenvolkes! Theodoret IV. 37, was auch nur in der latein. Uebersetzung, nicht im griechischen Text liegt; ganz irrig identificirt ihn mit Alaviv! Buat. VI. p. 407, andere Fabeln über ihn de Luzan, origen p. 128.

8) Acta s. Nik. l. c., Socr. II. 41, Sozom. III. 24, vgl. IV. 37, Waitz Ulf. S. 40, anders Bessel Gothen S. 140, Ulf. S. 53, Krafft I. 1 S. 218, de fontibus U. p. 12, Köpke, Römer und G. S. 216, Dietrich, Germania 1866 S. 205.

9) Socr. V. 23 und Sozom. VII. 17.

10) ep. 14. opp. III. 601.

geweihte „Unila“ kann nicht „Ulfila“ sein [1]), da Chrysostomus erst a. 397 Patriarch von Constantinopel wurde [2]) und es sich hier jedenfalls um katholische, nicht arianische Gothen handelt; es mögen seit a. 370 auch katholische Gemeinden neben den zahlreicheren arianischen bei den Gothi minores bestanden haben [3]).

Diesen Gothen gehören wohl an [4]) Sunja und Frithila [5]), welche sich von Hieronymus Widersprüche zwischen dem griechischen und lateinischen — Wulfila hatte das alte Testament nicht aus dem Hebräischen, sondern aus der Septuaginta übertragen [6]) — Bibeltext aus dem hebräischen Urtext lösen lassen [7]).

Eine zweite Reihe von Verfolgungen [8]) begann c. 370—372 unter Athanarich und diesmal nachweisbar aus politischen Gründen [9]): der Gegner Athanarichs, Fridigern, stützte sich auf Kaiser Valens: und die Annahme und Verbreitung des Christenthums in der arianischen Sectenform dieses Kaisers war, wenn nicht Bedingung [10]), doch

---

1) Wie Massmann Skeireins p. 98, Ulf. p. XXVII.

2) Waitz Ulf. S. 50; vgl. Krafft I. 1 S. 393, Bessel U. S. 116.

3) Vgl. Theodoret. V. 30 (31); ὅμιλον nennt er dieselben nur, nicht Volk: (über die vermutheten Reste von Gothen in der Krim Maßmann Goth. min. S. 360), sie stellten dem Kaiser 3,000 Mann Procop. de aedif. III. 17. b. Goth. VI. 4. 5. („tetraritische Gothen“).

4) So auch Bessel „Gothen“ S. 140; dagegen Ostgothen nach Dietrich, Germania 1866 S. 205, unentschieden Zöckler S. 280.

5) Fretela (Frithila?) Maßmann Ulf. p. XXVI.

6) Skeat p. IX.

7) ep. Hieron. ad Sun. et Fret. p. 140 quis hoc crederet, barbara Getarum lingua hebraicam quaerere veritatem et dormitantibus, immo contemnentibus Graecis ipsa Germania spiritus sancti eloquia scrutaretur? Zöckler S. 280 (nicht Bischöfe); vgl. Krafft I. 1 S. 407. „Hieronymus und die Schriftforschung der Gothen“ Richter west. R. S. 217; Bessel, Anz. v. Krafft de fontibus S. 214 hat überzeugend dargethan, daß die von diesem W. zugeschriebnen Bruchstücke in Turin nicht von W. herrühren.

8) Hieron. Chron. ad a. 370, Socr. IV. 33, Sozom. VI. 37, Epiphan. adv. haeres. III. 1, 14, Acta s. Sabae und hienach Oros. VII. 32 und Isidor era 407 (a. 369); (während die Meisten nur Eine Verfolgung annehmen; s. aber Waitz Ulf. S. 40). Basilius epist. ad Ascholium N. 338. 339; auch a. 370—372 traten Pausen und Erneuerungen ein A. s. Sab. Die hist. tripart. Cassiod. ed. Garetius VIII. 13 ist nur latein. Uebersetzung von Socr. und Theodoret.

9) Richtig Rückert C. G. I. S. 202; anders freilich Revillout p. 29.

10) Theodoret. IV. 37.

Folge [1]) und Bekräftigung dieser Allianz, die freilich thatsächlich ein Bruch des erst a. 369 geschloßnen Friedens war. Daher begreift es sich, daß „Athanarich aus Haß gegen die Römer den Namen der Christen ausrotten wollte in seinem Volk" [2]) und daß sich die Verfolgung zumal gegen die arianischen [3]), (aber in geringerem Maße auch gegen die minder zahlreichen und politisch minder gefährlichen, weil nicht von Valens gestützten, katholischen) Christen richtete [4]). „Unter Vorausttragung des Kreuzes" erfochten Fridigern und seine römischen Hülfstruppen den Sieg über Athanarich [5]), der mit Wenigen entkömmt und nun zahlreiche Bekehrungen nicht mehr hindern kann. Da war die Verfolgung dieses gefährlichen Glaubens- und Feld-Zeichens begreiflich, nachdem sich Athanarich „von seiner Niederlage, aber nicht von seiner Gottlosigkeit erholt hatte" [6]).

Das Maß dieser Verfolgung, die Zahl der Opfer hat man wie gewöhnlich sehr übertrieben [7]).

---

1) Sozom. VI. 37, der dem Socr. IV. 33 mit falschen Zusätzen folgt; s. Waitz Ulf. S. 42; ob auf diese Bekehrungen oder vollends auf die von a. 375 Ulfila von Mösien aus einwirkte?? l. c. 45, so sagt Socr. IV. 33, Theodoret. IV. 37; nichts Selbständiges enthält Nicephor. Callist. XI. 48 aus dem XIV. Jahrh., den man nicht zur Zeugschaft für das IV. bemühen sollte.

2) Epiphan. adv. haeres. l. c. III. 1, 14.

3) Socr. IV. 33. Irrig hat man all' diese Martyrer dem Katholicismus vindicirt, z. B. noch Parizel p. 6.

4) Augustin de civ. Dei 18, 52. Dessen Kritik bei Waitz Ulf. S. 44, der aber die Bekehrung Fridigerns zu spät ansetzt und diesen bis c. 374 für abhängig von Athanarich hält; richtig in der Zeitbestimmung v. Syb. S. 119, Bessel G. S. 143, Krafft I. 1 S. 223; vgl. Köpke Römer u. G. S. 216.

5) Acta s. Nik.

6) l. c. Gerade diese cap. sind die Bedenklichsten, vgl. Bessel U., dessen scharfsinnige Untersuchung mich doch nicht überall überzeugt hat.

7) Hauptquelle die glaubhaften (einverstanden Bessel G. S. 143) Acta s. Sabae; viel weniger glaubwürdig die A. s. Niketae; über ihn auch Suidas s. v. Ἀθανάριχος ὃς ἐβασάνισε τὸν ἅγιον Νικήταν καὶ μέγαν μάρτυρα Χριστοῦ πεποίηκεν; vgl. Bessel U. S. 85, der besonders c. 2 u. 3 der Acta für ein späteres Einschiebsel hält: s. denselben S. 96 über das Verhältniß der drei Quellengruppen zu Soz., Theodoret und Socrates; ganz apokryph die unter'm 26. März angeführten acta de martyribus gothicis Bathusi et Verca presbyteris, Arpyla, Abepa, Constante, Hagna, Rhya, Egathrace, Hescoo, Syla, Sigetza, Suerila, Suimbla, Therma, Philga, Anna, Allade, Baride, Moico, Mamyca, Virca, Animaide, die unter einem rex Gothorum, Jungerichus, verbrannt werden sollen; deren Asche (leipsana) die Gattin eines andern gleichzeitigen Fürsten, Win-

Da erfahren wir denn, daß die Fürsten und Beamten [1]) des Gothenvolks von den Christen, wohl eben als Beweis des Rücktritts zum Heidenthum, Verzehrung von Opferfleisch verlangen [2]). Viele Christen, auch Priester, entziehen sich durch Flucht auf römischen Boden der Gefahr. Gutmüthige Heiden erfinden die Auskunft, anderes Fleisch vor den Beamten für Opferfleisch auszugeben und dasselbe von den Getauften verzehren zu lassen, um diese ihre Verwandten — also in denselben Familien Christen und Heiden nebeneinander — der Verfolgung zu entziehen. Nachdem dieser fromme Betrug lange wissentlich von den Christen benützt worden, entdeckt ihn der Gothe Saba in heiligem Eifer. Dafür vertreiben ihn die minder gewissenhaften Christen aus dem Dorf, rufen ihn aber alsbald zurück. Als dann wieder der König selbst umreiset und die Heiden des Dorfes, die Ihrigen zu retten, schwören, es sei kein Christ unter ihnen, beruhigen sich die übrigen Christen hiebei: nur Saba tritt in die Versammlung und bekennt seinen Glauben. Der König frägt, was der Mensch an Vermögen habe? und als die Heiden sprechen, „nichts als was er am Leibe trägt", „verachtet ihn der Ungerechte und spricht: ein solcher kann weder nützen noch schaden" und begnügt sich, ihn wegweisen zu lassen [3]).

gurichus, gesammelt habe: nam et W. ibidem solum ἄρχων seu princeps dicitur gentis Gothor.: diese, eine orthodoxe Christin, (eine spätere (!) Version nennt auch ihren Namen, Gaatho,) überträgt ihre Herrschaft ihrem Sohn — sie scheint also als Wittwe geherrscht zu haben! — (spätere Version: filio Ariamiro regnum relinquens) transscribens jurisdictionem filio — und wandert mit ihrer Tochter (spätere Version: Druilla), Priestern und Laien (spätere Version nennt einen Thyella) in's römische Gebiet, läßt Tochter und Reliquien in Kyzikus und kehrt in ihre Heimath zurück; nach der späteren Version läßt sie sich von ihrem Sohn abholen und wird sammt Thyella in der Heimat gesteinigt! Nach späten kirchlichen Quellen übertreibend Greg. tur. II. 4 (Tod, Verbannung, Hunger, Folter). Die obigen Namen sind theils künstlich componirte, theils halb verstandne echt-gothische; auch v. Syb. S. 120 glaubt noch der Tradition; ebenso Maßmann Ulf. p. XI., Krafft I. 1 S. 370 f. Die 40 Martyrinnen zu Beröa, v. Raumer S. 410, müssen nicht dem Gothenvolk angehört haben.

1) οἱ κατὰ τὴν Γοτθικὴν μεγιστᾶνες.

2) Nach Sozom. VI. 37 fuhr man ein Götterbild auf einem Wagen an die Zelte und verlangte Anbetung und Opfer.

3) D. h. wohl nur aus dem Ting, nicht einmal aus dem Dorfe, denn sein Bleiben setzt der Fortgang der Erzählung voraus.

Man sieht, es waltet keine fanatische Gesinnung unter den Heiden des Dorfes oder auch bei dem König: nur nach der Bedeutung, der Gefährlichkeit des Schwärmers frägt Athanarich. Später zu Ostern a. 372 wird Saba und ein Priester Sansala, der sich wieder aus römischem Gebiet, wohin er geflüchtet, zurückgewagt hatte, durch Athanarich mit bewaffneten Schaaren in dessen Hause zur Nacht aufgehoben, der Priester zu Wagen, der Laie zu Fuß fortgeschleppt.

Zur Nacht hält man an einem Hause: Saba wird in eine Art Block gespannt; erst als ihn die Hausfrau befreit hat, läßt ihn Athanarich fesseln und am Balken des Hauses festbinden. Die Aufforderung, Opferfleisch zu genießen, das ihnen „der große Atharidus" „Atharidus, der Herr" (ὁ δεσπότης) schickt, — so sprechen seine Begleiter — weisen die Christen mit Schmähungen zurück: „nur Einer ist der Herr", spricht Saba, Gott im Himmel: unrein und schnöde sind jene Speisen der Verdammniß, wie Atharidus selbst, der sie gesendet". Zornig über dessen Schimpf schleudert einer der Knechte Atharids den Speer auf Saba's Brust; ungerührt durch das Mirakel, daß den Heiligen der Stoß nur wie eine Wollflocke berührt, befiehlt Atharid seinen Tod: er wird im nahen Fluß Musäus ertränkt: vorher droht er noch, der König habe sich selbst zu Tod und ewigem Untergang verurtheilt [1]); als er verlangt, auch der Priester solle des Martyriums gewürdigt werden, antworten die Diener sehr richtig: „nicht deine Sache ist es, das zu befehlen": die Reliquien läßt der „dux Scythiae", d. h. der Befehlshaber der römischen Grenztruppen, sammeln und auf römisches Gebiet bringen — vielleicht derselbe, der die römischen Hülfstruppen Fridigerns befehligt hatte. Wohl in die gleiche Zeit [2]) fällt auch der Tod des wegen seiner edeln Abkunft einflußreichen Niketas, den der „gottlose und blutgierige" [3]) Athanarich während des Gottesdienstes mit Vielen seiner Landsleute überfallen und in's Feuer werfen läßt. Aus Furcht vor dem König wagt ein Freund des Martyrs, Marianus aus Mopsvestia, nur zur Nacht die wunderhaft erhaltne Leiche zu holen und über die Donau zu schaffen [4]).

---

1) a. 372—374 Troya II. 2. append.; vgl. Krafft I. 1 S. 375. 382, Köpke Römer u. G. S. 217, Rückert C. G. I. S. 206.

2) Nicht erst a. 375 nach Gratian's Succession wie Act. Nik.

3) Act. s. Nik. δυσσεβὴς καὶ μιαίφονος = sacrilegus et irreligiosus.

4) l. c.

Bei der Aufnahme in das römische Gebiet nahmen die noch heidnischen [1]) Gothen, also offenbar zumeist die erst jetzt von Athanarich zu Fridigern übertretenden, das Christenthum in der Confession des Kaisers Valens, also der arianischen an; ja auch manche bisher katholische Gothen thaten dasselbe, da man ihnen vorstellte, die Uebereinstimmung mit dem Glauben des Kaisers sei wichtig, die Differenz aber der beiden Kirchen unwichtige Wortspaltung [2]); unter den Arianern selbst [3]) bestanden viele (18) Spaltungen und aus den von den Gothen befolgten Richtungen [4]) ragt hervor der Audianismus [5]); der Stifter einer dieser Secten war selbst ein Gothe [6]). Für jene Tage und die isolirten Parteigänger, wie Gaina [7]), ist allerdings auch der confessionelle Kampf im Römerreich [8]) oft von Bedeutung gewesen, nicht aber in Italien und für Alarich an der Spitze des Volkes [9]), der z. B. das Asylrecht der Kirchen in Rom streng respectirt [10]); die inneren Gründe, die dem germanischen Polytheismus den Arianismus näher legten — er gestattete eher, Christus als Halbgott, als menschlichen Gottessohn zu denken — sind nicht zu verkennen und nicht das Geistreiche in der Betonung dieser Motive [11]): aber wäre Kaiser Valens Katholik gewesen, jene inneren Gründe hätten nicht ausgereicht, die Gothen dem

---

1) Jord. c. 25; vgl. Zeuß S. 413, Volz p. 3; abweichend Waitz Ulfila S. 45.

2) Theodoret. IV. 37, Sozom. VI. 37; s. aber Bessel U. S. 91, Revillout p. 43, Cassiod. hist. trip. VIII. 15.

3) Tillem. mém. eccl. VI. p. 447, Revillout p. 99.

4) Helff. Ar. S. 24, Krafft I. 1 S. 362—368, de font. Ulf. p. 6—10, Baur S. 15. 79 f., Richter w. R. S. 447, Rückert C. G. I. S. 220. 215, Thierry Attila S. 30, Maßmann Ulf. p. XV., besonders Bessel, Anzeige von Krafft S. 214, Ulf. S. 118 (Körperlichkeit Gottes), Revillout p. 33—41.

5) Zur Zeit des Theodosius Socr. VI. 22. 23. VIII. 6., Sozom. VII. 27, Cassiod. hist. trip. IX. 40, Bessel G. S. 142, v. Wietersh. IV. S. 110.

6) Socr. V. 23.

7) Soz. VIII. 4; man sehe die Bemühungen, welche St. Nilus anstellt, Gaina zu bekehren, epist. I. p. 114—117. 203. 206. 286 (117 μυστήρια τὰ μυθάρια καλῶν), Revillout p. 44—60 les Goths les protecteurs de l'Arianisme dans l'empire. Reinkens, Martin S. 136—145, Krafft I. 1 S. 234, Richter, west. R. S. 539.

8) z. B. Soz. VIII. 8.

9) Wie Revillout p. 53 u. Pallmann I.

10) Idac. p. 15.

11) Bei Gibbon, Rückert, Krafft.

Arianismus zuzuführen; er wurde wesentlich als herrschende Confession des Kaisers recipirt [1]).

Auf die gothische Bibelübersetzung hat der Arianismus nur etwa Phil. 2, 6 eingewirkt, wo Christus nicht „Gott eben", ibns, was sonst für ἴσος steht, sondern nur „ähnlich", „gleichartig", „galeiko" heißt [2]).

Die arianische Kirche der Gothen hatte wohl im Wesentlichen dieselbe hierarchische Ordnung wie die gleichzeitige katholische [3]): so wird Wulfila im 30. Lebensjahre vom lector zum episcopus erhöht [4]); andere arianische, von Audius geweihte, Bischöfe (Audianer) bei den Gothen nennt Epiphanius [5]), darunter Silvanus [6]); auch audianische Klöster wurden damals schon eingerichtet [7]). Freilich dient in diesem Jahr noch ein Zelt (σκηνή) als Kirche [8]), aber die gothischen Einwanderer im Ostreich hatten in Byzanz eine eigene Kirche, welche a. 400 zerstört wurde [9]).

Der außerordentliche Einfluß, der Wulfila zugeschrieben wird [10]), lag wohl mehr in der Persönlichkeit als in dem Amt des Bischofs begründet. Unter Alarich wird ein arianischer Bischof Sigisar genannt, der den Gegenkaiser Attalus beim Uebertritt zum Arianismus nochmal tauft [11]) und des Königs Kinder erzieht und bei sich hat.

---

1) Valens doctores ariani dogmatis *misit* Oros. VII. 33. Das entschied.

2) Krafft I. S. 346, Weinhold g. Spr. l. c.

3) Daß sich aber die Arianer „Katholiken" genannt, Krafft de font. p. 17, folgt aus dem gothischen Kalender nicht.

4) Auxentius ed. Waitz p. 20; diakonus bleibt in den Urkunden von Arezzo unübersetzt, ebenso ἀπόστολος; a. 362 begegnet ein episkaupus Dauriþalus (goth. Kal.).

5) Epiphan. adv. haeres. III. 1, 14, Socr. V. 22, Sozom. VII. 37, Cassiod. h. trip. IX. 40.

6) Ueber Selena, Unila oben S. 41, Theotimus in Tomi Sozom. VI. 26 u. Krafft l. c. S. 389.

7) l. c. 15 presbyteri Gutthica und Sansala Acta s. Sabae l. c. a. 372.

8) Acta s. Nicetae 15. Sept., Revillout p. 48; vgl. Maßmann Ulf. p. XV., v. Raumer S. 410.

9) Chron. paschale p. 567, Theodoret V. 30. 32. 33.

10) Soz. VI. 37.

11) Soz. IX. 9.

IV. Gesammtcharakter des Königthums. Erb- und Wahl-Recht. Gefolgschaft. Volksfreiheit.

Von Erblichkeit des Königthums begegnet eine Spur nur bei Athanarich, der seinem Vater Rotestes folgt [1]), sonst überhaupt von Königthum bis zu Alarichs Erhebung keine sichere Meldung; und daß bei dieser Neuaufrichtung des Königthums lediglich Volkswahl entscheidet, ist ebenso natürlich als die Berücksichtigung des edelsten Adelsgeschlechts, der Balthen, charakteristisch und beweisend für unsere Fundamentalsätze über Grundlagen und Verhältniß von Königthum und Adel [2]).

Die Wahl zeigt sich sehr deutlich bei dem Anschluß an Fridigern, a. 375, an Athanarich, a. 381: ohne daß man darin eine Wahl zum „Gesammtkönig" der vereinten Gothen erblicken könnte: es ist mehr eine Wahl zum politischen und militairischen Ober-Leiter, unbeschadet der Stellung der Bezirks-Grafen, (-Könige,) Geschlechter-Häupter, Gefolgsherrn unter jenem Haupte.

Anders die Wahl Alarichs, a. 395: er wird zum rex, zum þiudans gewählt.

Gefolgschaft der Könige läßt sich mit voller Sicherheit nicht nachweisen [3]).

Das Wort für Königshaus, *βασίλειον*, fehlt jener Zeit nicht [4]), wenn wir uns auch das palatium Athanarichs in den „Dörfern" am Dniestr bescheiden denken [5]).

Von Abzeichen des Königthums in jener Periode wissen wir nichts [6]).

---

1) S. oben S. 2, über Zos. IV. 34 βασιλείου Σκυθῶν γένους oben.

2) Vgl. Waitz I. S. 299.

3) Solche nimmt an bei Fridigern nnd Alaviv Ammian Marc. 31, 5, Roth Ben. S. 29; s. oben S. 24; gasinþja, miþgasinþja ist nur der Reisegefährte, συνέκδημος, von sinþs, Weg; gahlaibs nur der „Brod-Genosse" für συμμαθήτης, aber auch für συστρατιώτης. Doch hat man bei siponeis an sapant, sequens, gedacht; vgl. Weinhold g. Spr. S. 18.

4) W. Luc. 7, 25 þiudangardi (sonst für Königreich).

5) Vgl. die Parallelstelle Matth. 11, 8 ἐν οἴκοις τῶν βασιλέων: in gardim þiudane.

6) Ein gothischer? Königswagen mit Hirschen bespannt auf der Trajanssäule? oben S. 38. Für στέφανος hat B. vaips und vipja, die (Dornen-) Krone, στεφανοῦν: veipan; Purpur, purpurn blieb unübertragen; stols überträgt auch den Königsstuhl (θρόνος) Davids.

Spuren der Volks- und Heer-Versammlung fehlen in dieser Periode noch nicht, in den Dörfern Athanarichs[1]) wie im Lager Alarichs[2]), in Berathung gemeinsamer Religions-, Politik-[3]) und Kriegsfragen[4]).

Erscheinen Beamte, Boten des Königs Athanarich oder dieser selbst, so treten die Bewohner (*οἱ κωμῆται*) zu öffentlichem Ting[5]) zusammen und geben für die ganze Genossenschaft[6]) Erklärungen ab[7]).

---

1) Oben S. 44.

2) Vgl. Waitz I. S. 313, Claudian. b. G. v. 479, wobei das Ansehen des hohen Alters großentheils ästhetische Composition ist.

3) l. c.

primosque suorum
consultare jubet bellis annisque verendos;
cornigeri sedere patres, pellita Getarum
curia, quos plagis decorat numerosa cicatrix
et tremulos regit hasta gradus, ut nititur altis
pro baculo contis non exarmata senectus;

es ist jedoch mehr eine Versammlung der Vornehmen (vgl. W. garuna, runi der sinistans) als des ganzen Heeres.

4) Irrig folgert Rosseeuw I. p. 392 aus den Zuständen des VI. Jahrh., daß Volksversammlung, Eidhülfe, Zweikampf und Gewohnheitsrecht (!) den Gothen (als nicht rein germanischem Stamm) von Anfang gefehlt habe.

5) Vgl. garuns, ῥύμη; ἀγορά heißt auch maþls, die Stätte des Sprechens: maþljan, öffentlich sprechen, maþleins, die öffentliche Rede, fauram., der Fürsprech, Vorsprecher, fauramaþli, sein Amt. στάσις ist drobna (Verwirrung) und auhjodus (Lärm).

6) alla gamainþs W. Nehem. 5, 13.

7) Acta s. Sabae quidam ex ejusdem vici gentilibus jurejurando volebant affirmare, neminem in vico suo etc.; anwesend ist der König selbst: ὁ ἄρχων τῆς ἀνομίας.

B. Die Verfassung der Reiche von Toulouse und von Toledo.

I. Grundlagen.

1. Die Volkszahl.

Die Kopfzahl der unter Athaulf in Gallien einwandernden und später, nach dem Verlust des Reiches von Toulouse, etwa unter Theudis, in Spanien und Septimanien angesiedelten Gothen auch nur annähernd zu bestimmen, ist höchst schwierig. Nur vereinzelte Angaben über Stärke oder Verluste gothischer Heere in weit auseinander liegenden Perioden geben schwache Anhaltspuncte.

Die von Valens aufgenommenen Gothen zählten ungefähr eine Million Seelen [1]). Hiezu stießen später noch zahlreiche Verstärkungen: andere Westgothen, Ostgothen, Taifalen, weitere im Ost- und Westreich zerstreute Germanen; zu Alarich gehen, außer den massenhaften barbarischen Söldnern (30,000 Mann) Stiliko's, allein 40,000 entlaufene Sclaven über [2]) und so wird man, unerachtet der unaufhörlichen und manchmal enormen Verluste [3]) und der Volksmehrung höchst ungünstigen Verhältnisse der Kriegs- und Wander-Jahre von a. 375—410, immerhin vermuthen dürfen, daß Athaulf über 50,000 streitbare Männer, über 300,000 Köpfe nach Gallien geführt habe [4]).

---

1) A. V. S. 10.

2) A. V. S. 44. 45.

3) z. B. bei und nach Pollentia Claud. b. G. v. 78 rarum agmen referens c. XXVIII. v. 129 tenuatus, tot amissis sociis p. 150 tantaque ex gente reliquias breves.

4) 70—80,000 Streiter Fauriel I. S. 113, Rosenst. S. 4; vgl. Zumpt Bevölk. S. 82, v. Bethm. H. Germanen S. 18. 550,000 Seelen Volmer p. 12. Man begreift kaum mehr wie man früher, z. B. noch Phillips Erb- und Wahl-R. S. 110, aber auch noch Landau, Bauernhof S. 17, diese Eroberungen und Be-

starke Vermehrung der Bevölkerung [1]) muß man aber annehmen seit der Rückwanderung nach Aquitanien unter Walja a. 418: die unablässigen Ausdehnungsversuche von da bis auf Eurich c. 480 sind offenbar aus dem steigenden Bedürfniß nach breiteren Sitzen zu erklären: das von den Römern zugemessene Gewand war von Anbeginn zu eng für den wachsenden Leib dieses Volkes.

Dafür spricht folgende Betrachtung. Man hat noch gar die Frage nicht aufgeworfen, weßhalb die Gothen, die doch im Wege des Vertrages mit Rom und keineswegs in der Lage, Bedingungen vorzuschreiben, Aquitanien erhielten, in schroffster Umkehrung des gewöhnlichen Verhältnisses und z. B. der Theilung der Söldner Odovakars und der Ost-Gothen, die doch Herrn des Landes und der Lage waren, zwei Drittel für sich nahmen und den Provincialen nur ein Drittel [2]) beließen. Der Grund liegt wohl darin, daß der schmale Landstrich, auf welchen a. 418 die römische Politik das Volk einengen wollte, nur bei solcher Theilungsweise genügte. —

Aber auch später kann man jenes Ungenügen und das steigende Bedürfniß nach Land bei den einzelnen Ansiedlungen deutlich wahrnehmen: in vielen Fällen reichte das ursprünglich zugemeßne Landlos nicht für den Nachwuchs aus [3]). Die scheinbar entgegen stehende Zuziehung auch von Freigelaßnen und Knechten in den Heerbann unter späteren Königen ist [4]) nicht aus Abnahme der Bevölkerung an sich, sondern aus Abnahme der Gemeinfreien in der Bevölkerung zu erklären [5]).

Zur Zeit Wamba's rücken 40,000 Mann stürmend gegen Nîmes [6]):

---

völkerungen durch „Gefolgschaften" geschehen dachte; das Richtige auch bei Brockhaus p. 19; dagegen Colmeiro I. p. 115 anderthalb bis zwei Millionen! (mit den Sueven).

1) Vgl. A. III. S. 160. Colmeiro I. p. 114 übersieht, daß der Flor Spaniens schon vor Athaulf und Amalarichs Zeit schwer gelitten.

2) Falls nämlich dies Princip schon damals galt, dessen früheste Anwendung nicht fest steht.

3) L. V. X. 1, 13 filii subcrescentes in habitatione ipsius.

4) L. V. IX. 2, 9.

5) Schon früher starke Zunahme der römischen Colonats hiedurch, Zumpt Col. S. 9. S. u. „Standesverhältnisse" und „Heerbann"; vollständig übersehen von Helff. S. 193 und 267; wenig Gewicht ist zu legen auf die Phrase: licet gentes nostrae affluant copia bellatorum V. 7, 20.

6) A. V. S. 210.

rechnet man dazu das Lager des Königs, die Bemannung der Flotte, die Besatzungen in Spanien und die Zahl der Rebellen, so ergiebt sich, daß das Reich damals gewiß über 120,000 Streiter stellen konnte — freilich darunter auch Romanen [1]).

2. Die Ansiedlung und Landtheilung.

Ueber die Ansiedlung und Landtheilung in Gallien a. 410 und 419, bis Eurich Spanien eroberte, wissen wir äußerst wenig. Jedenfalls geschah sie nicht in der systematischen und ruhigen Ordnung wie bei den Ostgothen: schon die stückweise, über 120 Jahre währende, Ausbreitung der Einwanderer im Nord-Osten und Süd-Westen der Pyrenäen, unter so wechselnden Verhältnissen zu den Romanen vollzogen, schloß hier Gleichmäßigkeit aus. Unsere Nachrichten, ohnehin dürftig [2]) und dunkel, lassen sich wegen dieser Verschiedenartigkeit der Verhältnisse zum Imperium noch schwerer verwerthen. Das Gesetzbuch sagt uns wenig: am Meisten begreiflichermassen noch die Antiqua [3]) — denn später war das „hospitium" bereits zu verwischt oder zu fest gewurzelt, um noch juristischen Einfluß zu üben [4]) — aber auch deren Angaben dürfen wir zunächst nur auf Theilung (und Auseinandersetzung mit Ostgothen, Burgunden, Franken) zu Ende des V. und Anfang des VI. Jahrhunderts in Spanien (und Septimanien) beziehen und können blos vermuthen, daß im Allgemeinen analoge Grundsätze schon bei den Theilungen mit den Romanen im Lauf des V. Jahrhunderts in Gallien, Spanien und wieder in Gallien angewendet wurden — ein Unterschied, den man bisher allzuwenig beachtet hat [5]).

---

1) Die (maurische) Schätzung des letzten gothischen Heeres am Tag von Guadalete auf 90,000 Mann (so z. B. A. de Castro p. 40) ist unverwerthbar. Spanien und Portigal allein, (ohne Septimanien) zählen heute auf 10,238 Quadratmeilen über 20 Millionen Einwohner; in der Kaiserzeit schätzt v. WieterSh. Bevölker. S. 45, die Seelen auf 9 Millionen.

2) Nur Philostorg. spricht von ἐς γεωργίαν ἀποκληρωσάμενοι.

3) Mehr würde sagen die „Lex Eurici", wenn sie erhalten wäre Gaupp S. 393.

4) Vgl. Sav. I. S. 300, Birnbaum S. 118. Erfunden, Colmeiro I. p. 122, ein Verbot der Veräußerung der sors an Römer.

5) z. B. Walter I. S. 34, auch Gaupp S. 393; ganz ungenügend über Landtheilung Lembke I. S. 190 „die mehreren Gothen (!), die sich in Ein Gut theilen, heißen consortes; die curiales und privati sind bäuerliche Hinter-

Wir dürfen für jene ältere Zeit nur folgende Sätze aufstellen. Es trat nach der Einwanderung bis zur Landtheilung zunächst ein Zwischenzustand ein, jedenfalls a. 410 unter Athaulf, dann aber auch unter Walja in Spanien, und wohl auch eine Zeil lang a. 419 in Aquitanien, — „die Germanen sind nicht heute angekommen und haben morgen das Land getheilt [1])", in welchem sich die Gothen der vorgefundnen römischen Normen und Einrichtungen für Einquartierung und Verpflegung von marschirenden und cantonirenden Truppen bedienten [2]), denen ja die Gothen, wenn das freilich oft gebrochne foedus bestand, ganz gleich geachtet wurden [3]). Doch trieben die Gothen selbst ungefähr a. 430 — a. 440 an der Grenze ihres Gebiets gegen Armorica an der untern Loire Ackerbau, wie eine übersehne Stelle des Merobaudes lehrt [4]).

---

lassen, die coloni verschwunden": gegen ihn Gaupp S. 394; vgl. Troya II. 1 a. p. 579; unvollständig auch Sempere hist. I. p. 58 ed. Moreno p. 121, Alcántara I. p. 288, Garnier p. 110, Valiente p. 66, Raynouard I. S. 171, Colmeiro I. p. 122. 156, Fauriel I. p. 142, Gabourd II. p. 264, Perreciot II. p. 3, Peyré p. 46, Alteserra aquit. p. 346, Cavanilles I. p. 197, Peucker I. S. 273, Davoud Oghlou I. p. 103. 213, Birnbaum S. 118, Romey II. p. 282, Thierry récits des temps mérov. I. p. 185, Phillips I. S. 409, Béchard I. p. 32, Lehuérou I. p. 192, Laboulaye propr. p. 251, Lezardière I. p. 295, Ceillier p. 42; ganz oberflächlich Michelet I. p. 146; einfach Gaupp folgend Volmer p. 9, dessen Berechnung von 31,200 verfügbaren fundi und 550,000 Köpfen der Gothen höchst unsicher; irrig Rosseeuw I. p. 395.

1) Gaupp S. 81.

2) Darauf hingewiesen zu haben ist das bleibende Verdienst von Gaupp S. 81, (vgl. Serrigny I. p. 347. 353, Gingins la Saraz établissm. p. 401) der aber für diese Zeit auch nur Vermuthungen aus den dürftigen Quellen schöpfen konnte S. 383. Ackerbau der Gothen unter Theoderich II. an der Garonne a. 454 bezeugt Apoll. Sid. carm. VII. v. 410. 415 data rursus aratra.

3) Ob die Taifalen im pagus pictav. („Tiffauges an der Sèvre Nantaise" Jacobs Géogr. p. 135), die sich den Gothen angeschlossen, früher unter einem römischen praefectus Böck. II. p. 122, später mit Landtheilung angesiedelt worden, ist ebenso unsicher, wie die Versorgung der a. 474 eingewanderten Ostgothen Widimers A. II. S. 67 — V. S. 97.

4) Merobaudes VIII. v. 14

et quamvis geticis sulcum confundat aratris;

wie wir uns in solchen unsichern Zeiten und Lagen immer noch, wie vor der Wanderung, den germanischen Ackerbau zu denken haben, zeigt Roscher, Dreifelder-W. S. 72. 75. 85.

Einiges Licht wirft auf diese Dinge das Gedicht des Paullinus von Pella [1]): er erzählt, daß seine Grundstücke c. a. 412 bei Bordeaux unter Athaulf a. 410—4 allein frei geblieben waren von einem gothischen „hospes", welche Begünstigung aber später zum Nachtheil ausschlug, da sie nun des Schützers entbehrten, während in sehr vielen Fällen die gothischen hospites „mit größter Güte" ihre römischen Getheilen („hospites") gegen die Verheerungen der nach Spanien abziehenden Landsleute a. 415 schützten [2]).

So wurden ihm und seiner Mutter die Güter verheert und die Sclaven und Sclavinnen entrissen: freilich stand er unter Verdacht des Verraths [3]). Seine Söhne zogen dann später nach Bordeaux, wo sie, obwohl unter gothischer Herrschaft und mit einem gothischen Getheilen [4]), größere Freiheit als unter der römischen Herrschaft erwarteten.

Dem in Marseille verbleibenden Vater [5]) schickt dann später c. a. 460 ein unbekannter Gothe den Kaufpreis für ein Gütchen bei Bordeaux, welches jener bereits für verloren (wohl wegen seines angeblichen Verraths für confiscirt) gehalten, freilich nicht ganz den werthentsprechenden [6]).

---

1) Geschrieben c. a. 480.

2) v. 285:

hospite tunc etiam Gothico, quae sola careret,
quod post eventu cessit non sero sinistro,
nullo ut quippe domum speciali jure tuente,
cederet in praedam populo permissa abeunti.

3) v. 315—330. S. A. V. 62. Die mit den Gothen verbündeten Alanen ziehen von Bazas ab quoquo ipsos *sors oblata* tulisset v. 398: ist dies das zugefallne Schicksal? oder die angebotne sors? Gewiß das Erstere.

4) v. 503: Burdigalae, Gothico quamqam consorte colono.

5) Euchar. v. 575.

6) von Bethm. H. S. 182 meint, der Kaufgegenstand war das dem Paul. verbliebene Drittel; aber dem entspricht der Wortlaut (nostri quondam juris agellum mercari cupiens) nicht und wir wissen nicht, wann zuerst die systematische Theilung durchgeführt wurde; consortes, Miteigenthümer, d. h. Miterben, bei Apoll. Sid. IV. 24, nicht hospites; sors hieß damals jeder Theil, ohne Gedanken an Losung z. B. limes gothicae sortis VI. 6 d. h. der dem G. abgetretne Theil Galliens; manches von dem agrarischen Recht der Römer paßte zu den veränderten Grundbesitzverhältnissen nicht mehr und wurde daher von B. ausgeschieden so bes. T. V. 13, s. Wenck p. 301; vgl. auch über Colonat II. 1 l. c. p. 299. 9, 1. 2 p. 296; über die Werkzeuge der Germanen bei Landmessungen

Zeitweilig verfuhren die Gothen sehr milde, wenn gerade das foedus erneut oder ihre Lage bedroht und der gute Wille der Provincialen für sie wichtig oder das Bedürfniß nach friedlichem Feldbau überwiegend war [1]).

So eine Zeit lang unter Athaulf: sie verdingten sich als Taglöhner, halfen den Provincialen in Feldbau — wie heutzutage noch wohl eine gutmüthige Einquartierung pflegt — und andrer Arbeit gegen geringen Entgelt und schützten sie als freiwillige Sauvegarden. Aber unter demselben König hausen sie übel, da sie Gallien als verlornes Land verlassen müssen.

Die Bestimmungen der Antiqua über die Landtheilung sind nur auf die Periode etwa seit Eurichs Eroberungen, dann auf die Theilungen unter der ostgothischen Regierung mit Sicherheit anzuwenden.

Doch scheint für die Zeit Eurichs bereits die Landtheilung nach Dritteln bezeugt: wenigstens klagt Apollinaris Sidonius: er habe eine „tertia" aus dem Nachlaß seiner Schwiegermutter nicht von jenem König zu freier Verfügung erlangen können, obwohl er dafür den Preis der Hälfte des Ganzen bot [2]).

Auch betreffen keineswegs alle Bestimmungen in L. V. X. 1 über „divisiones" die Land-Urtheilung [3]).

Gaupp S. 202; die Westgothen aber bedienten sich sicher, wie die Terminologie (aratrum, aripennis, decuria) zeigt, der römischen, nicht der germanischen Technik; bezüglich der Vandalen muß ich gegen Gaupp S. 204 bemerken, daß der Ausdruck funiculus hereditatis bei Vict. vit. I. 4 entschieden alttestamentliche Redeweise ist nach der Meß-Technik der Hebräer.

1) Oros. VII. 38. 41 quisque egrediens quo abire vellet ipsis barbaris mercenariis ministris ac defensoribus uteretur; (ebenso Paul. Pell. v. 286) hoc . . ultro ipsi offerebant. et qui auferre omnia omnibus interfectis poterant, particulam stipendii ob mercedem servitii sui et transvecti oneris flagitabant. Gladios suos exsecrati (!) ad aratra conversi residuos . . Romanos, ut amicos et socios fovent; übrigens darf man diese Rhetorik nicht verallgemeinern (wie Gaupp S. 409); hienach Salvian VIII. p. 182 und, nach beiden, die viel citirte Stelle Isidors, zumal nach Oros. VII. 38: ut inveniantur jam inter eos quidam Romani, qui malint inter barbaros pauperem libertatem quam inter Romanos tributariam sollicitudinem sustinere.

2) VIII. 9 necdum enim quicquam de hereditate socruali vel in usum tertiae sub pretio medietatis obtinui; so deute ich abweichend von Gaupp: „er wollte von jener tertia noch die Hälfte opfern, um den freien Genuß der andern Hälfte derselben zu erlangen"; irrig, daß nur die Colonengüter Gegenstand der Theilung waren, Cénac Moncaut I. p. 209.

3) Wie man wohl gemeint Garnier p. 111; die lex 1. (eine antiqua: valeat semel

Gegenstand der Theilung [1]) ist der gesammte Grundbesitz des einzelnen römischen possessor mit Zubehörde, namentlich von Colonen, Sclaven und Vieh [2]). Daß städtische wie ländliche Grundstücke der Theilung unterlagen, beweist die gleichmäßige Anrufung städtischer wie ländlicher Behörden gegen Mißbräuche hiebei [3]).

Die Getheilen heißen auch hier hospites, consortes, das Verhältniß, hospitalitas, jeder Theil, auch der dem Römer verbleibende, heißt sors [4]).

---

facta divisio justa, ut nulla in postmodum immutandi admittatur occasio) allerdings, aber l. 2 enthält eine Erbtheilung (inter fratres), ebenso 4, wo die consortes (litigiose consors) Miterben, (deßgleichen B. T. II. 24. 1 J.) u. 5 meint jede Theilung. Den Anlaß zu manchen dieser Sätze gab wohl das hospitium, später aber wurden sie auf alle Arten von divisiones angewendet: nach zwei Generationen war ja das hospitium als Ursache der Theilung juristisch gleichgültig: so bei den consortes X. 1, 6; 7 stellt den Fall daneben, daß ein Nicht-Consors ohne Recht auf fremdem Grund einen Weinberg anlegt, gleichwohl ist in 6 wohl nur ein condominus, kein hospes gedacht; in 14 macht Textverderbniß den zweiten Absatz (si vero consortes) fast unverständlich. Die consortes sind die Erben des Landverleihers; (aber ejus?) vielleicht ist nicht an Pacht, sondern an Urtheilung zu denken (so Gaupp S. 408); getrauen sich die Erben des römischen possesor nicht, die Größe ihres Antheils zu beschwören, so sollen sie für jedes aratrum (= jugum s. Ducange aratrum), das sie oder ihr Erblasser in ihrer sors empfangen, je 50 aripennes = semijugerum geben d. h. (so viel soll an den Hintersassen geliehen werden), mehr: („juxta“: falsch sind die Lesarten „mixti“ in Cod. par. u. Walter; eher noch „nisi“ bei Lindenbr.); vgl. noch die theilweise abweichende Deutung bei Helff. S. 109 u. Gaupp S. 395. 408. So der verderbte Wortlaut: Gaupp schlägt vor: für jedes aratrum ein halbes aratrum, aber nie mehr als 50 halbe aratra.

1) divisio L. V. X. 1, 8. 9. 2, 1, 8, 5.

2) Nicht nur die Früchte, annonae, werden jetzt getheilt (so v. Dan. I. S. 356); irrig überträgt Volmer p. 16 hier die burgundischen Grundsätze; vgl. Sav. I. S. 300.

3) L. V. X. 1, 16; daß nicht aller Grundbesitz der Städte als solcher vom König eingezogen wurde, wie Helff. l. c., s. „Amtshoheit“; an Theilung der Sclaven denkt vielleicht die Aenderung des Textes B. T. II. 25, 1 durch J. Der Text spricht von Knechten nur des Fiscus auf der Insel Sardinien, die „nunmehr“ unter verschiedne Herrn vertheilt seien: J. aber spricht ganz allgemein von divisio patrimoniorum, seu fiscalium domorum *sive privatarum*, und macht aus propter redintegrationem necessitudinum: *cui necesse fuerit* commutare; dabei sollen die Bande der Verwandtschaft möglichst respectirt werden. Sécretan, féodalité p. 53 ungenau (er theilt ant. Eurich zu).

4) Ant. c. 277 L. V. VIII. 5, 5. X. 2, 1 sortes gothicae vel *romanae* v. Maurer Frohnh. I. S. 34, Fauriel I. p. 506.

Hospites heißen aber auch auf Einquartierung, auf annonae, ohne Landtheilung, Angewiesene [1]) und consortes heißen alle condomini [2]).

Ein Einspruchsrecht der Erben bei Veräußerungen von Liegenschaften, auch der sors, besteht nicht [3]).

Der Maßstab der Vertheilung konnte hier, wie bei all' diesen Ansiedlungen [4]), nur das Bedürfniß des germanischen hospes sein: das Haupt einer großen Familie mit zahlreichen Söhnen, Halbfreien, Knechten, Heerden mußte mehr empfangen als der einzelne Kleinfreie für sich. Der Ausdruck „sors" zwingt überall nicht zur Annahme einer Verlosung [5]): hieß doch jeder Theil in der Sprache jener Zeit, auch das dem Römer verbleibende, bestimmt nicht verloste Dritttheil, hieß doch das ganze den Gothen abgetretne Land sors [6]). Fand aber wirklich Verlosung Statt, so bezog sie sich sicher nur auf die Landschaft, in welcher der Gothe angesiedelt werden sollte und auf den einzelnen Complex gleichgroßer Güter innerhalb einer bestimmten [7]) Classe, welcher der hospes nach Maß des Bedürfnisses, etwa der Kopfzahl der zu ihm gehörigen Personen, vorher war zugetheilt worden [8]).

---

1) So Paul. Pell. a. 412—414, wo noch von Landtheilung keine Rede s. Gaupp S. 199; vgl. Böck. II. p. 1053.

2) B. T. II. 6, 1 wo an hospites nicht zu denken; 12, 2 wo J. aus den mehren Betheiligten des Textes consortes macht (L. V. VIII. 5, 2). Dann B. T. III. 1, 6 propinqui vel consortes unter Gratian und Theodosius, X. 6, 1 donationis consors, furti L. V. VIII. 3, V. 7, 2 consors i. e. condominus; vgl. hospes, dagegen VIII. 5, 5, X. 1, 8. 3, 5, anders IX. 1, 6. 8. Ebensowenig also setzt consortium stets „Feldgemeinschaft" (Almände) voraus; richtig Waitz Kieler Monatsschr. I. S. 257 gegen v. Maurer Marken S. 145, Rosseeuw I. p. 443 hat die Bedeutung von cons. als hosp. nicht erkannt.

3) Wie Roth aus L. V. X. 1, 8 S. 48 folgert. Vgl. Zimmerle S. 65, der L. V. IV. 2, 13, die Stütze jener Ansicht, richtig auslegt; nur das römische Pflichttheils-Recht ist theilweis anerkannt s. „Westg. Studien, Privatrecht".

4) A. III. S. 6.

5) Ganz irrig die Ableitung von Allod aus „Los" bei Laboulaye propr. p. 252, vielmehr all–od Grimm Wörterb. s. h. v.

6) Apoll. S. VII. 6 limes gothicae sortis (populos Galliarum includit), ebenso VIII. 3.

7) Auch die Verlosung von Theilen an der Gewanne, Campe, Waitz Kieler Monatsschr. I. S. 112 will ich nicht ausschließen.

8) Dieser von der Natur der Sache geforderte Gedanke (Béchard I. p. 32 meint, nach der „Tapferkeit" wurde vertheilt! Besser Fauriel I. p. 143, aber auch nicht das Bedürfniß als Maßstab erkennend, unbestimmt Smith p. 27—29) ist noch

Der Gothe erhielt nun zwei, der Römer [1]) behielt ein Drittel (tertia Romani) dieses Complexes [2]).

Mehr durfte keiner beanspruchen, „abgesehen von besonderer Schenkung des Königs". Daß diese hier hervorgehoben wird, scheint vorauszusetzen, daß die Könige bei den ersten, oft gewaltsamen Niederlassungen den einzelnen Römern noch mehr abnahmen und den einzelnen Gothen schenkten als jene zwei Drittel. Vielleicht aber soll nur gesagt sein: von dem römischen *hospes* kann der Gothe nicht mehr verlangen, der König aber aus Fiscalgut ihm dazu schenken [3]).

Denn offenbar haben die Gothen in manchen Zeiten oder Gegenden sich nicht mit jenen zwei Dritteln begnügt, sondern dem Römer den ganzen Grundbesitz weggenommen [4]). Und zwar kamen solche Fälle auch noch später vor oder wirkten wenigstens lange Zeit (über 50 Jahre) ohne Abhülfe nach: daher schreiben drei Gesetze [5]) vor, daß die Beamten die von den Gothen den Römern entrißnen „tertiae" sofort von Amtswegen restituiren sollen, wenn nicht die 50jährige Ver-

---

nirgends anerkannt, auch nicht von Gaupp S. 397; zwar enthalten die Gesetze „keine Rücksichtnahme auf den Stand" — das ist auch nicht das Entscheidende, das gemeinfreie Haupt einer „fara" von 30 Köpfen erhielt gewiß nicht weniger Land als ein einzelner Edler für sich — aber sie enthalten über das Maß der Vertheilung überall nichts. — Gaupp S. 412 muß dann doch zugeben, daß „die Größe der sortes sehr verschieden und hierin insgemein Vieles von ganz zufälligen Umständen abhängig gewesen sein muß" — statt dieser „zufälligen Umstände" ist die Nothwendigkeit des Bedürfnisses zu setzen; ganz willkürlich v. Dan. I. S. 355: nur die Heerführer, nicht alle Gemeinfreien erhielten — diese wurden „in Reih' und Glied gehalten"! — Lose d. h. nach den Standorten veränderliche Anweisungen für sich und ihre Mannschaften, dabei seien $^2/_3$ der Erträgnisse das Maximum der Einquartierung 2c.; „hospes" schließe Eigenthumsbegriff an der sors aus S. 354, weitere Phantasien S. 356.

1) D. h. jeder „Provincial" z. B. auch die Juden, die Kirchen, die Griechen; gegen A. de Castro's Annahmen bezüglich der Juden p. 23 f. „Judenrecht".

2) L. V. X. 1, 8; Helff.'s S. 302 Vermuthung einer Dreitheilung a) Haus und Garten, b) die halbe, c) die andre halbe Feldmark, von denen c) der Römer ganz behielt, geschöpft aus späteren Zuständen, entspricht den Quellen nicht; f. L. V. X. 1, 13. 14 campi, prata, silvae; 6 oliveta, hortus, pomaria; f. v. Maurer Dorf-V. I. S. 52.

3) Verkannt von Gaupp S. 395. 409, vielleicht hieher J. zu B. T. II. 23, 1 si miles nostris utilitatibus serviens . . locum publicum . . tenuerit; häufig Verleihung zur Emphyteuse l. c. III. 19, 3.

4) Vgl. Gaupp S. 409.

5) Die man mit Cd. Leg. der Ant. zutheilen muß.

jährung entgegen stehe [1]); sowie daß gothische oder römische sortes, die seit mehr als 50 Jahren nicht beansprucht worden, nicht mehr gefordert, d. h. von dem Gothen dem Römer ab und durch den Römer von dem Gothen zurück, werden sollen [2]) und so häufig kam noch späte Restitution des entrißnen Drittels an den Römer vor, daß man für nöthig hielt, für diesen Fall einzuschärfen, auch die auf dies Drittel inzwischen von dem Gothen aufgenommenen und nun mit restituirten Hintersassen (accolae) sollten mit dem römischen Patron zu verhältnißmäßigen Theilen Grundsteuer zahlen [3]).

Solche vor der Urtheilung oder vor der Restitution entrißner Drittel vorgenommene Rechtsgeschäfte (Theilungen, Veräußerungen, Belastungen) boten auch sonst Schwierigkeiten, die gesetzliche Lösung forderten. So sagt eine sonst schwer zu deutende Stelle jedenfalls, daß fortan das Maß der Landtheilung auch das Maß für den Anspruch auf den Theil des Schweinezehnten bestimmen soll (d. h. wenn der Römer vor der Urtheilung mit einem Dritten dies „placitum decimarum" genannte Rechtsgeschäft [4]) geschlossen), während bisher jeder der hospites, wie viel Schweine er auf seinen Theil Wald übernommen haben mochte, immer die Hälfte des Zehnten bezog [5]).

Wie unklar und bestritten die Grenzverhältnisse waren, zeigen noch zahlreiche andere Stellen; so X. 3, 4 und 5: hier werden häufige Streitigkeiten vorausgesetzt über Grundstücke, die, ehemals zu dem zwischen den hospites vertheilten Complex gehörig, veräußert worden: sei die Veräußerung (Theilung, Verkauf, Tausch zum Zweck der Abrundung) geschehen vor der Ankunft der Gothen im Lande (ante adventum Gothorum), so soll das Abgetrennte bei dem Complex verbleiben, zu welchem es damals („vor Alters") von den (beiden) „Römern" geschlagen worden. Man sieht, daß einerseits die Gothen alle jemals zu dem fundus divisionis gehört habenden Landstücke als

---

1) X. 1, 16 s. Antiq. p. 2 c. 277. 303. 317; vgl. L. V. X. 1, 8. 9. 16.

2) X. 2, 1. Vgl. Gaupp S. 395 über das Alter dieses Gesetzes, der hervorhebt, daß auch die Vindication flüchtiger Knechte erst in 50 Jahren verjährt X. 2, 2 (andre Klagen in 30 Jahren) wobei aber echte Noth den Lauf der Verjährung hemmt.

3) X. 1, 15; ganz anders Helff. S. 110, der unter census Pachtschilling versteht gegen den Sprachgebrauch des Gesetzes s. II. 5, 1. V. 4, 19.

4) S. Westg. Stud.: „Forderungsrecht". Wohl erst von den Römern gelernt: bei W. ist ἀπόδεκατα schwerfällig afdaila taihundan dail.

5) So verstehe ich L. V. VIII. 5, 2 indem ich statt dummodo lese dum modo.

Gegenstand der Landtheilung betrachten wollten, während anderseits auch häufig simulirte Veräußerungen zum Nachtheil des gothischen hospes (z. B. an einen von der Theilung Eximirten, oder an römische Fiscalverwalter) nach dem Eindringen der Barbaren, aber kurz vor der drohenden Realtheilung von den römischen possessores mochten geplant worden sein.

Wald und Weideland (pascua) konnten auch von der Realtheilung ausgeschlossen, alsdann unverzäunt gelassen und im Verhältniß der Idealtheilung[1]) gemeinschaftlich benützt werden[2]); war aber das abgetheilte Weideland umzäunt worden; so durfte es nur cum pascuario betreten werden[3]). Ungetheilter Wald (Privatwald des römischen hospes, nicht wohl noch herrenloser, benachbarter oder Gemeinde-Wald) konnte später vom Römer wie vom Gothen einseitig stückweise ausgerodet werden: alsdann darf sich der andere hospes nicht weigern, den gleichen Antheil gleicher Güte unausgerodet anzunehmen: nur wenn hiefür der Waldrest nicht mehr ausreicht, soll die Rodung selbst getheilt werden[4]).

Unanfechtbarkeit der einmal gehörig vorgenommenen Theilung ist festes Princip: — doch muß natürlich die Theilung als geschehen beweisen[5]), wer sich auf dieselbe beruft — namentlich sollen die Nachkommen nicht die von ihren Vorfahren durchgeführte Theilung anfechten können; X. 1, 8 wird beigefügt „oder von den Nachbarn“: dies hat entweder den Sinn einer von den Nachbarn für Dritte vor-

---

1) Zweifelnd Gaupp S. 399.

2) L. V. VIII. 5, 5 consortes vel hospites nulli calumniae subjaceant, quia illis usum herbarum quae conclusae non fuerant, constat esse communem. Richtig Eichh. I. S. 354 „Koppelhut“; vgl. Isid. orig. XV. 13 ager compascuus, qui a divisoribus agrorum relictus est ad pascendum communiter vicinis. Vgl. R. A. S. 502. 515. 523; Volmer p. 17 (aber die consortes sind Miteigenthümer, nicht Markgenossen).

3) VIII. 5, 2: gegen Weidegeld? mit dem Hirten? so Gaupp S. 399.

4) Ob gegen Vergütung der Arbeit, wird nicht gesagt; Walter II. S. 169; burgundische Analogien Peyré p. 46; culturas facere X. 1, 9, auch am Flußufer, ist technisch Urbarmachung für den Landbau. Hervorgehoben werden Eich-, Fichten- (piceae arbores) und Feigen-Wälder (caricas hoc est ficus) VIII. 2, 2. 4, 27 a. majores vel glandiferae.

5) Dies der Sinn von X. 1, 8 si tamen probatur celebrata divisio; wobei immerhin die Andeutung möglich, daß häufig die Realtheilung erst spät erfolgte; so Gaupp S. 401; vgl. v. Syb. S. 199.

genommenen Theilung[1]), oder es wird hier eine einfache Grenzberichtigung der Urtheilung in der Unanfechtbarkeit gleich gestellt[2]).

Zweifel über die Grenze der beiden Complexe sollen durch zuverlässige und alterserfahrne (certiores atque seniores) Männer der Nachbarschaft als Grenzmerker (inspectores) unter Vereidigung und Leitung durch den Richter gehoben werden: in Abwesenheit des Getheilen oder eines solchen Merkers darf die Partei keine neuen Grenzsteine setzen[3]).

Nach so vielen Wanderungen und Schicksalswechseln mögen im Volksheer der Gothen die alten Geschlechterverbände von a. 375 und 410 etwa um's Jahr 525 schwerlich mehr Schluß und Fuge gehalten haben[4]): an ihrer Stelle mögen die militairischen Decimalgliederungen und naturgemäß etwa noch die nächste Blutsverwandtschaft bei der Niederlassung Maß gegeben haben: das reich entwickelte, juristisch vielfach verwerthete Nachbarverhältniß spielt im bäuerlichen und im Rechtsleben des Volkes eine wichtige Rolle und wiederholt werden die Nachbarn in einer Verbindung mit den Verwandten genannt, welche sie selbst als Verwandte gedacht zeigt.

Die Nachbarn sind in zahlreichen Fällen die vom Gesetz bezeichneten Zeugen[5]).

---

1) So Gaupp S. 400, Waitz II. S. 267.

2) Mit Recht bemerkt Gaupp S. 400, das Gesetz setzt eine spätere (nach der theilenden) Generation voraus.

3) X. 3, 5. Dieß wird wie „Invasio" gestraft; eligat inspectio judicum, quos partium consensus elegerit, ita ut judex, quos certiores agnoverit vel seniores, faciat eos sacramenta praebere, quod terminos sine ulla fraude demonstraverint. et tamen nullum novum terminum sine inspectore constituat; hier waltet nicht nur Ungeschicklichkeit im Ausdruck, auch Unklarheit im Gedanken: die Parteien wählen ortskundige Unparteiische, inspectores, diese nennt das Gesetz auch „judices" und unter diesen inspectores = judices wählt der eigentliche judex, d. h. der Richterbeamte, die Geeignetsten aus und beeidigt sie.

4) Selten werden die propinqui in solchem Zusammenhang erwähnt, z. B. Cc. T. XIII. 2; s. allerdings den ortus ex familia Pauli Jul. v. W. p. 718, wie Salvian V. p. 116 die Unverbrüchlichkeit ihrer Familienbande im Gegensatz zu deren voller Auflösung bei den Römern rühmt; mit Recht führt v. Syb. S. 199 die Testirfreiheit, auch über die sors, gegen den Fortbestand des alten Sippeverbandes an.

5) VIII. 3, 13. 5, 5. II. 4, 9 streifen sie sehr nahe an den Begriff von Eidhelfern „Leumundszeugen" (aber die Eidhülfe selbst ist verschwunden): denn die ingenui sollen vernommen werden, welche entweder de re qua agitur cogniti

Das bäuerliche Gemeinleben, aber freilich beider Nationalitäten, ist reich entwickelt: es gibt einen periodischen conventus publicus vicinorum [1]) und gemeinsame Pflichten für alle Bewohner Eines locus [2]). Und wenn [3]) die Strafverfolgung auf den Thäter allein beschränkt und verboten wird, daneben auch den Vater, Sohn, Gatten, Bruder, Nachbarn oder Verwandten zu behelligen, „so daß die Nachfolger oder Erben wegen der Thaten ihrer Verwandten nichts zu fürchten haben", so darf man wohl auch hieraus folgern, daß die Nachbarn häufig selbst Verwandte waren [4]).

3. Räumliche Gliederungen des Reichsgebietes.

Das Gebiet des Reiches heißt regnum [5]), patria [6]), terra nostri regiminis [7]), pars nostra [8]), sedes nostrae [9]), selten Gothorum patria [10]).

---

habeantur d. h. also Thät-Zeugen, oder qui vicini sunt, also Nachbarn als solche, wenn sie auch von der That nichts wissen; auch zur Abschätzung von Schaden durch Feldfrevel ꝛc. werden sie beigezogen VIII. 3, 15; auf enges Zusammenleben weist auch die Pflicht aller Nachbarn, die vorgeschriebene Tödtung eines bösen Hausthieres als vollzogen anzuzeigen VIII. 4, 17.

1) VIII. 5, 6. 3, 15; mit Unrecht bestreitet also eine ausgebildete Ortsgemeindeverfassung von Bethm. H. I. S. 224.

2) IX. 1, 21.

3) VI. 1, 7. 8

4) Vgl. noch X. 1. 8. 14. 8, 2, honesti XI. 1, 1, contestatio VIII. 4, 16. II. 4, 9, Waitz I. S. 472: mehr aber nicht wie v. Syb. S 28 u. Köstlin Z. f. d. R. XIV. S. 378; (richtig Zimmerle S. 18), u. „Strafrecht" und von „Gesammtbürgschaft", Unger Gerichtsverf. S. 60, ist das auch kein Rest; vgl. im Allgem. Waitz Kieler Monatsschr. I. S. 263.

5) Ebenso regimonium L. V. VI. 1, 3.

6) L. V. IX. 2, 9. VI. 1, 3.

7) L. V. XII. 3, 9. IX. 2, 8. V. 7, 19 intra fines regionum nostrarum XII. 2, 14 regiones nostrae V. 4, 21, scharf bezeichnet regio als bloßen Theil der provincia, aber in kirchlichem Sinn, das sog. decretum Gundemari; vgl. L. V. VII. 3, 3, B. T. I. 10, 3 macht J. aus regio des Textes: provincia; anderer Sprachgebrauch Apoll. S. VI. 4 regio Arverna.

8) extranea II. 1, 6.

9) XI. 3, 1.

10) II. 1, 6. 8; Gothia (über „Flavia" s. Königstitel) bei Oros. VII. 43 würde so früh, trotz des Zusatzes ut vulgariter loquar, gelehrt gemacht scheinen, begegnete es nicht auch in additam. ad Leg. Burg. p. 575 c. 8 de Gothia; bei

Das dem Walja eingeräumte gallische Gebiet mit seinen späteren Erweiterungen heißt dem Apollinaris Sidonius sors, limes gothicae *sortis*[1]) und Thorismund *hospes* Rhodani[2]): eine absichtliche und geistreiche Uebertragung des Privatrechtsverhältnisses des einzelnen gothischen und römischen hospes auf das völkerrechtliche zwischen dem Gothenstaat und Rom; denselben scharfjuristischen Sinn hat es, wenn er Eurich[3]) geistreich den Martem *inquilinum* (nur kraft Miethe-, kraft Vertrags-Rechts, nicht kraft Eigenthums) des Garonne-Landes nennt; noch Johannes von Biclaro nennt das ganze Gebiet der Gothen „provincia Gothorum", ähnlich terminus Gothorum[4]).

Das Reich ist getheilt in provinciae[5]).

Namen und Zahl der provinciae schwanken[6]): Isidor[7]) zählt auf die alten sechs römischen: provincias sex: tarraconensis cartha-

---

Greg. tur. bezeichnet es zunächst das gothische Gallien; vgl. Schäffner I. S. 77; „Francia gothica" meint Villadiego p. 55 habe Athaulf sein gothisches Gebiet genannt. Francia bezeichnet die Merowingerreiche gegenüber dem Gothischen z. B. pact. andel. p. 6. Galisvinta in Franciam veniens; Septimanien hieß Gothica bis in's X. Jahrh.; vgl. Walckenaer II. p. 375; patria mit Vorliebe J. B. T. III. 17, 3; inter fines patriae Gothorum Co. T. VIII. 1.

1) Apoll. S. VII. 6; ebenso VIII. 3 per *promotae* limitem *sortis*, IX. 5 per regna divisi, a commercio . . diversarum *sortium* jure revocamur.

2) l. c. 12.

3) VIII. 9.

4) Jacobs Géographie p. 30; über t. arvernus Ponton d'Annécourt essai p. 45. Dagegen: Merobaudes p. 10 exierat Gothorum universa manus cum rege *Romana* populatum. Greg. tur. VII. 9; während der ost-gothischen Verwaltung heißt ganz Spanien provincia Hispaniae Cass. Var. V. 39.

5) L. V. II. 1, 10. 18. X. 2, 5. XII. 1, 2 provinciae rector XII. 1, 2 nostrae IX. 1, 10 limites IX. 1, 6; comites, judices pr. VIII. 1, 9. regni nostri IX. 2. 8. III. 5, 2. VI. 3, 7. XII. 2, 14. Daher Joh. Biclar. von Einverleibung des Suevenreichs ganz correct: patriam Suevorum Gothorum provinciam facit. Vgl. L. V. IX. 2, 8 in alia pr. X. 2, 5 in cunctis pr. quae ad ditionem nostri regiminis pertinent. (Vgl. B. T. II. 5, 1.) II. 1, 1. Cd. Card., S. J. R. Leg. III. 5, 1 in cunctis regni nostri pr. Vgl. XII. 3, 13. III. 2, 2 in quacunque pr. regni nostri.

6) Irrig Aschb., Helff., v. Bethm. H. I. S. 289 Zusammenfallen mit den 6 Kirchenprovinzen. S. Joh. Gerund. paralip. Hispan. I. p. 21 „de provinciis Hisp., quae mutaverunt nomina", die 4 großen „Herzogthümer" in Spanien mit entsprechenden Erzbisthümern bei Sachße, Grundlagen, sind eine quellenwidrige Erfindung zur Stütze seiner „Tetrarchien", der Schäffner I. S. 158 nicht hätte beipflichten sollen; s. duces.

7) XIV. 4.

giniensis lusitania galicia baetica et trans freta in regione Africae tingitaniam [1]). Der libellus provinciarum romanarum fügt noch als siebente die Balearen hinzu [2]).

Die provincia carthaginiensis zerfiel in die manchmal auch provinciae genannten Landschaften Carpetania und Contestania [3]).

Die einzelnen „provinciae" in späterem Sinne, die genannt werden, sind sonst Lusitania [4]), Gallaecia [5]), Emerita, Hispalis, Carpetania [6]), Carthaginiensis [7]), Asturia, Cantabria [8]), Vasconia [9]), Tarraconensis [10]), Septimania [11]): auch das ganze gothische Gallien (Languedoc [12]), Foix, Bearn, Gascogne) heißt später Gallia provincia [13]).

---

1) Ein praeses und ein comes tingitaniae Böck. II. p. 38. Hierüber A. V. S. 179 Anm. 2, Hugo Grot. p. 51; ganz willkürlich die Aufzählung einzelner Städte des Reichs Isid. XV. 2: die wichtigsten fehlen, längst zerstörte, wie Sagunt, begegnen.

2) Für welche zur Römerzeit ein procurator bestand Böck. II. p. 50. 362. 459; a. 455 oder 456 (?) an die Vandalen verloren, dann an Belisar nach Dunham II. p. 156 ohne Quellenangabe, ebenso Romey II. p. 265; eben finde ich als „Quelle" — Masdeu XI. p. 31. Jene 6 zählten zur dioecesis Hisp. und waren unter dem vicar. Hisp. gestanden, d. h. dem vicarius praef. praet. Galliar., vgl. Kuhn II. S. 215.

3) Dunham II. p. 156 und Romey II. p. 266 aus Masdeu XI. p. 178 abgeschrieben.

4) Greg. tur. mart. c. 24, Paul. Emer. p. 644.

5) Idac. l. c., L. V. IX. 2, 8. II. 1, 10.

6) Greg. tur. VI. 23. 44.

7) Idac. L. V. l. c.

8) „Riola" zur Gothenzeit? Oienart p. 17.

9) Es gab eine fränkische und eine gothische Provinz Vasc. Nic. Ant. V. 6. 857, Romey II. p. 264, Jacobs Géogr. p. 138, Masdeu XI. l. c., Greg. tur. VI. 12, Oienart p. 383, Vasc. aquitanici Bonnell S. 210, Walckenaer II. p. 400, (gegen Ferreras sehr boshaft Berganza, crisis p. 52), Cortes y Lopez III. p. 473, besonders aber Fauriel I. passim. u. II. p. 506 f. über die östliche Sprachgrenze des Baskischen; dann p. 336. 374.

10) Idac.

11) Also nicht 5 in Spanien und 5 in Gallien wie von Bethm. H. I. S. 189; ebenso unrichtig, daß eine civitas und ihr territorium, weil Theile einer provincia, auch provincia heiße.

12) Nicht Land-gothia! Masdeu XI. p. 30.

13) Cc. T. XVII. tom. (zweifelhaft ob L. V. IX. 1, 21 fines Hispaniae nur das eigentliche Spanien meint). Vgl. Phillips I. S. 301; auch später, nach dem Uebergang an das Frankenreich, noch: Guérard essai p. 143; jene fünf prov. Spaniens bestanden unter den Arabern fort Fauriel III. p. 56.

Unter Eurich besaßen die Gothen in Gallien die folgenden einzelnen provinciae (ganz oder theilweise): Aquitanica prima, secunda [1]), alpes maritimae, cottiae, narbonnensis [2]) prima et secunda, novempopulania, viennensis (?) [3]).

Idacius und dem Suevischen Gebiet besonders eigen ist die hier lang erhaltene Eintheilung in conventus: c. lucensis [4]), in parte conventus bracarensis, c. asturicensis municipium, loca maritima conv. lucensis [5]). Der conv. luc. trat zusammen in Aquae Flaviae [6]); ich verstehe darunter die alten römischen c. [7]) der praesides, so wie sie z. B. für die VII. provincias Galliarum zu Arles bestanden, nicht etwa die Kirchenprovinzen; nach Idacius werden sie nicht mehr erwähnt [8]).

Die alten Provincial-Hauptstädte und in der Gothenzeit Sitze der duces sind Tarracona, Carthagena, Hispalis (Sevilla) verdrängt von Toledo, Braga (Bracara), Merida, Cordova, Narbonne und Tanger [9]).

---

1) Vgl. Alteserra rer. aq. p. 10—15, Rocquain p. 263—271.

2) z. B. Greg. tur. IX. 15.

3) Zusammen eine der drei unter dem praef. praet. Gall. stehenden dioeceses mit einem eignen vicarius. Böck. II. p. 4. 13. 92. 165. 470.

4) p. 25.

5) p. 43.

6) p. 45.

7) Damals 4 in Bätica: hispal., astig., gadit. (aber auch universae prov. baetic. C. J. N. 2221) u. cordub. u. 7 in Tarracon.: bracar. august., lucens, astur., cluniens., caesaraugust., carthag. u. tarracon.; über die Principien bei deren Bildung C. J. p. 121. 331. Vgl. Alteserra notae p. 152, Cean-Bermudez p. 82.

8) Vgl. Serna y Montalban I. p. 18. 19 und dazu Hänels Anzeige, Sempere historia I. p. 39 (s. Gesammtcharakter, Volksversamml.).

9) Vgl. Masdeu XI. p. 32. Der Geogr. Ravennas nennt neben Spanorum famosissima patria — von der gothischen Bevölkerung schweigt er — Galletiae vel Spaniae Vasconum (Masdeu XI. p. 30, vgl. Romey II. p. 264) patria, quae Galletia ex praedicta Spania pertinet — Vasconum patria, quae antiquitus Aquitania dicebatur p. 8; er zählt p. 88 Marsilia noch zu Septimania, ebenso Arelaton p. 238; p. 242—246 zählt er die Städte Septimaniens auf: ich nenne nur Narbona, Carcassona, Beteroris (Beziers), Agata, Nemaus, Megalone, Arelaton. Dann p. 209 Guasconia, Spanoguasconia p. 418, p. 302 Spanorum patria habet infra se provincias famosissimas octo: id est Galletia, Asturia, Austrigonia, Iberia, Lysitania, Betica, Hispalis, Aurariola; etsi modica existit, tamen omnino fertilis et speciosissima esse dinoscitur. Vgl. dazu die Noten bei Cortes y Lopey I. p. 379. Aragonia als Stadt bei Geogr. Rav. II. p. 160. Erst nach a. 711 entstehen die Namen Catalaunia, Portugalia, Andalucia, Sibilia, Granata, nicht schon gothisch wie Bourret p. 9, vgl. del Saz p. 73—88.

Daß die beiden durch die Pyrenäen geschiebnen Reichstheile politisch leicht auseinander brachen, haben wir gesehen [1]). Die Neigung zum Abfall, zum Anschluß an das Frankenreich war stark und stätig. Gregor von Tours nennt Septimanien bald Gallien „angehörig" [2]), bald benachbart [3]). Scharfen Tadel über Septimanien spricht aus Julian [4]); es bedurfte auch besonderer Zusammenhaltung zur Erzielung kirchlicher Gleichförmigkeit [5]). „Gothi" nennen [6]) die romanischen Bauern die Angehörigen der Ostgothischen Besatzung [7]). Septimanien heißt auch provincia Gothorum sc. gallica [8]): vorübergehend führt Gefahr und Gegensatz zu der Nebeneinanderstellung von zwei Königen für die beiden Hälften (Leova und Leovigild); übrigens begegnet bald Hispania, Gallia [9]), bald Hispaniae [10]) und Galliae [11]).

Auch in dem alten Suevenreich Gallicia erhielten sich Sondergebräuche [12]); als Egika seinen Sohn zum dux Galliciae mit der

1) Ueber die Verschiedenheit s. Montesquieu 28, 7.

2) VIII. 28.

3) VIII. 30 (Lecoy de la Marche p. 25), terra narbonn. IX. 10 und Giesebr. Anmerk. hiezu.

4) Jul. v. W. p. 708 Galliarum terra altrix perfidiae .. infidelitatis febre vexata. quid enim in illa non crudele vel lubricum? ubi *conjuratorum conciliabulum*, perfidiae signum, obscoenitas operum, fraus negotiorum, venale judicium et quod pejus his omnibus — Arianismus. Wamba rühmt: (non) Gallos sine nostris aliquid virtutis magnae posse perficere p. 709; Julians Schadenfreude über die Verwüstung Septimaniens p. 716 ist unverkennbar; er unterscheidet Gothi, Galli, Franci, ebenso v. s. Caes. z. B. p. 676. Gregor tur. dagegen nennt auch Septimanien Hispania III. 10, (ebenso eine Urkunde Dagoberts I. von a. 629 negotiatores de Hyspanica bei Jacobs géographie des diplomes méroving. p. 61 u. Note 22 von Guadet et Taranne) und der in Chalons geborne Bischof des gothischen Arles gilt als verdächtig, weil er de Gallis habebat originem v. s. Caes. Mab. I. p. 662, ebenso 674.

5) Cc. T. IV. 2. 7 qui una fide continemur et regno; 9. 24 pari modo Gallia Hispaniaque celebret 13.

6) v. s. Caesarii p. 667.

7) insidiantibus Gothis quos Wisigothos vocant wird der ostgothisch-römische patricius Liberius verwundet l. c. p. 671 d. h. offenbar von Anhängern Gesalichs, anders ist das nicht zu erklären.

8) ep. Bulgar. III.

9) Cc. T. III. 2. XIII. Lex.

10) Cc. T. IV. praef. 12, III. 6, XVI. 6, XIV. 2, XIII. Lex.

11) Cc. T. IV. praef. 12, XVII. praef. 6, XVI. 6, VI. praef.

12) Cc. T. IV. 41 non sicut hucusque in Gallaeciae partibus facere . . videntur, una sit tonsura vel habitus sicut totius Hispaniae est usus.

Residenz zu Tuy einsetzte, faßte man dies als eine Art Wiederaufrichtung des Suevenreichs [1]); so war es aber nicht gemeint [2]).

Die provincia besteht aus einer Anzahl von Städten und deren Gebieten, den Landschaften. Den Mittelpunct der Landschaft bildet die Stadt, civitas, der Sitz des comes, oft auch eines dux und Bischofs, daher c. oder ep. civitatis [3]); es macht die enge Siedelung Brandlegung so gefährlich, daß sie [4]), nach römischem Vorgang, innerhalb der Stadt mit Feuertod, außerhalb nur mit Ruthe und Doppelersatz geahndet wird.

Civitas ist in L. V. gleich urbs [5]) und ebenso jetzt meist oppidum [6]). Den Gegensatz bilden die campi, camporum loca, regio [7]), villulae [8]). Die civitas ist auch ein municipium, municipiolum [9]).

Die für das Frankenreich charakteristische pagus-Eintheilung ist den westgothischen Quellen fremd [10]); Gregor von Tours überträgt nur die Redeweise seiner Zeit und Ver-

1) Luc. tud. III. p. 69.

2) Sonderbestimmungen für diese Provinz Cc. tol. XVII.; (wenn nicht Gallia zu lesen).

3) S. Amtshoheit und Kirchenhoheit.

4) L. V. VIII. 2, 1.

5) II. 1, 11. III. 4, 17. VIII. 2, 1. XII. 2, 16 (gleich Staat I. 2, 3).

6) v. s. Caes. p. 665, c. emeritensis Paul. Em. p. 644 toletana etc. albigensis c., narbonnensis urbs Greg. tur. VI. 23 c. quae appellatur Porta pontis p. 645; früher galten o. geringer als urbes Rilliet p. 46–7, fieret urbs ex op.

7) et regio desolatur et civitas Idac. p. 51.

8) Landleben Ap. Sid. II. 12, IV. 1. 8. 21, Cc. T. XII. tom. villulae, territoria, vici c. 4 Aquis.

9) Apoll. S. VII. 2; vgl. Isid. orig. XV. 2.

10) Die Definition bei Isid. XV. 2 zeigt das: p. sunt apta aedificiis loca inter agros habitantibus haec et conciliabula dicta a conventu et societate multorum in unum; vgl. Ponton d'Annécourt p. 11, Giesebrecht Gregor S. 69, Guérard essai p. 122. 109. 85, Rilliet p. 55, Jacobs le pagus und die Anzeige hievon in biblioth. de l'école des chartes V. Ser. I. p. 201; über keltische pagi Jacobs p. 6; p. als römische Provincialeintheilung v. Bethm. H. r. P. III. S. 105, Jacobs p. 16, Serrigny I. p. 179, Waitz S. 151; (solche pagi in Spanien in römischer Zeit S. 126: in der gothischen keine Spur mehr davon) sie wurden von den Franken nur beibehalten; vgl. Guérard essai p. 53 und sind älter als die comitatus. Giraud p. j. I. 137; über Greg. tur. Sprachgebrauch Jacobs p. 20, civitas, urbs, oppidum p. 25 villa, vicus, locus p. 26 territorium p. 29 pagus p. 37—60; über vorrömische pagi und regiones in Gallien Mommsen, Schweiz S. 21.

fassung auf das gothische Gallien vor a. 507, wenn er von pagi spricht [1]; in Septimanien begegnet (fränkischer Einfluß oder fränkischer Sprachgebrauch?) ein pagus arisitensis mit 17 parochiae [2].

Nach der civitas wird dann auch das zugehörige territorium bezeichnet [3]. Der Sprachgebrauch über territorium, terminus, regio, provincia, schwankt [4]; ausnahmsweise ist t. und terminus gleich provincia [5], regelmäßig aber zerfällt die provincia in eine Anzahl territoria [6], d. h. Gerichtssprengel von comites und judices [7].

---

1) z. B. mart. I. 48.

2) Vaissette I. p. 267; über pagus Tolosanus de Catel p. 447, comtes de Toulouse p. 50, Jacobs pagus p. 23. Daß pagus = bourg Laurentie I. p. 65 ist nur für später und ungefähr richtig. C. J. nennt p. translucanus, suburbanus N. 1041; pagani, compagani N. 1043. 5042, carbulenses 2322, corduba, augustus, Ilipa, im Ganzen nur 6mal: denn der pagus ambracensis p. 13 N. 90 a. fals. ist erfunden; der p. vialocensis des Apoll. S. II. 14 liegt bei Riom und Volvic, nicht in Spanien.

3) B. Nov. Th. 11, 1 c. in cujus territorio habitat. ebenso fines: c. in cujus finibus B. T. II. 18, 2 J.; vgl. C. J. s. h. v., z. B. idiense N. 2349. z. B. Geogr. Rav. p. 302 civitates et . . civitatum territoria (und die Vorstadt, suburbanitas Apoll. S. VII. 2. 15); vgl. Rilliet p. 49; über den Umfang z. B. des t. von Merida Fernandez y Perez p. 9. Jul. v. W. p. 707 in villa . . Gerticos, quae fere 120 mill. ab urbe regia distans in salmaticensi territorio sita; c. vel territorium L. V. IX. 1, 6; aber auch die ganze Auvergne Ap. S. IV. 21. heißt so; Greg. tur. befolgt im gothischen dieselbe Redeweise wie im übrigen Gallien II. 35 *vicus* ambaciensis (dolensis A. V, S. 91, Ponton d'Annéc. essai p. 87) *territorii* urbis turonicae. v. s. Caes. p. 661 territorium et civitatem arelatensem. Von Griechenland gebraucht, aber spanisch gedacht Paul. Emer. p. 644 patria, (= provincia) civitas, vicus.

4) Vgl. Narbo urbe et rure carm. XXIII. v. 36. Apoll. S. manchmal territorium = regio aber v. Aviti presb. miciac. p. 853: in praefata regione in territorio arvernensi unterscheidet; über territorium vgl. noch (= prov. episc. L. V. XII. 1, 2, 2. 13. 3, 7). II. 1, 16. 28; 2, 8. 4, 5. VII. 1, 5. IX. 2, 9 Cd. T.

5) L. V. II. 4, 5.

6) XII. 2, 13 judicibus in territorio Arbi, Urgi, Sturgi, Iliturgi, Egabri et Epagri consistentibus.

7) XII. 3, 2. 8. 12. II. 2, 8. judex in cujus territorio III. 5, 1 judex provinciae vel territorii II. 4, 5, j. territorii. Vgl. B. T. I. 9, 2 J.; F. N. 1. L. V. XII. 3, 2 judex in cujus civitate, castro vel territorio.

Den Gegensatz der Siedelung zur civitas bilden vicus, villa: auch locus [1]). Die „villa" ist Mittelpunct des „praedium" [2]).

Zwischen vicus und villa besteht der Unterschied, daß dort Dorfsiedlung vorausgesetzt wird, während in der villa ein Hof, Landhaus des Königs oder eines Privaten, Mittelpunct oder doch Ausgangspunct der Niederlassung ist [3]); auch locus begegnet manchmal mit einem Namenszusatz [4]); noch seltner ager [5]).

Die Bezeichnungsweise der Orte ist im Ganzen, mit Ausnahme der pagi, noch die alte, wie z. B. in dem bekannten pactum fiduciae aus der ersten Kaiserzeit [6]).

---

1) L. V. III. 1, 17. IX. 1, 21 in c. aut villa VIII. 6, 2 vicus C. J. N. 170. 743. 1687. Daher vicani: nicht mehr in der Gothenzeit. vicos, villas v. s. Caes. p. 667 villa quae Launico dicitur; L. V. XII. 3, 2. III. 4, 17 in civitate aut villa VIII. 6, 2: im Gegensatz zur urbs B. Nov. Th. 11, 1 ex urbe, vico vel possessione; civitas Cc. T. XII. tom. villulae, territoria, vici c. 4 Aquis Braul. v. s. Aem. p. 208, Apoll. Sid. IV. 18. 21 in villa Vergegio; Vgl. Serrigny I. p. 185, Rilliet p. 50.

2) v. vindiacensis Greg. tur. patr. XII. 3. Apoll. Sid. II. 2 Voroangum, hoc uni praedio nomen 9. cuticiacense III. 1 bei Clermont. eborolacense 5; ebenda; IV. 18. 24 tua tajonacus (scil. villa) VIII. 8. „Avitacum" carm. XVIII. 1. „Burgus" XXII. s. Amtshoheit. Ponton d'Annécourt essai p. 45; in vico nomine Linocasio provinciae petrogoricae v. Aviti petrog. erem. p. 361. Vgl. Isid. orig. XV. 2 vicus dictus a vicinis tantum habitatoribus (nicht cives) vel quod vias tantum habeat sine muris vel quod sit vice civitatis. Gerade diesen verkehrten Definitionen und Etymologien läßt sich die Auffassung der Zeit entnehmen.

3) Ueber vici als römische Gliederung der pagi Voigt S. 151; über deren Verfassung S. 205. Die Abhandlung desselben über pagi et vici der Germanen S. 114 behandelt nur die Zeit vor der Wanderung. Vgl. C. J. s. h. v.

4) Braulio v. s. Aemil. p. 214 de loco banonico, de loco Prato. v. s. Caes. p. 671 locus Arnaginis = vicus.

5) quod (sic) Succentriones vocatur l. c. p. 678. Apoll. S. VIII. 4 ille ager tuus Octavianus; l., cui Capsiana vocabulum est et millibus XVI. distat ab Emerita urbe Paul. Emer. p. 645 ep. Bulgar. III. de locis .. Jubiniano (al. Lub.) et Corneliano. Testam. Caesar. arel. agellus gallicomanus, arvedus, mercloanus, Martinatis, gemellus, silvanum; pascuum in campo lapideo, missianianum; in loco qui vocatur Ruffiacus v. Aviti petrog. erem p. 362. Vgl. L. V. VI. 1, 1. XII. 3, 20 und oft judex loci B. T. I. 6, 43 J. per singulos agros et loca (Text: villas et vicos) locus in territorio F. N. 8 prov., civ., loca B. T. III. 11, 1. J., vgl. C. J. s. h. v.

6) Degenkolb Z. f. R. G. 1869 fundum balanum .. in agro qui ve-

Ein Gesetz, das alle bewohnten Stätten im Lande aufzählen will [1]), nennt neben civitas noch castella, castra [2]). Daß auch der Provincialadel, nicht nur der König, solche castella, castra im Lande hatten, befestigte Schlösser [3]), zeigt die Geschichte des Aspidius [4]); solche kleinere Siedelungen werden dem Gebiet der größeren zugezählt [5]).

4. Romanen und Germanen [6]).

Ueber das Verhältniß zu den Römern hat man mit Recht bemerkt, daß, wo, wie bei den Westgothen wenigstens seit a. 419, wenn nicht schon seit a. 410, ja seit a. 375, vermöge des Födus vertragsmäßige Landabtretung stattfand, die Beziehungen zu den Provincialen von Anfang an sich freundlicher gestalteten als bei unverhüllter Eroberung wie der der Vandalen oder Langobarden [7]). Die gallischen

---

neriensis vocatur pago olbensi an der Mündung des Bätis bei Bonanza, dem Hafen von S. Lucar de Barameda C. J. N. 5042.

1) B. P. IV. 5, 2 municipia, *coloniae*, oppida, *praefecturae*, vici, castella, conciliabulae: J. non eget und doch waren col. u. praef. entschieden antiquirt; vgl. Serrigny I. p. 170.

2) z. B. castrum ugernense (Alteserra notae p. 308) bei Arles v. s. Caes. p. 663; (castellum quod Luco dicitur p. 673) genannt bei Geogr. Rav. p. 238 Ugernon quae confinatur cum Arelaton civitate provinciae Septimanae; in der Auvergne villis terrena, saxos a castellis Apoll. S. IV. 21. Portucale castrum Idac. p. 43. C. rupianum v. s. Valer. de montibus Mabillon II. p. 1042; vgl. Ponton d'Annécourt essai p. 5, Marin I. p. 209. In den militairisch wichtigen civitates und castella walten außer dem comes Verpflegungsbeamte für das Heer.

3) L. V. XII. 3, 2 der Bassen Jul. v. W. p. 709, Braul. v. s. Aemil. p. 208 castellum Bilibium.

4) A. V. S. 131.

5) Isid. orig. XV. 2 vici et castella et pagi sunt, qui nulla dignitate civitatis ornantur, sed vulgari hominum conventu incoluntur et propter parvitatem sui majoribus civitatibus attribuuntur: „Castilien" leiteten die Spanier von den zahlreichen castella her Julian del Castillo p. 101.

6) Hauptstellen L. V. IX. 2, 9. 1, 21. X. 1, 8. 9. 16. 2, 1. 3. 5. XII. 2, 13. III. 1, 1. 6. VII. 4, 2. Vgl. Sempere p. 15, historia I. p. 59, Aschbach Ommajaden S. 5.

7) J. nennt das Westgothengebiet selbst noch eine Provinz Nov. Valent. 10 reliquum vero hujus legis ideo interpretatum non est, quia hoc in usu *provinciae istae* non habuit: gemeint ist der Mangel an Rechtskundigen in Italien seit dem Einfall Alarichs — in Südgallien empfand man also solchen Mangel nicht.

Provincialen heißen schon lange vor Salvian und Apollinaris Sidonius Romani, nicht mehr Galli [1])

Die Byzantiner heißen bald Romani, bald, namentlich in späterer Zeit und genauerer Rede, Graeci [2]). Die Unterthanen heißen als solche, von den provinciae, provinciales [3]) nostri [4]), nicht etwa nur [5]) die Romanen [6]). Isidor [7]) unterscheidet Gothi und Hispani von Romanis und die Quellen des sechsten Jahrhunderts ebenso die Vascones von den Hispanis wie Getis [8]). Doch nennt Gregor von Tours auch die Gothen Hispani [9]).

Interessant ist übrigens, daß die Interpretatio es gern vermeidet, die gothischen Herren des Landes Barbaren zu nennen [10]); ganz war die Bezeichnung freilich nicht zu umgehen [11]).

Die Kluft zwischen den Römern und Barbaren ward von jenen noch oft und lang mit dem alten Stolz empfunden [12]): Römer, die in

---

1) Vgl. Alteserra aquit. p. 190.

2) Paul. Emer. p. 643 Paulum, natione Graecum, de Orientis partibus . . advenisse; über provinciales oben S. 64. Total mißverstanden hat v. Bethm. H. I. S. 187 das commonit. Alarici, wenn er meint provinciales nostri bezeichne die Romanen als Unterthanen des *imperium*; noch Kindasvinth schreibt ebenso.

3) Wie von je Apoll. S. III. 6.

4) L. V. XI. 3, 1.

5) Wie (vgl. Alteserra notae p. 45) im Common. Alar. electi provinciales, ebenso J. B. T. I. 9, 3, anders IV. 10, 1. X. 3, 1. XI. tit. 5. tit. 6.

6) Wenn auch (zu L. V. l. c.) damals überwiegend Romanen Handel trieben.

7) Origin. XIX. 23.

8) So Greg. tur. Venant. Fort. z. B. XI. 23 p. 346, V. 1 p. 205, v. s. Germani c. 74, Migne 88 p. 476; aus Versehen ist mehrmals Migne 71 bei Venant. Fort. citirt statt 88.

9) VI. 18, vgl. Moron p. 409; über Romani = Catholici s. „Kirchenhoheit". Alteserra notae p. 99.

10) B. T. V. 5, 2. VII. 1, 1 statt barbari und Romani des Textes einfach hostes und Nov. Val. 11 statt b. extraneae gentes: zumal XV. 3, 1, wo J. aus (de infirmandis his quae sub tyrannis aut barbaris gesta sunt) der barbarica depopulatio macht (vgl. de Maubeuge p. 9, Marin I. p. 217 nicht ganz treffend) hostium terror.

11) B. T. III. 14, 1 J. Vgl. über „barbarus" die Inschrift bei Le Blant II. p. 552, wo aber gothische Herkunft nur etwa durch den Namen „Sagila" angedeutet ist.

12) Wie a. 370 die A. Niketae den Barbaren die Εὐγένεια absprechen s. A. V. S. 27 (Synesius).

ein solches Germanenreich wandern, sehen sich als „Gefangene" an [1]); so nennt sich der Grieche Paulus, selbst nachdem er in Merida Bischof geworden [2]); und Apollinaris Sidonius, bei dem jene Empfindung sehr rege — das foedus nennt er ein Unheil [3]) — stellt Barbaren und Sklaven [4]) zusammen und tadelt den Verkehr mit denselben aufs Schärfste. „Du meidest, schreibt er einem Freund, die Barbaren, wenn sie böse, ich auch, wenn sie gut sind" [5]). Der Adel der Auvergne droht Auswanderung der Gothenherrschaft [6]) vorzuziehen [7]); daß ein Römer (wie Syagrius bei den Burgunden) germanisch lernte, war äußerst selten [8]); die Unmäßigkeit dieser Nordländer in Speis und Trank widert die Romanen an [9]). Bekannt ist des Sidonius Wort, daß die sechs Fuchs langen Verse nicht kommen wollen, weil sie die sieben Fuß langen Schutzherrn (die Burgunden) scheuen, und ganz in diesem Ton klingt die uns erhaltene Klage eines gleichzeitigen römischen „Dichters": der Lärm der gothischen Gelage verscheuche die Muse [10]). Den Cultur-

1) Salv. V. p. 104, Apoll. S. V. 11 quaedam spes „libertatis" d. h. der Nicht-Annectirung durch Eurich; diese aber ist servitus VII. 7 (zweimal).

2) Paul. Em. p. 643 (captivus hatte damals sehr weiten Sinn, — „elend").

3) „Barbarus" ist grausam, unmenschlich IV. 24; nur die Denuncianten haßt er noch mehr V. 7 Getae, I. 6 meist feroces carm. VII. passim.

4) Er rühmt seinen Freimuth VII. 18, VII. 114 nec nunquam toleraturum animi servitutem, aber sein Loblied auf Eurich VIII. 9 ging ihm sicher nicht von Herzen, auch nicht viel mehr das auf Theoderich II. c. XXIII. v. 68; vgl. Kaufmann Museum S. 8 (nur a. 462 engerer Anschluß an die Gothen? unter Theoderich II.).

5) proh dolor, servitus VII. 7.

6) II. 1.

7) VII. 6 mala foederum VIII. 9 hinc Romane tibi petis salutem, aber es macht ihm Ehre, daß er sie doch eine gens invicta nennt VIII. 2, g. victor populus VIII. 6.

8) V. 5, Fertig I. S. 33.

9) Apoll. S. VIII. 2 zwei alte gothische Weiber, quibus nihil unquam litigiosius bibacius vomacius erit; vgl. c. XII. esculentus Burgundio mit dem unmäßigen Zwiebelgenuß, vgl. Hehn S. 95.

10) de conviviis barbarorum

Inter: hails Gothicum, scapja matjan jah drinkan!
non audet quisquam dignos educere versus.
Calliope madido trepidat se jungere Baccho,
ne pedibus non stet ebria Musa suis.

Massmann goth. min. p. 379 aus Burmann's Anthol. J. Grimm Gesch. d. d. Sprache S. 318 liest scapjam atzja jah drigkam. Manchen Zug über das Verhältniß der beiden Nationen Fertig I. l. c.

grad der Gothen zur Zeit ihrer Einwanderung hat man überschätzt [1]), wenn er auch dem der Sueven [2]) und Franken [3]) weit überlegen war [4]); während die gothischen Großen noch unter Rekisvinth nicht schreiben können, war der dux Claudius, ein Römer, unter Rekared ein Schüler der gelehrten Schule Leanders zu Sevilla [5]).

Die spanischen Romanen [6]) zeigen lange Zeit große Hinneigung zu Byzanz und Rom: erst seit der Bekehrung findet sich bei den Bischöfen Parteinahme für die Gothen gegen Byzanz und Rom, was dann auch ihre Darstellung — sie sind die einzigen Geschichtschreiber jener Zeit — der älteren Verhältnisse beeinflußt [7]). Dagegen will es wenig besagen, wenn in Formeln [8]) die Romanen schwören, wie bei der Regierung des Königs, so bei dem Heil seines Volkes [9]). Doch fehlte es von jeher nicht an solchen Romanen in Gallien, welche durch engsten Anschluß an die Gothen in den Parteiungen des Reichs und der Provinz Herrschaft und Einfluß oder Sicherheit und Schutz suchten [10]); „viele blühten in diesem Reich durch die Gunst der gothischen Sonne",

---

1) So Lafuente II. p. 374.

2) l. c. p. 377.

3) Ampère II. p. 100.

4) Vgl. schon Rühs S. 4; ihr Lob bei Masdeu XI. p. 5 aus Salvian eran civiles, templados y piadosos, eran castos, liberales, honrados y devotos, aber ambiciosos y infieles al principe; das andere Extrem bei Rus Puerta p. 172.

5) ep. Isid. ad Claud. ducem.

6) Wie tief und früh die Romanisirung der alten Celtiberer durchdrang s. Bourret p. 25—27. 37.

7) Besonders bei Isidor, der z. B. das nationale und Freiheitsgefühl bei Erhebung Alarichs, den Jord. erweiternd, lebhaft anti-römisch ausdrückt: h. G. p. 1061 G. patrocinium romani foederis recusantes A. regem sibi constituunt indignum judicantes romanae esse subditos potestati eosque sequi quorum jam pridem leges imperiumque respuerant et de quorum se societate praelio triumphantes averterant.

8) Aufgezeichnet unter Sisibut: über die Entstehungszeit s. Biedenweg.

9) F. N. 34, es ist zumal N. 7. 24 wohl die Gesammtheit, nicht nur der gothische Theil.

10) So Avitus A. V. S. 83, Paull. Pell. v. 303

unde ego non partes infirmi omnino tyranni
sed gothicam fateor pacem me esse secutum . .
nec poenitenda manet cum jam in republica nostra
cernamus plures gothico florere favore.

so hatte auch Paullinus Pelläus eine Weile gethan, bis ihn Verdacht des Verrathes traf.

Die Ausgleichung der Gegensätze, die allmälige Herstellung einer einzigen spanischen Nation geschah nun zwar auf dem Wege der Romanisirung der Gothen [1]). Aber die Geschichte dieser Romanisirung weist große Widersprüche, widerstreitend neben einander stehende Erscheinungen auf, die wir zu untersuchen haben.

Sehr frühe und starke römische Färbung in manchen Lebensgebieten [2]), engster Anschluß an römisches Wesen ist unverkennbar [3]): freilich meist aus nahe liegenden politischen Gründen und, ebenso begreiflich, meist in den höchsten leitenden Ständen, in den Personen und Familien der Könige und der ersten Großen: viel später drang das römische Wesen, im Guten und Schlimmen, in die untern Schichten des Volkes ein, unter die kleinen Freien und hier wieder zuletzt in das bäuerliche Leben [4]).

---

1) Freilich drangen auch Barbarismen in das römische Wesen z. B. in die Sprache Apoll. S. II. 10 bes. IV. 17, IX. 11 (und die Tracht pelliti, armati ad epulas V. 7, was aber von Claud. in Ruf. II. v. 80 sq. zumal an römischen Beamten schwer getadelt wird nec pudet ausonios currus et *jura* regentum sumere diformes ritus vestemque Getarum). Höchst bezeichnend das gothische vargus l. c. VI. 4 *Vargorum*, hoc enim nomine indigenas latrunculos, nuncupant incursione (outlaws). Apoll. c. XII. spricht vom „Aushalten", sustinere, germanischer Laute.

2) Diese ist denn von jeher betont worden — sie liegt zunächst am Tage — so schon die älteren Spanier, die darin ein Rivalisiren (gens aemula) mit Byzanz erblicken Mariana, Ferreras, Aldrete antig. p. 96. 97. Rosseeuw I. 307, schon seit, ja vor a. 375 Wachsmuth S. 34, Bessel G. S. 167, (sehr gut Fauriel I. p. 453), v. Syb. S. 212, Pfahler Gesch. S. 493, Michelet I. p. 154, Volmer p. 20, Liaño I. 14, Laboulaye propr. p. 254, Helff. S. 3, Ar. S. 80. Daß die Gothen bis a. 711 ihre Muttersprache „völlig aufgegeben hatten", ähnlich Ticknor I. p. 6, folgt doch nicht aus dem Latein der Schriftsprache: über die Verschmelzung nach der arabischen Eroberung vgl. Thierry études historiques p. 346. Dann v. Bethm. Hollw. I. S. 173. 202, seit Eurich (?) Lafuente II. p. 378, Türk S. 79; erst nach a. 711 nimmt Verschmelzung irrig an Thierry dix ans p. 310: schon a. 562 erhält der Sohn gothischen Vaters und römischer Mutter den Namen Sinticio Masdeu IX. p. 301 (Sintica?); über die germanischen Namen der Zeit Thierry dix ans l. c.

3) Doch weist Masdeu XI. p. 87 Unterordnung des spanischen Reiches unter Byzanz (Hugo Grotius) mit Fug zurück.

4) Daß aber die Städte meist nur von Romanen bewohnt waren, Helff. S. 102, ist zu viel gesagt.

Man kann schon seit der Uebersiedlung in römisches Gebiet und, was damit enge zusammenhängt, seit der, theilweise noch älteren, Annäherung an das Christenthum eine zu Rom und römischer Cultur [1]) neigende Partei unterscheiden von der nationalen, freien, zum Theil noch heidnischen Richtung [2]), welche an den alten Zuständen hängt. Wie dann seit dem Aufgeben eignen nationalen Bodens in den Jahren 380—420 die Verbindung mit römischen Elementen immer stärker werden mußte, haben wir gesehen. Einzelne Führer mit ihrem militairischen und geschlechterhaften Anhang gingen ganz auf und unter in byzantinischem oder weströmischem Kriegs- oder Staatsdienst: sie wurden, so weit möglich, zu Römern.

Die Uebermacht der Verhältnisse und der Cultur riß selbst einen Athanarich, der sein Leben lang dem Kaiserreich widerstrebt oder sich entzogen hatte, zu Bewunderung und Huldigung in der römischen Hauptstadt hin, in der er starb.

Und selbst der neue Führer der entgegengesetzten nationalen Bewegung, der Eroberer Roms, Alarich, wie nahe war er häufig durch die Noth an Byzanz oder Ravenna gedrängt. Nicht nur zum Schein trachtete er nach römischen Titeln: die Anlehnung an Rom war eine Existenzbedingung für das heimathlos, gleichsam bodenlos gewordene Volk, dem das sieghafte Schwert die bitter vermißte Pflugschar nicht ersetzen konnte. Und versagt ein Kaiser hartnäckig solche Anlehnung, so schafft man sich speciell zu diesem Behuf einen andern Kaiser [3]). Und sein Nachfolger sucht durch die Hand der Kaiser-Schwester das widerstrebende Rom eng mit sich zu verknüpfen: er macht ausgesprochenermaßen den Bund mit Rom zur Basis seiner Politik und der Zukunft seines Volkes, dessen barbarische Zügellosigkeit er beklagt — ein Römer ist ihm vertrautester Freund [4]).

Eifrig sucht nach kurzer Unterbrechung dieser Tendenz auch Walja den Frieden mit Rom und die tiefgehende Romanisirung der neuen Sitze in Südgallien — Toulouse hieß „das Rom der Garonne" — mußte mächtig auf die wandermüden Ankömmlinge wirken. Zäh erhielten sich auch dem Christenthum gegenüber in diesen gesegneten Auen

1) Ueber das Imponirende derselben gut Guizot I. p. 280, Löbell S. 102
2) A. V. S. 18.
3) A. V. S. 48.
4) Oros. VII. 43.

die reichen Formen und Sitten antiken Lebens, heidnischer Cultur [1]). Und nicht nur die Römer führten das alte Leben fort, der Gothenstaat wie der einzelne Germane nahm die römischen Sitten an [2]).

Immer wieder erneuen die Könige [3]) von Theoderich I. bis Eurich das Födus und dieser größte Feind der Römer hat zu wichtigsten Beamten — Römer [4]).

Lampridius, Rhetor und Dichter zu Bordeaux hatte seine Güter wohl durch Gewalt verloren: durch den König erhielt er sie zurück und „wandelte wieder im Schatten seiner Myrthen" [5]).

Milde Gesinnung gegen die Römer [6]) liegt jedenfalls auch der Sammlung der römischen Gesetze durch Alarich II. zu Grunde [7]). Eine Menge dieser Gesetzesbestimmungen mußte auch in das gothische Leben übergehen [8]).

Theudis verdankt seine Machtstellung einer römischen Gattin und zur Zeit Athanagilds galten die Gothen im Vergleich mit den (austrasischen) Franken für so romanisirt, daß ein Dichter ausruft „wer sollte glauben, daß dir, Germanien, eine spanische Römerin bestimmt sei? d. h. Brunichildis, die westgothische Königstochter" [9]).

1) Des Concil von Agde a. 506 c. 30 muß noch die römischen Hochzeitsbräuche verbieten.

2) So das gaudia publica nuntiare B. T. VIII. 4, 1.

3) Unverwerthbar die von Apoll. S. carm. 7 Theoderich II. beigelegte Hingebung an Rom.

4) Leo Apoll. S. IV. 22, VIII. 3, IX. 13. 16, carm. 23 v. 446, c. 9 v. 315 Ennod. v. Epiph. Victorius Ap. S. VII. 7, Greg. t. II. 20,

5) Apoll. Sid. VIII. 9. tu jam, Tityre, rura post recepta myrthos et platanona pervagatus pulsas barbiton; über die Mischung von Germanischem und Romanischem zu Bordeaux John O'Reilly I. p. 132. 134; über die ausgeprägt südliche verweichlichte Cultur von Aquitanien Gilly p. 366. 367.

6) Man erwäge J. B. T. I. 9, 1 nullus judicum matronam in domo sua residentem per quemcunque apparitorem ad publicum existimet protrahendam, sed curia eam (l. ei) pro sexus reverentia conventio honesta servetur.

7) Wenn auch nicht deren Gewinnung Haupttriebfeder der Codification war. Römer in seiner nächsten Umgebung B. T. II. 1, 3 quos praesentiae nostrae dignitas comitatur.

8) z. B. B. T. VII. 1, 1.

9) Venant. Fortun. VI. 2 de Sigib. et Brunich. quis crederet autem Hispanam tibimet romnam (sic) Germania, nasci! (aber auch das Land Chilperichs heißt germanica regna gegenüber Gailesvintha): — so hatte ich (nach Aguirre) geschrieben als ich bei Migne 71 p. 207 statt romnam die jedenfalls vorzuziehende Lesung domnam fand; damit fällt dann die noch im Text gegebne Verwerthung der Stelle.

In den Tagen Gregors von Tours scheuten sich fränkische Gesandte von den reichen und culturstolzen Gothen verlacht zu werden, „wenn sie nicht in gehöriger Ausstattung unter ihnen aufträten“[1]).

Es ist merkwürdig, wie seit Mitte des VI. Jahrhunderts die Romanisirung plötzlich unaufhaltsam wird und wie, nachdem unter drei gewaltigen Herrschern nochmal das gothische Element mächtig vor dem Erlöschen emporflammt, unter den drei oder vier entsprechenden Nachfolgern das kirchlich-romanische Wesen gerade die stärksten Fortschritte macht: auf Leovigild folgt Rekared, auf Kindila Sisinanth, auf Kindasvinth Rekisvinth und auf Wamba Erwich — jedesmal ein Repräsentant des Romanismus nach einem Vorkämpfer des Germanischen.

Ein Hauptwendepunkt war nach Leovigilds letzter starker Erhebung des gothischen Paniers die Herstellung der Glaubenseinheit — und die von da beginnende politische Bedeutung der von den Romanen beherrschten Concilien — durch seinen Sohn: und auch in jeder andern Hinsicht suchte dieser König „die ihm unterworfenen Altspanier und Römer in den gleichen Rechtsstand mit den Gothen zu bringen“[2]).

Endlich war die Verdrängung des Princips der persölichen Rechte durch das Territorialprincip, die Herstellung eines Landrechts von weit überwiegend kirchlich-römischer Färbung wie einerseits Folge und Ausdruck, so anderseits mächtig weiter wirkende Ursache[3]) der Verschmelzung beider Nationen und zwar mit fast völliger Aufsaugung des germanischen Elements.

Neben solch früher und tiefer Romanisirung — das Wegmaß sind von jeher römische milia[4]), miliaria, ebenso die übrigen Maße,

---

1) Greg. tur. VII. 0 si inculti inter G. adparerent, inriderentur ab ipsis: mißverstanden von Troya II. 3 p. 1203 (?). Daß die höhere Cultur der Gothen Folge der Annahme des Katholicismus gewesen, Guizot civilis. lec. 8, hat schon Marichalar II. p. 23 mit Hinweis auf die fast 100 Jahre früher katholisch gewordnen Franken widerlegt.

2) Lucas Tud. l. c. antiquos Hispanos et Romanos sibi subditos una cum Gothis ejusdem conditionis esse instituit geht auf den gesammten status; doch übertreibt wohl Aschb. S. 231 die Plötzlichkeit der Romanisirung; ähnlich Helff. S. 152: „seit Rekared nahmen die reichsten und angesehensten Romanen gleichfalls eine bevorzugte Stellung ein“ — sie hatten nie aufgehört, solche einzunehmen.

3) Du Boys I. p. 517.

4) Paul. Emer. p. 644; vgl. Isid. orig. XVI. 24. 25. 10 und Amaral p. 243, Colmeiro I. p. 148, Friedlein S. 59 über Isidors Theilung des Pfundes.

die Eintheilung der Zeit, des Jahres [1]) und des Tages ist noch die römische in allen Quellen [2]), deßgleichen ist das Geldsystem das römische [3]) — findet sich nun in anderen Punkten späte und zähe Festhaltung germanischen Wesens, schroffe Spaltung zwischen beiden Nationalitäten: — Ungleichheiten, die sich nur erklären aus dem Mangel aller stätigen, principiellen, bewußten Leitung dieser Entwicklung bis auf die Zeit des Glaubenswechsels — woher denn stückweise nach Lebensgebieten, Gegenden, Persönlichkeiten ganz verschiedene Wirkungen sich ergeben.

Die Umwandlung der Tracht &c. z. B. geschah sehr langsam [4]): nicht nur erwähnt Apollinaris Sidonius [5]) unter Theoderich II. a. 470 und unter Eurich [6]) die gothische Pelztracht (in Südfrankreich!) [7]), wie schon Claudian unter und vor Alarich a. 400 (sogar bei Gothen in römischen Aemtern) [8]), Isidor noch bezeugt a. 630 die besondere Haartracht der Gothen [9]), wie [10]) a. 473 diese ihren Erschlagenen die Köpfe abschneiden [11]), um die Größe ihres Verlustes zu verbergen: (die Schilderung der Tracht des regius juvenis Segimer [12]) wage ich nicht zu verwerthen, da gothische Nationalität ungewiß) [13]) daher schändet es den Römer, ihm das Haar und Bartschneiden zu wehren [14]).

1) ad Calendas Julias XII. 2, 3.

2) Die häufige Erwähnung der Hahnenkraht bei Paul. Emer. p. 644 seq. ist auch nicht specifisch germanisch; vgl. Isid. Origin. V. 11 de tempor.

3) S. „Finanzhoheit".

4) Vgl. Colmeiro I. p. 134.

5) Theoderich I. bei Chalons ibant pellitae post classica romula turmae carm. VII. v. 349.

6) VII. 0 f. Gesammtcharakter.

7) in Ruf. II. v. 80 seq., Hehn S. 114, Marin I. p. 253, Colmeiro I. p. 130.

8) Synes. l. c., Voss p. 12.

9) grannos et cinnabar Gothorum orig. XIX. 22. Hiezu Böck. II. p. 824 u. Du Cange: „Schnurrbart?" Morin I. p. 255: denn andre Germanen trugen rasirtes Haar, z. B. die Sachsen, Apoll. S. VIII. 9, wieder anders die Sicambern l. c.: c. V. v. 236 seq. detonsus Sicamber c. XII. crinigerae catervae Burgund. l. c. Claud. XVIII. v. 383 detonsa Sicambria, XXI. I. v. 203 crinigero flaventes vertice reges (am Rhein).

10) a. 401 Claudian b. G. v. 477 criniegeri patres.

11) Apoll. Sid. III. 3.

12) IV. 19.

13) Kritiklos Romey II. p. 270.

14) Apoll. Sid. V. 13.

Eine Volksversammlung von a. 455 zeigt die Gothen im schmutzigen Gewand, ärmlich, mager: ihre Pelze reichen kaum bis an's Knie, eine Art Kamaschen von Pferdehaut deckt nur zum Theile den Fuß [1]). Chronisten des XVII. Jahrhunderts erzählen noch von alten Bildern der Gothen, welche an manchen Orten in Spanien gefunden werden und ihre „sarmatische Tracht" bekunden [2]).

Ein charakteristischer Zug findet sich im Leben des h. Cäsarius c. a. 520 [3]), wo die Leute dem Bischof klagen, sie können es nicht mehr aushalten, weil die comites civitatis vel reliqui militantes, die comites et Gothi et diversi venatores wegen der Wildschweine unaufhörlich in die Umgegend des Klosters bei Arles kommen „et interficiunt nos", d. h. sie richten uns zu Grunde, wohl nicht, weil sie dem Wilde nicht wehren: sondern vielmehr in germanischer Jagdlust kommen die Gothen, Grafen, Krieger fortwährend dorthin, lagern sich in die Häuser, lassen die Bauern nicht für Kloster und Bischof arbeiten, verlangen wohl Treibfrohnden u. s. w. Das Gebet des Heiligen bewirkt, daß sich kein Eber mehr blicken läßt und nichts mehr sich zeigt „quod venari posset". Darauf bleiben auch die Gothen fort. Die Römer und auch meist die Gothen gehen unbewaffnet, aber der Gothengraf führt das Schwert [4]). Ein geübter Jäger war auch Theoderich II. [5]).

Der römischen Bildung blieb auch der vornehmste Adel der Gothen bis auf Rekareds Tage häufig fern: der erste Palastbeamte dieses Königs, Gussin, vir illuster et comes, und noch vier andere gothische Große können nicht ihren Namen schreiben [6]) und römischer Hochmuth

---

1) Apoll. S. c. VII. v. 453, vgl. Fertig I. S. 28, auch hier, (wie so oft, über andere ungenirte Plagiate desselben, Schenkl S. 34), ist Claudian von dem phantasielosen Gallier benützt b. G. v. 478 seq., Masdeu's XI. p. 64 (ausgeschrieben von Romey II. p. 280) Schilderung (und hienach ganz Cénac Moncaut I. p. 418) der gothischen Männer- und Frauen-Tracht beruht auf unberechtigter Verwerthung von Isid. origines, die 1) oft Römisches, 2) meist Antiquirtes bieten, verkannt auch von Bourret p. 83 f.

2) Maßmann Goth. min., Haupt II. S. 204 imagines antiquae G. referunt vestitum sarmatico similem; aber Bilder aus welcher Zeit? Eine andere Quelle nennt ihre Kleidung buntfarbig „vestis versicolor" Wackernagel, Handel S. 535.

3) v. s. Caes. p. 667.

4) Beides erhellt aus Paul. Emer. p. 654.

5) ep. Apoll. S. I. 2.

6) Cc. T. III.

konnte noch damals sprechen: „von Geburt zwar ein Gothe, aber an Geist sehr begabt“ [1]).

Uebrigens fehlte es dem größten Polyhistor des VII. Jahrhunderts Isidor, dem Lehrmeister des ganzen Mittelalters, noch an der Erkenntniß der Raceneinheit der von uns sogenannten Germanen: obwohl er Westgothen, Burgunden, Franken sprechen hörte, leitet er die Gothen, sie mit den Geten identificirend, von Magog ab, nennt davon trennend Gepiden und Vandalen — darüber war der Zeitgenosse jener Völker, Prokop, besser unterrichtet — und gebraucht Germani nur für die Stämme ungefähr der taciteischen Germania; die Getuli in Afrika hält er für Verwandte der Gothi-Getae und legt diesen Glauben den Gothen selbst bei bezüglich der Mauri, was, wenn überhaupt irgendwie begründet, vielleicht auf einer Verwechslung mit den Vandalen in Mauritanien beruht [2]). Ja, das Gesetz des Volkes selbst nimmt die falsche Gelehrsamkeit römischer Schule auf und jene Identificirung von Geten und Gothen, der Vorgeschichte des Volkes, welche sicher noch in seiner Sage lebte, ganz vergessen [3]). Und auch sonst fehlen Spuren, daß diese Völker der gothischen Gruppe ihre Zusammengehörigkeit erkannt hätten [4]); nicht einmal bei Theoderich-Cassiodor, dessen Bestrebungen dies am Nächsten gelegen wäre, wird das Gemein-germanische betont [5]).

Sehr zweifelhaft erscheint, ob „affines“ in der Sprache der Zeitgenossen die gemein-germanische Race bezeichnen soll: vielleicht „Verschwägerung“ oder Nachbarschaft, so in den Briefen des Grafen Bulgachramnus, was beides auf Gothen und Franken paßt. Freilich nennt auch König Sisibut in seinem Brief an Adalwald und Theodolinde Gothen und Langobarden „affines“, denen es an Nachbarschaft wie Schwägerschaft gebricht; hier läge dann das einzige Zeugniß solcher Erkenntniß vor.

Das wichtigste Kriterium für das Verhältniß der Römer und Germanen ist aber, daß keine Ehegenossenschaft unter ihnen bestand, diese vielmehr erst durch Rekisvinth eingeführt wurde.

---

1) Paul. Emer. p. 64 (von Mausona).
2) Origin. IX. 2, vgl. XIX. 23 Germani . . Gothi.
3) L. V. Cd. Card. II. 1, 1 leges geticae.
4) Rückert, Nationalbewußtsein S. 371.
5) Anders Prokop, s. Dahn, Prokop S. 64. b. V. I. 2.

Der materielle Grund dieser auffallenden Fernhaltung war wohl der Glaubensgegensatz, der aber in anderen gleichzeitigen Staaten nicht beachtet und jedenfalls seit Rekared beseitigt war.

Der zwingende formelle Grund aber war die Aufnahme des Gesetzes von Valentinian und Valens von a. 375, welches Mischehen zwischen Römern und Barbaren bei Todesstrafe verbot, in das Breviar [1]); gewiß nicht Verachtung der Römer durch die Germanen war Motiv [2]), sondern eher hier, d. h. für die Aufnahme des Gesetzes, der confessionelle Gegensatz; auch die Kelten an der Loire mieden Verkehr und Ehe mit den Gothen [3]).

Wegen jenes Gesetzes bedarf es besonderer Dispensation durch den Kaiser, als der Westgothe Fravitta zu Byzanz eine Römerin heirathet [4]).

Für die Römer war nicht die Religionsverschiedenheit [5]) Hauptmotiv das Gesetz zu erlassen. Man meint [6]), es hatte zunächst nur für bestimmte Grenzgebiete gegolten, deren Barbarisirung [7]) verhindert werden sollte, und wurde erst durch Aufnahme in den Cod. Th. verallgemeinert: lang oder streng gehalten wurde es anderwärts nicht [8]): — es wurzelte doch zuletzt in dem römischen Stolz gegenüber dem Barbarenthum, das zu echter römischer Ehe nicht zugelassen werden sollte und die Aufnahme in das Gesetz Alarichs setzt Fortdauer dieser Antipathie voraus, es war jetzt nicht etwa Stolz des „gothischen

---

1) B. T. III. 14, 1 J. nullus Romanorum (statt des provincialium des Textes) barbaram cujuslibet gentis uxorem habere praesumat neque barbarorum conjugiis mulieres romanae in matrimonio conjungantur. quod si fecerint, noverint se capitali supplicio subjacere. Biener op. ac. II. p. 22.

2) Wie Welcker S. 225 Le Grand d'Aussy p. 420, Montlosier I. p. 21. 387 (auch sonst irrig); vgl. Pardessus p. 509, Smith p. 8.

3) Merobaudes VIII. v. 15.

4) A. V. S. 21. 24. Das übersieht Richter, weſtr. R. S. 652, der überhaupt jenes Gesetz falsch auslegt: barbara uxor soll nach ihm heißen eine Germanin von jenseit der Grenze, nicht eine bereits recipirte Germanin. Ueber jenes Gesetz vgl. bes. Böck. II. p. 1087 seq.

5) Valdesius p. 93.

6) Böcking l. c.

7) Fauriel I. p. 545 pour empêcher les barbares de prendre une assiette fixe sur le sol de l'empire.

8) Cass. Var. V. 14 zeigt Connubium zwischen den antiqui barbari in Savien und Römerinnen s. A. III. S. 1. Ferner haben Stiliko, Rikimer ꝛc. römische Frauen.

Blutes"[1]) — und auch bei den Westgothen war der durch dies Gesetz herbeigeführte Zustand zu unnatürlich, um aufrecht gehalten werden zu können; es waren Mischehen in vornehmern Geschlechtern immer einzeln vorgekommen: Aëtius und eine gothische Fürstentochter[2]), Athaulf und Placidia, Theudis und die reiche Spanierin, Leovigild und Theodosia, beide letztere noch vor der Thronbesteigung, und alle trotz des confessionellen Gegensatzes, der ja z. B. auch Hermenigild und Ingunthis trennte. Außer diesen habe ich aber nur noch zwei Beispiele gefunden: Eugenius[3]) nennt ein Ehepaar Aetherius[4]) und Theudisvintha, das — also vor Kindasvinth — die Basilika des heiligen Felix zu Toledo gebaut. Gewohnheit, kirchliche und staatliche Entbindung hatten die Scheidewand wohl oft und lang durchbrochen. Das zweite Beispiel gewährt eine Inschrift[5]), wonach Sindicius (entschieden gothisch) cognomento (S.??) D. (? servus Dei ?)[6]) seine väterliche Abstammung von dem Geschlecht der Gothen herleitend[7]) im Jahre 622 sechzig Jahre alt gestorben ist. Wir entnehmen dankbar diesem Steine, daß also schon unter Athanagild a. 562 eine solche Mischehe (gothischer Vater, römische Mutter) vorkam und daß der unter Svinthila gestorbene Sohn derselben einen gothischen Namen führte. Vielleicht war Svinthila's Gattin Theodora[8]) auch Römerin. Nicht anführen darf man aber die Aeltern der h. Irene[9]), Hermigius und Eugenia nach der Zeitrechnung der Legende verheirathet unter Sisinanth, weil sie erst viel später — erfunden worden.

Uebrigens wurde das fehlende Connubium jedenfalls durch den Concubinat ersetzt: Verbindung mit römischen Frauen war schon deßhalb unvermeidlich, weil die Zahl der gothischen Frauen der der Männer schwerlich entsprach. Zwar fehlen Weiber bei diesen wandernden

---

1) So öfters Helff., irrig auch du Boys I. p. 510.

2) A. V. S. 78.

3) carm. 10.

4) Doch wohl ein Römer; freilich begegnen Gothen mit römischen Namen Renovatus genere Gothus, Paul. Emer. p. 656. Den sagenhaften Pelagius, Sohn des Favila, möchte ich aber nicht mit Helff. S. 153 anführen.

5) In Alcazar de la Sal bei Viseu in Portugal bei Masdeu IX. p. 301.

6) Gewiß nicht „Don" (!) wie Morales VI. p. 80.

7) domum paterno (sic) traens linea getarum. Althochdeutsch: „Sindico" (bei Förstemann).

8) A. V. S. 184.

9) † angeblich 653 im zweiten Jahre Rekisvinths.

Volksheeren nicht [1]), — sonst hätte die gänzliche Romanisirung noch früher als geschah eintreten müssen — aber in entsprechender Zahl konnte man unmöglich Frauen in den wechselnden Lagern a. 375—419 mitführen.

Ausdrücklich und formell aufgehoben wurde nun jenes „alte Gesetz“ durch Rekisvinth [2]). Der König nennt es eine Wohlthat für die Zukunft der Völker: „die natürliche Freiheit (libertas ingenita) solle frohlocken, die Kraft des „alten Gesetzes“ gebrochen und sein Gebot abgeschafft zu sehen, das unpassend zwei Stämme von der Ehe abhielt, „welche doch die gleich ehrenreiche Abstammung nebeneinander stellt“ — deutlich sieht man, wie die versöhnende Politik Rekisvinths keine Ueberhebung der Nationalität dulden will — „deßhalb gestattet die bessere Einsicht des Königs durch dies für ewige Zeiten geltende Gesetz jedem freien Gothen und Römer und umgekehrt nach vorher gehörig eingeholter Zustimmung des Familienhaupts (und des Grafen) eine Römerin oder Gothin zu heirathen“ [3]).

Auch nach Gestattung des Connubium unterschied man doch die einseitige von der zweiseitigen gothischen Abstammung noch ganz bestimmt [4]).

---

1) z. B. bei den Alanen, welche Bazas belagern Paull. Pell. Euchar. v. 378 seq.

2) L. V. III. 1, 2 (nach Cd. Leg. „antiqua“), nicht schon durch Rekared wie Aschb. S. 231. Die aufgehobne prisca lex ist das Edict Valentinians und die J. des Breviars hiezu; vgl. Gaupp S. 211; nicht eine ant. Eurichs, v. Bethm. H. g. P. I. S. 181.

3) Das comite permittente, das auch Walt. nach M. A. Cd. Card. u. Lind. aufgenommen, ist doch (vielleicht) zu verwerfen. Es ist, wie ich mit leichter Lösung annehme, (vielleicht) entstanden aus consensu prosapiae permittente comitem (scilicet: vitae und dies ist ausgefallen oder von Anfang ausgeblieben) percipere conjugem; jedoch sei unverschwiegen, daß auch das römische Recht jener Zeit unter Umständen Zuziehung des Richters zur Verlobung vorschreibt B. T. III. 7, 1; das Verheirathungsrecht des Königs, (s. u. Absolutismus) an das manche hiebei gedacht, wurde nie so allgemein gefaßt und geübt. Meine Vorgänger beruhigen sich sämmtlich bei der herkömmlichen Lesart: so Biener op. ac. II. p. 22 seq., Montlosier I. p. 387, Gaupp S. 211, Davoud Oghlou I. p. 37 (sehr ungenügend Sempere ed. Moreno I. p. 101), Türk l. c., Fauriel I. p. 547, Romey II. p. 324. 828, v. Maurer Frohn-H. I. S. 77, v. Bethm. H. g. P. I. S. 219 (ganz willkürlich v. Dan. I. S. 369 bei Personen „höheren Standes“) aber selbst in diesem Staat der Vielregiererei ist doch kaum solche Bevormundung bei jeder Eheschließung anzunehmen. (Auf den Fall bei Apoll. S. VII. 2 kann man sich nicht berufen: es ist daselbst nur thatsächlicher Einfluß des comes gemeint (solatio).

4) S. die Inschrift oben S. 82 Anm. 7.

Daß zwischen West- und Ost-Gothen schon vor a. 507 Connubium bestand, zeigt das Beispiel Athaulfs vor seiner Erhebung zum König [1]), dann Alarich II. und die Tochter Theoderichs des Großen. Man hat es bestritten [2]) wegen Proc. b. G. I. 12, aber, abgesehen von jenen Gegenbeweisen, meldet die fragliche Stelle nur eine thatsächliche, nicht eine Rechtsänderung: „seit Theoderich beide Völker beherrschte, sagt Prokop, und das Gebiet beider und Ansiedlungen von Ost- und West-Gothen sich in Südgallien häufig berührten, entstanden zahlreiche Mischehen", deren Regulirung bei Aufhebung der Personalunion und bei der Auseinandersetzung zwischen Theoderichs beiden Enkeln er dann schildert; vielleicht denkt er auch an Mischehen mit Provincialen. Auch zwischen Westgothen und Sueven [3]) bestand Connubium [4]), wie mit Vandalen [5]).

In welchem Maß und zu welcher Zeit die gothische Sprache der romanischen wich, läßt sich in Ermanglung aller Zeugnisse nicht bestimmen. Die gothische Schrift [6]), eine liberale Mayuskel [7]), hatte sich eigenartig, ähnlich der langobardischen [8]), und bis tief in das zweite Reich erhalten. Erst a. 1091 auf dem Concil zu Leon wurde sie abgeschafft [9]). In den letzten Zeiten des Reichs geht die Mayuskel hie und da in eine Cursiv-Minuskel über [10]).

Es blieb nun aber, so lang das erste Reich bestand, auch nach Herstellung der Glaubens-, Ehe- und Rechtsgemeinschaft, die Spaltung der Nationalitäten fort und fort fühlbar. Die Gefahr, daß Germanen und Romanen sich durch die Uebermacht des Arms —

1) Philostorg. XII. 4 s. A. V. S. 61.

2) Löbell S. 149.

3) Apoll. S. pan. Anth. v. 361 und Rechiar.

4) Der Name Suavigotho Salazar sub die 27. Julii noch nach a. 711 weist darauf hin.

5) A. V. S. 76.

6) Hauptwerk: Merino, escuela paleografica. Madrid 1780 fol.

7) Eguren p. 13.

8) Wattenbach, Paläographie S. 9, Abschaffung.

9) Troya II. 2 p. 880, Maßmann goth. min. S. 378; Aldrete antiq. p. 66 meint, die Gothen bestrebten sich, die lateinische Sprache zu erhalten! (im Gegensatz zu den Arabern 67. 68) und Masdeu XI. p. 314 folgert aus der Literatur (!), man habe nur Latein gesprochen. Mit Recht behauptet Bourret p. 90 das Fortleben der Sprache im Volk bis a. 711; über gothische Schriftzeichen auf den Münzen Maßmann Goth. min. S. 378; über eine Abschrift der vulgata des Hieronymus in gothischer Schrift (angeblich von St. Isidor!) Bourret p. 90.

10) Eguren p. XXII.

bei der Landtheilung hatten die Gothen oft arge Gewalt geübt [1]) — oder der Cultur bedrückten, „die gleiche Ehre der Abstammung nicht anerkennend“ [2]), ist schon daraus erkennbar, daß so viele Gesetze nöthig finden, für beide Nationalitäten ausdrücklich das gleiche Maß des Rechtes aufzustellen [3]) wie Vornehme und Geringe zusammengestellt werden [4]); das erklärt sich auch, bis zur Herstellung des Landrechts, daraus, daß zunächst der Gothe sich nur an die L. V., der Römer nur an B. gebunden dachte und die Gemeinverbindlichkeit eines königlichen Erlasses sich nicht zunächst von selbst verstand; aber auch nach Herstellung des Landrechts [5]) behielten die Gesetzredactionen jene Redeweise bei [6]).

Man fühlt auch aus jenen geflissentlichen Gleichstellungen, wie die gothischen und römischen Beamten ihre Stammesgenossen häufig begünstigten: die Þiufade und Grafen ließen allzugern ihre Gothen unter der Strenge der Gesetze durchschlüpfen [7]) und der alte germanische Hang, so wenig wie möglich Staat und Gesetz, so viel wie möglich individueller Selbstbestimmung zu überlassen, mochte — man gedenke der Worte Athaulfs — der Ueberschwemmung gerade dieser Gesetzgebung mit überall bevormundenden Normen sich oft trotzig genug entgegen stemmen: wahrlich nicht ohne Provocation.

---

1) L. V. X. 1, 15. 16.

2) l. c. III. 1, 2.

3) Daher (und auch mit Rücksicht auf die Römer, Byzantiner, Sueven, Basken, Septimanier) das häufig cujuscumque gentis l. c. IX. 1, 21. III. 1, 2. 5, 2 VII. 5, 9. XII. 2, 14 universis populis ad regni nostri provincias pertinentibus. Co. T. III. spricht sogar von gentes non paucae IV. 75 cuncti Hispaniae populi XIII. 4 und ebenso populi gentis suae (regis) XV. regni populos.

4) (vel generis XII. 2, 2 dignitatis) cunctae gentes subjugatae II. 1, 1. C. Emil. l. c. universis regni nostri populis X. 1, 4. Cass. Var. V. 39 cujuscunque gentis vel generis L. V. IX. 1, 21. III. 5, 2. VII. 5, 9 sive Gothus sive Rom. sive quilibet VII. 4, 2. IX. 2, 9.

5) Das gegen v. Bethm. H. g. P. I. S. 219.

6) L. V. populi II. 1, 28 omnes, cuncti p., regni nostri 4, 7. IX. 2, 9 p. nostri VII. 8, 3 cujuslibet gentis et generis homo VII. 5, 9 pop. ditioni nostrae subjecti, plebes IX. 2, 8 quaelibet gens prov. nostrarum III. 5, 3 wie die Ant. VII. 4, 2 sagt quotiens gotus seu quislibet so noch Egica V. 7, 20 gentes nostrae; vgl. Cc. T. VIII. praef. Cc. T. IX. 13. 14 stellt noch ingenui Gothi et Romani neben einander (aber einige Cdd. lassen bereits den Unterschied der Nationalität weg: es sind die jüngeren).

7) L. V. II. 1, 14. VII. 4, 2 quotiens Gothus etc. .. comes auxilium dare non moretur.

Bei den tiefen und manchfaltigen Spaltungen, welche Nationalität, Confession und die weite Kluft der Stände unter den Angehörigen dieses Reiches begründeten, begreist es sich, daß sich die Unterthanengesammtheit desselben nach Außen nicht eben kräftig als zusammengehörig erweist: Conspirationen mit Byzantinern und Franken, Basken und Sueven [1]) sind nur zu häufig und erst das neue Volk des neuen Staates, der sich im Kampfe gegen den Islam bildete, hat sich leidenschaftlich in seiner Nationalität abgeschlossen.

Zwar fehlt es auch im Gothenstaat nicht an Stellen, welche die Gesammtheit als eng zusammengehörig bezeichnen [2]). So verlangt König Wamba, daß unter allen „Waffenbrüdern" (fratres) das Gefühl dieser „Brüderlichkeit" walte [3]), aber er selbst muß schelten, daß giftiger Haß, livor odii, Bosheit, malitia, oder Feigheit oft die Waffenbrüder verleite, sich gegenseitig dem Feinde preiszugeben [4]). Kindasvinth klagt mit Recht, daß er häufiger gegen innere Parteiung als gegen das Ausland das Schwert ziehen müsse [5]): auch begegnen die obigen Ausdrücke fast nur in der Sprache der Concilien und Gesetze und zeigen mehr was man von oben herab wünschte und lehrte [6]), als was im

1) Alle Nachbarn dieses Staates sind seine Feinde. Daher braucht Cc. T. IV. 30 hostes und extraneae gentes synonym; häufiges refugium hostium virtutes colens defendere adversariorum B. T. VII. 1, 1 bei Feuertod gemeinsames Heeren mit eingefallnen Feinden verboten; ebenso XV. 3, 1 entschuldigend, VI. 12, übrigens verbietet dasselbe auch schon röm. Recht.

2) Das corpus nostrum, gremium societatis, von welchem man sich per tyrannidem losreißt (Paulus) Cc. T. XIII. tom.; alle Angehörigen heißen Eine gens L. V. II. 1, 6 gens Gothorum — adversa gens (gentes alienae II. 1, 8. externae IX. 2, 8) hostes adversi V. 4, 21. XII. 2, 2. homo proprius et advena, proselytus et indigena, externus et incola. XII. 2, 7 incola vel extraneus. VII. 8, 3. XI. 3, 2 advena IX. 1, 7. XII. 2, 2: alle Einwohner werden einheitlicher Norm unterworfen. Sonntagsfeier: omnis homo, ohne Unterschied der Nation: Gothus, Romanus, Syrus, Graecus vel Judaeus Cc. Narb. 5 und genau ebenso 14.

3) L. V. IX. 2, 6. 8 fratrum adjutorium . . consors adque unanimis assensio quietem plebium et patriae defensionem adquirat; vgl. V. 7, 15.

4) IX. 2, 9 wird die unpatriotische und kurzsichtige Habsucht gerügt, welche die Knechte des Feldbau's wegen dem Heerbann entzieht und so Sieg, Leben und Habe auf's Spiel setzt.

5) II. 1, 6; anders Liaño I. 14 une monarchie compacte.

6) L. V. II. 1, 1 „die Völker unseres Reiches werden (d. h. sollen werden) durch die Einheit des Regiments in Frieden zusammen gehalten".

Volke lebte. Aeußerungen des specifisch gothischen [1]) Nationalgefühls sind höchst selten. Am Stärksten in Julians Leben Wamba's [2]): hier giebt der Kampf der Gothen gegen andere Gothen, gegen Romanen und **Franken** Gelegenheit zur Verherrlichung gothischer Tapferkeit, es staunen die Franken über die gothische Herrlichkeit [3]).

Das Reich heißt bis zum Ende Reich der Gothen [4]), nicht der Spanier [5]), — der Romanen geschieht keine Erwähnung — und nur ein Gothe soll dessen Krone tragen [6]).

Auch das active Wahlrecht wird von späteren Gesetzen an den gothischen Adel geknüpft [7]). Thatsächlich nahmen indessen auch Romanen an der Königswahl Theil, indem unter den „Priestern", die

---

1) Etwa Cc. T. V. 3 nobilitas gothicae gentis d. h. gothische Abstammung wie VI. 17 genere gothus.

2) p. 712.

3) p. 714. Lopez Madera hat freilich ein besonderes Capitel: „valor y fortaleza de los Godos"; über die militairische Eifersucht zwischen Gothen und Franken Marin I. p. 314. Luc. tud. p. 60 schreibt Jul. fast nur aus und seine Zusätze, z. B. der Vorwurf der Undankbarkeit der Galli, quos Franci semper servitute miserabili oppresserunt, quos Gothi dederunt bellicis gladiis nobilissimae libertati, oder daß die Franken oft gothische Hülfe dringend erbeten, sind theils gar nicht, theils auf späteren Verhältnissen (nach der Maureninvasion) begründet. Helff.'s „stolzes Selbstgefühl des gothischen Bluts" gegenüber dem romanischen vermag ich nicht aufzufinden; der römische Adel **besaß** die Gründe und Erfolge jener Machtstellung, in welche der gothische erst eifrig eintrat: H. bewegt sich hier wie oft in den Vorstellungen des zweiten Reichs und unterschätzt die unerreichbare Ueberlegenheit der römischen Culturwelt a. 410—507—589.

4) z. B. Jul. v. Wambae p. 707 in Gothis principari velle. F. N. 9 Cc. T. VII. 1 gens, patria, rex Gothorum, VIII. praef. IV. 75. Der König schwört in folgender Formel: F. N. 9 sic Deus Gothorum gentem et regnum usque in finem seculi conservare dignetur u. pro nostram (sic) et Gothorum salutem; illustres de sanguine Gothorum St. Hildef. bei Gamero: eine Inschrift aus der Zeit Witika's bei Gamero p. 364 bittet nur memor esto gentis *Gothorum*.

5) Nur gegen Ende des Reiches, als Religions- und Ehe-Genossenschaft die Verschmelzung lebhaft befördert, heißt einmal der Staat regnum Hispaniae Cc. T. XIV. 2, nicht mehr Gothorum.

6) Unter Wamba greift freilich der Grieche Paulus nach der Krone; v. Bethm. H. I. S. 219 meint, Egika habe jenes Gesetz de electione principis Cc. T. VI. 17 (genere Gothus) deßhalb nicht in seine Sammlung aufgenommen, weil er selbst ein Grieche: aber sein Großvater war (?) der Sohn Hermenigilds und seine Mutter eine Verwandte Kindasvinths.

7) Wenn Cc. T. IV. c. 75 noch spricht von dem primatus totius *gentis*, so wird dies in Cc. T. VI. erklärt als ***primatus totius Gothorum electione.***

in erster Reihe mit wählen, d. h. den Bischöfen, zahlreiche Römer sich fanden und in dem consensus omnium populorum auch der der Römer inbegriffen ist. Und wer möchte bezweifeln, daß thatsächlich auch die vornehmen Römer des Palatiums geheim und offen auf die Königswahlen einwirkten.

II. Die Stände.

1. Der Adel [1]).

a) Einleitung. Allgemeines. Die vorgefundnen römischen socialen und Standes-Verhältnisse.

Der alte westgothische Volksadel, den wir in der vor-gallischen Zeit kennen gelernt haben [2]) — er mochte in der Zeit der staatlichen Auflösung vielfach die staatliche Leitung ersetzt haben — hat bis auf die gallische Niederlassung fortbestanden [3]) und fortgewirkt, mochten auch Gefolgsherrschaft, Anführerthum, römische Militair- und Civilwürden den ursprünglichen Gründen seines Hervorragens manches Neue, zum Theil Fremde, zugefügt haben. Neben persönlicher Begabung hat gewiß auch solch' altes Geschlecht in den stürmischen Zeiten von a. 375—410 vielfach Grund gewährt, unter den Stammesgenossen eine bedeutende Rolle zu spielen, sei es im Bund, sei es im Kampf mit Rom: die Erhebung Alarichs auf Grund altedeln Geschlechts ist gewiß nur

---

1) Hauptstellen: L. V. II. 7, 10. 16—17. 31. 2, 8—10; 3, 1—4: 9. 4, 2—4; 0—9. 7 (Cd. Card.) 5, 5. 12. 17. III. 1, 2. 6—9. 2, 1—8. 3, 4, 7—11. 4, 6—17. 5. 7. 6, 1. IV. 4, 1. 2. 16. 20. V. 1, 2. 7. 6, 1. 4, 3. 5. 3, 1. 7, 1—20. VI. 1, 1—7. 2, 1. 3, 1—7: 4, 1—11; 5, 3. 9—12. 20. VII. 1, 1—2. 2, 1—23. 3, 1—6. 5, 1. 2. 6, 1—2. VIII. 4, 26. 1. 4. 3. 10. X. 2, 6. 8, 2, 5. XI. 1, 1. 6. 2, 1—2. XII. 2, 9. 14—15. 18. 3, 17. Antiq. c. 2. 299. 306. 310. Vgl. Papon I. p. 588. Ganz unbrauchbar v. Brauchitsch S. 18 f., ungenügend Lembke I. S. 176, Cénac Moncaut I. p. 427, Dunham I. p. 193, John O'Reilly I. p. 127—130, Davoud Oghlou I. p. 10—14, Romey II. p. 95, Thierbach S. 60; (vgl. K. Maurer S. 62, Fauriel I. p. 380), viel besser Amaral p. 258 divisaõ das persoas und, obwohl kurz, Rosseeuw I. p. 345; vgl. Aschb. Ommajaden S. 5, Sempere I. p. 60. Ganz verkehrt ist es, die Uebertragungen des fuero juzgo zu Grunde zu legen, z. B. ricos ombres, wie Cénac Moncaut l. c.

2) Oben S. 23 f.

3) Vgl. Helff. S. 101, der aber den v. Sybel'schen Geschlechter-Staat voraussetzt.

das glänzendste unter einer Mehrzahl von ähnlichen Vorkommnissen. Alte Eifersucht dieser Adelsgeschlechter hat die Westgothen in Ermangelung eines überherrschenden Königshauses mit desto tiefergehenden Furchen gespalten (Alarich, Athaulph, Sarus, Sigrich), wie andererseits auch solche Eifersucht fast gleichstehender Geschlechter das Aufkommen eines Königshauses, das die Ostgothen mächtig gefördert hat, verhindert haben mag. Damit ist auch schon die Frage beantwortet, inwiefern dieser alte Adel in das gallisch-spanische Reich übergegangen ist.

Er ist vielfach thatsächlich in die neue Aristokratie dieses Reiches übergewachsen, aber nur thatsächlich, nicht rechtlich, nicht ausschließlich und nicht als solcher, und erscheint in dieser neuen Aristokratie nicht unterscheidbar von solchen Gliedern derselben, welche ohne jenen thatsächlichen Vorsprung, ohne dem alten Adel anzugehören, sich die Auszeichnungen eines ganz neuen socialen Lebens, die Adelsgründe eines ganz neuen Adels erwarben.

Denn ein ganz neuer Adel ist seinen Grundlage nach diese herrschende [1]) Aristokratie des gallisch-spanischen Gothenreiches: was bei den Ostgothen als eine übersehene Wahrheit erst nachzuweisen unsere Aufgabe war, ist bei den Westgothen zum Theil wenigstens anerkannt [2]) — ob zwar auch hier diese Veränderung weder in ihren letzten Gründen noch in der ganzen Tragweite ihrer socialen, politischen, staatsrechtlichen Bedeutung gewürdigt ist. Es ist vor Allem der jetzt überall durchgreifende factische Unterschied von Reichthum und Armuth, welcher die alten Rechtsunterschiede der Geburt (Volksadel, Gemeinfreie, Freigelaßne, Unfreie) fast überall verdrängt hat und das entscheidende Kriterium aller Lebensverhältnisse geworden ist [3]).

Hofamt, Staatsamt, römische Bildung traten dann leicht und regelmäßig als weitere Grundlagen dieser neuen factischen Aristokratie hinzu [4]), die nun freilich vermöge der Vererbung des Reichthums, ja auch der Stellung am Hofe und im Amt, selbst ebenfalls bald erb-

1) Weltliche, von der geistlichen sehen wir hier ab.

2) Noch Lembke S. 176 confundirt (sehr ungenügend) alten und neuen Adel u. Helff. S. 161 sagt nur: unter den Freien bestanden drei Werthunterschiede personae nobiles, mediocres, viles.

3) Aehnlich, doch mit andrer Wendung Helff. S. 103.

4) Denn nicht in jedem Fall sind alle gleichmäßig gegeben, z. B. kann ein judex mittellos sein.

lich wurde und dadurch zum Theil den rein thatsächlichen Charakter ihrer Basis alterirte, den sie aber doch vor Allem dadurch beibehielt, daß ihr Kreis kein abgeschloßner wurde: vielmehr stiegen unaufhörlich neue Geschlechter, selbst Unfreigeborne, die Stufen solcher Erhebung hinan, während ebenso häufig Einzelne der Längst-emporgestiegnen durch politische Niederlagen, Confiscation, Verbannung ꝛc. wieder herabstürzten — eine Wechselbewegung, welche mit dem unaufhörlichen Wechsel der Krone eng zusammenhing: die unter frühern Königen und durch dieselben Gestiegenen widerstrebten späteren Fürsten, die sich ihrerseits auf neue Menschen angewiesen sahen und dieselben häufig mit den geraubten oder confiscirten Gütern der ältern und opponirenden, conspirirenden Geschlechter beschenkten, belohnten, an sich knüpften.

Ohne Zweifel haben die alten Adelssippen, soviele deren zur Zeit Athaulfs, Walja's, Eurichs, noch nicht durch Krieg, Fehde, Mord ausgerottet waren — zahlreich darf man sich diesen Volksadel nie und nirgends denken — häufig neben, ja vor Andern, die des Königs Gunst oder eignes Talent und Glück erhoben, in jene Verhältnisse zu treten vermocht, welche von nun an die Grundlagen der neuen Aristokratie werden sollten, d. h. in den Hof- und Staatsdienst wie in den überwiegenden Reichthum, vorab an Grundbesitz und in den damit gegebnen Patronat über zahlreiche Abhängige verschiedenster Rechtsform.

Die gleichen Gründe wie bei den Ostgothen [1]) bewirkten hier Machtzuwachs gerade der Mächtigsten.

Aber die Quellen gestatten uns nicht, einem dieser alten Adelshäuser zuzuschauen, wie es sich in Gallien oder Spanien auf breiten Aeckern niederließ [2]). Ja, nicht einmal Angaben, welche in jenen Zeiten a. 410—510 (d. h. vor dem Erblichwerden der Basis der **neuen** Aristokratie) von Vorzügen der Geburt sprächen, also auf **alten** Volksadel schließen ließen, sind uns erhalten [3]).

1) A. III. S. 13 f.

2) Nur das wissen wir bestimmt, daß die Gothen als patroni massenhaft auf ihre Lose freie oder halbfreie Hintersassen, accolae, Schützlinge aufnahmen X. 1, 16.

3) Stellen der L. V. mit honestiores natu, dignitas generis, natalibus aequalis etc. sind aus späterer Zeit und meinen den erblich gewordnen oder soeben erblich werdenden Adel der **neuen** Zustände, z. B. IX. 2, 9 cujuslibet generis, ordinis vel honoris, besonders bezeichnend VI. 1, 2, zu den nobiles potentioresque personae zählen primates palatii nostri *eorumque filii*.

Ein bezeichnender Beleg für die Weise, in welcher damals der neue Adel sich bildete, ist jedoch die Geschichte des Theudis: sie zeigt, was zu dessen Erlangung gehört, wie weit unter günstigen Umständen dessen Wirkung reichen, ja wie sie zuletzt die herrschende Stellung im Staat gewähren kann. Theudis, ein Ostgothe, armiger des großen Theoderich [1]) und dessen Statthalter, hatte sich in dem fremden Land und Stamme durch die Heirath mit einer reichen römisch-spanischen Grundbesitzerin [2]) alsbald zu einer Stellung aufgeschwungen, deren Unabhängigkeit dem König selbst, der ihn eingesetzt hatte, gefährlich wurde. Nicht mehr sein Amt ist dabei die Hauptsache, sondern eben sein weitgestreckter Grundbesitz und die große Zahl von Clienten [3]), Colonen und andern Abhängigen, aus denen er sich eine starke Leibwache von 2000 Mann bildet und besoldet. Und da sich mit diesen Vortheilen des neuen Adels eine kräftige Persönlichkeit verbindet, mag der Fremdling zuletzt sogar den Königsthron besteigen. Aehnliche Fälle waren gewiß in kleinerem Maßstab nicht selten. —

Dabei ist nun nicht zu verkennen, daß auch in dieser Umgestaltung die Entwicklung wesentlich bestand in einer Accomodation an die vorgefundnen römischen socialen Verhältnisse, wenn auch mit neuen daneben wirkenden Einflüssen.

Denn wir dürfen hier als bekannt voraussetzen, daß im Leben (und folgeweise im öffentlichen [4]) Recht) der Römer seit langer Zeit der wichtigste Unterschied der von dominirendem Reichthum und abhängiger Armuth war — was Mittelstand hätte sein können und und sollen, zählte bereits mit zu den abhängigen Schichten. Wie mächtig dieser sociale Unterschied auch in das Recht — das Strafrecht und den Strafproceß, dann mittelbar auch in das Staatsrecht —

1) Jord. c. 58; Oheim des vornehmen Ildibad, also wohl selbst zum ostgothischen Adel, zweifelhaft aber, ob Volks- oder Dienstadel, gehörig A. II. S. 224, III. S. 51.

2) Proc. b. G. I. Θ. γυναῖκα ἐξ Ἱσπανίας γαμετὴν ἐποιήσατο, οὐ γένους μέντοι Οὐισιγότθων, ἀλλ' ἐξ οἰκίας τῶν τινος ἐπιχωρίων εὐδαίμονος ἄλλα τε περιβεβλημένην μεγάλα χρήματα καὶ χώρας πολλῆς ἀνὰ τὴν Ἱσπανίαν κυρίαν οὖσαν. Eine solche „mächtige und reiche Frau", praepotens femina et copiosa, war auch jene Minicea, welche zur Zeit Leovigilds dem h. Donatus zu Setabis das monasterium servitanum erbaut Mariana V. 11 nach Greg. tur.

3) patronus, — accolae würde das Gesetz sagen X. 1, 16.

4) Auch im Strafrecht s. A. III. S. 45 f. und für die Westgothen werden diese Unterscheidungen recipirt mit B., z. B. B. T. I. 5, 1.

einwirkte, — nur daß der imperatorische Despotismus gleichmäßig über allen Häuptern lastete — hat die Geschichte der Ostgothen gezeigt [1]).

In Spanien und Gallien bestanden wie in Italien jene reichen [2]) „senatorischen Geschlechter", in deren Häusern die Municipalwürden ihrer Städte wie oft in Rom des Staates thatsächlich erblich geworden waren — z. B. Apollinaris Sidonius, dessen Urgroßvater, Großvater, Vater, Schwiegervater (denn die regelmäßigen Verschwägerungen [3]) unter diesen Häusern hielten den Reichthum zusammen und mehrten ihn) gleich ihm die Präfecturen bekleidet [4]) — und ebenso oft die Bischofswürden in den Städten ihrer Provinz [5]).

Diese „Senatoren" — das Gesetzbuch Alarichs nennt sie oft [6]) — trieben eifrig Geldgeschäfte: ihre Zinsen werden auf die Hälfte des sonst geltenden Maximums herabgesetzt.

Das flache Land aber beherrschten sie durch ihre großen Latifundien [7]).

Daneben standen dieser Aristokraten Freigelaßne, Colonen, Sclaven, abhängige Schutzbefohlene, die sich in die „tuitio" eines „Brodherrn" geborgen hatten: aber es fehlte ganz an einem freien Bauernstand auf eigner Scholle, an mittelgroßen Gutsbesitzern auf dem Lande, an

---

1) A. III. S. 43 f.

2) z. B. der colossale Reichthum des Hauses, welchem der h. Paullinus von Nola angehörte vita s. P. bei Migne, Kaufmann Museum S. 2, man nannte diese Güter die *„regna* Paullini" John O'Reilly I. p. 139. Vgl. Apoll. Sid. I. 6. VIII. 8, auch verarmte Emigrirte leben noch von verpachteten Gütern z. B. Paull. Pell. v. 536.

3) Vgl. VII. 9 concio.

4) Apoll. S. I. 3 über das Haus des Avitus carm. VII. v. 154 palmata cucurrit per proavos gentisque suae . . patricius resplendet apex.

5) Ueber solche domus infulatae Gams II. 6. I. 322; Prudentius Valeriorum domus infulata: epist. mentes. ad Cc. prov. tol. beweisend, auch wenn gefälscht; Ausnahmen wie Paulus natione Graecus peregrinus nihil habens Paul. Emer. p. 644 gewiß selten: und auch hier Succession des Neffen. Vgl. Ap. S. I. 6 senatorii seminis homo qui quotidie trabeatis proavorum imaginibus ingeritur (ein Gallier), VI. 12 avitas curules . . patricias infulas . . triplices praefecturas VIII. 8 deductum nomen a trabeis atque eboratas curules et gestatorias bracteatas et fastos purpurissatos.

6) B. T. II. 32, 3. 4 s., senatorio genere nati: ganz übersehen von Aschb. S. 24.

7) Schon zur Zeit Neros gehörte die halbe Provinz Afrika sechs Grundbesitzern, Roscher I. S. 374 nach Plinius 18, 7.

einem freien blühenden Mittelstand des Handels und Gewerbes in den Städten.

In jenen Latifundien [1]), in dem ganzen wohl abgerundeten Gebiet, das oft durch natürliche Gliederungen, Thalmulden, Flußlinien gebildet und durch ein ähnliches Latifundium begrenzt wurde, waltete und herrschte ein solcher römischer nobilis nicht viel anders als später im Mittelalter ein feudaler Grundherr. Befestigte Schlösser solcher Vornehmen begegnen schon frühe [2]). Zwei solche Aristokraten, aus dem Hause des Theodosius, Didymus und Verinianus sammeln ihre servulos ex praediis, bewaffnen, ernähren sie aus eignen Mitteln und suchen a. 409 gegen Athaulf die Pyrenäenpässe [3]) zu halten wie a. 470 die Auvergne mit eignen Mitteln ihres Adels Eurich widersteht [4]). Daher fordert man Glieder dieser Häuser als Geiseln, als Pfänder des Friedens [5]).

Und es war natürlich, daß nach der germanischen Landtheilung der gothische Nachbar in allen diesen Dingen in die nämlichen Verhältnisse trat [6]), die er altbegründet vorfand [7]).

Hieran reiht sich noch eine andere Betrachtung, die Erinnerung, daß auch die germanischen Zustände Analogien, und wenigstens an Einem Punct, Anknüpfung gewährten. Die germanische Urverfassung kannte zwar gewiß nicht staatsrechtlich eine Herrschaft des Adels, wohl aber ließ sie thatsächlich das Vollmaß politischer Freiheit wie das Uebergewicht in dem Wirthschaftsleben der Gemeinheit nur den „Reichen" d. h. den Grundeigenthümern zu gute kommen; der ganze Staat war eine Bauerschaft, in der der Großbauer — aber auch nur er — ein sonst nie erreichtes Maß von Freiheit, Stolz und Ehre genoß. Diese Erinnerung macht es leichter erklärlich, daß die ger=

1) Gaupp S. 574, Zumpt Bevölk. S. 79, Dozy II. p. 6—9. 22.

2) Bei Isid. Orig. IX. 4 (Helff. S. 332) ist nur Seltenheit römischer Festungen gemeint.

3) Oros. VII. 40.

4) Apoll. S. VII. 7.

5) Apoll. S. VII. v. 214 seq. nobilis obses, daher kann procerum maximus im Namen von ganz Gallien die Kaiserkrone antragen, v. 530 (nobilitas v. 524 nobilitas colsse visa est 2) 572 seq. senatus; nobilis, proceres. carm. XXII. v. 116 generis princeps Paulinus Pontius olim cum latius patriae dominabitur ambiet altis moenibus locum („Burgus").

6) Ein Beweis in L. V. X. 1, 15 wo der Gothe accolas als patronus aufnimmt.

7) secundum priscam consuetudinem Form. N. 37.

manische Freiheit in den Staatenbildungen, von denen wir handeln, ohne Empörung jenes Uebergewicht des Reichthums erwachsen ließ: es war abermals der factische Vorzug des Großgrundbesitzes.

Erworben wurde dieser größere Grundbesitz durch die ursprüngliche Lostheilung, wobei die mächtigsten Sippen am Reichsten bedacht wurden, durch Heirath unter diesen Häusern (und wohl auch, gegen das Gesetz, mit dem romanischen Adel) und durch systematisch angestrebte Abrundung. Daß diese häufig durch rechtswidrige Mittel der Gewalt und List erlangt wurde, zeigen, wie bei den Ostgothen, die Gesetze an vielen Stellen.

Endlich aber erwartete, verlangte und empfing der Hof- und Amts-Adel, der häufig erst durch die Gunst des Königs in dessen Umgebung und Beamtungen gelangte [1]), von der Freigebigkeit des Königs solche Schenkungen, welche ihn an Grundbesitz ꝛc. der bisherigen Aristokratie gleich stellten [2]).

Deßhalb spielen auch in diesem Reich die Königsschenkungen eine so wichtige Rolle: sie boten jedem der wechselnden Herrscher und Herrscher-Häuser die Mittel, sich einen persönlich treu ergebnen Anhang und damit ein Gegengewicht gegen die andern Häusern zugethane Aristokratie ältern Ursprungs, zugleich ein, — freilich schwankes, subjectives — Surrogat für die fehlende, objective Staatsgewalt der Krone zu schaffen.

Daher die sorgfältigen Gesetzesbestimmungen [3]) über die Rechtswirkung, Vererblichkeit, freie Verwendbarkeit, Unwiderruflichkeit solcher Schenkungen: Zurücknahme durch den Schenker selbst oder einen vielleicht feindseligen Nachfolger mußte ausgeschlossen werden; namentlich wenn und weil diese Schenkungen den confiscirten Gütern der Gegenpartei entnommen waren [4]).

Dieser ganze neue Adel des Amtes und des Reichthums hat nun wie die Grundlagen so die Erscheinungen seiner Macht vielmehr im

---

1) pro sui servitii merito Cc. T. XVI. 10.

2) Cc. T. VIII. decr.

3) L. V. II. 1, 6. III. 1, 10. IV. 5, 1. V. 2, 2 de donationibus regis, 3 de rebus marito vel uxori a rege datis; s. Ausgaben Cc. Tol.V. u. VI. XVI.10.

4) L. V. II. 1, 5. 6. S. u. Finanzhoheit „Confiscation". XII. 3, 2 res tamen ejus in potestatem principis redactae manebunt qualiter in jure eorum cui eas potestas conferre elegerit regia inconvulsa persistant. Aehnlich 3. 11. 16; vgl. Cc. T. XVI. 10.

socialen Uebergewicht als in juristischen Vorrechten und wenn wir auch einige der letzteren angeben können, so muß es uns doch stets bewußt bleiben, daß wir darin nicht Grund und Wesen, sondern nur mittelbare Consequenzen der anderweitig begründeten eigentlichen Ueberordnung aussprechen. Jene Vorrechte zusammengezählt würden also keineswegs ausreichen, die herrschende Stellung dieses Adels im Gothenstaat zu erklären.

Und gerade die Art dieses Reichthums — Grundbesitz und Patronate — verlieh diese herrschende Stellung: sie bewirkte, daß die Staatsgewalt meist zu schwach war, irgend welche Maßregel gegen den Willen dieses Adels in den Machtgebieten seines Ansehens durchzuführen. Oft genug steigert sich dieser Einfluß bis zu junkerlichem Widerstand gegen alle Staatsordnung[1]) überhaupt, verhüllt unter dem Schein der Vertheidigung der „Freiheit" gegen die „Tyrannei" des einzelnen Königs — eine fortwährende Bedrohung nicht nur der Krone, nein, des Staatsgedankens selbst, welche das Königthum nur durch die geistliche Aristokratie, freilich um den Preis der Unterordnung unter dieselbe, bekämpft und manchmal bezwungen hat.

Nach diesen allgemeinen Erörterungen wird das richtige Verständniß des Details des westgothischen Ständewesens geringere Schwierigkeiten bieten.

Die von den Germanen in der römischen Welt vorgefundnen Verhältnisse, der maßlose Druck der Beamten, der Reichen auf die Armen, das völlige Verschwinden des mittleren und kleinen Vermögens und die verschiednen bald acuten, bald chronischen Krankheiten des ganzen wirthschaftlichen Lebens, die daraus entsprangen, sind noch viel zu wenig gewürdigt: auf diesen Voraussetzungen aber fußte das Leben auch der Germanen, die in diese Welt eingetreten waren.

Ein acuter Ausbruch jener Krankheiten war der Bundschuh, der verzweifelte Bauernkrieg der Bagauden[2]) gerade in Gallien und

---

1) VII. 1, 1. Vgl. Helff. S. 8, wenn man auch nicht „absichtliche Nährung der Rechtsunsicherheit" als Selbstzweck annehmen darf.

2) Die drastische Schilderung dieser furchtbaren Erhebung bei Salv. V. p. 104—107; vgl. Marin I. p. 231, Ampère II. p. 171, Trognon p. 43, Romey II. p. 86—90, Dozy II. p. 6—7, du Cellier p. 4, Gallandius IX. p. III., Kaufmann, Museum S. 3, Gabourd II. p. 127, Gilly p. 369, Laurentie I. p. 57, Cénac Moncaut I. p. 228.

Spanien und gerade während der gothischen Einwanderung. Auflösung der staatlichen Ordnung, Umsturz der Gesellschaft, Theilung der Güter, Todtschlag der Reichen, — das waren die wilden Rufe der Verhungernden, zu deren Vernichtung die römischen Heere kaum mehr ausreichten.

Chronisch aber wurden jene manchfachen Abhängigkeitsverhältnisse, in welchen der hülflose kleine Mann Freiheit oder doch Selbständigkeit dahin gab, um von einem reichen Grundherrn eine Scholle oder — schlimmer noch, ohne eine solche — Nahrung, Kleidung, Obdach zu erhalten.

Lernen wir vor Untersuchung dieser Institute zuerst jene Zustände aus Schilderungen der Zeitgenossen kennen. „Wer ist, schreibt Salvian zu Marseille zu Anfang des fünften Jahrhunderts [1]), der wie vielste ist nicht neben einem Reichen ein Armer? Durch die Beraubung der Mächtigen (pervasionibus praepotentum) verlieren die Hülflosen (imbecilli) Habe und Leben, das Ihre, sich selbst und die Ihrigen: von diesen beiden Classen gilt das Wort der Schrift: „wie der wilde Esel die Beute des Löwen, so die Armen die Nahrung der Reichen". Die Amtswürde der Großen, was ist sie als Brandschatzung der Städte und die Präfectur so Vieler, was andres als Raub? Keine größere Verheerung der Geringen als die Amtsgewalt! Dazu ja kaufen die Wenigen die Aemter, sich durch Plünderung Aller zu bezahlen . . die Welt wird zu Grunde gerichtet, um Wenige herrlich zu machen. Das weiß Spanien, von dem nichts mehr übrig als der Name; das weiß Afrika, das gewesen ist. Das weiß das verwüstete Gallien, das nur in wenigen Winkeln noch schwache Athemzüge thut.

Während der römische Staat schon todt ist oder im Sterben, sehen wir die Armen die Steuerlast der Reichen tragen . . die einzelnen Städten bewilligten Steuererleichterungen haben keinen andern Erfolg gehabt, als die Reichen sämmtlich steuerfrei zu machen, die Armen noch mehr zu belasten, jenen die alten Zahlungen abzunehmen, diesen neue aufzulegen, sie gehen zu Grunde an dieser Vermehrung: nichts unseliger als die Armen, die auch unter den der Gesammtheit bestimmten Wohlthaten leiden [2]).

1) Vgl. über ihn Ampère II. p. 65, Schröckh XVI. S. 214, Serrigny II. p. 395, Ceillier XV. p. 46—81, Guettée I. p. 295.

2) IV. p. 69. 73; vgl. VII. p. 168 avaritia . . proprium Romanorum pene omnium malum.

Auf Bitten eines Armen beschwor ich jüngst einen Mächtigen (praepotentem), er möge doch nicht dem elenden, dürftigen Menschen Hab und Gut nehmen, nicht den Unterhalt und die Nahrung, die Stütze seiner Armuth entreißen . . aber jener, als ob man ihm nehme, was man ihn Andern nicht nehmen lasse, rief: „ich habe bei Christus geschworen, das Gut zu gewinnen" [1])! Die Menge wird von Wenigen gebrandschatzt (proscribitur), welche die öffentliche Besteuerung als ihren privaten Raub behandeln: so thun die Richter nicht blos, auch das Personal der Richter: denn wo ist eine Stadt, eine Gemeinde, ein Dorf, wo nicht so viele Tyrannen als Curialen?; sie heißen Mächtige und Geehrte (potens et honoratus), und sind Räuber! Wo ist ein Ort, in dem nicht von den Principales der Stadt der Wittwen und Waisen Sparpfennig verzehrt wird? . . so daß Viele von edler Geburt und guter Erziehung zu den Feinden flüchten und bei den Barbaren römische Menschlichkeit suchen, die bei den Römern barbarische Unmenschlichkeit erdulden; und obwohl sie Glaube, Sprache, Tracht, Leibesart abstößt, ziehen sie die fremde Barbarenart der unter den Römern wüthenden Ungerechtigkeit vor; so wandern sie schaarenweise zu den Gothen oder den Bagauden oder den andern ringsum herrschenden Barbaren und es reut sie der Auswanderung nicht: sie sind lieber frei unter dem Schein der Gefangenschaft als gefangen unter dem Schein der Freiheit [2]): diese Elenden, die den unaufhörlichen Todesdruck (excidium) der Steuer zu tragen haben, denen die unermüdliche Brandschatzung droht, verlassen ihre Häuser, gehen in die Verbannung, ziehen den Kriegsfeind dem Steuerboten vor. Aber es wäre noch zu tragen, träfe alle die Last gleichmäßig: doch müssen gerade die Armseligen (pauperculi homines) die Steuern der Reichen bezahlen und die Schwachen die Auflagen der Vermöglichen: siehst Du auf ihre Abgaben, glaubst Du, sie schwelgen im Ueberfluß, siehst Du auf ihr Vermögen, so findest Du Entbehrung: sie haben Steuern wie Reiche und Mittel wie Bettler.

Nur die Reichen beschließen die Steuererhöhungen, welche nur die Armen bezahlen: sie vermehren die Last, weil nicht zu ihrem Nachtheil. Immer neue Boten kommen, immer neue Ansager von

1) p. 88. 89.

2) Wohl nach Oros. VII. 40; aber dieser tendentiösen Rhetorik darf man nicht wie Helff. S. 118, v. Bethm. H. S. 182, Cénac Moncaut I. p. 230 kritiklos glauben.

den höchsten Gewalten abgeordnet, immer neue Lasten und Auflagen melden sie an . . die unglücklichen Armen gleichen dem schiffbrüchigen Schwimmer in streitenden Meereswogen. Und wenn, wie jüngst geschehen, den geschwächten Städten ein Steuernachlaß bewilligt wird, so theilen diese für alle bestimmte Wohlthat nur die Reichen unter sich; wer gedenkt dann der Armen? „Steuerpflichtig" heißen sie nur bei der Eintreibung, nicht bei dem Nachlaß. Anders ist dies, setzt er freilich zu, bei den Gothen, so daß selbst die unter ihnen lebenden Römer solches nicht zu dulden haben. Diesem Drucke sich zu entziehen giebt es nur zwei Mittel: Auswanderung zu den Barbaren —, „so daß aller in den Barbarenreichen lebender Römer einziger Wunsch ist: daß nur nie wieder die Römer die Herrschaft über sie gewinnen, ihr Eines und allgemeines Gebet ist, ihr Leben bei den Barbaren leben zu dürfen. Und wir wundern uns, wenn unsere Heere die Gothen nicht schlagen, wenn die Römer lieber bei ihnen sind, als bei uns, nicht blos nicht von jenen zu uns übergehen, sondern von uns zu jenen flüchten: ja sie würden alle sonder Ausnahme zu jenen wandern, wenn sie ihre Hütten und Gütchen mitnehmen könnten, ihren einzigen Besitz".

Um sich diesen zu erhalten wählen sie das zweite Mittel: — sie treten in ein Schutz- und Abhängigkeitsverhältniß zu einem ihrer bisherigen reichen Bedränger [1]). „Weil sie also nicht thun können, was sie vielleicht lieber thäten, thun sie das Einzige, was sie thun können: sie ergeben sich wie Gefangne in den Schutz der Mächtigen, welchen diese aber zu weiterer Unterdrückung und Aussaugung mißbrauchen [2]). Denn zuerst müssen sie den Schützern fast ihr ganzes Vermögen übertragen [3]), namentlich zum Nachtheil der Kinder und Erben [4]) d. h.

1) Vgl. Montlosier I. p. 338, v. Sav. Colonat, Gaupp S. 71, Roth Feud. S. 285, Perreciot I. p. 19.

2) V. 110—112. Tradunt se ad tuendum protegendumque majoribus, dedititios se divitum faciunt et quasi in jus eorum ditionemque transscendunt nec tamen grave hoc aut indignum arbitrarer . . si patrocinia ista non venderent, si, quod se dicunt humiles defensare, humanitati tribuerent, non cupiditati. Illud grave ac peracerbum est, quod hac lege tueri pauperes videantur ut spolient, hac lege defendunt miseros ut miseriores faciant defendendo.

3) l. c. omnes enim hi qui defendi videntur defensoribus suis omnem fere substantiam suam prius quam defendantur addicunt.

4) l. c. ac si ut patres habeant defensionem perdunt filii hereditatem: tuitio parentum mendicitate pignorum comparatur.

der Herr kann, wenn er will, das Gut des Schützlings bei dessen Tod einziehen, braucht es nicht den Erben als Precarium zu belassen [1]): nur um deßwillen wird den Aeltern ein zeitweiliger Vortheil zugewendet, um den Kindern Alles zu entziehen [2]). Das Monströseste (monstrigerum) aber ist, daß diese Armen, nachdem sie das Eigenthum an ihrem Gut dem Schützer übertragen, nach wie vor die Grundsteuer (neben der Kopfsteuer) mit allen Drangsalen dieser Geisel zu tragen haben! Deßhalb entziehen sie sich aus Verzweiflung dieser Noth dadurch, daß sie ihre Gütlein endlich ganz im Stich lassen und nicht als Schützlinge, sondern als Colonen auf die Ländereien der Großen gehen, wie man vor dem Feind in Castelle oder vor dem Strafrichter in Asyle flüchtet. Damit aber geben sie die Ehre ihrer freien Geburt auf und verlieren mit ihrer Habe sich selbst d. h. ihren Status, das Recht der Freiheit. Jedoch damit noch nicht genug, — wie Circe die Menschen in Bestien, so verwandeln diese Reichen jene Colonen und Schützlinge aus Halbfreien und Freien in — Knechte (servos)." — — Diese Darstellung ist lehrreich im höchsten Grade: sie zeigt, daß schon c. 400—430 in Gallien und Spanien in den römischen Zuständen mit spiegeltreuer Aehnlichkeit dieselben Entstehungs-Gründe und dieselben Gefahren — dieselbe Gravitation zur Verknechtung — dieser Schutzverhältnisse bestanden, welche wir Zug für Zug in dem Westgothenstaat von 410—711 zu verfolgen haben [3]).

Diese Verhältnisse sind in der römischen Hälfte vorgefunden und als unveränderliche sociale, wirthschaftliche Nothwendigkeiten in das gothische Reich mehr herüber gewachsen als herüber genommen [4]).

Zahlreiche Titel des Cod. Th. eifern gegen den Mißbrauch solcher Privat-Schützer, die unter verschiednen Namen und Formen über das

---

1) l. c. ecce quae sunt auxilia ac patrocinia majorum: nihil *susceptis* tribuunt, sed sibi.

2) Folgt eine ziemlich verschrobne Vergleichung dieses Geschäfts mit dem Kauf, wobei der Reiche als der Verkäufer jenes Schutzes erscheint.

3) Ueber fränkische Schutzverhältnisse Waitz II. S. 172.

4) Nov. Valent. 10 spricht es höchst bezeichnend aus: non *mediocris*, non *nobilis*, non *plebeja fortuna*. Salvian IV. p. 70—78 braucht divites und nobiles stets synonym; B. T. I. 5, 1 macht J. aus si patrimonio circumfluit und si agrestis vitae sit aut etiam egentis des Textes: si digna idoneaque persona est und si vero indigna et pauperior persona est. F. N. 10 wird die dos bemessen pro dignitate natalium; richtig v. Syb. S. 205.

ganze Reich verbreitet waren [1]). Bald sind es militairische Gauvegarden, bald Gutsherrn und deren Intendanten, bald Provincial- und Reichs-Beamte; daher ist es eine geistreiche Antithese, wenn B. Nov. Maj. I. 1 sagt, Andre suchen den Schutz der Mächtigen, patrocinium potentum, flüchtige collegiati etc. aber, welche sich durch Ehe mit colonae, ancillae zu verbergen suchen, den Schutz der Ohnmächtigen, patrocinium impotentum [2]).

b) Namen, Bezeichnungen, Titel des Adels.

Die Bezeichnungen für den Adel und zwar zunächst mehr unbestimmte sind nun primates [3]), gleichbedeutend mit senatores [4]), genau unterschieden vom ceterus populus = mediocres; summates viri [5]), (auch unter Juden primarii und humili loco orti) [6]); Arvernorum primi qui erant ex senatoribus [7]); den primates im Palast verleiht Auszeichnung hoher Rang (dignitas) oder moralische Ehrwürdigkeit (reverentia) oder die Gnade des Königs (gratia) [8]); sie sind im Felde der Kriegsrath [9]).

Sehr unbestimmt ist dignitas: manchmal entschieden Amtswürde [10]),

---

1) Vgl. Cd. Th. XII. 14 de irenarchis, de patrocinio vicorum etc.

2) Ueber römische Clientelverhältnisse vgl. Th. Mommsen: das römisch Gastrecht und die r. Clientel v. Syb. histor. Zeitschr. I. S. 353 f.; über Libanius de patrociniis Sempere hist. I. p. 43.

3) Cc. T. IV. VI. 17. L. V. III. 1, 6. XII. 2, 15 palatii IX. 2, 9. VI. 1, 2. Fredeg. p. 441. 445, v. Maurer Frohnh. I. S. 190, Marin I. p. 241—7.

4) Vgl. Paull. Pell. v. 373 primores, u. populares einer Stadt Apoll. S. VII. 1, ebenso majores: humilis turba, plebs l. c. priores, optimi provinciae Const. Honorii.

5) Apoll. S. III. 11.

6) epist. Sever. majoric. ep. p. 740.

7) Greg. tur. II. 37.

8) Cc. T. VI. 13.

9) Jul. v. W. p. 700. „juvenes“ redet er sie an.

10) B. T. I. 3, 1 J. II. 1, 6 judices majoris d. II. 14, 1. d. praeclari .. potentes .. debet d. eorum pro omni vilitate notari; ebenso Cc. T. XVI. 2 d. privari auf ein Jahr: Amtsentsetzung. B. T. IX. 30, 2 J. überträgt senatorius ordo mit majoris pers. alicujus dignitatis. Ueber dignitas s. noch L. V. IV. 2, 16. cujuscunque d. aut mediocritatis V. 7, 17. VI. 2, 1. Rang im Allgemeinen ist d. B. T. II. 1, 7. exutus d. et rebus L. V. IX. 2, 9. Cd. Tol. dignitatis testimonium d. h. eigentlich testimonii dignitas IX. 2, 8. (Verlust durch infamia)

ungefähr gleichbedeutend honor, ordo [1]). Ferner priores [2]), primores [3]), farblos auch die proceres [4]) — es sind einfach „Vornehme“ [5]): optimates heißen und sind dieselben [6]), welche [7]) primates palatii [8]), honestior [9]), honestioris loci persona [10]), (d. h. wer eher zahlen kann als ein bloßer si quis) [11]), major persona [12]), illius qui in loco major est: das kann der Beamte des Königs, der Grundherr und seine Intendanten, oder ein Bischof sein [13]).

V. 1, 7. cujus libet d. IX. 2, 8. VI. 2, 1. Cc. T. VI. 17. VIII. l. c. ordin. vel. hon. d. honor XII. 2, 2. civium romanorum XII. 2, 14. nuptialium IV. 5, 3. palatini officii VI. 1, 2 ingenuorum II. 4, 9. VI. 5, 5 testes numero aut d. idonei; ferner V. 7, 7 hier ist d. der „Ehrenstand“ der Gemeinfreien; minor d. II. 1, 2. compares d. III. 1, 2. exaequavit in genere d. h. beide Völker, dignior III. 1, 9 bes. Apoll. S. VII. 9 dignitatum insignibus fastigatur; IV. 2 vgl. Salvian VI. p. 139 domi nobiles, dignitate sublimes (aber auch von Unfreien s. daselbst) v. s. Eptadii p. 778 d. senatoria; ep. Bulgar. III. in sua dignitate restituantur G. legati (diese Stellen ergänzen K. Maurer S. 68).

1) Cc. T. XIII. 4 cujusque ordinis vel honoris, ebenso XVI. tom. 8. 10. XVII. „Lex“. 7 cujuscunque generis vel honoris.

2) loci L. V. IX. 1, 8. 9 „die Spitzen“.

3) gentis gothicae Cc. T. III.

4) Nicht wie v. Dan. I. S. 375 „geheime Räthe des Königs, nicht immer mit festem Amt, daher nicht immer zugleich comites“.

5) Irrig auch Cénac Moncaut I. p. 424; (rein gothische nennt Apoll. Sid. carm. VII. 395 synonym mit duces, scythicus senatus a. 354: aber die Stelle ist Nachbildung Claudians). Biedenw. p. 13 comes et procer Amts- und Erbadel, weil der König die Aemter meist nur dem Erbadel verliehen habe; ebenso K. Maurer S. 68; vier einfache p. neben den duces und comites Cc. T. XIII.

6) Jul. v. W. 715.

7) p. 719 (709?).

8) Falsch Romey II. p. 270 die Grundscheidung zwischen primates und seniores; irrig Marin I. p. 243, daß die optimates als solche Heerführer (wegen Aonulf a. 430 A. V. S. 73). Cc. T. XVII. tom. identisch mit illustre aulae regiae decus, magnifici v. mit seniores Cc. T. XIII. 2 verglichen mit der Lex daselbst; ebenso V. praef.

9) L. V. II. 4, 3. VII. 2, 22. 5, 1. VIII. 3, 14.

10) L. V. VIII. 1, 10. 4, 20. IX. 3, 3. Dag. XII. 3, 14, 21 h. christiani rein religiös moralisch = probatissimi 3, 20.

11) l. c. IX. 3, 3.

12) L. V. II. 2, 9. 4, 6. VI. 2, 16. XII. 2, 18. VII. 2, 20 id est dux, comes, gard. VIII. 3, 6 palatii. 10. 12; 4, 25 majoris loci pers. IX. 2, 9 Cd. T. (Marin I. p. 241—247) neu J. zu B. P. II. 15, 1 inimicitia m. p. identisch mit potens II. 2, 9, mit potentior XII. 2, 18 sim. p. que persona IX. 1, 6.

13) Bestimmter m. palatii L. V. VI. 1, 6. Cc. T. VIII. 10.

Es wird ganz gebraucht wie m. res [1]). m. persona *et causa* [2]): „bedeutend" ohne Angabe des Grundes des Hervorragens. Man muß daher bei der Auslegung jeder Stelle mit diesem Wort den speciellen Zweck, den concreten Gedankenkreis des einzelnen Gesetzes im Auge behalten: wenn es so [3]) heißt: majoris loci persona id est dux, comes sive etiam gardingus, dagegen inferiores vilioresque personae, thiuphadi scilicet omnesque exercitus compulsores vel hi qui compelluntur, so darf man daraus nicht folgern, daß nur die militairischen Rangstufen den major und inferior unterschieden hätten: hier handelt es sich eben um ein Heergesetz, das Heerbannbrüche strafen will, also seine Strafclassen nach Officieren und Gemeinen abstufen muß. — Es waren verschiedene Momente, welche bald combinirt [4]), bald vereinzelt den factischen Adel begründeten: großer Reichthum erhöhte auch den dem Hofe fernen Provincialen, wie anderseits ein hohes Palastamt [5]) den Minderbegüterten; in der Regel aber hatte der Eine Erhöhungsgrund bald den andern im Gefolge und die eben unterschiednen Fälle kamen wohl nur sehr ausnahmsweise in solcher Isolirung [6]) vor: so haben die primates palatii, setzt das Gesetz voraus, jedenfalls bedeutend mehr als 20,000 sol. [7]). — Locus (majoris loci etc.) ist nicht „Rang", sondern ganz allgemein Stellung, sociale Schicht [8]): bei Unfreien vermeidet man, wie VII. 2, 22 zeigt, diesen Ausdruck.

Die „magnates" begegnen nur einmal Cc. T. IX. 5 und werden als identisch erklärt mit primates palatii, generosae personae seu nobiliores mulieres vel puellae. — Patricius begegnet bei den Westgothen nicht [9]): princeps bleibt für den König vorbehalten [10]): illustres,

1) L. V. II. 4, 9.

2) l. c. II. 1, 21.

3) l. c. IX. 2, 9.

4) Daher l. c. IX. 2, 8 dignitas nobilium *et* praedia facultatum (Cdd. Leg. et Compl.: praedictam facultatem).

5) B. T. II. 1, 3 J. quos praesentiae nostrae dignitas comitatur.

6) So würde ich K. Maurer S. 64 ergänzen: „Vermögen und Ehre" (aber Ehre wodurch?)

7) L. V. III. 2, 6.

8) l. c. VIII. 1, 10 = qualitas XII. 2, 15.

9) Der vir inlustriss. p. Parthenius bei v. s. Caesar. p. 667 ist ein Ostgothe wie p. 671 der p. Liberius.

10) L. V. XII. 2, 15 könnten vielleicht principes neben den potestates die Fürsten des Reiches, die ersten Großen bezeichnen sollen: es ist biblische Redeweise.

dem Gesetzbuch sonst fremd [1]), heißen einmal [2]) die fünf vornehmen Gothen Gussin, (dieser auch noch procer), Fonsa, Afrila, Aila (Agila?), Ella, welche sich an die Bekehrung des Königs schließen und welche sich zu den omnes seniores verhalten wie die bei Namen genannten Bischöfe zu den ungenannten Priestern und Diakonen [3]): sie sind die Spitzen der seniores, die obersten Palast- und Hof-Beamten [4]); denn diese sind die seniores, mit Zusätzen, seniores palatii [5]), anders als s. loci [6]); s. gentis Goth. L. V. III. 1, 6 [7]).

Ob die seniores loci [8]), (nach episcopus, dux, comes,) Adel oder Amt, Gutsherrn oder Localobrigkeit [9]) bezeichnen, ist ungewiß — zu vermuthen, Gutsherr als Behörde [10]); bei seniores palatii [11]) ist nur

1) Nur L. V. VI. 4, 7 ill. et nobilis persona.

2) Conc. tol. III.

3) Helff. S. 36.

4) Cc. T. VI. 3 cum suorum optimatum illustriumque virorum consensu. Wamba, der auf Cc. T. X. im Namen des Königs fungirt, heißt hier vir illuster ex illustribus viris officii palatini. Cc. T. VIII. comites, duces, proceres.

5) L. V. II. 1, 1. IX. 2, 9 Cd. T. (Jul. v. W. p. 718.

6) l. c. VIII. 5, 6. IX. 1, 8. 9; wenig befriedigend Davoud Oghlou I. p. 12 (der locus nicht räumlich fassen will, weil anderwärts humili loco = Rang), Mariana V. 11.

7) Irrig Masdeu XI. p. 41, daß der Adel scharf in die (technischen) Classen der primates und seniores zerfallen sei.

8) L. V. VIII. 5, 6.

9) v. Dan. I. S. 376.

10) „in expeditionibus"; sehr vorsichtig unbestimmt Masdeu XI. p. 40 (anders L. V. X. 3, 5 seniores vel certiores), gewiß nicht Fortsetzung des von Claudian. componirten Rathes der Alten wie v. Bethm. H. g. P. I. S. 224! seniores in den Concil. T. III. 18. V. praef. VI. 13. XII. introd. clarissimi palatii nostri seniores. (Dagegen vom Alter Cc. T. IV. 24.) L. V. II. 1, 1 von Canc. fälschlich dem Rekisvinth beigelegt: III. 1, 6 von Kindasv. VI. 1, 6. II. 5, 4 eine antiq. X. 3, 5 anon.; die Ansicht Helff.'s, daß senior eine amtliche Stellung, S. 104, bedeute und daß es nur den Schutzherrn des bucellarius bezeichne, S. 105, ist ein Widerspruch; daß es (notitia dignitatum ed. Böck. p. 26) von dem bei dem magister militum vorkommenden Verhältniß her und von den Westgothen aus dem Orient mit genommen worden, l. c. unerweislich. Bezeichnend für die Unbestimmtheit Cc. T. VII. 1 sacerdotes omnesque seniores vel judices ac ceteros homines officii palatini. seniores provinciae Cc. III. 18 = primates; senior bedeutet jeden Vorgesetzten z. B. auch den höhern Geistlichen gegenüber dem inferialis gradus Cc. Narb. 5, 13.

11) Cc. T. VII. 1 omnes s. judices et homines pal. off.

selten die alte Bedeutung, Altersvorzug, noch fühlbar: so Cc. T. VI. 13 [1]), wonach die juniores und minores die seniores p. mit gebührender Ehrerbietung behandeln sollen: aber diese seniores zeichnet Rang, Gunst des Königs, nicht Alter aus [2]).

In dem Sinn vornehmer städtischer Geschlechter wird gebraucht senator vom V. bis in's VII. Jahrhundert [3]), ja ein Ehepaar Nepotianus et Proseria heißen senatores [4]). Denselben Sinn hat principes civitatis [5]). Ferner [6]) cujusdam *primarii civitatis ex genere senatorum nobilissimi* viri . . [7]).

Unter Eurich wird ein senator Eucherius in Clermont von dem gothischen dux verfolgt [8]).

1) Vgl. L. V. II. 1, 1. IX. 2, 9 Cd. T.

2) Ueber den fränkischen Sprachgebrauch bei s. Löbell S. 178; sie heißen illustres s. aulae regiae Cc. T. XVI. tom. ebensoviel l. et *nobiles* viri a. r.; den Gegensatz bildet omnis populus l. c. 10; vgl. L. V. II. 1, 1. add. Cd. Card S. J. R. IX. 2, 9.

3) Noch im VII. Jahrh. Braulio v. s. Aemil. p. 210 Sicorii senatoris ancilla.

4) l. c. p. 211 domus Honorii senatoris in Parpalines (al. Pampilona) l. c. auch ein curialis Maximus. Falsch versteht s. von Senatoren in Rom!! Troya III. 1 p. 187 (v. s. Eptadii p. 778 senatoria dignitas, v. s. Caes. p. 665 senatores et senatrices romanae a. 509. Daher matronae inlustrissimae z. B. Agredia l. c. p. 672 vidua nobilissima Eusebia Paul. Emer. p. 642. Zwei clarissimae feminae Paula u. Alexandria a. 544 u. 555 in Sevilla u. Labriga Masdeu IX. p. 356. 357, Cervela clara (?) femina a. 562 p. 358.

5) Bei Salvian VI. p. 140 praecelsiores viri, p. 130 über „privilejos" (etwas schief) solcher senat. Serna y Montalban I. p. 17. Dagegen den senator Sallustius in urbe Agathensi in der vita s. Severi abbatis agath. Mab. I. p. 564 halte ich wie die ganze vita für spät erfunden.

6) Paul. Emerit. p. 643.

7) matrona, quae et ipsa illustri stemmate progenita nobilem trahebat prosapiam . . illustris vir; contubernium nobilium einer civitas Ap. Sid. IV. 21, senator noster VIII. 12. Dagegen nur poetisch, uneigentlich von gothischem Adel geticae de stirpe senatus F. N. 20 oder ganz spät wie Chron. albeld.; sehr bezeichnend v. s. Aviti petrogor. erem. p. 361. A. ex *nobili* prodiens stirpe ad alta pullulando . . secundum schema *curialis* prosapiae altorum natalium . . floruit germine ac loci principum in quodam vico . . petrog. provinciae sumpsit originem; umgekehrt ein anderer oft mit jenem verwechselter Avitus presbyter miciacensis ebenfalls Bolland. 17. Juni parentes in Aquitaniae partibus licet minus nobilitatis pollerent titulis u.: Charilephus secundum . . dignitatem prosapiae p. 353.

8) Greg. tur. II. 20 (derselbe an den Apoll. Sid. III. 8 schreibt?)

Diese römischen Großen sind gemeint, wenn B. T. III. 17, 3 die primi patriae an der Stelle der 10 viri e numero senatus amplissimi nennt [1]); sehr bezeichnend B. T. IX. 30, 2: hier hat der Kaiser sich Cognition vorbehalten in schweren Criminalklagen gegen viros senatorii ordinis; J. ändert: si . . aliquae majores personae aut alicujus dignitatis viri vocantur in crimen: an die Stelle des senatorischen Standes sind nunmehr alle römischen „Großen" getreten [2]).

Nobilis bezeichnet allerdings oft, aber nicht immer, edle Geburt [3]): doch ist das meist der Fall [4]); so ist es L. V. IX. 1, 21 der Vorzug

---

1) B. T. III. 17, 4 statt dessen einfach provinciales d. h. Römer; auch 19, 4 fehlen in der J. die senatores: der Text sprach vom Senat der Stadt Rom. J. hatte statt deren die primates civitatis (statt der primates officii des Textes) bereits genannt; über ordo amplissimus z. F. B. P. V. s. Amtshoheit; B. P. II. 10, 1 macht J. aus ordinis amplissimi interdictum: legum interdicta.

2) Ebenso verwandelt J. zu T. XI. 14. 2 etiamsi praeclarae curiae honore praefulgeat in: quamlibet splendida et idonea videatur esse persona; vgl. 11, 1 J.; über das Verhältniß dieses römischen Provincialadels zu den curiae der Städte v. Sav. I. S. 79. Obwohl Vieles in B. lediglich als unpraktischer Archaiismus (vgl. V. 4, 14 puer praetextatus; IV. 2, 3 hat dona Deorum: hier ändert J. in d. ecclesiae, aber I. 21, 2 bleiben in J. die sacra civitatis unverändert; 15, 1 u. 2 läßt J. die lex pesulania und den praetor fort; selten, daß J. wie I. 7, 2 ändernd erklärt: quod antea per praetorem nunc per judices civitatis) erscheint, spiegelt es doch die römische Standes-Auffassung in diesem Reich, wenn folgende Stelle mit dem Zusatz: „interpretatione non eget" in das Gesetzbuch aufgenommen wird T. V. 4, 10 (über injuria atrox) senatori vel equiti romano vel alias spectatae auctoritatis viro . . si plebejus vel humili loco natus senatori etc. vel aedili vel judici quilibet horum vel si his omnibus plebejus.

3) So v. s. Aemil. Braulio p. 207 ignobilibus ortus natalibus, — ignobilitatem generis moribus ornare . . nobilem ortum nobilior vita nobilitavit. Dann L. V. IV. 2, 20. V. 7, 17. VI. 1, 2. 4. 7 persona n. et inluster nobilitate aequalis VI. 1, 2 generis IX. 2, 8 (aber Cc. T. V. 3 n. gothicae gentis genau was Cc. T. VI. 17 genere gothus) nobiles potentioresque personae sicut primates palatii VI. 1, 2 (vgl. Montag I. S. 122), irrig hierüber v. Göhrum I. S. 89 nobiliter adjungi IV. 2, 16, nobilior persona II. 1, 31. 3, 4. 4, 2, ebenso v. s. Fruct. p. 430, L. V. III. 6, 1 n. idoneusque II. 1, 7 n. aut inferior ingenuus X. 2, 6 n., mediocris, vilior persona, IX. 2, 8 nobilium dignitas IX. 2, 8 aber auch n. inlustres *gentes* XII. 2, 1, n. *Christiani* XII. 3, 6—7, bei Salvian IV. meist synonym mit divites VII. p. 154 divites Aquitanorum. Cc. T. IV. praef. magnif. et nobiliss. viri. Daß nobilis immer die Angeborenheit des Vorzugs ausdrücken soll, ist nicht zu erweisen. Cc. T. VIII. praef. sind die oft neu erhobnen palatini zugleich die nobilitas.

4) Kaum verwerthbar Isid. origin. X. 1 nobilis, non vilis, cujus et

des genus [1]) neben dem von honor und ordo und VI. 1, 2: aequalem *nobilitate* vel *dignitate* palatini officii will wohl auch Geburts- und Amtsadel neben einander stellen [2]).

Der Personenname Adalgothus, der Edelgothe, später als „Adlgos" zu oberdeutschem Familiennamen geworden [3]), entstand in einer Zeit, da adal wohl nur Erbadel bezeichnete. Daher giebt es auch *feminae* [4]) nobiles.

L. V. VI. 1, 2 werden auch die *filii* primatum palatii zu den nobiles potentioresque gezählt: ihnen verleiht also schon diese Abstammung die nobilitas; daß aber nicht Palastamt allein zu den nobiles potentioresque erhebt, sondern daneben auch Staatsamt in den Provinzen, geistliches Amt, Reichthum, beweist das exemplificative „ut" in VI. 1, 2; der nobilis erhebt sich nicht nur über die vilior [5]), auch über die mediocris persona [6]).

Wie wenig sich aber mit nobilis ein fester Rechtsbegriff verbindet, zeigt V. 1, 7 l. c., wo der einfache *ingenuus* geradezu nobilis, der mit Vorbehalt des obsequium Freigelaßne ignobilis parens heißt und X. 2, 4 wo nobilitas gleich libertas. Auch in VI. 4, 7 ist das übermüthige Benehmen des servus gegen persona nobilis et inluster nicht bloß gegen Edle, wohl auch gegen höhere Freie überhaupt gemeint [7]); auch in der Sprache der Concilien bezeichnet nobilis, generosus den Stolz der freien Geburt im Gegensatz zu unfreien, freigelaßnen Emporkömmlingen: so [8]) wird der nobilis wie sonst der

---

nomen et genus scitur: ignobilis eo quod sit ignotus et vilis et obscuri generis, cujus nec nomen quidem scitur.

1) Vgl. noch L. V. II. 4, 3. VI. 5, 18.

2) Cc. T. XVII. Lex 7. cujuscunque generis vel honoris, (ungenügend Davoud Oghlou I. p. 12, weil nicht den Sprachgebrauch beherrschend), conditionis XVI. 2, ebenso Lex: contra *generis* et ordinis (spatharii) usum.

3) Steub S. 90.

4) L. V. IV. 2, 20 nobiliores Cc. T. XI. 5.

5) Oder inferior L. V. IV. 2, 20 omnis vir ingenuus atque femina sive nobilis sive inferior, X. 2, 6 quisque nobilis sive inferior ingenuus sive etiam servus.

6) l. c. IX. 2, 8; daselbst nobilitas sui *generis* et status patriae, quod priscae gentis adquisivit utilitas (Wackerheit, Tüchtigkeit) geht eher auf die Nationalität, dagegen degener et inutilis.

7) l. c. V. 7, 17 meint generosa nobilitas, splendor ortus nur vollfreie Geburt im Gegensatz zur Abstammung von Freigelaßnen. Daher auch II. 1, 7 nobiles idoneique. Die Auffassung von nobilis bei Helff. S. 103 beruht auf nicht erschöpfendem Material.

8) Conc. T. XIII. c. 6. Cc. T. XII. 1 nennt getaufte Juden im Gegensatz

potentior [1]) als zu mächtig für den Richter gedacht, der einen minor ohne Zweifel zum Gehorsam zwingen kann; Reichthum erscheint als Voraussetzung des nobilior II. 1, 31 im Gegensatz zu dem, der nicht drei Pfund Gold zahlen kann [2]); auch höhere Rangstellung im gesammten Leben [3]) bezeichnet nobilitas.

Römischer Erbadel sind die nobiles, bene nati viri [4]), die da nicht betteln sollen auf den Straßen von Arles, eher thut Gott ein Wunder [5]). Auch die zahlreichen viri inlustres, lauter Römer, in der v. s. Caes. zählen hieher [6]), ebenso die generosi parentes des h. Paternus [7]); die virgo Benedicta claro genere orta [8]) zur Zeit Alarichs II. zu Toulouse, puella praeclaris orta natalibus, ist eher Römerin als Gothin: die Aeltern vermögen sie nach Rom zur Heilung zu schicken und der König selbst verwendet sich für sie bei Remigius von Rheims [9]).

Die Gesammtheit der durch den Dienst im palatium Ausgezeichneten bildet den ordo palatinus [10]). Unter den edeln, freien und

---

zu nicht getauften nobiles et honorabiles gelegentlich der Freiheit der getauften Juden von Kopfsteuer. L. V. III. 6, 1.

1) L. V. VI. 1, 2 nobilis vel potentior.

2) Ebenso l. c. 3, 4 nobilis — dagegen *pauper* et ingenua persona.

3) X. 2, 8 nobilium dignitas, II. 4, 2 nobilis — dagegen licet ingenuae, minoris tamen dignitatis personae; gedankenlos VI. 1, 2 sive nobilis sive inferior seu ingenuus (vielleicht sed statt seu?); untechnisch IV. 2, 16 nobiliter et competenter conjuncti d. h. rechtmäßig Verheirathete, XII. 2, 1 nobiles inlustres gentes, XII. 3, 6. 7 nobiles Christiani, XII. 3, 17 nobilis, dagegen minimae vilioresque personae.

4) Ebenso F. 14, 7 nur bene nati.

5) v. s. Caesarii p. 671.

6) z. B. p. 676.

7) c. a. 450 zu Poitiers v. s. Paterni auct. Venant. F. Migne 71 p. 489 nobilissimi viri . . matrona, quae et ipsa illustri stemmate progenita nobilem trahebat prosapiam: domi nobilis . . familiae splendor Apoll. S. II. 3 lectissimos aequaevorum nobilium principes 9. natalibus turget illustris prosapia episcopis floruit aut praefectis VII. 9, patricia stirps VIII. 8.

8) v. s. Fructuosi p. 430.

9) v. s. Remig. Venant. Fort. c. 6 p. 351, Migne 71. B. T. IX. 1, 3 überträgt J. origo mit nobilitas und noch a. 663 nennt die Inschrift zu Hornachuelos Masdeu IX. p. 363 einen Römer Mavius pietatis inlustris *et ortu*.

10) Conc. T. XIII. c. 6.

unfreien [1]) Gliedern dieser palatina officia [2]) bestanden nun ganz bestimmt geordnete Rangstufen — wesentlich byzantinischen Ursprungs [3])

Nicht zu verwechseln sind die älteren ziemlich einflußlosen römischen palatini mit diesen späteren gothischen [4]).

Schwierigkeit macht die Erklärung der gardingi [5]). Die ihrer erwähnenden Stellen gewähren kein juristisches Bild und die Etymologie entscheidet nicht, welche der verschiedenen Bedeutungen des Wortes gards der Bildung des Ausdrucks zu Grunde lag [6]).

1) L. V. XII. 2, 9. II. 4, 4 servi nostri qui ad hoc regalibus servitiis mancipantur, ut palatinis officiis liberaliter honorentur.

2) L. V. II. 4, 4. VI. 1, 2. IX. 2, 8. 9. II. 1, 1. Cod. Em. 5, 7 Cd. L.; gleichbedeutend servitium domus regiae II. 1, 8 Cd. L. regale II. 4, 4. cum omni palatino officio XII. 2, 14. Cc. T. VII. 1 homines officii palatini.

3) ordines; gradus; honor; qualitas XII. 2, 15; dignitas palatina Cc. T. XVI. 8; auch dignitatis honor palatii mediocres atque primi XII. 2, 15 cujuscunque ordinis vel honoris IX. 1, 2; ebenso Cc. T. VIII. praef.; II. 4, 4 si qui praeter hos superiore ordine vel gradu (gradus anders, als Verwandtschaftsgrad IV. 1, 1—7. 2, 12. III. 2, 2. 5, 1) praecedunt. VI. 1, 2 aequalem dignitate palatini officii, IX. 2, 8 ex officio palatino in quocumque ordine sit constitutus vel cujuslibet personae fuerit dignitatis; IX. 2, 9 Cc. T. dignitate et rebus exutus ist Absetzung vom militairischen Amt, aber careat dignitate personae ist hier Verknechtung, nicht nur Rangentziehung (servitura tradatur); ebenso II. 4, 9.

4) Gleichbedeutend aulici Apoll. S. I. 2, L. V. XII. 2, 15 mediocres et primates pal. dignitatis, majores palatii VI. 1, 6. VI. 1, 2. III. 1, 6. IX. 2, 9 reich, und doch bestechlich, zu ordentlichen und außerordentlichen Anführern bestellt, palatinum officium II. 5, 1. 1, 1. Cd. Em. 4, 4. VI. 1, 2. IX. 2, 8. 9. II. 1, 5. 7. Cd. L. cum omni p. o. XII. 2, 14. p. servicium II. 4, 4, ebenso Jul. v. W. p. 718 homines p. o. Cc. T. VII. 1. ordo palatin. II. 1, 7 Cd. L.; vgl. Cenni II. p. 27, v. Syb. S. 205, Davoud Oghlou I. p. 191.

5) L. V. IX. 2, 8. 9. II. 1, 1. Cod. al. Cc. T. XIII. 2 sacerd. sen., gard.

6) Waitz I. S. 368 zweifelt, ob er sie für Adel, und zwar alten oder neuen, halten soll. Aschb. S. 263 faßt sie (nach dem fuero juzgo „ricos hombres“) als reiche Gutsbesitzer, ebenso Wilda S. 428, weil bonis privari Hauptstrafe für sie — was aber ganz allgemeine Strafe für alle Vermöglichen (s. Grundlagen u. Straf-R.) Warnkönig I. S. 79 gardiages (sic) = proceres, reiche Grundherrn, zugleich altedlen Geschlechts, oft am Hof ohne Amt: so auch Rosseeuw I. p. 347, sie seien der Erbadel gegenüber dem der duces et comites; daher bezeichne procer = garding (was IX. 2, 9 beweise) den Erbadel, der Titel procer et comes beide Adelsgründe; nach Amaral p. 201, Masdeu XI. 37 Stellvertreter des dux, ebenso Romey II. p. 269, Lafuente II. p. 394 „jueces de la milicia“ (mit falscher Etymologie) Stabsauditore, vgl. Morales VI. p. 178 (der irrig Ardingi schreibt); aber sie haben mit der Rechtspflege nichts zu thun und fehlen L. V. II. 1, 5 wo selbst

Die Quellen an sich lassen nur so viel erkennen, daß gardingatus kein festes Amt [1]). L. V. IX. 2, 8 zeigt, daß sie trotz ihres hohen Ranges hinter allen Territorialbeamten stehen, sogar hinter dem þiufad, der [2]) schon zu den viliores und inferiores zählt: eben weil sie gar nicht in die Kategorie der Aemter gehören, sie stehen hinter dem vicarius, der selbst manchmal ein außerordentlicher Commissair, und gerade vor den quaelibet personae, welche in der Provinz sind; daß sie von höchstem Rang und doch außerhalb des Aemtersystems gedacht sind, beweist ebenso IX. 2, 9, wo die majoris loci personae aufgezählt werden. Hier stehen sie nach dem dux und comes: sive etiam gardingus heißt es [3]); der Ausdruck gardingatus *officium*

---

der numerarius und decanus begegnen (so mit Recht Helff. S. 151). Marin I. p. 247. 248 capitano de las guardias nach diction. de la langue *celtique!* Depping II. p. 373 la garde du roi (nach Bullet), Vossius bei Ferreras II. § 588 (d'Hermilly) Hauptleute der k. Schlösser; (Andere, wie Garcias de Loaysa, „vornehme Beamte", ähnlich v. Dan. I. S. 373) oder Oberverwalter k. Güter: „zu den Ortsobrigkeiten stellte sie das Gesetz überall!" das Gegentheil ist richtig. Daß es auch Eigenname war, Cc. T. III., beweist gar nichts. Du Cange nennt sie custodes palatii, Henschel sagt nur, sie seien den officiales palatii zuzuzählen. Helff. will sie von den optimates palatii unterscheiden und nach IX. 2, 9 als Mittelglied zwischen die Würdenträger und die viliores stellen, als junge Edle, die im Hof und Hofdienst herangebildet wurden. Daß dies geschah, steht fest und bedurfte nicht erst des Zeugnisses der Arabers Al Cacim und Ilyans bei Pascal de Gayangos I. (Ihm folgt wie gewöhnlich v. Bethm. H. I. S. 205, ebenso v. Maurer Frohnhöfe I. S. 165, ähnlich schon Cenni II. p. 38 als Vorstufe im offic. pal. zu comitatus u. ducatus nach Muratori de antiq. medii aevi IV. p. 129 (mir augenblicklich nicht zur Hand), unbestimmt Marichalar I. p. 410); Rod. tol. III. 19 mos erat tunc temporis inter Gothos ut (domicelli u. domicellae) magnatum filii in regali curia nutrirentur; aber solche „Junker" und Pagen wurden doch unmöglich zur Genehmigung der wichtigsten Reichsgesetze, zur Entscheidung der höchsten politischen Processe beigezogen wie Cc. T. XIII. c. 2 mit den sacerdotes und seniores! und wenn es Jul. v. Wamb. c. 7 heißt Ranosindus tarraconensis provinciae dux et Hildigisus sub gardingatus *adhuc* officio consistens, so beweist adhuc doch nicht Jugendlichkeit; als Ministerialen faßt sie R. A. S. 250; wie die vicarii nur als militairische Führer, Zöpfl S. 431, Unger Landstände I. S. 54 u. K. Maurer S. 69 als „Beamte" (welches Amt?) wegen letzterer Stelle: aber „officium palatinum" bezeichnet gerade auch den Inbegriff der „Hofleute" ohne bestimmtes Amt. Dunham I. p. 318 wardens, military governors appointed by the King, inferior . . to the dukes, but not necessarily dependent on them.

1) Vgl. L. V. II. 1, 2. Cod. al. Card. S. J. R. L. neben den seniores.

2) l. c. IX. 2, 9.

3) Damit stimmt auch Cc. T. XIII. 2 de accusatis optimatibus palatii

beweist noch kein Amt, denn man spricht auch technisch vom palatinum officium [1]).

Halten wir uns in Ermanglung näherer juristischer Bestimmtheit an die Etymologie, so finden wir gards bei Wulfila im Sinn von „Haus, Hof, *αὐλή*, Umfriedung eines Grundstücks, sei es mit einem Hause bebaut oder nicht" [2]), in jeder Bedeutung: die gardingi führen ihren Namen also entweder von ihrem Hofgut und sind dann Grundadel in den Provinzen oder vom Hof, dem palatium des Königs.

Ich entscheide sonder Bedenken für das Zweite: alle Stellen bringen sie mit dem König und palatium in engste Verbindung: nichts weist auf eine Machtstellung derselben in den Provinzen, bei den Vandalen schon haben wir zwei gardingos *regis* kennen gelernt [3]), auch die Vita Fructuosi nennt emphatisch einen gardingus *regis* [4]); Geburt und Grundbesitz können nicht Grundlage eines Vorzugs sein, der officium genannt wird, Lucas von Tuy spricht einmal pleonastisch von gardingi palatii: kurz, gardingus scheint mir eine Kategorie

---

atque gardingis: . . in publica sacerdotum, seniorum atque etiam gardingorum discussione.

1) Daß die gothischen palatini nicht identisch mit den sehr untergeordneten (fiscalischen) römischen (Cod. just. l. 12 de palat. C. Theod. VI. 30 ed. Wenck. ad I. 10, l. 5. 7; vgl. Apoll. Sid. IV. 24), wie Aguirre II. p. 586, steht fest, kaum der Name mag daher rühren; ein solcher römischer palatinus unter den compulsores neben dem exactor, curialis, dem officium provinciae u. praefect. B. Nov. Maj. I. 1 praetorianus miles officii seu palatinus vel s. aerarii vel privati; andere, eher als Vorgänger der gothischen zu fassende, sind die palatini aulicae potestatis schon bei Val. Nov. 7 ebenso 8 in außerordentl. Aufträgen nach Africa gesendet: vgl. palatinum officium utriusque aerarii 8. aulicis emeriti honoribus. Höchst bemerkenswerth ist, daß die J. zu B. T. IV. 9 (10) 3 der im Text erwähnten militia *palatina* gar nicht gedenkt, nur honores und militia nennt; die Bedeutung der westgoth. „palatini" hat sich erst in Spanien entwickelt und unmittelbare Anknüpfung an die militia des kaiserlichen palatium, die palatini als solche, lag nicht vor: (obwohl im weitern Sinn schon Amm. Marc. u. A. alle officia palatii palatini nennen s. Böck. II. p. 294 schola palatii II. 300, Hegewisch S. 253, Göhrum I. S. 85) überhaupt, darf man die Zustände, welche das Breviar voraussetzt, nicht unbesehen als fortdauernd annehmen.

2) Schulze S. 106 (von gairdan, gürten) für οἰκία, οἶκος, αὐλή, so Marc. 15, 16 des Prätoriums, davon þiudangardi, Königshaus, βασίλειον, dann unsinnlicher βασιλεία, Königreich; gardavaldands οἰκοδεσπότης, ingardis ὁ κατ' οἶκον I. Kor. 16, 19. Vgl. Kuhn I. S. 361.

3) A. I. S. 187.

4) p. 430.

der palatini, womit sie sich ja sprachlich vollständig decken [1]). Kein Widerspruch, eine Bestätigung liegt in dem Satz Julians [2]): adunatis omnibus nobis i. e. senioribus cunctis palatii, gardingis omnique palatino officio: will man palatinus hier nicht als völlig synonym mit palatinus gelten lassen, so müßte man etwa annehmen, daß die Gothischen palatini im Gegensatz zu den Römern im palatium den germanischen Namen führten, wofür sprechen würde, daß alle uns erhaltnen gardingi Gothen sind [3]). Natürlich behält ein solcher gardingus auch dann seine Qualität bei, wenn er in außerordentlicher Mission in Krieg oder Frieden vom König in einer Provinz verwendet wird [4]).

Für diese Deutung spricht doch auch, daß bei Wulfila zwar nicht gardiggs selbst, aber ingardja für „Hausgenoß", „οἰκεῖος" gebraucht wird: Ephes. 2, 19: „ihr seid nicht mehr Gäste (ξένοι, gasteis) und Fremdlinge (πάροικοι, aljakunjai), sondern Mitbürger (συμπολῖται, gabaurgjans) der Heiligen und Hausgenossen (οἰκεῖοι, ingardjans) Gottes"; ebenso I. Tim. 5, 8: „wer für die Seinen (τῶν ἰδίων, sve saim) und seine Hausgenossen (τῶν οἰκείων, þishun ingardjam) nicht sorgt" [5]).

c) Grundlagen und Erwerbungsarten des Adels.

Der römische und gothische Erbadel wird erworben durch Geburt. Gothischer Erbadel, aber freilich erst Ende des VI. Jahrhunderts [6]),

---

1) Vgl. Matth. 11, 8 in gardim þiudane ἐν οἴκοις βασιλέων; derselbe Ausspruch bei Luc. 7, 24 ἐν τοῖς βασιλείοις, deßhalb in þiudangardjom. Diefenbach vgl. Wörterb. der goth. Sprache II. S. 390.

2) judicium in tyrannor. perfid.

3) Sonst wüßte ich nicht anzugeben, was den palatinus zum gardingus macht. P. Sant. p. 198 sagt: höhere Palast-Aemter, ähnlich Sotelo p. 160, Lembke I. S. 177 Palastwürde ohne Amt, v. Syb. S. 204 „domesticus regis". „officier" Cénac Moncaut I. p. 424.

4) Daher kann L. V. IX. 2, 8 auch in der Provinz gardingos voraussetzen; daher weilt der g. Hildigis in der Provinz Tarraco. Jul. v. W. p. 708.

5) Matth. 10, 25 heißt οἰκοδεσπότης garda-valdands (οἰκιακός aber innakunds). Ferner vgl. ingardis, ὁ κατ' οἶκον I. Kor. 16, 19 miþ ingardjon seinai aikklesjon σὺν τῇ κατ' οἶκον αὐτῶν ἐκκλησίᾳ, ebenso Col. 4, 15.

6) Also möglicherweise wieder erblich gewordner factischer (das hat nicht beachtet K. Maurer S. 63) Neu-Adel.

wird häufig bezeugt [1]) und ausdrücklich neben Reichthum und Grafenamt in denselben Personen hervorgehoben [2]): auch Claudius *dux* emeritensis civitatis ist *nobili genere* ortus [3]), ebenso duo *comites*, inclyti *opibus* et *nobiles genere* . . [4]).

Der Natur der Sache und der obigen Darstellung nach haben römische [5]) ganz ebenso wie gothische Familien diese Aristokratie gebildet [6]) und diesen Staat beherrscht und zerrüttet [7]); die Geschichte weist unter den Bischöfen, Feldherrn, Grafen gleichviele römische wie gothische Namen auf [8]).

Es ist daher nicht richtig, „daß bis auf Rekared das gothische Blut das Uebergewicht gehabt“ [9]).

---

1) Paul. Emer. p. 647 Mausona nobili ortus in hoc seculo origine . . genere gothus. Renovatus.. natione Gothus, generoso stemmate procreatus, familiae splendore conspicuus p. 656.

2) l. c. quosdam Gothos *nobiles genere opibusque ditissimos*, e quibus nonnulli in quibusdam civitatibus *comites* a rege fuerant constituti l. c. p. 653.

3) l. c. (doch ist zu bemerken, daß alle Quellen des zweiten Reiches und die späteren Spanier Blut und Adel überall hoch anschlagen und „königliches Geschlecht“ oft voraussetzen d. h. erfinden, so schon v. s. Fructuosi p. 430).

4) p. 655, l. c. Irrig bei v. Bethm. H. I. S. 202 der Schluß von dem Mangel eines f. auf Mangel adeliger Geschlechter: auch ist wenigstens bis zu dem tolosanischen Reich noch nicht Untergang des alten Adels durch das Königthum anzunehmen wie v. Syb. S. 204, Waitz II. S. 32 vgl. K. Maurer S. 71; vgl. avia illustris de sanguine nata Gothorum in dem Epigramm von St. Ildef. bei Gamero p. 387. Daselbst ein Gothe Blesila; mit Recht hat schon Heinecc. ant. II. p. 3 auf die Namen Athala-ricus, Atha-ulfus verwiesen.

5) „Iberische“ Depping II. p. 373 kamen nur noch unter den Basken vor; richtig die Identificirung: Römer und Spanier Unger S. 29.

6) s. B. T. IX. 30, 2. II. 1, 3.

7) Denn keineswegs nur die gothische Aristokratie (wie A. de Castro p. 24) hat die Parteiungen und Empörungen gemacht.

8) S. über Eurichs Regierung A. V. S. 100. 106, Kaufmann Museum l. c.: außer Leo, Namnaticus, Evodius rege mandante Tolosam profectus est Apoll. S. ep. IV. 8; Alarich II. zieht zur Genehmigung des B. bei nobiles viri . . electorum provincialium Common.

9) Helff. S. 7; s. dagegen denselben S. 10 u. S. 152. Das Extrem dieser Ansicht bei Dunham I. p. 193, wonach nur Gothen nobiliores, alle Römer viliores gewesen; schief auch (Helff.), daß die Romanen am Hofe die Priesterpartei vertraten: es gab vor und nach dem Glaubenswechsel gothische Priester und Laien jener Richtung; der patricius Caesarius zur Zeit Sisibuts ist der byzantinische Statthalter: da Helff. S. 153 dies übersehen, sind alle seine daran geknüpften Sätze

Daß und in wie fern dieser neue Adel, obwohl anfangs nicht auf altes Geschlecht begründet, später auch durch Geburt erworben wurde, ist bereits erörtert [1]). Daher finden wir die filii primatum als nobiles [2]) und auch edle Frauen [3]). Daher die Betonung des genus [4]), des natalibus aequalis [5]): dies bezeichnet aber manchmal auch den Gegensatz [6]) von Freigebornen und Freigelaßnen [7]).

---

unhaltbar; dagegen dem Gothenstaat angehörig Helladius, illustrissimus regiae aulae publicarumque rerum rector. Hildef. de vir. ill. c. 7; von den zahlreichen römischen Palatinen und andern Großen seien nur genannt Evantius, Aetherius, Paulus Cc. T. VIII. IX. XVI. Vitulus dux; Claudius dux emeritensis civitatis, romanis (d. h. Byzantiner) parentibus progenitus, gelehrt gebildet, ein Mitschüler Isidors ep. Isid. ad Claud. ducem; Paul. emer. de vita p. em. c. 30; römische nobiles et bene nati viri F. 14; primi patriae, primates civitatis (Römer) B. T. III. 17, 3. (19, 4), wo J. statt der Senatoren von Rom (des Textes) die der Provincialstädte nennt: hieher gehören auch die honorati de civitate von Cc. Narb. 6.

1) Oben S. 89. 90; ganz verkannt von v. Dan. I. S. 369, L. V. X. 2, 9 meint nicht mehr alten Volksadel.

2) VI. 1, 2.

3) IV. 4, 1.

4) Obwohl dies keineswegs immer adlige Abstammung bedeutet: so IX. 1, 21 cujuscumque gentis vel generis; Geburtsstand überhaupt V. 1, 7 (confusio generis) = inaequales natalibus III. 1. 8. 9; vgl. F. 19 pro dignitate natalium; Gemeinfreiheit II. 4, 3 idonei genere hoc est indubitanter ingenui; Nationalität III. 1, 1; zweifelhaft, ob Nation oder Adel XII. 3, 10 Christianus cujuscunque generis aut dignitatis, ordinis sive personae sive ex religiosis sive etiam ex laicis. 2, 15 cujuslibet qualitatis aut generis. (Conc. Tol. V. c. 3 quos nec origo ornat d. h. a) Nicht-Gothen, b) Nicht-Edle) wie c. 17 Cc. T. VI. Blutsverwandtschaft III. 5, 2. VI. 5, 18; Abstammung überhaupt: Familiennamen L. V. VII. 5, 6 mutare i. e. parentes fingere, falsum nomen imponere.

5) III. 1, 8.

6) Und blos diesen meint V. 1, 7 generis confusio u. V. 7, 17; der Satz: ingenita libertas gratiae dono fit nobilis, ideo generosa nobilitas inferioris tactu (d. h. durch Ehe mit einem Freigelaßnen) fit turpis hat schwerlich den Sinn, daß durch Geschenk königlicher Gnade Vollfreie Adel erlangen (Verleihung von Palastamt an Freie) können: denn die generosa nobilitas ist nur Vollfreiheit und göttliche Gnade ist gemeint; daß IX. 2, 8 *generis* nobilitas und *dignitas* nobilium „unterscheide" d. h. juristisch, Lembke I. S. 176, ist unerweislich; vgl. auch Cc. T. XII. tomus u. c. 7; möglicherweise geht g. n. neben patriae status quod priscae gentis adquisivit utilitas auf die Nation.

7) Diese Collectaneen über natalium widerlegen den Satz Helff.'s S. 59, daß das Gesetz überall statt von nat. von conditio rede; erschöpfend waren die den oft scharfsinnigen Einfällen Helff.'s zu Grunde liegenden Materialsamlungen mit nichten.

Daneben wird der Adel erworben durch Erwerbung seiner thatsächlichen Grundlagen [1]): also von Hofamt [2]), — Freigelaßne, selbst Knechte [3]), die der König zu Palatinen macht, stellen sich ihren bisherigen Herren gleich [4]) — Staatsamt: gothischem oder römischem [5]), — das sind die „potestates“: die „militia“: Name und Sache erhielt sich [6]), schon B. setzt den Fortbestand der meisten west-römischen Aemter voraus [7]) und gerade die J. zeigt, daß man im Reich von Toulouse viel darum gab, ein römisches Civilamt zu erlangen [8]): — dann durch Erwerb eines höhern Kirchenamts [9]) oder auch nur größern Reichthums [10]). Denn daß der Besitz von größerem Ver-

---

1) Frauen treten durch Heirath in Rang und Gerichtsstand des Mannes B. T. II. 1, 7 J.; auch auf Gothinnen anwendbar.

2) L. V. VI. 1, 2. IX. 2, 8. Cc. T. XII. tom. aulae regiae illustres viri clarissimi seniores palatii nostri XIII. 6. VIII. praef. viri illustres ex officio palatino, quos nobilitas . . honoravit. u. Lex XIII. 2 ab honore sui ordinis vel servitio regiae domus.

3) Verkannt von Rosseeuw I. p. 345; erst Cc. T. XIII. 6 schließt diese aus.

4) 6 l. c. u. tomus; nur in diesem Sinn ist richtig Moron I. p. 189 „el rey concede la nobleza“; über diesen Hofadel noch L. V. II. 1, 1. 5. 7. 31. cod. al. III, 1, 6. VI. 1, 2. 6. honor IX. 1, 21. XII. 3, 10. Hofdienst und Staatsdienst zusammenfassend Apoll. S. VII. 2 clericalis . . palatinus comitatus.

5) L. V. VIII. 4, 29 comes, Gegensatz: minor; daher neben sacerd., senior. homines offic. pal. die judices Cc. T. VII. 1.

6) B. T. II. 20.

7) Während der Text (si certum petatur de suffragiis) das erstrebte Ziel kaum andeutet, sagt J. aliquanti pro sua voluntate suffragia dedisse probantur et postea *quum ad militiam pervenerunt* d. h. erreicht haben, was sie wollten.

8) Daß erst durch die ostgothische Regierung und Rekared römische Würden in Masse neu geschaffen worden (Garcia a Loaysa u. Aschb. S. 261) ist unerweislich: byzantinisches Wesen drang seit Rekared und Rekisvinth ein.

9) L. V. XII. 2, 14 religiosi cujuscunque ordinis vel honoris; beides berührte sich oft: aus den Adels- und Palatinen-Geschlechtern und dem Staatsdienst trat man häufig in den Episkopat Cc. T. ep. mentes. Cc. Hisp. II. 7.

10) Verloren wird der Adel durch Verlust seiner thatsächlichen Grundlagen, z. B. durch Confiscation Cc. T. VIII. decr. (s. Strafrecht), Verknechtung, welche auch den nobilis treffen kann und natürlich alle Standes-Ehre und -Rechte vernichtet (L. V. IX. 2, 8. VI. 2, 1. Cc. T. XIII. 6. XVI. 10), dann durch Entsetzung vom Amt (L. V II. 1, 5 cunctis palatinae dignitatis et consortiis et officiis nudatus 1. 8 Cd. L. honore ordinis, servitio domus regiae dejic.. Die Voraussetzungen der Ausstoßung sind genau geregelt in Cc. T. XIII. 2; von Geistlichen amissio loci et dignitatis honore, von Laien et honore solutus e: loco L. V. XII. 2, 2), endlich durch infamia, d. h. ganz römisch Verlust des testimonium L. V. IX. 2, 8. Dies zeigt besonders Cc. T. XII. tom. u. 7, wo Verlust

mögen, zunächst von Liegenschaften[1]), es ist was, in der Regel und leichter zwar in Verbindung[2]) mit andern Vorzügen, ausnahmsweise aber und in einzelnen Richtungen auch schon an sich, zu jener Aristokratie der honestiores, zu der höchsten Schicht der Gemeinfreien erhebt, beweisen zahlreiche Einzelstellen[3]) und der Gesammteindruck der Cultur und Rechtszustände in diesem Reich[4]): an der „ehrenvollen Armuth" der Gothen a. 455[5]) mag soviel richtig sein, daß in den unruhigen Zeiten von a. 410—450 in Gallien jene spätere Aristokratie des Grundbesitzes noch nicht hatte erwachsen und Reichthum ansetzen können[6]).

---

des testimonium durch Infamie zugleich ignobilitati perpetuae subjugat, degeneres reddit; sie sollen restituirt werden testimonio claro pristinae generositatis. 7: dadurch erlangen sie wieder nobilitatis solitae titulum u. 8 hebt hervor, daß mit der Infamie sich auch Verlust der palatina dignitas verbindet. XVI. 10 spricht die Verknechtung aus, die in den frühern Cc. nicht genannt war; B. IX. 7, 3 loci aut *originis* propriae dignitate; J.: *nobilitatis* vel honoris dignitatem; durch erlittne infamia wird man vilis persona.

1) locuples erklärt Isid. orig. X. 1 locis plenus, possessionum plurimarum possessor. XV. 13 poss. sunt agri lati patentes; vgl. Paull. Pell. v. 414 magna pars materni census complures sparsa per urbes . . farta colonis praedia diffusa.

2) Die Söhne solcher Häuser gelangten leichter und früher und häufiger zu den höhern Aemtern z. B. Svinthila, in adolescentia ducis officium nactus Luc. Tud. II. 51. Zu bestimmt von Kindasv. u. Wamba Muñoz I. p. 379.

3) Hauptstellen L. V. II. 1, 17. 31. 4, 3. 8. 9. III. 1, 6. 9. 4, 17. VI. 1, 1. 5, 2. IV. 2, 16. XII. 3, 17. 24.

4) Apoll. Sid. c. VII. v. 428.

5) Römisch v. s. Eptadii p. 778 census aviti substantia; ganz verkehrt über diese Verhältnisse v. Daniels I. S. 369 nur Amt stufe nobilis, mediocris, vilis ab: nur gelegentlich S. 370 berücksichtigt er auch das Vermögen. Gänzlich mißverstanden hat er L. V. X. 2, 8, (soll heißen IX. 2, 8), wo nobilitas generis den Ruhm des Gothenvolkes, nicht den Adel einzelner Geschlechter bedeutet; auch bei Schäffner I. S. 216, Gaupp S. 65 fehlt Berücksichtigung des Vermögens neben Amt, Beschäftigung, Lebensart und bei v. Bethm. H. I. S. 219, daß hienach bald zwei, bald (mittelst der mediocres) drei Classen unterschieden werden können. Richtiger schon Sempere p. 6 und hie und da Davoud Oghlou I. p. 11. Biedenweg p. 83 hat die Bedeutung des Reichthums bei Adel und ingenui ganz verkannt und idonei und viles nicht richtig gefaßt; conditio ist Stand V. 7, 5. Vermögensstand VII. 3, 9. (objecta V. 1, 17 ultimae servitutis IX. 2, 8) = facultas; (über idoneus s. Ant. 295, Köstlin Straf-R. S. 394). Dagegen ist es Zeugniß-Artikel II. 4, 5; Beredung: mercedis IX. 1, 12.

6) S. oben S. 92 f.

Der allgemeinste Ausdruck für diese factische Aristocratie ist honestior persona. Wer ist „honestior persona?" Das Gesetz sagt in Beantwortung dieser Frage: honestior persona muß (bei falschem Zeugniß) dem Geschädigten Doppelersatz leisten: si certe, fährt das Gesetz fort, inferior est persona et unde duplam rem dare debeat, non habeat [1]), so tritt Ruthenstrafe ein. Trotz des et sieht man, daß Insolvenz als Grund, vermöge des et, daß sie als untrennbare Begleitung der inferioritas gedacht wird; ebenso II. 4, 6: majoris loci personam trifft Ersatz und Infamie; dann heißt es: si minoris loci est et non habuerit unde componat. VIII. 1, 10 wird vorausgesetzt, daß honestioris loci persona [2]) den Werth der Deube eilfmal ersetzen kann. VIII. 4, 29 zahlt honestiores loci persona 10 sol., inferior (später minor) persona 5 und erhält, statt die andern 5 zu zahlen, 50 Hiebe, der Knecht statt aller Geldstrafe 100 Hiebe. VIII. 3, 6 trifft die majoris loci persona nur Ersatz mit Geldstrafe, die inferior persona Ersatz mit 50, den servus Ersatz mit 100 Hieben.

Noch lehrreicher, weil noch reicher abgestuft, ist VII. 5, 2: für Fälschung von Privaturkunden trifft den potentior ¼ Confiscation: von dieser verfallen nur ¾ dem Geschädigten, ¼, also ¹/₁₆ des Ganzen dem Fiscus: enspricht aber das Vermögen dem angerichteten Schaden nicht, so wird er mit seinem Vermögen dem Geschädigten verknechtet: auch bei potentiores ist dies denkbar: bei viliores und humiliores wird aber ungenügendes Vermögen vorausgesetzt und sie werden daher immer dem Geschädigten verknechtet; unmittelbar auf sie folgen die servi: „so werden Alle gestraft juxta qualitatem personae": ebenso VII. 5, 3 pro qualitate personae [3]). Besonders bezeichnend ist auch X. 1, 3: eine Theilung von den Mehrern oder „Bessern" vorgenommen soll von den Wenigern oder „Schlechtern" der Getheilen (consortes) nicht abgeändert werden [4]): es sollen also selbst die Mehrern nicht die Anordnung der „bessern" Minderzahl

1) II. 4, 3 so lese ich mit Cd. Card. u. Lind.

2) Vgl. II. 4, 29. IX. 3, 3.

3) Manchmal sieht es fast aus, als ob die ausgleichende Ruthenstrafe bei dem Geringern vergessen wäre und er deßhalb mit der kleinern Geldstrafe allein abkomme VIII. 3, 12.

4) Welche Theilung gedacht ist, wird nicht klar: consortes gilt für alle Arten von Theilung z. B. bisher ungetheilten Waldes X. 1, 2; s. oben S. 57.

anfechten können: unter den „Bessern" aber versteht das Gesetz offenbar die besser Begüterten und deßhalb auch als besser beleumundet Präsumirten. — X. 3, 3 zahlt der honestior 100 s.; der inferior hat, wird angenommen, vielleicht keine 30; II. 1, 31 zahlt der nobilior 3 Pfund Gold: seinen Gegensatz bildet, „wer nicht soviel hat, diese Summe aufzubringen". Ja, weil der minor der Arme ist, wird manchmal für ihn von vornherein eine geringere Geldstrafe angesetzt (30 statt 100 s.) und erst, wenn auch dieser geringere Ansatz nicht bezahlt werden kann, tritt die Prügelstrafe ein [1]).

Während der gewöhnliche Mann (si quis) pro sola praesumtione [2]) 5 s. zahlt, kann dies bei dem honestior zu 10 gesteigert werden [3]). Der major hat 6, der minor nur 2 Pferde dem in seinen Angelegenheiten reisenden sajo zu stellen und bezeichnend werden major und minor *causa et persona* verbunden [4]). — VII. 5, 1 trifft den honestior Confiscation seines halben Vermögens, den minor — weil diese Strafe für die Krone [5]) zu wenig einträglich wäre [6]) — Verlust der fälschenden Hand. VIII. 3, 14 zahlt honestior persona 5 s. und Doppelersatz: si certo humilioris loci persona fuerit *et non habuerit* unde componat, — 50 Schläge und Doppelersatz, der Knecht 100 Streiche [7]): der honestior ist also immer solvent, der humilior regelmäßig nicht. Doch kann er es sein: die Summe ist hier nicht groß und der humilior muß nicht ganz vermögenslos sein: den Doppelersatz eines getödteten Thieres kann er wohl leisten und vom Unfreien wird er scharf unterschieden [8]). Für Fluchwort gegen

1) Zuweilen ist die Casuistik nicht ganz durchgeführt, so VII. 2, 22, wo nur für den honestior die Geld-, für den servus die Geißelstrafe fixirt und die Strafverwandlung für den inferior wohl dem Richter überlassen wird.

2) Hierüber s. unten „potentes" u. Strafrecht.

3) VII. 2, 22; ebenso findet sich geringere Geldstrafe (um $^1/_3$) VIII. 4, 24. 25 für die reliquae pers. gegenüber dem potentior.

4) II. 1, 21.

5) Diese Erwägung verräth deutlich Cc. T. XII. decr., wo statt der Confiscation gesagt wird: si nihil habuerit facultatis unde praedictam compositionem (ein Zehntel) exsolvere possit, dann 50 Streiche, aber ohne infamia, weil nur nothgedrungenes Surrogat der Geldstrafe; ebenso Lex ad Cc. XIII.; XV. geschweigt des Surrogats.

6) Dagegen ist bei dem dux comes gardingus Vermögensverlust als eine empfindliche und lucrative Strafe vorausgesetzt L. V. IX. 2, 9.

7) Vgl. VIII. 4. 24. 25.

8) arg. VII. 2, 6; wird der honestior dem servus entgegengestellt VIII. 1, 10, so ist das nur unvollständige Casuistik.

den König verliert wer ex nobilibus idoneisque personis, gleichviel ob religiosus oder laicus, die Hälfte seines Vermögens, während, wenn er de vilioribus humilioribusque personis fuerit aut quem nulla dignitas exornavit, sein Leben und Gut der Willkür des Fürsten verfällt [1]). Mangel an Vermögen und Rang sind hier nebeneinander gestellt: man kann der dignitas entbehren und doch einiges Vermögen haben, das dann verfällt, während die viles und humiles die Armen sind. Ganz klar aber wird II. 3, 4 der nobilis der pauper et ingenua persona und II. 3, 9 der inferior geradezu als pauper dem potentior entgegen gesetzt. Und zwar sind diese Verhältnisse schon so befestigt, daß bestimmte Vergleichungsstufen [2]) der verschiednen Grade von potestas und paupertas möglich sind [3]).

Höchst bezeichnend für den weit vorgeschrittnen Grad, den diese Anschauung in Leben und Recht bereits erreicht hat, ist nun, daß Armuth und schlechter Leumund, moralische Verdächtigkeit, bereits als zusammengehörig behandelt werden: zum Zeugniß soll nicht zugelassen werden [4]) wer entweder schlecht beleumundet oder von schwerer Armuth gebeugt ist [5]). Ebenso werden II. 1, 32 die viles d. h. Geringen

---

1) VII. 2, 1, ähnlich VII. 6, 2 Confiscation dem (reichen) ingenuus = honestior, Verknechtung, weil jene Strafe nicht genügend, dem humilior.

2) l. c. aequalis pauper aut fortasse inferior .. tam potens quam ille.

3) Denselben Sinn im Wesentlichen haben die genauen Abwägungen der Standesgleichheit B. T. III. 7, 1 J. si duo petitores extiterint .. judex pro honestiore prospiciat. 3 Tert: pares honestate personae. J.: aequalibus personis; übrigens dehnt J. manchmal auf Alle aus, was B. von honestiores nobiles personae sagt, z. B. III. 8, 1 infamia wegen Verletzung des Trauerjahrs.

4) Auch schon römisch: J. B. III. 17, 4 schließt von der Vormundschaft aus deceptum facultatibus aut moribus vilem (utilitas ist Vermögen L. V. V. 1, 6 und Wackerkeit IX. 2, 8). Wie weit im römischen Leben die moralische Geringschätzung gewisser niedrer Berufsstände ging, zeigt B. IX. 4, 1, wo gegen die ancilla und auch gegen die uxor tabernarii, wenn sie die Gäste bedient, Klage wegen adulterium gar nicht zugelassen wird (pro vilitate dimittetur, vile ministerium), ebenso P. V. 17, 1 testes, quos *vitae humilitas* infamaverit interrogare non placet: in teste enim et vitae qualitas spectari debet et *dignitas*. Denselben Sinn hat B. T. XI. 14, 2 J. honestioribus magis quam vilioribus testibus fides potius admittatur. Aber Ein Zeuge soll auch dann nicht Beweis machen, quamlibet splendida et idonea videatur esse persona — eine Umschreibung des senatorischen Standes im Texte.

5) II. 4, 9 gravi depressi paupertate; daß es sich um Zeugniß von Sclaven

den Infamen und den schlecht Beleumundeten geradezu gleich gestellt [1]).

Eine lehrreiche Untersuchung, auch für die Geschichte der Cultur und der Volkswirthschaft jener Zeiten wichtig, wäre nun, zu constatiren [2]), welches Maß von Vermögen dazu gehört, um aus den inferiores zu den honestiores aufzusteigen. Eine für alle Beziehungen gleich entscheidende Antwort läßt sich nicht geben: in manchen Puncten genügte schon ein geringerer, in andern erst ein reicherer Besitz.

Den klarsten Einblick gewährt das Gesetz über das Dotalmaximum, wonach nur der zehnte Theil des Vermögens zur dos gegeben werden kann. Dabei erhellt, daß man 10,000 sol. besitzen und doch weder zu den primates palatii, noch auch nur zu den seniores [3]) gentis gothorum gehören kann, sondern zu den caeteri. Jene aber, so setzt das Gesetz voraus, besitzen entschieden viel mehr als 10,000 s.: denn außer 1,000 sol. dürfen sie noch geben 10 Knechte, 10 Mägde, 20 Rosse [4]) oder (statt dieser 40 „Häupter") an Schmuck und Geräth den Betrag von weiteren 1,000 sol. Da dieses Plus offenbar nur eine nebensächliche Zugabe sein soll, darf man das vorausgesetzte Gesammtvermögen auf ein Vielfaches von 20,000 s., wenigstens auf 60—80,000 sol. anschlagen [5]). Andere Anhaltspuncte sind, daß zwar auch der pauper noch eine Magd haben, aber auch mancher ingenuus keine 5 sol. besitzen kann [6]). 20 sol. soll auch der nicht potens zahlen können [7]): doch ist mancher Grundbesitzer zu arm, seinen Acker umzäunen zu können, dann müssen Gräben genügen [8]) und dem in-

---

gegen Freie handelt, hebt den Fingerzeig nicht auf, daß Armuth wie Anrüchtigkeit gilt. Nicht erschöpfend die Sätze bei Helff. S. 104.

1) de suspectis habitis personis id est de vilibus scilicet et infamia notatis; also bei Armen schlechter Leumund vorausgesetzt.

2) Interessante Versuche bei Roscher II. S. 127.

3) Daher nicht mit Schröter I. l. c. ein „Adelsprivileg"; vgl. Königswarter l'achat des femmes p. 171. 168, Dubois p. 379.

4) Nicht 30 mit Lind. u. Canciani; die Formel N. 20 hat 10; der Conjectur Helff. S. 57 virorum statt vivorum d. h. Hengste, zu denen eben so viele Stuten als selbstverständlich gehörten, wird wohl Niemand folgen.

5) III. 1, 6 ab ultimo usque ad summum, d. h. vom Aermsten bis zum Reichsten; hiezu Form. N. 20.

6) III. 4, 17. VIII. 1, 6. 5, 8.

7) VIII. 4, 24. 25. 29.

8) VIII. 4, 25.

genuus, der nicht ein Pfund Gold hat oder 30 sol., droht die Ruthe [1]). Bei dem Grafen dagegen wird gar nicht daran gedacht [2]), daß er nicht drei Pfund bezahlen könne — dagegen kann ein judex leicht nicht 500 sol. aufbringen [3]) und vom Thiufad, Quingentenar, Centenar und Decan erhebt man Bußen von 20, 15, 10, 5 sol. IX. 1, 21. Aber wenn der gemeine Heermann, der compulsor und der Thiufad ein Pfund Gold zahlen soll, liegt Insolvenz nahe [4]). Vom inferior erhebt man eine Tremisse, wo von major persona einen sol. [5]).

Dahin gehört auch XII. 2, 18: für Verletzung der Judengesetze trifft die persona major potentiorque eine Strafe von drei Pfund Gold (eventuell noch weiterer Vermögensnachtheil), den inferior statt dessen von 100 Hieben und eine geringere Confiscation, deren Betrag der König nach dem Vermögen bemißt [6]): der major und potentior hat also jedenfalls 3 Pfund Gold, des inferior Vermögen kann hievon in verschiednen Graden abstehen. XII. 3, 8 straft die Juden für Verletzung der Ehevorschriften entweder mit 100 sol. oder mit 100 Hieben: die Wahl hat wohl der Richter, der aber bei Solvenz auf die Geldstrafe erkennen wird, so daß die Ruthenstrafe eventuell gedacht scheint und ganz schlagend ist XII. 3, 12, wo es von Juden heißt: entweder trifft sie Halbconfiscation oder, si viliores personae fuerint *et non habuerint* unde componant, Geißelung und Decalvation; weil es sich um Juden handelt, fehlt dem vilior gegenüber das honestior oder major [7]). Offenbar haben diese Verhältnisse und die Vertheilung des Vermögens auch sehr geschwankt: obige Be-

1) IX. 1, 21. 3, 3.

2) Wohl aber XII. 3, 24 bei einem Bischof, daß er nicht 1 Pfund Gold hat.

3) VI. 1, 2.

4) IX. 2, 9 (aus später Zeit).

5) VIII. 3, 12.

6) et juxta quod suae habitionis facultas extiterit, ita et principis electione specialis damni jacturam excipiat.

7) (Anderes früher oben S. 100.) Bestätigt XII. 3, 13; denselben Gedanken drückt 17 so aus: der (reiche) Jude medietatem rerum suarum fisco sociandam amittat, aut si nullus fultus fuerit rebus (d. h. „si viliores personae fuerint") centum decalvatus flagella suscipiat; bei den Christen als Anstifter des gleichen Verbrechens aber heißt es: si *nobilis* qui hoc fecerit persona extiterit, decem libras auri fisco .. exsolvat: minimae tamen vilioresque personae quinque (persolvant): quod si non habuerint unde componant centenis decalvati flagellis subjaceant.

stimmungen [1]) sind aus später Zeit; rechte Beleuchtung gewinnen jene Sätze erst, wenn man die Kaufkraft des Geldes andern Gütern gegenüber kennen lernt: zu diesem Behuf stellen wir unten bei dem Geldwerth der Knechte lehrreiche Anschläge zusammen.

Diese „Reichen" sind nun die eigentlichen Stützen und Säulen des Staates: von ihnen vorab können und sollen die politischen Lasten getragen werden [2]). Daher sucht der König die vermöglichen Geschlechter im Besitz des Familiengutes zu bewahren, daher soll die Zersplitterung des Vermögens an Fremde verhütet und der Erbe durch Concentrirung desselben im Stande erhalten werden, dem Staate zu dienen [3]). Deßhalb klagt Cc. T. VIII. decr., daß durch die Confiscationen unter Kindasvinth viele reiche und angesehene Geschlechter ruinirt worden, so daß sie dem Fiscus durch Steuern nicht mehr dienen können.

In den meisten Fällen treffen, wie wiederholt bemerkt werden muß, mehrere Grundlagen dieser neuen Aristokratie in Einer Familie oder Person zusammen, z. B. senatorisches Geschlecht und Reichthum [4]) oder edle Geburt und Hofamt [5]), Geburt und Reichthum, so St. Fructuosus (daß erfunden, steht nicht im Wege) [6]). Doch werden dieselben natürlich auch auseinander gehalten [7]): so steht edles Geschlecht und Reichthum nebeneinander [8])

---

1) IX. 1, 21. 2, 9 u. 3, 3. XII. 2, 17, wo von minimae viliores que personae noch 5 Pfund Gold erwartet werden.

2) Schon im römischen Staat von den curiales s. Amtshoheit, B. T. XV. 1, 1. J.

3) L. V. IV. 5, 1 inanes relinquunt filios, ut utilitatibus publicis nihil possint omnino prodesse, quos oportuerat cum virtute parentum injunctum sibi laborem inexcusabiliter expedire . . . ne utilitati publicae depereat, quod perire non debet. B. T. l. c. tenuis exhausta facultas.

4) v. s. Eptadii Bolland. 24. Aug. p. 778 parentibus secundum seculi dignitatem non minimis, sed bene ingenuis .. *census aviti* substantia locupletatus senatoria quoque viguit dignitate.

5) v. s. Fruct. p. 430 idoneae ac nobiles personae et ex palatio servitium regis relinquentes.

6) splendor natalium, Hof-Amt: aulici honores, praeclara officia scriniorum schon in B. Nov. Val. 8.

7) B. T. IX. 1, 11. 7 ut eorum natales aut dignitas patiuntur; J. überträgt 3 origo mit nobilitas, daneben honor. Ferner XVI. 1, 5 abgesetzte Geistliche sollen pro qualitate hominum et quantitate patrimonii curiales oder collegiati werden. Daraus macht J.: si ita et natalibus *et facultatibus* est idoneus — si autem infima persona sit.

8) Apoll. Sid. II. 3 domus nobilis, patrimonii facultas; V. 10 ut

bei zwei Grafen [1]); ganze Wagenladungen von Lebensmitteln schenkt der reiche senator Honorius in Parpalines [2]); edles Geschlecht und hohes Amt [3]) verbinden sich; aber auch ein juvenis domi nobilis kann des Schutzes gegen potentes factiososque bedürfen [4]); daher beneidet man nobilibus originem, cinctis, d. h. Beamten, jura [5]).

Ein interessanter Beleg für die Verbindung von „altedlem senatorischem Geschlecht" mit colossalem Reichthum und für die Identität beider Auszeichnungen mit Macht ist die von Paulus von Merida [6]) erzählte Geschichte, in welcher ein solches senatorisches Ehepaar zu Merida den größten Reichthum in ganz Lusitanien hat, so daß dessen Zuwendung an den Bischof diesen „mächtiger macht als alle Mächtigen", ja, daß das ganze sonstige Vermögen der Bischofskirche im Vergleich hiemit für nichts zu erachten war [7]).

Diese Grundlagen der neuen Aristokratie erklären auch, daß sie zahlreich sein konnte im Gegensatz zum alten Volksadel [8]): so hält der Zeitgenosse Fredigar für möglich, daß Kindasvinth 200 dieser primates, 500 der mediocres hingerichtet habe [9]).

Der letzte Grund aber der Macht dieser potentes liegt in ihrer Grundherrschaft [10]) und der hieraus fließenden Schutzgewalt über

---

sileam de genere vel censu; vgl. VIII. 8. IX. 6 puellam tam natalibus summatem quam facultatis principalis.

1) Paul. D. v. p. Emer. c. 19, Bouq. II. p. 706 inclyti opibus, nobiles genere, ignobiles tamen moribus.

2) Braul. v. s. Aem. p. 212.

3) Apoll. S. III. 6 parentum nobilitas — titulorum parilitas.

4) l. c. 10; domi nobilis häufig bei Apoll. S. z. B. IV. 4.

5) l. c. IV. 7, ebenso VIII. 6 vir ortu clarissimus, privilegio (Amtsrang) spectabilis 7. illustris prosapia — praefecturae titulis ampliatus. Bezeichnend die Inschrift bei Le Blant a. 562 p. 207 urbis ab *antiqua nobilitate* erat *caput*.

6) p. 643.

7) Paul. Emer. p. 643 tanta illis inerat copia rerum, ut nullus senatorum in provincia Lusitaniae illis reperiretur locupletior. . factus est (hac donatione) cunctis potentibus potentior, in tantum ut omnis facultas ecclesiae ad comparationem bonorum illius pro nihilo putaretur.

8) A. I. und III.

9) A. V. S. 194.

10) Vgl. Roscher II. S. 153. Daher ingenui potentiores synonym mit possessores L. V. IX. 1, 21. Große Latifundien Eines Grundherrn in verschiedenen Provinzen IX. 1, 8 mit Zubehör von Vieh, Sclaven, v. s. Fructuosi p. 430 abhängigen Leuten („homines ejus") L. V. IX. 1, 18 aller Art, auch freien Hintersassen

einen großen freien, halbfreien und unfreien Anhang [1]). Diese Verhältnisse müssen ausführlich dargestellt werden: sie, nicht das Königthum, enthalten die treibende Kraft in der politischen, wirthschaftlichen und Verfassungsgeschichte dieses Reiches und sind bereits das fertige Vorspiel der mittelalterlichen Feudalzustände Spaniens. Ein solcher großer Grundherr war bereits damals in seinem Gebiet ein König im Kleinen: für alle seine Abhängigen, auch die persönlich Freien, ungleich wichtiger im Guten und Bösen, in Nutzen und Schaden als der ferne Monarch und dessen Graf. Wir haben diese Grundherrn [2]) nun als die Häupter solcher Clientelen zu betrachten.

Schon früh finden sich Spuren gesetzlicher Anerkennung solcher Territorien. Im Gebirge hat ein vir nobilissimus bereits a. 500 bestimmt abgegrenztes Gebiet [3]); der Name des Territoriums, der „possessio" wird bereits von dem Geschlecht hergenommen. „Avitacum" heißt das Landgut des Hauses Avitus [4]). Die ganze Stadt Clermont gehört zu seinem patrocinium oder sogar patrimonium [5])! Welche politische Bedeutung als natürliche Führer ihrer Landschaft solche eingeborne Geschlechter hatten, zeigt für die Auvergne Ecdicius [6]). *Regna* Paullini nennt Ausonius [7]) den weitgestreckten Grundbesitz des Hauses Paullinus [8]). Höchst charakteristisch für den Sprachgebrauch ist Cc. Tol.

---

accolae, suscepti, X. 1, 16, welche das Land unter der Aufsicht der actores, procuratores bauen; Cc. Tol. VIII. beklagt domorum spolia, potentiorum divitias ac praedia inanita. Daher sagt Cc. T. XIII. 1, nichts helfe die Restitution gegen Infamie, wenn man nicht auch das Vermögen restituire; daher stets auch die Furcht vor dem rebus nudari durch die Gegenpartei l. c. 4. Vgl. Serrigny II. p. 395.

1) P. V. 33 turbam, servos, aliam multitudinem aggregare.

2) Oben S. 93.

3) fines v. s. Caes. p. 674; in loco vestro, vestri juris, quod vocatur illud, terras mihi ad excolendum dare F. N. 36. 37, anders 5. 8.

4) Apoll. S. II. 2.

5) l. c. III. 1.

6) l. c. u. bes. VII. 7 und schon a. 414 bezwecken die Gothen caedem specialem nobilitatis zu Bazas, offenbar wegen deren römischer Gesinnung, wie denn auch die primates der Stadt mit dem von den Gothen abfallenden Alanenkönig partiren.

7) ep. 23.

8) Paull. Nolan. ne raptam sparsamque domum laurataque centum per dominos veteris Paullini regna fleamus. Vgl. Aspidium seniorem loci cepit Leovig. Joh. Biclar.; possessio, cui nomen est illud F. N. 9 = locus. L. V. IX. 1, 6 illius, qui in loco major est, Beamter oder Gutsherr (oder dessen Intendant), letzteres si domini idolatriam a *possessione* extirpare neglexerint;

IV. 51: ut ex coenobio „possessio“ fiat d. h. der Bischof zieht das Kloster ein, macht es zu einer weltlichen „Herrschaft“ [1]). — Es gilt als Ehrensache, solche Erbgüter bei der Familie zu erhalten [2]); man gehört einer Landschaft an *patrimonio*, wie *origine* [3]).

Bedeutsam ist, daß Isidor bonum definirt als „Besitzungen der Angesehnen oder Edeln, welche deßwegen bona heißen, daß man keinen schlechten Gebrauch davon machen, sondern sie nur zu guten Zwecken verwenden soll“ [4]). Man lernt daraus, daß bonum schon ganz präcis ein Landgut bezeichnet und daß man nur bei den Vornehmen „bona“ erwartet: peculia dagegen, fährt er fort, gehören geringen Leuten oder Sclaven [5]). Eine solche „possessio“ gilt für das Gesetz bereits als eine Eintheilung der Landschaft, als ein größeres, geschloßnes Ganzes: daher droht es schimpfliches Umherführen durch die zehn nächsten „possessiones“ [6]).

Ziemlich reiche Ausbeute für solche Territorial-Dynasten wie überhaupt für die Lehre von den Ständen, würden ergeben die Acten der heiligen Irene (angeblich unter Rekisvinth) [7]) — wenn nicht die ganze Erzählung, wie gerade der Sprachgebrauch in diesen Verhältnissen zeigt, erst lange nach dem VII. Jahrhundert componirt wäre; wir enthalten uns daher aller Verwerthung.

---

schon c. a. 506 heißt princeps loci das Haupt der im vicus dominirenden Adelsfamilie v. Aviti petrog. erem. p. 36; vgl. Cc. Tol. III. 16.

1) B. T. V. 5, 2 dominus possessionis, 4, 6 possessio, cui adscriptus est colonus.

2) Vgl. bes. Apoll. S. III. 5 fundi integritas *familiae suae* dominium . . adspexit . . possessionis antiquae non tam damno angitur quam pudore. IV. 6 solidae domus ad hoc aevi inconcussae securitas.

3) l. c. VIII. 11.

4) Origin. V. 25 bona sunt honestorum seu nobilium.

5) l. c. minorum personarum sunt aut servorum.

6) L. V. VI. 2, 3 und schon B. Nov. Th. 11, 1 urbs, vicus, possessio (von J. ausgelassen).

7) Ein *dynasta (!) inclytus* atque christianissimus Castinaldus, vir *nobilis*, der zu „Cassia“ in Lusitanien apud Nabantiam *palatia* hat, in derselben Gegend lebt Irene, *genere nobilissima*, ihre *nobiles parentes* sind Hermigius und Eugenia. Castinald und sein Sohn Britald besuchen die Kirchenfeste cum *proceribus* suis et *familia* et *loci incolis* (auch später *proceres* et *plebs* numerosa): Britald beauftragt mit der Ermordung der schönen Heiligen de amicis *militem* quemdam.

Die Bewohner[1]) solcher Herrschaften erscheinen als geschlossene Kreise, in welchen, ähnlich den fränkischen Immunitäten, der Königsgraf nicht direct auf die Insassen greifen darf: wenigstens nicht auf die Unfreien. — Darin besteht freilich noch ein principieller Unterschied: doch nahe lag es, dies Recht des seniors auch auf halbfreie und freie Schützlinge auszudehnen und in dem zweiten Reiche hat ja das Immunitätenwesen bald eine Ausdehnung erfahren wie kaum in einem andern Staat. — Die seniores loci d. h. die großen Grundherrn (und ihre Intendanten) nehmen bereits eine den Grafen und Richtern des Königs ganz ähnliche Stellung ein: die bäuerlichen Verhältnisse ihrer Clientel beherrschen sie wie die Beamten die der Freibauern und auch für diese spielt der fremde senior schon eine wichtige Rolle: man darf dem senior loci wie dem Königsbeamten oder der Bauernversammlung zugelaufenes Vieh anzeigen: das genügt, sich dem Vorwurf des Hehlens oder Unterschlagens zu entziehen[2]). Ist ein Knecht eines Verbrechens angeklagt, so soll der Richter den Herrn oder dessen Gutsverwalter zur Stellung[3]) desselben auffordern und im Weigerungsfall den Herrn oder Vorstand der villa, nicht den Sclaven selbst, in Anspruch nehmen[4]): nur wenn der Herr oder Intendant „schwer" d. h. selten jenen Ort (locus) besucht[5]), dem der Unfreie angehört, darf der Richter auf ihn selbst greifen[6]). Auch daß die Unfreien ꝛc. von ihren seniores Waffen erhalten und mit in's Feld ziehen ist eine frühe Anticipation ähnlicher späterer Einrichtungen im Frankenreich: ganz besonders aber, daß auch im Feld, im Heerbann Unfreie und Schützlinge nicht unter dem Grafen des Königs, sondern unter ihrem dominus und senior stehen[7]).

1) familiae Cc. T. III. 16.

2) VIII. 5, 6.

3) Aber auf Königssclaven darf er sofort greifen und der königliche actor dies nicht hindern L. R. T. II. 1, 1 J.

4) Bischöfe sollen bei schweren Delicten die Kirchenknechte von dem weltlichen Richter unter Abordnung von boni homines untersuchen lassen und dann nach dessen Ausspruch handeln Cc. Em. 15 (nicht eigentliches Urtheil).

5) Von seinem regelmäßig bewohnten Stadthaus oder einer andern villa aus; der Zusammenhang des Herrn mit „Haus und Gesinde" domus, curtis, familia ist so wichtig, (vgl. Cc. T. XIII. 2), daß Abschneidung desselben die Strafe verschärft. VIII. 1, 4 si potestas ab ea domo vel familia auferatur, quod est gravius. Zahlreiche Abhängige leben im Hause eines solchen potens IX. 1, 13 mancipia urbana F. 21.

6) IX. 1, 8.

7) IX. 2, 9.

War ein solcher Vornehmer zugleich Richter in der Grafschaft, wo seine Güter lagen, so verstärkte dies viel häufiger seine als des Staates Gewalt: ein derartiges Gebiet schloß sich dann noch mehr ab und der benachbarte Beamte hatte Mühe, seine Requisitionen durchzusetzen. Kindasvinth läßt einen solchen widerspenstigen Richter durch Pfändung zwingen und zwar bezeichnender Weise durch Pfändung an einem beliebigen seiner Gerichtsangehörigen, — diese alle erscheinen als ein von diesem Richter zusammengeschloßner Kreis — dem dann der Beamte diesen Schaden vierfach ersetzen muß [1]).

Ein zweifaches Bedürfniß, eine doppelte Bewegung von Oben nach Unten und von Unten nach Oben, führte dahin, diese Clientelverhältnisse immer häufiger zu machen: die seniores suchten durch die Zahl ihrer Schützlinge ihre ganze Machtstellung zu heben und äußersten Falls mit den Waffen zu wahren und die Kleinfreien anderseits suchten durch solche Privatabhängigkeit jenen Schutz und jene bessere Existenz, welchen die Staatsgewalt und die eigne wirthschaftliche Kraft nicht mehr gewährten. Für beide Bewegungen zahlreiche Belege.

Die Mächtigen suchen kleine Freie als ihre Knechte oder Freigelaßne in Anspruch zu nehmen oder solche, die nur ihren Schutz gesucht, in Eigene zu verwandeln oder doch das frei kündbare Verhältniß unlösbar zu machen [2]) wie die „Geringen" — denn es sind doch viliores und inferiores, die dies thun [3]) — mit Aufopferung oder theilweiser Beschränkung ihrer persönlichen Freiheit — denn man bleibt ingenuus auch als in patrocinio constitutus [4]) — den Schutz oder den Boden eines solchen Grundherrn suchen, um aus ihm vielleicht aus einem Bedränger einen Beschirmer zu machen. Wie die Armuth hiezu drängt, schildert die uns erhaltne Formel einer Precaria mit beredten Worten: F. N. 36: „Meinem Herrn für immer. Da ich von Tag zu Tag größere Noth zu leiden hatte und hierhin und dorthin irrte, für meinen Unterhalt zu arbeiten und ihn nicht zum Mindesten fand, bin ich zum Mitleid eurer Herrschaft gelaufen [5]), bittend, daß du mir auf

---

1) II. 1, 18.

2) L. V. V. 3, 1.

3) IX. 2, 9.

4) VIII. 1, 3; 4 ingenui, si in ejus patrocinio non sint. Vgl. XII. 2, 14.

5) Solche verarmte zugewanderte advenae, welche dann das Mitleid des Patrons mißbrauchen schildert schon B. Nov. Val. 9.

deinem Gut, das so und so heißt, Land zum Anbau auf Widerruf[1]) geben und mir dadurch helfen mögest. Und dies hat auch Eure Herrlichkeit (Herrschaft) gewährt und meiner Bitte Erfolg gegeben und mir Land am genannten Ort, wie mein Begehren war, im Betrag von soviel Modien, wie ich gesagt, auf Widerruf zu geben sich herabgelassen. Forthin gelobe ich nun durch diese Urkunde meines Leihbesitzes, zu keiner Zeit bezüglich dieser Landstücke euch Schaden oder Nachtheil zu bereiten, sondern in allen Dingen für euern Nutzen einzustehen und verspreche Antwort in (gerichtlicher) Vertheidigung dafür zu geben. Die Leistung der Zehnten aber und Reichnisse[2]) verspreche ich, wie es den Colonen herkömmlich[3]), in jährlicher Zuführung zu bezahlen. Und wenn ich, ungedenk dieser meiner Precarienurkunde, den Inhalt von Allem, was ich oben versprochen, auch nur in einem Geringen, zu verletzen suche, schwöre ich und sage bei allem Göttlichen und bei der Regierung unseres ruhmreichsten Herrn Königs So und So, daß du freie Gewalt haben sollst, mich aus den erwähnten Landstücken zu treiben und dieselben, wie es sich gehört, wieder nach eurem Recht zuzutheilen. In dieser Precarien-Urkunde habe ich, gegenwärtig dem Gegenwärtigen, stipulirt und versprochen, darunter mit eigner Hand das Zeichen gemacht — die Formel setzt voraus, ein solcher

---

1) Helff. S. 108 verwischt die Rechtsbegriffe, wenn er diese Precarien Pachtungen nennt (unbrauchbar Isid. origin. V. 23 pactum im Gegensatz zu placitum sei, was man nur aus Rechtszwang thue, z. B. vor Gericht antworten), placitum heißt zwar Precarie, aber auch manches andere L. V. II. 1, 10. 26. 2, 4 V. 7, 9 ad placitum canonis X. 1, 11 divisionis X. 1, 5 terras accipere X. 1, 13. placito impleto X. 1, 3. 4. Caution ist es XII. 3, 11 pl. cautio. l. c. conditio X. 1. 12. leges XII. 2, 12. merces XI. 1, 3. II. 3, 4. Eid 4, 10; Gerichts- und Verhandlungs-Ort XI. 1, 3. 4. XII. 2, 4. Judaeorum XII. 2, 16. vel pactum. (Verlöbniß B. T. J. III. 5, 6. Versprechen Cc. Em. 16) II. 5, 3. 5. 8. 9 jeder Vertrag (so auch bei Greg. tur. VI. 34) III. 4, 2. V. 6, 5. VII. 1, 1. Also auch das Verhältniß zwischen Patron und Client kann placito entstehen: irrig daher Helff. S. 111. 261; über precaria possessio im w. S. s. das römische Recht bei B. P. V. 7, 8—10, der Erbe hat natürlich kein Recht auf diese echte precaria; vgl. Birnbaum S. 118, Laboulaye propr. p. 301.

2) exenia? = xenia = dona s. Biedenweg p. 69.

3) Auf das Maß der Naturalabgaben geht F. N. 36. 37 ad modios tot. Zehnten waren auch sonst üblich L. V. VIII. 5, 1 f.; vgl. Birnbaum S. 46. 118, Marichalar II. p. 75. 78.

Schützling kann nicht schreiben — und den von mir geladnen Zeugen zur Bekräftigung zu bestätigen übergeben. Geschehen . . [1])".

Wie häufig aber die „Precarie" in diesem Sinn vorkam und wie regelmäßig Schuldendruck die Entstehungsursache, wie fest schon die technische Bezeichnung geworden war, das zeigt in höchst lehrreicher Weise die Definition, welche der der Aufzeichnung dieser Formeln gleichzeitige Isidor von „precarium" giebt: anstatt jede bittweise gegebne, frei widerrufliche Begünstigung darunter zu begreifen, sagt er: das Precarium besteht darin, daß der **Gläubiger auf Bitten dem Schuldner** gestattet, auf einem dem erstern gehörigen oder verpfändeten Grundstück zu leben und die Früchte davon zu beziehen [2]).

Precarie und Colonat [3]) sind aber nur einzelne Formen dieser Verhältnisse. Auch abgesehen von Landleihe wurden solche Schutzverbände begründet — man begreift z. B., daß die vielverfolgten Juden so oft das Patrocinium eines mächtigen Christen suchten und wohl theuer erkauften [4]), — in Folge deren der senior mehr noch durch sein Interesse als durch seine Rechtspflicht getrieben war, seinen Schützling gegen jeden Schaden, ja oft auch gegen Richter und Gesetz zu vertheidigen [5]), oder, wenn

---

1) Eine alia precaria F. N. 37 füge ich im Texte bei (precaria epistola L. V. X. 1, 12). In Christo fratri illi ille. certum est enim, nos in loco juris vestri, cui vocabulum est illud, in territorio illo sito precario jure taerras pro excolendum ad modios tota vobis pro nostro compendio expetisse, quod et fraternitas vestra (diese Benennung des Patrons überrascht, s. dagegen F. N. 32 dominatio vestra, er heißt geradezu dominus L. V. V. 7, 17. 20.) petitionibus nostris annuere elegit. et ideo spondeo, me ut annis singulis secundum priscam consuetudinem de fruges aridas et liquidas (Wein, Oel) atque universa animalia vel pomaria sive in omni re quod in eodem loco augmentaverimus decimas vobis annis singulis persolvere. Quod si minime fecero et hujus precariae (praestare = Landleihen, L. V. X. 1. 13. 14. 19), meae textum abscessero dico. . .

2) Origin. V. 25 precarium est, dum prece creditor rogatus permittit debitorem in possessione fundi sibi obligati demorari et ex eo fructus capere.

3) Die coloni, F. N. 36, glebae adscripti, haben sich ganz in der römischen Weise erhalten: sie dürfen, das ist ihr Merkmal, die Scholle nie veräußern L. V. V. 4, 19. Vgl. außer Sav. Col. Serrigny II. p. 387 425; irrig Rosseeuw I. p. 442: colonus sei aus L. V. verschwunden.

4) XII. 2, 15. 3, 22. 23.

5) VII. 1, 1. II. 2, 9.

er selbst Beamter, ihn dem Gesetz zu entziehen [1]). Das Verhältniß heißt besonders [2]), aber nicht allein [3]), insofern patrocinium, als der potens die Sache des Schützlings vor Gericht vertritt, was vergeblich verboten wurde [4]).

Der Schutzherr heißt patronus, wobei keineswegs immer [5]) an Freilassung zu denken [6]), das Verhältniß patrocinium [7]).

---

1) II. 1, 18. VII. 4, 6 nimmt Parteilichkeit des Richters (A) für den Clienten (B) um dessen Patrons (C) willen an. Deßhalb soll auch die Juden Niemand gegen die Verfolgungsgesetze sub patrocinii nomine in quipplam defensare XII. 2, 15. XII. 3, 22. 23 die Geistlichen sollen die Gewalt der Schirmherrn der Juden brechen, eventuell Bischof und König.

2) II. 2, 9.

3) arg. V. 3, 1—4. VIII. 1, 3; so heißt aber auch B. T. II. 10, 1—3, 11. 1 das Verhältniß des advocatus zum susceptus, daher 2 patronus = assertor. Vgl. L. V. IX. 2, 7, wo auch nur vorübergehende factische Unterstützung eines nach dem Vaterland flüchtenden Knechts patrocinium heißt, synonym mit consilium oder Cc. T. IV. 58 mit suffragium (Juden gegen die Judengesetze geschützt), ähnlich X. 2, 4 servi patrocinio quorumlibet defensi, hier ist thatsächliches und juristisches patrocinium gemeint. — B. T. I. 10, 3 schützt patrocinium potentum die Straßenräuber vor dem Richter; vgl. Cc. Agath. 8, wo ein Kleriker zu einem Laien flieht et is ad quem recurrit solatium defensionis impenderit.

4) L. V. II. 2, 9. In diesem Sinn verbietet Cc. Tar. I. 10, übrigens Rechtsprechen und Procuratie durcheinanderwerfend, den Bischöfen sich bezahlen zu lassen, pro impensis *patrociniis* more secularium *judicum*. B. T. III. 11, 1 J. heißt der Schutz des Einen Richters gegen Bedrängung durch den andern tutela, defensio, patrocinium; vgl. Cc. T. III. 1 haeresis patrocinio Narb. praef. per patrocinationis (potentum) potestatem. c. 5 sub patrocinio laicorum. Lockerung selbst der hierarchischen Subordination Cc. T. IV. 58 durch suffragium, patrocinium Judaeorum per laicos et episc. d. h. Nichtvollzug der Judengesetze; vgl. Cc. T. IX. 14; über patrocinium = obsequium siehe die Stellen unten bei „Freilassung", zumal Cc. Tol. IV. c. 67—74 bes. 72; Knechte von Laien freigelassen und in das patrocinium einer Kirche commendirt, statt selbst patroni zu bleiben Cc. T. VI. 6, ausgesprungne Nonnen und Mönche patrocinio quorundam gegen den Bischof geschützt und gegen die Rückführung in's Kloster; „tuitio" und defensio für die königl. Kinder Cc. T. XVI. 8, tuitio des Richters auf Befehl des Königs für einen Bedrohten B. T. IV. 13 (14), 1, tuitio Schutz durch Asyl B. T. IX. 34, 1. J. zu B. T. IV. 9, 1 sagt patronus i. e. manumissor, weil es auch andre patroni gab; adhaerens (patrono) L. V. XII. 2, 14.

5) Wie z. B. Cc. T. III. 6.

6) L. V. IV. 2, 16. VII. 4, 6 (oft ist dies nicht zu entscheiden, so IV. 5, 5) V. 31, de patronorum donationibus X. 1, 15 (falsch daher Dunham I. p. 194: „bucellari, the last of the liberti", vgl. v. Maurer Dorf-V. I. S. 269).

7) V. 3, 1. XII. 2, 14. 15; vgl. schon ep. Symmachi IX. 57. Asellius domesticus noster . . admissus in clientelam tuam et meum patrocinium sibi

Man „commendirt" sich in dasselbe: synonym stehen in obsequio esse, obsequi [1]).

Diese patroni vertreten dann im Palast des Königs die Sache ihrer Schützlinge [2]).

Diese Vorstellung der Schutzbedürftigkeit verfolgt den Armen bis in den Himmel, d. h. bis in die Fieberoision: der puerulus literarum inscius Augustus [3]) wird von Christus selbst als rusticus bezeichnet und, zum Theil freilich in Bibelworten, des „Schutzes" in Wendungen versichert, welche den irdischen „bucellarius" im Himmel potenzirt fortbestehen lassen [4]).

Der Schützling bleibt persönlich frei [5]).

---

profuisse et tuum accepisse laetetur; über patronus gleich dominus nach dem Sprachgebrauch des Cd. Th. Kaim S. 34.

1) L. V. V. 3, 4. obsequium häufig untechnisch Paul. Emer. p. 645. 648. v. s. Caes. p. 678 und in den Briefen der Bischöfe z. B. Braul. p. 658—678, Apoll. S. VI. 8. VII. 2 (ebenso patronus Apoll. S. II. 8 parentis affectum, patroni auctoritatem, tutoris officium), vgl. aber technisch L. V. V. 1, 7 o. absoluti retenti, o. ecclesiae V. 1, 4. XII. 2, 14 u. III. 1, 6. V. 7, 13. 18. 8, 2, v. Maurer Frohnh. I. S. 38.

2) Apoll. S. I. 2 patrociniorum naufragia; es sind besonders die Palastbeamten, aulici, Apoll. S. I. 2, oft auch untechnisch VI. 7. VII. 1, 10 in Christo 15 oder in andrem technischen Sinn z. B. p. eines Parasiten III. 13 zweifelhaft IV. 25; bei ihm auch öfter clientes IV. 18, was den Rechtsquellen fremd, 24 pueri clientesque VI. 4 clientem puerosque; untechnisch solatio comitis, quia cliens: Amantius stand nicht in einem Rechtsverhältniß zum Grafen VII. 2, oder Bischof, bezüglich dessen auch clientis patrocinium gebraucht wird (ebenso 4. 7 tam dilectione quam patrocinio bis dominus), so wenig wie er (Apoll. S.) VII. 17 selbst zu comes Victorius; vgl. L. V. IV. 2, 16. 5, 5. V. 3, 1. 7, 1—20. VI. 4, 2 vel dominus VIII. 1, 1 Davoud Oghlou I. p. 128.

3) Von dem Paul. D. Em. p. 640 erzählt.

4) l. c. noli timere, quia protector tuus ero, nunquam tibi aliquid deerit: ego te semper pascam, ego te semper vestiam, ego te omni tempore protegam et nunquam derelinquam. Daher auch der so häufig als Almosen gewährte Schuld-Nachlaß z. B. der Könige, Bischöfe, s. Witika.

5) liberum in patrocinio im Gegensatz von mancipium in servitio l. c., vgl. XII. 2, 14 servus liberum se gaudeat futurum et in ejus consistat arbitrio utrum patrocinari cui elegerit an in ejus consistere *patrocinio* in cujus cernitur adhuc fuisse *servitio:* hier wird p. nebeneinander vom manumissor (d. h. dem bisherigen dominus nun als patronus) und von einem gewählten Schutzherrn gebraucht.

Auch Juden (und Weiber) hatte man als obsequentes in patrocinio [1]), an denen man das p. verwirkt durch Ungehorsam gegen die Judengesetze und die dieselben vollziehenden Bischöfe [2]): die Geistlichkeit soll sich durch den p., den weltlichen Schirmherrn, der Juden nicht abhalten lassen, vielmehr diese in ihre Gewalt bringen [3]).

Man erwartet von dem p. pecuniäre Vortheile, Geschenke [4]): solche Schenkungen, namentlich letztwillige, pro famulorum meritis, galten gleich denen an Kirchen als halb religiöse Pietätspflichten [5]). Auch abgesehen von den Freigelaßnen, bei denen man, namentlich die Kirche, sich häufig das obsequium vorbehielt, kam es oft vor, daß man sich in das obsequium einer Kirche commendirte [6]): namentlich Geistliche und deren Wittwen versorgten in solcher Weise ihre Kinder, da die Kirche diesen Commendirten Liegenschaften und Anderes zur Nutzung überließ. Das Verhältniß heißt zwar servitium [7]), war aber einseitig lösbar: servire sagte man vom Kirchenamte selbst. Geistliche und ihre Wittwen vergabten oft zum Heil ihrer Seele ihr Vermögen an die Kirche, commendirten zugleich ihre Erben und behielten diesen die Nutzung an dem Hingegebenen vor, welche sie aber bei einseitiger Kündung verlieren sollten; oder es kam vor, daß die Kirche solchen Clienten bisheriges Kirchengut als stipendia zur Nutzung überließ [8]). Diese Schutz- und Landleihe-Verhältnisse waren nun schon zur Zeit der Antiqua in Spanien so häufig und so wichtig, daß ein ganzer Titel dieser Gesetzsammlung ihnen gewidmet ist [9]). In verschiedenen Rechtsformen verliehen geistliche und weltliche Guts-

---

1) XII. 3, 22.

2) l. c. 23.

3) Solche Fälle sind wohl gedacht, wenn 26 l. c. presbyteri und judices die Juden nicht corrigere können und ad agnitionem principis et pontificis emendanda redeant.

4) IV. 2, 16. V. 3, 4; wie die Freigelaßnen, deren Bereicherung durch Vermächtnisse gesetzlich beschränkt wurde IV. 2, 18.

5) V. 1, 1; oft übertragen in solchem Sinn Laien den Patronat über ihre Freigelaßnen einer Kirche Cc. T. III. 6.

6) V. 1, 4.

7) l. c. si de servitio ecclesiae cujus terram possidebant decesserint.

8) V. 1, 5. 6: erst durch Herbeiziehung dieser Stellen wird tit. V. 3 verständlich.

9) V. 3, 1—4.

herrn ihre Ländereien [1]) an „aufgenommene" [2]) Schützlinge oder an kleine freie Pächter und Colonen, ohne daß eine commendatio in obsequium dabei nothwendig statt fand [3]) — indessen thatsächlich nahm auch in solchen Fällen der Verleiher, der reiche, mächtige, gebildete Vornehme die Stelle eines Protectors des Hintersassen vor Gericht, gegen Gewalt und in wirthschaftlicher Bedrängniß ein. Die Verleihung ad placitum canonis setzte Vergabung je auf ein Jahr (?), jedenfalls gegen einen jährlichen canon voraus: Rückständigkeit, es scheint schon Eines canon, berechtigt zur Abmeierung [4]); verschieden davon ist die auch im Gesetz genannte Form per precariam epistolam, wobei, dieses Ausdrucks unerachtet, eine gewisse Zahl von Jahren vorbestimmt wurde [5]). Solche accolae, suscepti werden von dem Schutzherrn und Verleiher (patronus) bei der Theilung oder Restitution des Landes nach Verhältnißtheilen der Scholle mit übertragen [6]). Be-

---

1) L. V. X. 1, 1—19 bei commendatio V. 1, 4. 3, 4. Pacht X. 1, 11. Precarie X. 1, 12. 13.

2) suscepti, accolae X. 1, 15.

3) So weit richtig Helff. S. 260; vgl. Guérard I. 2 p. 527, Waitz Anzeige hievon p. 1069—1070 accolae, hospites.

4) X. 1, 11. Die Zuwendung an den Pächter heißt beneficium, natürlich untechnisch: (daß beneficium noch ganz untechnisch gebraucht wird, zeigt der Vergleich folgender Gesetze, die ich statt weiterer Ausführung nur geordnet nebeneinander stelle L. V. IV. 5, 5; vgl. V. 7, 3. X. 1, 11. 3, 4. XII. 1, 2 vgl. 2, 13. 3, 10 u. VII. 4, 5), aber es erhellt daraus, daß man auch durch dies Geschäft wie oben bei den Precarien den kleinen Insassen als begünstigt dachte: sua culpa beneficium quod fuerat consecutus amittat. IV. 5, 5 patronorum beneficia aut munificentia regis; was der Haussohn inter leudes im Krieg erwirbt, behält er zum Drittel.

5) X. 1, 12.

6) X. 1, 15—17; selbstverständlich können sie das vom Herrn Empfangene nicht veräußern V. 11, 1 u. vererben V. 3, 1: solche Colonat-Verhältnisse meint neben den Freigelaßnen B. T. V. 3, 1 aut patrono (denn in Ermanglung andern Ausdrucks heißt auch der Landverleiher patronus Sav. Col. S. 285) aut domino possessionis, cui quis erat adscriptus (wohl glebae adscripti); wenn sie fliehen, müssen sie mit Nachzahlung des tributum J. (capitatio, Tert) und bei Verlockung mit weiterer Geldstrafe restituirt werden V. 9, 1—2. 10: ihr Stand ist angeboren (quod natus est); zur Strafe für Flucht werden sie erst verknechtet 9, 1 l. c., doch erlischt die Klage des Herrn in 30, bei colonae in 20 Jahren 10, 1. Kinder, die vor Ablauf der Verjährung mit dem Colonus eines andern Herrn erzeugt worden, werden getheilt, die Trennung der Ehe soll durch Stellung eines Ersatzsclaven verhindert werden; über Erbpacht jener Zeit Roscher II. S. 186.

zeichnend ist dabei, daß auch hier schon, obwohl von Benefizialwesen noch keine Rede sein kann, bei der Trennung von Eigenthum und fruchtgenießendem Besitz die Gefahr sich anmeldete, die sich bei allen solchen Spaltungen geltend macht, desto stärker je stärker das Recht des Besitzers an der Scholle gediehen: die Gefahr der Allodification oder doch — in geringeren Graden — der Erweiterung und Verbesserung des Leihguts auf Kosten des „Obereigenthums“: wir sehen[1]), daß auch damals und dort der Pächter sein Gut auf Kosten des nicht verpachteten Gutes seines Verpächters auszudehnen suchte: ja, wir erfahren auch die Ursachen dieser Bewegung: andere Ansiedler kamen herbei oder der Pächter zog sie herbei (conjungere)[2]) oder der Nachwuchs von Söhnen und Enkeln erheischte Erweiterung des Kornlandes: dann griff man nach den Wiesen (campi), die nicht mitverpachtet waren, man griff den Wald des Eigenthümers mit der Rodung an, um Ackerland (agros) oder Pferchland (conclusos) daraus zu gewinnen. Alsdann soll — aber lehrreicher istfür uns zu wissen, was, das Leben, als was das Gesetz erheischte — der Herr die Wahl haben. den canon nach Verhältniß zu erhöhen oder Restitution zu verlangen Besonders nahe lag es, daß der Pächter sein Pflugland auf Kosten des Waldes und des Oedfeldes des Verpächters erweiterte: dann entscheidet[3]) den Streit über die Größe des Verliehenen der Eid des Verleihers, (oder von dessen Erben), nicht des Empfängers; diese beschworenen Grenzen werden durch oder vor Zeugen gemarkt[4]).

---

1) Aus X. 1, 13.

2) Auch mittelgroße Grundbesitzer, die an Andere die tertia entrichten, haben solche suscepti, denen oft Neubrüche zur Urbarmachung (ad excolendum) übergeben werden IX. 1, 13.

3) l. 14 l. c.

4) Auch 20 l. c. will den Eigenthümer gegen den Inhaber schützen: das Gesetz ist sehr schlecht redigirt: der Kern ist, daß der Verleiher nicht habe das Eigenthum aufgeben ne videatur jus rei suae amittere voluisse, sondern sub alicujus exsolutionis debito (d. h. exsolutione debiti) hat hingeben wollen: hier soll nicht aus Vorenthaltung des Reichnisses auf Uebertragung des Eigenthums geschlossen werden können, vielmehr kann doppelte Leistung wegen des Verzugs verlangt und das Gut binnen 30 Jahren vindicirt werden: cum augmento solius laboris quod ibi fecit X. 1, 20 heißt das Vortheil der gezogenen Früchte? oder ist etwa zu lesen: soli et laboris?

Wie die Formen der Landleihe sind auch die der persönlichen Abhängigkeitsverhältnisse manchfaltig [1]).

Ein älterer Name für eine Classe solcher Schützlinge ist bucellarius [2]); mag der Name aus dem Ostreich stammen, schwerlich haben ihn erst [3]) die Westgothen nach Spanien gebracht und keinenfalls darf man [4]) nur Nicht-Gothen als bucellarii denken; gewiß gab es bei den Germanen von jeher Mittelstufen zwischen Freien und Unfreien und nicht erst von den „galatischen Kelten" brauchten die Gothen „Gefolgen und Reisige" zu entlehnen [5]).

Aus zahlreichen Belegen [6]) erhellt, daß nach Abschleifung der kleinasiatischen localen Bedeutung — comites catafractarii bucellarii juniores war eine galatische Reiterei, von welcher dann eine Landschaft den Namen erhielt (in Kleinasien waren die Westgothen nie angesiedelt) — jeder im fremden Brod stehende, vom Narren bis zum Waffenträger, diesen Namen führen konnte [7]). Unter den amici armi-

---

1) Daher XII. 2, 14 neben dem liber in patrocinio nennt nullum .. mercenarium, nullum sub quolibet titulo sibi adhaerentem; über commendare V. 5, 1. 5—7 (= commodare V. 5, 2. 8) 1 4. in patrocinium V. 3, 1. terra commendata V. 3, 4, Tochter des comm. V. 3, 1. v. Maurer Frohnh. I. S. 43. Laboulaye propr. p. 282.

2) Vgl. hierüber: Olymp. p. 449,' Helff. S. 105 und die Stellen aus der Notitia dignit. I. p. 208. II. p. 727. 1045 l. c.; sie waren im römischen Reich eine species laetorum, colonicorum, agricolarum militum: Kriegsdienst gegen Brod, Unterhalt p. 727 l. c., daher erscheinen sie unter römischen Fahnen II. p. 1071.

3) Helff. nach Böcking.

4) Mit H.

5) Die Ausführung Helff.s auf S. 109 f. ruht auf einer irrigen Auslegung von X. 1, 15; im zweiten Reich begegnet für den Clienten besonders das Wort junior; über bucellarius noch Waitz Vassalit., Walter I. S. 78, ungenügend v. Tan. I. S. 377—8; über die Etymologie „Bissen" buca (also ist der patronus genau der ags. hlâford, Brodherr); vgl. Leo rect. p. 146.

6) Bei Böck. I. p. 208.

7) Ueber bucellarius vgl. noch Alteserra notae p. 42, Zöpfl S. 984, Waitz IV. S. 199, Roth Feud. S. 304, Petigny p. 214, Secretan, féodalité p. 62. 63, Gaupp germ. Abh. S. 38 „aus den südöstl. Gegenden Europa's von den Gothen mitgebracht" (?) aus dem Ostreich; eine Hauptstelle Olympiodor p. 450: τὸ Βουκελλάριος ὄνομα ἐν ταῖς ἡμέραις Ὀνωρίου ἐφέρετο κατὰ στρατιωτῶν οὐ μόνων Ῥωμαίων ἀλλὰ καὶ Γότθων τινων . . τὸν ξηρὸν ἄρτον βουκέλλατον ὁ συγγραφεὺς καλεῖσθαί φησι· καὶ χλευάζει τὴν τῶν στρατιωτῶν ἐπωνυμίαν, ὡς ἐκ τούτων Βουκελλαρίων ἐπικληθέντων. Vgl. Du Cange s. h. v., ferner Gothofred. et Ritter ad L. 6. Cd. Th. VII. 4, 1. X. 22, 5. XIV. 17.

gerique Aëtii ist ein bucillarius [1]), also erscheinen sie auch im Abendland c. a. 455; bewaffnete Diener im ganzen Reich (doch begegnet das Wort in den spanischen Inschriften nicht) führten wohl diesen Namen. l. 10 Cd. Just. 9, 12 verbietet ganz allgemein: omnibus per civitates et agros habendi bucellarios [2]) vel Isauros armatosque servos licentiam volumus esse praeclusam [3]): — Isaurier ist „Landsknecht" (Sauvegarde): hier hat umgekehrt eine Landschaft, aus welcher sich das Institut häufig recrutirte, dem Institut den Namen gegeben (genau wie „Schweizer") — wie sonst sajones und andere Sauvegarden verboten werden: hier liegt der Berührungspunct [4]) der bucellarii mit den sajones [5]); nicht richtig ist [6]), daß ein solcher immer unter einem Patron stehen muß: er kann künden, ohne wieder b. zu werden. Ausnahmsweise gestatteten Kaiser solche Sauvegarden l. c. [7]).

Da diese Constitution von Leo und Anthemius und aus dem Jahre 468 stammt, hat das Institut offenbar auch im Abendland und nicht nur gegen Ende des IV. und V. Jahrhunderts im Orient bestanden [8]) und anderseits ist nicht jeder ingenuus in patrocinio ein bucellarius [9]).

---

1) (sic) Contin. Prosperi ed. Hille p. 25, Greg. tur. 8.

2) Die Schreibung mit verdoppeltem c ist minder richtig.

3) Ueber die Isaurier Dahn, Prokop S. 391 und oft.

4) Uebersehen von Masdeu XI. p. 47.

5) S. A. III. S. 119—125; mit Vassalität (Amaral p. 273) haben diese Verhältnisse nichts gemein, wie Waitz I. 2. A. sich selbst (Vassallität S. 64) mit Recht corrigirt.

6) Helff. l. c.

7) Cd. Just. quod si quis praeter haec quae nostra mansuetudo salubriter ordinavit, armata mancipia seu buc. aut Isauros in suis praediis aut juxta se habere tentaverit — schwere Strafe.

8) Wie Böck., Helff., Roth.

9) Daß VIII. 1, 1 L. V. gerade den b. meint, ist doch unbeweisbar (dies gegen Helff. u. Roth); Schenkung an den b. Ant. c. 310; Lembke leitet I. S. 187 patronus und b. irrig nur aus germanischer Wurzel (Gefolgschaft?), sieht darin den Ursprung des Lehenwesens und denkt sich ähnlich das Verhältniß vom Gothen- zum Sueven-Staat!; falsch Troya I. 4 b. ò goti federati (wohl Marin I. p. 281 nachgeschrieben!); ungenügend Depping II. p. 378, zu vag Lafuente p. 306 similes a los servientes de las naciones modernas („Dienstboten"; ebenso Romey II. p. 251) I. p. 513 in diesen Schutzverhältnissen liege mehr eine Mischung der libertad germanica und independencia ibera als feudo und — nüchtern gegenüber der in Spanien sonst herrschenden (Villadiego, Marin I. p. 227. 228, Cénac Moncaut I. p. 427, die Glosse und die Uebersetzung geben b. stets mit vasallus; ebenso Rosseeuw I. p. 438) Verfrühung des Lehenwesens — hubo aqui un germen

Ergänzend greift unsere Darstellung von pacis assertor und sajo ein [1]).

Der Name b., nicht aber auch das Verhältniß selbst, war seit der Antiqua mehr außer Gebrauch gekommen: — die späteren Redactionen umschrieben den Namen mit ei quem in patrocinio habuerit, aber unverständlich war er doch noch nicht geworden, er wird noch einmal gebraucht — verdrängt durch andere Ausdrücke und analoge Rechtsformen: zum Theil, wie ich vermuthe, unter Anderm auch durch eine private Verwendung der Sajonen. Daß diese eine ähnliche, wenn auch nicht ganz die gleiche, Stellung einnahmen wie die bucellarii beweist l. 2. l. c. Die Sajonen aber sind, Wort und Wesen, erst mit den Gothen nach Spanien gekommen, während die ältern bucellarii schon lange in den Provinzen erscheinen [2]).

Wie gelangen aber die Sajonen, gothische Frohnboten, in diese private Stellung zu Privaten?

---

de feodalismo, por lo menos no llegò a disarrollarse; dagegen Davoud Oghlou I. p. 192—194 „un vasselage subalterne", der den Sajon als einc espèce de bucellar. bezeichnet, ohne das Verhältniß zu erklären; Pérréclot I. p. 377 bringt sie unter seinen vagen Begriff der „lètes", besser II. p. 17; nach Laurentie I. p. 93 ist der b. „trompette!" allzu buchstabenknechtisch Glossar. in Portugal. Monum. hist. I. p. 120 panem patroni edens, cliens *parasita*; treffend Roth Ben. S. 215 gegen Guérard, daß westg. Clientelverhältnisse nicht auf die fränkischen zu übertragen.

1) S. Amtshoheit.

2) Deßhalb hat das Rathen, wie die Ansiedlung auf das Verhältniß der gothischen bucellarii eingewirkt haben mag, Helff. S. 106, keinen Boden. Seine Annahmen erklären namentlich auch nicht, wie diese angeblichen „keltischen Hörigen" von Anfang an im gothischen Heerbann erscheinen und ich kann der ganzen Darstellung S. 105—109 nicht beipflichten, ebensowenig S. 111, wo Sajo ursprünglich und bucellarius so identificirt werden, daß auch der Sajo ein privater bewehrter Dienstmann oder Knappe gewesen; dem widerspricht die Etymologie, die ostgothische Verfassung A. III. S. 119 f. und die Unmöglichkeit, hieraus den Uebergang zu der Stellung als Frohnboten zu finden, S. 113 „so wurde der Knappe zum Büttel": (ebenso Zöpfl S. 530), umgekehrt: denn sajo heißt der Ansager, Einheischer und noch heute sayon der Henker. Diese Bedeutung von sajo (vgl. Diefenbach S. 181) entgeht ganz Romey II. p. 274: 831 läßt er scheint's die „Büttel" aus den bucc. entnehmen. Ueber Verbot gewisser Arten von patrocinium und Sauvegarden — denn der b. war dies ursprünglich — s. Amtshoheit pacis assertor, irenarcha n. Serrigny II. p. 426—431, Cod. Th. de prohib. patroc., de patroc. vicor. Salvian V. 8; daß hin und wieder ein judex seines buc. sich als sajo bedient habe, ist dadurch nicht ausgeschlossen, z. B. Besitz zu restituiren (Cc. Em. 8); vgl. die Lösungsversuche bei Davoud Oghlou I. l. c. und vgl. schon Heinecc. el. II. p. 363.

Ich denke, auf folgendem Wege.

Die amtliche Thätigkeit absorbirte die Sajonen nicht ganz: sie traten, dem accusatorischen Princip[1]) entsprechend, häufig auch in Processen im Interesse, in Besoldung, auf Kosten der Parteien auf: sie reisten in Sachen und auf Kosten einer Partei, den Gegner zu mahnen, zu laden, zu pfänden. Schon vor der gothischen Invasion hatten nun die spanischen Adligen einen großen Anhang von Clienten (darunter auch b.) gehabt, welchem sie Land und andere Zuwendungen liehen und dabei war der Schutz — gewissermassen wenigstens — ein gegenseitiger geworden, seit die römische Staatsgewalt in diesem Land zerfiel: wir sahen solche spanische Aristokraten die Provinz durch ihren Privatanhang vertheidigen, als die römischen Beamten und Cohorten fehlten oder zögerten[2]).

Mit achtzehn Reitern wirft sich Ecdicius, der Vertreter des reichsten Hauses der Auvergne, nach Clermont und vertheidigt die zagende Stadt[3]).

Und wie hier gegen den äußern Feind bedienten sich die Grundherrn auch zu Schutz und Trutz gegen ihre Nachbarn in den unaufhörlichen Parteikämpfen ihres Privatanhangs[4]). Selbsthülfe und Selbstvertheidigung ersetzen in den verwildernden Zuständen[5]) Klage und Vertheidigung vor dem oft fehlenden, öfter noch machtlosen Richter.

Daher war die wichtigste Gabe des Patrons an den bucellarius neben dem Land (terra), auf und von welchem er lebte, die Waffe (arma), mit welcher er sich und den Patron vertheidigte[6]).

Alle diese Zustände waren schon vor der gothischen Einwanderung befestigt: in den unmittelbar vorhergehenden inneren Wirren, den Bürgerkriegen und in den Kämpfen gegen andere Germanen und die Gothen selbst mochte solche Selbsthülfe oft genug geboten sein.

Die gothische Staatengründung, die neue Landtheilung und die bald ohnmächtige, bald parteiisch-willkürliche Regierung der meisten

---

1) S. „Proceß".

2) Oben S. 93.

3) Ap. Sid. III. 3.

4) VI. 4, 2. VIII. 1, 1 de invasionibus et direptionibus: sie brechen mit ihrem Anhang von freien Clienten, Freigelaßnen, Knechten in die Häuser ihrer Feinde und üben Todtschlag, Raub und Brand.

5) VIII. 1, 2—13, bes. 4. 5. 7.

6) Antiq. c. 310. 311.

Gothenkönige machte sie aber wahrlich nicht entbehrlicher: man hatte sich jetzt neben den alten Parteifeinden auch oft des germanischen hospes zu erwehren: die reichen und viel beraubten Kirchen mögen gegenüber den ketzerischen Nachbarn ihren großen Grundbesitz besonders gern in jenen Formen verwerthet zugleich und gesichert haben. Daraus erklärt sich wohl die lehrreiche Erscheinung, daß vorausgesetzt wird, jeder Bischof habe „seinen sajo" und daß Besitzrestitutionen erfolgen „per sajonem suum", so vom Bischof von Egiditania [1]). Richter bei Competenzüberschreitungen und vornehme Private bedienen sich der sajones zur Gewaltanwendung [2]).

Indessen darf man sich nicht die Gothen [3]) als die alleinigen Bedränger, die Romanen nur als die Bedrückten vorstellen.

Auch von den römischen Vornehmen [4]) geschah in dieser Richtung viel mehr als nöthig gewesen wäre: der Staatsverband war schwach, oft verhaßt: die Neigung der großen Grundherrn, in ihren Territorien selbst Staat zu spielen [5]), war tief eingewurzelt in der Halbinsel und die ganze wirthschaftliche Bewegung der Zeit, das Erliegen der Kleinfreien und deren Zudrang in Obsequium und Precarie, mußte die überlieferte Neigung noch mehren.

Als beste Abwehr germanischer Bedrohung erwies sich auch hier — wie in Italien — ein bewaffneter Anhang von Germanen und so liebte man besonders, gothische Sajonen in ein dem Bucellariat ähnliches Dienst- und Schutzverhältniß zu nehmen: diese mochten als Frohnboten mit ihrer amtlichen Nebenstellung besonders hiezu sich empfehlen. Dazu kam — und dies ist weitaus das Wichtigste, — daß schon in den römischen Zuständen Aehnliches vorgebildet war: nur allzuhäufig ließen sich Private die tuitio eines miles, oder eines bewaffneten officialis ertheilen, die sie dann zur Unterdrückung ihrer Proceßgegner ꝛc. mißbrauchten [6]): die Kaiser mußten dies verbieten

1) Cc. Em. 8.

2) L. V. II. 1, 17.

3) z. B. die ostgothischen Krieger, welche die Bauern von Arles mit Jagdfrohnden ꝛc. drücken v. s. Caes. p. 667.

4) B. T. II. 1, 3 J.; schon B. IX. 7, 1 hat die verschärfte Strafe (Tod) für crimen vis publicae aufgenommen: es setzt das gewaltsame aus dem Besitz Vertreiben voraus; sind auf beiden Seiten Tödtungen vorgefallen, gilt der Angreifer als der Schuldige; Appellation wird ausgeschlossen; vgl. 2 und IV. 20, 2.

5) Privat-Kerker halten sie IX. 8, 1.

6) S. A. III. S. 119—125.

und Alarich nahm dies Verbot auf [1]). Nicht nur zur Ausrüstung und Belohnung für einzelne Reisen und Verrichtungen schenkte man ihnen Waffen und Anderes, — dies war wohl die Brücke gewesen — sondern sie traten wie die bucellarii in dauernde Unterordnung [2]): ja, es scheint fast, daß auch Nicht-Sajonen, wenn sie in dies Verhältniß traten, jetzt Sajonen genannt wurden, entweder weil so häufig eben Sajonen hiezu gewählt wurden oder weil man sich das bewaffnete Privat-Dienst- und -Pflichtverhältniß dieser Privat-Executoren ganz ähnlich dachte dem öffentlichen Dienst- und Pflichtverhältniß des Sajo zu seinem Oberbeamten [3]).

Waffen also, Land und andre Gaben werden vom Patron dem Clienten geschenkt: diese Schenkung ist, so lang das Verhältniß dauert, unwiderruflich [4]). Solche Schenkungen werden als dem Verhältniß wesentlich vorausgesetzt: denn der Client lebt von den Zuwendungen, namentlich der Landleihe des Patrons [5]). In der Wirkung der Lösung des Verhältnisses auf dieses Vermögen und den Erwerb des Clienten unterscheidet das Gesetz den bucellarius vom Sajo: nach 4 l. c. erhält der Patron das Land und alles, was er geschenkt hat, von jenem zurück [6]). Dagegen der Sajo darf jedenfalls die geschenkten Waffen behalten: doch muß er Alles, was er während der Dienstzeit erworben [7]),

---

1) B. T. I. 8, 1. J. nulli penitus in civilibus causis militaris vel tuitio vel exsecutio deputetur. tuitio für tutela L. V. III. 3, 8; Mönche gewähren einem Frauenkloster „tuitio“ Cc. Hisp. II. c. 11 d. h. Verwaltung ihrer Güter, Vertretung vor Gericht 2c. Das Concil gewährt tuitio, defensio den Kindern des Königs Cc. T. XIII. 4. XV.

2) V. 3, 2: arma quae sajonibus pro obsequio donantur.

3) l. c. quae dum sajo est adquisivit in patroni potestate consistant; sich hier den patronus stets als judex zu denken, so daß nur vom Amt des sajo die Rede wäre, verbieten die Ausdrücke obsequium und patronus; vgl. 1. 3. 4.

4) l. c. 1 si quis ei arma dederit vel aliquid donaverit, apud ipsum quae sunt donata permaneant; daß dies der Sinn, zeigt die Ant. l. c.: si in patroni sui manserit obsequio.

5) 4. l. c. quicunque patronum suum reliquerit et ad alium tendens se forte contulerit, cui se commendaverit, donet ei terram: *nam* (d. h. also von einer fremden terra muß er leben) patronus quem reliquit et terram et quod ei dedit obtineat.

6) Ebenso nach 1 reddat omnia patrono quem deseruit 3 Erwerb für den Sajo quidquid ei patronus donavit recipiat: auch noch von den Söhnen des Clienten, wenn diese gegen seinen Willen ausscheiden oder von der Tochter, wenn diese gegen seinen Willen eine Mißheirath schließt, kann der Herr rückfordern.

7) l. c. quae dum sajo est adquisivit.

zurückgeben, während andere Clienten diese Errungenschaft, wenn sie den Herrn verlassen, nur zur Hälfte an den Herrn oder dessen Erben abgeben, die andre Hälfte behalten [1]).

Jene Ausnahme bezüglich der Waffen zeigt die besonders den Waffenschutz bezweckende Stellung des Sajo: übrigens ist bei der Errungenschaft aller Clienten auch an Kriegsbeute zu denken, da diese Clienten, wie ja sogar die Knechte, von dem Patron in dem Heerbann mitgeführt oder doch ein Zehntel derselben in's Feld entsandt wurde. Dies zeigt deutlich L. V. IX. 2, 9, wo die servi und andere Abhängige gedacht werden als von ihrem senior — das technische Wort für das Schutzverhältniß — (oder dominus) mit Waffen ausgerüstet: die Waffen und die Uebung in denselben sind ihnen schon im Frieden „auferlegt“: und mit diesen Waffen, die sie für die Privatvertheidigung des Herrn und von diesem erhalten, hat derselbe sie auch des Königs Heerführern zu stellen; sie fechten mit ihrem senior, patronus in Reih' und Glied, sind diesem zugetheilt und werden für Verlassen dieses Postens nach dem Maßstab der viliores, inferiores gestraft. Aber auch die Privatfehden, wobei es auf Plünderung nicht am Wenigsten abgesehen war, wurden durch diese Clienten ausgefochten [2]). Auch dies erklärt die Bestimmung über die Errungenschaft [3]).

Die freie Kündung wird den Clienten gewahrt und aus ihrer unverlornen Gemeinfreiheit mit Nachdruck gefolgert: es scheint, schon die Antiqua hatte Grund, dieses Recht und die Freiheit der Clienten gegen die Uebermacht der Patrone zu wahren, welche die Clienten [4]) lebenslänglich zu binden, auch deren Kinder zu verpflichten und die ganze Classe in die strenge Abhängigkeit von Colonen, welche die Scholle nicht verlassen dürfen [5]), ja von Unfreien zu drücken suchten, während doch die Freiheit durch die Commendation nicht verloren ging: die Tochter des Commendirten behielt die ganze Standesehre einer

---

1) Ganz wie dies bei den Freigelaßnen geordnet ist V. 7, 13.

2) Man sehe den Fall der Heimsuchung mit Clienten, Freigelaßnen, Knechten VI. 4, 2.

3) Wenn auch quae adquisivit keineswegs mit Helff. S. 113 bloß von Erbeutung zu verstehen. Erwerb des Sajo für den Patron V. 3, 1—3.

4) Aehnlich wie die im obsequium behaltnen Freigelaßnen V. 7, 13.

5) Sonst werden sie im Sumariissimum zurückgefordert B. J. IV. 21 (22), 1; s. oben V. 8; l. 9. 10 glebae adscripti; vgl. Sav. Colonat S. 288, vertragsmäßige Begründung S. 281.

Freigebornen: nur einem Ebenbürtigen (aequali) darf sie der Herr vermählen und anderseits verwirkt sie durch eigenmächtige Verbindung mit einem inferior ihr vom Herrn stammendes Vermögen: ausdrücklich heißt [1]) der in patrocinio stehende ingenuus [2]). Die freie Kündung wird dann auch in den späteren Gesetzen vorausgesetzt: es ist das Sache persönlicher Neigung [3]) und davon der Fall, daß der Client eine Untreue begeht, scharf unterschieden: hier kündet der Herr und zieht alles Gegebne und die Hälfte der Errungenschaft ein [4]). Das Gleiche gilt, wenn Herr oder Client sterben: die Erben haben das Recht, das Verhältniß zu lösen [5]). Doch müssen die einseitig kündenden Erben des Clienten das von dem Herrn Geschenkte restituiren [6]).

Ueber die Söhne hat der Herr keine „potestas", auch wenn sie das Verhältniß fortsetzen, wohl aber über die Tochter des Clienten (wenn sie keine Brüder hat, in deren Mundium sie sonst steht), welche er freilich standesgemäß verheirathen und im Besitz des ihren Aeltern Geschenkten belassen muß: doch kann sie auch, wenn sie dies Vermögen Preis geben will, gegen den Willen des Herrn sich verheirathen. —

Man sieht, das Verhältniß wurde regelmäßig von den Erben fortgesetzt.

Daß gegenseitiger Schutz beabsichtigt und der Anhänger zu der unmittelbaren Deckung des Herrn auf dem Hauptgut bestimmt war, zeigt, daß Zusammenwohnen auf dem nämlichen oder doch benachbarten Gute vorausgesetzt wird [7]). Alle diese Abhängigen zusammen bilden

---

1) VI. 4, 2.

2) 1 l. c. si vero alium sibi patronum elegerit, licentiam habeat cui se voluerit commendare. quoniam ingenuo homini non potest prohiberi, quia in sua potestate (verschieden vom servus in domini potestate) consistit.

3) 3. 4. ad alium tendens.

4) 3. l. c. si ei infidelis inveniatur vel eum derelinquere voluerit: nicht schon das Verlassen ist infidelitas.

5) Also nicht Erblichkeit des Verhältnisses wie bei dem römischen Colonat Sav. Col. S. 275 f.

6) Aehnlich wie die Freigelaßnen V. 7, 13.

7) Daher nicht nur relinquere 1. 4. deserere 1, sondern 3: si quis cum aliquo patrocinii causa consistat et aliquid *dum cum eo habitat* acquisivit. Auch die mit Vorbehalt des obsequium Freigelaßnen leben in engem Zusammenhang mit ihrem Patron wie aus XII. 2, 14 hervorgeht, 22 die Patrone untersagen diesen obsequentes etc. den Weg sogar zum Bischof, zur Kirche.

die „virtus“ oder die homines des senior, d. h. seine „Mannschaft“ Leute [1]), mit denen er auch in's Feld rücken muß.

Aus diesen Anfängen also hat sich in Spanien — aber erst im zweiten Reich — die Feudalität, die Schutz- und Grund-Herrlichkeit geistlicher und weltlicher seniores und ein Bauernstand auf fremder Scholle entwickelt, deren Geschichte jenseit der Grenzen dieses Werkes liegt: in wiefern wenigstens auf Septimanien die benachbarten fränkischen Zustände eingewirkt haben, ist schwer zu ermitteln: die große Aehnlichkeit, ja Uebereinstimmung vieler dieser Verhältnisse spiegelt sich in der Unterschiedslosigkeit der Formeln, welche in den Provinzen beider Reiche gebraucht wurden [2]).

Von Beneficialwesen im technischen Sinn begegnet im Gothenreich erst ein vorbereitendes Aufkeimen: der Unterthanenverband, das muß schon hier hervorgehoben werden, nicht Feudalität und Lehen, wie fast alle Spanier lehren, ist die zusammenhaltende Rechtsform, welche die Staatsangehörigen untereinander und mit der Krone zusammenschließt.

Das Wort leudes begegnet nur einmal in IV. 5, 5, einem späten Gesetz von Kindasvinth und gewiß durch fränkischen Einfluß [3]): gedacht ist an Jünglinge, die noch mit dem Vater zusammenleben, aber schon in's Feld ziehen und hier Beute erwerben, neben Geschenken vom König: der Ausdruck ist nicht aus westgothischem, sondern aus fränkischem Sprachgebrauch zu erklären, und bedeutet hier offenbar nicht Dienstadel, sondern „Heermänner“ [4]); objectiv wird beneficium freilich schon gebraucht [5]) d. h. nicht nur für das Rechtsgeschäft, auch für

---

1) IX. 2, 8. 1, 21; anders Co. Em. 16: s. „Kirchenvermögen“.

2) Auffallend ist, daß die ant. bereits von se commendare in obsequium spricht; die infidelitas 8 ist wohl später.

3) Wie ja auch umgekehrt das Gothische auf die fränkische Sprache Einfluß geübt hat v. Raumer S. 405.

4) Nicht ganz richtig also Waitz II. S. 225, vgl. in v. Sybel's Z. XIII. S. 93, daß dabei k. Landleihe — von Land ist dabei nicht die Rede — vorausgesetzt werde; noch weniger sind sie darauf „angewiesen“, so schon Roth Ben. S. 307, Braumann p. 9 u. 22 verzeichnet die Stellen für das Merow. Reich (unsre Stelle fehlt) und die Literatur über die Etymologie p. 17, s. auch Brockhaus p. 62; ganz irrig Zöpfl S. 302, daß die L. V. bereits beneficium technisch, d. h. im Sinne des späteren fränkischen Beneficialwesens brauche, der überhaupt wie Gaupp, S. 396, die westgothischen Dinge viel zu sehr im Licht der fränkischen Zustände des VIII. Jahrhunderts sieht.

5) Gaupp l. c., Birnbaum S. 118.

die res donata [1]); fideles sind nicht die Empfänger königlichen Landes als solche — diese haben noch keinen technischen Namen, besonders heißen sie nicht leudes, und die [2]) eingeschärfte Unentziehbarkeit königlicher Gaben ist nur Verwehrung willkürlicher Confiscation vollständig verliehenen Eigenthums [3]) — fideles heißen vielmehr alle Unterthanen des Königs, zumal bei Empörungen seine treu gebliebenen Anhänger: fidelitas, devotio ist die allgemein verlangte Gesinnung, daher infideles [4]) technisch für Hochverräther. —

Der Untergang der Vollfreiheit und des Allodialguts der kleinen Freien, diese große sociale und wirthschaftliche Bewegung, hatte in den dargestellten Instituten [5]) die fördernden Rechtsformen gefunden.

Deutlich sieht man, wie die Krone, in dem richtigen Instinct der Gefährlichkeit dieser Veränderung für das Königthum, die kleinen Freien als Freie und — vermöge des wichtigen Kündungsrechts — von den Patronen möglichst unabhängig zu erhalten sucht: ähnlich wie später Karl der Große und die Kaiser des XII. und XIII. Jahrhunderts: diese Bestrebungen der Krone mußten scheitern: für den Clienten war der Wille seines Patrons viel wichtiger als der Wille des Königs: er hing mit seiner ganzen Existenz bereits viel zu sehr von jenem ab,

---

1) IV. 5, 5; ebenso falsch die Identificirung der westg. optimates und „fratres“ (Einmal und rhetorisch gebraucht!) mit fränkischen antrustiones, leudes und vassi. (Dies Wort begegnet in westgothischen Quellen niemals.)

2) In den Conc. tol. V., 6. VI., 14. XIII., 1. L. V. V. 2, 2.

3) Dies gegen Gaupp l. c.; ganz irrig sprechen daher Viele schon im ersten Buch (abgesehen von jenen, welche wie Perreclot II. p. 253 die „fiefs“ schon im Römerstaat entstehen lassen, auch Rosseeuw I. p. 437 neigt hiezu) von Feudalität d. Lehm. H. g. P. I. S. 21 nach Biener in Zepernicks Samml. IV. „Versuch über das Staats-, Kriegs- und Lehen-Recht im westg. Reich) und Vasallen so Montlosier I. p. 355, Lardizabal p. 19. 24—27, Davoud Oghlou I. p. 191 „du vasselage“, Fauriel I. p. 514—16, Manresa p. 92, vassal Colmeiro I. p. 119. 152. Türk S. 100 und die meisten ältern Spanier Florez V. p. 207, Marin I. p. 314, del Saz p. 52 und Portugiesen Amaral p. 157 „vasallos rebeldes“; auch Depping II. p. 383 „la féodalité était le système dominant chez les Goths!!“ Kaim S. 34, Littré p. 41 (im IV. Jahrh. schon!). Dagegen richtig Sempere p. 23, Romey II. p. 316, vorsichtig Masdeu XI. p. 36 *como* en feudo (vgl. Garnier p. 100) u. Rosseeuw I. p. 439, der aber den germe de féodalité schon zu sehr entwickelt und nur Aftervasallen ausschließt; ähnlich Secretan p. 52. 83 (féodalité), Sotelo p. 216, Cénac Moncaut I. p. 429.

4) L. V. II. 1, 8, Cd. L. XII. 2, 18; 1, 9. XI. 1, 1. IX. 2, 8.

5) S. 93. 126.

als daß ihm dieser hätte helfen können, er folgte dem Gebot des Herrn durch Recht und Unrecht. Und schon muß der König, muß das Gesetz selbst dies bereits in bedeutsamer Weise anerkennen: so eng ist das Band zwischen Patron und Client, daß den Clienten — ganz wie den Sclaven! — der Befehl des Herrn, ihm in Privatfehde, Privatrache, Heimsuchung, Hausfriedensbruch, Todtschlag, Beraubung und Verheerung mit Feuer und Schwert wider den Nachbar zu folgen — straffrei macht[1]): „denn sie sind nicht schuldig, die nur den Befehl ihres Patrons erfüllen“: und ganz allgemein spricht dies Princip aus VIII. 1, 1: wie für die Sclaven und Freigelaßnen, so auch für die ingenui homines ejus (patroni), die auf Geheiß des patronus Delicte begehen: „sie können nicht als schuldig gelten, die auf Befehl ihres Obern (majoris imperio) gehandelt haben“[2]). Diese Gleichstellung des freien Clienten mit dem Sclaven spricht deutlich genug.

Damit sei schließlich noch zusammengehalten, daß der Patron über die Clienten — wenn auch gewiß nicht gleichmäßig über alle Arten derselben — ein sehr weitgehendes Züchtigungsrecht hat, ähnlich dem des Lehrers über den Schüler[3]) und des Herrn über den Sclaven: so daß sogar über den in Folge solcher Züchtigung, aber ohne Absicht, eingetretenen Tod des Clienten äußerst gelinde weggesehen wird[4]).

---

1) VIII. 2, 1—3; 1, 8 turbas congregare ad faciendam caedem . . qui in patrocinio ejus non sunt. VI. 4, 2 quod si in patrocinio vel obsequio praesumtoris retenti ab illo hoc facere jussi fuerint vel cum eo hoc eos fecisse constiterit, solus patronus ad omnem satisfactionem et poenae et damni teneatur obnoxius. nam illi non erunt culpabiles, qui jussa patroni videntur esse complentes. si vero conscio domino servus hoc fecerit, ipse dominus pro eo componat, sicut de ingenuis superius est comprehensum.

2) Die Vergehen, um die es sich zunächst handelt sind, — bezeichnend genug! — invasiones und direptiones; ähnlich VIII. 1, 3. 4. si in ejus patrocinio non sunt (Einsperrung im eignen Hause).

3) Ueber den alumnus und dessen eignes Vermögen B. P. V. 7, 14.

4) Der Herr bleibt scheint es VI. 5, 8 ganz straffrei; doch ist es wohl nur Streben nach allerschöpfendem Ausdruck, nicht Absicht speciellen Schutzes der Clienten wenn VI. 5, 12 nicht nur servos und ancillas, sondern quascumque personas der Tödtung durch den Herrn ohne Zuziehung des Richters entrückt. Zu vergleichen die Beschränkung der häuslichen Züchtigung jüngerer Verwandten in B. T. IX. 10, 1.

d) Rechte des Adels.

Die Unterschiede der aristokratischen Schichten von den geringeren Gemeinfreien sind nun auch schon in ganz bestimmten juristischen Wirkungen erkennbar, wenn auch die Hauptbedeutung dieser Verhältnisse auf dem wirthschaftlichen und socialen Gebiete liegt.

Im Strafproceß und Strafrecht bestehen für Vornehme und Geringe sehr verschiedne Normen. Schwerere Strafprocesse gegen römische Große müssen zur Ausmessung der Strafe dem König vorgelegt werden [1]).

Ueber Hochverrath des Adels (und der Gemeinfreien) soll [2]) nur die Versammlung der sacerdotes, seniores und gardingi richten.

In äußerst zahlreichen Fällen, in welchen der Vornehme (Reiche) mit einer, vielleicht mehrfachen [3]), Entschädigung und einer weitern Geldbuße [4]) abkömmt, trifft den Geringeren (Aermeren) eine viel schwerere Strafe — die hiebei leitenden, ursprünglich nicht unbilligen und längst im römischen [5]) Strafrecht anerkannten Gründe sind bereits

1) B. T. IX. 30, 2 und neu beigefügt von J. zu XI. 11, 1.

2) Seit Co. T. XIII., 2.

3) Eilffachen VIII. 1, 10.

4) Die major potentiorque persona trifft eine Geldstrafe von 3 Pfund Gold und weitere Vermögensstrafe, den inferior 100 Hiebe und eine nach dem Maß seines Vermögens von dem König zu bestimmende Geldstrafe XII. 2, 18.

5) z. B. B. T. IV. 8, 4. IX. 22, 1; auch die Bezeichnungen honestior, inferior gehören der römischen Kaiserzeit an v. Bethm. H. g. P. I. S. 220. Ganz ebenso wie B. T. IX. 20, 2 statt der infamia bei solchen Personen, die mit ihrer Ehre nicht büßen können, weil sie keine oder doch keine Empfindung dafür haben — (persona vilior cui sit damnum famae non injuria, J. talis persona, ad cujus deformitatem infamia non pertineat — d. h. sie ist wohl vollstreckbar, sie sind nicht schon infames, aber unempfunden) — Verbannung setzt. Dagegen absolute und nicht nothwendige Schärfung der Strafe auch schon im römischen Recht für humiliores (bestiis objici, vivi exuri), während für honestiores nur Schwerttod B. P. V. 32 wegen laes. maj., nach L. jul. de vi relegatio und ⅓ Confiscation den honestiores — metalla den humiliores. P. V. 28, 8 humiliores Tod — honest. insul. releg. V. 28, 2, hum. aut metallum aut crux!! hon. releg. 27, 1, hum. Tod, honest. confisc. u. deport. in ins. V. 27, 2, plerumque P. V. 27, 6 plerumque humiliores metallum, honest. deport. 7 humilior. met. — honest. ⅓ confisc. perpet. relegat. 8 ebenso: = poena fals. 9 pro personae conditione metall. oder insula. 11 hum. Tod, für honest. deport. 25, 1 honest. poena Tod — humilior. in crucem toll. aut bestiis. 7 sive servus sive liber capite punitur, honestiores publicatis bonis in insulam deport. 8 humiliores in metallum — honest. amissa parte bonor. in insulam. 10 bestiis objic. — vel honestiores capite puniuntur. 12. hon. insul. — hum. cap. pun., ebenso pro

bei den Ostgothen entwickelt [1]) —: regelmäßig eine der Zahl der solidi entsprechende Zahl von Ruthenhieben [2]).

Der comes, der natürlich zu dieser Aristokratie zählt, kömmt mit 3 Pfund Gold, der Bischof vollends mit Excommunication und Fasten von 30 Tagen ab, wo alle Andern, auch Vornehme bis zu dieser Rangstufe, 200 Hiebe erhalten; die sonst mit der Prügelstrafe verbundne infamia wird hiebei manchmal ausdrücklich erlassen [3]). Unbillig war ursprünglich diese Strafunterscheidung schon deßhalb nicht, weil sie den Kleinfreien wenigstens vor der Verknechtung schützte, die ihn, falls er die Geldstrafe nicht zahlen konnte, regelmäßig getroffen hätte [4]). Ja, es verletzte damals nicht wie heute, sogar längere Dauer der Excommunication an die Stelle einer Geldstrafe treten zu lassen [5]). Jedoch blieb man nicht in den Schranken dieser Erwägung: man hatte sich nun einmal gewöhnt, den inferior mit der Ruthe zu behandeln und so kam es, daß man in vielen Fällen, ohne nur die Insolvenz als Voraussetzung anzunehmen, primär die dem Reichen gedrohten Strafsumme in die entsprechende Hiebezahl übersetzte: alsdann durfte der inferior sich gar nicht durch die Geldstrafe lösen: ja manchmal, wenn auch selten, trifft den minor [6]) außer der ge-

---

qualitate dignitatis bestiae, crux, insula P. V. 24, 1. servi metalla, humil. opus publ., honest. ½ confisc. u. releg. 21, 1 durchgängig. V. 4, 15 (16) eo acrius si personae dignitas ab hac injuria defendenda sit. II. 20, 6 Text pro dignitate personae metallum, ad opus publicum. J.: blos metallum. Nov. Val. 5 servi u. coloni Tod, (de sepulcror. violatoribus) ingenui, plebeji et nullarum facultatum ebenfalls Tod, splendidiores vel dignitatibus noti ½ Conf. und lebenslängliche infamia. Geistliche abgesetzt und lebenslänglich deportirt — und das soll eine strengere Strafe sein! Daß auch „antistites" nicht geschont werden sollen, wird ausdrücklich gesagt.

1) A. III. S. 39. 43; vgl. Schäffner I. S. 216. 314.

2) L. V. II. 1, 17. 19. 20 Cd. Tol. 22. 24. 31. 2, 9; 4, 2, 3. VI. 4, 5. VIII. 3, 6. 9. 10. 14. 4, 29. IX. 1, 21. XII. 3, 12. Cc. T. XVI. 2 nobilis .. inferior. B. T. IX. 22, 1.

3) L. V. II. 1, 31.

4) L. V. So VII. 6, 2, wo dem Vermöglichen Confiscation, dem humilior Verknechtung droht; II. 4, 8 Ersatz oder Verknechtung vgl. IX. 2, 8; manchmal wie VI. 2, 3 bei Zauberei wird wohl inferioritas stillschweigend vorausgesetzt, anders VI. 2, 1.

5) l. c. XII. 3, 24 den reichen Bischof trifft ein Pfund Gold und drei Monat Excommunication, den Armen sechs Monate.

6) Von „principieller Gleichheit vor dem Gesetz", welche Guizot hist. de la civil. 3. leç. u. Marichalar II. p. 22, deßhalb weil Einmal L. V. VII. 2, 4

ringen Geldbuße, die der major zu zahlen hat, noch eine Tracht Streiche [1]).

Für Zeugnißweigerung verliert der nobilis nur die Zeugnißfähigkeit; der ingenuus minoris dignitatis aber — ein besonders schlimmes Zeichen — erhält obenein 100 Hiebe [2]).

Bruch des Gerichtsfriedens wird am Vornehmen mit 2 Pfund Gold und gewaltsamer Entfernung aus dem Gerichtssaal geahndet, die andern Freien werden, ganz wie die Knechte, öffentlich mit 50 Schlägen gezüchtigt [3]): oder den Kleinfreien trifft statt Geldstrafe Verbannung [4]), Verstümmelung [5]), Verknechtung [6]) oder er wird ganz willkürlicher Rache Preis gegeben [7]).

---

den Freien und (fremden) Unfreien mit dem Tode bedroht, wenn sie bei gemeinsamem Diebstahl ein Capitalverbrechen begangen — im Uebrigen behandelt sie auch dies Gesetz verschieden — der L. V. vor allen andern Gesetzgebungen zutheilen, ist also keine Rede. Die Hauptstellen über Standesunterschied im Einfluß auf Strafrecht L. V. VIII. 4, 8. 24; 29; 15; 26. VI. 2, 1. 4, 1—11. 3, 1—7. IX. 1, 1. 2. 21. 1, 3; 1; 8; 2, 2. 3, 15; 12; 6.

1) So ertheilt L. V. VIII. 4, 29 a. E. zu 5 sol. dem minor noch 50 Hiebe, vgl. VIII. 3, 6; 10; eine strengere Strafe des minor (z. B. auch Cc. T. XVI. 2) liegt auch vor, wenn den major Verbannung und Vermögensverlust, den inferior und vilior aber treffen: 200 Hiebe, Decalvation, ein Pfund Gold und eventuell Verknechtung. (Die Behauptung Helff. S. 103 von der Gleichheit der Geldbuße für alle Freigebornen ist nicht richtig.) Ganz ebenso werden die geistlichen Strafen abgestuft: für dasselbe Delict trifft den Priester 3monatliche, den Diakon 4monatliche, den Subdiakon entsprechende Excommunication und diesen noch Prügelstrafe. Cc. T. XI. 8 u. Brac. III. 6 schließt für die höhern Grade honorati subditi die Prügelstrafe aus. B. IX. 22, 1 J. dem melior eine arbiträre Geldstrafe, dem vilior et ingenuus Prügel.

2) L. V. II. 4, 2; dagegen scheint II. 4, 7 add. Card. die Vermögenstrafe den Reichen statt der Ruthe und infamia zu treffen oder cumulativ?

3) l. c. II. 2, 9.

4) l. c. IX. 2, 8; lehrreich B. T. I. 5, 1 wo den Reichen halbe Confiscation und zweijährige in insulam relegatio, den Armen zweijährige metalla treffen. IV. 8, 4 si per inopiam id implere non possit, ad metalla. V. 5, 2 dem Verwalter und Richter Verbannung, dem dominus possessionis Confiscation. IX. 22, 1 macht J. aus pro qualitate personae et judicis aestimatione: — si ingenua et vilior persona est, fustigetur, si vero melior, damno ad arbitrium judicis feriatur d. h. Vermögensstrafe. Ferner Cc. T. III. epil. dem Reichen Halbconfiscation, dem Armen ganze und Exil honestioris loci — inferioris loci. Cc. T. XVI. 2: 3 Pfund Gold dem nobilis, dem inferior 100 Streiche, Decalvation und Halbconfiscation.

5) L. V. VIII. 5, 1.

6) l. c. II. 1, 8. 10. 4, 6. 8. IV. 4, 3. VI. 1, 2. 4, 4, 2. VII. 1, 1. 14, 20. 5, 2. 6, 2. IX. 2, 9.

7) l. c. II. 1, 7; allerdings kann bei schweren Verbrechen auch dem Reichen primär

Ferner. Der Folter sollen die nobiles und palatini und die caeterae ingenuae personae im Ganzen unter gleichen Voraussetzungen (similis ordo) unterworfen werden. Gleichwohl sind die Kleinfreien schon in folgenden wesentlichen Puncten zurückgesetzt: bei geringern Vergehen, z. B. furtum, sollen die nobiles potentioresque personae, ut sunt primates palatii nostri eorumque filii niemals gefoltert werden, wohl aber die inferiores humilioresque ingenuae personae, wenn der Werth der Deube 500 sol. übersteigt L. V. VI. 1, 2 und der inferior atque rusticanus, quem liberum esse constat (aber freigelassen) schon um 100 sol. [1]); bei durch Vertreter geführten Processen darf der nobilis nie, wohl aber pauper et ingenua persona gefoltert werden [2]). Untersuchungshaft wird der Strenge nach abgestuft gemäß der natales und der dignitas des Anklägers und Angeklagten [3]). Injurien von Knechten gegen personae nobiles et inlustres werden schwer gestraft, die gegen einfache Freie gar nicht erwähnt [4]).

Auch besteht keine Ebenbürtigkeit zwischen honestiores und humiliores zu peinlicher Anklage [5]), zu gerichtlichem Zeugniß [6]) und Ehe [7]). — Endlich hat der Adel höheres Wehrgeld [8]), wie Adel des Geschädigten ganz allgemein [9]) eine Auszeichnung des Vergehens bildet:

Prügelstrafe drohen III. 1, 12; 4, 16. VII. 2, 13. 14. 5, 2. VIII. 1, 10; auch dem Krieger im Kriege IX. 2, 3 oder Verknechtung VI. 2, 1. IX. 2, 8, doch beides nur ausnahmsweise, so daß die Gleichstellung hierin mit dem mediocris und vilis ausdrücklich hervorgehoben wird: sive sit nobilis sive mediocris viliorque persona, l. c. Vgl. R. A. S. 659 Strafabstufung nach dem Stand des Thäters, aber daß der Gesichtspunct des Vermögens entschied, ist nicht erkannt; besser Wilda S. 487, aber unrichtig dieser S. 359, daß die Buße nicht auch mit dem Stand des Verletzten steige.

1) L. V. VI. 1, 4.

2) l. c. II. 3, 4.

3) l. c. IX. 1, 11.

4) l. c. VI. 4, 7; vgl. A. III. S. 38, S. 269.

5) l. c. II. 3, 4; der inferior darf den nobilior vel potentior nicht mit der inscriptio verfolgen, dieser vielmehr sich sofort durch Eid befreien.

6) Wobei Rücksicht auf hinreichendes Vermögen für Bezahlung der Buße für falsches Zeugniß bestimmend ist Schäffner I. S. 374.

7) Vgl. Cd. Card. zu L. V. II. 4, 6. 9. III. 1, 8; s. hierüber Proceß und Eherecht.

8) l. c. VIII. 4, 16. Schäffner I. S. 216.

9) Schon römisch: Salv. VI. 1, 34 semper per dignitatem injuriam perferentis crescit culpa facientis.

ja Cc. T. XI. 5 geht so weit, gewisse Delicte (geschlechtliche) der Bischöfe nur dann zu strafen, wenn gegen Glieder des Adels begangen [1]): war das Opfer eine Gemeinfreie, so kam der Bischof wohl sehr glimpflich ab. Man sieht, es werden die Kleinfreien gegenüber den Vornehmen allmälig in die gleiche Situation gedrängt, welche die Unfreien gegenüber den Freien einnehmen [2]) und man begreift, daß auch die wichtigsten staatsbürgerlichen Rechte, die Wahl des Königs und die Mitwirkung am Reichstag, allmälig ein Vorrecht der geistlichen und weltlichen Aristokratie werden mußte [3]).

Wichtiger als diese einzelnen juristischen Vorrechte ist die beherrschende Gesammt-Machtstellung dieser Vornehmen und Reichen in der Gesellschaft und im wirthschaftlichen Leben: als solche heißen sie die potentes und potentiores [4]).

Die „Palatinen" bilden die Umgebung des Königs und üben schon dadurch oft entscheidenden Einfluß auf die Leitung des Staates [5]): Verbannung aus dem palatium und der Gemeinschaft der Palatinen ist daher eine Art politischen Todes [6]): sie leisten deßhalb besondere politische Eide [7]).

Aus ihrer Mitte wählt der König seit Rekared die weltlichen Glieder der Reichsconcilien [8]), wodurch sie an der Gesetzgebung und an der Gesammtführung des Staates Theil nehmen, wenn auch der Klerus dabei stets für seine starke Majorität sorgte [9]). Cc. T. VI. 3 setzt

---

1) nobiliores mulieres et puellae, generosae personae primates palatii.

2) S. unten.

3) S. Königswahl und Reichstag.

4) Dem römischen Recht schon lange geläufig, vgl. A. III. S. 112. B. T. I. 6, 5 potentium procuratores. J. p. actores 9, 2 cum alicujus potentiam perhorrescunt. 10, 8 removeantur patrocinia (J. fügt bei potentum) XIII. 2, 1 potentes . . inferiores. L. V. II. 2, 9 potens domus potentis vel cujuslibet IX. 1, 13 potentis defensio VII. 1, 1. potentior II. 8, 9. VI. 1, 2 sicut primates palatii; 4, 7. C. C. 5, 5. 9. persona XII. 2, 18. potentior, reliqui, servi, VIII. 4, 24. praeeminens VII. 5, 2. V. 1, 6. Cc. T. IV. 3 potentes (prave usurpantes).

5) Cc. T. VIII. Lex.

6) Vgl. Amaral p. 192 que influxo tinhaõ no governo os grandes e nobres.

7) Cc. T. VII. 1 Ausschluß der Gnade für Hochverräther.

8) Cc. T. III. Hisp. II. T. IV.

9) Wiewohl seit Cc. T. IV. V. praef. beliebig viele optimates und seniores palatii den König begleiten, nicht blos mehr zwei oder drei Auserlesene.

ihre Anwesenheit voraus, ohne sie ausdrücklich zu erwähnen, VIII. decr. ebenso das ganze officium palatinum, conventus aller majores et minores; praef. spricht bereits von mos primaevus, einer Anwartschaft dieses Standes, im Cc. zu erscheinen, was beides nur sehr uneigentlich [1]) der Fall war. Den wahren Sachverhalt deckt auf Cc. T. XVI. tom.: ein festes Recht, etwa der höheren Palatinen, zur „Standschaft" gab es nicht: sondern es berief des Königs Wahl und diese wurde, abgesehen von höherem Rang, auch durch den Zufall, z. B. wer [2]) gerade zur Zeit des Concils am Hof anwesend war, am Meisten aber von persönlichem Vertrauen und besonderer Gunst geleitet [3]).

Auch die Judengesetze sollen die optimates mit den Bischöfen berathen: erst Cc. T. XVII. 1 schreibt vor, daß an den ersten drei Tagen weltliche Fragen — und dann auch die Palatinen — ausgeschlossen sein sollen.

„Die Leiter des Volkes (rectores plebis), die Gehülfen in dem Regiment, die Getreuen im Unglück, die Organe der Pflege der Gerechtigkeit und der Gnade" nennt sie der König [4]): nur mit diesen „rectores" zusammen darf der König in politischen Processen Tod und Confiscation verhängen [5]), wie er an sie den Ertrag der Confiscationen vertheilt [6]). Sie bilden den Kriegsrath im Felde [7]), den primatus totius gentis, der mit den Bischöfen den König wählt [8]) und zuerst thatsächlich, dann vielleicht auch gesetzlich, steht ihnen später [9]) ausschließlich die Wählbarkeit zu [10]).

---

1) Dagegen wieder Cc. T. XII. tom. illustres viri aulae regiae, quos interesse huic concilio nostra sublimitas *elegit* .. clarissimi pal. n. seniores.

2) Cc. l. c. cunctos ill. aulae reg. seniores quos in hoc c. nostrae serenitatis praeceptio vel opportuna interesse fecit occasio.

3) Cc. T. XVII.: quos huic honorabili coetui interesse nostra celsitudo praecepit, will man nicht das vorhergehende aulae regiae decus als ipso jure anwesend verstehen.

4) Cc. T. VIII. praef.

5) Seit Cc. T. IV. 75; irrig bestreitet K. Maurer, S. 68, daß sie bestimmte Vorrechte haben.

6) Cc. T. VIII. praef. decr.

7) Jul. v. Wamba p. 707.

8) Cc. T. IV. 75. VIII. 10. Rosseeuw I. p. 345.

9) Denn auf Jord. c. 33. 60 darf man sich nicht hiefür berufen wie Schäffner I. S. 150.

10) Cc. T. V. 3 quem nec origo provehit; VIII. praef.

e) Macht und Macht-Mißbrauch des Adels.

Der Mißbrauch dieser Adels-Stellung und -Rechte war nun so alt, so häufig und so einflußreich, daß die Sprache längst technische Ausdrücke dafür gebildet hatte: die Großen heißen in diesem Sinn die potentes, praepotentes, praesumentes und ihr Treiben praesumtio [1]).

Diese Ausdrücke bezeichnen die Wirkung jener aristokratischen Vorzüge auf die gesammte Lebensstellung: die inferiores, humiles, die derselben entrathen, stehen vielgeplagt [2]) und schutzbedürftig unter jenen in Recht und Leben Uebermächtigen, welche einen socialen Kreis bilden: kommt ein Schwächerer mit ihnen in Streit, so spricht die Vermuthung dafür, daß er ein Opfer ihrer Einschüchterung und Erpressung werde [3]).

Diese Mächtigen wollen sich der Staatsgewalt, für die wenig Anerkennung besteht in diesem Reich [4]), auch den Beschlüssen des Reichsconcils [5]), nicht fügen: sie ignoriren die Beamten des Königs [6]),

---

1) Ueber diese Bedeutung von potentior oben S. 122; vgl. noch L. V. II. 3, 9. VI. 1, 2 sicut primates palatii 4, 7. Cd. C. S. 5, 9. p. persona XII. 2, 18; p., potens vel quilibet IX. 1, 18. II. 7, 9 defensio VII. 1, 1. servus, reliqui VIII. 4, 24. Daher ein seltnes Lob Apoll. S. VIII. 13 nobilem sine superbia, sine invidia potentem; possessores potentiores u. minores, maximae u. infimae dignitatis im Cd. Th. Gaupp S. 68; über praesumtio L. V. VIII. 1, 4, 4. 1. IX. 1, 2. II. 2, 10. VI. 4, 2—8. VII. 2, 20. 23. 4, 1. V. 1, 6. 6, 6. 4, 1. Daher so oft pro sola praesumtione, was nicht nur bei Versuch, auch bei vollendetem Verbrechen begegnet. Wilda S. 359 zieht nordische Analogien, auch im Ausdruck, bei: aber für L. V. war Muster das römische Recht, in welchem Ausdruck und Sache begegnet; oft besteht die praesumtio in pervasio, pervadere VIII. 1, 13. V. 6, 6. invadere, invasio, invasores VIII. 1, 5. X. 3, 4.

2) oppressi L. V. II. 1, 28. V. 7, 6.

3) l. c. II. 5, 17 haec lex inter aequales gradu vel ordine promulgata servabitur. caeterum si ejusdem potestatis atque conditionis sit ille . . ut potius *exacta* ab eo quam oblata scriptura credatur etc. 5 schriftliches Versprechen quod non persona potentior extorserit. 9 pactum quod per vim et metum extorserit persona potentior; über Erpressungen der Großen s. noch II. 5, 5. 9, 17; sie bestechen oder bedrohen die Fiscalbeamten, die Steuerlast auf die inferiores zu wälzen B. T. XIII. 2, 1.

4) L. V. II. 1, 31. 2, 9—10. III. 5, 2; 6, 1. VII. 4, 2. B. T. II. 26, 1. J. ut non unusquisque alienam rem occupet Cc. T. III. praef. pro inhibendis insolentium moribus . . insolentium rabiem regia potestate refrenare.

5) Cc. Narb. praef.

6) L. V. II. 1, 31.

verachten die Richter[1]), spotten ihrer Ohnmacht[2]) und stellen sich nicht vor ihrem Tribunal[3]): sie mischen sich in fremde Processe[4]), sie verfolgen, selbst oder durch ihre actores, procuratores[5]) mit gewaltsamer Besitzergreifung wirkliche oder angebliche Ansprüche[6]): — „gieb mir die Mühle am Fluß Angers, spricht Sichlari, ein Günstling Alarichs II., zu dem Abt Ursus des Klosters zu Loches, daß sie mein eigen sei und ich will dir zahlen, was du verlangst"; und auf die Weigerung: „wenn du sie gutwillig geben willst, danke ich, wenn nicht, nehme ich sie" [7]): — sie bedrohen Freiheit und Leben der Geringern mit Kerker und Schwert, sie brechen mit bewaffnetem Gefolg in fremde Häuser[8]), so häufig, daß besondre Formeln für diese Fälle ausgebildet werden[9]).

Sie halten umgekehrt Diebe und andre Verbrecher im eignen Palaste gefangen, und strafen sie selbst, wie ihre Knechte, statt sie dem Richter auszuliefern[10]), sie vorenthalten in ihre Häuser geflüchtete Knechte deren Herrn[11]), sie befreien gewaltsam gefangne Uebelthäter[12]), sie besetzen und versiegeln fremde Häuser, ganz in den Formen der staatlichen Confiscation[13]). Ihre defensio, ihr patrocinium hält den

---

1) l. c. II. 2, 9. Cc. T. XVI. 2.

2) L. V. VII. 4, 2 insultare; daher muß so oft eingeschärft werden, daß das Gesetz über Allen stehe und keine potestas dignitatis sich davon emancipiren dürfe II. 1, 1. 2. B. T. J. I. 1, 4.

3) L. V. II. 1. 16, 17 pro contemtu judicis.

4) L. V. II. 2, 2. 8. 9.

5) B. T. J. I. 6, 5.

6) L. V. VIII. 1, 2. 4. 5. 7.

7) „Oder ich errichte einen Bau im Unterlauf, dessen Stauung dein Rad lähmt". Letzteres geschieht, wird aber durch Gebet der Mönche wieder beseitigt. Greg. tur. patr. 18, 2; über diese Uebergriffe der potentes vgl. A. III. S. 112 f., Roth Feud. S. 283.

8) L. V. VI. 4, 2 invasio, direptio B. T. II. 1, 3. J. 20 (21) 2, 3.

9) F. N. 35.

10) L. V. VII. 2, 22; charakteristisch, daß das Verbot auf die Regelung der Bestrafung des diebischen Knechts durch den Herrn folgt (21); B. T. IX. 8, 1. Vgl. ligare, abscondere, clusura, vincula B. P. V. 7, 12. in domo includere, ferro vincire, in carcerem detrudere l. 7, 6—9. Widerrechtliche Gefangenhaltung oft bedroht L. V. VIII. 1, 4. II. 5, 9. VI. 4, 3. VII. 4, 3. 4.

11) L. V. IX. 1, 13. 21.

12) l. c. III. 2, 9.

13) VIII. 1, 4 apprehendere, obsignare, describere d. h. einschreiben, wie der confiscirende Beamte (ebenso im Ostgothenreich A. IV. S. 65) post nomen regiae potestatis d. h. sine nomine oder secundum n.

Richter ab, Schuldige vor sich und zur Strafe zu bringen [1]): sogar die ehernen Bande hierarchischer Subordination werden durch die patrocinia laicorum gelockert, die den niedern Klerus in seiner Ueberhebung gegen den hohen bestärken [2]) und entlaufne Mönche gegen ihren Bischof schützen [3]) oder Straßenräuber gegen den Grafen [4]), während sie, ohne amtliche Gewalt zu haben, Zwangsgewalt durch Sajonen sich anmaßen [5]). Die geistliche ist darin nicht viel besser als die weltliche Aristokratie [6]).

Ja, wenn solche große Grundherrn [7]) zugleich Beamte sind, so vermehrt dies nur die Bedrückung der Geringern [8]): sie erfüllen ihre Richterpflichten nicht, sie begünstigen ihre Clienten [9]), ignoriren die Requisitionen ihrer Amtsgenossen [10]), wollen sich vor keinem Forum stellen [11]), mißbrauchen ihre Amtsgewalt, fremdes Eigenthum an sich zu reißen und zu schädigen [12]): kurz der Amtsdruck [13]) und Amtsmiß-

---

1) L. V. VII. 1, 1. 4, 6. Conc. Narb. praef. klagt, daß aliquanta quae juste et pie edita per patrocinationis potestatem non supplebantur.

2) Cc. Narb. 5.

3) Cc. Tol. VI. 6, 7 propter aliquem potestatis vigorem, patrocinium quorundam.

4) B. T. I. 10, 3 latrones, remotis potentum patrociniis.

5) L. V. II. 1, 17 de damnis (i. e. poenis) eorum qui non accepta potestate praesumserint judicare. nullus in territorio non sibi commisso vel ubi ille judicandi potestatem nullam habet omnino commissam, quemcunque per jussionem praesumat aut sajonem distringere.

6) Man sehe, wie Cc. T. XI. 5 de compescendis excessibus sacerdotum klagt, daß die Bischöfe omni gravitate sacerdotalis ordinis praetermissa audientiam judicii furore praeveniant . . praecipiti furore judicium antecedunt praesumtionibus confunduntur: direptio, pervasio, caedes an Fiscus oder Privaten; homicidium, caedes und andere Verbrechen, auf denen Talion, Verknechtung, Verbannung steht; vgl. die Furcht vor dem Einfluß des Bischofs L. V. II. 1. 16. 17. V. 1, 16. II. 3, 1.

7) Der potentior ist sehr reich gedacht: l. c. II. 4, 7 Cd. Card. soll $^1/_4$ seines Vermögens den Geschädigten trösten.

8) Die judices sind wie die potentes die oppressores pauperum Cc. T. IV. c. 33; vgl. B. T. IV. 4, 5.

9) L. V. II. 1, 18. VII. 4, 6.

10) l. c. II. 2, 8.

11) l. c. II. 1, 29.

12) l. c. VI. 4, 2. All' das auch schon Römisch: man sehe wie B. T. III. 6, 1. 11, 1 si quacunque praeditus potestate nuptias petat invitae, die hohen Beamten für sich, ihre Söhne und Begleiter reiche Partien erzwingen.

13) S. unten Amtshoheit.

brauch[1]) gehört ebenfalls hieher, er ist nur eine andere Form der praesumtio dieses Adels[2]): denn diese potentes[3]) sind eben auch die praesumentes[4]) und unaufhörlich gibt ihre praesumtio, violentia[5]) und superbia der Staatsgewalt zu thun[6]): sie stören durch Einfluß und Gewalt den Gang des Rechts[7]) und der Finanzverwaltung[8]): deßhalb soll auch einen gerechten Anspruch verwirken, wer einen major, potens um sein patrocinium im Gericht angeht[9]) und der Richter soll einen solchen Vornehmen sofort aus dem Gerichtssaal entfernen: lebhaft schildert die Stelle den junkerlichen Trotz des Mächtigen gegen die gesetzliche Gewalt des Richters[10]). Oft muß daher die nicht aus-

---

1) B. P. V. 27, 11 militiam confingunt, quo terreant et concutiant.

2) Ausdrücklich bezeugt L. V. II. 1, 30 (judices) quod debuerant judicii aequitate defendere inlatis contendunt praesumtionibus impugnare (insolentia judicum Cc. T. III. 18 et potentum IV. 33) IV. 3 judices vel potentes (usurpantes).

3) superbi Cc. T. XII. „tomus“.

4) Daher die häufige und heilsame Strafe pro sola praesumtione L. V. VII. 2, 20; es ist technisch geworden Cc. T. XI. 5.

5) L. V. VIII. 3, 1 f.

6) praesumtio freilich besonders Friedensbruch l. c. VI. 4, 2. 6, Hausfriedensbruch VI. 4, 2, Heimsuchung VIII. 1, 2. 4. 7, Gewalt II. 5, 5—9; 17. V. 2, 1. 7. 4, 3. 6, 7, aber nicht ausschließlich wie Osenbr. l. c.: jede obligatio ex delicto V. 6, 6 frivoler Proceß IV. 3, 3, Ueberhebung gegen fremde Knechte II. 2, 10. Fiction letztwilliger Zuwendung B. T. IV. 4. 2. 5.

7) Ebenfalls aus den römischen Zuständen herübergekommen: B. T. I. 6, 5 J. judices . . summam sollicitudinem habere debent, ne actores potentum aliquid circa inferiores personas illicite injusteque committant.

8) B. T. XIII. 2, 2.

9) Herübergenommen aus B. T. II. 13, 1 de actionibus ad potentes translatis u. 14, 1 de his, qui potentiorum nomina in lite praetendunt aut titulos praediis affigunt; (über letztgenannten Mißbrauch s. A. IV. S. 65 Ed. Theod. §§ 45—47). J. cognovimus multos causas per potentium personas excusare vel prosequi, ita ut libellos vel titulos eorum nominibus, qui dignitate praeclari sunt, quo facilius terreant possessores, in his domibus quae ab eis repetuntur affigunt aut certe si aliquid repetatur nomine magnorum et clarissimorum virorum prolatis libellis contradictoriis se specialiter excusare. B. T. II. 14, 1. Vgl. ferner B. P. V. 28, 3. 4 de vi privata, die Aufzählung I. 7, 2 per timorem potestatis alicujus, dann 7—9.

10) L. V. II. 2, 9 si potens contempserit judicem et proterve resistens de judicio egredi vel locum dare judicanti noluerit; zuletzt soll er ihn cum injuria violenta a judicio propulsare. Vgl. Davoud Oghlou I. p. 128; soweit ist es richtig, daß gerade die gothischen Geschlechter dieses Adels, Fauriel I. p. 516,

reichende Gewalt des Richters, selbst des Bischofs, den König als obersten Hort der Rechtshülfe anrufen, auf daß dieser Gehorsam erzwinge [1]).

Lehrreich ist, daß vorausgesetzt wird, der judex und vicarius, ja selbst der comes civitatis werde „vielleicht" (fortasse) nicht vermögen, den nobilis, der eine geschiedne Frau widerrechtlich geheirathet, zu trennen und dem Rechte zu beugen: alsdann soll er dem König zum Zweck der Strafe Anzeige erstatten: minores aber kann und soll er sofort trennen [2]). Der niedere Beamte, der allein einen solchen Verbrecher nicht zu ergreifen und zu zwingen vermag, soll den comes civitatis zu Hülfe rufen und dieser sie gewähren [3]). Wie groß die Rechtsunsicherheit, wie häufig die Anwendung von Gewalt [4]) durch diese Mächtigen war, zeigt auch, daß bei so vielen Verträgen, Schenkung, Kauf, Tausch &c. und Schuldurkunden aller Art ausdrücklich bemerkt wird, abgezwungene sollen nicht gelten [5]) und daß bei Consensualverträgen Schriftlichkeit und Zeugen verlangt werden [6]).

Schon damals waren es besonders die Kirchen [7]), deren reiche Besitzungen den weltlichen Adel zu Raub und Plünderung einluden: „oft drückt die harte Gewalt eines Uebermächtigen den Nacken der Priester dermaßen nieder", daß diese länger als 30 Jahre nicht wagen,

---

der civilitas, A. III. S. 269, und der romanisirenden Tendenz dieser ganzen Gesetzgebung am Ungebärdigsten werden widerstrebt haben.

1) Selbst gegen Juden, L. V. XII. 2, 23, d. h wohl deren mächtige Patrone.

2) L. V. III. 6, 1; so auch im römischen Staat Recurs an den praef. praet., wenn der rector prov. den superbus nicht zu zwingen vermag: der Zusatz „licet nemo reus possit fascibus ac securibus reluctari" B. Nov. Val. 5. wird durch diese Bestimmung selbst als bloße Theorie gekennzeichnet.

3) L. V. VII. 4, 2 si judex eum comprehendere vel distringere non potest, a comite civitatis quaerat auxilium, cum solus sibi sufficere non possit. ipse tamen comes illi auxilium dare non moretur, ut criminis reus insultare non possit.

4) Schlimmer als im Ostgothenreich Cassiod. Var. V. 39 multorum querela comperimus in provincia H. vitas hominum vaga praesumtione populari et levium occasione causarum subire multos interitum, sic mala pace quasi ludo corruunt quanti vix potuissent cadere sub necessitate bellorum.

5) L. V. V. 4, 3. Aus dem römischen Leben und Recht B. T. III. 1, 9 J. sciant omnes, quaecunque a potentioribus personis oppressi aut donaverint aut vendiderint, posse revocari.

6) Wobei übrigens fiscalische Rücksichten bei Liegenschaften mitwirkten B. T. III. 1. 2.

7) Und Klöster: Laien dringen potestative d. h. mit Gewalt ohne Erlaubniß des Abtes ein Cc. Caes. III. 3.

gegen den Kirchenräuber zu klagen: alsdann soll auch nach dieser Verjährungszeit zunächst der Erbe des Kirchengründers, dann die Beamten, eventuell Jedermann die Klage erheben dürfen[1]). Doch auch gegen die Geistlichen selbst muß man das Kirchengut schützen und der Richter wider einen übermächtigen Bischof den König anrufen[2]). Aber zuletzt war diese geistliche und weltliche Aristokratie auch dem König über den Kopf gewachsen: sie allein erhebt im Wege von Recht oder Gewalt die Throncandidaten: von ihr gehen die Palastrevolutionen aus[3]), von ihr ist die „Verwirrung des Landes“[4]) zu fürchten. Daher werden — was höchst bezeichnend — nur die Bischöfe und Palatinen als jene gedacht, welche versuchen könnten, das Gesetz über die Krongutfolge zu beseitigen[5]). Verdächtige Leute dieses Standes werden aus dem Palast entfernt, dem gefährlichen Brennpunct der Parteiungen. Während bei einem Thronwechsel die Gemeinfreien dem Neugeweihten nur Treue zu schwören haben, muß jeder ex palatino officio sofort an den Hof eilen, persönlich zu huldigen und, wenn ihn Krankheit oder Staatsgeschäfte abhalten, sich entschuldigen[6]): deutlich charakterisirt dies den weit gediehenen Abstand in der politischen Bedeutung zwischen den beiden Ständen.

Die Parteikämpfe (conturbationes, scandala) und Verschwörungen dieser mächtigen Vornehmen (im Inland und als Emigrirte, profugi) zerrütten das Reich[7]) und die Ueberhebung ihres unsäglichen Hochmuths (infanda superbia) in Worten und Werken ist eine ständige Bedrohung[8]) der Krone[9]), weßhalb der starke Kindasvinth ein

---

1) L. V. V. 1, 6 quia et ut multiplex annorum series sine repetitione pertranseat, facit hoc praeeminentis dura potestas, quae sic subjecta sibi sacerdotum comprimit colla, ut pro oblatis rebus intendere contra praeeminentis personam nec audeant nec praesumant etc.; vielleicht ist unter dem praeeminens (ohne quilibet etc.) auch der König — wie diese in das Kirchenvermögen eingriffen zeigt Cc. T. III. 6, 8 — gemeint und aus Schonung nicht näher bezeichnet.

2) l. c.

3) Cc. T. VIII. Lex.

4) Conturbatio terrae Cc. T. II. 2.

5) L. V. II. 1, 5.

6) l. c. II. 1, 7 Cd. L.

7) l. c. II. 1, 6 — daher die häufigen pervasiones X. 3, 5.

8) l. c. ist vielleicht statt deditorum zu lesen traditorum; oder früher begnadigte Verschwörer, die sich „ergeben“ hatten?

9) Denn sie führen gegen den König selbst eine hochfahrende und beschimpfende Sprache superbe et contumeliose insultare.

scharfes Gesetz gegen die staatsgefährlichen Umtriebe dieser Verschwörer und Empörer erließ: Tod, Blendung, unwiderrufliche Confiscation (mit Abschneidung simulirter Vergabung zu Umgehung des Gesetzes) und mit Ausschluß des Begnadigungsrechts bedroht schon den entfernten Versuch jeder Art von Hochverrath, ja schon die Auswanderung in feindlicher Absicht [1]). Wie wenig diese Drohungen halfen, zeigt die Geschichte gerade der letzten fünf Regierungen nach Kindasvinth.

Es hatten die sacerdotes und majores palatii dem König selbst das Begnadigungsrecht aus der Hand gewunden: gegenüber politischen Verbrechen darf er es nur mit ihrer Zustimmung üben. Deutlicher als alles Andere spiegelt diese Forderung des Adels die ganze Situation: jeder König herrscht nur, indem er sich auf eine bestimmte Partei stützt [2]), richtiger — zuletzt wenigstens — als deren Werkzeug: diese Adelspartei will sich oben erhalten im Besitz von Amt, Reichthum, Einfluß, Macht, und jede wider den König gerichtete Verschwörung der andern, niedergeworfnen Parteien verfolgt die herrschende Partei mit dem Grimm der Rache [3]) nicht nur, zugleich mit der Energie des Selbsterhaltungstriebes: nicht um den König, um sich selbst handelt es sich ihr und jede Regung der Schwäche oder Großmuth in dem Herrscher, die gefährlich werden könnte, soll von der Partei verhindert werden können. Die Hochverrathsprocesse sind nur der juristische Ausdruck für die Kämpfe der politischen Parteien [4]). „Wenn im Inland ein scandalum [5]) wider unsre Regierung entsteht, gelten dieselben strengen Pflichten der Waffenhülfe wie bei feindlichem Einfall zur Unterstützung der treuen Anhänger des jeweiligen Königs“ [6]), ja die Unterlassung wird in diesem Falle noch schärfer geahndet und

1) l. c. VI. 1, 3.

2) Seine „fideles“ Cc. T. V. praef. u. 6.

3) Vergebens sucht Cc. T. V. 6 die Anhänger des verstorbenen Königs hiegegen zu schützen, man entriß ihnen wie seinen Kindern Cc. T. V. 2, ererbtes und vom König geschenktes Vermögen; vgl. Cc. T. XVI. 10. Diese grausame Rache des Königs beklagt Cc. Tol. VIII. decr. cum . . imperium dominantis non formaret jura regiminis, sed excidia ultionis . . contraxerant leges elata fastigia in bifronti discidio motionis: aut in culpis lex ardua saeviebat aut in spoliis favorem lex voluntaria commodabat. Daher Ruin vieler reicher Häuser.

4) L. V. VI. 1, 6; vgl. II. 1, 5. 6.

5) conturbium Cc. T. XVI.

6) L. V. IX. 2, 8 fidelium praesentis regis, contra quem ipsum scandalum excitatum extiterit.

besonders die hohe Geistlichkeit und der Palastadel bedroht — man wußte warum. Der häufige Wechsel von Niederlage (mit Verbannung, Verhaftung) und Sieg der Adelsgeschlechter liegt auch zu Grunde, wenn die Verjährung zum Nachtheil solcher Verbannten nicht laufen soll, denen es gelungen, nach der Zeit von Drang und Noth[1]) wieder zu ihren Gütern heimzukehren. —

2. Die Gemeinfreien[2]).

Der Stand der Gemeinfreien, liberi, ingenui[3]), ist gesetzlich als der Träger des normalen Maßes von Recht und Freiheit anerkannt: daher ordnet der Gesetzgeber im System seiner Casuistik für diesen Stand die eigentliche Regel, wozu sich die Bestimmungen für potentiores, inferiores, liberti, servi als die Ausnahmen über und unter dem Normalmaß verhalten[4]). Im Privatrecht, im Personenrecht ist immer noch die Unterscheidung von Gemeinfreien und Unfreien die

1) Vgl. Cc. Tol. VIII. pressurae et penuriae.

2) L. V. II. 1, 10. 17. 2, 8–10. 3, 3. 4. 9. 4, 2. 4. 8. 5, 5. VI. 1, 2. 4. Verhältniß zum Adel III. 6, 1. Walter II. S. 69. Davoud Oghlou I. p. 14—18. Romey II. p. 326. Türk S. 98.

3) Ungenau gebrauchen die Quellen ingenuus auch für libertus s. Bledenweg p. 12; vgl. de Maubeuge über die tautologische J. zu B. Gaj. §§ 9—12; die Abstufung in goldene, silberne, kupferne Ringe des Adels, der Gemeinfreien und Knechte, die man auf dem Schlachtfeld von Xeres gefunden haben soll, Murphy p. 02, Aschb. S. 325, Du Cange s. v. „annulus" R. A. S. 340 ist offenbar lediglich arabische Sage Pascal y Gayangos I. p. 275; eher ist eine bestimmte Art, das lange Haar zu tragen, als Kennzeichen gothischer Gemeinfreiheit, zunächst: Nationalität, anzunehmen nach Isid. origin. l. c. 19 nonnullae gentes non solum in vestibus, sed et in corpore aliqua sibi propria quasi insignia vindicant, ut videmus cirros Germanorum, grannos et cinnabar Gothorum (angeblich gr. = Schnurrbart).

4) z. B. L. V. IV. 2, 20 omnis vir ingenuus et femina sive nobilis sive inferior X. 2, 6 ingenuus umfaßt auch den nobilis, VI. 2, 1, kann aber auch dem palatinum officium entgegengesetzt werden II. 1, 7 Cd. Leg.: — II. 1, 81 quicumque ingenuus, si nobilior persona est. II. 2, 8 si quis ingenuorum atque servorum. potens — reliqui ingenui II. 2, 9 vgl. 10; 3, 4. nobilis — pauper et ingenuus. Ferner II. 4, 8. III. 1, 2 liber liberum. V. 4, 11 ingenuus ingenuum. XII. 2, 7 non servus, non ingenuus aut libertus, aber in den F. N. 2. 3. 4. 6 u. Cc. T. IV. 60 ingenui sub patrocinio (manumissi) heißt auch der Freigelaßne ingenuus.

wichtigste, die Grundtheilung [1]), wenn auch nicht mehr im socialen Leben und noch weniger in der politischen Stellung, wenn auch der unfreie aber reich begüterte Diener des mächtigen Palatinen am Hofe eine ganz andere Stellung einnimmt als der arme gothische Freibauer auf dem Lande nnd wenn auch an die Stelle der alten Volksversammlung aller Freien zum Theil das vom Adel erfüllte palatium des Königs, mehr aber noch Reichstag und Concil getreten sind, in welchen der weltliche und geistliche Adel allein erscheint oder doch allein den Ausschlag giebt. —

Erworben wird die Gemeinfreiheit durch eheliche Geburt von freien Aeltern [2]), durch volle Freilassung [3]), durch Ersitzung der Freiheit [4]), ferner durch Gesetz zur Strafe für den Herrn [5]) oder zur Be-

---

1) Conc. Narb. 4 ut omnis homo tam ingenuus quam servus 14 seu liberi seu servi vel ancillae; vgl. 15 u. Cc. Tol. VI. 7 si quis ingenuum aut civem Romanum factum B. P. V. 28, 2.

2) L. V. III. 2, 7; bei Ehen mit Unfreien oder Freigelaßnen folgen die Kinder der ärgern Hand: J. B. T. IV. 8, 3. L. V. V. 1, 7. IX. 1, 6; doch können sie in 30 Jahren die Freiheit ersitzen, wenn auch ihre Aeltern inzwischen den Berechtigten nicht Sclavendienste gethan III. 2, 3; 4. 3, 9., arglistige Verlockung zur Ehe mit Unfreien soll nicht schaden III. 2, 7, noch Loskauf oder Stellung von Ersatzsclaven B. T. IV. 8, 3.

3) L. V. X. 2, 4; ungültig, wenn in fraudem legis III. 4, 11; häufig durch Testament als fromme Handlung V. 7, 1 (offenbar von der Kirche begünstigt und auch bei ihren eignen Knechten häufig (ob zwar mit Vorbehalt des obsequium) geübt, so daß der Vorwurf Helff.'s S. 126 gegen die katholische Geistlichkeit nicht begründet ist) vor Zeugen, die aber binnen 6 Monaten auftreten müssen; oder coram presbytero V. 7, 2 oder mit scriptura (römisch cartula F. N. 1) libertatis V. 7, 9; 14 und die Formeln; doch pflegt sich Urkundung mit allen Formen zu verbinden; mit oder ohne Vorbehalt des Widerrufs oder des obsequium V. 7, 9; auch mündliche Bedingung (neben schriftlicher Freilassung) l. c. 14 über das bisherige peculium; bei Kronknechten ist der vom König unterschriebne Freibrief die einzige zulässige Form V. 7, 15.

4) B. T. IV. 8, 3—5. L. V. X. 2, 7 in 20 oder 30 Jahren III. 2, 3 oder in 50 X. 2, 2.

5) l. c. XII. 2, 11—13. Walter II. S. 33, R. A. S. 343. Wegen zweimaligen Verkaufs des Knechts in's Ausland IX. 1, 10. Cc. T. IV. 59. 66. oder wegen Verknechtung durch einen tyrannus B. T. V. 6, 1. L. V. XII. 3, 1. 12 erklärt alle christlichen Knechte jüdischer Herrn frei; vgl. aber Cc. T. XVII. tom. B. T. XVI. 4, 1. 2. Zur Entschädigung für den Knecht wegen grundloser Folterung L. V. VI. 1, 4, dagegen nicht VII. 6, 1, denn hier wird Einwilligung des Herrn vorausgesetzt.

lohnung [1]) für den Knecht. Endlich wird sie thatsächlich wiedererworben durch proclamatio in libertatem [2]).

Verloren wird die Freiheit durch Verknechtung: entweder primär bei Kriegsgefangnen oder zur Strafe [3]) (Verheirathung mit Unfreien) [4]) oder secundär als Schuldknechtschaft in Folge von Ueberschuldung [5]) oder durch freiwillige Ergebung in Knechtschaft [6]), endlich durch Widerruf der Freilassung undankbarer Freigelaßnen und ihrer Nachkommen [7]).

Von den alten Ehrenrechten der Vollfreien haben sich erhalten die auszeichnenden Rechte vor Gericht: so vor Allem das gerichtliche Zeugniß- und Eid-Recht [8]): Zeugen müssen, um idonei zu sein, vor Allem sein idonei genere hoc est indubitanter ingenui [9]); daher Verlust der Freiheit den das testimonium involvirt (doch auch der der Ehre hat diese Folge): auch der niedre Gemeinfreie hat eine dignitas, die er durch infamia verliert [10]). Fünf freie Männer werden als Zeugen der Kirche bei Inventarisirung, bei Schenkungen

---

1) z. B. als Anzeigeprämien L. V. XII. 2, 14. B. T. IX. 6, 1. 3, 19. 1. (der Herr erhält einen servus vicarius vom fiscus) oder wegen des Uebertritts des jüdischen Knechts zum Christenthum L. V. XII. 3, 18. Walter. II. S. 33.

2) L. V. V. 4, 10; 7, 3 wozu es keines vindex bedarf: der Richter gewährt dem Sclaven Zeit und Schutz, Zeugen seiner Freiheit zu suchen; über das röm. Recht B. T. IV. 8.

3) L. V. II. 1, 19. 4, 6. 8. III. 1, 3; 2, 3; 3, 4. VI. 1, 4; 3, 1; VII. 1, 1; 2, 13. z. B. für betrüglichen Selbstverkauf eines Freien als Sclave V. 4, 10; auch ein freies von seinen Aeltern ausgesetztes Kind kann von seinem Retter und Aufzieher als Sclave behalten werden B. T. V. 7, 1. 2. 8, 1. Dagegen dürfen die Altern das freie Kind nicht in Knechtschaft verkaufen B. P. V. 1, 1.

4) L. V. III. 2, 7 vgl. IX. 1, 15. 16 f. Strafrecht. B. T. IV. 11, 1. Amiable p. 372.

5) L. V. V. 6, 5.

6) l. c. II. 5, 8. V. 4, 10.

7) Cc. Tol. IV. c. 72. (über das römische Vorbild, J. B. T. IV. 10, 1—3); L. V. V. 7, 9. 10. wegen grober Injurie, peinlicher Anklage: wegen Zeugniß sogar noch gegen die Enkel des Patrons V. 7, 11; noch strenger 17 wegen Ehe und jeder processualer Verfolgung; natürlich muß der Widerrufer jene Thatsachen beweisen 10; befreit von der Widerruflichkeit sind in den geistlichen Stand getretne Freigelaßne V. 7, 18; jeder Ungehorsam wider den Heerbann V. 7, 20. aber nicht jedes Verbrechen, z. B. Diebstahl, hat diese Folge.

8) Vgl. Helff. S. 161; übrigens sind auch im römischen Recht die bene nati viri F. N. 7 ingenui, trotz des Zusatzes nobiles N. 14.

9) L. V. II. 4, 3, (vgl. Isid. orig. XVIII. 15 mit 4, 9) Ausnahmen; 1, 17 coram ingenuis personis.

10) l. c. 2, 9. 1, 31; vgl. 4, 9 ingenuorum dignitas, honor, status ingenuitatis.

unter Gothen [1]), auch bei Bürgen wird ingenuitas verlangt [2]): wenn hier nicht idoneus zu lesen, was nicht einen Stand bezeichnet, sondern Tüchtigkeit, Tauglichkeit, je in der fraglichen Kategorie [3]): auch idonei ingenui begegnen, wobei neben geistiger und moralischer Tüchtigkeit auch die bürgerliche Stellung in Frage kommt [4]); hier berührt sich der Begriff [5]) mit den vicini honesti [6]), boni viri [7]), bei welchen ebenfalls moralische Tüchtigkeit, Brauchbarkeit [8]), Zahlungsfähigkeit, bürgerliche Selbständigkeit im Zusammenhang gedacht sind [9]).

Ferner hat der Freigeborne nicht so oft wie der Knecht [10]) die Ruthenstrafe zu fürchten (der Freigelaßne häufiger als der Freigeborne, der vilior öfter als der melior) [11]) und die Folter nur ausnahmsweise,

1) L. V. V. 2, 7.

2) l. c. V. 4, 1.

3) z. B. B. T. J. IV. 17 (18) 1, solvent B. P. I. 4, 8; vilior .. idoneus servus L. V. II. 3, 9 id. serv., vil., rusticus 4, 6. id. inferiores, rusticani unter Freigelaßnen VI. 1, 4. i. liberta. Dagegen indigna; i. testis II. 5, 10 IX. 2, 8 quibus merito fides possit adhiberi VI. 5, 19 morum probitate et fidei plenitudine i. XII. 2, 10 II. 4, 5 qui plus est extestibus idoneus.

4) l. c. VI. 5, 5 testes numero et dignitate i. Bezeichnend Apoll. S. VII. 2 non minus censu quam moribus idonea.

5) Obige erschöpfende Collectaneen widerlegen Helff. S. 58 vollständig, daß das Wort erst unter Kindasvinth begegne; schon J. zu B. T. I. 5, 1 digna idoneaque persona P. III. 30, 1. minus i. libertus (d. h. zum tutor) affinitate propinquior et facultatibus magis idoneus. Biedenw. p. 17 verkennt, daß i. (viel zu eng Zöpfl S. 336, Cénac Moncaut I. p. 427) meist re pecuniaria idoneus, z. B. i. venditor V. 4, 2, nicht immer Gegensatz zu infamis ist; über facultas L. V. III. 5, 1. VI. 5, 12—13. IX. 2, 8.

6) l. c. XI. 1, 1 viri h.

7) b. homines l. c. VI. 1, 4 bei gewissen Rechtsgeschäften i. testibus comprobari. L. V. IX. 1, 21. (über ingenuus = idoneus Rozière p. 8. B. T. XI. 14, 7.) 8. II. 4, 3. 5. VI. 5, 5 dignitate. XII. 2, 10. idoneus adstipulator Apoll. S. VI. 4 (i. scriptura L. V. II. 5, 16. probatio III. 2, 7.) Schätzungen a judice vel a b. h. rationabiliter aestimari L. V. VI. 2, 4 honesti h. convocati, das Maß der Folter zu überwachen.

8) L. V. VI. 4, 7 i. servi, liberti, Gegensatz: VI. 1, 4. 4, 3.

9) l. c. II. 4, 9; vgl. II. 4, 5—6. Cd. Card. honestibus (sic) magis quam vilioribus testibus fides admittatur. J. B. T. IV. 10, 1 strenuas personas, von Haen. richtig mit idoneas erklärt, d. h. solvent und zuverlässig, (ebenso XI. 4, 2) es handelt sich um Steuerpächter.

10) L. V. VIII. 3, 7. 10, 11. 4, 15. 31. IX. 1, 7. 8, 1; vgl. Davoud Oghlou I. p. 31. 32, Guérard I. p. 330, Köstlin Straf-R. S. 413.

11) L. V. II. 2, 8 oder es wird ein Theil der Hiebe in Geld (50 Hiebe = 5 sol.

obwohl hierin die Gesetzgebung ihre Lage fortschreitend verschlimmert [1]). Vgl. L. V. VII. 1, 1 und II. 1, 32, das in allen Sachen, auch geringen, die Freien der Kesselprobe und bei deren Nichtbestehen der Folter unterwirft [2]). Ein späteres Gesetz von Kindasvinth [3]) behandelt die Folter ebenfalls (im Proceß von Mandataren) und schließt dieselbe für nobiles ganz aus: den Gegensatz bildet die pauper et ingenua persona: sie darf, wenn auch unter besonderer Cautel, gefoltert werden: viel unbeschränkter Knechte in capite domini z. B. bei adulterium [4]) der domini familiae, wenn sie selbst anklagen.

Auch zur Ehe ist der Freigelaßne, geschweige der Knecht [5]) — auf außerehelicher Vermischung der Freien mit ihren Sclaven steht [6]) der Tod — dem Freigebornen nicht ebenbürtig [7]), wenigstens dann nicht, wenn sich der Herr das obsequium vorbehalten: eine solche Ehe heißt sogar ein infame conjugium, sie soll getrennt werden, die Kinder dienen dem frühern Herrn und alle Vermögenszuwendungen von dem freien an den freigelaßnen Gatten fallen den Erben des Ersteren, eventuell dem Könige zu [8]).

Nach einem späteren Gesetz sollen regelmäßig nur Freigeborne Palastbeamte werden können [9]).

Endlich aber macht sich im ganzen System des Privat- und des Strafrechts der fragliche Unterschied durchschlagend geltend, da der Unfreie kein Rechtssubject, sondern Rechtsobject, Sache ist, der Freigelaßne in

---

VIII. 4, 8. B. J. IX. 22, 1 vgl. den ingenuus obsequens v. s. Caes. p. 662) angeschlagen und erlegt L. V. III. 4, 16. VIII. 3, 12 droht dem servus Ersatz und Hiebe, dem Freien obzwar inferior Ersatz und Geldstrafe; ebenso kirchliche Quellen Cc. Narb. 4, vgl. 15; s. u. Knechte und Strafrecht.

1) L. V. VI. 1, 2 pro quibus rebus et qualiter ingenuorum personae subdendae sint quaestioni. (Dag. B. P. V. 18 de servorum quaestionibus u. III. 7 (6) ad Sc. silanian. Folter der familia bei Ermordung des Herrn I. 12, 3.) 3 qualiter servi vel ancillae torquendi sunt in capite dominorum suorum. 4.. servus aut libertus tormenta portabunt.

2) Vgl. L. V. II. 3, 4.

3) Das VI. 1, 2 citirt.

4) B. T. IX. 4, 3. L. V. III. 4, 13. V. 4, 14. Nur sehr abgerissen hierüber Helff. S. 16, s. Unger Gerichts-V. S. 93.

5) l. c. IX. 1, 16 tam inhonesta conjunctio.

6) B. T. IX. 6, 1.

7) Apoll. S. VII. 2 puellam non inferiorem natalibus, facultatibus superiorem.

8) L. V. V. 1, 7.

9) Conc. Tol. XIII. c. 6.

wichtigen Beziehungen dem Freigebornen nicht als ebenbürtig [1]) gilt und der Knecht viel schwerer bestraft wird als der Freie. Wir würden den Fluß der Darstellung hier mit Durchführung dieser Sätze an dem gesammten Material allzuschwer belasten, begnügen uns also hier mit einer Auswahl [2]) und verweisen auf die Darstellung des Strafrechts und Privatrechts an andrem Ort. Deßhalb führt regelmäßig (aber keineswegs immer vollständig) [4]) das Gesetzbuch, auch hier dem römischen Recht folgend [3]), eine Casuistik für Freie, (majores und minores) Freigelaßne und Unfreie durch [5]). So in den Gesetzen de contumelia, vulnere et debilitatione hominum [6]): hienach soll der gleiche Schlag von einem Freien an fremdem Knecht verübt ein halb, von einem Knecht an einem fremden Knecht ein Drittel und fünfzig Hiebe, vom Knecht am Freien verübt die ganze Normalsumme und siebzig Hiebe verwirken; oft trifft den Knecht außer der Ersatzpflicht, die er mit dem Freien theilt, noch eine Zahl von Hieben [7]): will der Herr nicht für den Knecht com-

---

1) z. B. Ehescheidung L. V. III. 6, 1.

2) Den Freien trifft: — den Unfreien:

	Den Freien trifft:	den Unfreien:
l. c. III. 4, 14.	Geißelung und Verknechtung, —	Feuertod (vgl. B. T. IX. 22, 1).
15.	50 oder 100 Hiebe,	150 Hiebe.
16.	50 H. und 30 sol.,	200 sol.
17.	200 Hiebe,	300 Hiebe und Decalvation.
V. 4, 11.	100 sol.,	200 Hiebe und Decalvation.
VII. 2, 20.	100 Hiebe, major wie minor,	200 Hiebe.
6, 2.	Verknechtung (den potens Consisc.)	Verlust der Hand.
VIII. 3, 3.	50 Hiebe,	200 Hiebe.
4.	100 Hiebe,	200 Hiebe.
5.		200 Hiebe zu der Strafe des Freien.
6.	50 Hiebe,	150 Hiebe.
4, 15.	50 Hiebe,	100 Hiebe.

Am Schroffsten aber XI. 2, 1, wo der Freie mit einem Pfund Gold und 100 Hieben, der Unfreie mit 200 Hieben und dem Feuertod bestraft wird: nur ausnahmsweise wie VI. 2, 2 gleiche Strafe für Freie und Knechte (venefici) 4. sive ingenuus sit sive servus VII. 5, 9 und IX. 1, 21.

3) z. B. l. c. VII. 2, 22.

4) z. B. B. T. IX. 22, 1.

5) Vgl. L. V. III. 4, 16 superiori ingenuorum lege. V. 4, 11 si ingenuus ingenuum, si vero servus, si ingenuus ingenuae VI. 3, 2. seu libera seu ancilla VI. 3, 7 (al. cod. liberta) VII. 3, 1. si ingenuus — si servus (ingenuum — servum, dann muß weiter unterschieden werden, ob der Unfreie mit oder ohne Befehl des Herrn handelt).

6) l. c. VI. 4, 1—11.

7) l. c. VIII. 3, 2. 10.

poniren, muß er ihn ausliefern [1]). Die gleiche Unterscheidung begegnet ausführlich in dem Gesetz über Kindsabtreibung [2]) und in dem großen Compositionsgesetz (Auslieferung des Knechts für an dem Freien begangene Decalvation zu beliebiger Rache) für Freie, Freigelaßne, Knechte (bessere und geringere) bei Verwundungen unter Gleichen und Ungleichen. Und doch muß in einigen Fällen diese Casuistik des Gesetzes noch durch richterliches Ermessen ergänzt werden. Ein festes Verhältniß des Abstandes ist nicht eingehalten: z. B. begegnen 5 sol. und 50 Hiebe, 50 Hiebe und 100 Hiebe, während anderseits das Wehrgeld des Knechts die Hälfte des Freien-Wehrgelds beträgt [3]); ja manchmal findet sich auch — bei Geldbußen — geringere Bestrafung des Knechts, aus der Erwägung, daß er ärmer ist und man nicht den unschuldigen Herrn büßen lassen will [4]), wie schon der ärmere Freie oft nur halb die Geldstrafe des Reichen zu tragen hat und für die andere Hälfte — Hiebe [5]). Aus diesem Grunde, da ja aller Besitz des Sclaven Eigenthum des Herrn, übersetzt man dem Unfreien die Geldstrafen der Freien in Hiebe [6]). Dem entsprechend erhält auch bei Prämien der Knecht nur halb so viel als der Freie und wer ein freies ausgesetztes Kind aufzieht, erhält den ganzen Werth ersetzt, wer ein unfreies, ein Drittel [7]) desselben.

Man sieht, immerhin bildet Freiheit und Unfreiheit im System des Rechts noch einen bedeutsamen, ja theoretisch den bedeutendsten Gegensatz und es fehlt nicht an Wendungen und Ausdrücken [8]), welche die Ehre der Freiheit und die große Kluft, welche den Freigebornen

---

1) Vgl. l. c. VI. 4, 3.

2) l. c. VI. 3, 1—7.

3) VI. 5, 9. 20. (Dagegen oft am Schluß eines Gesetzes, das nur den ingenuus genannt hat, die Formel haec et de servis forma servetur. VII. 2, 8.)

4) So VII. 2, 9.

5) VIII. 3, 10.

6) VIII. 4, 8. 24 büßt der Knecht mit 100 Hieben, der potentior mit 20, die reliqui mit 10 sol.; 29 dem Knecht 100 Hiebe, der major 10 sol., der minor pers. 5 sol. und 50 Hiebe. (Wie ein Versehen in der Redaction erscheint die Anomalie, daß XI. 1, 21 den servus 100 Hiebe, den Freien 100 und 1 Pfund Gold treffen, bei Insolvenz aber 200 Hiebe, also mehr als den Knecht.)

7) IV. 4, 3. VII. 6, 1.

8) Auch bei Römern: Apoll. S. VII. 2 parentes natalibus non superbis sed absolutis et sicut nihil illustre jactantes ita nihil servile metuentes: v. s. Eptadii p. 718 parentibus secundum seculi dignitatem non minimis sed *bene ingenuis* . . senatoria dignitate.

auch von dem Freigelaßnen scheidet, scharf geltend machen. Die Sprache von L. V. V. 7, 17. 20. 21 zeigt, daß die Freigebornen gegenüber den Freigelaßnen mit großem Stolz als eine Art von Adel sich empfinden: generosa nobilitas, claritas generis, splendor ortus wird von Gemeinfreien, — nicht Adel — gebraucht: so heißt auch [1]) der Vollfreie im Gegensatz zu dem servus persona nobilis et inluster [2]): schon freie Geburt, nicht erst Adel, wird im Gegensatz zu origo servilis als generis nobilitas bezeichnet [3]) und den Freien kommen die Standesehrenpflichten der honestas und der patientia zu [4]). Aehnlich Cassiodor [5]); indessen diese ganze Auffassung [6]) ist dem Inhalt nach eine archaistische, der Form nach eine rhetorische und die theoretische Unterscheidung wurde durch das praktische Leben täglich mehr überwunden. Und gerade die gereizte Heftigkeit der Sprache, in der das Gesetz [7]) die Freigelaßnen von dem Niveau der Freigebornen herabdrängen will, verräth den Widerspruch gegen die Wirklichkeit [8]). Denn die oben aufgezählten Rechte sind doch nur noch sehr dürftige Reste des alten Vollwerths freier Geburt und auch diese sehen wir vor unsern Augen in der Bewegung der Gesetzgebung verschwinden. Nicht mehr Frei und Unfrei, Reich und Arm ist die wich-

---

1) L. V. VI. 4, 7.

2) Es ist nicht allein an Adel zu denken: es soll der Uebermuth von Knechten gegen Freie geahndet werden; vgl. VII. 3, 6 pro injuria ingenui.

3) Cc. T. XIII. tom. c. 6 nobilitas . . generosi, c. 1 generosa stirps nobilitatis decus meint den Gegensatz zur infamia. L. V. (vgl. Göhrum I. S. 54), X. 2, 4 quod nulla generis nobilitas decoravit, indebita licentia (d. h. Ersitzung der Freiheit) libertati contradidit.

4) VI. 4, 7. B. T. VIII. 1, 1 sagt: Aemter quibus fides committenda, seien nicht von Colonen und Unfreien, sondern von solchen zu führen, de quibus querela esse non possit d. h. von Freien; aber das wahre Motiv ist Besorgniß der Insolvenz dieser verantwortlichen Finanzbeamten, daher vor Allem Verhaft des Herrn für allen Schaden.

5) A. III. S. 269.

6) absoluti decoris titulum, den decor ingenuitatis L. V. V. 1, 7; auch der niedre Freie hat eine dignitas, die er durch die Ruthenstrafe verliert II. 1, 31, vgl. 4, 9 ingenuorum dignitas, IX. 2, 9 honor et dignitas ingenuitatis; und hiezu die Freilassungsformeln, bei denen freilich noch mehr Rhetorik abzuziehen.

7) V. 7, 2. 17. 21. Conc. Tol. XIII. c. 6.

8) In der Ehe zumal wurde die Kluft häufig übersprungen, besonders in der zweiten Generation. Die stete Wiederholung des Verbots zeigt die Fruchtlosigkeit dieser Anstrengung: L. V. V. 7, 12 relaxato freno servitutis aequales se dominis suis vel eorum successoribus affirmant.

tigste Unterscheidung [1]). Und wie hoher Reichthum zur Aristokratie erhöhen kann, so erhebt mittlerer Reichthum auch den Unfreien thatsächlich und in manchem Betracht bereits auch rechtlich über den armen Freien.

Wir können zum Theil die Schritte dieser Veränderungen verfolgen: immer mehr treten die Palatinen in den Vordergrund, die Gemeinfreien in den Hintergrund des Staats [2]). Sehr lehrreich ist L. V. II. 4, 3. Das „alte Recht" (prisca legum auctoritas) hatte noch unter testes idonei einfach ingenui verstanden: jetzt aber wird idoneus dahin erklärt, daß dieser Begriff außer der freien Geburt noch erheischt: honestate mentis conspicui *atque rerum plenitudine opulenti*. Und das Gesetz ist von Kindasvinth, der sicher nicht absichtlich die Vornehmen über die Gemeinfreien erheben wollte. Es wirkte vielmehr der unwillkürliche und unwiderstehliche Zug der Dinge: offen sagt uns der König das Motiv seiner Interpretation: von dem armen Gemeinfreien war zu leicht zu befürchten, er werde sich zu falschem Zeugniß bestechen lassen [3]). War es freilich mit der Gemeinfreiheit so weit gekommen, so konnte man von dem „idoneus genere" bald ganz absehen. Und dies geschah denn auch. Kindasvinth hat [4]) den Knechten das Klagerecht gegen Freie und [5]), zunächst für gewisse Kategorien königlicher Knechte, die Zeugnißfähigkeit gewährt.

Auch die Ruthe bedroht in vielen Fällen primär, nicht erst bei Insolvenz, — ein bedeutsamer Unterschied von den ostgothischen Zuständen [6]) — den Leib des freien Mannes wie den Knecht [7]). Wäh-

---

1) Daher in der obigen Stelle bei Apoll. S. VII. 2 plus profectus est quam status sui seu per censum seu per familiam forma pateretur . . parentes contenti censu modico sed eodem vel sufficiente vel libero. Das meint der schiefe Ausdruck bei Welcker S. 234: „Vollbürger" und „Güterlose".

2) Cc. T. XIII. 2 findet es nöthig mit einem tamen hervorzuheben, daß es auch Gemeinfreie giebt, die nicht zu den Palatinen zählen. So hatte schon B. T. IX. 6, 1 von einer nuda libertas, sine insignibus dignitatis gesprochen.

3) L. V. II. 4, 3 nam videtur esse cavendum, ne forte quisque compulsus inopia dum necessitatem tolerat („Noth leidet") praecipitanter perjurare non metuat.

4) II. 2, 10.

5) II. 4, 4.

6) A. IV. S. 115.

7) S. „Strafrecht" und L. V. IX. 21. III. 3, 12. 4, 16. Cc. Narb. 14, anders 15 für den Freien nur geistliche, den Knecht Geißelstrafe: sogar für Schädigung eines Unfreien L. V. VI. 4, 3.

rend Cc. T. XIII. 2 zunächst geistlichen und weltlichen Adel gegen Willkür des Königs sichert, fügt es erst secundär bei, daß es mit ingenui qui palatinis officiis non haeserunt et tamen ingenuitatis titulum reportare videntur, ähnlich gehalten werden solle; auch soll es nicht Infamie und Confiscation im Gefolge haben, wenn der König „wie er pflegt, ut assolet" für ganz leichte Vergehen Prügelstrafe über sie verhängt [1]). IX. 1, 21 werden alle habitatores loci, auch Weiber und Priester, mit 200 Hieben bedroht; dagegen begegnen anderwärts z. B. bei den Langobarden, nur höchst ausnahmsweise Hiebe für Freie [2]).

Ferner kann — seit Kindasvinth, also im späteren Recht — der kleine Freie, hierin vom Vornehmen grundverschieden, auch für geringe Fälle (bei dem Betrag von 300 sol.) der Folter unterworfen werden L. V. VI. 2, 1; II. 1, 31 ändert dies dahin, daß in allen, auch Bagatellsachen, der Freie erst der Kesselprobe unterworfen werden muß, aber auch kann, worin schon deßhalb ein weiteres Herabsinken lag, weil nun dies Gottesurtheil primär auf Freie angewendet wird, statt, wie sonst Regel, nur auf Knechte und da sich das Gesetz auf L. V. VI. 1, 2 bezieht [3]), so trifft die Schärfung doch nur die humiliores. Man kann die Umgestaltung dahin präcisiren, daß die alte Ehrenstellung der Gemeinfreien im Staat nunmehr auf den Adel beschränkt ist, während die kleinen Freien von Unfreien und Freigelaßnen überragt werden können: so hat nur der potentior vel nobilior, nicht mehr jeder ingenuus, das Recht der Selbstvertheidigung durch den Eid [4]): so werden die Gesetze in Palast oder Kirche nur mehr vor der weltlichen und geistlichen Aristokratie verkündet und nur Eine Handschrift [5]) nennt daneben den populus omnis. So wird der König nur mehr von den Bischöfen und Palatinen gewählt, die versuchte Mitwirkung Gemeinfreier auf dem Lande heißt ein „aufrührerischer Tumult bäueri-

---

1) l. c. qui etiamsi pro culpis minimis ut assolet flagellorum ictibus a principe vulnerentur; auch am Schlusse des Canons sind wohl Gemeinfreie, nicht Unfreie als der domestica correctio des Königs unterstellt gedacht: er kann sie wegen Nachlässigkeit im Amt absetzen, aber ohne infamia und Confiscation.

2) Osenbr. S. 29 vgl. Wilda S. 108. 513; „wie denn überhaupt bei diesem Stamm der Stock in fast chinesischer Weise gewaltet hat".

3) II. 1, 32.

4) VI. 1, 2.

5) Cd. Leg.

scher Menge"[1]). So stand denn nichts mehr im Wege, daß auch unfrei Geborene, mit oder ohne Freilassung, durch die Gunst des Königs (ex regio jussu) Hofamt, Staatsamt, Reichthum und damit den Eintritt in die herrschende Aristokratie gewannen[2]).

Und daß dies häufig vorkam[3]) lehrt gerade jenes späte Gesetz[4]) unter Erwich, welches diese Erscheinung beklagt, aber doch nur auf die oberste Schicht der Unfreien zu beschränken, nicht sie ganz zu verbieten wagt. Solche Unfreie werden ihren bisherigen Herrn gleich, ja überlegen[5]) und oft bedienten sich die Könige dieser Emporkömmlinge, welche die Geheimnisse ihrer frühern Herrn, der Prälaten und Großen, kannten und aus Rachsucht oder Ehrgeiz verriethen, jene durch politische Processe zu verderben. Staat und Adel wurden oft hiedurch erschüttert.

Am Meisten muß auffallen, — vielmehr als solche Erhöhung einzelner Knechte durch königliche Willkür, — daß das Gesetz selbst ein für allemal auch einfachen Richtern gestattet, eigne oder fremde Knechte zu ihren Vertretern in der Gerichtsgewalt zu bestellen — über freie Gothen! Sie zählen zu den Personen, die es gestattet ist (quos fas est) zu Vertretern zu wählen: nur was solch ein Vertreter wider Recht und Gerechtigkeit thut, muß der Richter verantworten[6]); damit verglichen ist es ein Kleines, daß Knechte später auch gegen Freie in eignem und fremdem Namen Processe führen dürfen[7]) und Verletzungen fremder Knechte, von Freien verübt, mit 200 Streichen, geahndet werden. Besonders die feiner gebildeten idonei, solche Unfreie die durch größere Peculien und häufige Geschäftsführung für ihre Herrn sich hervorhoben, stellten sich den Freien und selbst den Edeln gleich und vergingen sich an ihnen mit Uebermuth, so daß das Gesetz „auch dem *idoneus* servus" solches Gebahren verweisen und mit der Ruthe bedrohen muß: aber freilich, wird ausdrücklich beigefügt, wenn der Freie, der Würde seines Standes vergessen, den Sclaven zu

---

1) Cc. Tol. VIII. 16 tumultuosae plebes „lex".

2) Man hält es für nöthig ausdrücklich zu erinnern, daß servili conditione obnoxio nicht Bischöfe werden können Cc. T. IV. 19.

3) multos ex servis vel libertis plurimum etc.

4) Cc. Tol. XIII. c. 6.

5) aequales dominis per susceptum palatinum officium facti sunt . . saepe offuscat nobilium genus suberectum servitutis importabile dedecus.

6) II. 1, 16.

7) II. 3, 3.

solchem Benehmen provocirt, „so soll er seiner eignen Schuld beimessen, wenn er empfangen was ihm gebührt“ (d. h. Injurien, Schläge) [1]). Besonders mußte die Unfreien später die ausgedehnte Zuziehung in den Heerbann, die Verleihung von Waffenrecht und -Pflicht heben [2]), wobei die Knechte des Königs, die oberste Schicht dieses Standes, sogar das wichtige Amt erhalten, zum Heerbann aufzubieten [3]); sie haben selbst Sclaven unter sich, die sie, wie freie Eigenthümer die ihrigen, mit in den Krieg nehmen.

Der Stand der Gemeinfreien blättert sich in drei Schichten ab: die höchste steigt in stets flüssiger Bewegung zum herrschenden Adel auf, eine verschwindend kleine Minderzahl hält eine bedeutungslose Mitte und weitaus die Meisten sinken als „geringe“, „niedre“, „kleine“ d. h. eben arme Leute auf und oft unter das Niveau der Unfreien herunter [4])

Die Namen und Bezeichnungen dieser „geringeren Freien“ sind [5]) humiliores [6]), h. loci persona [7]), vilis persona [8]), minor [9]), inferior persona [10]).

1) VI. 4, 7 quamvis idoneus servus personae nobili et illustri nullatenus indebite contumeliosus aut seditiosus praesumat existere etc.

2) IV. 2, 15.

3) IX. 2, 25. 9.

4) Vgl. Cc. Em. 17 ingenuus, in domo ecclesiae tamen nutritus et ab ecclesiae (l. ecclesia) rebus dignitatis gratia praeditus, den Gegensatz bildet si vero de familia ecclesiae fuerit.

5) K. Maurers Darstellung S. 64 hat nicht alle Stellen erschöpft.

6) L. V. II. 1, 7. VI. 1, 2. VII. 6, 2 sed liber.

7) III. 3, 14 h. servilisque persona XII. 2, 9 nicht zutreffend wegen mangelnder Beherrschung des Stoffes und des Sprachgebrauchs Davoud Oghlou I. p. 24 und sonst; die Uebereinstimmung mit Lex Burg., Edict. Theod. L. Langob. beruht nicht auf Entlehnung, Matile p. 24, sondern auf Gleichheit der vorgefundenen römischen Zustände.

8) L. V. III. 3, 4. IX. 1, 18 v. humilioresque p. VII. 5, 2 minimae vilioresque personae vgl. Cc. Em. 17 minimi qui leve corde sunt, m. adhuc personae von Geistlichen: Jugend und zugleich niedre Grade s. bes. B. T. IX. 4, 1. J. und oben S. 118 uxor tabernarii, pro vilitate dimittatur; zu den v. zählen auch die Infamirten, (aber nicht sie allein wie v. Dan. I. S. 370) J. zu B. l. c. sehr lehrreich: exceptis vil. infamibusque p. quas lex commemorat, *pauperes* et sine ulla dignitate natalium, dummodo honestas et honestis parentibus procreatas, senatores, si voluerint, uxores eligendi et ducendi habeant potestatem: „quod et *omnibus* exemplo hujus legis sine dubitatione permittitur“. Dieser Zusatz von J. macht das Gesetz erst praktisch für das Gothenreich. Der Text nennt

Aus schon bei den Ostgothen aus den römischen Zuständen erklärten [1]) Gründen ist der inferior vielfach rusticus, rusticanus. Die Zusammenstellung [2]) homo abjectus, rusticus, peregrinus, pauper [3]) ist lehrreich; erst abgeleitet dann ist die Beziehung auf den Geist [4]) und die Bildung [5]): die rustici erscheinen in letzterem Sinn als eine

---

außer den senatores: perfectissimus duumvir, flamen municipalis, sacerdos provinciae und zähl auf: ancilla, a. filia, liberta, l. filia, civis Romana vel latina facta, scenica vel scen. fil., tabernaria et f. lenonis, aunarii vel quae mercimoniis publicis praefuit! — adjecit *humilem* abjectamque personam: ob das *pauperes ingenuas* umfaßt? absit! mit großem Pathos für pauper ingenuitas! nullamque inter ingenuas ex divitiis et opulentiore fortuna esse distantiam. L. V. II. 1, 7 v. aut (d. h. id est) quem nulla dignitas exornavit; vilior im Gegensatz zum princeps und episc. II. 3, 1. B. T. IX. 22, 1 J. si ingenua et vilior persona: fustigetur, si melior: arbiträre Vermögensstrafe, Unfreie: Feuertod. Sehr schlimmes Zeichen ist, daß IX. 26, 2 infamia nicht bloß an den bereits Infamirten nicht vollstreckt (vielmehr durch Exil ersetzt wird), sondern auch an allen viles, bei welchen dieser Ehrverlust nicht empfindlich genug scheint; 27, 2 hält für nothwendig einzuschärfen, daß nachdem ingenui, „wenn auch plebeji", einmal gefoltert, abolitio des Processes nicht mehr Platz greift. P. V. 28, 2 in ludicra arte personae können vor der appellatio bestraft werden, offenbar als viles.

9) L. V. VII. 2, 20; 5, 1. VIII. 3, 6. 10. 4, 29. IX. 2, 9 im Gegensatz zum comes III. 6, 1. zum nobilis; min. dignitatis II. 4, 2. loci 6. si m. p. est et non habuerit unde componat; über deteriores X. 1, 3 s. oben meliores; minor bezeichnet aber auch jeden „Untergebenen" z. B. die unter dem actor stehenden servi eines Kronguts; XII. 1, 2 ebenso juniores; Cc. T. VIII. 10 decr. cum omni palat. off. simulque cum majorum minorumque conventu ist an eine Volksversammlung der Gemeinfreien gleichwohl nicht zu denken; vgl. über m. Wilda in Richters krit. J. 1837, Davoud Oghlou I. p. 10, Waitz II. S. 179; auch in die L. Bajuv. übergegangen.

10) L. V. II. 3, 9. 4, 8. 5, 9. III. 1, 0. VI. 1, 2. 4. IX. 2, 8. 9. 3, 3. IV. 2, 20. V. 1, 7. 3, 1. X. 2, 6. VIII. 3, 6. 10, 12; 4, 25. 29. XII. 2, 18. B. T. I. 6, 5 J. potentes . . inf. XIII. 2, 1. nobilis . . inf. Cc. T. XVI. 2.

1) A. III. S. 52; vgl. Kuhn I. S. 30—34.

2) Bei Apoll. S. III. 9.

3) Ebenso l. c. IV. 7, vgl. 9.

4) l. c. 13. 17 r.: Gegensatz: instituti; carmen tam rusticum tamque rusticanum ut me non illud ad villam, sed potius e villa mittere putes. VII. 2 stylo rusticante 9 rusticitas vgl. 14; wie Cassiodor s. A. III. S. 279 verlangt Apoll. S., daß der Adel in der Stadt lebe, die Würfel stehen seiner Hand besser an als die Hippe: charakteristisch VIII. 8 parce tandem in nobilitatis invidiam rusticari; 11 solo nomine Rusticum. IX. 3 paginam rusticantem, 9 simpliciter nec rustice. IV. 9 rustici patrono contenti, amici, obedientes, morigeri, *urbani*; es sind Hintersassen, coloni (aber nicht „vassaux" wie Gregoire et

Classe, welche als tiefer stehend, wie bei den Freien [1]), auch bei den Freigelaßnen und Knechten unterschieden wird [2]): der Herr lebt in der Stadt [3]), er soll seine unzüchtige Magd ad villam, d. h. auf eines seiner Landgüter entfernen [4]).

Diese humiliores etc. sind Freie, nicht Knechte [5]) oder Freigelaßne [6]), und Wesen und Grund ihrer humilitas ist geringes Vermögen.

Colombet) im Gegensatz zu servi: v. s. Fructuosi p. 430 vir plebejus ac rusticus; bezeichnend Isid. origin. X. 1 vilis a villa, nullius enim urbanitatis est. Vgl. v. Maurer Frohnhöfe I. S. 5, ebenso agrestis B. T. I. 5, 1 gegenüber dem Reichen: agrestis vitae aut etiam egentis. J. umschreibt das mit digna idoneaque persona und indigna et *pauperior* Cc. T. II. 2 quem rurali sensu . . exuit VIII. 10 non rusticarum plebium tumultu. XVI. tom. B. T. XI. 5, 1 behandelt den rusticanus wie den Sclaven; vgl. de Gourcy S. 217.

5) So mag es ganz consequent auch einen rusticus *de civitate* geben in Saragossa Greg. tur. III. 29; vgl. L. V. I. 2, 2. III. 3, 9 im Gegensatz zum urbanus; zum idoneus VI. 4, 3 opus r. VIII. 1, 12. XII. 3, 6.

1) liber inferior atque rusticanus VI. 1, 14.

2) VI. 2, 4 inferior atque rusticanus, quem liberum esse constet; vgl. I. 2, 3 urbanus et rusticus.

3) Diese Stellen erklären vollständig die Erscheinung, daß „Städter", d. h. in der Stadt Lebende häufig Besitzer von Landgütern sind und es bedarf nicht der künstlichen und unerweislichen Annahmen Helff.s S. 126.

4) III. 4, 17 ebenso IX. 1, 8: der Herr wohnt weit von seinen Landgütern (meist am Hofe, dort drängt sich eine Menge solcher Adelsherrn, während sein Haus eine Menge freier und unfreier Schützlinge birgt IX. 1, 13 suscepti L. V. IX. 1, 21. X. 1, 15. fugitivi IX. 1, 8, er heißt deßhalb susceptor V. 3, 3. VII. 2, 7), so daß es gravosum ist, ihn zu erreichen: mehr als 300 Millien ist der Herr von seinen Landgütern fern IX. 1, 18; die feineren Freigelaßnen (idonei) leben mit dem Herrn in der Stadt, die (inferiores, rusticani) roheren auf dem Lande: ihre Differenz beträgt 250 zu 100 sol. VI. 1, 4.

5) Aehnlich die J. B. T. IV. 10, 1 genannte Kategorie liberi sint sed Latini etc. qui quamvis liberi sint, juri tamen obtingunt patronorum.

6) L. V. II. 4, 2 si licet ingenuae minoris tamen fuerint dignitatis personae VIII. 3, 12 si servus . . si liber et inferioris loci persona VII. 6, 2 zuerst Strafe des servus: dann si ingenuus sit.. bona ejus ex medietate fiscus acquirat: (vgl. J. B. T. IX. 22, 1 vilior et ingenua persona) humilior vero (d. h. bei dem Nichts Erhebliches zu confisciren) statum libertatis suae perdat, cui rex jusserit servitio deputandus, ebenso VII. 5, 2. IX. 2, 9. Die primates palatii trifft hohe Geldstrafe, die minores werden der Ehre und Würde der Gemeinfreiheit beraubt und dem König verknechtet. Ferner VI. 1, 2 inferiores vero humilioresque ingenuae tamen personae, VIII. 3, 14 si honestior persona . . si humiliores loci persona.. si vero servus. (Dem gegenüber kann XII. 2, 9 humilis servilisque persona nur die Gleichrückung des Armen und Unfreien beweisen.)

Natürlich zählen zu den inferiores, viliores auch die accolae [1]), (die von einem patronus, senior Abhängigen) und suscepti [2]).

Der römische Colonat — Halbfreie, nicht Unfreie, aber an die Scholle gebunden — bestand fort.

Diese Colonen gehörten nach römischer Auffassung den untersten Schichten der noch Freien an [3]). Daß die massenhafte Aufnahme von Barbaren in das Reich zur Ausbreitung des Instituts in der spätern Kaiserzeit beigetragen, ist gewiß richtig [4]), nicht aber, daß dieselben den Colonat erst mitgebracht [5]). Lehrreich ist Apoll. S. V. 19: ein Hintersasse des Pudens, der aber unfrei (colonus servus), hat eine Standesgenossin, eine serva (?) des Apollinaris entführt: dieser, statt das Paar zu strafen, will es befreien und beglücken [6]). Der Colone hat hier einen dominus und keine libertas [7]), durch die Freilassung wird jener patronus, er cliens, freilich bleibt er noch eine plebeja, aber nicht mehr (während sonst d. h. technisch col. und plebeji identisch sind) [8]) — colonaria persona [9]).

1) Coloni J. B. T. IV. 8, 3. 21 (22). 1. XIV. 1, 1. Oben S. 127.

2) L. V. IX. 2, 9. X. 1, 16. III. 2, 20 omnis ingenuus sive nobilis sive inferior X. 2, 6 quisque nobilis sive inferior ingenuus sive etiam servus (V. 1, 7 ist inferior parens der cum obsequio retento Freigelaßne gegenüber dem ingenuus) VIII. 3, 10 major . . inferior . . servus ebenso 12 VIII. 1, 10 honestior . . servus: manchmal ist eben die Abstufung nicht durchgeführt z. B. VIII. 4, 16, wo ja auch der servus: neben ingenuus und libertus fehlt: einige Handschr. fügen ihn bei.

3) B. Nov. Val. laqueos vilissimi colonatus (s. Sav. Col. S. 300), v. Wietersh. Bevölker. S. 15, Fauriel I. p. 381—384, Giraud I. 1 p. 158 (p. j.) 176, plebeji p. 288. Ueber den römischen Colonat s. Sav. Z. f. gesch. R.-W. VI., Birnbaum S. 16 f., Laboulaye propr. p. 115, Zumpt Col. S. 9 folg., Biedenweg ad F. N. 36.

4) Kuhn I. S. 262.

5) Wie Gaupp S. 76; richtig Sav. Col. S. 319, s. auch Rißen S. 257 gegen Richter.

6) Ap. S. l. c. stupratorem pro domino jam patronus originali solvas inquilinatu: cliens factus e tributario plebejam potius incipiet habere personam quam colonariam . . laxat libertas maritum.

7) Daher heißt die Verbindung von ingenuus und colona nur contubernium B. Nov. Val. 9.

8) Hegel II. S. 328.

9) Ganz irrig v. Bethm. H. I. S. 220, daß nur B., nicht L. V. coloni kenne, diese also servi geworden seien; er selbst führt an, daß Isid. origin. IX. 4 colonos als „freie Pächter" kennt, welche Stelle höchst bezeichnend den c. advena

Daß in Spanien vor der gothischen Einwanderung kein Colonat bestanden [1]), ist nicht richtig [2]).

In Septimanien war das Institut sehr verbreitet, wie die starke Reception des Rechts derselben in B. beweist [3]).

Auch die mediocres zählen zum Theil hieher: sie bilden den Uebergang von den majores zu den viles [4]).

Daß auch die mediocritas [5]) vom Vermögen bestimmt wird, zeigt Cc. T. VIII. decr., wo majores und mediocres der plebs, den ganz Armen [6]) gegenübergestellt werden und L. V. IV. 2, 16 cujuscunque dignitatis vel mediocritatis maritus, wobei das ganze Gesetz von Vermögensstufen handelt [7]).

= susceptus nennt s. oben S. 126, ebenso accola Orig. X. 1 eo quod adveniens terram colat; die vier aufgezählten Arten romani, latini, auxiliares, juris privati waren damals antiquirt.

1) Zumpt Col. S. 49.

2) Coloni in Barcino, Carthago nova, Salaria, Corduba, Hispalis s. C. J. s. v. coloni.

3) originarii, inquilini, servi, coloni dürfen nicht in geistlichen Stand oder Klöster aufgenommen werden, um sich debitae conditioni zu entziehen B. Nov. Val. 12. Binnen 30 Jahren können sie sammt peculium revocirt werden; d. h. einschließlich noch der diaconi; Theilung der agnatio bei contubernium colonorum zweier Herrn, der Herr des Mannes erhält 2/3, der Frau 1/3 der Kinder; wenn ein Eigenthümer mancipia originaria vel colonaria einer seiner possessiones auf die andere übertragen und dann an zwei verschiedne Käufer veräußert, gelten die coloni als zu dem ager gehörig, dem sie im Augenblick des Verkaufs zugehörig waren. Bestätigt Nov. Maj. 1, auch noch für presbyteri und episcopi.

4) Ob L. V. IX. 2, 8 sie scharf von den viliores scheidet, ist zweifelhaft: sive sit nobilis sive med. viliorque persona: m. ist der vermöglichere Freie als der v.: frei sind alle, auch der v. gedacht, denn alle sollen verknechtet werden.

5) mediocres: Gegensatz meliores L. V. 7, 8. IX. 2, 8. IV. 2, 16, phrasenhaft mediocritas mea Apoll. S. VII. 9.

6) Die mediocres haben subsidium, die majores dignitas.

7) Daher denn manchmal statt minor und vilis geradezu pauper L. V. III. 4. 17. XII. 1—2. II. 1, 22. 28. 3, 3. 4. 9 und oppressus II. 1, 20. 28 miser II. 1. 28. XII. 1, 1; ihm dienen ist härtestes Loos III. 4, 17; es sind die miseri i. e. personae victae (l. viles) et paupertate depressae indigentes, inopes, pauperes des Isid. Chron. bei Sisibut; Cc. T. IV. 33 oppressores pauperum: XIII. praef. die zur Infamie Verurtheilten und Steuerüberbürdeten; populares plebes bezeichnet häufig Laienstand gegenüber Klerus Apoll. S. VII. 9. Cc. T. II. 1. Brac. III. 1 = populi Cc. T. XII. tom. XIV. 3. generalis praeteritio plebium XV. aber auch zugleich Gemeine gegenüber Adel VIII. praef. rectores plebium; das gesammte Volk l. c. decr. lex. turmae plebium; commissae plebis ep. Bulgar. I.

Alle diese vielnamigen und manchfach abgestuften „Geringen“ sind zwar an sich gemeinfrei [1]). Ihr Schicksal aber ist, allmälig auf das gleiche Niveau mit den Unfreien zu gerathen, sowohl durch ein Herabsinken ihrerseits, als durch Erhebung von Seite der Letzteren. Daß schon von Anfang die meisten minores bucellarii gewesen [2]), ist eine zu weitgehende Behauptung; die plebeji [3]) sind die kleinen Gemeinfreien auf dem Flachland, ohne Einsicht und Einfluß in dem Staatsleben; deutlich zeigt, wie sich der kleine Freie aus Noth mit seinem Gut in Knechtschaft verkauft die besondere Formel für dies traurige Rechtsgeschäft F. N. 32 [4]). Aber auch noch ehe der „rusticanus“, der kleinfreie Bauer, sich in Knechtschaft begeben, behandeln ihn die Beamten schon gern, als ob er ihr Privat-Knecht wäre [5]).

Schon in der häufigen Ersetzung von Vermögens- durch Leibesstrafen ist der Kleinfreie dem Unfreien gleich gerückt, der ja als vermögenslos für Vergehen regelmäßig mit dem Leibe büßt [6]). Und

---

Paul. Emer. p. 644; römische Civilisten gegenüber Soldaten bei Idac. p. 23; plebs aunonensis p. 60, Colonen Sav. Colon. S. 300; identisch mit pauper ist tenuis Apoll. S. VIII. 2; tenuitas 20; provinciales, tenues homines B. Nov. Val. 10.

1) L. V. V. 8, 1 schließt die Tochter eines commendirten ingenuus nur mit einem ingenuus ebenbürtige Ehe, nicht mit einem inferior: die plebeji V. 4, 19 sind nicht nur thatsächlich Geringe, sondern glebae adscripti, coloni.

2) Helff. S. 104.

3) L. V. V. 4, 19, vgl. noch plebes d. h. Gesammtheit, I. 1, 9. 2, 6. II. 1, 4—5 (tumultuosae) Cc. T. VIII. rusticae plebes.

4) domino semper meo ille . . licet sanctione legum sit constitutum (d. h. das römische Gesetz verbot es, das germanische gestattete und die Noth erzwang es) quotiens prae legitimam quis suam portando personam necessitate vel miseria aliqua laborare videtur, sua causa constringitur de suum estatum qualem vult ferre juditium, utrum meliorandi an deteriorandi liberam habeat potestatem. ideoque . . mecum deliberavi ut statum meum venum dandum preposui, quod etiam vostra dominatio hoc audiens et per mea suplicatione vester accrevit adsensus et datos a tua dominatione solidi tot propter hoc et illud me accepisse manifestum est. et ideo memoratum statum meum ex hodierna die habeas, teneas et possideas, jure dominioque tuo in perpetuum — vindices ac defendas, vel quicquid in meam vel de meam personam facere volueris directa tibi erit per omnia vel certa potestas. Eidlich bekräftigt.

5) B. T. XI. 5, 1 velut sui juris mancipio necessitates imponere; sie nehmen ihm seine Sclaven und Hausthiere &c.

6) S. „Strafrecht“ und einstweilen L. V. VI. 1, 4; 3, 6. VIII. 1, 10 namentlich VIII. 4, 29 und 3, 6 die Scala von 10 sol. honestior, 10 sol. und 50 Streiche

nicht bloß eventuell im Fall der Insolvenz, gleich primär wird dem Kleinfreien ein Theil der Strafe aus Geld- in Ruthenstrafe übersetzt [1]). Das Gesetz stellt — bezeichnend genug — gegenüber dem potens die reliqui ingenui und die servi zusammen und straft beide mit Geißelung, jenen mit Geld [2]): auch der Folter wird der pauper et ingenuus wie der Knecht leichter als der potens unterworfen [3]) und mit exactiones von Zins und Frohnden soviel bedrängt [4]), daß er sich schutzbedürftig einem Mächtigen commendirt, was ihm zwar Erleichterung verschafft, aber seine Gemeinfreiheit gefährdet [5]). Sehr nahe lag es, nach alle dem, daß der Kleinfreie so leicht für Vergehen, die der Reiche mit Geld büßt, in die Reihe der Knechte hinabgestoßen ward [6]).

Das Unterliegen der Kleinfreien in dem ungleichen wirthschaftlichen Kampf und die Gefahr, welche in dem Anschwellen der Aristokratie durch die aufgesogne Gemeinfreiheit für die Krone lag, konnte helleren politischen Blicken nicht entgehen und in der That haben, wie bei Ostgothen und Franken, auch in diesem Staat alle bedeutenderen Herrscher dieser Bewegung entgegen zu arbeiten gesucht. Keiner jedoch mit der bewußten Klarheit des Ostgothen Theoderich und später des großen Karl und keiner mit Erfolg.

Es erklärt sich dies wohl hauptsächlich daraus, daß jene Strömung bereits zu früh übermächtig geworden, denn schon die Antiqua setzt diese Zustände auch bei den Gothen voraus (bei den Römern finden sie sich schon seit dem Verfall der Republik) und sucht sie zu bekämpfen oder doch zu erleichtern. — Auch war ja jeder dieser Könige vermöge des Wahlprincips auf die Hülfe Einer Partei unter dem

---

minor, 100 Streiche servus; ferner VI. 3, 2 und 5: dem Freien 200 sol., dem Knecht 200 Hiebe und Addiction; Ausnahmen, — denn streng ist das Princip nicht durchgeführt, — ganz oder theilweise VI. 4, 1. IX. 1, 21 Ersatz aus dem peculium VII. 1, 1. VIII. 3, 10 oder aus dem Vermögen des obzwar unschuldigen Herrn.

1) III. 3, 12. VIII. 3, 10.

2) II. 2, 0.

3) II. 3, 4. VI. 1, 4.

4) V. 1, 5.

5) V. 3, 1.

6) VII. 1, 1. 0, 2. XII. 2, 14 wer nullis facultatibus dilatatus, wird cui princeps voluerit verknechtet, si certe rerum facundior facuerit (l. fecundior fecerit), trifft ihn nur Infamie und halbe Confiscation.

Adel, der „fideles“ [1]) angewiesen: dieser seiner Partei gegenüber konnte er darum nicht mit Kraft und Unabhängigkeit in jenem Streben entgegentreten, das ihre und damit mittelbar auch seine Macht am Meisten erweiterte: und so pflegte, wie die Geschichte zeigt, jeder König die Kleinfreien nur wider seine Gegenpartei, nicht gegen den Druck seines eignen Anhangs, mit rechtem Ernst zu schirmen, wovon aus der Sprache der Concilien freilich nichts zu vernehmen wäre.

Immerhin läßt sich in der Gesetzgebung das Streben der Könige [2]) nachweisen, die bedrohten Kleinfreien zu schirmen: tüchtige Leiter dieses Staates haben sich den Titel „Vater der Armen“ verdient.

Bei inaequales conditione wird Einschüchterung durch den potentior vermuthet [3]). Der pauper et inferior darf seinen Anspruch gegen seines Gleichen in keiner Weise durch einen potentior verfolgen lassen [4]); aber diese Gesetze bekunden selbst die große Kluft zwischen dem potens einerseits und den reliqui ingenui (und servi) andererseits [5]). Die ganze Ueberwachung der Rechtspflege in zahlreichen Gesetzen [6]) bezweckt den Schutz der Geringern [7]). Oft werden die Armen als privilegirte Personen behandelt, hierin den Kirchen gleichgestellt [8]) und vor Erpressung [9]) und dem Mißbrauch der Folter geschützt [10]): sie sollen nicht als Conventionalstrafe sich die Verwirkung der Freiheit und aller Habe auflegen lassen [11]). Dahin gehört auch

---

1) IX. 2, 8.

2) Wie schon der Imperatoren B. T.? 6, 5. 9, 2. Man sehe z. B. die Motivirung des Verbots der lex commissoria B. III. 2, 1: Unterdrückung des kleinen Schuldners (Grundbesitzers) durch den reichen Gläubiger. Minderjährige, Wittwen, Kranke, aliique fortunae injuria miserabiles u. Nov. Valent. 11.

3) L. V. II. 5, 17.

4) II. 3, 9 ut non aequalis sibi ejus potentia opprimi vel terreri, vgl. II. 2, 9. VII. 1, 1 wie der Rechtsgang gegen defensio potentioris und II. 1, 16 umgekehrt gegen Anmaßung richterlicher Gewalt gewahrt wird II. 2, 9 gegen patrocinium und protervia potentis.

5) B. T. I. 6, 1 J. verlangt gleiche Justiz für die Armen wie für die Reichen.

6) L. V. II. 1, 8—24.

7) Besonders II. 1, 20 gegen Verschleppung ꝛc.

8) II. 3, 3 canonischer Einfluß. Freilich bedarfs auch des Schutzes der Pfarreien gegen die angaria und exactiones habsüchtiger Priester; vgl. V. 1, 5. 6.

9) II. 5, 5; 9.

10) II. 3, 4. Das Zeugniß eines Einzelnen, wenn er auch noch so splendida persona, soll nicht beweisen II. 4, 6.

11) II. 5, 8.

die energische Wahrung der ingenuitas der commendirten Freien und der Schutz gegen die Versuche, sie in unauflöslicher Abhängigkeit zu binden[1]). Dahin die Gesetze gegen Verkauf von Freien in Sclaverei[2]), ferner jene, welche zum Vortheil der Freiheit[3]) die vindicatio in servitutem erschweren und die proclamatio in libertatem erleichtern[4]): nur unter folgenden Cautelen soll ein bisher als Freier Lebender als Knecht in Anspruch genommen werden: keine Privathaft beim Kläger, der Richter entscheidet über Bedürfniß einer Bürgschaft[5]); Ersatz dessen, was der Kläger dem Beklagten abgenommen[6]); wer früher die Freiheit des Vindicirten bezeugt und jetzt als Zeuge der Knechtschaft auftritt, hat dem angeblichen Herrn einen Ersatzsclaven zu stellen, der Vindicirte aber bleibt frei[7]); außergerichtliches abgezwungenes Geständniß der Unfreiheit präjudicirt der gerichtlichen Verhandlung nicht[8]); die Zeugenaussagen sollen streng abgewogen, der bestochene Richter und der ungerechte Kläger schwer bestraft werden; wer einen in ein fremdes Haus Aufgenommenen als seinen Knecht in Anspruch nimmt, erhält ihn nur ausgeliefert gegen Caution, daß er ihn vor Entscheidung des Statusprocesses nicht foltern und grausam behandeln werde, widrigenfalls bleibt er unter Bürgschaft des Aufnehmenden in dessen Hause[9]).

1) V. 3, 1.

2) VII. 3, 1—6.

3) Vgl. B. T. II. 7, 3.

4) L. V. V. 7, 1—8 bes. 7 qui timore compulsus servum se esse dixerit Walter II. S. 358.

5) V. 7, 4.

6) V. 7, 5.

7) V. 7, 6.

8) V. 7, 7.

9) XI. 1, 13. Deßhalb werden in der Lex romana aus dem römischen Recht die strengen Bestimmungen zur Verhinderung rechtswidriger Verknechtung herübergenommen. Der in Anspruch Genommene muß auf Befehl des Richters per publicum et populos geführt werden, auf daß er einen assertor libertatis finden könne, der ihm vom Richter gegeben werden muß, wenn sich nicht findet; eventuell wird er nicht gleich zur Todesstrafe, nur zum Dienst übergeben, vorbehaltlich späterer Geltendmachung seiner Freiheit; alsdann muß der verurtheilte Vindicant oder dessen Erben, wenn sie den Proceß fortsetzen wollen, gleich viele Ersatzsclaven stellen; ebenso, wenn die Erben des Vindicirten dessen Freiheit beweisen; Tutoren und Curatoren handeln dabei auf eigne Gefahr B. T. IV. 8, 1 vgl. 2—5 über Verkauf von Minderjährigen und Verjährung; Entbehrlichkeit eines assertor in lib. P. V. 37, 1; in Status-Fragen kann nicht gegen Abwesende Verknechtung ausgesprochen werden, vgl. 1, 3—5 u. Lex Visig. II. 4, 7 9. IX. 1, 18. 21; hiebei Competenz der Bischöfe; ein

Denn die Versuche der Mächtigen, die Kleinen als ihre Knechte darzustellen, ruhten niemals [1]). Dahin zählen ferner die Anstrengungen des Gesetzgebers, die Kluft zwischen Freigebornen und Freigelaßnen gespannt zu halten, welche das Leben ausfüllte [2]), und als Beschirmung der ärmeren Freien erweist sich auch die geringere Ansetzung der Geldstrafen für sie: da bei Insolvenz Verknechtung einträte, soll jener geringere Satz die Verminderung oder gänzliche Verarmung der Kleinfreien verhüten [3]): daher Herabsetzung auf ein Drittel oder eine Hälfte; freilich werden meist die fehlenden solidi durch Hiebe ersetzt [4]), doch gibt es auch Beispiele absoluter Strafminderung für arme Freie [5]). Und sehr heilsam wird die gewaltthätige Hinwegsetzung der Vornehmen über Recht und Gericht zum Schaden der Geringen oft mit einer besondern Geldbuße pro sola praesumtione [6]) gestraft.

Erwünschte Bestätigung unserer Auffassung König Kindasvinths gewährt es, daß in dem Gesetzbuch gerade dieser Herrscher am meisten als Schirmer der Kleinfreien gegen den Druck des Adels hervortritt: die Reform des Processes, die Sorge für strenge, promte Justiz, ohne Ansehen der Person [7]), rührt fast ganz von ihm her. Daß ihn aber dabei wirklich jenes politische Princip leitete, beweist schlagend das merkwürdige Gesetz XII 1, 1. dieses Königs. Sonst durch seine Strenge bekannt, die er auch hier nicht verleugnet, aber mit der Nothwendigkeit entschuldigt [8]), beschwört er die Richter bei Gott, zwar überall energisch die Wahrheit zu ermitteln und sonder Anseh'n der Person zu richten, „aber, weil wir den Bedrängten (miseris) gottgefällige Hülfe gewähren müssen, bei unterliegenden (oder geringen victas oder viles) und besonders durch Armuth gebeugten Personen

---

schönes historisches Beispiel Apoll. S. VI. 4 salubris sententiae temperamento: Menschenraub und Verkauf durch gothische Rechter (out-laws), der Bischof muß die Freiheit trotz dem förmlich abgeschlossenen Kauf schützen. Einschreiten von Amtswegen ferner L. V. V. 4, 10. VII. 3, 3—6.

1) Vgl. V. 7, 8. IX. 1, 13.

2) V. 7, 21.

3) VIII. 4, 24.

4) l. c. 29.

5) So VIII. 4, 24; 25 fast um die Hälfte; dasselbe Princip leitet IX. 2, 1, wo die Geldstrafen der Heerführer mit deren Rang abnehmen.

6) VII. 2, 20 s. oben S. 151.

7) II. 1, 1—20 non petitor ac praesertim pauper patiatur dilationem 3, 9. 5, 17; 1, 16.

8) qui necessariam culpis hominum severitatem disponimus.

die Strenge des Gesetzes ein wenig zu mildern: denn wenn lediglich die Genauigkeit des Rechtsurtheils eingehalten würde, wird ohne Zweifel die Milde des Mitleids außer Acht gelassen."

Die charakteristische und lehrreiche Stelle bekundet die Einsicht des Königs, daß der Strom der volkswirthschaftlichen und socialen Bewegung in diesem Reich verschlingend über die Häupter der Kleinfreien[1]) dahin ging, daß die zahlreichen Versuche, die Gesetzgebung zu ihren Gunsten zu ändern, fruchtlos blieben, daß jene Schichten bereits so tief gesunken, daß sie nicht einmal die richtige Anwendung der für sie gemilderten Gesetzgebung ertragen konnten, daß man daher, um sie nicht ganz zu erdrücken, an die Stelle der Gerechtigkeit Erbarmen treten lassen mußte[2]).

Freilich war auch diese den Richtern zugesonnene Aufgabe unlösbar und, wenn gelöst, unfruchtbar. Was konnte es helfen, daß sie für einzelne Arme, die sie in Civil- oder Strafproceß verurtheilen mußten, unter das Minimalmaß von Geld- und Ruthenstrafe hinab gingen und von der Verknechtung absahen: wenn nicht die unaufhörlich in den tiefsten Grundlagen des gesammten Staats- und Gesellschaftslebens dieses Volkes wirkenden Ursachen jener großen Bewegung beseitigt wurden, mußten sich unabwendbar zuletzt alle diese Kleinfreien in eine der zahlreichen Formen der Abhängigkeit gedrängt sehen[3]).

---

1) Ganz ähnlich wagt schon J. zu B. T. XI. 5, 1 nicht mehr, die vom Text auch den bestechenden Kleinfreien gedrohte gleiche Strafe wie den bestochenen Beamten festzuhalten: die Versuchung, sich von deren Druck loszukaufen, war allzugroß geworden.

2) Anderen Zusammenhang hat die Amnestie Erwichs Cc. T. XIII. praef. und 1 für die Paulianer.

3) Dasselbe Ziel verfolgt in Einer bestimmten Richtung L. V. XII. 1, 2 (von Rekisvinth oder Rekared Cd. S. J. R.) nämlich Schutz gegen den Druck der Beamten: (s. schon B. T. XI. 5, 1) „denn unablässig trachtet der König seinen Getreuen (fidelibus d. h. allen Unterthanen) die Hand zur Hülfe zu reichen": deßhalb wird den Beamten verboten durch indictiones, exactiones, operae, angariae zu ihrem Privatnutzen „die Völker zu beschweren" und von Stadt oder Land Naturalverpflegung einzuheischen, was der Gehalt unnöthig mache; ferner sollen die Intendanten der Krondomänen keine Gewalt behaupten über „Private" (d. h. Freie) d. h. bei Processen zwischen solchen und Fiscalknechten nicht selbst entscheiden wollen, sondern ihre Untergebnen (minores) vor den ordentlichen Richter stellen; zu dem Schutz der Armen sollen auch die Geistlichen mitwirken, indem sie aufgefordert werden, Excesse der Richter und actores, die sie erfahren, zur Kenntniß des Königs zu bringen, bei Strafe des Concils und Ersatz an die Armen, deren Schädigung sie nicht angezeigt.

3. Die Freigelassenen [1]).

Zwischen den Freigebornen und den Unfreien stehen die Freigelassenen [2]). Sie sind den Freigebornen in wesentlichen Puncten nachgestellt [3]): sie können nicht gegen dieselben zeugen [4]), die Geschlechtsvermischung des Freigelassenen mit der patrona wird ebenso streng als die des Knechts mit der domina bestraft [5]), er kann leichter als der ingenuus der Folter unterworfen werden [6]); später sollen Freigelassene und deren Nachkommen von allen Hofämtern ausgeschlossen sein [7]). Vergehen von Freigelassenen gegen Freie werden härter bestraft als von Freien gegen Freie [8]), während das gleiche

---

1) Vgl. Masdeu XI. p. 45, de Gourcy S. 206—221, Davoud Oghlou I. p. 18—23, Guérard I. p. 369. 385, Göhrum I. S. 41. 101, Sempere ed. Moreno I. p. 107, K. Maurer S. 58, Perreciot I. p. 187, Rosseeuw I. p. 428, viel Schiefes bei Romey II. p. 272.

2) L. V. X. 2, 4. XII. 3, 22.

3) VI. 3, 4 pro eo quod aequalem statum non habet, Walter II. S. 36; doch wird auch der libertus manchmal ingenuus genannt VI. 2, 4; das Nebeneinanderstellen beider II. 4, 8 erklärt sich aus der gemeinsamen Gefahr der Statusprocesse.

4) VI. 7, 11. 12 (mit Ausnahme der Fälle, in welchen dies auch die Knechte dürfen); wohl aber ihre Kinder: irrig beschränkt Walter II. l. c. diese Zurücksetzung auf die cum obsequio retento Freigelaßnen. Daß dieser Unterschied identisch mit dem von idon. u. infer. libertus sei, Roth Feud. S. 307 nach K. Maurer S. 58, nicht richtig. Gegen den eigenen Patron und dessen Nachkommen kann der Freigelaßne und dessen Nachkommen nicht zeugen: das Zeugniß wird verworfen und hat Widerruf der Freilassung zur Folge; wohl aber dürfen sie in eignen Sachen gegen jene processiren V. 7, 11; und die Kinder der sine obsequio retento Freigelaßnen zeugen auch gegen den Patron V. 1, 7. Conc. Tol. IV. c. 72; über die beschränkte Verfügung der Freigelaßnen über das ihnen belaßne peculium unter Lebenden wie auf den Todesfall s. Cc. Hisp. I. 1 v. Maurer Frohnh. I. S. 53.

5) III. 2, 2. Die inhonesta conjunctio der Wittwe, welche V. 2, 5 mit Verwirkung der Schenkung des Mannes an dessen Erben gestraft wird, ist wohl auch besonders Ehe mit Freigelaßnen. Rekisvinth hat V. 7, 17 auch für die Nachkommen des Freigelaßnen und des Patrons jede Heirath mit Verknechtung des Tieferstehenden gestraft, aber die Sprache des Gesetzes entspricht nicht, sie widerspricht der Anschauung des Lebens. Die Parallele (der Entsittlichung durch Vermischung mit den Freigelaßnen) mit Rom, Helff. S. 188, scheint nicht treffend; vgl. Waitz I. 2. A. S. 177.

6) VI. 1, 4 schon um den Betrag von 250 sol.

7) Conc. Tol. XIII. c. 6.

8) VI. 4, 3 und zwar werden der Talion noch 100 Hiebe beigefügt pro eo quod aequalem statum non habet (Walter läßt hier unbegreiflichermaßen die Negation aus).

Vergehen des Freien gegen den Freigelaßnen nur mit dem Drittel der Normalcomposition gebüßt wird, ebenso wie wenn ein Knecht den andern verletzt hat [1]). Endlich hat der Freigelassene nur das halbe Wehrgeld des Freien [2]).

Uebrigens gab es verschiedne Formen und Arten der Freilassung mit manchfach abgestuften Wirkungen [3]). So die per episcopum (in ecclesia?) [4]). Lehrreich sagt J. zu B. T. IV. 7, 1., durch die manumissio in eccles. coram ep. sollen sie suscepta libertate cives esse romanos [5]); auch gab es noch immer libertini latini, die zur Belohnung zu cives romani erhöht werden können [6]). Die man. in praesentia principis [7]) kam wohl bald außer Uebung. Lebendig erhielt sich die per cartulam libertatis [8]), und ganz regelmäßig geschah

---

1) Das strenge Gesetz IX. 1, 21 stellt im Eifer für Freigelaßne und Knechte die gleiche Ruthenstrafe fest. Auffallend ist, daß VII. 2, 2 der libertus für jeden vor oder nach der Freilassung begangnen Diebstahl ut servus bestraft werden soll; es ist dies nur ein ungeschickter Ausdruck dafür, daß das Gesetz den Patron wie den Herrn des servus von der Verantwortung befreien will d. h. sicut servus.

2) VIII. 4, 16.

3) de Gourcy S. 217, Walter II. l. c., Marichalar II. p. 42—47; für das damalige römische Recht F. N. 1—6. B. T. II. 8, 1. 19, 3; über manumissio L. V. V. 1, 7. III. 2, 4; 4, 11. VIII. 2, 2. 6, 1. V. 7, 1—20. IX. 2, 8. XII. 2, 14; ein Beispiel Amaral p. 266, Davoud Oghlou I. p. 149.

4) Paul. Emer. p. 655 vinculum cessionis Apoll. S. IX. 10: schwer zu sagen, ob hier wirkliche Freilassung etwa mit Uebertragung der Patronatrechte oder bloße Ueberlassung eines Geistlichen an einen andern Bischof.

5) P. V. 23, 2 ingen. aut civ. rom.; vgl. L. V. V. 7, 29. Geistliche sollen auch absente ep. mit gleicher Wirkung freilassen können.

6) B. T. IX. 19, 1; vgl. P. IV. 11, 1. 5 latinus . . civ. rom. wie umgekehrt der lib. civ. rom. culpa intercedente zur Strafe zu einem lib. lat. herabgesetzt werden kann B. T. II. 22, 1 J. Die Klage der Erben der Patrone gegen libertos cives Romanos wegen ingrat. muß wie jede gegen ingenuos bei dem judex durchgeführt werden; sie vererben voll an Descendenten, in deren Ermanglung fällt ⅓ an die männlichen Descendenten des Patrons: zeugen dürfen sie nicht gegen Descendenten des Patrons Nov. Val 6. Ueber civis romanus, latinus, dediticius s. auch B. Gaj. I. 1—3; über die verschlechterte Stellung des zum civ. rom. Freigelaßnen (Walter II. S. 40) seit der gothischen Occupation s. Biedenweg p. 13: ein Gegensatz Salvian adv. avaritiam III. p. 273: civitate romana indignos *jugo* latinae libertatis addicunt.

7) B. T. VIII. 5.

8) L. V. V. 7, 1. 9. 14. 15. Cc. T. VI. 9. Em. 20. Caes. III. 4.

die Freilassung nach römischer Sitte[1]) im Testament[2]), oder, da sie als gottgefällig frommes Werk galt[3]), in Vorbereitung zum Tod[4]).

Die Kirche pflegt ihre Knechte nur freizulassen mit Vorbehalt des obsequium[5]). Die Concilien verpflichten sogar den Bischof bei Freilassung ohne diesen Vorbehalt der Kirche zwei Ersatzsclaven mit Peculien zu stellen[6]).

Dem Freigelaßnen[7]) wird das peculium meist belassen[8]), ja vermehrt[9]), oder es wird erst jetzt ein Vermögen für ihn begründet[10]). Solche Versorgung war unentbehrlich und eine weitere Anerkennung der Freiheit[11]); Vorschrift ist die Belaßung des peculium bei Befreiung kraft Gesetz zur Strafe des Herrn oder zur Belohnung des Knechts[12]). Verboten ist die Freilassung des verknechteten Juden, der die Taufe weigert[13]), sowie wenn ein Freier zur Strafe lebenslänglich

---

1) Cc. T. X. app.

2) B. P. IV. 5, 6; (über die lex Fusia Caninia l. c. 13, 1—4; 1, 16, andere Beschränkungen der Freilassung l. c. 11.) L. V. V. 7, 1; Form. N. 21. 26. Cc. T. X. app. Perreclot I. p. 187.

3) Form. N. 2—6 Freilassung zum Zweck des Eintritts in den geistlichen Stand Rozière p. 4.

4) z. B. Bischof Mausona Paul. Em. p. 656 puerulis qui ei fidele exhibebant servitium libertatis chartulas (conscribebat) vgl. Testam. Caesar. arelat.: über den Einfluß des Christenthums auf Milderung und Abschaffung der Sclaverei s. Dahn, "Leibeigenschaft" und Wallon III. p. 364 f.

5) Cc. T. III. 6. IV. 73. 68. Daher Hisp. II. 8 patrona ecclesia; obs. = patrocinium Hisp. I. 1. T. IV. 68. 70; vgl. F. N. 3. Cc. T. VI. 9. 10. Vorbehaltlose Freilassung heißt manum. directa Cc. T. IV. 68.

6) Cc. Emer. 20. Analogien bei andern Germanen Biedenweg p. 16.

7) Bei Freilassung, auch bei Verkauf L. V. XII. 2, 14.

8) Doch kann es der Herr auch einbehalten, Cc. Tol. IV. 72. 74, und dem Freigelaßnen nur den Nießbrauch einräumen V. 7, 14; liberti unter den Armen Cc. Caes. III. 4.

9) Form. N. 2. 5. 6 oder bestätigt Testam. Caesar. arel. quidquid servo meo Briciano contuli nunc per hoc testamentum meum confirmo.

10) Durch Schenkung V. 7, 13, meist von Grundbesitz (bei Kirchen auf je 20 sol. beschränkt Cc. Agd. 7, nicht ganz richtig Roscher II. S. 301, vgl. Biedenweg p. 15) oder Knechten (500! Cc. T. X. app.) oder durch Landleihe Form. N. 6. 21. Cc. Hisp. I. 1.

11) z. B. Paul. Em. p. 636 per confirmandas eorum libertates aliquam particulam peculiolae tribuebat aut exiguas possessiunculas conferrebat . . fidelibus famulis largiora stipendia munerum tribuere dignatus, oft angefochten von den Nachfolgern.

12) L. V. XII. 2, 13; 14.

13) Cc. T. XVII. 8.

verknechtet wird[1]); steht ein Knecht im Miteigenthum Mehrerer, so kann er nur durch Gesammtconsens freigelassen werden; einseitige Freilassung durch einen condominus hat Strafe und Verwirkung seines Antheils an die Andern zur Folge; die Geistlichen sollen solche einseitige Freilassungen nicht vor sich vornehmen lassen[2]).

Durch die günstigste römische Form erlangt der Freigelassne libertatem, jura, privilegia civium romanorum[3]), und dieser Form muß sich bedienen der jüdische Herr christlicher Knechte, er darf sich kein obsequium vorbehalten[4]); ja während nach Sisibuts Gesetz Juden ihre christlichen Knechte freilassen dürfen (weil müssen) und dadurch die Rechte der Patrone erwerben, sind sie nach L. V. XII. 3, l. 12 ipsa lege frei: der Jude soll jene Ehrenrechte nicht genießen.

Zwischen Patron[5]) und Freigelassnen[6]) bestanden[7]), zumal bei Vorbehalt des obsequium, enge Bande fort[8]); nachdrucksam wird der manumissor: et dominus genannt[9]); häufig blieb der Freigelassene auf den Gütern des Herrn und in Lebensgemeinschaft mit demselben[10]). So müssen die Kinder der Freigelassnen der Kirchen von diesen erzogen werden[11]), ohne Präjudiz für ihren freien Status[12]); sie dürfen nichts veräußern, außer an Personen, die unter dem patro-

1) L. V. XII. 2, 11. Gleichwohl läßt solche frei ep. Mausona Paul. Em. p. 655.

2) V. 4, 17.

3) XII. 2, 13. Form. N. 2. 3. 4. 6.

4) L. V. l. c.

5) L. V. V. 7, 9–12.

6) Und deren Nachkommen Cc. T. IV. 69. 70 (futura proles, posteritas) ordnet schriftliche Reverse, professiones, an, angeblich im Interesse dieser, in Wahrheit der Kirche: p-trona eorum non moritur VI. 9 u. 10.

7) Vgl. B. T. II. 23, 1 de operis libertorum.

8) Cc. T. VI. 9. 10. L. V. VI. 2, 4. V. 7, 18. 20. VI. 1, 4 wird der Sclave zur Entschädigung durch Gesetz befreit, aber im Patrocinium des Herrn belassen.

9) V. 7, 21.

10) Wie XII. 2, 13 als Regel voraussetzt. Bei Freilassung ohne Vorbehalt wird potestas ertheilt ab hodierna die ubi ubi manendi vivendi laremque fovendi F. N. 2; über diesen Ausdruck s. Roz. p. 2, dagegen F. 5: ut . . obsequium mihi praestare debeatis, post obitum vero meum ubi ubi larem vovere (sic) volueritis.

11) Cc. Tol. VI. 10 contemptus quippe est patronorum si ipsis neglectis aliis ad educandum detur progenies manumissorum.

12) Vgl. Cc. T. IX. 15. 16.

cinium derselben Kirche stehen; „servitium“ heißt das Verhältniß auch nach der Freilassung[1]).

Was der Freigelassne, auf dem Gut des Herrn verbleibend, erarbeitet, soll zur Hälfte dem Herrn gehören, über die andre Hälfte darf er testiren[2]). Dasselbe gilt, wenn er sich einen andern Patron gewählt und unter diesem etwas erworben hat. Die Freigelassnen dürfen den Patron nicht gegen seinen Willen verlassen[3]), widrigenfalls sie unter Verlust der Schenkungen des Herrn in das obsequium zurückgebracht werden[4]). Der Patron pflegt die Freigelaßnen zu beschenken[5]), mit Vermächtnissen zu bedenken[6]), ja in Ermanglung von Kindern letztwillig reich zu beschenken[7]) und zu Erben einzusetzen[8]).

Von den Unfreien unterscheiden sie sich principiell dadurch, daß sie nicht Sachen sind, sondern Personen. Ehen mit Unfreien sind ihnen verboten und werden nach dreimaliger Mahnung mit Verknechtung zu Gunsten des Herrn des Unfreien gestraft: die Kinder

---

1) Todesstrafe für Criminal-Anklage des Freigelaßnen gegen den Herrn B. T. IX. 3, 2. B. P. II. 33, 1 Alimentationspflicht des ohne Vorbehalt Freigelaßnen gegenüber dem verarmten Herrn; vgl. VIII. 1, 1. 3.

2) Auch ab intestato beerben ihn hierin seine sogar unfreien Verwandten; vgl. aber Cc. Hisp. I. 1 u. Tol. IV. 74; eventuell der patronus B. T. V. 3, 1 vor der Kirche, wenn er geistlich geworden, vgl. III. 3, 1 ad legem fabianam u. 2 de bonis lib.

3) Daher auch nicht in den geistlichen Stand treten Cc. Illib. c. 80, wohl aber mit dessen Zustimmung Cc. T. III. 8. Dabei kann ihnen ein tributum capitis auferlegt werden; vgl. Cc. T. IV. 69 cum peculio et posteritate sua sub patrocinio ecclesiae maneant utilitates (d. h. Leistungen) injunctas sibi juxta quod potuerint prosequentes; vgl. 70 u. Cc. Em. 20 a patrocinio nunquam discedant; vgl. B. T. V. 3, 1.

4) L. V. V. 7, 13, was aber keine revocatio in servitutem, wie Cc. T. IV. 68 u. 71 wegen Klage und Zeugniß wider den Patron in Strafsachen oder Wahl eines andern Patrons (nur Ordination hebt später, anders noch Cc. T. III. 8, Patrocinium und Revocabilität auf V. 7, 18) wiederholt und verschärft von Egika: in dem sich leviter de patrocinio auferre wird schon ein superbire erblickt und mit Wiederverknechtung gestraft. Cc. T. IV. 73 gestattet nur dem sine obseq. ret. Freigelaßnen Eintritt in den geistlichen Stand; vgl. auch 74 und alte Canones Cc. Brac. II. app. 46. 47.

5) L. V. V. 6, 6. 7, 1; 13.

6) IV. 5, 1. V. 7, 1. Cc. Em. 21.

7) B. T. VIII. 6, 2.

8) L. V. V. 6, 6.

folgen der ärgern Hand[1]), und der Freigelassne kann nicht, wie der Knecht[2]), in capite domini gefoltert werden[3]).

Der Abstand, der sie von den Freigebornen trennt, wird freilich von der Theorie des Gesetzes scharf ausgedrückt: „unwürdig erachten wir es, daß Freigeborne durch das Zeugniß von Freigelaßnen Schaden leiden[4]), und am Schroffsten weist Rekisvinth[5]) die Annäherung, welche die „ehemaligen Knechte" versuchen, zurück: jede Verheirathung der Freigelaßnen und ihrer ganzen Nachkommenschaft mit dem Patron und dessen ganzer Nachkommenschaft[6]), und jede Behelligung des Patrons durch Processe (extra justam causam) wird mit Wiederverknechtung gebüßt. Aber gerade das Erlassen solcher Gesetze und ihre gereizte Sprache zeigen die Wahrheit des Lebens[7]) im Gegensatz zum Buchstaben der Gesetzgebung[8]). Am Frühesten hoben sich die Freigelassnen der Krone, die im Frieden königliche Aufträge wie duces und comites besorgten[9]) und Staatsämter bekleideten[10]), wohl von jeher heerbannpflichtig waren, mit der Zeit sogar das Aufgebot des Heerbanns leiteten[11]) und auch durch die späteren Gesetze gegen die Ueberhebung der Freigelaßnen nicht berührt wurden[12]).

Wenn die Kirche die Ehe ihrer Freigelaßnen mit freien Römern oder Gothen verbietet, so liegt der wahre Grund in dem Interesse, die

---

1) Doch kann die Ehe durch Erlaubniß des Herrn fortbestehen III. 2, 4; bei Entführung einer Freigelaßnen durch einen Knecht heißt es quoniam non unius conditionis esse noscuntur III. 3, 8.

2) V. 4, 14. VI. 1, 1—4. VII. 6, 1.

3) III. 4, 11.

4) V. 7, 12; vgl. F. N. 3. 4. 6.

5) V. 7, 17.

6) So übrigens schon (vgl. Grégoire über das ältere römische Recht) B. P. II. 20, 6 (metallum); vgl. Salv. IV. p. 72 und charakteristisch für die römische Anschauung Apoll. S. IX. 6. Perreciot I. p. 105 und sonst beachtet B. und seine Musterschaft für L. V. zu wenig.

7) Schon Salvian IV. p. 71 kennt servos nobiles factos.

8) L. V. V. 7, 17 attemptant.. indecens copulare conjugium . . ingenita libertas gratiae dono fit nobilis . . generosa nobilitas inferioris tactu fit turpis atque inde claritas generis sordescit commixtione abjectae conditionis unde abdicata servitus attollit titulos libertatis.

9) V. 7, 20.

10) V. 7, 19.

11) IX. 2, 9.

12) Cc. T. XIII. tom. 6, sie werden palatini und actores R. Maurer S. 68, vgl. Perreciot I. p. 190.

Vortheile des obsequium über deren Kinder zu behalten und deßhalb beruhigt sich sich, wenn alle Zuwendungen an diese Personen ihr restituirt werden, widrigenfalls auch die Kinder im obsequium stehen sollen [1]).

Ein anderes, ein politisches Motiv liegt den Bestimmungen Erwichs und des Cc. T. XIII. 6 zu Grunde: wenn hier Tom. angeblich aus dem stolzen Gefühl der Ueberlegenheit des Geburtsstandes das Gleichstellen der Freigelaßnen mit den Freien durch die königliche Autorität in harten Worten bekämpft wird [2]), so verräth c. 6 den wahren Grund: solche Emporkömmlinge, in die politischen Gesinnungen und Pläne ihrer frühern Herrn eingeweiht, mißbrauchen diese Kenntniß häufig zur Denunciation [3]) derselben, und die Könige, dies wohl benützend, bestellen sie, nachdem sie Palatinen ꝛc. geworden, zu Richtern der Angeschuldigten. Deßhalb verbietet Cc. T. XIII. 6 auf Antrag des ganz abhängigen Königs die Erhebung von Knechten und Freigelaßnen von Privaten zu solchen und ähnlichen Aemtern bei Strafe der Wiederverknechtung [4]) und wiederholt deren Pietätspflichten gegen den Freilasser und dessen Nachkommen: daß für Freigelaßne und Knechte des Fiscus eine Ausnahme gemacht wird, zeigt deutlich, wie nicht das Standesgefühl das treibende Motiv war [5]). Bei diesen, die ohne-

1) Cc. Tol. IX. 13. 14 nicht das vorgeschützte Standesgefühl ist also wahres Motiv, verkannt von Göhrum I. S. 133. 135. 149: sicut legum (d. h. weltliches Recht) reverenda sanctio censuit, ita servari totius generis nobilitas debet, ut in nullo aliena commixtio maculet quod per totum generositas propria decoravit: unde cunctis ecclesiarum libertis . . eorumque propagini interdicitur . . ne deinceps causa connubii aut Romanis ingenuis copulentur aut Gothis . . promixtione tali genita proles nunquam merebitur jus indebitae dignitatis. 14 enthält dann die Loskauf-Bestimmung; deutlich verräth das Motiv Cc. Em. 20.

2) tom. votis nostris horribile et animis execrabile semper est, cum nobilitate conditio libertorum vel servorum etiam adaequata gentis nostrae statum degenerat . . abrasa deinceps hujus malae praesumtionis licentia. . . c. 6 saepe offuscat nobilium genus suberectum servitutis importabile dedecus, quod et generosos adaequatum infamat.

3) Römische Cautelen hiegegen B. P. V. 18, 4—9. T. X. 5, 5 u. L. V. V. 4, 14. VII. 1, 2. Vgl. Perreciot I. p. 45.

4) Uebrigens hat schon J. B. T. IV. 10, 3 gesagt: libertos ad nullos honores militiamque adspirare; eorum filios ingenuos usque ad protectoris locum posse conscendere; etiam militantes ingratos in servitutem revocari: die „palatina militia" des Textes hatte J. nicht erwähnt.

5) l. c. multos ex servis vel libertis . . ex regis jussu novimus ad

hin die oberste Schicht der Freigelaßnen [1]) bilden, drohte jene Gefahr dem Adel nicht, zu dessen Sturz die Könige sich oft solcher Werkzeuge mochten bedient haben.

4. Die Unfreien [2]).

Die Namen und Bezeichnungen der Unfreien sind servus, servilis persona [3]), mancipium [4]) auch pueri, puellae [5]): zahlreiche pueri umgeben den Prinzen Hermenigild; bei seiner Gefangennehmung werden sie entfernt (ablatis) und nur ein puerulus [6]) wird ihm in

---

palatinum fuisse pertractos officium, qui .. affectare cupientes sublimitatem honoris quam illis subtrahebat natio (l. ratio) offuscatae originis, dum aequales dominis per susceptum palatinum officium facti sunt, in necem suorum vehementius grassaverunt et quod nefas est dicere etiam hi qui a dominis suis libertatis beneficio potiuntur .. dominis suis regio jussu tortores existunt: nam quid .. si praecedentium et antiquorum historica narratione memoremus excidia, in qua obscoena servitutis conditio dominorum saepe suorum casum operiens et regnum pariter labefactare fecit et dominos; dieser Stand soll den Herren und deren Nachkommen nec noceat nec aequalis existat.

1) L. V. V. 7, 10. VI. 4, 3.

2) Hauptstellen über die Unfreien L. V. V. 4, 9. VIII. 4, 24; 15; 20; 6, 3; 2, 2. 4, 8. 3, 6. 15; 12; 1, 1; 8; vgl. Amaral p. 258 condiçaõ dos servos Davoud Oghlou I. p. 24—26. Kindlinger S. 65, Wallon III. (reiches Material, aber ohne Verwerthung der leges barbarorum); in der Ant. 289. 299. Rechtsgeschäfte 283. 284. 287. Vermögen 291. 327. Strafrecht 288. Verkauf von Freien 290.

3) L. V. oft; über den Begriff B. P. III. 9, 3; ferner L. V. III. 2, 5. 3, 7. 10—17. 6, 7. IV. 4, 2. V. 7, 13. 8, 2. VI. 1, 3. 5, 12. 3, 1. VII. 3, 2. IX. 1, 5. 16. 18; irrig unterscheidet Lembke I. S. 179 Unfreie und s.

4) Unerhört sonst der laxe Ausdruck: m., non ingenuum, non servum II. 4, 9. III. 4, 11. V. 7, 16 servorum IV. 5, 3. V. 4, 21; 7, 1—20. VII. 3, 1. terrae, vineae, domus m. V. 4. 19; unrichtig, daß die Sclaven der servi (jure peculii) technisch m. heißen. Lembke l. c.

5) Agritia puella mea Test. Caes. arel. F. N. 20. B. P. III. 9, 58 vgl. die abweichende In. hiezu u. L. V. III. 1, 6. VII. 5, 9 Apoll. S. I. 2 p. des Königs; aut per puerum aut per amicum Co. Ger. I. 7; v. s. Caes. p. 667 puer, qui praelatus servis ceteris a domino suo praecipuus habebatur. Aber auch ein puer ingenuus .. conductus Paul. Emer. p. 644, anders vielleicht p. 645 p. familiaris suus u. 648.

6) Ein solcher literarum inscius .. später rusticus im Kloster der h. Eulalia Paul. d. v. patr. em. p. 640 puer Sagatus, qui praeerat ceteris pueris l. c. p. 651. 653 ultimis p. 655 magnus comitatus puerorum .. Freilassung von pueri.

die Verbannung mitgegeben [1]); ähnlich minister [2]), famulus [3]), famulatus [4]). Noch weitern Sinn hat homo, homines ejus, wie unser „seine Leute", Abhängige jeder Art [5]): außer Unfreien auch Freigelaßne, Schützlinge, so L. V. II. 1, 8, wo der dominus seinen flüchtigen Knecht durch seinen homo zurückfordert [6]); ebenso weit minor [7]), einmal vernacula [8]).

Die Unfreiheit entsteht [9]) durch Abstammung von auch nur Einem unfreien Erzeuger [10]); durch Kriegsgefangenschaft: sie macht sofort auch den nobilis, den bene natus, den ingenuus zum servus [11]) und Los-

---

1) Greg. tur. V. 39, der den Ausdruck besonders liebt mart. I. 78 und oft.

2) Braul. v. s. Aemil. p. 211, v. s. Caesar. p. 664 episcopi . . famuli regis L. V. III. 4, 10.

3) XII. 8, 8; vgl. 12 mancip. F. N. 20? Cc. T. XII. 9. XI. 1, 7.

4) episcop., der Geistlichen Paul. Em. p. 667, servuli p. 674 synonym mit pueri famuli p. 656. Apoll. S. II. (2 ministeriorum, vgl. B. T. IX. 4, 1. P. III. 9, 45 = servi 55. 56, famulatus d. h. Tafelbedienung) VII. 14. Anders wohl der famulus des Avitus Apoll. Sid. carm. VII. v. 250. Paull. Pell. v. 323 comites et famulae; v. 400. Die enge Begrenzung Isid. orig. IX. 4 f. ex propria servorum familia orti wird vom Sprachgebrauch nicht eingehalten, s. auch Freigelaßne L. V. V. 1, 1 und Lehrlinge XI. 1, 8.

5) Sehr bezeichnend giebt J. die personae domesticae B. T. II. 27, 1 mit homines ejus und IX. 2, 2 umschreibt J. familiares (domestici der Bischöfe Cc. Caes. III. 4) mit liberti domestici amici. IX. 19, 1 fügt J. den nutrices amicos und familiam zu.

6) Auch ein actor, procurator kann dies sein; unfreie homines L. V. IX. 1, 21. Amtsdiener IX. 2, 6. IX. 2, 8 die Heermänner.

7) z. B. XII. 1, 2 ist der minor eines actor regius ein servus fisci.

8) Jul. v. W. p. 713; der von Guérard und Waitz (Anzeige v. Irminon) unerklärte vicaratus Pol. Irmin. XXII. 3 (von Freigelaßnen) ist vielleicht von Freigelaßnen und Unfreien, für welche Ersatz-Sclaven gegeben werden mußten, zu verstehen, z. B. um eine Ehe nicht zu trennen.

9) Ungenügend Davoud Oghlou I. p. 23. S. oben, Verlust der Gemeinfreiheit S. 160.

10) Es gilt das Recht der ärgeren Hand; das Kind des Unfreien steht im Eigenthum von dessen Herrn: das ist s. originale, vernaculi F. N. 25. 40, L. V. IV. 4, 5: vgl. Perreciot I. p. 103, Grimm R. A. S. 322; origo servilis B. T. X. 2, 4. 7. J. IV. 8, 3 ad inferiorem personam vadit origo; auch bei Ehen zwischen Unfreien und Freigelaßnen; über partus sequitur ventrem B. Cd. Greg. III. 2, 3 aber auch P. II. 25, 1--3. T. XIV. 6, 1. L. V. X. 1, 17; über Theilung der Kinder der Unfreien verschiedner Herren Walter II. S. 30; ausnahmsweise werden Kinder von Geistlichen der Kirche verknechtet Cc. T. IX. 10; selbstverständlich sind unfrei die Kinder verknechteter Juden XVII. 8.

11) v. s. Caes. p. 671. Orientius common. II. v. 178 „cum servis do-

kauf nöthig: ganze Schaaren von Gefangenen [1]), ja die gesammte Einwohnerschaft einer Stadt, z. B. von Orange [2]) werden verknechtet; durch Widerruf der Freilassung wegen Undanks [3]), durch Verknechtung wegen Zahlungsunfähigkeit, Schuldknechtschaft [4]), oder zur Strafe, Strafknechtschaft [5]), namentlich wegen Verheirathung mit Unfreien [6]); oder durch Vertrag, freiwillige Ergebung, auch Selbstverkauf in Knechtschaft [7]). Beendet wird die Unfreiheit durch Freilassung von Seite des Herrn, durch Rechtsvorschrift oder Ersitzung der Freiheit. —

Die Unfreien sind wirthschaftlich betrachtet, neben den Liegen-

minus servitium subiit", wie auch die Franken den bei Vouglé gefangnen Avitus sofort als Knecht behandeln v. Avit. petroc. erem. p. 361 seq.

1) v. s. Caes. p. 663 captivorum immensitas.

2) arausici oppidi, qui (l. quod) ex toto fuerat captivitati contraditus (l. um) p. 665. Freilich wird auch hier nach dem Loskauf wieder unterschieden: non east bene nati homines et ceteri captivi mendicare per plateas; und von Avitus l. c. dominus eum non ut personam servilis conditionis tractavit, sed honestius caeteris in domo sua locavit. Vgl. auch vita s. Eptadii, wo der Heilige die kriegsgefangnen Westgothen von Vouglé durch Loskauf pristinae reddidit ingenuitati p. 780; vgl. Rosseeuw I. p. 425; das römische Recht recipirt in B. T. II. 19, 1 J.

3) B. T. J. IV. 10, 1 si superbire coeperit aut patronum laeserit; zumal Anstellung der Criminalklage 2 l. c., Walter II. S. 32; ein Beispiel Cc. Hisp. II. 8; — Tol. IV. 68. 71. 74. VI. 9. 10. Emer. 20. Caesar. III. 4 wegen unkanonischer Freilassung, dann Ersitzung der Freiheit ausgeschlossen.

4) z. B. Frauen wegen Buhlschaft mit Geistlichen Cc. T. VIII. 5; s. unten „Bischöfe" XIII. 6 u. tom.

5) B. T. J. IV. 10 ad Sc. Claudianum, („trina denuntiatio"); vgl. Walter II. S. 17, Laboulaye propr. p. 452, Davoud Oghlou I. p. 38—41.

6) F. N. 32 cartula objurgationis i. e. obnoxiationis Rozière p. 23 und die Parallelstellen daselbst. Biedenw. l. c. (aber die Analogien des nordischen Rechts bei Stiurnhöök sind abzulehnen, da das Verhältniß der nordischen zu den Ost- und West-Gothen nicht festzustellen.) Meibom S. 33. Dagegen Verkauf durch die Aeltern hebt die ingenuitas nicht auf vgl. B. T. IV. 8, 2. P. V. 1, 1. Nov. Val. 11 (Rückkauf, Verbot des Verkaufs in's Ausland und über See); ebensowenig präjudicirt Freilassung einem Freigebornen B. P. V. 1, 2; alle diese Entstehungsgründe der Unfreiheit sind (mit Ausnahme etwa des Widerrufs der Freilassung) auch dem germanischen Recht eigen und nicht erst wie Helff. S. 126 von den Gothen aus dem r. R. recipirt.

7) Oben S. 174.

schaften[1]), der wichtigste[2]) Theil des Vermögens ihrer Herrn, und sie verrichten fast ausschliesslich[3]) mit Ausnahme des durch die germanische Einwanderung und Landtheilung geschaffenen freien gothischen Bauernstandes die ganze wirthschaftliche Arbeit[4]) jener Periode: sie sind ein unentbehrliches Glied der damaligen Gesellschaft[5]).

---

1) Neben diesen werden sie meist genannt als wichtigste Vermögensbestandtheile, oft Zubehörde F. N. 8. 21. L. V. IV. 5, 3, dann etwa die Hausthiere: terrae, mancipia, pecora V. 4, 7: sie sind so bedeutende Vermögensstücke, daß sie (wie Liegenschaften selbst) von Unfreien kaufen zu können kein Verständiger sich vorstellen kann V. 4, 13; vgl. tam in mancipiis quam in caeteris rebus VIII. 1, 5. F. N. 9 cum mancipiis, terris et vineis omnique jure atque adjunctionibus ad memoratum locum pertinentibus. 21. locus cum mancipiis rusticis et urbanis, terris, vineis, aedificiis, silvis, aquis, aquarumque ductibus, hortis, pascuis, paludibus omnique jure loci ipsius. Vgl. 20. B. T. II. 10, 1 omnia, quae meliora sunt in agris, mancipiis et pecoribus. 30, 1 servos cultores aut boves aratorios. Cc. Tol. VIII. „Lex“: terrae, vineae, familiae. Bezeichnend B. Cod. Greg. III. (8) 4, 1, wo die res certa von J. umschrieben wird: aut possessio aut mancipia und lehrreich B. P. III. 9, wo als Bestandtheil des instrumentum einer villa auch alle Unfreien mit ländlichen Beschäftigungen, auch deren Weiber, aufgeführt werden: pastores, monitores (l. mol.), villici, saltuarii, fundus cum omni instrumento rustico et urbano et mancipiis quae ibi sunt legato. 27. auch die Handwerker-Sclaven, die instruendi fundi gratia ibi morantur, fabri ferarii, tignarii etc. 34. 75 l. c. hält für nöthig, bei carruca legata den mullo ausdrücklich auszunehmen.

2) Die Schriftform bei Veräußerung von J. zu B. T. III. 4, 1 neu eingeführt.

3) Ueber Arbeit von gemietheten Freien (schon Wulfila giebt μισθωτός mit asneis Johan. X. 12) L. V. IX. 1, 12. 3, 3. 4. XII. 2, 14 mercenarii, so auch Cc. Illib. c. 19 mercede conducti pro vegetando commercio a negotiatore suscepti (ein solcher puer ingenuus scharf von Unfreien unterschieden, freilich bei griechischen Kauffahrern Paul. Emer. p. 644) Schmidt p. 228; auch Gothen als mercenarii et ministri Oros. VII. p. 41, andern Sinn Apoll. S. VI. 8. Auch der Dienst solcher Freien heißt servitium. B. T. III. 3, 1; J. hat hier den Text mißverstanden, der sagt, daß freie Kinder von ihren Aeltern verkauft frei bleiben sollen: der Käufer soll nicht einmal den Preis zurückfordern dürfen, cui non minimi temporis spatio satisfecit ingenuus d. h. wenn der Freie ihm längere Zeit gedient hat: daraus macht J. si servitio suo satisfecerit, die epit. Aegidii macht daraus richtig: si servitio suo id est longo tempore satisfecerit, non reddito etiam pretio. Vgl. P. II. 8, 3 discipuli vel mercenarii tabernariorum vel cujuslibet officinae. v. s. Caes. p. 662 tam de servis quam ingenuis obsequentibus. Ueber die freie Arbeit zu römischer Zeit Wallon L. V. III. p. 93—123.

4) Daher war auch die Versuchung groß, Freie mit List und Gewalt zu Knechten zu machen L. V. III. 2, 7 s. oben.

5) Ganz treffend B. Gaj. III. servi quam potestatem omnes gentes habere certum est; unvereinbar mit den damaligen Zuständen ist es, wenn Helff. S. 33

Nach den verschiedensten Richtungen sind daher die Gesetze bemüht, diese Capitalien ihren Eigenthümern zu erhalten: sie bedrohen die Schädigung, die arbeitsunfähig macht, mit Vergütung an den Herrn [1]), sowie die rechtswidrige Befreiung [2]) und Abspänstigmachung, Verlockung zur Flucht in fremde Dienste [3]), und sehr viel beschäftigt die Gesetzgebung die Flucht und Verbergung der Unfreien [4]). Die Hehlung wird bestraft, die Anzeige geboten, die Einbringung belohnt [5]); sie fliehen am häufigsten in die Häuser des Adels, wo sie auf gewaltsame Beschirmung gegen den rückheischenden Herrn zählen.

---

aus Luc. tud. p. 50 folgert, Rekared habe die Unfreiheit abschaffen wollen: nullius captivi christiani filium jugo servitutis opprimi passus est heißt doch nur, daß die Kinder von christlichen Kriegsgefangenen nicht die tiefste Stufe der Unfreiheit einnehmen sollten: sonst vererbte sich nach wie vor die Unfreiheit. Uebrigens trägt die Stelle ganz die Farbe des XIII. Jahrhunderts.

1) L. V. VI. 4, 9; 11 (wogegen auch Meliorationen des Knechts, z. B. Ausbildung in Gewerken in Betracht kommen können V. 4, 21); Ersatz für den durch die Folter gelähmten Knecht, für die Fehlgeburt der Magd an den Herrn VI. 3, 4, vgl. V. 4, 8. 9, daneben noch Heilung des Verletzten auf Kosten des Thäters: für fahrlässige Tödtung die halbe Composition eines Freien an den Herrn VI. 5, 9, für absichtliche neben der Criminalstrafe Doppelersatz an den Herrn VI. 5, 12, für fahrlässige Lähmung oder Tödtung durch den Arzt Stellung eines Ersatzsclaven XI. 1, 3; vgl. VI. 4, 20 aber doch auch Prügelstrafe für den Freien, der den fremden Knecht decalvirt.

2) II. 4, 8. V. 7, 2.

3) sollicitatio V. 4, 16, vgl. VII. 2, 6. 3, 1—6; ein Hauptmittel hiezu bestand darin, den Knecht zur Begehung eines Delicts wider den Verführer zu verleiten, um die Addiction an diesen herbeizuführen VII. 2, 6 ut domino perditionem exhibeat; oder auch wie bei den Ostgothen A. IV. S. 34: der Herr speculirt auf das Mitleid dessen, zu dem sein Knecht scheinbar flüchtet und auf den doppelten Ersatz, der die Hehlung ahndet und schickt selbst den angeblichen Flüchtling IX. 1, 10; tam nocentes insidiae werden mit dem Nachtheil gestraft, der den Andern im Fall des Gelingens bedroht hätte; vgl. VII. 3, 1—6 de usurpatoribus et plagiatoribus mancipiorum.

4) V. 5, 7. X. 2, 2. 4. 7. Walter II. S. 192, Sempere ed. Moreno I. p. 119, Freund S. 186, du Boys I. p. 532—533, Guérard I. p. 341, Unger Gerichts-V. S. 85, Rosseeuw I. p. 424, Davoud Oghlou I. p. 71—76. L. V. IX. 1, 1—25 de fugitivis et occultatoribus fugamque praebentibus (B. T. V. 9, 1 de fugitivis, colonis, inquilinis et servis) Walter II. S. 24, B. Nov. Val. 8. 9 regelt die Verjährung der Vindication und die Theilung der während der Flucht gebornen Kinder; s. Fructuosus wird für einen flüchtigen Knecht gehalten und festgenommen v. s. Fr. l. c.

5) L. V. XI. 1, 14.

Das Uebel hatte, trotz den strengen und zahlreichen [1]) älteren Gesetzen, dermassen über Hand genommen, daß Egika klagt, es gebe keine Stadt und kein Schloß, kein Dorf und keine Villa oder Herberge mehr, worin nicht flüchtige Sclaven steckten, und er erläßt ein langes, strenges, zusammenfassendes Gesetz, welches namentlich Festnahme und Verhör der Flüchtigen zur Pflicht aller Ortsbewohner macht [2]); erst in 50 Jahren verjährt die Vindication der Knechte [3]). Sie sind ein so werthvoller Theil des Nationalvermögens, daß ihr Verkauf ins Ausland nicht gerne gesehen wird [4]); wenn sie dem Feind wieder abgenommen werden, fallen sie gegen eine Prämie von einem Werthdrittel an den Befreier wieder in das Eigenthum ihres Herrn [5]), und auf listiger Beförderung der Heimflucht eines gefangenen Knechts steht ebenfalls eine Prämie [6]).

Verwendet werden die Unfreien in allen Gebieten wirthschaftlicher Arbeit [7]). Oft betreiben sie mit ihrem Peculium [8]) oder ohne solches für den Herrn [9]) Handel und Gewerk [10]): besonders aber wurde der größte Theil der landwirthschaftlichen Arbeit von ihnen verrichtet [11]):

1) (20) Formel dafür N. 43.

2) L. V. IX. 1, 21.

3) X. 2, 2, de Gourcy S. 207, v. Maurer Frohnh. I. S. 6.

4) IX. 1, 10.

5) V. 4, 21. IX. 2, 7. Falsch gedeutet von Davoud Oghlou I. p 22.

6) IX. 2, 7.

7) X. 1, 17.

8) Nicht bloße Vermuthung wie de Maubeuge p. 14.

9) mancipia urbana F. N. 21, operae artificum familiae utriusque sexus Cc. Tol. X. app., familia urbana Wallon III. p. 222, oder mit dessen Zustimmung auch in fremdem Auftrag L. V. V. 4, 13.

10) Welche Gewerbe freilich manche Herrn durch ihre Mägde treiben lassen zeigt L. V. III. 4, 17.

11) Laboulaye propr. p. 111 mancipia rustica F. N. 21 et urbana B. T. III. 9, 37 famuli r. 20. servi cultores B. T. II. 30, 1. rustici Cc. T. XVI. tom. subulci, servi de gregibus Mabillon II. p. 1042 (S. Valer.), rustici auch v. s. Caes. p. 673. Träger des Aberglaubens; inter bubsequos rusticanos soll der Senator nicht leben: inglorius rusticus Apoll. S. I. 6. qui opus rusticum faciunt B. P. III. 9, 19 monitores et villicii et saltuarii (Wallon III. p. 268) familia rustica. 21. ancillae, quae vestimenta rusticis parant. Daher auch die Unterschiede ager, villa, domus l. c. 40. J. hic de domus conservatione, non de villa dicit. Bezeichnend auch l. c. 55 venatores servi vel aucupes an inter urbana ministeria continentur, dubium remansit: zu bejahen, wenn sie quotidianarum epularum gratia habentur, s. auch 56 inter urbana ministeria continentur: muliones, institores, obsonatores, vestiarii, cellerarii, cubicularii,

die actores, procuratores, homines der großen Grundherrn, welche als Intendanten deren Güter verwalten, sind ebenso häufig Unfreie [1]) wie Freigelaßne, und haben dann die zahlreichen Knechte und Mägde unter sich: um sie dieser Beschäftigung nicht durch Kriegsdienste entziehen zu müssen, verheimlichen die Herrn die Zahl ihrer Sclaven [2]).

Diese Unfreien werden vom Gesetz als sehr selbständig wirthschaftend vorausgesetzt [3]): sie nehmen auf eigne Faust neue Culturen vor, legen Häuser und Weinberge an [4]), und gelten als befugte Veräußerer [5]) der Erträgnisse der Landgüter, die sie bewirthschaften. Weil der Landbau besonders von ihnen betrieben wird, beginnen die Gesetze über Flurfrevel und bäuerliches Nachbarrecht häufig mit den servi und enden mit den majores personae, im Gegensatz zu der sonstigen Classenfolge [6]).

Aber auch zur häuslichen Bedienung und zur Begleitung der Herrschaft werden die Knechte und Mägde gebraucht: so enge gehören sie zum Hause, daß man ihnen ausdrücklich [7]) die Rächung der gekränkten Familienehre entziehen muß: anderseits war es wegen ihrer genauen Kenntniß aller Verhältnisse und vieler Geheimnisse der Herrschaft und der Möglichkeit, sie auf der Folter im Proceß gegen den Herrn zu examiniren, besonders gefährlich, wenn sie durch einverstandne Zwischenpersonen in das Eigenthum eines Feindes übergingen [8]).

---

arcarii, coqui, placentarii, tonsores, pistores, lecticarii, stabularii: alle diese Sclaven konnte auch ein gothischer Großer haben. Ferner II. 8, 1—3 servi, ancillae negotiis mercibus exercendis praepositi, pecuniae foenerandae, agro colendo pro ratione culturae, condendis vendendisque fructibus.

1) B. T. IV. 8, 2.

2) L. V. IX. 2, 9 multitudinem servorum colendis laborandisque agris studentes. So zahlreich sind sie, daß die Beiziehung auch von nur 10 Procent derselben zum Kriegsdienst als bedeutende Verstärkung der Wehrkraft gilt. IX. 1, 18. 2, 9. Perreciot I. p. 156.

3) B. T. IV. 8, 2 actor.. domum aut utilitates ordinat; vgl. 20 (21), 1; 4. J. III. 9, 43 rationes, d. h. Rechnungen, servorum; IX. 22, 1, wo der actor vel procurator Räuber im Hofe des Herrn birgt, als Unfreier gedacht; Davoud Oghlou I. p. 25.

4) L. V. X. 1, 6.

5) V. 4, 13, namentlich des Viehs.

6) VIII. 3, 12.

7) III. 4, 5.

8) V. 4, 16.

Der Gebrauchs- und Tauschwerth [1]) der Unfreien richtet sich nach Alter [2]), Geschlecht [3]), Nationalität [4]), — es begegnen Knechte römischer, gothischer [5]), jüdischer Herkunft [6]), — nach den moralischen [7]), geistigen, körperlichen Eigenschaften und besondern Kenntnissen, Künsten, Fertigkeiten [8]). All' dies bestimmt den Werth, utilitas, meritum des Knechts: unter dem idoneus [9]) steht auch hier der rusticanus, vilis; feinere Unfreie rücken den Freien thatsächlich oft so nah und vor, daß sie die Ruthe des Unterschieds gemahnen muß [10]).

---

1) Werthunterschiede L. V. VI. 2, 4. 4, 3. X. 2, 4. IX. 1, 18. meritum VI. 1, 4. 4, 3. VII. 3, 1; vgl. Roscher I. S. 119. Davoud Oghlou I. p. 24 nicht ausreichend.

2) J. B. T. IV. 9, 1 ejusdem aetatis.

3) J. B. T. IV. 9, 1. .. aut sexus.

4) B. T. III. 4, 1 barbari .. provinciales servi; in J. weggelassen. L. V. IX. 1, 21.

5) Tuentii cujusdam Sibila servus Braul. v. s. Aem. p. 210.

6) L. V. XII. 3, 1 seq.

7) S. F. N. 11 Garantie, daß der servus nicht causarius, fugitivus B. T. III. 4, 1, vexaticius.

8) B. T. J. IV. 9, 1 servus artifex, de artificio suo IX. 1, 17. VI. 1, 4; über diese artes, officia P. IV. 13, 1 servus studendi (Erziehung derselben L. V. X. 1, 17) causa .. translatus. III. 9, 37; 42 urbana familia, item artifices, vestiarii, zetarii, aquarii; 48 asini molae et servi, qui pistrinum exercent; 49 balneatores; II. 18, 3 Nov. Val. 9 feminae ad patrem familias pertinentes solertia, forma, utilitate meliores.

9) Keineswegs sind die idon. in der Regel zur Strafe Verknechtete Helff. S. 160: moralische Vorzüge L. V. XI. 1, 1 vertrauenswürdige Unfreie als Zeugen des Aderlasses an freien Frauen; id. von Freigelaßnen und Freien VI. 1, 4. 4, 7, v. Maurer, Frohnhöfe I. S. 5.

10) VI. 1, 4 will omnes ambiguitates de servorum meritis beseitigen und bemißt ihren Werth nach aetas, utilitas, artificii qualitas = facultas VI. 4, 3. VII. 3, 1 (facultas auch = Vermögen V. 4, 15); daher servus ejusdem meriti VI. 1, 4 und oft V. 4, 17. VI. 5, 12: auf Schwächung einer ancilla idonea stehen 100, einer inferior 60 Hiebe III. 4, 15. Der Unterschied eines servus idoneus und rusticanus (auch liberti idonei mit günstigerer vererblicher Rechts-Stellung, die man eben solchen gewährte, kennt Cc. Hisp. I. 1 in jure ecclesiae maneant ut idonei .. filiis et nepotibus cum peculio quasi idoneis in jure ecclesiae permanentibus) verhält sich wie 100 Hiebe und 10 sol. zu 10 sol. VI. 4, 3; vgl. auch III. 3, 9 servus idoneus .. libertam idoneam, dagegen servus rusticus aut vilissimus. Ganz schief weil die Eintheilungsgründe confundirend Moron l. c. idoneos, viles, natos (!), mancipios. „Convenibilis“ für idoneus, Romey II. p. 271, kommt nicht vor (er hat wieder einmal, ohne es zu sagen, Masdeu ausgeschrieben, der XI. p. 41 von den späteren leyes *castellanas* spricht, was der Franzose übersehen oder vergessen hat); es ist daher dem Herrn zuviel angesonnen,

Im Rechtsleben konnten nicht alle Folgerungen des widernatürlichen Satzes, daß der Unfreie Sache, nicht Person sei, gezogen oder aufrecht erhalten werden: das Bedürfniß des Verkehrs und die Natur der Dinge, zumal im Strafproceß, gestatteten dies nicht.

Es ist von Interesse, das Festhalten und das abgezwungene Aufgeben jenes Princips in der Gesetzgebung zu beobachten [1]).

Der Unfreie ist kein Rechtssubject [2]), kann also keine Vermögensrechte haben: Vergehen, welche der Freie mit Geldstrafen sühnt, büßt daher der Unfreie regelmäßig mit dem Leibe [3]). Er (auch der germanische Knecht) hat nur ein Peculium [4]); dies steht [5]) im Eigenthum des Herrn, gilt im Zweifel bei Veräußerung des Knechts nicht als mitverkauft und, wenn der Loskauf des Sclaven ohne Wissen des Herrn mit dem Peculium entnommenen, also dem Herrn ohnehin gehörigen Gelde geschah, ist der Loskauf ungültig [6]). Bei Freilassung kann der Herr das bisherige Peculium behalten oder zu Nießbrauch oder als widerrufliches Eigenthum mitgeben: alsdann darf der Herr vindiciren, was der Freigelaßne hievon veräußert; in der Regel aber

---

sich wegen eines servus vilis 2—300 Meilen zu bemühen IX. 1, 18; der Werth der Unfreien war hienach ein sehr verschiedener: der idoneus wird, freilich zum Zweck der Strafe, auf 100 sol. geschätzt III. 3, 9, dagegen die Leibesfrucht der Magd nur auf 20 sol. VI. 3, 4; Maßstäbe zur Würdigung dieser Anschläge geben andre Werthbestimmungen des Gesetzes, welche aber bei der Absicht, reichlich zu vergelten, als hoch gegriffen zu betrachten sind: so bestimmt VIII. 3, 1 eine arbor pomifera auf 3, oliva auf 5, glandifera major auf 2, minor auf 1, ceterae majores auf 2, VIII. 3, 5 den Traubenertrag von 6 Rebstöcken auf 1 sol.; (gar nicht brauchbar hier sind die reinen Strafsätze VIII. 3, 12 und und 10 pro caballis et bobus singulos solidos, per capita minora tremissis). Für Heranbildung eines famulus durch einen Arzt erhält dieser 12 sol., für eine Staaroperation 5. XI. 1, 5; 6.

1) Davoud Oghlou I. p. 26—28, zu beschönigend Romey II. p. 251.

2) Sondern Sache V. 4, 7 res aliquae sive terrae vel mancipium vel quodlibet animalium genus 8 de mancipiis vel de omnibus rebus IX. 2, 7 mancipia vel quodcunque genus pecuniae aut aliarum rerum.

3) Ruthenhiebe VII. 1, 1. 2, 22; 3, 1; 4, 1. VI. 3, 1; 4, 4; 10. VIII. 2, 12. 3, 6. 12; 15; 4, 8; 24; 26; 29 wenigstens zum Theil VI. 4, 1, auch unfreie Weiber geprügelt VI. 3, 1. Ausnahmsweise zahlt er II. 2, 10 aus seinem Peculium die Hälfte der Normalcomposition. V. 6, 1 trifft den Freien doppelte Rückgabe, den Knecht einfache mit hundert Hieben.

4) V. 4, 13.

5) Trotz der ungenauen Ausdrucksweise in V. 4, 13.

6) V. 4, 14. 15.

gab man das Peculium als freies Eigenthum, noch durch Geschenke vermehrt, mit: alsdann kann der Freigelaßne es unter Lebenden und auf den Todesfall frei veräußern: doch fällt sein Nachlaß, wenn er ohne Testament und ohne Nachkommen stirbt, an den Patron und dessen Nachkommen [1]). Der von dem flüchtigen Knecht während der Fluchtzeit verdiente Arbeitslohn gehört consequent dem Herrn [2]), dem Alles, was der Aufgegriffne bei sich trägt, zu übergeben ist [3]). Der Unfreie kann zwar seit Kindasvinth im Proceß seinen Herrn vertreten, aber derselbe König erinnert, daß Rechtshandlungen des Knechts ohne Auftrag des Herrn trotz Schrift- und Zeugenform diesen nicht verpflichten [4]); doch muß der König im Interesse der Verkehrssitte [5]) und nach Treu und Glauben, unter Aenderung des ältern Rechts, Unterscheidungen gestatten: da die Herren durch ihre Knechte Handelsgeschäfte, Gewerke und Landwirthschaft treiben lassen, sollen diese einschlägige Producte, besonders Vieh, veräußern dürfen: hier wäre es dem Herrn selbst am Schädlichsten gewesen, hätte man nicht von solchen Unfreien mit Sicherheit erwerben können und anderseits erscheint es als reine Arglist des Herrn, solche Veräußerungen anzufechten. Deßhalb soll bei Verkauf von Vieh oder andern Sachen, mit welchen der Sclave aus Auftrag des Herrn handelt, oder die zum Peculium gehören können [6]), der Herr durch Zeugen oder Eid beweisen müssen, daß das Verkaufte nicht zu dem Peculium gehörte oder nicht kraft seines Auftrags verkauft wurde. Dabei werden aber doch immer nur geringe Werthe vorausgesetzt: bei sehr werthvollen, dem Herrn nicht wohl entbehrlichen Sachen fällt jene Vermuthung

---

1) V. 7, 14 von Kindasvinth, nach Cd. L. eine *Antiqua*; wenn die Formeln die freiere Verfügung bereits kennen, beweist dies für ihr Alter (wie Helff. S. 50) nichts; sie gerade enthalten Gewohnheitsrecht.

2) IX. 1, 7 si quid de artificio suo vel quocunque labore adquisierit.

3) IX. 1, 14. Vom Flüchtling Gestohlenes muß der Herr zurückgeben, aber für die noxa fugitivi haftet vor dem Herrn der Hehler 17; hierauf geht auch 20: der Richter soll, was er bei dem aufgegriffenen fugitivus oder dem verhafteten Verbrecher vorfindet, dem comes in Abwesenheit des Verfolgers zeigen und dann bei sich verwahren: ei qui perdidit dum adfuerit redditurus d. h. dem Herrn oder dem Geschädigten, z. B. dem Bestohlenen; bezweckt ist dadurch auch Controlle des Richters selbst.

4) II. 5, 6. Walter II. S. 22.

5) L. V. V. 5, 6. 7. 7, 16. VI. 1, 1.

6) de Gourcy S. 208, Walter II. S. 18, v. Maurer, Frohnh. I. S. 12.

weg, und der Herr kann den Verkauf ohne Beweis für ungültig erklären [1]); und wer von einem ihm als unfrei Bekannten Liegenschaften [2]) oder Sclaven kauft (oder sich schenken läßt), verwirkt obenein seinen Kaufpreis an den Herrn, denn hier muß Arglist oder grobe Fahrlässigkeit vermuthet werden, da jeder weiß, daß solche Dinge kein Knecht zu verkaufen hat [3]). Wer einem Unfreien leiht, hat Anspruch auf Rückgabe weder gegen ihn noch gegen den Herrn; ausgenommen, wenn Vieh unfreien Hirten anvertraut war (und dieses durch deren Arglist zu Schaden kömmt) — man sieht hier das Bedürfniß des wirthschaftlichen Lebens wirksam — und für Arglist soll auch bei andern Sachen Ersatz eintreten.

Der Herr kann den Knecht, mit und ohne Peculium und Scholle, verkaufen [4]), soll darin (auch von der Kirche) keinen moralischen Zwang dulden und [5]) wissen, an wen [6]); verboten ist aus Gründen der Humanität und, namentlich seit der Beiziehung der Unfreien zum Heerbann, auch aus Gründen der Bevölkerungs- und der Militär-Politik, der (wiederholte) Verkauf der Knechte in's Ausland [7]).

---

1) V. 4, 13 animalia bruta seu res et ornamenta, quae tamen aut sui sint peculii aut a domino suis vel aliis negotiandi occasione distrahenda (percepta sunt) et hoc quidem de vilibus aut parvis rebus.

2) Vgl. namentlich J. zu B. T. II. 30, 2, welche das enge nexum auf alle obligationes (Verpfändung) ausdehnt und den Eigenthümer nicht verpflichtet werden läßt durch servus, colonus, actor, procurator und conductor. Vgl. auch 31, 1. 32, 1 (Haftung des peculium).

3) L. V. VI. 4, 1 folg.: der Herr ist durch Handlungen des Knechts, z. B. bei Theilungen, nicht verpflichtet excepto quod lex permittit X. 1, 10 d. h. wo das Gesetz nothwendige Stellvertretung anordnet; entflieht der von seinem Herrn angeblich beauftragte Knecht mit der vom Leiher abgeholten Leihsache, so haftet der Herr, darf aber eidlich darthun, daß der Knecht den Auftrag nur vorgegeben. Vgl. aber auch das römische Recht B. P. V. 18, 1 de servorum quaestionibus u. L. V. V. 5, 6. 7. 7, 16. VI. 1, 1.

4) Unger, Gerichts-V. S. 377, Göhrum I. S. 28, v. Maurer, Frohnh. I. S. 26. Römische Formel F. N. 11 statt der Verpfändung Verkauf mit Vorbehalt des Wiederverkaufs 44. Die Wahrung der Verwandtschaftsbande befiehlt freilich hiebei B. T. II. 25: Aeltern und Kinder, und Gatten sollen nicht getrennt werden; aber schwerlich wurde dies befolgt; vielleicht bezog es J. auf die Landtheilung. Auch als Theil des Muntschatzes werden sie hingegeben L. V. III. 1, 5, Wackernagel, Handel S. 561.

5) Wegen der oben S. 193 angedeuteten Gefahr.

6) V. 4, 17.

7) IX. 1, 10 extra provincias nostras ad alias regiones (nicht religiones! wie Walter, vgl. Guérard I. p. 203; vgl. XII. 2, 14 infra fines *regionum*

Am meisten mußte die Behandlung der Unfreien als Sachen im Eherecht[1]) mit der kirchlichen Anschauung collidiren. Ohne Zustimmung des Herrn kann freilich der Knecht keine Ehe[2]) (contubernium) eingehen[3]), und wer seinen Knecht einer fremden Magd (und umgekehrt) ohne Zustimmung ihres Herrn verheirathet, verwirkt sein Eigenthum am Knecht an deren Herrn[4]) und der Herr darf auch das von ihm gebilligte contubernium wieder lösen, doch nur binnen Jahresfrist[5]). Vor Gericht können die Knechte ursprünglich gar nicht auftreten: erst Kindasvinth hat sie befugt, den Herrn in Processen zu vertreten und ausnahmsweise den Bevorzugtesten, d. h. den höhern Classen der im Palast dienenden Königsknechte Zeugißfähigkeit im Strafproceß verliehen, aber nur wenn sie gut beleumundet und dem König (als solche) bekannt sind; niederen Palastsclaven nur dann, wenn sie specielle Verleihung dieses Rechtes beweisen. Königssclaven außer des Palastes bleiben den übrigen Knechten in der Unfähigkeit

---

nostrarum) selbst wenn dieser dem ersten Käufer entlaufen (ex peregrinis locis ad patriam remeare), während sonst die Flucht der Sclaven so streng verfolgt wird: der Knecht wird frei und der Herr durch Stellung eines Ersatzsclaven an den zweiten Käufer gestraft (für seine notanda cupiditas); auch sonst wird die Flucht des aus dem Ausland heimkehrenden Knechts begünstigt IX. 2, 7.

1) IX. 1, 15. 16. X. 1, 17. XII. 2, 14. Walter II. S. 15, Heinecc. ant. II. p. 473, v. Maurer, Frohnh. I. S. 10, Guérard I. p. 397. 405, de Courcy S. 215.

2) Exceptionell ist doch das Recht des Herrn, die Kinder der verknechteten Juden (an Christen) zu verheirathen Cc. T. XVII. 8.

3) III. 1, 2; 3, 10; X. 1, 17.

4) III. 2, 5.

5) X. 1, 17; die Freie, die getäuscht einen Unfreien geheirathet, darf, wenn sie will, mit Erlaubniß ihres Herrn bei ihrem revindicirten Gatten bleiben IX. 1, 15 (strenger das wohl ältere Recht 16, wonach der Herr auch die Kinder einer solchen Ehe sammt ihrem peculium vindiciren darf, auch im Fall des Irrthums des freien Gatten); was verheirathete Unfreie verschiedner Herrn errungen (profligare), gehört beiden Herrn jure peculii zu gleichen Theilen, abgesehen von Liegenschaften IX. 1, 20. Kindasvinth hat auch das ältere Recht (das römische bezüglich der Colonen B. T. V. 10, 1: die Trennung der Ehe wird durch Ersatzcolonen verhütet) bezüglich des Eigenthums an Kindern Unfreier verschiedner Herrn geändert: statt des Grundsatzes der Mutterfolge gleiche Theilung der Kinder nach der Kopfzahl; das einzige Kind wird bis zum 12. Jahre bei der Mutter erzogen, und alsdann der halbe Werth nach unparteiischer Schätzung von dem Herrn der Mutter an den Herrn des Vaters bezahlt. X. 1, 17. Vgl. Heinecc. ant. II. p. 892, Göhrum I. S. 116, Guérard I. p. 397. 405.

durch dies Gesetz noch gleichgestellt[1]). Später hat er dann allen Knechten Zeugschaft beigelegt, aber nur eventuell, d. h. in Ermanglung von freien Zeugen[2]), und nur bei Tödtung von ungewisser Hand, dann in Bagatellsachen, bei Theilungsklagen unter Erben und Nachbarn, und bei Besitzklagen bezüglich bestrittner oder flüchtiger Knechte, vorausgesetzt guten Leumund und nicht zu große Armuth[3]). Endlich hat er den Knechten gestattet, gegen Freie im Civilproceß zu klagen, mit oder ohne schriftliche Vollmacht des Herrn, je nach dessen Entfernung vom Wohnort des Knechts und vom Gericht[4]).

Die Behandlung der Unfreien im Strafproceß bietet besonders in folgenden Fragen Interesse[5]): Vergehen gegen den Herrn straft dieser selbst, und zwar war sogar Tödtung ohne Zuziehung des Richters Recht, nicht bloße Unsitte[6]). Erst Kindasvinth ändert diese von der Antiqua[7]) noch anerkannte Befugniß dahin ab[8]), daß er Anzeige an

1) II. 4, 4 servo penitus non credatur si super aliquem crimen objecerit, exceptis etc. (Heineccius ant. II. p. 478, Göhrum I. S. 30. 100. 155, v. Maurer, Frohnhöfe I. S. 9): sie haben jedoch das Recht des ersten Angriffs, der honesta custodia gegen die in Unzucht ergriffne Haustochter.

2) Wie II. 5, 12 bei dem Nothtestament.

3) II. 4, 9: übrigens aus dem vernünftigen Grund, daß bei dem Zeugnißverbot deperit justitia. Folterung in Ermanglung von ingenui III. 4, 13 ebenfalls von Kindasvinth. Criminalanzeigen von Knechten sind nur anzunehmen, wenn der Herr die Glaubwürdigkeit des Knechts bestätigt, nach VII. 1, 2.

4) II. 2, 10 während II. 3, 3 das ältere Recht enthält (ant. nach Cd. Card. Lind. Leg.) wonach Unfreie nur für ihre Herrn, Kirchen und Fiscus klagen dürfen.

5) L. V. IV. 4, 2. 3, 4. VI. 1, 1–4. 3, 4. VII. 1, 2. 5, 2. IX. 1, 15. 19. XII. 1, 2, de Gourcy S. 210—215, Walter II. S. 23. 436, Guérard I. p. 317, Köstlin, Gesch. S. 82, Straf-R. S. 393. 401.

6) Ueber das damalige römische Recht B. Gaj. III. Züchtigung, nicht Tödtung vgl. v. Bethmann H. v. P. III. S. 229 (schlimmer war die Sitte Salv. gub. IV. p. 71 cum occidunt servulos suos jus putant esse, non crimen; [Folter der Sclaven selbst durch Bischöfe galt als geringes Vergehen Apoll. Sid. VII. 14; bei Herrenmord VIII. 11 s. Strafproceß]). B. T. IX. 9, 1 straft nur absichtliche, nicht aber fahrlässig bei Ausübung des Züchtigungsrechts erfolgte Tödtung: „emendatio non vocatur ad crimen". Die F. N. 11 bei Verkauf: ut quidquid de suprafati servi personam (sic) facere volueris enthält jenes Recht doch nicht: bedenklicher N. 32; zuerst strafte die Kirche absichtliche Tödtung mit Kirchenausschluß Cc. Illib. 5; über Asyl L. V. V. 4, 17; Fesselung IX. 1, 2.

7) Vgl. VI. 5, 12. VII. 2, 21.

8) VI. 5, 12. 13, vgl. Walter II. S. 7, Zöpfl S. 358, Gfrörer II. S. 12—17, de Gourcy S. 216, Göhrum I. S. 31, Unger Gerichts-V. S. 240, Guérard I. p. 319, Köstlin Gesch. S. 81, Straf-R. S. 393, Wilda S. 665, v. Bethm. H. g. P. I. S. 225; mangelhaft Lardiz. p. 19, Sempere ed. Moreno I. p. 111—.

den Richter und Untersuchung durch denselben vorschreibt: doch darf alsdann die Tödtung immer noch durch den Herrn selbst geschehn und bezeichnend ist, daß nach einigen Handschriften[1]) der Herr auch jetzt noch tödten darf und nur zur Anzeige an den Richter verpflichtet ist: erfährt dieser davon und schreitet ein, so kann sich der Herr durch Eidbeweis der Schuld des Sclaven von jedem Nachtheil befreien. Ebenso verbietet VI. 6, 13[2]) die Verstümmelung des Knechts[3]). Bei Vergehen gegen Andere macht den Unfreien der Befehl des Herrn straffrei, er gilt als bloßes Werkzeug[4]) und nur der Herr büßt als Thäter[5]). Nur ausnahmsweise wird aus politischen oder criminal-politischen Gründen[6]) der Knecht neben dem befehlenden Herrn gestraft[7]).

---

1) Cod. Tolet. et Card.

2) Dieses weltliche Gesetz hat im Auge Cc. Em. 15, wo den Bischöfen bezüglich der Kirchensclaven das Gleiche befohlen wird: si regalis pietas pro salute hominum suarum legum dignata est ponere decreta, cur religio sancta per sancti concilii ordinem non habeat etc., vgl. Cc. T. XI. 6; nicht die Kirche hatte also hierin die Priorität wie Waitz II. S. 151 zu L. V. VI. 5, 12. 13. Eine Verschlimmerung der Lage der Unfreien durch die gothische Eroberung fand nicht Statt wie Dozy II. p. 21, richtiger Bourret p. 175—183; nicht richtig, daß die servi der L. V. bloße Läten gewesen wie Perreciot I. p. 423, vgl. Laboulaye propr. p. 434.

3) Während noch VII. 2, 21 bei bloßem Diebstahl gesagt hatte: in domini potestate consistat quod de eo facere voluerit nec judex in hac re se admisceat, nisi dominus servi fortasse voluerit; daß der Herr den Knecht sonst züchtigen VI. 5, 12, ja foltern durfte z. B. wegen Entlaufens, beweist arg. e contrario IX. 1, 13.

4) Apoll. S. V. 19 nutricis meae filiam filius tuae rapuit, facinus indignum quodque nos inimicasset nisi protinus scissem, te nescisse faciendum.

5) L. V. III. 4, 16. IV. 4, 2—4. VI. 4, 2—4. VII. 2, 23. (VII. 3, 3. 4, 1. 5, 2. VIII. 1, 1. 3. 6. 9. 12. XI. 2, 2. X. 1, 10. Wilda S. 633, Köstlin Straf-R. S. 394) immittente domino 5. servus ideo erit indemnis, quia domini obedivit imperiis ebenso 22; VII. 3, 5 servum jussa domini complentem molestia non contingat. 5, 2 si jubentibus dominis suis talia (plagiatus) fecerint, omne damnum ad dominum redundet; (ja VIII. 1, 1 und VI. 4, 2 werden wie servi auch liberti und ingenui durch den Befehl des patronus straffrei.) VIII. 5, 3 si domino jubente hoc commissum est, ipse qui jussit furti compositionem cogatur exsolvere ebenso IX. 1, 2.

6) z. B. bei crimen vis wegen Gemeingefährlichkeit: servus ad metalla IX. 7, 8.

7) z. B. VI. 1, 3 bei Hochverrath servi conscii et occultatores pariter cum dominis, mit reiner Strafwillkür des Königs; nur Anzeige entzieht den Knecht wenigstens der Todesstrafe (freilich muß der Befehl des Herrn vom Knecht bewiesen

Handelt dagegen der Unfreie ohne Wissen des Herrn[1]), so büßt er, weil ohne Vermögen[2]), regelmäßig mit einer Leibesstrafe[3]) statt mit der dem Freien gedrohten Geldstrafe[4]). Oft wird der Herr ausdrücklich von jeder weitern Haftung befreit[5]).

So erhält in allen leichtern Fällen, namentlich des furtum, der Knecht statt der vom Freien zu zahlenden compositio eine nach dem Grad der Schuld abgestufte Zahl von Ruthenhieben[6]). Aber bei schwereren Fällen muß der Herr häufig die compositio zahlen oder

---

werden und jener darf die falsche Aussage des letztern durch Eid entkräften VI. 5, 12); ebenso kann bei vom Herrn befohlnen Mord der Knecht (wie der Herr) wegen homicidium gestraft oder der Sippe ausgeliefert werden. So scheint auch Cc. T. XI. 5 Befehl des Bischofs den Kirchensclaven nicht straffrei zu machen und er kommt vor den weltlichen Richter.

1) domino nesclenti VII. 2, 20. VIII. 2, 12 (seine Nichtkenntniß muß der Herr beschwören IV. 4, 2) sine conscientia VII. 2, 22, jussu domini VIII. 3, 10.

2) Ueber ihre peculia L. V. V. 4, 15. VII. 1, 4. X. 1, 17. IX. 1, 20. 17.

3) B. T. IX. 7, 3 Tod: J. gravia tormenta Feuertod IX. 22, 1, wo den Freien Geld- oder Prügelstrafe trifft. Die Kronknechte, die den h. Nunetus erschlagen haben sollen, werden dem König zur Bestrafung in Ketten vorgeführt Paul. Emer. p. 643.

4) III. 3, 8. 9. 12. VI. 4, 1. 2. Rückgabe des Entwendeten von Vermögensstrafe wohl zu unterscheiden 3. 10. VII. 4, 1. VIII. 6, 3. IX. 1, 1. 2. Der Freie büßt wenigstens theilweise mit Vermögen IX. 1, 21 Cc. T. XII. 11: Geißel und Ketten statt Excommunication und Verbannung, die dem Freien drohen.

5) VII. 4, 1 dominus nullam calumniam pertimescat. VIII. 3, 14. 15 et dominus ejus nihil damni sustineat... domino nulla calumnia moveatur; ebenso VIII. 1, 4. 4, 26; (5, 3 natürlich unbeschadet der Entrichtung dessen, was der Herr schuldet, klar B. P. V. 14, 8 ausgesprochen) L. V. IX. 1, 1. 17. X. 3, 5. Den Freien trifft damnum pervasionis quod legibus continetur: den Knecht 200 Hiebe ut nullum ex hoc praejudicium domino computetur. Deßwegen macht Schwierigkeiten X. 1, 6: hier soll, wer aus Auftrag (oder mit Wissen: das gilt gleich) seines Herrn (dominus) fremdes Land bebaut, das Bebaute behalten gegen Ersatz gleichen Landes an den Eigenthümer: (ebenso wenn ein Freier aus Thatirrthum so gehandelt) wenn dagegen im Widerspruch mit seinem Herrn, soll er ohne Ersatz das Bebaute verwirken. Hier würde gegen das System des Gesetzes der Herr gestraft. Man muß daher die bisherige Deutung aufgeben und dominus — so schlecht dies syntaktisch zu consortis terrae paßt, denn der consors ist eben der dominus — übersetzen mit: Eigenthümer des fraglichen Grundstücks. Dafür beweist auch, daß erst X. 1, 10 den Fall der Vornahme dieser Handlung durch den servus behandelt. Cc. T. XII. 11 verpflichtet den Herrn eidlich Abhaltung des Knechts vom Götzendienst zu geloben: widrigenfalls verwirkt er das Eigenthum am Knecht an den König.

6) Wenn der Herr nicht, was er darf, die Unschuld des Sclaven beweist VI. 1, 4.

den Werth des Knechts leisten oder diesen vor Gericht stellen (praesentare) oder gleich dem Geschädigten ausliefern[1]). Principiell regelt die Gestellung vor Gericht VI. 1, 1: der Richter fordert den angeschuldigten Knecht von dem Herrn (oder dessen actor oder villicus): stellt ihn dieser nicht, so zieht der judex den Herrn 2c. selbst zur Verantwortung: nur wenn der Herr und dessen Vertreter selten (difficulter) an den Ort kommen, ergreift der Richter selbst den Knecht; nur ausnahmsweise, wenn der Herr (im Heerbann) abwesend, darf der Richter ohne Weiteres den Unfreien ergreifen und bestrafen; ergiebt sich aber nach durchgeführter Untersuchung ein Wahlrecht des Herrn zwischen Ersatz und Auslieferung, so ist der Sclave bis zur Rückkehr des Herrn in custodia zu halten[2]).

---

1) (tradere) Wilda S. 661. L. V. V. 4, 18. VI. 1, 4; 4, 1. 10; 5, 9. 10. VII. 2, 2—6. Bei Verwundung eines Freien erhält der Knecht 100 Hiebe und will der Herr nicht die Composition für die Wunde zahlen, muß er ihn dem Geschädigten überlassen; VIII. 1, 5 si dominus rei duplatione noluerit satisfacere servum tradere non desistat. VI. 5, 20 bei Tödtung eines Knechts durch einen Andern Erlag der halben Composition oder Auslieferung durch den Herrn. Dabei gilt: noxa sequitur caput d. h. der neue Erwerber des Knechts muß für dessen frühere Vergehen die Composition zahlen oder ausliefern; doch findet sich V. 4, 18 folgende Modification: der Herr, welcher den schuldigen Knecht veräußert hat, muß gleichwohl componiren oder tradiren; der Erwerber, d. h. wenn nicht Er componiren oder tradiren will, erhält gegen Restitution des Sclaven das pretium zurück und der Herr, in dessen Eigenthum der Knecht bei der Verübung stand, haftet. (Das quoque ist sinnlos.) Ueber die Wahl zwischen componere und tradere aut pro damno aut pro supplicio VII. 2, 3; 4; 20; (das peculium, die substantia, behält der Herr bei der Tradition wegen furtum VI. 5, 12); man speculirte sollicitando servum auf diese Traditionspflicht VII. 2, 6, vgl. VIII. 1, 5, das sich hierauf bezieht; weil den Herrn der Nachtheil trifft, wird die Composition manchmal auf die Hälfte herabgesetzt und dann mit Hieben nachgeholfen VII. 2, 9; 13. 14: 6fachen Ersatz statt des 9fachen des Freien (VIII. 6, 3 ebenso und 100 Hiebe) oder Tradition; VIII. 1, 12 statt 4fachen Ersatzes, der den Freien trifft, Composition durch den Herrn (und Hiebe) oder Tradition IX. 1, 18; VIII. 3, 6 sechsfacher Ersatz oder Auslieferung; VIII. 2, 1 (Brandstiftung durch Knechte) dominus si servum tam nocentis admissi liberare voluerit a supplicio pro ejus crimine non moretur componere (daneben noch 200 Hiebe dem Knecht) et si componere dominus pro servo noluerit tradatur servus ad poenam ut supplicio capitali admissa persolvat. Das Motiv, das den Herrn bei der Wahl leiten wird, giebt an VIII. 2, 2 et si pro eo dominus componere noluerit, cum duplum aut triplum damni fecerit, quam quod eundem servum valere constiterit; deßhalb setzt VIII. 3, 5 voraus, der Herr wird nicht das componere, sondern die Ruthe für den Knecht wählen.

2) VIII. 1, 8.

In andern Fällen aber verläßt das Gesetz vollständig diesen Standpunct und läßt den Unfreien Schadensersatz (und Strafe) aus dem Peculium [1]), also doch auf Kosten des Herrn, entrichten [2]), oder es läßt unbestimmt, ob Sclave oder Herr, d. h. ob das Peculium oder das übrige Vermögen des Herrn, zunächst für Ersatz und Schaden hafte [3]).

Jene Abweichungen wurden nothwendig, nachdem das Gesetz die Knechte den Freien in den Gerichtsrechten (Zeugniß, Klage) immer näher gerückt hatte. Eine Hauptstelle ist hierin II. 2, 6. Freie schädigten ohne Bedenken fremde Knechte und weigerten dann die Einlassung auf deren Klage, die man ihnen nicht zumuthen könne, da der Knecht im Fall der Klagabweisung die Proceßbuße [4]) nicht zahlen kann. Dem zu begegnen verpflichtet nun das Gesetz im Interesse des Herrn und des Knechts den Freien zur Einlassung mit dem klagenden Knecht, gleichviel ob dieser für seinen Herrn oder für sich klage. Erliegt der Knecht, so soll, falls der beklagte Freie den II. 2, 6 angeordneten Eid schwört, der abgewiesene Kläger die daselbst bestimmte Proceßbuße bezahlen, jedoch bei geringern Sachen unter 100 sol. nur zur Hälfte, um den Herrn, der doch Eigenthümer des peculium, vor weiterem Schaden zu bewahren; ist der Herr nicht über 30 Millien entfernt, so bedarf es schriftlicher Vollmacht, und geht der Proceß durch Schuld des Knechts verloren, so darf der Herr die Klage wiederholen.

1) VIII. 3, 6.

2) VI. 3, 6. V. 5, 6.

3) VIII. 3, 10 aut servus aut dominus reddat damnum VI. 4, 3 vel a servo vel a domino: doch empfängt der servus pro praesumtione sua noch besonders 100 Hiebe; deutlich zeigt den Gedankengang VII. 1, 1: den servus treffen 6fache Composition und 100 Hiebe (den Freien 9fache Composition) und wenn servus compositionem pro eo exsolvere non poterit, weil das peculium nicht reicht oder der Herr nicht zustimmt: aut si noluerit pro eo satisfacere dominus — dann noxae datio; ebenso VI. 5, 10; II. 1, 16 haftet der Herr ad omnem satisfactionem legis oder liefert den servus aus. III. 3, 9 Compositionspflicht für den Knecht IV. 2, 15, ebenso VI. 4, 1 Ruthen- und Geldstrafe oder statt dieser Tradition. II. 2, 10 muß der Knecht die II. 2, 6 angeordnete Composition von 5 sol. zur Hälfte zahlen; der Text ist gründlich verdorben; er lautet: ne tamen pro eadem compositione ultra resultet dominus ejus tantum ut si minor est actio quam decem solidi possunt valere servus compositionis medietatem hoc est duos semis solidos cogatur exsolvere. Ich schlage vor: ultra resultet domino ejus damnum, constituimus ut . . . duos et semis (so Cd. Tol. goth.) sol.

4) II. 2, 6.

Thatsächlich hing das Schicksal des Unfreien zumeist von dem Stand des Herrn ab [1]). Hienach, wie nach Bildung, Beschäftigung, Werth [2]) der Knechte stuft sich auch die Unfreiheit, der Wirkung nach, in Schichten ab [3]).

Die oberste Stelle nehmen daher ein die Knechte des Königs [4]); auch die zur Strafe dem König Verknechteten und die auf Güter gesetzten Tributpflichtigen [5]), sowohl die der Krone gehörigen und z. B. auf den Domänen Angesiedelten, wie jene, welche der zum König Gewählte vor der Wahl gehabt [6]). Deßhalb sprechen die Knechte auf einer Domäne, welche der König einem Mönche schenkt, „laßt uns gehen und den Herrn anschauen, dem wir gegeben sind“ und als sie ihn nun schmutzigen Gewandes finden und häßlichen Ansehens, verachteten sie ihn und sprachen untereinander: „besser ist es uns zu sterben, als einem solchem Herren zu dienen“ und erschlagen ihn bald darauf [7]).

---

1) S. oben S. 168; es ist ein *grave* servitium, einem pauper zu dienen. L. V. III. 4, 17; daher eine Verschärfung der Verknechtung, einem Armen verknechtet zu werden.

2) l. c. VI. 1, 4.

3) II. 4, 4. Daher IX. 2, 8 conditio *ultimae* servitutis; am klarsten sagt dies Co. Emer. 17: nachdem es die freien Angehörigen der Kirche ausgeschieden: si vero de familia ecclesiae fuerit quisque, *quia et in his discretionis est gradus*, si *major* fuerit, qui *dignitate* polleat Excommunication: inferior tamen aut minima persona . . beliebige disciplina. Ein Empörer wird verknechtet und zwar sicut *ultimi pueri* ante equum dominorum suorum absque aliquo vehiculi juvamine ambulare soliti sunt, ita ante caballum domini . . ambulare debeat et *omne servitium* quod *infimum consueverat peragere mancipium* coram eo deposito cothurno vel fastu cum omni humilitate exhibeat. Paul. Emer. p. 655.

4) L. V. II. 4, 4. III. 2, 2-3. V. 7, 15. 19. X. 2, 4. 7. IX. 1, 21. 2, 9. XII. 1, 2. 2, 11—15. servi nostri, fiscales X. 2, 7. Cc. T. III. 15. XIII. 6 puer regius ep. Isid. III. ad Braul. p. 651. fisci nostri L. V. X. 1, 21 dominici IX. 2, 2. servi vel coloni rei dominicae B. T. II. 1, 1 J. Gegensatz privati, ebenso Cc. T. III. 18 fiscales: privati Cc. T. VIII. „Lex“. Davoud Oghlou I. p. 28, Sempere ed. Moreno I. p. 107; Romey II. p. 271 schreibt aus Masdeu den Irrthum ab, nur die Verknechteten hießen mancipia und liberti curiae seien l. palatii; Masdeu XI. p. 42 hatte gesagt: segun yo credo.

5) Cc. T. XVI. tomus. K. Maurer S. 54, Amaral p. 260 servoz do fisco. Guérard I. p. 354; über römische servi publici Wallon III. p. 123—166.

6) Vgl. J. B. T. IV. 10, 1.

7) Paul. Emer. p. 643.

Unter den Kronknechten ragten wieder am Höchsten die im palatium Beschäftigten: darin lag an sich schon eine Auszeichnung: nach ihren Rangordnungen [1]), von denen zu den obersten zählen die stabularii, gillonarii [2]) und coquorum [3]) propositi [4]), zumal, wenn sie dem König persönlich bekannt sind. Das strenge Gesetz, welches den Knechten und Freigelaßnen die Palast- und Domänenämter versperrt [5]), gewährt für die servi vel liberti fiscales eine Ausnahme und vor den Uebrigen erlangen sie Zeugnißfähigkeit [6]). Sie sind ein so werthvoller Besitz der Krone, daß ein Gesetz [7]), welches erst Erwich aufhob [8]), die Ersitzung der Freiheit ihnen und des Eigenthums an ihnen verbietet [9]). Ihrem Bestreben, sich als Freie auszugeben, „wodurch die Kräfte des Fiscus geschwächt werden", begegnet die Vorschrift, daß sie nur durch einen vom König unterschriebnen Freibrief die Freiheit sollen erlangen können [10]). So weit stehen sie von den übrigen Knechten ab und so nahe den Freien, daß ausdrücklich gesagt werden muß, die Vermischung von Freien mit königlichen werde wie die mit

---

1) L. V. II. 4, 4 qui ad hoc regalibus servitiis mancipantur, ut non immerito palatinis officiis liberaliter honorentur; vielleicht sind dies (wegen des folgenden sicut et caeteris ingenuis) liberti, emancipati. Das officium palatinum, das im Felde das servitium principale bildet, besteht aus Freien und Unfreien IX. 2, 9 negotia fiscalia von Knechten besorgt II. 3, 3 (d. h. Proceßführung).

2) Erklärt durch Paul. Em. p. 641 vascula vinaria quae usitato nomine Guillones aut flascones nominantur, bisher übersehen; Masdeu XI. p. 86 „mozos de sala", jedenfalls richtiger als Fuero juzgo: que mandan los rapaces. Lardiz. aqualis sive vasis genus quod alias baucalis dicebatur graeco: βαυκάλιον Lembke I. S. 182, Zöpfl S. 381; über argentarii II. 4, 4 Verwahrer der k. Silberkammer, dagegen VII. 6, 4 Silberarbeiter Masdeu XI. p. 86 „reposteros"; römische a. vasclarii C. J. N. 3749.

3) Nicht equorum wie einige Cd. Die spanische Uebersetzung sagt los que mandan los cozineros. Vgl. Masdeu XI. p. 86, Wackernagel, Handel S. 537.

4) Aber nicht diese allein: l. c. vel si qui praeter hos superiore ordine vel gradu praecedunt.

5) Conc. Tol. XIII. c. 6.

6) Oben S. 199. Die Freie, welche einen servus fisc. oder patrimonialis heirathet, wird nicht wie sonst unfrei, auch ihre Kinder nicht (J. B. T. IV. 10, 3), sondern sie werden latini und spurii und stehen nur im obsequium, vgl. 4.

7) L. V. X. 2, 2.

8) X. 2, 7.

9) Aehnliches über servi civitatum, reipublicae J. B. T. IV. 10, 3. 4.

10) L. V. V. 7, 15, vgl. 16.

andern Knechten gestraft werden [1]). Sie haben selbst wieder Knechte und Ländereien unter sich, deren Freilassung, Veräußerung ihnen zwar für die Regel verboten ist: doch an Mitknechte dürfen sie veräußern [2]) und zum Heil der Seele an Kirchen und Arme wenigstens andre Sachen vergeben [3]), in Ermanglung anderer Fahrhabe selbst Liegenschaften und Knechte, aber nur an Mitknechte, verkaufen und den Kaufpreis zu jenem frommen Zweck verwenden [4]). Sie stehen den Geschäften im Palast so nahe, daß von ihnen besonders Fälschung königlicher Urkunden zu befürchten ist [5]).

Ein bedeutsames Zeichen für den Verfall der Gemeinfreiheit und das Aufsteigen der Königsmacht ist, daß schon sehr frühe die servi dominici eine hervorragende, gleich ehren- wie bedeutungs-volle, Rolle im Kriegswesen spielen: sie haben das Aufgebot des Heerbanns wenn auch nicht allein doch ganz besonders zu bewirken und heißen deßhalb geradezu compulsores exercitus. Und zwar verbietet die Ausdrucksweise, dabei nur an die Aufbietung der königlichen Freigelaßnen [6]), Grundholden und Knechte zu denken: das ganze Heer der Gothen („Gothos") entbieten sie [7]).

Zunächst den servi fiscalini stehen die s. ecclesiae, die damals schon sehr zahlreich waren [8]); es ist möglich, gilt aber als grausam,

---

1) III. 3, 3.

2) Das Motiv dieser Bestimmungen aber ist nicht mit Helff. S. 160 in der Rücksicht auf ihre günstigere Lage, sondern auf die Nichtverminderung des Domänenwerths zu suchen.

3) Vgl. Cc. T. III. 15, Guérard I. p. 305.

4) V. 7, 16.

5) VII. 5, 9; sie vertreten die Vermögensinteressen des Fiscus: die Strafe der delatores kann sie nicht treffen, wenn sie durch solche Ansprüche den dominus d. h. den König aufmerksam machen B. P. V. 15, 2.

6) Deren Kriegspflicht bezeugt L. V. V. 7, 20; die der servi fiscales, die wie die Freien ein Zehntel ihrer Knechte mitzuführen haben, IX. 2, 9, de Gourcy S. 208; juristisch sind sie aber keine Mittelclasse zwischen Freien und Sclaven, sondern einfach Sclaven; dies gegen Helff. S. 160 und 159 gegen den Vergleich mit den Bucellarien.

7) IX. 2, 2 servi dominici id est compulsores exercitus quando Gothos compellunt in hostem exire .. servi dominici, qui in hostem ire compellunt; (doch giebt es auch compulsores, die keine Königssclaven IX. 2, 9) sie gelten als so vermöglich, daß man ihnen elffachen Ersatz abverlangt, freilich mit Hieben, denen ja aber auch Edle unterworfen werden.

8) Cc. Hisp. I. 1. Tol. IX. 10 – 16. X. append. waren 500 Einer Kirche verschenkt! familia ecclesiae L. V. V. 2, 7. 17; vgl. Masdeu XI. p. 42; über den römi-

sie von Scholle und Familie zu reißen [1]). Jede Kirche hat ihrer: sogar die kleinste deren neun, so setzt man voraus [2]); ob II. 3, 3 servi ecclesiae gemeint sind oder fremde Knechte, die für Kirchen wie für Arme klagen dürfen, ist dunkel; unklar auch Cc. Tol. III. 8 [3]): es sind wohl Geistliche, welche, ursprünglich Domänenknechte, vom König zum Behuf des Eintritts in den geistlichen Stand freigelassen worden, aber unter Vorbehalt des Patrocinium und eines an den König zu entrichtenden Kopfgeldes. Es sollen nun nicht Laien sich diese einmal Freigelaßnen selbst oder das patrocinium über sie schenken lassen und sie von ihrer Kirche losreißen, sondern ihre Belastung soll auf Entrichtung jenes Kopfzinses beschränkt sein, der nach dem Zusammenhang nicht an die Kirche zu bezahlen ist. Cc. Tol. XI. 11 befiehlt, Kirchenknechte, die ordinirt werden sollen, zuerst freizulassen, bei Bewährung zu höheren Graden zu befördern, im Gegenfall wieder zu verknechten [4]).

So ergiebt sich denn auch für das westgothische Reich eine außerordentliche Manchfaltigkeit ständischer und sonstiger personen-rechtlicher Abstufungen, des „status"; juristische und nichtjuristische Unterscheidungen bestimmen die sociale Gleichheit und Ungleichheit, welche dann

---

schen Begriff von f. die Erläuterung bei B. P. V. 7, 1. III. 7 ad S. C. silanianum. L. V. IX. 1, 21 sogar vor den königlichen genannt; a. 509: homines monasterii arelat: nec servire vobis nec ibi stare possumus v. s. Caes. p. 667.

1) Paul. Emer. p. 652: servi tui sumus, domine.. infelices in captivitatem pergimus separati a rebus et filiis nostrisque uxoribus a patria in qua nati sumus expulsi.

2) L. V. V. 1, 5. Cc. Tol. XVI. tom. spricht von je 10 mancipia: nach Du Cange s. h. v. sollen das nicht Knechte, sondern Höfe mit je einem unfreien Insassen sein; einmal, bei Apoll. S. VII. 2, habe ich mancipium in diesem Sinn gefunden.

3) innuente atque consentiente rege .. praecepit .. concilium, ut clericos ex familia fisci (Hefele III. S. 47: „Kleriker, die aus zum Fiscus gehörigen Familien stammen" [?]) nullus audeat a principe donatos expetere, sed reddito capitis sui tributo ecclesiae cui sunt alligati usque dum vivent regulariter administrent.

4) Vgl. Cc. Emer. 18; einfacher ist die Deutung bei Masdeu XI. p. 374 gegen Loaisa, Florez und Catalani; obige weicht von Allen ab; bäuerliche Knechte des Klosters des St. Valerius werden wider Willen zu Mönchen geschoren Mabillon p. 1042; über servi der Municipien und deren Surrogate Wallon III. p. 166.

auch vom Recht wieder berücksichtigt und dadurch mittelbar auch zu einer juristischen erhoben wird [1]).

Die Ebenbürtigkeit kömmt juristisch in Betracht bei der Eheschließung [2]), dem Zeugniß [3]), der peinlichen Anklage [4]) und bei Vergehen gegen Ungleiche [5]).

---

1) II. 5, 17 aequales gradu vel ordine . . ejusdem potestatis vel conditionis VII. 5, 2; 3. pro qualitate personae VI. 2, 3 Cd. Leg. homo cujuslibet ordinis vel *personae.*

2) III. 1, 8 aequalem natalibus 9. aequalem natalibus suis . . digniorem (maritum) provideant (fratres) . . honestatis suae oblita personae suae non cogitans statum ad inferiorem maritum pervenire, vgl. III. 3, 4. V. 1, 7; 3, 1. Lehuérou II. p. 122. 124, Göhrum I. S. 121—124.

3) Oben S. 199.

4) Oben S. 198, aber ein Knecht kann über Freie richten! III. 1, 16.

5) IX. 2, 9 will alle Bewohner eines Ortes erschöpfen und zählt auf: omnes habitatores loci ipsius tam viri quam feminae (Geschlecht) cujuslibet sint gentis (Nationalität) generis (Geburtsstand) ordinis vel honoris (Amtsadel): ordo meint nicht geistlichen Stand; XII. 3, 10 setzt noch bei: dignitas sive persona und zu ordo: sive ex religiosis sive ex laicis; vgl. III. 1, 6 wo ordo = primates palatii.

III. Die einzelnen Hoheitsrechte des Königthums.

1. Heerbann. Kriegshoheit. Kriegswesen.

Die Krone hat die Kriegshoheit, den Heerbann [1]): die jussio principalis, admonitio, indictio armorum für die expeditio publica [2]). Der König ist der Beschirmer („defensor") gegen äußere und innere Feinde [3]). An den König gehen die Beschwerden wegen Verletzung der Heereseinrichtungen [4]), er bestimmt Zeit und Ort der Heeresversammlung [5]) wie er das Heer entläßt [6]): er befiehlt den duces und comites, dem exercitus Gothorum [7]) auszuziehen pro publica utilitate [8]).

Die gemein-germanische Wehrverfassung, beruhend auf Waffen-Recht und -Pflicht aller waffenfähigen [9]) Freien, nicht nur der Grund-

1) Gewiß nicht aus dem römischen foedus wie v. Syb. S. 242; viel Schiefes bei Dunham I. p. 195, Davoud Oghlou I. p. 187 und John O'Reilly I. p. 132; fleißig, aber kritiklos und die Einrichtungen des zweiten Reiches in das erste übertragend Marin I. p. 218–316.

2) L. V. IV. 5, 5. V. 7, 19. VIII. 1, 7—9. IX. 2, 1—9. 4, 5. X. 2, 5: so auch correct v. s. Fruct. p. 430; auch nur: exercitus tempore V. 7, 19; eine Reihe von Verletzungen dieses Rechts zählt auf B. P. V. 31 die lex jul. maj.

3) ep. Braul. p. 684 noster dominus et defensor.

4) L. V. IX. 2, 6.

5) IX. 2, 9; von Heeres-Musterungen Eurichs erzählt Idac. p. 51, Isid. h. G. l. c.

6) dimittit, absolvit Jul. v. W. p. 716: zuerst die in Gallien ausgehobnen, (lecta praesidia) dann den spanischen Heerbann.

7) X. 2, 9.

8) Cc. T. VII. 1 fidelium suorum Em. 3.

9) Nichts Andres besagt Cassiod. Var. I. 38; mißverstanden von Gemeiner S. 56.

besitzer[1]) hatten die Gothen wohl wenig verändert[2]) nach Gallien und Spanien mitgebracht[3]).

Auch die Eintheilung der Truppen in Tausend-, Fünfhundert-, Hundert- und Zehnschaften war, wenn nicht gemein-germanisch, doch allen Stämmen der gothischen Gruppe gemein[4]). Auch hier sind[5]) die Anführer im Kriege zugleich die Richter im Frieden und es ist nicht angemessen, jene Seite für die ältere des Amtes zu halten[6]). Aus denselben natürlichen Gründen wie bei den Ostgothen behielt man nach der gallisch-spanischen Niederlassung die Doppelfunction des

---

1) Richtig schon Marin I. p. 218. 229, Lembke I. S. 183, Waitz I. S. 149; L. V. IX. 2, 9 exercitales (nicht = Gothi wie Köpke S. 199) d. h. B. T. J. qui in armis nostris militant, in armis nobis servientes II. 1, 2. Dagegen: privati; ganz verkehrt v. Dan. I. S. 377, der unter „progressores" einen technischen Ausdruck des gothischen „Lehenrechts" (!) versteht im Gegensatz zu exercitales (umgekehrt faßt diese als Vasallen Amaral p. 278), beide sind identisch.

2) Hierin wurde von römischen Einrichtungen am Wenigsten aufgenommen: B. enthält sub tit. de re militari Eine, der entsprechende Titel des Cd. Th. 18 Constitutionen. Die vorgefundenen römischen magistri militum, comes Hispaniarum, duces Marin I. p. 234—239 verschwinden, wo die Gothen herrschen.

3) Wenn auch der Westgothenstaat mehr war als „eine ansäßig gewordne Kriegsgenossenschaft" Lembke I. S. 175, Helff. S. 100, der zu sehr in Weise der Franzosen, (z. B. auch wieder Pétigny p. 220), die Rechtsentfaltung des germanischen Urstaats unterschätzt und auf bloße bewaffnete Geleite reducirt; (auch Aschb. S. 256 meint „vor Leovigild hatte das Reich keine geordnete Staatseinrichtung", Hegel II. S. 324 „die Reichsverfassung beruht auf der germanischen Heeresordnung", v. Dan. I. S. 368 kennt bis Leovigild nur „Heerkönige", ähnlich Sempere hist. I. p. 60, Leo Mittelalter I. S. 58, Rico y Amat. I. p. 9 bis a. 410 Demokratische Republik der Gothen! p. 8, Rosseeuw I. p. 330, Marichalar I. p. 311 mas un generalato que una corona, Lafuente II. p. 392, Dunham I. p. 181 „a dignity originally military", Romey II. p. 84 man könne diese „chefs" nicht „rois" nennen. Besser doch schon Fauriel I. p. 509.) „Bodenbesitz und Wehrverfassung" sind Helff. „die Grundsäulen der ganzen Rechtsordnung": aber der Gerichtsbann ist ebenso alt als der Heerbann; ebenso irrig S. 101 die Erklärung der Verbindung beider Banne; keine einzelne Seite der germanischen Staatserscheinungen darf zur ausschließlich specifischen gemacht werden; daß der Freigeborne für Erlassung der Wehrpflicht steuern muß S. 267, ist Anticipation später Zustände.

4) Bei Vandalen A. I. S. 211, Waitz I. 2. A. S. 484, Ostgothen A. III. S. 62, also nicht wie Morales VI. p. 181 den byzantinischen Chiliarchen nachgebildet.

5) Diese urgermanische Einrichtung ist nicht erst aus den westgothischen Zuständen des 5. Jahrhunderts nach Chr. zu erklären mit Helff. S. 101.

6) Wie Davoud Oghlou und Viele.

Grafen ꝛc. bei und legte allmälig diesem mitgebrachten Amt noch anderweitige Aufgaben in Friedenszeiten zu [1]), welche die neuen Staatsverhältnisse, die Beziehung zu den Romanen ꝛc. erheischten. Hier erörtern wir nur die militairische Seite dieser Aemter.

Die regelmäßigen Heerführer sind der dux [2]), comes, vicarius, thiufadus, quingentenarius, centenarius und decanus [3]). Die unter dem thiuphadus stehende Tausendschaft heißt thiuphadia [4]); auch im Frieden bestehen diese Gliederungen, verbunden mit räumlichen Eintheilungen, fort [5]): jeder thiuphadus ist mit seiner thiuphadia dem comes einer civitas unterstellt [6]). Die Grundzahl scheint die Hundertschaft gewesen zu sein [7]): jedenfalls war sie ein besonders enger Verband, denn unter die centena, nicht unter die Tausendschaft, werden die wegen Verletzung der Heerbannordnung von dem thiuphadus bis zum decanus herab erhobnen Brüchten vertheilt [8]). Diese verhalten

1) Schief ist die Auffassung bei Helff. S. 101, dies besage nur, daß jeder Beamte, der bürgerliche wie der militairische, Recht sprechen konnte, wer heute ein bürgerliches Amt bekleidete, morgen eine Zehnschaft befehligen konnte": vielmehr sind der dux bis zum decanus zugleich Anführer im Krieg und Richter im Frieden, wenn es auch daneben Richter gab, die nicht Anführer waren. — Ich bemerke hier ein für allemal, daß ich auf die späteren Schriften von Helff., „der Erbacher" u. A. keine Rücksicht nehmen kann. Wer sie kennt, wird das billigen. Auch seine verdienstliche Schrift über das Westgothenreich enthält hin und wieder schon Spuren allzuscharfen Scharfsinns.

2) duces des Theoderich I. Idac. p. 41. 42; 46. 47. 50: oft untechnisch, s. unten Amtshoheit.

3) L. V. IX. 2, 1; 8; 9; der Höchste ist, seiner Stellung im Frieden entsprechend der dux, dann der comes, beide über den Führern von Decimalschaaren.

4) IX. 2, 4.

5) Es war den Gothen geläufig, dasselbe Wort für eine räumliche Eintheilung und die Gesammtheit ihrer Einwohner zu gebrauchen: so baurgs Math. 8, 34 πᾶσα ἡ πόλις ἐξῆλθεν alla so baurgs usiddja.

6) IX. 2, 1 thiuphadus ab aliquo de thiuphadia sua corruptus reddat comiti civitatis, in cujus est territorio constitutus.

7) Ueber die räumliche fränkische centena Waitz III. u. IV. u. Jacobs, la centaine méroving. p. 308.

8) IX. 2, 1; 3 später nach Anweisung des Königs 3; 5; (freilich wird IX. 2, 5 gesagt in thiuphadia sua cui debeatur dividere: aber cui debeatur kann auch auf die betreffende centena bezogen werden und muß es wegen l. 3; jedoch wie decanus in centena adscribitur, so der Gemeine in thiuphadia numeratur IX. 2, 4); wer die Vertheilung durch Nichterhebung (oder Unterschlagung) der Brüchten verhindert, hat den Theilungsberechtigten zweifachen (elffachen) Ersatz zu leisten.

sich nach ihrer Rang- und Vermögenscomputation wie 20 (thiuphadus) zu 15 (quingent.) zu 10 (centen.) zu 5 (decanus). Wie viel wichtiger der centenarius als der decanus, erhellt daraus, daß jener für Heereslitz vor dem Feind [1]) das Leben, dieser nur 150 sol. verliert, was sich offenbar nur aus dem Unterschied der militairischen Bedeutung erklärt. Asyl rettet jenem zwar das Leben, aber er zahlt 300 sol. und wird zum decanus degradirt — offenbar trennte beide ein tiefer Abstand [2]). Sein nächster Vorgesetzter ist der thiuphadus, ohne dessen Zustimmung er keinen aus seiner Hunderte beurlauben darf: jedoch das von ihm zu entrichtende Strafgeld fällt an den comes [3]).

Bezeichnend für das Verhältniß des comes zu den Zahlenführern ist L. V. IX. 2, 5; der Thiuphad läßt durch seine zehn Centenare, dieser durch seine zehn Decane die Ausreißer und Zuhausegebliebenen ermitteln, berichtet dann schriftlich an den Grafen [4]) und dieser vollzieht darauf „die Strafe des Gesetzes“ an den Thiuphaden, Centenaren, Decanen und aufbietenden Kronknechten: man sieht, wenn auch diese zunächst rein militairischen Obern gewisse nicht militairische Functionen haben können — die regelmäßige Strafgewalt hat doch nur der als Officier wie als Beamter über ihnen stehende Graf.

In den wichtigeren Städten und Castellen [5]) lagen dauernde Besatzungen; von hier aus erfolgt auch die Verpflegung des Heeres, bald von den comites civitatis, bald von besondren Beamten besorgt [6]). Dieselben sind gehalten, die hiefür bestimmten Vorräthe den Truppen im Ganzen im Voraus nachzuweisen. Auf Beschwerde der Mannschaft über Vorenthaltung der annonae [7]) meldet der Heerführer (comes

---

1) IX. 2, 8 si dimittens centena in hoste (al. hostem) ad domum suam refugerit (also wohl nur hoste richtig).

2) l. c. ipse autem centenarius post modum nullo modo praeponatur, sed sit sicut unus ex decanis.

3) IX. 2, 3; ebenso 5.

4) comes civitati praepositus; so ist zu lesen und zu verstehen; anders nach Lindenbr., Walter.

5) IX. 1, 21. 2, 6, in kleineren Orten natürlich nicht, Steuererhebung war an solchen doch möglich; dies gegen v. Bethm. H. I. S. 224.

6) IX. 2, 6 erogatores, dispensatores annonae, wohl identisch mit annonarii Boissieu p. 397, Marin I. p. 311, C. J. 115*; vgl. Hirschfeld S. 1 und die Literatur daselbst; vgl. die horrea publica B. T. XI. 1, 1 J.

7) Ungenügend Aschb. S. 266, Helff. S. 162, vgl. Serrigny I. p. 335, v. Bethm. H. r. P. III. S. 68.

exercitus) dem König die Zahl der rückständigen Taxrationen und der Schuldige wird zu vierfachem Ersatz angehalten.

Die Vertheidigung des Landes ruht zunächst auf dem Heerbann[1]) der angegriffenen Provinz[2]): jede Provinz hat ihren dux etc.[3]), bis zu den decani, welchen, auch im Frieden, nach räumlicher Vertheilung, Heerestheile, bis zu den Zehenschaften, untergeben sind[4]). Neben diesen regelmäßigen[5]) Führern können auch andere Personen außerordentlichermassen Militairgewalt üben, durch Nothstand gerechtfertigt, oder vom König, wie im Civildienst kraft seiner Amtshoheit, bestellt[6]): und zwar kann der König jedem Beliebigen die Führung des ganzen Feldzugs, wenn er diese nicht selbst übernimmt, oder eines der operirenden Heere übertragen[7]) oder den Militairbefehl für ein bestimmtes Gebiet[8]) oder einzelne militairische Aufträge: begreiflicherweise werden hiezu besonders Vornehme des Hofes, palatini, gardingi gewählt[9]).

---

1) hostis L. V. IX. 2, 3.

2) IX. 2, 8: so ist das hominibus nostris qui in confinio externis gentibus adjunguntur zu verstehen, (vgl. V. 4, 21 homines regni nostri) nicht von Grenzbesatzungen.

3) Correct daher v. s. Fruct. p. 430 dux exercitus provinciae.

4) l. c. IX. 2, 8 u. 1. 3. arg. a duce *suo* seu comite, tiufado vel vicario im Gegensatz zu aut a *quolibet* admonitus. IX. 2, 3 centenarius comiti, in cujus territorio est constitutus.

5) IX. 2, 8 cui ex ipso commissum.

6) Marin I. p. 237.

7) Das ist der praepositus exercitus IX. 2, 3, anders derselbe Ausdruck 6.

8) IX. 2, 8.

9) So erkläre ich, daß es IX. 2, 8 heißt: seu sit dux aut comes, tiufadus atque vicarius, *gardingus* vel qualibet persona cui aut ex ipso sit commissum ubi adversitas ipsa occurrit aut ex altero qui in vicinitate (Cd. Compl. et Lind. civitate) adjungitur; dagegen, daß der König seine Knechte zum Aufgebot des Heerbannes „compulsores exercitus“ verwendet, ist, so auffallend es scheint, nicht einmal eine außerordentliche, sondern regelmäßige Function derselben IX. 2, 2; 5; c. ex. id est servi dominici IX. 2, 5. 5. Marin I. p. 222; indessen sind sie doch nicht die ausschließlichen Entbieter des Heeres: es giebt außer ihnen freie compulsores: denn sie können dem König zur Strafe verknechtet werden IX. 2, 9; zählen übrigens zu den inferiores, obwohl sie in eine Geldstrafe von 1 Pfund Gold verfällt werden. praecones Alarichs II. nennt a. 506 v. Aviti petroc. erem. p. 361. Außerordentliche Beauftragte IX. 2, 9, wo neben den normalen Heerführern erwähnt wird cujuslibet *curam* agentis . . quislibet commissos populos regens; die Truppen sind ihnen subditi.

Bei dringender Gefahr, z. B. feindlichem Einfall, haben auch andere als die Behörden Recht und Pflicht, das Heer zum Aufbruch zu mahnen (admonere); der Sammelplatz [1]) wird nach dem Bedürfniß vom König, von Feldherrn, niederen Officieren bestimmt. Der eigentliche Heerbann d. h. die Aufbietung und Sammlung der Mannschaft wird nun aber auffallendermassen, wenn nicht allein, so doch vorzugsweise und nicht nur für das Gebiet der königlichen Domänen oder außerordentlicherweise, sondern ganz allgemein und regelmäßig von den servi dominici bethätigt, nicht, wie man erwarten sollte, von den Grafen — ein Zeichen starker Entartung altgermanischen Sinnes und starker Erhöhung der Krone [2]). Der Vorgang des Aufgebots scheint in einem (nochmaligen) Einzählen des Heermannes in die thiuphadia bestanden zu haben [3]), der er angehörte: auch dem betreffenden centenarius wird er zugeschrieben [4]). Während des Feldzugs [5]) findet privilegirte Testamentserrichtung statt [6]) und ist Haus und Habe der Abwesenden durch erhöhten Frieden gegen Gewalt und Selbsthülfe geschützt [7]).

Den Kriegsrath des Königs im Felde bilden seine primates, optimates palatii [8]).

Eine viel bestrittne Frage ist, ob, — und wenn, seit wann — die Romanen wehrpflichtig waren [9])?

1) IX. 2, 9.

2) IX. 2, 2; 5.

3) numerari in th. vgl. 6 (ganz technisch).

4) „adscribi" IX. 2, 3 wohl wörtlich und technisch.

5) tempus exercitus, publica expeditio V. 7, 20.

6) L. V. II. 5, 12. VIII. 1, 7. 8. Marin I. p. 312.

7) VIII. 1, 7; vgl. J. B. T. IV. 20 (21), 4.

8) Jul. v. W. p. 700.

9) Verneint (bis Wamba) wird sie von Laboulaye propr. p. 272, Cénac Moncaut I. p. 211, Helff. S. 112, v. Bethm. H. I. S. 183. 193. 206 (der deßhalb auch die Zuständigkeit von comes, pinfads etc. ganz irrig bezeichnet), Roth Feudal. S. 329 (gegen seine frühere richtige Ansicht Benef. S. 187); Hegel l. c., der sie erst durch Erwich eingeführt annimmt, da erst IX. 2, 7 von Gothi et Romani, IX. 2, 2 nur von Gothi spreche: das ist aber nur a potiori wie Cc. T. VII. 1 exercitus Gothorum; jedenfalls vor Wamba, etwa für den Anfang des VII. Jahrhunderts, rühmt der Romane Eugenius carm. 17 seinen Vater dextrae *belliger* actu. Richtig aber ohne die folgende zwingende Beweisführung aus J. B. Garnier p. 172, Löbell S. 246, Schäffner I. S. 186, v. Syb. S. 174. 227, Roth Ben. S. 187, Lavallée I. p. 101.

Die Zuziehung der Romanen ist entschieden schon seit Anfang des tolosanischen Reiches erfolgt. Das lag als eine unvermeidliche Nothwendigkeit in den Verhältnissen begründet. Die Kämpfe des jungen Staates wider das Imperium, d. h. den einen oder andern Gegenkaiser und gegen die germanischen Nachbarn waren in der That Kämpfe um das Dasein, in welchen alle verfügbaren Kräfte aufgeboten werden mußten: nur die Verhütung von Verrath und Uebergang mochte schwierig sein und deßhalb die Einreihung der Romanen in die gothischen Zahlengruppen ausschließen: aber viel gefährlicher, ja undenkbar wär' es gewesen, während das gothische Volksheer in's Feld zog, den Römern allein die Städte und Vesten und die germanischen Familien anzuvertrauen. Man darf annehmen, daß bis Alarich II. die Beiziehung der Römer noch in den römischen Formen erfolgte: der vornehme und reiche Avitus aus Perigord wird eingereiht in den gradus equestris nach Maßgabe seines Vermögens (census) und Geschlechts (natalium) [1]), er trägt daher den baltheus. Die Flotte des Eurich [2]) war gewiß römisch eingerichtet und bemannt, ihr Admiral ist ein Römer.

Zu dem Feldzug gegen Chlodovech a. 506 werden nicht nur die römischen Auvergnaten aufgeboten [3]), auch sonst quisquis ex militari ordine in anderen Landschaften z. B. in Perigord und darunter ist Avitus, aus der herrschenden Senatorenfamilie des Orts [4]).

Wenn man das frühe Begegnen römischer Namen der Heerführer nicht als Beweis oder nur als Ausnahme gelten lassen will [5]), so ist doch entscheidend für unsere Ansicht eine ganze bisher unbeachtete Reihe von Stellen der J., welche den rector prov. nicht mehr nennt, aber alle, auch *militantes*, also Römer im Heerverband, im Frieden anweist, vor dem forum domicilii des Beklagten als dem normalen Gericht Recht zu suchen. Ferner hat J. [7]), bei manchen Auslassungen im Uebrigen, das *peculium*

---

1) v. Aviti petroc. erem. p. 361 seq.

2) Apoll. Sid. ep. VIII. 6. 9.

3) Greg. tur. II. 37, Garnier p. 172.

4) v. s. Aviti pereg. erem. p. 361 seq.: eine bisher unbeachtete Stelle.

5) v. Bethm. H. l. c.; solche Namen z. B. Greg. tur. II. 20 f. unter dux „Amtshoheit“. Rosseeuw I. p. 341, der die Römer von den höhern Heerführerstellen ausgeschlossen denkt, kannte jene Stelle nicht: schon unter Eurich ein römischer Flottencommandant, dann zahlreiche duces etc.

6) So zu B. Nov. Mart. I.

7) Zu B. T. I. 11, 1 u. II. 10 (hiezu Wenck. u. Gothofr.).

castrense stehen lassen, setzt also den Waffendienst römischer Haussöhne voraus [1]): sie dürfen dies echte p. c. ebenso behalten wie das p. quasi c.: d. h. was sie in judicis consilio erworben; ausdrücklich nennt das p. c. als fortbestehend und definirt es J. [2]); auch II. 1, 2 B. T. und II. 10, 3 nennt römische armis nobis servientes. Der Civilist heißt nicht etwa Romanus, sondern privatus [3]). II. 1, 9 verbietet römischen Strafproceß vor den Militairbehörden zu verfolgen, setzt also Römer als Soldaten (und Angeschuldigte) voraus; J. zu l. 12 l. c. verbietet römischen militantes die Procuratur, worunter wieder nicht etwa Römer in der militia *civilis*, sondern in der m. armata [4]) zu verstehen [5]); ferner B. T. II. 23 nennt der Text militia armata, J. nur militans und miles, offenbar dasselbe meinend [6]).

Weniger beweisend sind die allerdings auch von J. noch erwähnten tribuni militum, praepositi navium, praefecti alarum bei dem mehr archaistischen Charakter dieses Theils von B.: im gothischen Heere gab es diese Stellen nicht: aber bis Alarich II. bestanden für die Römer als besondere Corps — daher fechten und fallen auch bei Vouglé die Auvergnaten als Ein Corps — die römischen Einrichtungen fort und der bei Apoll. S. genannte Nammatius war ein solcher praepositus navium. Endlich gestattet J. B. IV. 9, 3 Söhnen freigelaßner Römer „protectores" des Königs zu werden: daß aber

1) Quod vivo patre *in armis constitutus* acceperit; quod *in armis constituti* filii probantur accipere.

2) J. zu B. P. V. 10, 4 u. III. 4, 8.

3) 9 l. c., ebenso III. 5, 4, wo das miles des Textes mit militans gegeben, dem privatus entgegengesetzt und auf beide römisches Recht angewendet wird.

4) Vgl. hierüber v. Bethmann Hollweg r. P. III. S. 135.

5) Wie Fr. 8. § 2. 54. pr. D. 3, 3; c. 7. 9. 13. Cod. Just. 2, 13 beweisen.

6) Ganz irrig Haenel: miles nostris utilitatibus serviens sage J., um auf vasallos regis (nach Biener op. ac. II. p. 22) zu verweisen: solche hat es im Gothenreich nie, am Wenigsten aber a. 405 gegeben. L. V. V. 3 spricht nicht von patrocinium *regis*. Zweifelhaft ist J. B. T. militia IV. 8, 5 aliquid officii vel militiae: Text: munera, privilegia militaria; ferner zweifelhaft IV. 20 (21), 4 absentia in militia; sehr auffallend V. 4, 1: während der Text nur von Soldaten spricht: (legiones, vexillationes, comitatenses, cunei) und deren eventuellem Erbrecht, sagt J.: si milites . . decesserint eorum bona quae in eodem officio militabunt vindicabunt. J. will also außer den Soldaten die Civilbeamten treffen; ebenso meint Militair und Beamte B. T. XIII. 1, 1; P. V. 33, 1. 2 enthält Strafen für die milites, welche Gefangne freilassen und solche, die sie den milites entreißen.

diese Soldaten waren und auch im Krieg verwendet wurden, ist bekannt [1]).

Von regelmäßiger Geldbesoldung des Heeres, neben der Naturalverpflegung aus den annonae [2]), verlautet nichts: doch entrichtet Alarich II. ein außerordentliches donativum an den gesammten ordo militaris vor dem Feldzug gegen Chlodovech [3]) und Theoderich zahlte, wie an seine Ostgothen, auch an den westgothischen Heerbann solche jährliche donativa aus dem Ertrag der westgothischen Abgaben [4]).

Die Wehrfähigkeit des Reiches wechselte je mit der Kraft der Regenten und dem Geist der Regierungen: so waren die Städte in Septimanien: Narbonne, Carcassonne, Nîmes u. A., wenigstens zur Zeit Leovigilds und Rekareds a. 586 in gutem Vertheidigungszustand [5]); es lassen sich übrigens die gothischen Besatzungstruppen oft [6]) von den Einwohnern („cives" l. c.) wohl unterscheiden. Theoderich der Große frägt den Bischof von Arles zuerst de „Gothis suis": das ist die ostgothische Besatzung, dann ac de Arelatensibus [7]). Die Bauern bei Arles unterscheiden comites civitatis vel militantes Gothi vel diversi venatores [8]). Die Araber fanden zahlreiche feste Städte und Castelle vor [9]). Die natürlichen Festungen Spaniens, die Felsen und Pässe (clusurae) der Pyrenäen, haben in der Kriegsgeschichte der Gothen wiederholt wichtige Bedeutung bewährt.

Die Reiterei der Gothen wird in den Zeiten der Wanderung a. 375—410 besonders häufig genannt [10]): bei Adrianopel, in Hellas [11]), in Italien [12]), wo sie die Flüchtigen auf die Inseln und Schiffe ver-

---

1) K. III. S. 68.

2) Oben S. 212 N. 6.

3) Aviti petrocor. erem. v. p. 361 seq.

4) A. III. S. 80. Proc. b. G. I. 12. Beides übersehen von Rosseeuw I. p. 331.

5) Greg. tur. VIII. 30; ebenso Narbonne und Nîmes a. 673. Jul. v. W. Die Thore der Städte sind Nachts auch im Frieden geschlossen Paul. Emer. p. 645. Uebersicht der von den Gothen vorgefundenen römischen Befestigungen bei Cean-Bermudez p. 515.

6) Vielleicht auch Gothi qui in hac urbe *morabantur?* Gregor tur. II. 36.

7) v. s. Caes. p. 664.

8) p. 667.

9) Vgl. Lafuente II. p 453—63 gegen die Fabeln, wonach Witika alle Befestigungen bis auf Toledo, Tuy und Astorga niedergerissen.

10) Ammian 31.

11) equitata summa Taygeti Claud. b. G. v. 193.

12) Claudian. (u. Andere) b. G. v. 217. XXVIII. v. 240. 284 und oft.

folgen will [1]), — sehr begreiflich bei der Kriegs- und gesammten Lebens-Weise des Volkes in jener Zeit. In jener Zeit begegnen auch die plaustra, die Wagenburgen, häufig [2]). Der Marstall des Königs wird erwähnt [3]); aber nicht zu verwerthen ist, wie gewöhnlich geschieht [4]), die tendentiöse Erzählung, die Gothen seien den Mauren erlegen, weil sie, aus Weichlichkeit, den Fußkampf gescheut [5]) und die späte Notiz aus der Zeit des zweiten Reichs vom Ausfechten des Zweikampfs zu Roß „more Gothorum": als eine „kriegsbereite Ritterschaft" [6]) hat man sich die Gothen nicht zu denken [7]).

Der gothischen Seemacht wird zuerst erwähnt unter Eurich, als Nammatius sächsische Seeräuber, „das meervertraute Volk" bekämpft [8]); selbstverständlich hatten die Gothen seit a. 375 keine eigne Flotte [9]): die Schiffe, auf welchen Alarich und Walja nach Afrika übersetzen wollten, waren römische; bedeutende Dienste leistete sie dann unter Wamba [10]): gegen Tarik kam sie gar nicht zur Action [11]).

Wir heben noch eine Reihe das Kriegswesen berührender Normen hervor. Strenge Mannszucht wird eingeschärft [12]): Plünderung des Heeres im eignen oder Freundes-Land [13]) (oder Beraubung durch den aufbietenden Boten des Königs) mit vierfachem Ersatz (oder elffachem mit Geißelung) bedroht: die comites provinciarum, judices und

---

1) Rutil. Namat. Prud. c. Symm. II. v. 700 turmis 703 nimbos equitum. Reiterei und Fußvolk Merobaudes p. 10.

2) A. V. S. 34. Claudian. b. G. v. 605 und oft.

3) Apoll. S. I. 2.

4) z. B. v. Bethm. H. g. P. I. S. 206.

5) Zu Grunde liegt wohl die sogen. recapitulatio Isidori in laudem Gothor. Florez VI. p. 498 magis equitum praepeti cursu gaudent die, ohnehin bedenklich, sich auf Getisches stützt.

6) v. Bethm. H. g. P. S. 184.

7) Marin I. p. 267. 291, aber das adoptare in militem hat er p. 230 theils aus der Wahlsohnschaft durch Waffenleihe A. II. S. 71. 142 verallgemeinert, theils aus späteren Rittersitten verfrüht.

8) Also hat nicht erst Sisibut Morales VI. p. 76, vorsichtiger Masdeu X. p. 176, XI. p. 66, vgl. Marin I. p. 314—316, sie geschaffen. Apoll. Sid. in classe classicum cecinisse VIII. 6.

9) Wie a. 251—321 Zeuß S. 405.

10) A. V. S. 209, Colmeiro I. p. 147, Rosseeuw I. p. 440.

11) A. V. S. 223. 245.

12) L. V. VIII. 1, 9: und von Wamba gehalten, der Brand und Nothnunft mit Entmannung straft Jul. v. W. p. 710, Marin I. p. 310.

13) z. B. unter Theoderich II. in Astorga, Palentia Idac. p. 41.

villici (also die ersteren nicht als Officiere) sollen diese Strafen eintreiben [1]); (diese Stellen zeigen, wie hostis von der Bedeutung „Feindesheer" zu der des „eignen Heeres" überging, wie bei den Franken und Langobarden: centenam dimittere in hostem, ambulare in hoste, de hoste ad domum refugere: L. V. IX. 2, 6 hostis = exercitus Gothorum) [2]); Inländern, welche mit dem Feind gemeinsam plündern und heeren, droht B. T. VII. 1, 1 Feuertod [3]). Doch ist es ein ehrendes Zeugniß für die gothische Mannszucht [4]), daß J. zu B. T. IX. 11, 2 nicht für nöthig hält, den Soldaten als Räuber und Hausfriedensbrecher besonders hervorzuheben, wie der Kaiser in allgemeinen Erlassen an die Provinzen thun muß [5]). Das Beuterecht aber ist anerkannt und gesetzlich geregelt [6]): Gold und Silber in den gebrochnen Pyrenäenburgen verfällt dem Heere [7]): Sisibut muß die Gefangnen, die er befreien will, dem Heere abkaufen [8]): die Krieger erwerben Eigenthum an ihnen als Knechten, das der König nicht entziehen kann; auch durch Knechte, (der Frau) welche den Mann in's Feld begleiten, wird Beute erworben.

Das jus postliminii war von B. in vollem Umfang aus dem römischen Recht herübergenommen [9]): inzwischen von Andern occupirte Liegenschaften und Knechte werden vindicirt; Almosen, rückkehrenden Gefangenen an Nahrung und Kleidung gereicht, kann man nach deren Befreiung nicht vergütet verlangen; wohl aber die dem Feind bezahlte Loskaufssumme; eventuell muß der Losgekaufte 5 Jahre für den Loskäufer arbeiten (servire): dann gilt das pretium als abverdient. Auf Verletzung dieser Gesetze steht für den Verwalter der Liegenschaften Verbannung, für den possessor Einziehung: allen Christen wird die

---

1) L. V. V. 7, 20. IX. 2, 2—5.

2) Fränkischer Sprachgebrauch bei Greg. tur. VI. 18 von Leovigilds Feldzug gegen Hermenigild in exercitu residere, confess. 12 ambulare in h.

3) Vorbehaltlich Nachweises des Zwangs B. T. XV. 8, 2; die katholischen Klöster bei Greg. tur, confess. l. c. galten damals (a. 584) als feindlich: cum exercitus ut assolet graviter loca sancta concuteret.

4) Uebersehen von Fauriel I. p. 516, der überhaupt B. fast gar nicht benützt.

5) nemo parcat militi, cui obviare oporteat ut latroni; vgl. Semperc ed. Moreno I. p. 116.

6) L. V. IV. 2, 15. 16.

7) Jul. v. W. p. 710.

8) Isid. chron. Goth. in fine.

9) B. T. V. 5, 2—11. Nov. Val. 12 (nicht in die Verjährungsfrist eingezählt) L. V. V. 4, 21. Marin I. p. 311.

Befreiung von Gefangenen an's Herz gelegt, Curialen und Richtern bei Strafe von 10 Pfund Gold[1]) und L. V. bestätigt das Recht an dem Feind wieder abgejagten Knechten und belohnt mit einer Prämie von einem Werthsdrittel den, welcher „mit verzweifelter Wagung seines Lebens“ dem Feind erbeutete Sclaven, Gelder und andere Sachen wieder entrissen[2]). Beurlaubung ohne Erkrankung oder Nicht-Ausbietung aus Motiven der Bestechlichkeit oder Parteilichkeit wird an den Heerführern mit schweren Geldbußen[3]), an Gemeinen obenein mit Ruthenstreichen vor dem versammelten Heere gestraft[4]). Seit Cc. Em. 3 wird für den Sieg des Königs, wenn er in's Feld gezogen, gebetet.

Aber unerachtet dieser strengen Androhungen waren Geist und Form des gothischen Heerwesens im Laufe des VII. Jahrhunderts erschlafft: alle die Mißbräuche, die auch im fränkisch-deutschen Heerbann einrissen, finden wir in denselben Nuancen auch in diesem Reich und die Abhülfe schien zuletzt dringend geboten. Wamba unternahm daher eine Revision der Heerbannordnung[5]). Er beginnt mit der Beklagung des Mangels an patriotischer Hingebung, an kriegerischer Begeisterung: bei feindlichen Angriffen bleiben Viele der Heerbannpflichtigen aus Gleichgültigkeit, Feigheit, Gehässigkeit zu Hause, ja machen sich vor dem Feinde wieder davon, und geben die Waffen-Brüder der Uebermacht des Feindes Preis: man sieht, die lange Priesterherrschaft hatte den alten Kriegergeist der ersten germanischen Eroberer Roms gelähmt und die unaufhörlichen inneren Parteiungen das einträchtige Zusammenstehen gegen den äußern Feind gelockert. Wamba suchte nun diese tiefeingerosteten Uebel zu beseitigen[6]),

---

1) Vgl. B. P. IV. 8, 5. III. 6, 1. II. 26, 1.

2) L. V. IX. 2, 7 (8), vgl. XII. 2, 14 quicunque de vitae suae statu desperans inimicos fuerit aggressus, ita ut mancipia etc. possit (l. possint) excuti.

3) IX. 2, 1—3. Heereslitz an den Officieren auch mit dem Tode.

4) Ebenso das Nicht-Ausrücken der einmal in die thiuphadia Eingezählten 4 l. c.: in thiuphadia sua numeratus.

5) Cc. T. XII. 6 lex de progressione exercitus. Vgl. Lafuente p. 437, ungenügend Sempere ed. Moreno I. p. 119, Davoud Oghlou I. p. 193—201 de l'armée. Das nach John O'Reilly I. p. 182 von Devienne erwähnte manuscrit inédit ist nichts Andres als dies Heergesetz Wamba's, vgl. auch Marin I. p. 300—310.

6) L. V. IX. 2, 8 ut vitium quod ex praeteritis temporibus male usque

die Wehrkraft zu stärken durch Ausdehnung der Waffenpflicht auf neue Kreise und durch strenge Einheischung ihrer Erfüllung von den Pflichtigen.

Es soll nämlich fortan jeder, Geistliche [1]) wie Laie, der irgendwie von einem feindlichen Einfall vernimmt, gleichviel ob er in die Gegend commandirt oder zufällig gekommen ist, im Umkreis von 100 Millien um den bedrohten Ort mit all' seiner verfügbaren bewaffneten Mannschaft zu dem Heere eilen, widrigenfalls er jeden von dem Feinde angerichteten Schaden zu ersetzen und weitere Strafe zu befahren hat: die höhern Geistlichen trifft Verbannung, die niedern und die Laien, auch die Vornehmen, Ehrlosigkeit [2]) und Verknechtung, ja ihr Leben steht in der Hand des Königs, ihr Vermögen wird zum Besten der Kriegsbeschädigten eingezogen. Noch strenger wird namentlich an den Großen — bezeichnend für das stete Mißtrauen der Krone gegen dieselben — solche Pflichtwidrigkeit im Fall innerer Unruhen und Empörungen wider den König geahndet.

Nur der Beweis fesselnder Krankheit durch taugliche Zeugen befreit von diesen Strafen und auch der Kranke wird gestraft, der es unterläßt, seine ganze Wehrkraft den Kämpfenden zu Hülfe zu senden [3]).

Erwich beschloß, dies Wehrgesetz nicht nur für die Zukunft zu mildern, er ließ auch [4]) die Strafe der Infamie (Verlust des Zeug-

---

hactenus inoleverat (male usitata consuetudo) severa legis hujus censura redarguat.

1) Daß die Geistlichen gerade nur die Romanen aufzubieten hatten, Helff. S. 186, geht aus IX. 2, 8 nicht hervor.

2) Mißverstanden von Perreciot I. p. 255.

3) omnem virtutem suam in adjutorio dirigere l. c. Klar ist, daß Wamba auch von den Geistlichen, vom Bischof bis zu den honorem non habentes, Mitwirkung zur Landesvertheidigung „cum omni sua virtute“ verlangt. IX. 2, 8. Gleichwohl ist hiedurch mitkämpfen dem Klerus nicht auferlegt, wie man allgemein bisher (Vaissette I. p. 360, Marin I. p. 220, Romey II. p. 204. 277, Aschb. S. 287, Helff. S. 187 gegen ältere canones z. B. Cc. Ilerd. 1) annahm: die episcopi und die clerici müssen nur praesti esse, fideliter laborare: d. h. ihre Streitkraft senden oder zuführen, selbst im Lager oder Sammelplatz erscheinen: das Fechten aber bleibt wohl den „fratres“ d. h. den Laien. Freilich werden am E. die episcopi und clerici sogar an erster Stelle genannt, aber das erklärt sich aus ihrer einflußreichen, dem dux gleichen Stellung in ihrem Gebiet und der großen „virtus“ d. h. der großen Clientel, die sie haben.

4) Durch Cc. T. XII.

nisses) Allen nach, welche sich dieselbe nach Wamba's Gesetz dadurch zugezogen, daß sie dem Aufgebot nicht gefolgt oder eigenmächtig wieder vom Heere gewichen waren. Das Motiv war ein politisches: die Gegner Wamba's, welche bei der Empörung des Paulus oder später den König im Stich gelassen, durften nicht bestraft, sie mußten belohnt werden. Wenn die Klage begründet wäre, daß nach jenem Gesetz die Hälfte aller Einwohner in Infamie verfallen und in manchen Gegenden gar Niemand mehr zu finden wäre, der Zeugschaft leisten könne, würde sie nur erst recht die Nothwendigkeit der energischen Reformen Wamba's beweisen. Sie mag aber wohl sehr übertrieben sein [1]).

Egika setzt die Reformen mit Aenderungen und Abschwächungen [2]), zumal zu Gunsten der Geistlichkeit, fort. Er wiederholt zunächst die Klagen seines Vorgängers: „wie wäre freiwilliges Herbeiströmen zur Befreiung des Vaterlands zu hoffen, wenn die Pflichtigen nicht einmal dem Aufgebot folgen oder zu spät oder in mangelhafter Ausrüstung, wider die Heerbannordnung, ausbrechen [3]). Sie verheimlichen die Zahl ihrer Knechte [4]), um dieselben nicht dem Feldbau entziehen und in's Lager führen zu müssen: nicht einmal den 20ten Theil derselben nehmen sie mit, in unpatriotischer, kurzsichtiger Habgier mehr für ihr Vermögen als für ihr Leben besorgt. Solche Leute muß die Zucht lehren was sie der eigne Vortheil nicht lehrt". Wer vom König, Herzog oder Grafen aufgeboten ist oder auch ohne Aufgebot erfährt, wann und wo das Heer sich sammelt, hat sich ohne Verzug am bezeichneten Ort einzufinden bei Strafe der Verbannung nnd Gütereinziehung für den Vornehmen (dux, comes, gardingus), für die Geringeren (vom Thiufad und compulsor exercitus bis zu den gemeinen Kriegern) bei Strafe von 200 Hieben, Decalvation und 1 Pfund Gold, eventuell Verknechtung, ja willkürlicher Strafe durch den König. Ausgenommen sind nur die durch besondere königliche Erlaubniß, dann die durch Jugend, Alter oder Krankheit Befreiten: doch muß der Kranke seine Krankheit beweisen und seine ganze Mannschaft (virtutem) mit seinem dux oder comes entsenden.

---

1) Cc. T. XII. „tomus". c. 7.

2) Weßhalb man auch sagen konnte leges W. *corrupit* Alf. M. p. 11.

3) Dies der Sinn von L. V. IX. 2, 9 aut de bellica profectione se differunt aut quod pejus est vel remorari (vielleicht remeare?) contra monita cupiunt vel destituti contra ordinem proficiscuntur.

4) Irrig läßt v. Bethm. H. I. S. 207 erst Egika die Unfreien beiziehen.

Jeder dux, comes, gardingus, Gothe, Römer, Freie, Freigelaßne und Fiscalknecht, der in's Feld zieht, hat den zehnten Theil seiner Knechte in vorschriftmäßiger Bewaffnung mit zu führen und zwar mit Panzer [1]) und Harnisch, andre mit Schild, Schwert, Messer (scrama) [2]), Lanzen, Pfeilen, Schleudern und andern neuen Waffen, die er von seinem Senior oder Herrn empfangen, und sie so dem König, dux oder comes vorzustellen [3]). Diese Clienten und Unfreien stellen sich also nicht aus eignen Pflichten und Rechten, sondern ihr Senior und Herr hat sie dem Heerführer zu stellen: der freie Heer-

---

1) zavia: dies fehlt bei Isid. Origin. XVIII. 3—13, der leider nur römisches, nicht gothisches Gewaffen schildert: nach Berganza und Depping II. p. 386 Panzer (Morales VI. p. 181 [corazas ó corseletes]) „perpuntes" im fuero juzgo, Marin I. p. 261—263 verweist auf Suidas s. v. ζαβαρείον. Pfeilregen, Stein- und Wurfgeschosse spielen eine große Rolle bei der Erstürmung von Narbonne und Nîmes Jul. v. W. p. 711, schon Claud. XXI. I. v. 111: arcu Getae; gothische Fahnen und Feldzeichen Apoll. S. VIII. 6 und Jul. v. W. cum bandorum signis, eine besondere Königsfahne bezeichnet Wamba's Anwesenheit im Heer. Ueber gothische Waffen hat Masdeu's Irrthum XI. p. 48 Romey II. p. 277 la flèche au pointe de bitume enflamé (!) richtig wieder abgeschrieben (und von Romey wieder Cénac Moncaut I. p. 369). Die Nemesis erließ Romey kaum einen Irrthum seines Originals; vgl. John O'Reilly I. p. 131. Gothische Hörner bei Jul. v. W. Viel Material und viel Irrthum (theils getisches p. 267 Pfeile, theils ostgothisches aus Prokop p. 252 f., nichts specifisch Gothisches unter den Kriegsmaschinen p. 263, theils Römisches, p. 265 cataphracti, clibanarii p. 259, theils Ritterhaftes p. 280) bei Marin I. p. 251—316: armas y instrumentos bellicos de los Godos; gothische Wurfspeere, conti, bei Bouglé Greg. tur. vgl. das Lanzen-Mirakel bei Idac. p. 51; die Sitte des Gebetes vor der Schlacht I. p. 305 ist aus den Vorgängen bei Pollentia, (aber das Versbedürfniß Claudians nicht zu übersehen) Toulouse und Ceute fälschlich abstrahirt. Man hat blindlings Isid. abgeschrieben bei Darstellung der gothischen Bewaffnung.

2) „osconas" fuero juzgo h. loco; Marin p. 266.

3) Folgen besondere Einschärfungen für palatini und exercitales; den Schluß bilden Strafen für bestochne Heerführer, welche Pflichtige zu Hause lassen; Varianten in Codd. Leg., Tol. got., S. J. R. u. Compl. bestimmen noch: die Brüchten sollen den pflichttreuen Kriegern zu Gute kommen; duces und seniores palatii werden als besonders verpflichtet bezeichnet; die eigenmächtige Heimkehr, das Verlassen des Postens werden dem Nicht-Ausrücken gleichgestellt; als Zeuge der Krankheit soll nur der Bischof des Territoriums oder ein von ihm zur Untersuchung Bevollmächtigter gelten; der Genesende muß dem Heere nacheilen; nach Cd. Leg. u. Compl. beträgt das Contingent der Unfreien $^1/_2$ aller Knechte von 21—50 Jahren und hievon ist $^1/_{20}$ mit zavis und loricis auszurüsten. Bezeichnend ist, daß andere Abschriften (von Codd. Leg. u. Compl.) das Contingent von $^1/_{10}$ aller auf $^1/_{10}$ der waffenreifen Knechte erhöhen; nur der König kann dies Contingent herabsetzen.

mann (exercitalis) folgt zunächst seinem dux oder comes, doch der Client kann auch seinem Senior, der Unfreie muß seinem Herrn folgen [1]).

Der wesentlichste Inhalt dieser Reformen besteht, neben der Strafverschärfung und strengen Controlle, in der Ausdehnung der Wehrpflicht auf die Unfreien: dies erhellt auch aus der Systematik des Gesetzbuchs: denn nur um deßwillen werden alle Heerbann-Normen gerade an dieser Stelle, IX. 2, nach dem großen Titel über Sclavenrecht, IX. 1, eingereiht. Zwar setzen mehrere Stellen der Antiqua, also lange vor Wamba, Unfreie im Heere voraus [2]). Doch löst sich der Widerspruch wohl durch die Annahme, daß von jeher Unfreie ihre Herrn zur Bedienung in's Lager begleiteten [3]), während nunmehr den Herrn die Einreihung ihrer bewaffneten Knechte zur Pflicht gemacht wird.

Diese immerhin auffällige Erscheinung [4]) ist, wie [5]) bemerkt, nicht

---

1) So ist zu deuten IX. 2, 9 si quisque exercitalium minime ducem aut comitem suum aut etiam patronum suum secutus fuerit; verboten wird das se dilatare per patrocinia diversorum; hier ist patrocinium nur thatsächliche Begünstigung, „Vorschub" z. B. von Seite eines compulsor und gerade im Gegensatz zu dem juristischen patrocinium d. h. seiner Pflicht gegen den senior, mit dem er die „wardia" nicht theilt; solche Leute sind immer mit dem Strafmaß der inferiores, viliores zu ahnden; derartiges Umtreiben (profectio) fern von seinem Posten und Heerestheil wird nicht als Erfüllung der Wehrpflicht angerechnet, wenn ihn nicht ein Auftrag publicae utilitatis entsendet; „wardia" heißt der eigentliche regelmäßige Feldienst. Hier haben alle Waffenbrüder (fratres) die Kriegslast zu tragen; einen Gegensatz bildet das principale servitium d. h. die persönliche Bedienung, Begleitung, Bedeckung des Königs im Felde, wobei zunächst an die höhern Knechte (ob es damals a. 690 noch protectores gab wie sie J. R. T. IV. 9, 3 voraussetzt, ist zu bezweifeln, wohl aber a. 505) im Palastdienst, etwa an die oben S. 198 Zeugnißfähig gemachten, gedacht ist, aber auch an alle palatini: diese dienen umgekehrt regelmäßig im principale servitium, möglicherweise aber auch in Reih' und Glied (wardia ganz mißverstanden von Marin I. p. 218—220 = ordea, Alarmzeichen! dem sometant in Catalonien; ebenso sind die „anuteba's" d. h. Nachricht-Geber p. 221 verfrüht) mit den andern fratres. Die Freigelaßnen der Krone haben bei Strafe der Wiederverknechtung zur Person des Königs zu eilen, der dann die in's Feld zu Führenden auswählt.

2) L. V. IV. 2, 15 Erbeutung durch Knechte, vgl. V. 7, 19.

3) So der vernacula des Paulus, der an seiner Seite getödtet wird Jul. v. W. p. 713.

4) Guérard pol. I. p. 287, v. Maurer Frohnh. S. 95, Göhrum I. S. 38, Marin I. p. 224–227 (nicht sind sie wie Perreciot I. p. 423 Läten).

5) A. V. S. 214. 228.

aus einer Abnahme der Bevölkerung, sondern der gemeinfreien Bevölkerung zu erklären. Wohl zu beachten ist auch die immer mehr anwachsende Uebermacht des alten schlimmen Nachbars der Gothen, des weit überlegnen Frankenreichs, und der Schatte, welche die Macht des Islam bereits drohend über die schmale Meerenge warf: beide Gefahren mußten zur starken Anspannung aller Wehrkräfte mahnen. Daß man in dem Menschenalter von Wamba bis Roderich die Bahn jener Reformen wieder verließ, hat dazu beigetragen, den Untergang des Reichs durch Eine Schlacht zu ermöglichen.

---

2. Gerichtsbann. Gerichtswesen.

Der König hat die Gerichtshoheit [1]. In seinem Namen und Auftrag halten alle Richterbeamte Gericht [2]. Er ernennt die ordentlichen Richter kraft seiner Amtshoheit für die von ihm gegliederten Gerichtssprengel [3]. Er regelt den Gerichtsstand [4], den wir kurz festzustellen haben.

Die Hauptfrage hiebei ist, ob die Romanen ihre eigenen judices hatten oder Ein judex gothisch und römisch Recht, d. h. nach L. V. und B. sprach. Die herrschende Ansicht [5] scheidet die Zeit vor und nach Aufhebung des römischen Rechts: vorher richtete über Gothen der comes, vicarius, der thiuphad und die andern Zahlenführer, über Römer der praeses (= judex) und defensor, in Mischfällen der comes mit Beiziehung des judex, ähnlich wie bei den Ostgothen; nachher der judex und defensor unter Leitung des comes. Diese Ansicht [6] wird aber widerlegt durch das commonitorium, welches dem comes auch über Provincialen ein forum beilegt. Vielmehr hat der dux und comes, vicarius, von je über Römer und

---

1) L. V. II. 1, 7. Cd. Leg. 3—17. 22. 25. 28. 29. 32; 2, 5—8. 3, 3. 5, 12. VI. 1, 5. 2, 3. 5, 14. VII. 6, 2; das jura dictare Getis hebt an dem Gothenkönig (Theoderich II.) schon Apoll. Sid. carm. V. v. 562 hervor; vgl. Masdeu XI. p. 14, du Boys I. p. 523: er sitzt auf dem thronus judicialis = audientia principis. II. 1 Cd. Em. verwechselt Gerichts- und Gesetzgebungs-Gewalt; audientia jedes Gericht II. 2, 2. 5, 14. 1, 22, ebenso B. Nov. Val. 12; dagegen Gehör L. V. II. 2, 10.

2) Daher kann er diese anweisen, Bedrohten oder Abwesenden besondere tuitio zu gewähren B. T. IV. 13 (14), 1. In. 20 (21), 1—4.

3) L. V. II. 1, 16 territoria commissa.

4) z. B. forum delicti commissi B. T. IX. 1, 1; er gestattet daher fremden Kauffahrern in Processen untereinander befreites Gericht vor ihren nationalen teloni L. V. XI. 3, 2.

5) Vgl. über Gerichtsverfassung, Amtshoheit und Proceß Lembke I. S. 209, Eichh. I. S. 164 Z. f. g. R. W. VIII. S. 291, Gabourd II. p. 67.

6) Von Eichh. l. c.

Gothen [1]), unter ihnen der römische judex und defensor nur über Römer, der gothische thiuphad und centenarius etc. nur über Gothen gerichtet [2]). Die Gerichtsorganisation zur Zeit der Antiqua [3]) blieb bis zur Herstellung des Landrechts die gleiche [4]). Diese hatte nur die Wirkung, nachdem die L. V. dem römischen Recht so außerordentlich angenähert war — die Competenz des dux, comes, vicarius blieb unverändert, — daß fortan auch der judex und der defensor [5]) in allen Fällen nach dieser sprach; daß die Competenz der Zahlenführer im Frieden über ihre Truppen damit erlosch [6]), ist weder nothwendig noch wahrscheinlich, da noch Wamba und Erwich ihrer in alter Weise erwähnen [7]). Doch mag, je nach der verschiednen Dichte und dem hienach verschiednen Bedürfniß der germanischen und romanischen Bevölkerung, diese Gerichtsorganisation nicht in allen Theilen des Landes gleichmäßig durchgeführt gewesen sein [8]).

In Mischfällen entschied wenigstens nach B. [9]), also nothwendig auch von L. V. vorausgesetzt, der Grundsatz: actor sequitur forum rei: also verklagte der Germane den Provinzialen im Civil= und Strafproceß vor dem rector prov., comes (vicarius), judex (vicarius), defensor, der Provinciale den Gothen vor dem dux, comes (vicarius), thiufadus, centenarius, decanus [10]).

---

1) Einverstanden v. Bethm. H. I. S. 191, im Wesentlichen auch Sav. I. S. 276—294; über Appellation vom defensor an den comes S. 305.

2) Letzteres bestreitet mit Unrecht v. Syb. S. 225 und nicht nur als militairischer Richter wie Eichh. VIII. S. 291.

3) Sempere historia p. 117, v. Bethm. H. I. S. 211.

4) Anders v. Bethm. H. I. S. 214.

5) L. V. II. 1, 26. IX. 1, 21.

6) v. Bethm. H. I. S. 221.

7) Ueber Fortdauer der Municipalgerichtsbarkeit, der freiwilligen und streitigen, s. „Amtshoheit" und L. V. II. 1, 26. IX. 1, 21, v. Bethm. H. I. S. 224. Ueber die häusliche über Kinder und Unfreie v. Bethm. l. c. oben S. 144, 199 und „Westg. Studien".

8) S. die Schlußbemerkung zu „Amtshoheit"; so viel ist Helff. S. 119 zugegeben; aber aus L. V. II. 1, 9 folgt wegen Einführung des Landrechts durch Rekisvinth nichts; ebenso wenig aus ep. Sisib. ad Caes., welche, von H. gänzlich mißverstanden, nicht vom Gegensatz gothischer und romanischer Richter im Gothenreich, sondern gothisch=römischer einerseits, byzantinischer anderseits handelt.

9) Common. u. J. B. T. II. 1, 2.

10) Aehnlich, mit Ausnahme des comes (Beiziehung des römischen judex Z. f. g. R. W. VIII. S. 294), v. Bethm. H. I. S. 194, vgl. B. Nov. Mart. I. J.

Ein germanisches Volks- oder Schöffen-Gericht fehlt. Die auditores, assessores[1]) sind keine Spuren hievon[2]). Schwerlich also war es Einfluß germanischen Schöffen- (soll heißen Genossen-) Gerichts[3]), wenn J.[4]) die Bestimmung, daß über römische Senatoren ein Criminalhof von je fünf Senatoren richten soll, dahin verallgemeinert, daß überhaupt fünf Erloste von gleichem Stand mit dem Angeschuldigten, also honorati, decuriones, plebeji, in Straffällen richten sollen (de reliquis sibi similibus)[5]).

Wenn es heißt[6]): nullus comes aut judex solus discutere praesumat[7]), so sind damit nicht Umstand oder Schöffen verlangt — der ganze Proceß schließt diese germanische Form aus — auch nicht „eine durch das Gesetz nicht weiter bestimmte Mehrheit von Richtern"[8]), sondern es soll überhaupt Oeffentlichkeit der Verhandlung bestehen und zwar nach demselben Gedanken, den für den römischen Proceß J. ausführlich darstellt[9]). Auch die boni homines[10]) sind keine

---

Einen Fingerzeig giebt B. T. II. 1, 2 J.: für Criminalanklagen zwischen Soldaten und Civilisten (nicht: Gothen und Römern) hat die J. die römischen Bestimmungen wenig geändert: Civilprocesse gehören vor die provinciarum rectores; ebendiese sollen richten Criminalklagen von Soldaten gegen „Private". Bei Criminalklagen von Privaten gegen Soldaten soll richten ad cujus ordinationem is respicit qui militat vel cui (offenbar qui, mißverstanden aus dem cui militaris rei cura mandata est) arma tenuerit: also, je nach Umständen, der comes oder einer der Zahlenführer. Obwohl der Lex Romana angehörig gilt dieser Satz gewiß nicht nur für die Römer, ebenso für die Gothen im Heer. Bei Verbannung und Geldstrafe war verboten mit Verachtung des judex provinciae seine Sache vor jene zu bringen qui armatis praeesse noscuntur l. c. 9 und zwar wird die im Text aufgestellte Ausnahme besondrer Erlaubniß des Fürsten weggelassen.

1) L. V. II. 1, 14. 15. VII. 5, 1. Böck. II. p. 1151, Dahn Prokop S. 15 f. Serrigny I. p. 165, consiliarii v. Bethmann H. III. S. 131.

2) Wie Davoud Oghlou I. p. XLXXIX; nach Warnkönig I. S. 79 sind die thiufadi Schöffen! Aehnlich Rosseeuw I. p. 350, anders p. 407.

3) Wie Sav. I. S 307, Türk S. 100.

4) Zu B. T. II. 1, 12.

5) Guizot I. p. 205 deutet sibi similes auf die Richter, wozu aber doch das nobilissimi viri judices nicht nöthigt.

6) L. V. VII. 2, 5.

7) Vgl. auch VIII. 5, 4.

8) Heiss. S. 159 „und Sajonen", aber an diese Frohnboten, deren Anwesenheit keine Garantie bot, dachte das Gesetz gewiß nicht.

9) B. T. I. 6, 2 judex hanc sibi praecipuam curam in audiendis litibus impendendam esse cognoscat, ut litigantium causas jugiter.. discutiat:

Schöffen [1]), sondern Zeugen, controllirende Garanten correcten Vorgehens: wie die boni homines, e latere episcopi deputati, welche der Untersuchung der Zauberei beschuldigter Kirchensclaven durch den weltlichen Richter beiwohnen und dem Bischof Bericht erstatten sollen [2]); solche b. h. kennt in ähnlichen Functionen auch der römische Proceß [3]). Am Wenigsten kann man in der nur facultativen Beiziehung von auditores durch den Richter [4]) Schöffen erblicken, wo vielmehr die frühere weitere Oeffentlichkeit, wie sie analog dem römischen Proceß bestand, wegen gerügter Mißbräuche auf enge Parteien-Oeffentlichkeit beschränkt wird [5]).

Ganz vereinzelt und abnorm ist es, wenn einmal über Paulus und seine Mitschuldigen alle Vornehmen unter Vorsitz des Königs und Anwesenheit des ganzen Heeres im Lager richten [6]). Das

---

scitarus, non se in secretis domus aut in quibuscunque angulis finitivam sententiam prolaturum, sed apertis domus suae januis intromissisque turbis, ut neminem lateat quidquid secundum legum vel veritatis ordinem fuerit judicatum u. 3 judices, postquam *se de consessu publico* in domum suam receperint, libellos de litigatoribus non accipiant, nec sine officio suo de causis alienis vel de statu aliquid cognoscant, vgl. auch 4 und „Proceß“ über Art und Maß dieser Oeffentlichkeit.

10) L. V. IX. 1, 21 coram judice vel bonis hominibus.

1) Wie Aschb. S. 265, dessen Behauptungen aus der Luft gegriffen.

2) Cc. Em. 15.

3) B. T. VIII. 9, 1. 2. P. IV. 6, 3 testes vel honesti viri Schiedsrichter sind die b. h. L. V. II. 1, 13. 16. 25. Sachverständige X. 3, 5. Schätzer VIII. 3, 13. 15, andere b. h. X. 1, 17. VI. 1, 4. honesti viri tres V. 1, 3. 6, 1. 2. judices vel boni h. IX. 1, 21.

4) L. V. II. 2, 2 (so Heinecc. elem. II. p. 620).

5) l. c. in parte positis qui causam non habent illi soli in judicio ingrediantur quos constat interesse debere. judex *autem si elegerit* auditores alios secum esse praesentes aut *forte* causam quae proponitur cum eis conferre voluerit, suae sit potestatis; si certe *noluerit,* nullus se in audientiam ingerat; gedacht ist dabei wohl zumeist an Zuziehung römischer Rechtskundiger in Mischfällen durch den gothischen comes. Auch Sav. 2. A. I. S. 252, obschon sehr vorsichtig im Ausdruck, sieht keinen Raum in diesem ganz romanisirten (L. V. II. 1, 14—32) Proceß für Schöffen; ob vor der L. V. Schöffen bestanden, nennt er ungewiß; richtig v. Syb. S. 224, v. Bethm. H. Germanen S. 49, s. „Volksversamml.“, „kein Umstand“ R. A. S. 769.

6) Jul. v. W. p. 718 adunatis omnibus nobis itidem senioribus cunctis palatii, gardingis omnibus omnique palatino officio seu etiam *adstante* exercitu universo.

Urtheil wird [1]) angeblich von Allen gefunden [2]): aber dem Heer blieb wie das Dabeistehen so gewiß auch nur das beistimmende Zurufen.

Nach dem Princip der persönlichen Rechte lebten [3]) die Römer von je in und außer dem Proceß untereinander nach römischem Recht [4]), von a. 406 — c. a. 650 im Proceß nach dem Breviar; die Kirche nach ihren Canones, eventuell nach römischem Recht; ob der einzelne Geistliche ebenfalls immer nach römischem oder nach seinem angebornen Recht lebte, wissen wir nicht: letzteres ist nur für die ältere Zeit das Wahrscheinlichere.

Die Gothen lebten in und außer dem Proceß untereinander nach gothischem Recht: seit die Gesetzgebung unter Eurich begann, kamen, im Proceß wenigstens, die Königsgesetze zur Anwendung [5]). Ob den Sueven bei ihrer Einverleibung ihr Sonderrecht belassen wurde, ist ungewiß, aber wahrscheinlich [6]); jedenfalls ward es aufgehoben durch Kindasvinth [7]).

Wie es in Mischfällen, in Ermanglung der Wahl des anzuwendenden Rechtes durch die Parteien, im Civilproceß und in allen Mischfällen im Strafproceß gehalten wurde, wissen wir nicht: es sind daher ähnliche Unterscheidungen auch für dies Reich zu vermuthen, wie wir sie in andern solchen Misch-Staaten kennen [8]).

Seit Kindasvinth und Rekisvinth [9]) c. a. 650 wurde, unter Aufhebung des bisherigen Systems der angebornen Rechte und des

---

1) Nach Verlesung von L. V. II. 1, 6 (Cc. T. IV. 75).

2) Jul. l. c. hoc omnes communi definivimus sententia.

3) Biener op. ac. II. p. 17, Stobbe, Personalit. S. 21, Rosseeuw I. p. 403.

4) Nach Lardizabal I. bis zum Erlaß des Breviars nach gothischem Recht!

5) Aeltere Spanier wie Fernandez de Mesa arte histor. y legal I. 4 p. 3 lassen das B. für beide Völker gelten.

6) Gaupp S. 223, Waitz II. S. 78.

7) Zweifelnd Schäffner I. S. 209, v. Bethm. H. I. S. 184 „die in das Gothenheer eingetretnen fremden Germanen theilten das germanische Recht" — wann und wo eingetretne? Daß die Gothen ausdrücklich in ihren Verträgen mit den Römern die Nicht-Anwendung des römischen Rechts pactirt hätten, Rühs S. 8, ist nicht erweislich.

8) Vgl. A. IV. S. 141, Eichh. Z. f. g. R. W. VIII. S. 294, Pardessus p. 448. Dies scheint mir richtiger als in allen Fällen gothisches Recht angewendet anzunehmen wie Helff. S. 90 und v. Bethm. H. I. S. 194 oder in allen Fällen, wie Gaupp S. 238 römisches (B.), obgleich dies, auch nach unseren Annahmen, thatsächlich überwog, vgl. Eichh. l. c. S. 294.

9) Nicht schon Rekared I. wie Hegel II. S. 323.

Breviars, die L. V. nach dem Territorialprincip gemeines und ausschließlich geltendes Landrecht für diesen Staat, so daß alle Richter in allen Processen nur nach dieser Gesetz-Sammlung zu sprechen hatten, vorbehaltlich des Kirchenrechts [1]). Merkwürdig ist die Fortdauer des römischen Rechts (nach dem B.) in Septimanien auch nach der Aufhebung durch Kindasvinth [2]): jedoch daraus zu erklären, daß die fränkische Herrschaft seit a. 711 folg. das Verbot wieder aufgehoben [3]) oder weil es in dem entlegnen und ganz romanisirten Gebiet nie ganz durchgeführt worden [4]).

Nach dieser Feststellung der Gerichtsstände und der von ihnen anzuwendenden Rechte [5]) ist die Gerichtshoheit des Königs, jedoch nur in ihren wichtigsten Aeußerungen zu schildern. Denn alle die Maßregeln [6]) und Thätigkeiten zu erschöpfen, welche der König vermöge Recht und Pflicht dieser Hoheit zum Zweck tüchtiger Rechtspflege entfaltet [7]), würde eine Darstellung des römisch-westgothischen Processes erheischen, die nicht in den Rahmen dieses Werkes gehört. Wir greifen nur einige charakteristische Züge heraus, das Bild des Königthums auf diesem Gebiet zu zeichnen [8]).

Der König hat die ganze Rechtspflege zu überwachen [9]): er verpflichtet den Richter, der boshaft, bestochen [10]), rechtsunkundig [11]), abergläubisch [12]), fahrläßig Schaden stiftet, z. B. durch Ueberschreitung des

1) Nicht aber des Römischen für die Kirche wie Schulte S. 63. Näheres in den W. G. St.

2) Die Sav. II. S. 115 nachgewiesen, vgl. Schäffner I. S. 129; sehr schwach Montesquieu 28, 4 u. 7.

3) Alteserra.

4) Montesquieu und Sav. l. c.; ganz falsch, daß die L. V. schon seit Leovigild auch für die Römer gegolten! Zöpfl S. 66.

5) Ungenügend Sempere ed. Moreno I. p. 81.

6) Amaral p. 250 administraçaõ da justiça Masdeu XI. p. 93.

7) Besonders Leovigild, vgl. Helff. S. 15.

8) Vgl. Davoud Oghlou I. p. 128—133 (voller Irrthümer), Freund S. 184, Romey II. p. 333, du Boys I. p. 523.

9) I. 1, 7 (freilich ganz rhetorisch).

10) Am Schlusse des großen Strafgesetzes V. 4, 8 muß Kindasvinth gegen bestochne und parteiische Richter besondre Strafen drohen: dux und Bischof sollen controlliren.

11) II. 1, 19.

12) VI. 2, 3. Er soll nicht Verbrecher durch Zaubermittel erforschen wollen.

Maßes bei der Folter, zum Schadensersatz[1]); Unterlassung des Einschreitens[2]), Parteilichkeit[3]), Einverständniß mit den Verbrechern[4]), Bestechung, Tödtung eines Unschuldigen, Freilassung eines Schuldigen[5]) werden schwer bestraft. Die complicirten fremden Rechte werden beseitigt, nur Eine Gesetz-Sammlung soll allen Urtheilen zu Grunde gelegt werden[6]). Der König ordnet die ganze Thätigkeit und Competenz der Gerichte[7]) bis auf die Gerichts-Ferien[8]), d. h. genauer die Zeit der Befreiung der Parteien von dem Gerichtszwang (dem Erscheinen vor Gericht) und der Vollstreckung[9]). Der Richter darf nur im Gesetz vorgesehne Fälle entscheiden, unvorgesehene muß er an den König verweisen, der dann zugleich als Richter und Gesetzgeber thätig wird, d. h. nach gefälltem Urtheil den fraglichen Rechtssatz in die Gesetz-Sammlung aufnimmt[10]). So ungermanisch diese wie manche andre Aeußerung der Gerichtshoheit anmuthet, es ist doch gerade im

1) VI. 1, 4; über das römische Recht s. B. P. V. 16 de quaestionibus habendis u. 18 de servorum quaest.

2) L. V. VII. 6, 2, bei gewissen schweren Verbrechen, z. B. Münzfälschung, von Amtswegen VII. 1, 3; 6, 2.

3) VII. 4, 6. Nichterfüllung der Richterpflicht aus Gunst für den Beklagten II. 1, 15. 18 pro patrocinio aut amicitia nolens legibus obtemperare.

4) V. 1, 6 bei Kirchenraub.

5) VII. 4, 5.

6) II. 1, 8.

7) B. T. II. 1, 6, (für Frauen 7), L. V. II. 1, 13. 15. 16 und fast der ganze erste Titel des zweiten Buches ist hievon erfüllt.

8) Masdeu XI. p. 92.

9) Außer den Sonntagen (B. T. VIII. 3, 1) und großen Kirchenfesten besonders die Zeit der Aerndte und Weinlese und „wegen der Heuschrecken" (über deren Häufigkeit in Spanien „Polizei") zu deren Vertilgung besondere Fristen für die provincia carthaginiensis II. 1, 10; wirkungslos für bereits anhängige Sachen (also die Gerichte handeln fort) und Capitalfälle; außerdem darf der Richter nach seiner Wahl entweder täglich die Mittagstunden (wie im römischen Proceß, vgl. Nov. Val. 12 Ferien, menses, B. T. I. 6, 5 J. ne quis . . meridianis horis aut secretis judicem videat, vgl. 7, 1 und II. 8, 1 de feriis: Freilassungen auch an Sonntagen gestattet; die christlichen Feiertage, die auch die Juden halten müssen, zählt auf L. V. XII. 3, 6. B. T. IX. 25, 1 verbietet criminalis actio in den vierzig Tagen vor Ostern, vgl. Wilda S. 248) oder zwei Wochentage feiern. L. V. II. 1, 18 „nach römischem Vorbild" v. Bethm. H. g. P. I. S. 223, r. P. III. S. 193.

10) L. V. II. 1, 11: die römische „consultatio, relatio", vgl. Serrigny I. p. 156, verkannt von Fauriel I. p. 508.

Gerichtsbann die germanische Idee vom Rechtsfrieden und dessen Schutz durch den König unverkennbar lebendig, wenn auch durch christliche, kirchliche Vorstellungen modificirt. In diesem Geist bezeichnet der König Art und Richtung, wonach die Rechtspflege gehandhabt werden soll: die reine Wahrheit soll der Richter ermitteln, sonder Ansehn der Person[1]), doch mit billiger Milde gegen Arme und Bedrängte[2]): denn seine Pflicht ist Schutz der Schwachen[3]). Der König straft Anmaßung oder Ueberschreitung richterlicher Competenz[4]), Verweigerung[5]) und Verzögerung der Rechtshülfe[6]), Nichtberücksichtigung der Berufung auf das Gesetz[7]), grundlose Verlängerung der Untersuchungshaft[8]) wie Nichtvollzug verwirkter Strafen[9]); er sorgt aber auch, daß die denuntiatio judicis suspecti weder dem Argwöhnenden noch dem Gegner schade[10]). Alle Gerichtsbarkeit geht vom König aus: nur wer vom König judicandi potestas hat, darf richten[11]): wer ohne richterliche Gewalt oder in fremdem Gerichtsgebiet Richterhandlungen vornimmt, wird schwer gestraft[12]). Der König verleiht dem Richter den Bann, das Zwangsrecht, vermöge dessen er den Angeschuldigten ergreifen, vor sich führen, verhaften, strafen, gegen Ungehorsame die Execution durchsetzen darf[13]) oder er bestellt einen besondern executor regius[14]), Gesetze, Concilbeschlüsse in der Rechtspflege durchzuführen.

An den König geht die ordentliche Berufung in zweiter[15]) und

1) absque personarum acceptione Cc. T. XVI. tom.

2) L. V. XII. 1, 1.

3) 2 l. c.

4) L. V. II. 1, 16.

5) l. c. II. 2, 9. 10. 3, 1.

6) l. c. II. 1, 18. 20. 2, 8.

7) B. P. V. 7, 3; der Richter muß ersetzen, was der Kläger durch seine Saumsal (Ablauf der Proceßverjährungsfrist) verloren; (7, 2. Gewährung der Frist für in integrum restitutio, 3 außerordentliche Fristen.)

8) B. T. IX. 1, 10.

9) IX. 7, 3.

10) L. V. II. 1, 22, vgl. B. T. II. 1, 6.

11) L. V. II. 1, 13.

12) II. 1, 16 de damnis eorum qui nona ccepta potestate praesumpserint judicare; daher ist es crim. laes. maj., reum privato carceri destinari IX. 3, 1.

13) Daher judicis instantia districtus, correptus, comprehensus a judice III. 1, 3.

14) Cc. T. IV. 3.

15) Gegen des Richters und Bischofs Urtheil, ferner wenn die Partei den Richter als verdächtig bezeichnet L. V. II. 1, 20. 22. Sempere historia p. 119.

in letzter Instanz[1]). Er gewährt die außerordentliche Rechtshülfe[2]) im Staat, wenn der ordentliche Richter zu schwach ist, dem Rechte Geltung zu verschaffen[3]). Ist der Richter gegen den kirchenräuberischen Bischof zu schwach, soll er die Sache zu Gehör des Königs bringen[4]).

Ja, in vielen Fällen kann man sich primär nach Wahl statt an den ordentlichen Richter an den König wenden[5]), ganz analog dem römischen postulare und preces offerre principi des B., welches von L. V. recipirt ist[6]); alsdann dürfen sich die Parteien nicht mehr vergleichen[7]). Im Strafproceß soll hoher Rang kein Recht geben, statt vor dem forum delicti commissi vor dem König gerichtet zu werden[8]); bei schweren Verbrechen schloß das römische Recht Appellation aus[9]),

1) II. 1, 20. 22. 28. (hienach geht Berufung gegen das Urtheil des judex an den Bischof, dem Cc. T. IV. 38 ganz allgemein Controlle der Rechtspflege der weltlichen Richter überweist) 29. 2, 8. z. B. wenn Richter und Bischof in zweiter Instanz sich nicht vereinigen können. 29 behandelt unausgeschieden Oberberufung und Anklagung des Richters bei'm König, vgl. Amaral p. 255; Davoud Oghlou I. p. LXXIX. 105. Für den römischen Proceß J. B. T. III. 11, 1 (Geib, Crim.-Proc. S. 675—692) Berufung an den princeps durch den dux; vgl. „Proceß" in den „westg. Studien".

2) Antiqua c. 277.

3) Daher die correct gedachte Frage Cc. T. XV., wenn der König selbst als Parteihelfer auftreten soll, quis exspectabitur judicii *terminator?* Vgl. L. V. VII. 1, 1. XII. 3, 27. III. 4, 18; 5, 2. si voluerint redarguere nec potuerint .. regis hoc auditibus insinuare procurent, ut quod eorum non potuit vindicare sententia, principalis damnet omnino censura.

4) V. 1, 6; kann III. 6, 1 sogar der comes den verklagten nobilis nicht zum Recht anhalten: nostris auditibus confestim publicare non differat, ut severitatem legis quam merentur excipiant; vgl. V. 1, 6, 4, 19.

5) V. 1, 2. II. 1, 29 regiam praeceptionem *postulare;* III. 5, 5 jubente principe vel quolibet judice insistente (oft ungesagt, ob primär oder eventuell).

6) Man vgl. B. T. I. 2, 8. J. 9, 2. II. 7, 1. 18, 1 si apud judicem finienda causa est und si vero ita res exigit, ut ad principis notitiam deferatur, zumal Hülfsbedürftige sollen nicht frivol vor den Fürsten gezwungen werden, ihrerseits aber den Gegner vor ihn laden können; (Strafen für Mißbrauch der Bemühung bis zum König ad principis conspectum II. 2, 7 oder der Ueberspringung der ersten Instanz II. 1, 6 J.

7) L. V. II. 2, 10 de his qui negotia sua juris principalis appetunt examine finienda et postea renuentes inter se citra principale judicium ad convenientiam redeunt et pacificare praesumunt.

8) B. T. IX. 1, 1.

9) z. B. B. T. XI. 11, 1. IX. 7, 1. 10, 1 (raptus); ebenso droht dem contumax P. V. 5, 6. Dagegen fügt J. neu bei, daß de magnis criminibus et majoribus personis ad principis notitiam est deferendum.

die Bestimmung desselben, welche regelmäßig Behinderung der Appellation ad principis praesentiam eines freien römischen Bürgers durch Tödtung, Folterung, Kerker, Ruthenstrafen nach lex julia de vi ahndet, wird ausführlich interpretirt und gewahrt [1]). Die Richter sollen in der Berufung an den Fürsten keine persönliche Kränkung erblicken, die sie etwa mit Einsperrung strafen und hindern. Ist der König angegangen, so mag er selbst handeln [2]) oder, nach seiner Wahl [3]), andere Personen als außerordentliche Richter delegiren [4]).

Ein Gardingus, dem die Verlobte in's Kloster gegangen, klagt bei dem König und dieser entsendet „aus seiner Umgebung einen Grafen Angela als Richter, der unter den Parteien prüfe die Wahrheit des Rechts" [5]); oft unterscheiden diese Stellen nicht ordentliche und außerordentliche Richter [6]); doch dürfen auch die ordentlichen Richter (judex, comes) per commissariam Andern richterliche Gewalt verleihen (und auch diese Delegirten [7]) sich wieder Substituten bestellen) [8]): aber schriftlich und nur quos fas est, dazu gehören jedoch selbst servi [9]).

Diesem gefährlichen Recht des Königs gegenüber konnte es wenig helfen, wenn das Breviar für die Regel die fünf Richter im römischen

1) B. P. V. 28, 2. J. u. T. XI. 8, 2.

2) L. V. VI. 1, 2; hieher wohl auch II. 2, 5 regio culmini decernenda causa . . coram principe.

3) L. V. II. 2, 5 coram principe vel quos idem princeps arbitrio suo elegerit.

4) VI. 1, 2. 25; vgl. Davoud Oghlou I. p. LXXIX. sogar in Fiscalprocessen. II. 1, 5. 13. 16. 20.

5) v. s. Fruct. p. 430 de praesentia regis levavit judicem qui inter eos examinaret judicii veritatem comitem nomine Angelatem. Vgl. L. V. II. 1, 5; 13; 16; 29.

6) Vgl. B. P. V. 5, 1 ab his qui ab imperatore extra ordinem petuntur, richtig Amaral p. 252 magistrados já ordinarios já delegados já extraordinariamente eleitos. Dagegen deutlich L. V. VI. 1, 2 bei der inscriptio coram judice vel principe vel his quos sua princeps auctoritate praeceperit.

7) Daß delegatio besonders in römischen Fällen vorkam, Dan. I. S. 575, ist ein Mißverständniß des damaligen römischen Civilprocesses, s. einstweilen v. Bethm., Hollweg.

8) L. V. II. 1, 13.

9) 16; sie heißen a judice informati 16: commissoriis atque informationibus comitum atque etiam judicum. Zu unterscheiden II. 1, 16. 25 gekürte Schiedsrichter, die einer von drei Zeugen unterzeichneten Urkunde bedürfen l. c. 13

Strafproceß erlosen, nicht ernennen läßt[1]). Namentlich in politischen Processen, wo doch die Gefahr parteilicher Willkür am Größten, ernennt der König häufig weltliche oder geistliche Große (Bischöfe) zu Richtern[2]), und nach dem recipirten römischen Recht müssen alle schwereren Strafprocesse gegen Vornehme dem König zur Bestimmung der Strafe vorgelegt werden[3]).

Zu dem Zwecke möglichst sicherer materieller Gerechtigkeit darf der König auch sonst mit bedenklicher Willkür in die Rechtspflege eingreifen[4]). Nicht nur weicht den außerordentlichen von ihm bestellten Delegirten[5]) die regelmäßige Competenz aller Richter, auch in schwebende[6]), (nur gegen Abwesende soll das nicht geschehen)[7]) ja in bereits rechtskräftig entschiedene Processe greifen diese Commissäre ein, indem sie, wenn die verurtheilte Partei auch jetzt noch mit einer regia jussio, praeceptio auftritt, das Urtheil avociren oder nochmal fällen und den ordentlichen Richter zur Entschädigung der Partei anhalten[8]).

1) B. T. II. 1, 12 J. ne studio videantur electi et de capitali re aut innocentia alterius videatur facile judicari. Vgl. P. V. 30, 1 judices pedanei, qui ex delegatione causas audiunt.

2) Cc. T. IV. 31 saepe principes contra quoslibet majestatis obnoxios sacerdotibus *negotia sua committunt*. (Dieser Ausdruck ist höchst bezeichnend; sie sollen nur dann consentire regibus fieri judices, wenn eidlich Begnadigung von der Todesstrafe zugesagt wird.

3) B. T. IX. 30, 2 neu hinzugefügt von der J. zu B. T. XI. 11, 1; irrig beschränkt Sempere historia p. 117 die Delegation auf die 3 Fälle traicion, homicidio, adulterio.

4) Vgl. A. III. S. 89; imperatorische Antecedentien dieser Rechte bei Geib Strafproceß „Intercession", „Abolition". L. V. II. 1, 27. 29; wie schwer freilich Erwich im Interesse seiner Familie gegen das Recht gerade durch dieses Mittel gesündigt wissen wollte, zeigt Cc. T. XV.; L. V. II. 1, 28 muß aus Furcht vor rigor, gravedo regis ergangene Urtheile zwar für nichtig, den Richter aber für straflos erklären.

5) l. c. qui fuerint judices per regium decretum instituti, dem pacis assertor, qui sola faciendae pacis intentione regali sola destinatur auctoritate.

6) B. T. II. 7, 1. IV. 20 (21), 5.

7) Denn Erschleichungen waren häufig 6 l. c. P. I. 12, 6. Fälschung l. c. I. 12, 1.

8) L. V. II. 1, 29 Cautionen gegen Erschleichungen solcher Machtsprüche B. T. IV. 20 (21) 6 oder gegen Verzögerung B. T. II. 6. 7. de dilationibus, wo der Text: si quis *rescriptum* ad extraordinarium judicem reportavit von J. umschrieben wird: quando ab aliquo principe *praeceptio* fuerit sperata, ut ad alium judicem quam cui commissus est, adversarium suum pertrahat. König-

Es kann aber auch der Richter seinerseits, statt selbst zu entscheiden[1]), den Verbrecher oder die Parteien an den König schicken[2]), auf daß dieser das Schuldurtheil spreche oder doch das Strafmaß bestimme[3]), namentlich auch, aber keineswegs nur, wenn das Gesetz für den Fall keine Bestimmung enthält[4]) und in politischen Processen[5]). Aber auch sonst wird der König so häufig angegangen[6]), daß die Casuistik des Gesetzes den Fall des Königs- und des ordentlichen Gerichts immer neben einander stellt[7]). Als oberster Wächter des Rechts kann der König auch in Fällen, in welchen regelmäßig Anklage der geschädigten Sippe abzuwarten, diese aber säumig ist, gegen das zu seiner Kenntniß gelangte Verbrechen einen procurator aufstellen[8]).

In gleicher Eigenschaft wird von ihm auch in der freiwilligen Gerichtsbarkeit Bestätigung von Rechtsgeschäften als höchste Bekräftigung erheischt[9]). Und sehr bezeichnend ist, daß ein Bischof sein Testament mit Kloster- und andern Stiftungen „allen Königen, wie sie auf einander folgen", zur Erfüllung empfiehlt[10]).

---

liche Rescripte im Widerspruch mit der Proceß-Ordnung, z. B. Zulassung von Stellvertretern im Inscriptionsproceß, werden im Voraus als ungültig erklärt.

1) L. V. VI. 2, 8.

2) in conspectum principis dirigere II. 2, 7, vgl. Sempere hist. p. 119.

3) VI. 2, 3 regiae praesentiae dirigat, ut quod de illis sibi placitum fuerit evidenter statuat.

4) II. 1, 11. Die römische consultatio v. Bethm. H. I. S. 224.

5) z. B. über die Verschwornen von Merida läßt der competente dux vom König urtheilen Paul. Emer. p. 654.

6) Daher im Palast ubique litigiosus fremit ambitus Apoll. S. I. 2, suggerere regi v. s. Fructuosi p. 430.

7) L. V. II. 2, 5. 7. ad principis conspectum vel ad discussionem quorum libet judicum; so kann der nach 8 l. c. Gepfändete anrufen den König, Grafen oder Richter. Dabei besteht aber nicht wie Helff. l. c. und Pfahler A. S. 127—129 ein „germanisches Hofgericht der Palatinen" — sondern der König ernennt Delegirte, abgesehen von der Gerichtsbarkeit der Reichsconcilien; ebenso irrig v. Bethm. H. l. c., der außer apell. und deleg. keine Gerichtsbarkeit des Königs kennt.

8) L. V. III. 4, 13, der dann auch die Anklageprämie erhält vgl. Wilda S. 902; Einschreiten von Amtswegen auch L. V. IV. 4, 1. IX. 1, 21.

9) So beim Nothtestament, nachdem es bei Bischof und Richter fixirt ist postmodum auctoritate regia roboratum . . firmum habeatur.

10) Cc. T. X. app. Die Gothenkönige treten in diese Pflicht der Suevenkönige ein; übrigens auch schon freiwillige Gerichtsbarkeit der Kaiser B. Nov. Val. 4, 1.

Der König regelt ferner das ausnahmsweise Einschreiten von Amtswegen [1]), ordnet und überwacht die ganze Bewegung [2]) des Verfahrens, die schriftliche Form, die Ladung [3]), den Beweisgang, die Beweislast [4]), die Reihenfolge der Beweismittel, die Anfechtung von Zeugen [5]); er zügelt die Habsucht der Advocaten [6]), der Richter und ihres Personals [7]), welche mehr als ihnen gebührt an Procenten des Werthes der Proceßsache fordern [8]) oder die Parteien schon das Beschreiten der Schwelle des Gerichts bezahlen lassen [9]), und die Bestimmungen zur Controlle der „judices" [10]) sollen für alle Personen gelten, welche richterliche Gewalt üben [11]); abgelockte Verzichte auf die allgemein gewährte Appellation an König oder Bischof [12]) sollen nicht gelten [13]), ebenso wenig aus Furcht oder auf Befehl oder durch Täuschung des Königs [14]) ergangene rechtswidrige Urtheile [15]) oder abgeschloßne Rechtsgeschäfte — ein übles Zeichen des Rechtszustandes in diesem Reich [16])! Kein Ansehn der Person soll auch die vornehmen Begleiter des Königs vor Strafe schützen [17]), auch der Fiscus hat unter Vertretung durch den ordinator vor dem ordentlichen Richter Recht zu geben [18]), und der königliche actor soll die Königsknechte und die Verbrecher auf den Domänen dem ordentlichen Richter nicht

---

1) L. V. VIII. 1, 3. III. 5, 2. VI. 5, 14.

2) II. 1, 12—20.

3) II. 1, 17. 2, 4.

4) II. 2, 6.

5) II. 1, 21. 26.

6) B. T. II. 10, 1. 8 sie sollen nicht im selben Proceß Richter sein. Schutz der Partei gegen ihre Irrthümer 11, 1.

7) l. c. officiales omnium judicum.

8) L. V. II. 1, 23.

9) B. T. I. 6, 1.

10) z. B. Perhorrescenz L. V. II. 1, 22.

11) l. c. 25; richtig v. Syb. S. 222.

12) l. c. 28.

13) l. c. 26.

14) III. 2, 6. L. V. favor regum vel judicum.

15) Cc. T. XIII. 2; über die Wirkung der res judicata s. aber Ant. 277. L. V. II. 1, 12. 20. 3, 6. 4, 6. 7.

16) l. c. II. 1, 27; dahin gehört auch II. 3, 1 wo das Uebergewicht von König oder Bischof im Proceß gefürchtet wird.

17) Verbot der cessio in potentiorem B. T. II. 13, 1. B. T. II. 1, 3 Nothzucht, Heimsuchung durch römische Große.

18) l. c. 5 und 6, 5.

entziehen[1]). Auch der Richter wird unter die ordentliche Competenz des Grafen oder Bischofs oder die außerordentliche vom König entsendeter Commissionen gebeugt[2]). Uebergriffe der Richter in fremdes Eigenthum, Ungehorsam derselben gegen den königlichen Bann werden gestraft[3]), die Klagen über den Mißbrauch der Folter gegen Freie oder gegen Knechte Abwesender[4]) gestillt[5]), Todesurtheile sollen nur nach Stellung und Prüfung der Anklagefähigkeit des Anklägers gefällt werden[6]). Im Gebiet der Gerichtsordnung werden (vielleicht) Ueberreste und Mißbräuche der germanischen Gerichtsöffentlichkeit bekämpft[7]), die Gerichtsverhandlungen gegen Lärm und Unruhe geschützt, der Gerichtsfriede gewahrt[8]), die Parteien müssen Caution stellen für richtiges Erscheinen[9]); geregelt werden ferner die Requisitionen[10]); die Einmischungen der Vornehmen in Processe ihrer Schützlinge[11]), die Parteilichkeiten der Richter[12]) werden gestraft, die Widerspänstigkeiten der Beklagten durch die Beamten[13]) gebrochen, die Stellvertretung im Proceß wird geordnet[14]), ebenso der Zeugen-[15]) und Urkunden-

1) 11. Instanzenzug L. V. II. 1, 22. 28—29. 2, 8.

2) l. c. II. 1, 29.

3) l. c. 30; 31. Sempere historia p. 121.

4) VIII. 1, 8.

5) II. 1. 32.

6) Cc. Tol. VI. 11.

7) L. V. II. 2, 2; 3; vgl. v. Bethm. H. I. S. 222.

8) l. c. 2. Der Gerichtsort heißt judicium, l. c. (falsch erklärt von Davoud Oghlou I. p. 107: in judicio ingredi soll heißen: an der Debatte Theil nehmen!) auch audientia, aber letzteres auch gerichtliches Gehör (placitum ist der anberaumte Termin 4 l. c.) l. c. 10. V. 4, 20 sine judicis audientia.

9) II. 2, 4; aber 5 wirken Finanzmotive unter gleißender Maske.

10) In Processen mit Gegnern aus andern Gerichtssprengeln II. 2, 8 Davoud Oghlou I. p. 112—114. (B. T. II. 5, 1 hatte die Einlassungsverweigerung von consortes in verschiednen Provinzen abgeschnitten) wobei die Pfändung des renitenten Richters, ja eventuell sogar eines jeden Gerichtsangehörigen des renitenten Richters — ein höchst schwerfälliges Verfahren! — durch den requirirenden Richter die Schwäche der Staatsidee, die staatsfeindliche Widersetzung sogar der Beamten und die Lockerheit des Bandes unter den Landschaften aufdeckt.

11) II. 2, 9. Fauriel I. p. 508.

12) pro patrocinio vel amicitia VII. 4, 6.

13) VII. 4, 2.

14) II. 3, 1—10. Unfreie Stellvertreter (im Eifer für den Gang der Justiz räumt Kindasvinth Unfreien Klagerecht gegen Freie ein II. 2, 10) Folter; Collision, Vorzug der Vertreter; Vertreter der Frauen; Belohnung des Proceßmandatars; Tod desselben; Verbot der Stellvertretung durch potentes; Substitution bei Fiscalen.

15) II. 4, 1—12 Zeugnißunfähigkeit (II. 12 Verbrechen 1; falsches Zeugniß 7;

beweis, sowie der Grenzproceß[1]). Uebrigens gönnt die enggegitterte Casuistik des Gesetzes, der allbefehlerische und mißtrauische Geist dieser Regierung dem richterlichen Ermessen nur selten freien Spielraum[2]).

Wie stark und weitverbreitet der Hang auch in diesem Reiche war, den Weg des Rechts zu umgehen und durch Gewalt zu ersetzen, haben wir gesehen[3]): daher das allgemeine Verbot der Selbsthülfe mit Umgehung des Richters[4]), besonders der Privatpfändung, wohl als Mißbrauchs germanischer Sitte[5]); ebenfalls germanische Unsitte der Fehde, dann politisch-parteiischen Mißbrauch der Strafe mag bekämpfen VI. 1, 6., wonach die Strafe nicht auch Nachbarn und Gesippen des Schuldigen treffen soll[6]).

Als oberster Hort des Rechts, als Obervormund, schützt der König die Schutzbedürftigen[7]), die Kirchen, Armen, Wittwen, Waisen, Mün-

Unfreiheit 4; 9; Jugend, Verwandtschaft 6) Vereidigung 2; Abwägung des Gegenzeugnisses, Widerspruch zwischen Zeugen und Urkunden 3; Verbot brieflicher Aussagen oder der Aussage über Nicht-Wahrgenommenes 5; Anfechtung von Zeugen, Zeugnißverweigerung 10.

1) L. V. X. 3, 3; Walter II. S. 358; es entscheiden die alten signa, aggeres terrae oder arcae propter fines fundorum antiquitus constructae atque congestae; dann lapides notis sculpti, si haec signa defuerint, notae in arboribus, quas decurias (X) vocant: hierüber Homeyer, Haus- und Hofmarken S. 10; aber nur alte; auch mehr als 30jähriger Besitz soll gegen klare Grenzzeichen nichts vermögen, vorausgesetzt, daß man das später entstandne Recht einer der Parteien oder ihres Gewähren beweisen kann; sonst entscheidet der Besitz.

2) Auffallend daher, daß dasselbe VI. 3, 7 Todesstrafe durch Blendung ersetzen kann; als Ergänzung der Casuistik ist jenes Ermessen freilich nicht ganz zu entbehren: VI. 4, 3; 11; z. B. ob Bürgschaft erforderlich oder VIII. 2, 1 die Zeugenzahl genüge, aber VI. 4, 4 judex quod justum est ordinet geht nur auf etwaigen Arrest. 8 ist das aestimare ein Subsumiren der Wunde unter die Artikel VI. 4, 3; vgl. ut pretium fuerit visum judicanti componat pro vulnere VI. 4, 9; 10; quantum fuerit a judicibus aestimatum vgl. VI. 5, 12 und die allgemeine Clausel XII. 1, 1.

3) Oben S. 152 f.; vgl. V. 4, 20. Besondre Formel für invadere F. N. 35 Ant. 312. Bekämpfung der usurpatores Cc. T. IV. 3. Ohnmacht der Beamten L. V. III. 6, 1. Uebermacht des Adels über die Staatsbeamten III. 5, 2. 6, 1. VII. 1, 1. 4, 2.

4) VIII. 1, 2; 5; (vgl. B. T. II. 26). Anwendung des sog. decretum divi Marci.

5) V. 6, 1. VIII. 3, 16.

6) Freilich schon ganz ähnlich B. T. IX. 30, 4 propinqui, affines, familiares, noti des Schuldigen vgl. 32, 1. 3 de bonis proscriptorum seu damnatorum.

7) L. V. V. 1, 6.

del [1]), (Ernennung, Controllirung, Entlastung des Vormunds, Inventarisirung coram sacerdote vel judice, praesente judice [2]), die Kleinfreien gegen den Druck der potentes [3]) und dehnt die Hülfe des judicium publicum auch auf die Unfreien aus [4]).

Von überwiegend politischer Bedeutung sind die Bestimmungen, welche man die westgothische Habeas-Corpus-Acte nennen könnte: die Normen für politische Processe gegen den geistlichen und weltlichen Adel, die in Beschränkung der Willkür des Königs und der herrschenden Partei Erwich und Cc. T. XIII. tom. 2. [5]) aufstellen: „nicht heimliche Ueberlistung oder Gewalt soll Geständniß und Untergang der Angeschuldigten herbeiführen, sondern öffentliche Untersuchung vor Allen soll Schuld oder Unschuld darthun." So der König Das Concil klagt dann, daß die bisherigen Mißbräuche dem Volk „ungeheuren Schaden und Ruin" gebracht haben, daß viele Palatinen durch erzwungenes Geständniß gestürzt worden seien, daß der zermalmende (trabale) Druck des Gerichts auf Betrieb der Könige sie in Tod oder ewige Ehrlosigkeit gestoßen habe. Dies wolle der edle Fürst fortan durch die Synode abstellen und strafen [6]). Daher soll fürder kein Palatin oder Geistlicher auf Betrieb königlicher Arglist oder weltlicher Macht oder sonstiger Bosheit ohne offnen und klaren Beweis seiner Schuld seines Ranges oder Dienstes im königlichen Hause enthoben oder gefesselt, gefoltert, gepeinigt oder gegeißelt, seines Vermögens beraubt, eingekerkert, oder durch rechtswidrige Mittel bedrängt werden, um ihm mit Gewalt, List und Heimlichkeit ein Geständniß abzuzwingen. Sondern der Angeschuldigte behält zunächst seinen Rang, erfährt keine der angeführten Schädigungen und wird in die öffentliche Verhandlung der Bischöfe, Senioren und Gardinge geführt und hier nach gehöriger Untersuchung entweder in die gesetzliche Strafe verfällt oder durch das Urtheil Aller unschuldig erklärt. Bei Gefahr einer schädlichen Flucht in's Ausland oder bei Nothwendigkeit strengerer Ueberwachung wegen drohender Unordnungen im Lande darf eine freie Ueberwachung, ohne Fesselung, Einschüchterung oder andere Nachtheile

1) IV. 3, 4.
2) IV. 3, 3.
3) V. 5, 1. 4, 11.
4) VI. 5, 12; 13.
5) Vgl. Sempere p. 23, Dunham I. p. 183, Moron I. p. 190.
6) l. c. ultrici synodalis potentia auctoritate cohibendum.

angeordnet werden. Auch darf die Zeit ihrer Processirung nicht absichtlich hinausgezögert werden, um durch die lange Trennung von Weib, Familie und Vermögen ein Geständniß zu erzwingen: ein solches, wenn also erfolgt, ist absolut ungültig: nur dies gilt, was er mündlich vor dem allgemeinen Gericht ablegt. Für die andern Gemeinfreien, welche, ohne Palatinen zu sein, diesem Stand angehören, gilt für Hochverrathsprocesse (de infidelitatis crimine) dasselbe. Wenn diese, „wie das zu geschehen pflegt", für ganz leichte Vergehen vom König mit Ruthenstrafe gezüchtigt werden, soll das weder Infamie noch Vermögenseinziehung involviren. Verletzung dieser Bestimmungen hat Anathem und ewige Höllenstrafe zur Folge, für den Geschädigten aber keine Rechtswirkung, doch wird dadurch den Fürsten die Zucht-Gewalt über ihr Haus nicht entzogen: besonders solchen Laien, welchen nicht Hochverrath, sondern Nachläßigkeit, Trägheit, Betrug in Amt und Dienst zur Last fällt, darf der Fürst zwar nicht Infamie oder Confiscation auflegen, wohl aber ihren Dienst verändern und Andern ihr Amt übertragen[1]).

Wie wenig diese Schranken von Erwich selbst beachtet wurden, zeigt aber die Klage seines Nachfolgers, daß sein harter Druck sehr Vielen[2]) ohne Grund (indebite) Rang und Vermögen und Freiheit entzogen, die er mit Folter und gewaltthätigem Verfahren aus Edeln zu seinen Knechten erniedrigt, worüber laut Beschwerde geführt werde.

Der König hat auch das Recht der Begnadigung[3]) und übt es häufig aus[4]): Jedermann darf als Fürbitter Zutritt suchen[5]); nur für manche Fälle von Hochverrath wird jenes Recht durch Gesetz beschränkt: der König soll, wenn er die Todesstrafe erlassen will, statt derselben keine geringere Strafe Platz greifen lassen können als Blend-

---

1) Statt in commissos talium alios qui placeant transmutare ist zu lesen in locum commissorum talium etc.

2) pressurarum ejus acerbitas in plerosque Cc. T. XV. tomus.

3) L. V. X. 2, 3. III. 4, 13. 13 Cd. Card. VI. 1, 6. X. 2, 6. XII. 2, 12. 16. 3, 27. Davoud Oghlou I. p. 144, Romey II. p. 256, Le Grand d'Aussy p. 429, Rosseeuw I. p. 430, pietatis XII. 2, 16. 3, 27 intuitu II. 1, 6 pia miseratione Cc. T. VIII. 1. praef. XIII. 1.

4) So begnadigt L. V. XII. 2, 11 die zu Feuertod oder Steinigung verurtheilten Juden zu Verknechtung und Confiscation. Wohl zu unterscheiden von den unter „Absolutismus" erörterten Willküracten.

5) VI. 1, 6.

ung[1]) mit Verknechtung, Confiscation und ewiger Verbannung aus dem Palast: auch soll er dem Verbrecher nur fünf Procent seines bisherigen Vermögens aus andern Mitteln zuwenden und das sonst allgemeine Recht der Fürbitte wird aufgehoben: überhaupt aber wird die Begnadigung an die Zustimmung der Bischöfe und Großen des Palastes geknüpft[2]); dagegen wird[3]) ausdrücklich auch den Nachfolgern vorbehalten, gebesserten Juden Confiscation und Verbannung zu erlassen[4]); gleich den Kaisern erklärt der König oft, in gewissen Fällen[5]) solle man keine Begnadigung oder Restitution erwarten, eine Selbstbeschränkung, die doch immer wieder aufzuheben war[6]); über den Begriff der Begnadigung geht es hinaus, wenn schon vor Durchführung des Hochverrathprocesses der König eidlich den Erlaß der Todesstrafe ausspricht[7]).

Der König scheint jenen Versuchen, ihn in dem Begnadigungsrecht zu beschränken, eine Zeit lang energischen Widerstand geleistet zu haben, denn schwerlich umsonst bemerkt Cc. Tol. VI. 14, Kindasvinth solle darin freie Hand haben: „denn Frevel (nefas) wäre es, die Gewalt dessen in Zweifel zu ziehen, welchem Gott die Regierung Aller zugewiesen hat.“ Dagegen wird die Beschränkung als fortan wirkend ausgesprochen Cc. T. VII, 1.[8]) und VIII. praef. setzt allgemein Beschwörung des Ausschlusses der Gnade durch Concil und Volk voraus: c. 2 muß davon wieder abgehen, wohl wegen der zu großen Zahl der Betroffenen: der König darf ihres Lebens schonen, muß aber für ihr Unschädlichwerden sorgen und X. 2 gestattet dem König (allein), den Geistlichen die Absetzung als Strafe des Hoch-

---

1) Davon ein historisches Beispiel bei dem Proceß des Paulus Jul. jud. p. 719. Nach Cod. Card. Decalvation und Ruthenstrafe.

2) II. 1, 6. 7. VI. 1, 6; nach Cc. Tol. VII. 1, während Cc. T. IV. 75 und V. 8. VI. 14 ihm noch allein das Begnadigungsrecht belassen hatte.

3) XII. 3, 27.

4) VI. 5, 12 übt der Herr eine Art Begnadigungsrecht; Strafverwandlung ist es, wenn VI. 3, 7 der Richter Blendung statt Tod verhängen darf; nicht zu verwechseln beneficia dominorum im Privatrecht und Civilproceß z. B. B. T. II. 6, 1 Moratorien, Verlängerung von Klag- und Proceß-Verjährungsfristen.

5) z. B. B. T. III. 10, 1.

6) Den technischen Ausdruck des Textes postulato indulgentiae annotationis principis beneficio umschreibt J. mit per supplicationem veniam promereri.

7) Cc. T. IV. 31.

8) Obwohl obige Phrase im Uebrigen daneben wiederholt wird.

verraths zu erlassen und später erlaubt XVI. 9 und decr. die Zulassung der wegen Hochverrath Excommunicirten auch schon vor dem Todtenbett zur Communion. Immerhin ist es freche Lüge, wenn Cc. T. XII. 3, um eines bestimmten Zweckes willen, ganz allgemein sagt: nach den antiqui canones habe der König allein das Recht der Begnadigung politischer Verbrecher und der Klerus müsse sie dann in seine und der Kirche Gemeinschaft aufnehmen.

Die Begnadigung der nach dem Heergesetz Wamba's zur Infamie Verurtheilten erläßt aber Erwich auf demselben Concil nur mit dessen Mitwirkung; die der Juden wird ihm allein vorbehalten[1]). Cc. T. XIII. tom. und 1 ertheilt allgemeine Amnestie für die Paulianer, Restitution in Ehre und Vermögen, soweit dasselbe nicht schon an Andere vergabt: dabei läßt die schwankende Sprache nicht erkennen, wie das Recht des Königs und das des Concils sich verhalten[2]). Auch Egika hat[3]) zahlreiche Begnadigungen und Restitutionen aus der Verknechtung gewährt und l. c. 10 räumt ihm für Vergangenheit und Zukunft wieder das alleinige Begnadigungsrecht ein. Aber in der lex am Schluß fordert der König wenigstens den Rath (consulere) des Concils, welche der Schuldigen er begnadigen solle, indem er jedoch dabei ausdrücklich deren Bestrafung nach dem unter Sisinanth ergangenen Concilschluß wahrt[4]). Aus dem römischen Recht und für Römer herübergenommen ist die Bestimmung, daß zum Osterfest geringere Verbrecher „absolvuntur“, d. h. ganz freigelassen werden[5]).

Wie im Ostgothenreich wird nun aber auch der Mißbrauch des Rechts und der Gerichte selbst zu unbegründeter Civil-[6]) oder Straf-

---

1) 9. l. c.

2) Einerseits decrevimus, volumus und bloßes Einholen von Rath, anderseits hortante pariter ac jubente rege decernendum nobis occurrit.

3) Cc. T. XVI. 8.

4) Gleich eine Anwendung hievon ist die Befragung (censendum) an das Concil wegen des von Wamba zum Numerarius degradirten Palatinen.

5) Nicht aber sacrilegus, adulter, incesti reus, raptor, sepulcrorum violator, veneficus, maleficus, adulterator monetae, homicida IX. 28, 1 B. T. und recipirt wird auch, daß ab irato principe ausgesprochne Todesstrafe 30 Tage unvollstreckt bleiben soll donec pietas dominorum justitiae amica subveniat B. T. IX. 30, 3, sowie daß 2 Jahre nach der Confiscation, ebenfalls in Abwartung der Begnadigung, das confiscirte Gut nicht verschenkt werden soll.

6) Namentlich auch fiscalischer Apoll. S. V. 13 calumniarum fraude circum retitus.

Verfolgung bekämpft [1]) durch Bedrohung falscher Anklage [2]), — (interessant ist J. zu B. T. IX. 29, 3, welche, anders als der Text, den Begriff der calumnia verallgemeinernd in Beispielen erklärt [3]), nach B. trifft beim Inscriptionsproceß den beweisfälligen Kläger die dem Angeschuldigten zugedachte Strafe) [4]) — durch Auferlegung des Calumnieneides [5]), häufige Cautionen [6]) und Bürgschaften [7]) und durch Androhung mehrfachen Ersatzes des herbeigeführten Schadens [8]). Hieher gehört auch der Schutz der Abwesenden und Minderjährigen gegen Urtheilssprüche [9]), die Berücksichtigung der Rechtsunkenntniß [10]), sowie das Verbot der Verschleppung von Processen aus der Provinz oder an den Thron [11]). Mißbrauch der Appellation oder der primären Anrufung des Königs wird gestraft [12]); wenn bei Mißlingen des Klagbeweises der Beklagte den Unschuldseid schwört, wird der Kläger in Geld gestraft [13]); Geld-

1) petitio mala L. V. VI. 1, 2 calumnia VII. 2, 6. IX. 1, 4. 7. 3, 2. X. 2, 5. B. T. X. 5, 1, zu eng Isid. Origin. V. 26. c. i. e. jurgium alienae litis, untechnisch Greg. tur. II. 20: cal. ist vielmehr schon B. Nov. Val. 10 jeder arglistig erhobne Anspruch vgl. B.T. III. 4, 5. V. 6, 6. VI. 1, 7. 4, 6; X. 2, 5. IX. 1, 9. 15. 3, 2. 4, 7. 8. 14. VII. 2, 6. XI. 1, 4. 3, 1. VIII. 5, 1. 3, 14. 15. 1, 13. 4, 26. 23, 24. 5, 5 vgl. Lafuente II. p. 510.

2) c. sunt, quicunque causas ad se non pertinentes sine mandato alterius proposuerunt . . quicunque justo judicio victi causam iterare tentaverint. q. sub nomine fisci facultates appetunt alienas et *innocentes quietos esse non permittunt*; q. falsa deferentes contra cujuscunque innocentis personam principum animos ad iracundiam commovere praesumunt und noch hic de jure addendum, qui calumniatores esse possunt; ihnen allen droht Infamie und Verbannung, Todesstrafe sogar J. B. P. I. 5, 2 (prout causa fuerit) de calummatoribus: c. est qui sciens prudensque per fraudem negotium alicui comparat.

3) Vgl. L. V. VIII. 1, 1—5. 4, 1—7.

4) s. Proceß in den westgoth. Studien.

5) VI. 1, 4.

6) IV. 2, 13. VI. 2, 4. VII. 1, 1. IX. 1, 13. XII. 3, 11.

7) II. 1, 10. 2, 4. 3, 4. 6. V. 7, 4. VI. 4, 8. VII. 2, 8.

8) z. B. für grundlos gefolterte, hiebei getödtete, gelähmte Knechte VI. 1, 4; wer einen Gleichstehenden grundlos zur Folter bringt, wird diesem verknechtet VI. 1, 21. Das ältere Recht VII. 1, 1; s. „Strafproceß".

9) B. Cd. Greg. X. 12, 1. Gegen procuratores kann kein Urtheil auf Tod oder Verknechtung ergehen B. P. V. 37, 1.

10) L. V. VI. 4, 5. XII. 3, 28.

11) B. Nov. Mart. 1.

12) L. V. II. 1, 29; vgl. nach der Meilenzahl abgestufte Strafen für grundlose Ladung vor König oder Richter II. 6, 7.

13) II. 2, 6 vgl. 10; u. 3, 6.

strafen ahnden ebenso betrügliche vindicatio in libertatem[1]), grundlose Anfechtung einer Urkunde[2]), Verlockung zu mehrfachen Schuldverschreibungen für Eine Schuld[3]) und Mißbrauch des Asylrechts[4]); Klagen gegen den Erben aus Verpflichtungen des Erblassers werden an strengen Beweis gebunden und die Haftung des Erben auch ohne Inventarisirung auf den Nachlaß beschränkt.

Gegen arglistige Buchstabenauslegung der Gesetze hilft der König durch authentische Interpretation oder neue Gesetze[5]); z. B. die antiqua lex hatte die Pflicht, zugelaufene Knechte auszuliefern, an die Voraussetzung geknüpft, daß ihr Herr sie zu holen komme. Darauf gestützt verweigerte man die Auslieferung an Bevollmächtigte des Herrn. Dem gegenüber wird Auslieferung vorgeschrieben domino requirenti sive per se sive per hominem suum[6]). Bei Anklagen wegen Diebstahls wird vorherige genaue Bezeichnung der Deube verlangt[7]).

---

1) II. 4, 8.
2) II. 5, 16.
3) VII. 5, 7.
4) V. 4, 16.
5) IX. 1, 11, 18 dum plerique controversiis vacare nituntur legum quasdam sententias inique pervertunt.
6) Gesetzes-Umgehung IX. 2, 8. XII. 3, 12. Gesetzes-Mißbrauch III. 2, 7. IX. 1, 11; wie schlimm die delatores es trieben, zeigt Apoll. S. V. 7.
7) VII. 2, 1.

3. Gesetzgebende Gewalt.

Die Namen der Gesetze schwanken ohne festen Unterschied im Sinn: neben lex[1]) steht decretum = lex L. V. II. 1, 5, 29 aber 1, 29 ist dies ein commissorium für außerordentliche Richter. XII. 2, 13 auctoritas = edictum = lex; das commonitorium Alarici B. heißt novellae sanctionis edictum[2]).

Die wichtigste Frage bei der Geschichte der westgothischen Gesetzgebung ist für uns hier die nach der Quelle und Form der legislatorischen Thätigkeit, nach der Unbeschränktheit oder Beschränktheit der Krone auf diesem Gebiet.

Da ist es nun belehrend, im Gegensatz zu der völlig unbeschränkten Gesetzgebung der Amaler in Edicten und Varien, das viel schwächere westgothische Wahlkönigthum von Anfang an Beirath, Mitwirkung, Zustimmung des geistlichen und weltlichen Adels gebunden zu sehen. Sicher hat schon Eurich seine Gesetze unter solcher Zustimmung erlassen[3]). Wenigstens wissen wir bestimmt, daß Alarich II. seine Gesetzesredaction für die Römer unter Mitwirkung und Genehmigung der Geistlichkeit und des Adels in's Werk setzte: daraus ergibt sich wohl auch für die herrschende eigne Nation des Königs das Gleiche[4]). In zwei Phasen der Gesetzgebung wird dort der Mitwirkung

---

1) novellae sanctionis L. V. II. 1, 1. legum decreta II. 1, 10. 24 et sanctiones II. 1, 3.

2) X. 2, 7 vgl. Cd. Leg. 17. VII. 5, 9. legis edictum III. 4, 1; allein VI. 5, 16. 17. II. 1, 8 novella constitutio, lex, sanctio IX. 1, 21. (oraculum Urtheil des Königs) generale II. 1, 8 Cd. Leg. 4, 7. Cd. Tol. edictum II. 4, 7 Cd. Card. Dagegen specialis sanctio V. 7, 20. constitutio generalis IX. 2, 9. XII. 3, 1. 2, 13, ebenso decretum speciale IX. 2, 9.

3) „Auf den großen Reichsversammlungen". So auch Stobbe I. S. 75; aber von solchen wissen wir in jener Zeit nichts.

4) Das Patent an der Spitze des Breviars (Biener op. ac. II. p. 20, Haenel p. 2. 4; über das Wort auctoritas und commonitorium vgl. außer Haen. noch

von Klerus und Adel gedacht: Bischöfe und edle Männer sind zugezogen worden[1]), den Beschluß des Königs im Voraus zu billigen; dann wurde aus ihnen[2]) eine Anzahl berufen, um aus dem Rechtsstoff auszuwählen und an ihm zu ändern: diese sind die prudentes, die Rechtskundigen, deren Auswahl (electio) den Inhalt des zu publicirenden Gesetzbuchs zusammenstellte und in der interpretatio erläuterte, modificirte, den Zuständen dieses Reiches und dieser Zeit anpaßte[3]).

Neben dieser Redactionscommission, deren man gar nicht entrathen konnte, — sie tagte zu Aire (Aduris) — wird nun aber noch aus-

---

unsere Collectaneen und L. V. VII. 5, 3) lautet: Auctoritas Alarici regis. In hoc corpore continentur leges sive species juris de Theodosiano et diversis libris electae et, sicut praeceptum est, explanatae anno XXII. regnante domino Alarico rege ordinante viro illustri Gojarico comite. exemplar auctoritatis. Commonitorium Timotheo v. s. comiti. Utilitates populi nostri propitia divinitate tractantes, hoc quoque quod in legibus videbatur iniquum, meliori deliberatione corrigimus, ut omnis legum romanarum et antiqui juris obscuritas *adhibitis sacerdotibus ac nobilibus viris* in lucem intelligentiae melioris deducta resplendeat et nihil habeatur ambiguum, unde se diuturna aut diversa jurgantium impugnet objectio. quibus omnibus enucleatis atque in unum librum *prudentium* electione collectis, haec quae excerpta sunt vel clariori interpretatione composita, *venerabilium episcoporum vel electorum provincialium nostrorum roboravit assensus*, et ideo secundum subscriptum librum, qui in thesauris nostris habetur oblatum librum tibi pro distringendis negotiis nostra jussit clementia destinari, ut juxta ejus seriem universa causarum sopiatur intentio: nec aliud cuilibet aut de legibus aut de jure liceat in disceptationem proponere, nisi quod directi libri et subscripti viri spectabilis Aniani manu sicut jussimus ordo complectitur. providere ergo te convenit, ut in foro tuo nulla alia lex neque juris formula proferri vel recipi praesumatur. quod si factum fortasse constiterit, aut ad periculum capitis tui aut ad dispendium tuarum pertinere noveris facultatum. hanc vero praeceptionem directis libris jussimus adhaerere, ut universos ordinationis nostrae et disciplina teneat et poena constringat. Anianus vir spectabilis ex praeceptione D. N. gloriosissimi Alarici regis hunc codicem de Theodosiani legibus atque sententiis juris vel diversis libris electum Aduris anno XXII. eo regnante edidi atque subscripsi. Recognovimus. Dat. sub die IV. Non. Feb. anno XXII. Alarici regis, Tolosae.

1) So auch Haenel.

2) Das bestreitet Haenel mit Blener irrig; unsere Ansicht steht zwischen ihnen und Sav. in der Mitte; ähnlich Schulting praef. jurisprud. antejust. p. 186. Vgl. v. Bethm. H. g. P. I. S. 188.

3) Wohl mit Unrecht bestreitet Haen. p. V. gegen den Wortlaut, daß die prudentes die adhibiti sacerdotes et nobiles sind; geistliche und weltliche des römischen Rechts kundige Vornehme.

drücklich erwähnt [1]), daß nach Vollendung und vor Veröffentlichung des Werkes „die ehrwürdigen Bischöfe und eine Auswahl unserer Provincialen“ durch ihre Genehmigung den Gesetzentwurf „bekräftigt“ habe [2]). Und deßhalb wird dasselbe in die Provinzen zur Befolgung verschickt. Gothen werden, dem Princip der persönlichen Rechte, der Natur der Sache und der politischen Tendenz des Königs entsprechend, weder zur Redaction [3]), noch zur Genehmigung beigezogen: die Bischöfe sind die katholischen [4]) und die Provincialen, Notabeln sind eben der römische Senatorenadel [5]).

Daß ohne solche bekräftigende Genehmigung der König das Gesetz nicht hätte erlassen dürfen, ist freilich nicht gesagt.

So genaue Fixirung des Staatsrechtlichen ist dem Geist jener Zeiten und dem Latein der (imperatorischen) Gesetzgeber fremd.

Siebenzig Jahre später änderte Leovigild ausscheidend und vermehrend an den Gesetzen Eurichs [6]), gewiß ebenfalls unter Zuziehung von Klerus und Adel [7]). Dagegen der Stadt Rekopolis giebt er, den Kirchen entzieht er „privilegia“ (Joh. Bic.), wahrscheinlich allein handelnd.

Sisibut erläßt sein Judengesetz cum omni palatino officio [8]), Erwich [9]) promulgirt seine Gesetzredaction in einer Versammlung von Bischöfen, Senioren und Gardingen, welche kein Concil war: allerdings die Nothwendigkeit der Zustimmung ist auch in diesen

---

1) Diese beiden verwechselt Laferrière hist. du droit civil de Rome et du droit franç. Par. 1846. II. p. 394.

2) Irrig leugnet dies Runde S. 21.

3) Vgl. Haenel p. VI.

4) Lebten die arianischen Bischöfe als solche nach gothischem Recht oder entschied die Nationalität jedes Einzelnen? Romanische Arianer sind doch nicht undenkbar. Vgl. A. IV. S. 181.

5) Anders und irrig Marichalar I. p. 325.

6) S. A. V. S. 134, v. Bethm. H. I. S. 209.

7) Daß er a. 581 durch ein Concil, nicht durch alleinigen Machtspruch vorging, A. V. S. 142, beweist freilich nicht allzuviel für weltliche Gesetzgebung; wenn aber I. 1, 5 (vgl. coetus noster = concil. V. 1, 5. II. 1, 1. Cd. Emil. consensus universor. lex L. V. V. 1, 6. data et confirmata) sagt, der Gesetzgeber soll sein assensu civibus populisque communis ut alienae provisor salutis commodius ex universali consensu exerceat gubernaculum quam ingerat ex singulari potestate judicium, so ist dies nur eine rhetorische Schul-Phrase.

8) L. V. XII. 2, 14.

9) II. 1, 1.

beiden Fällen nicht ausgesprochen[1]). In den Concilien hat der König wie die Bischöfe die Initiative, die Sanction aber aller Beschlüsse, auch der geistlichen Inhalts, hat er allein[2]).

Auf die Definition von „Gesetz" bei Isidor[3]) hat Gothisches schwerlich eingewirkt.

Im Uebrigen genügt hier, hervorzuheben, daß die Könige Gesetze „von ewiger Dauer" zu erlassen lieben[4]): auch künftige Regenten sollen daran gebunden sein[5]): sich selbst behalten sie vor, neue Gesetze zu geben[6]). Sie bestimmen den Anfang ihrer Gültigkeit oft besonders[7]). Rückwirkende Kraft wird ausdrücklich entzogen[8]), die sorgfältige Ver-

---

1) Schon daß ein König seinen Nachfolgern die Aenderung des Gesetzes entzieht, zeigt deren beschränkt gedachte Gewalt II. 1, 6, lex confirmata IX. 1, 21. 2, 8. Concil Cordoba? Egika (d. h. Concil); bezeichnend: die Unterthanen werden zum Gesetzesgehorsam angehalten durch principis voluntas et necessitas d. h. weil er sie selbst nicht ändern kann II. 1, 2. Er sitzt freilich auf dem „thronus judicialis" aber *assensus* der Aristokratie wird erwähnt II. 1, 1 Cd. Em. Reccs. al. Erv. *audientium universali consensu* edidit (leges). Aus II. 1, 11 folgt noch nicht, daß der König die Ergänzung der Gesetze allein vornehmen darf.

2) Gegen Lardiz. Ansicht von der Vertheilung der gesetzgebenden Gewalten gut Zuaznavar I. p. 110. Irrig auch Dunham's I. p. 183 und Romey's l. c. nach Masdeu XI. p. 14 Beschränkung der Geltung der vom König allein erlaßnen Gesetze auf seine Lebenszeit dagegen Lardiz. l. c., Rosseeuw I. p. 404, Zuaznavar I. p. 160, sobre la publicacion y duracion de las leyes. Davoud Oghlou I. p. 5 überschätzt die Mitwirkung des Volkes bei den Cc. s. „Kirchenhoheit", „Gesammtcharakter". Unzutreffend und theilweise geradezu unrichtig ist die Viertheilung der Gesetze bei Lafuente II. p. 505: solche die vom König und den Palatinen allein, (ähnlich Türk S. 60, Rosseeuw I. p. 405), von den Cc., ohne alle Angabe aus alten Sammlungen, und „antiq." — aus römischen Sammlungen herrührten. Ganz oberflächlich Davoud Oghlou I. p. 186; von arianischen Concilien und gemischten Versammlungen (vor Rekared) Helff. S. 8 wissen wir nichts; daß nur die „Pfalzgrafen" bei der Gesetzgebung das weltliche Element vertraten, S. 45, ist unzutreffend (der König selbst hat die Initiative). Zu Rosseeuw's richtigem Satz I. p. 345: die Concilienschlüsse bedurften der Sanction des Königs, die Gesetze des Königs nicht der Zustimmung des Concils, ist zu fügen, daß thatsächlich seit Rekared diese Zustimmung bei wichtigeren Gesetzen eingeholt zu werden pflegt.

3) Origin. V. 10 lex est constitutio populi, qua majores natu simul cum plebibus aliquid sanxerunt.

4) II. 1, 16. hac lege in perpetuum valitura III. 1, 1. 6. 5, 3. VI. 5, 16. 17. VII. 5, 7. X. 2, 4. XII. 2, 3. 14. 3, 29.

5) XII. 2, 14. II. 1, 2; 5, 6.

6) II. 1, 12.

7) II. 1, 12. III. 1, 4. 5, 2. XII. 2, 13. 14. 3, 12. 18. IX. 2, 8. V. 1, 7.

8) V. 1, 6; über die Datirung vgl. V. 1, 6. 7. IX. 2, 8. XII. 2, 14.

öffentlichung angeordnet [1]) und die Nothwendigkeit der Gesetzesreform anerkannt [2]). Wie der König das Concil beruft, so heißt es auch ausdrücklich bei vielen canones, daß sie auf seinen Befehl erfolgen [3]).

Näheres werden in diesem Werk die Schilderung der einzelnen Concilien [4]) und die Erörterung über Versammlungen der Palatinen — außerhalb der Concilien [5]) — sowie in den westgothischen Studien die Geschichte der Gesetzgebung erbringen.

---

1) VII. 5, 9. XII. 3, 28.

2) X. 1, 4. 17. 2, 4. 7. IX. 2, 8. 1, 18. II. 1, 1. III. 1, 1. I. 1, 9. VI. 5, 13. Cd. Card. V. 4, 1. 18. 5, 16. IV. 2, 14.

3) z. B. Conc. T. III. suggerente concilio id gloriosissimus dominus noster canonibus inserendum praecepit, ut Judaeis non liceat christianas habere uxores. Ferner can. 2 consultu piissimi et glorios. dom. c. 6 a principe hoc ep. postulet. c. 8 jubente atque consentiente dom. piiss. Rec. rege. c. 10 annuente glor. dom. n. R. re. c. 15 hoc procuret ep. preco sua auctoritate regia confirmari. c. 16 cum consensu glor. princ. c. 18 ex decreto domin. c. 21 omne concilium a pietate glor. dom. n. poposcit.

4) „Kirchenhoheit".

5) „Gesammtcharakter".

4. Finanzbann. Finanzwesen.

a) Allgemeines.

Kraft seines Finanzbannes[1]) kann der König allein öffentliche Lasten auflegen und erhöhen[2]) wie nachlassen[3]), und bei Verletzung seiner Finanzgesetze unmittelbar einschreiten[4]).

Unsere Kenntniß des Finanzwesens in diesem Staat ist aber gering, namentlich im Vergleich mit dem Ostgothenreich, da wir für die Westgothen einer so werthvollen Quelle wie die Varien-Sammlung entrathen und die Hauptquellen, die L. V. und die Concilienacten, der Natur der Sache nach, wenig Material auf diesem Gebiet gewähren: reicheres, namentlich über Fortbestand der römischen Einrichtungen[5]), bietet das Breviar[6]).

Der Fiscus[7]) hat die im römischen Recht[8]) hergebrachten Privilegien[9])

---

1) In der Aufzählung der Rechte der Krone bei Rosseeuw I. p. 344 fehlt dieser, dann die Polizeihoheit und das Repräsentationsrecht (abgesehen von der Kriegserklärung) ganz.

2) publicas indictiones Cc. T. XVI. 1; de superindicto B. T. XI. 3, 1.

3) induciae Apoll. S. V. 7. Cc. T. XIII. 3. stilo propriae auctoritatis: die sanctio der Versammlung wird nur als nützlich erklärt, irrig als wesentlich von Mariana discurso.

4) L. V. V. 4, 10.

5) Ueber die römische Finanzwirthschaft Serrigny II. p. 1, Baudi a Vesme p. 364—406, in Gallien Trognon p. 42, Boissieu p. 256, Gabourd II. p. 71, John O'Reilly I.

6) „Alle Nachrichten" v. Syb. S. 249 fehlen denn doch nicht; sehr schwach Moron II. p. 228; so gut wie nichts für die Gothenzeit bietet Gallardo p. 2—7.

7) L. V. II. 1, 6. 3, 3. 10. III. 2, 2. 4, 18. VI. 2, 1. 5, 18. VII. 5, 1. IX. 1, 21 X. 1, 16. 2, 4. XI. 2, 1. 3. XII. 2, 11. 13—16. 3, 10. f. noster XII. 1, 2. vel proprietas nostra IX. 1, 21; (aber auch für einzelne Gebiete f. barcinonensis app. Cc. Barc. II.) area publica L. V. V. 4, 19; natürlich nicht erst von Leovigild geschaffen! wie Aschb. B. T. II. 1. 5. In.

8) Serrigny II. p. 4.

9) Ein pr. odiosum B. T. IV. 4, 2: der f. soll nicht durch Codicille oder Briefe Erbschaften oder Vermächtnisse erwerben können; 14 (13) 1; Recht auf erb-

und außerdem noch diesem Staat eigenthümliche [1]). Seine Vertreter [2]) haben ihren Gerichtsstand vor dem judex oder comes civitatis [3]). Interessant ist das Verhältniß zwischen dem Staatsgut und dem Privatvermögen des Königs.

Auch ohne die Einwirkung der römischen Consundirung von dem fiscus Caesaris und dem aerarium publicum [4]) lag den Germanenreichen jener Zeit nahe, das Vermögen des Königs mit dem des Staates zu verschmelzen. Schon vor der Wanderung hatten die Könige so manche den Staat betreffende Ausgabe, z. B. Geschenke an fremde Fürsten und Gesandte, aus ihrem Schatz bestritten und anderseits die ihnen als Herrschern gereichten Gaben in ihren Privat-Gebrauch und -Verbrauch genommen. Und nach der Wanderung konnte in den Reichen, in welchen sich die Krone in einem Geschlecht erblich erhielt, bei den Verhältnissen und Anschauungen jener Tage eine solche Vermischung unmöglich ausbleiben: schon das palatium und seine Wirthschaft gehörte untrennbar zugleich dem Privatleben des Fürsten und dem öffentlichen Leben des Staates an. Anders mußte sich dies bei den Westgothen gestalten, nachdem das Wahlkönigthum Verfassungsgrundsatz geworden und bei dem unaufhörlichen Wechsel der Geschlechter auf dem Thron die Aristokratie auf Bekämpfung jedes etwaigen Versuchs der Ver-

---

loses Gut V. 1, 9. 2, 1 (Curie, Kirche, Patron, Amtsgenosse gehen vor 3, 1. 4, 1. vgl. Serrigny II. p. 17); vierfacher Ersatz veruntreuter Fiscalgelder nach l. jul. peculatus B. P. V. 29; neunfacher für Diebstahl de thesauris publicis L. V. VII. 2, 10; erster Rang unter den Gläubigern B. P. V. 14, 6. 13, 1; Einziehung des Erbes der Selbstmörder wegen Verbrechens, nicht auch aus andern Motiven. 2—4 Entreißung der Erbschaft velut indignis. Ausschluß der Appellation in Steuerschulden B. T. XI. 11, 2. „manifestis" fügt mildernd bei In., wie übrigens auch der Text in 4 l. c.

1) L. V. X. 2, 7; seine Knechte (andere Privilegien für diese oben S. 205) können die Freiheit nicht ersitzen, ihre Freilassung geschieht nur durch Freibrief V. 7, 15.

2) B. P. V. 14 de fisci advocato, Serrigny II. p. 29; er hat unter sich officiales 2 l. c. vgl. B. T. X. 7, 1.

3) L. V. II. 3, 10. B. T. II. 6, 5 nimmt die 4- resp. 6monatliche Frist bei Processen zwischen dem f. und Privaten auf.

4) Serrigny II. p. 37, Birnbaum S. 60. Beide identificirt auch Isid. in der Notiz über Leovigild; dagegen unterscheidet sie B. T. IV. 10, 1 in der Theorie, nicht in der praktischen Wirkung: servus vel patrimonialis aut ex privata re principis; 20 (21), 3 überträgt In.: rem privatam nostram mit: rem fisci und geschweigt des aerarium und der sacratissima domus V. 9, 2 patrimonialis: In. fiscalis.

erbung der Krone, der Erstarkung der Hausmacht eifersüchtig bedacht war.

Scharf unterschied man nun zwischen dem Privateigenthum des zum König Erwählten, namentlich Erbgut, aber auch, gleichviel ob vor oder nach der Wahl, errungenem Gut, proprietas regia, welches ihm selbstverständlich zu freier Verfügung verblieb[1]) und auf seine Erben überging, und dem Staatsgut, welches mit der Krone auf seinen gewählten Nachfolger überging.

Schärfer als Cc. T. VIII. I. könnte auch eine moderne Budget-Debatte nicht die Argumentation in dieser Frage führen: man sagt dem König, daß er nur als Souverain in die Lage gekommen sei, von den Unterthanen Gelder zu erheben und daher Vererbung solcher Gelder in seiner Familie höchst widersinnig sei[2]).

Was Kindasvinth seit seiner Thronbesteigung erworben, soll auf Rekisvinth übergehen: non habenda parentali successione, sed possidenda regali congressione[3]). Uebrigens hat bei dieser Auseinandersetzung jedenfalls vorgeschwebt die ganz analoge Ausscheidung des Privatnachlasses eines Bischofs vom Vermögen seiner Kirche[4]), was man bisher völlig übersehen hat: so daß also auch in diesem Theil des gothischen Staatslebens der Einfluß der geistlichen Institutionen ganz entscheidend war: bestand doch auch bei dem Bischofssitz immer die Nöthigung, zwischen dem gewählten Amtsnachfolger und den Privat-Erben des Bischofs und der hienach verschiednen Succession in das Kirchenvermögen und den Privatnachlaß zu unterscheiden. Aus den zahlreichen, also unterscheidenden Canones stammt den Westgothen

---

1) Nicht erst „gegeben wurde“ Kemble I. S. 175.

2) l. c. gravius .. quod ea quae videntur adquirere non regni deputant honori vel gloriae, sed ita malunt in suo jure confundi ut velut ex debito decernant haec in liberorum posteritatem transmitti. quamobrem in proprietatis illa conantur redigere sinu quae pro sola constat illos imperiali percipisse fastigio? aut quo libitu in juris proprii colocant antro (!), quod publicae utilitatis adquisitum esse constat obtentu? .. unde non personae, sed potentiae suae haec deberi non ambigit (rex); quae ergo honori debentur, honori deserviant et quae reges accumulant regno relinquant.

3) Vgl. Schulze S. 340, v. Syb. S. 264, Davoud Oghlou p. C. p. 201, Romey II. p. 184. 256, Colmeiro I. p. 151, Rosseeuw I. p. 343, wiederholt in „Lex“ und zurückdatirt bis Svinthila: dieser und Kindasvinth, beide nicht kirchenbeliebt, sollten getroffen werden.

4) Cc. T. IX. 4, Thomassin p. 589.

die ganze, ja auch zuerst auf einem Concil ausgesprochne klare Auseinanderhaltung [1]). Daher begreift es sich auch, daß eine Forderung des Staates gegen einen fremden Fürsten als zustehend bezeichnet wird nicht nur dem dermaligen König, sondern zugleich „dem ganzen Volk der Gothen“ [2]).

Da der Fürst indessen über beide Gütermaßen das gleich unbeschränkte Verwaltungsrecht gehabt zu haben scheint, würde der Erfolg der Unterscheidung, abgesehen von der Vererbung, nicht bedeutend gewesen sein, wenn nicht thatsächlich der Einspruch der Aristokratie gewißen Verwaltungshandlungen bezüglich des Kronguts Schranken gezogen hätte.

Es werden aber [3]) bestimmte Grundsätze für Verwaltung des Staatsvermögens aufgestellt, deren Einhaltung die Könige vor der Thronbesteigung beschwören müssen: Sparsamkeit, auf daß sie nicht verleitet werden, mit Gewalt oder erpreßten Schuldverschreibungen oder abgezwungenen Contracten aller Art den Unterthanen Geld abzunehmen; ferner Verwaltung der Staatsgelder nicht zu ihrem persönlichen, sondern zu des Landes Vortheil und Interesse; dann, wie gesagt, strenge Ausscheidung beim Todesfall: ihre Intestaterben succediren nur in das vor der Thronbesteigung beseßne (oder aus diesem Capital später erworbne) Vermögen, der Thronfolger aber in den gesammten „Staatsnachlaß“ [4]).

---

1) S. unten „Confiscation“ und „Concilien“.

2) ep. Bulgarami III.: manet Gundemaro regi *cunctaeque genti Gothorum* non exigua, sed magna pecuniae repetitio gegen den Merowingen Theoderich II., daher thesauri *publici* Cc. T. XIII. 3. L. V. II. 1, 5. Daher auch IX. 1, 21 procuratores a) fisci, b) vel proprietatis nostrae, vel c) quorumlibet hominum.

3) Seit Cc. T. V. u. VIII. 10.

4) Dies will gesagt werden; aber der ungeschickte Schwulst des Ausdrucks führt zu mancher Dunkelheit: so de rebus congregatis ab eis illas tantum sibi vindicent partes, (sc. heredes?) quas dicaverit (l. e. testamento?) auctoritas principalis; verum quaecumque inordinata (d. h. ohne Testament) relinquerint, hereditabunt gloriam successores, (d. h. die gewählten Könige) propria eorum et ante regnum justissime acquisita aut filii aut heredes capiant jure proximitatis. de affinium successione vel munere quamvis inordinata relicta, aut primum tantum filiis aut heredibus sequenter proficiant vel propinquis (offenbar verdorben); wenn das Concil ausdrücklich die Erwerbungen Kindasvinths zu Gunsten Rekisvinths anerkennt c. 12, so war der Grund, daß diese Erwerbungen unter die anfechtbaren „pressurae“ gefallen wären.

Da jedoch die Verwaltung auch des Kronguts nicht zu controlliren war, wenigstens keine controllirenden Organe bestanden, halfen diese Cautelen gegenüber habsüchtigen und energischen Fürsten nicht viel: nur die Erben mußten dann herausgeben — und oft mehr — als ihre Erblasser an sich gerissen[1]).

Da in diesem Staat jeder Beamte die königliche Gewalt — als Regel — nach allen Richtungen vertritt, den Kriegs-, Gerichts-, Polizei-, Finanz-Bann 2c. zugleich in seinem Bezirk übt, so giebt es auch selten ausschließliche Finanzbeamte, wenn auch der comes patrimonii, dann der actor, procurator, zum Theil auch der villicus, zunächst finanzielle Functionen haben[2]): denn in der That, schon wegen der Strafgelder, konnte jeder, der eine öffentliche Beamtung hatte, Einnahmen zu erheben bekommen[3]).

---

b) Die Staatseinnahmen.

Wir erörtern nun zuerst die Einnahmen[4]) des Staates und zwar zunächst die ordentlichen aus Domänen, mittelbaren und unmittelbaren Steuern, dann aus Regalien, Gebühren und andern nutzbringenden Hoheitsrechten: z. B. dem Recht auf Naturallieferungen und Frohnden, sowie auf Vermögensstrafen.

Die Domänen, römische Fiscalgüter[5]), bestanden in Liegenschaften aller Art: Paläste[6]), Villen, Wälder, Ackerland[7]), Wald-, Wies-

---

1) Ueber die Früchte des Staatsguts s. „Confiscation".

2) Daher zählt Cc. T. XIII. folgende Personen auf als Beamte, welche die Staatseinnahmen einzutreiben haben: dux, comes, thiuphadus, numerarius, villicus aut, setzt es hinzu, quicumque curam publicam agens.

3) Aber nicht ist mit Helff. S. 162 die Stelle so zu verstehen, daß eine jede Einnahme durch alle diese Hände zu gehen hatte, der villicus z. B. lieferte nicht erst dem numerarius und dieser dann dem thiuphadus ab, sondern direct dem comes patrimonii. Deßhalb umschreibt auch J. B. T. X. 7, 1 advocatus fisci mit hi qui fisci nostri commoda vel utilitatem tuentur; exactores X. 9, 1.

4) Ungenau und ungenügend Davoud Oghlou I. p. 201 „revenus du fisc.", dürftig Colmeiro I. p. 151.

5) Daß die Krone als solche außer jenen kaiserlichen Gütern bei der Landtheilung eine große sors erhalten ist nicht mit Colmeiro I. p. 152 anzunehmen.

6) domus dominicae B. T. II. 1, 11. s. Nov. Mart. III. Gesammtcharakter.

7) patrimonia B. T. II. 1, 1 J. F. N. 9. terrae L. V. II. 1, 5 agros. B. T. X. 1, 1.

Weide-Land [1]), Weinberge [2]) mit ihrer Zubehörde von Freigelaßnen [3]), Colonen [4]), Halbfreien und Knechten [5]), familiae fisci [6]), servi f. nostri [7]), welche über die Güter selbst und tiefer stehende Unfreie gesetzt sind und von jenen Ländereien impensionem tributi zu leisten haben [8]).

Wie wichtig dieses Krongut auch politisch war, zeigt die enge Verbindung des Gesetzes zum Schutz der Domänen mit dem zum Schutz der Krone selbst gegen Anmaßung [9]) und die sorgfältige Verhütung der Verminderung der Ländereien und der Knechte [10]). Der König war ohne Zweifel in alles succedirt, was in den fraglichen Provinzen dem Kaiser oder dem Fiscus gehört hatte: ein „Obereigenthum" aber an allem Boden ist nicht [11]) anzunehmen. a. 507 gingen viele Domänen an Chlodovech verloren [12]). Irrig ist auch die Annahme [13]), die Könige hätten bei der Landtheilung alles Land der „Stadtgemeinden und die Latifundien" (wessen?) eingezogen. Der große Grundbesitz der Krone erklärt sich vollständig aus der Aneignung alles Fiscalguts und den unablässigen Confiscationen, welche nicht [14]) das Privatvermögen des einzelnen Königs, sondern das Krongut vermehrten, wenn auch der König durch Schenkungen ꝛc. über das confiscirte Vermögen wie über anderes Krongut verfügte [15]).

Die römische Benützungsart [16]) der Domänen: Verpachtung an

---

1) praedia et saltus B. T. X. 2, 1. pascuaria Cc. T. III. 18.

2) L. V. II. 1, 5; vgl. Cc. T. VIII. lex.

3) L. V. V. 7, 15. 20.

4) B. T. V. 9, 2.

5) mancipia f. B. T. XIX. 1, 1. 2, 7. „s. publici". C. J. s. s. h. v.

6) L. V. II. 1, 5. (Cc. T. VIII. lex.) V. 7, 20. Cc. T. III. 8.

7) L. V. IX. 1, 21 s. oben S. 204 f.; wie unentbehrlich die coloni für die Güter Nov. Val. 9 ne ad alterum coloni ad alterum possessio *exhausta* perveniat; es sollten Listen über sie geführt werden B. P. V. 1, 8.

8) Cc. T. XII. tom. Schutz dieser Krongüter gegen die Habsucht der Bischöfe Cc. T. XI. 5.

9) II. 1, 5 L. V.

10) V. 7, 16.

11) Mit Gaupp S. 395.

12) Vgl. Braumann p. 4.

13) Von Helff. S. 125. 159.

14) Wie Helff. S. 159 sagt.

15) Wie die Kronsclaven und die actores f. jene Annahme Helff's. stützen sollen, ist unerfindlich.

16) Kuhn I. S. 268, Serrigny II. p. 55 B.

Private, welche sie durch Colonen bebauen ließen, bestand fort[1]). Abführung des Canon[2]) solcher Pächter[3]) in Natura, nicht die Grundsteuer, regelt die Vorschrift[4]), daß die Jahresleistung in drei Raten von je vier Monaten entrichtet[5]), aber auch auf einmal geleistet werden darf[6]). Var. V. 39 zeigt, daß Römer und Gothen[7]) solche Pachtungen übernahmen, daß der Canon im Verhältniß zum Ertrag stand, daß die Pächter außerdem, d. h. neben den behaltnen Ertragsquoten noch billige Salaire erhielten: aber nicht sie, sondern die königlichen Beamten haben den Canon zu bestimmen, „sonst würden ja jene, nicht die Krone, als die Eigenthümer der Domänen erscheinen".

Zur Zeit des Breviars verlieh der gothische Fiscus seinen Grundbesitz sehr häufig[8]) in der Form der Emphyteuse: während der Text nur von Emphyteusen überhaupt spricht, setzt J. fast überall voraus, daß der Eigenthümer des so vergabten Bodens der Fiscus sei[9]); so belehrt die J. häufig durch absichtliche Aenderungen da, wo man früher[10]) ihre angeblichen Irrthümer („Anianismen") tadelte[11]).

Neben den Erträgnissen der Domänen z. B. Natural-Abgaben[12]), Nahrungsmittel und daselbst von den Domänenknechten gefertigte Kleider[13]), sind die wichtigsten Staatseinnahmen die Steuern. Diese wurden durch den Gothenstaat von den Romanen nach dem bisherigen System fort erhoben[14]).

---

1) B. T. X. 2, 1.

2) B. Nov. Mart. III.

3) conductores, s. aber Sav. Col. S. 292, Birnbaum S. 84.

4) B. T. XI. 1, 1.

5) Wie die Grundsteuer Sav. Steuerverf. S. 58.

6) per annum summa debiti canonis . . horreis publicis. Anders 2, 1 wo der canon publicus heißt.

7) quacunque gente editi.

8) Wie der römische Laboulaye propr. p. 121.

9) J. B. T. III. 19, 3. IV. 10, 3 servi fisci emphyteuticarii.

10) z. B. Gothofred.

11) Auch B. Nov. Val. 8 originarii, coloni, inquilini servi *patrimoniales emphyteuticarii reipublicae*. Vgl. Birnbaum S. 80 f., 91.

12) Cc. T. XII.

13) Paul. Emer. p. 642, wo es ganz correct heißt: locus praecipuus fisci, ut alimenta et indumenta exinde haberet.

14) Vgl. Braumann p. 5, Giraud p. j. I. 1. p. 93, Laboulaye propr. p. 108. Colmeiro I. p. 156 stellt das Vorgehen der Gothen zu gewaltsam dar. Irrig Gallardo p. 5.

Der Ostgothe Theoderich bezog aus dem Westgothenstaat während seiner Verwaltung die Abgaben von seinen Herzogen (ἄρχοντες), diesen die Vertheilung auf die einzelnen Gebiete überlassend [1]); er verschenkte, Gehässigkeit zu vermeiden, das so Erhobne wieder in Donativen an die Heere beider Staaten [2]).

Daß die wichtigste der Steuern, die Grundsteuer [3]), von den Römern entrichtet wurde, steht fest [4]). Die Grundsteuer wird immer vom possessor [5]) erhoben, wenn auch durch den Colonen entrichtet, der außerdem nach römischem System noch die Kopfsteuer (capitatio) zahlte [6]). Ueber die Einrichtung und Erhebungsart [7]) bestimmt B. T.

---

1) Proc. b. G. I. 12.

2) Daher vielleicht die Fabel, daß er auf Bitten seiner spanischen Gemahlin (Verwechslung mit Theudis) omnes Hispanos libertate donavit Luc. tud. p. 48: Steuerfreiheit? An Verknechtung der Spanier bis dahin konnte Luc. tud. doch nicht denken. Ganz ungenügend über Steuerwesen Lembke I. S. 192.

3) Deßhalb verwandelt J. häufig die allgemeinen Bezeichnungen des Textes in *agrorum* tributa B. T. XI. 4, 1. 2 tributaria functio = tr. annuum Apoll. S. V. 13. VII. 12 tributarium jugum (publica f. heißt Steuer, Const. Honorii a. 418 p. 379 Cass. Var. V. 39 aber auch die Amtspflicht der exactores B. T. XII. 2, 1) censio L. V. V. 4, 19 = f. p. census II. 5, 1. V. 4, 19. tributi vel servitii impensio X. 2, 7; (über polyptica libri publici, ratiocinia B. T. XI. 1, 2. 2, 2. 7, 1. Sav. Steuerv. S. 57, Serrigny II. p. 73, B. T. XI. 7, 1. XIII. 2, 1, als alte Einrichtung Cass. Var. l. c. ut *moris* est L. V. XII. 2, 18) tributum B. T. XI. 1, 2. 2, 1. 4, 1. Nov. Mart. 2 assis publicus Cass. l. c.

4) B. T. I. 2, 7 wo J. aus res annonaria macht: tributa cum reliquis possessoribus 6, 4 judices per singulos agros discurrant et . . qualiter in solutione publici debiti cum possessoribus agatur, cognoscant; ganz falsch also, daß erst Leovigild Grundsteuer erhoben Aschb. S. 256; vgl. Eichh. I. S. 436 gegen Montesquieu; steuerpflichtige Frauen Cc. T. XIII. lex.

5) s. L. V. IX. 1, 21. II. 1, 23. 24. 28. X. 2, 5. Cass. Var. V. 39 „non ultimus possessor" d. h. größerer Grundbesitzer Paull. Pell. v. 273. B. Nov. Mart. 2 p. vel provinciales; ebenso Var V. 39. Gegensatz: inquilinus Zumpt Col. S. 54.

6) Sav. Steuerverf. S. 33 (Baudi di Vesme p. 374 capitatio in andrem Sinn). Kuhn I. S. 284. 257, richtig dieser S. 270: „mit enthalten in dem Stand der p. sind: der Kaiser, die Senatoren, honorati, decuriones, verschiedne Corporationen und Communitäten; denn alle diese besitzen in der Regel nicht nur Grundstücke und Colonen zu deren Bebauung, sondern sie sind gerade zum Theil die reichsten Grundeigenthümer". Daher irrig Hegel II. S. 237 „privati: die römischen possessores im Gegensatz zu den gothischen milites": auch Römer waren milites und auch Gothen possessores. Die oben citirten Stellen von Oros. und Isid. beweisen höchstens Erleichterung in der Handhabung der Steuergewalt: das grave jugum tributi wurde in etwas gemildert, aber das tributum blieb.

7) In Früchten und Geld Baudi di Vesme p. 367, Kuhn I. S. 222 annonariae, anders Sav. Steuerv. S. 28.

XI. 1, 2, also für Römer, daß die Testamentserben: onus hereditariorum agrorum agnoscere cogantur, id est tributum; (widrigenfalls müssen sie die Erbschaft ausschlagen, die eventuell dem Fiscus zufällt) d. h. a) die rückständigen Steuerquoten und b) die Versteuerungspflicht. Letztere haftet auf dem Eigenthum und zwar untrennbar, so daß bei Veräußerungen unter Lebenden der Veräußerer nicht sich statt des Erwerbers rechtsgültig als den auch fortan Steuerpflichtigen bestimmen kann [1]); der Erwerber muß sich melden und in das Steuerkataster [2]) des erworbnen Eigenthums eintragen lassen und sich ausdrücklich zur Bezahlung bereit erklären, auf daß der Veräußerer liberirt werde [3]). Das Maß der festgestellten Steuer darf nicht von den Provinz-Rectoren, nur vom König selbst erhöht werden [4]), gegen Rückständige wird mit Zwangsverkauf durch den exactor eingeschritten [5]); zu diesem Amt sollen nur ehrliche (und solvente) Männer bestellt und Uebersteuerungen an denselben mit Tod und vierfachem Ersatz geahndet werden [6]).

Aus der epistola de fisco barcinonensi läßt sich, selbst ihre Unechtheit angenommen, als Sitte voraussetzen, daß noch, wie in römischer Zeit, die Pflichtigen die Grundsteuer, statt in Geld, in Getreide abführen durften, nach einer von den Bischöfen und Seniores der Provinz bestimmten Taxe [7]): wollen sie sich dieser nicht unterwerfen, müssen sie ihren Steuersatz in Geld entrichten [8]).

---

1) l. c. 2, 1.

2) (polyptici, ratiocinia publica l. c. XI. 7, 1. exactionis libri, libri publici) seinen Namen sowie die etwaige Quote XIII. 2, 1.

3) Bemerkenswerth tilgt J. den Ausdruck capitatio des Textes und spricht nur von tributum agri (2 l. c.).

4) l. c. 8, 1 de superindicto, superindicti tituli 6, 1. Durch den rector provinciae 6, 1, dagegen superexactio 4, 2 ist die über das Maß erfolgte Einheischung durch den exactor; vgl. 6, 1 allgemeiner und zusammenfassend.

5) 4, 1.

6) 2 l. c. 6, 1 niedre Beamte und Richter zusammenfassend. Die Pflichtigen sollen nicht gezwungen werden (durch zweimalige Einträge) zu zweimaliger Zahlung XI. 7, 1. Gegen zu hohen Steueranschlag können Abwesende binnen 12, Anwesende binnen 5 Monaten bei dem judex remonstriren B. T. XIII. 2, 2.

7) l. c. 8 siliquae (1/3 sol.) für den modius; nebst einem Zuschlag von 1 sil. pro laboribus vestris et pro inevitabilibus damnis vel interpretia (sic) specierum 4, was 14 sil. machen soll, aber nur 13 macht.

8) l. c. si quis sane secundum consensum nostrum acquiescere noluerit vel tibi inferre minime procuraverit in specie, quod tibi convenerit, fiscum

Grundsteuer mußten auch die Kirchen, Klöster und einzelnen Geistlichen früher sicher zahlen [1]): „privilegia" d. h. Steuer-Befreiungen einzelner Kirchen hob Leovigild auf [2]); im römischen Reich waren die Geistlichen weder von Kopf- noch von Grund-Steuer frei [3]) gewesen. Unsicher ist die Tragweite einer von Sisinanth [4]) den Geistlichen eingeräumten Steuerfreiheit [5]): freigeborne Geistliche omni publica indictione atque labore habeantur immunes. Das ist nicht [6]) absolute Befreiung von allen Staats-Lasten, sondern nur von Frohnden und besondern indictiones, namentlich nicht von der Grundsteuer, welche noch nach Cc. T. XVI. praef. u. tom. auf den bischöflichen Gütern liegt [7]).

Bestritten ist, ob und seit wann auch die Gothen Grundsteuer entrichteten [8]). Die Gothen wurden wahrscheinlich erst später mit der

---

suum inferre procuret; fiscum inferre heißt Steuer entrichten; (dagegen f. als Steuerempfänger, Steuercasse Cc. T. VIII. decr.) in der Ueberschrift ist zu lesen: numerariis ad civitatem barcinonensem f. inferentibus statt: episcopi . . inferentes.

1) testam. Caes. arel. a. 508 nennt als besondere Verleihung: immunitatem tributorum tam juxta urbem et infra quam etiam in suburbanis et villis *ex maxima parte* (befreit war nach B. T. IV. 10 angeschwemmtes Land und getrockneter Sumpf).

2) A. V. S. 141.

3) Sav. Steuerverf. S. 37, Roth p. 48, Serrigny I. p. 407.

4) Cc. T. IV. 47. 75.

5) Cc. T. III. 8 setzt noch Steuerpflichtigkeit derselben voraus, vgl. Serrigny I. l. c.

6) Wie v. Brauchitsch S. 13, Helff. S. 163, Thomassin p. 544, vgl. Lardiz. p. 19; richtig Masdeu XI. p. 228, Depping II. p. 360.

7) l. c. episc. de praediis suarum sedium regio culmini solita perquisitionum obsequia deferat; der Ausdruck Cc. T. IV. 47 ist allerdings sehr weit: omnes ingenui clerici (Freigelaßne haben ihre Patronatsabgaben ꝛc. zu entrichten) pro officio religionis ab omni publica indictione (das ist aber doch nicht tributum, census) atque labore habeantur immunes.

8) Für Grundsteuerfreiheit der Gothen R. A. S. 299, Birnbaum S. 139, v. Bethm. H. I. S. 183, Lehuërou I. p. 450, Volmer p. 17, Colmeiro I. p. 152 (unentschieden Gallardo p. 5), Hegel II. S. 328; Helff. S. 112 hält die Gothen für frei von allen Steuern, was gewiß irrig und scheint S. 160 („Anfangs hatten die Romanen von dem ihnen verbliebenen Bodendrittel gleichfalls Zins zu zahlen" (also doch die Gothen auch?) spätere Befreiung der Römer hievon anzunehmen, was ebenso irrig als es unerweislich ist, daß jener Zins im Zwanzigsten bestand, „da es unter römischer Verwaltung einen procurator vicesimae gab und bei den Gothen diese Zahl auch sonst in (! wo?) Ehren stand"; auf Rod. tol. hist.

Grundsteuer belastet: denn wenn L. V. X. 1, 16 die Restitution der von Gothen Römern entrißnen tertia aus dem naiv ausgesprochnen Grunde befiehlt, „auf daß dem Fiscus nichts verloren gehe“, so kann dies wohl nur die Bedeutung haben, daß der Grundbesitz in gothischer Hand steuerfrei, in römischer steuerpflichtig war. Dem scheint zwar zu widersprechen 15 l. c.[1]), wonach als grundsteuerpflichtig bezeichnet werden die accolae suscepti und auch deren patroni qualiter unumquemque contigerit, d. h. der Gothe und der Römer, der $^2/_3$ und $^1/_3$ des Grundstücks hat. Der Ausweg, hier unter den patroni nur Römer zu verstehen, ist mißlich. Eher ist Aenderung der Gesetzgebung, spätere Ausdehnung der Steuerpflicht auf die Gothen anzunehmen[2]), welche dem ganzen Gang der Verfassungs- und Cultur-Geschichte in diesem Reiche entspricht. Eine Hauptstelle für die Grundsteuerverhältnisse ist J. zu B. T. III. 1, 2, welche vorschreibt, daß Niemand Grundbesitz ohne die darauf lastende Steuer kaufen kann, was sich auf die fällig werdende Rate und, wie ich vermuthe, auf die rückständigen Steuern bezieht: deßhalb müssen die Nachbarn als Zeugen jeder Veräußerung von Liegenschaften beigezogen werden[3]).

Außer den Freien und Halbfreien haben auch die Knechte des Fiscus Abgaben zu entrichten[4]): die Nichtzahlung der pensio tributi, auch über die Verjährungszeit hinaus, soll keine Freiheit für sie begründen: es sind auf den Domänen mit Grundzinsen angesiedelte

---

Arabum p. 17 c. 9 Muza vestigalia constituit kann man sich für Steuerfreiheit der Gothen (bis dahin) nicht berufen. Zweifelnd Gaupp S. 406.

1) „Eine sehr dunkle Stelle“ Gaupp S. 405, man erhob offenbar auch vom Colonus eine Steuer; vgl. Sav. Steuerv. S. 32, Rosseeuw I. p. 356: Befreiung nur von einigen Lasten.

2) So Gaupp S. 404 wegen L. V. V. 4, 19. Ursprünglich kannten die Gothen keine Grundsteuer: „Kaisaragild“, das Kaisergeld, nennt W. [illegible] Marc. 12, 14.

3) Widrigenfalls Verwirkung des Grundstücks und des Kaufpreises an den Fiscus; J. quicumque villam comparat, tributum rei ipsius sicuti et jus possessionis se comparasse cognoscat, quia non licet ulli agrum sine tributo vel solutione fiscali aut comparare aut vendere etc; an Besitzänderungsabgaben oder Gebühren ist dabei nicht zu denken, vielmehr enthält eine ergänzende Aufklärung l. 8 l. c., welche bei gleicher Strafe den Curialen verbietet, ihr Hab und Gut heimlich zu verkaufen, um sich dann durch die Flucht ihren unerträglichen Standespflichten und zumal den eventuellen Steuerhaftungen zu entziehen. Vgl. B. T. XI. 1 u. 2.

4) L. V. X. 2, 4. Cc. T. XIII. 3. XVI. tom.

Kronhörige. Sonst sind Unfreie natürlich steuerfrei, da sie kein Vermögen haben [1]), werden aber pflichtig, wenn sie bei Freilassung ihr bisheriges peculium behalten oder vom Herrn ein Vermögen erhalten [2]). Daraus erklärt sich vielleicht auch das capitis sui tributum, welches Geistliche, die freigelaßne Kronknechte sind, zu entrichten haben, wenn dieser „Kopfzins" (nicht Grundzins) nicht etwa besonders bei der Freilassung auferlegt oder die alte römische capitatio ist [3]).

Eine außerordentliche Kriegssteuer zur Abwehr Chlodovechs alles (ungeprägte?) Silber im Lande umfassend, würde, freilich „mit Zustimmung der Seinen", als von Alarich II. erhoben bezeugt sein, wenn der fraglichen Quelle einigermassen zu trauen wäre [4]).

Besondere Abgaben waren auferlegt den Juden; der von den bekehrten Juden bisher erhobne Betrag wird den treu bei ihrem Glauben Beharrenden aufgebürdet, auf daß der Staat nicht unter seinen eignen Missionserfolgen leide [5]). Die Erträgnisse dieses „Judengeldes" waren sehr groß. Bezeichnend ist, daß man Cc. T. XVII., als man alles Vermögen der Juden confiscirt hat, nun doch mit dieser Capitalbereicherung nichts anzufangen weiß und den Ausfall der bisherigen Einkünfte fürchtet! Man verleiht deßhalb einen großen Theil des Confiscirten an die bisherigen christlichen Knechte der Juden gegen Verpflichtung zur Versteuerung nach dem bisherigen Maß. Auch werden in der verödeten Provinz Gallicien vorab die Juden hergenommen, um dem Bedürfniß des Staatshaushalts zu dienen [6]).

Ferner bestand fort die auf den Umsatz von Handelswaaren gelegte Steuer „auraria" [7]), von welcher aber selbstproducirte Waaren

---

1) Vgl. Sav. Steuerv. S. 35; ihre Kopfsteuer zahlt der Herr.

2) L. V. XII. 2, 3 secundum peculium censiti in polypticis justissima adaeratione descripti, vgl. 13.

3) Vgl. Sav. l. c., Serrigny II. p. 100.

4) v. Aviti petroc. erem. p. 361 seq. assensu suorum totius regni argenti ponderosa massa per exactores in unum corpus conflatur et quisque ex militari ordine viribus potens donativum regis volens nolens recepturus per praecones urgenti sententia invitatur.

5) L. V. XII. 2. 18. Cc. T. XVI. tom. 1. functionis indictiones judaicae, jugum functionis utilitatibus publicis exsolvenda, functio pensionis.

6) adaeratio censiti L. V. XII. 2, 13. 18, indictio judaica XII. 2, 18. Besondere Judensteuern schon im älteren römischen Recht s. bei Huschke, Steuerverfassung S. 208, Baudi di Vesme p. 396, Goldschmidt p. 19.

7) S. A. III. S. 147.

befreit, nur zum Behuf der Weiterveräußerung angeschaffte Güter (unter letzterer Voraussetzung aber auch in den Händen von Beamten [militantes], nicht nur von Kaufleuten) betroffen wurden [1]).

Von mittelbaren Steuern [2]) sind zu erwähnen die Zölle von zur See oder zu Land passirenden Waaren, deren Erhebung, nach römischem System, je auf 3 Jahre an den Meistbietenden [3]) verpachtet wurde. Dabei wird der Zolltarif genau festgesetzt und Ueberschreitung durch den Zollpächter zum Schaden der Einwohner oder der Kaufleute mit dem Tode geahndet — eine beredte Strafdrohung! [4]) Die Eingangszölle überseeischer Waaren stuften sich verschieden ab [5]).

Außer den Steuern verlangt die Krone von den Unterthanen [6]) manchfache Naturallieferungen von Lebensmitteln [7]) und dgl. sowie Arbeitsleistungen, Frohnden mit Hand und Gespann [8]) z. B. für königliche Beamte [9]) auf deren Geschäftsreisen [10]), doch sollen dergleichen

---

1) B. T. XIII. 1, 1. Vgl. Kuhn I. S. 286.

2) Die römischen s. bei Serrigny II. p. 200, Baudi di Vesme p. 391. 396, John O'Reilly I. p. 131.

3) Reiche Capitalisten: nur die wirkliche Eintreibung haben die geringen publicani Apoll. Sid. V. 7.

4) J. B. T. IV. 11, 1 vectigalia sunt, quae fisco vehiculorum subvectione praestantur: hoc est aut in litoriis locis navibus aut per diversa vehiculis merces deportant. cujus rei conductelam (i. e. Verpachtung) apud strenuas personas triennio esse praecipit et continuo hanc exactionem aliis iterum permittendam, qui majorem summam praestationis obtulerint. ex qua conductione aut exactione si quis plus quam praeceptum fuerint exigere tentaverit, ita ut mercatorem vel provincialem sub hac exactione gravare coeperit, periculo capitis se noverit esse damnandum.

5) Cass. Var. V. 39 (für Spanien) *transmarinorum* igitur *canonum*, ubi non parva fraus fieri utilitatibus publicis intimatur, vos attente jubemus exquirere atque statutum numerum pro jurium (l. virium? oder specierum? nicht nothwendig) qualitate definire, quia contra fraudes utile remedium est, *nosse quod* inferatur. Erhoben auch die Städte Communalzölle wie zur Römerzeit? C. J. N. 1964 tabul. malac.

6) Freien, privati (nicht de la corte wie Colmeiro I. p. 155) Cc. T. III. 18 Halbfreien, Colonen und Domänenknechten, fiscales Cc. T. l. c. XIII.

7) (annonariae functiones Sav. Steuerverfass. Z. VI. S. 334). C. J. N. 115*.

8) So müssen die unterworfenen Basken stipendiis suis et laboribus eine Festung bauen Luc. Tud. A. V. S. 185.

9) Nicht der König selbst ist gemeint wie Gallardo p. 5 (der spätere „conducho").

10) Cc. T. XVI. tom. 5 s. aber B. Nov. Maj. I. (Serrigny II. p. 136. 218).

die Beamten nicht zu Privatzwecken [1]) und nicht über das gesetzliche Maß fordern [2]). Bischof und seniores der Provinz bestimmen, wieviel dieselbe ohne Schaden den Beamten leisten kann [3]); auch die Bischöfe haben solche exactiones, evectiones von den Pfarrkirchen zu heischen [4]).

Bedeutende Summen mußten auch die häufigen Vermögensstrafen manchfacher Art [5]) einbringen, die entweder unmittelbar [6]) in die Staatscasse [7]) flossen oder, sofern sie theilweise den Richtern und deren Personal zukamen [8]), einen Theil von deren Besoldung bildeten und so mittelbar dem Staate Ausgaben ersparten [9]). Der competente Richter erhält in jedem Straf-Proceß den 20., der Sajo den 10. sol. der Composition; — sie verlangten aber den dritten! — in Fällen ohne Composition soll der verurtheilte säumige Schuldner oder Besitzer fremder Sachen zahlen; in Theilungsprocessen und wo auf keiner Seite ein Verschulden vorliegt, jede Partei zu gleichen Theilen [10]); die Rücksicht auf die Gerichtstaxen liegt auch zu Grunde dem verkehrten Verbot, eine vor dem König oder dem ordentlichen Richter anhängig gemachte Sache noch durch Vergleich beizulegen [11]). Andere Gebühren

---

B. T. XI. 5, 1. annonae L. V. XII. 1, 12. IX. 2. 6. Verpflegung nach B. Nov. Maj. nur 3 Tage jährlich in Einer Stadt, indictiones, exactiones L. V. XII. 1, 2. V. 1, 5. operae B. T. XI. 5, 1. operationes Cc. T. III. 18 labores IV. 75. carricare L. V. VIII. 4, 9. angariae L. V. V. 1, 5. 5, 2. XII. 1, 2 evectiones Cc. T. VII. 4. XVI. tomus nach römischem Herkommen Baudi di Vesme p. 381, Colmeiro I. p. 155, Hudemann S. 19, s. Roscher II. S. 294 und unten „Postwesen" unter „Polizeihoheit".

1) L. V. XII. 1, 2.

2) B. T. I. 9, 3 J.

3) Cc. T. III. 18.

4) VII. 4. XVI. tom. 5.

5) Davoud Oghlou I. p. 202, Colmeiro I. p. 155.

6) Ein Strafgeld cui rex jusserit zu bezahlen kann ebenfalls eine Einnahme sein: denn der König kann an sich oder seinen Gläubiger zahlen lassen X. 2, 3.

7) fisco z. B. B. T. I. 10, 1.

8) z. B. B. l. c. 7, 1. Cc. Narb. c. 5. 9. 14. L. V. VII. 2, 22; 4, 1.

9) II. 1, 9; 17.

10) Proceßstrafen zu Gunsten des Richters II. 2, 2; vgl. 4 und andere Gerichtstaxen 5.

11) II. 2, 10 obwohl dieser Grund nicht ganz eingestanden wird; es ist die legalis jactura; ebenso speciell bei Diebstahl VII. 4. 1, welche Stelle allein anführt v. Bethm. H. I. S. 233.

sind das catenaticum, das Richter, Häscher, Kerkermeister von denen erheben, die sie als Schuldige gefangen halten: Mißbräuche hiebei werden bekämpft, der Gebrauch selbst erhalten und neu geregelt ($^1/_3$ tremiss. für den Kopf). Ferner erhält der Richter den Auftrag, die unter Verpflichtung zu einer Composition Entlassenen zur wirklichen Zahlung derselben anzuhalten und das Recht hiefür $^1/_{10}$ der Composition vom Empfänger zu erheben: eine höchst wichtige, tief einschneidende Neuerung, welche die Zunahme staatlichen Eingreifens in die Rechtsverfolgung bekundet [1]).

Die ergiebigsten Vermögensstrafen waren die Confiscationen von Vermögens-Gesammtheiten oder -Quoten, welche [2]), namentlich gegen politische Verbrechen häufig angedroht, bei den unaufhörlichen Verschwörungen und Erhebungen des Adels sehr reichlich fließen mußten: diese Einziehungen dienten zugleich als bestes Mittel, die Familien der Opposition für immer unschädlich zu machen, sie aus ihrer gefahrdrohenden Stellung zu stürzen [3]) und mit ihren Gütern die treuen Anhänger der Krone zu belohnen „pro sui servitii merito“. Deßhalb wird das Recht des Königs über die confiscirten Güter frei zu verfügen, besonders gewahrt [4]): was der König aus confiscirtem Gut der Hochverräther an Kirchen, seine Prinzen, Andere geschenkt hat, sollen die Nachkommen jener Bestraften oder spätere Könige nicht anfechten: sogar Cc. T. XIII., welches dem Mißbrauch dieses Systems scharf entgegen tritt, muß doch die einmal vergabten Güter den Beschenkten lassen. Kräftige Herrscher wie Leovigild, Sisinanth, Kindasvinth haben von diesem der Aristokratie besonders verderblichen und verhaßten Mittel gewaltigen, freilich auch oft tyrannischen Gebrauch gemacht [5]) und oft genug werden die Fürsten oder ihre schwächern

---

1) VII. 4, 4. Auf Ueberforderung steht Doppelersatz; sinnlos liest Walter mit A. cogatur statt des allein richtigen cogat des Cd. Card.; auch die Erpressungen der Könige sind fast als ordentliche Einnahmen anzuführen! Cc. T. VIII. 10. 12. „Decr.“ und „Lex“.

2) Schon von B. T. IX. 32, 1. 2 J. und als Rechtsfolge jedes Todesurtheils wegen Hochverraths.

3) abjici, dejici, abdicari Cc. T. XIII. 2; daher wird auch die ganze Nachkommenschaft eines solchen perfidus des Palatinats unfähig erklärt XVI. tom.

4) Cc. T. XVI. tom. 9. 10. (L. V. II. 1, 7).

5) L. V. II. 1, 6. I. 2, 6 avaritiae regis stimuli; Hauptstelle: II. 1, 5 cum immoderatior aviditas principis sese prona effunderet in spoliis populorum, ut augeret reipublicae censum aerumna flebilis subjectorum; hiegegen besonders in beredten Worten Cc. T. XIII. 2.

Nachfolger, zumal wenn diese von einer bisher unterdrückten Fraction erhoben oder sonst zu einem System-Wechsel genöthigt worden, gezwungen, die noch vom Fiscus besessnen Güter herauszugeben, ja sie den belohnten Empfängern wieder abzunehmen[1]) Auch den Erben des Vorkönigs entriß man dann wohl unter dem Vorwand der Erpressung manches rechtmäßige Erbstück[2]).

Die gewaltsamen Thronwechsel waren deßhalb fast immer von einem großen Umschwung wie der Macht- so des Güter-Besitzes in diesen Kreisen begleitet[3]). Energisch schärft daher Kindasvinth ein, daß kein nachfolgender Herrscher, „seine und seines Volkes Sache schädigend" Schenkungen eines Königs aus den eingezogenen Gütern von Hochverräthern soll anfechten, den Beschenkten entreißen oder den Familien jener zurück geben können[4]).

Vergebens ermahnt man den Nachfolger die fideles des Vorgängers in Würden und Ehren zu belassen, „wenn sie ihm wie jenem dienen": das thaten sie eben, angeblich oder wirklich, nicht; vergeblich wollen die Concilien dem Thronwechsel jene Folgen entziehen[5]).

Grade Kindasvinth hatte von jener Waffe den härtesten Gebrauch gemacht: Cc. Tol. VIII. decr. meint offenbar ihn mit dem strengen Tadel der Rachsucht[6]) und Willkür in Beraubung und Bedrückung

---

1) So z. B. Rekared I. s. A. V. S. 171. Dagegen dann Cc. T. V. 4. VI. 4. bes. XIII. 1; des alten Gesetzes B. T. V. 6, 1, daß unter einem „tyrannus" Verknechtete nach dessen Sturz ipso jure frei sein sollten, hatte man vergessen oder man schämte sich doch der Anwendung auf gestürzte Könige.

2) Vgl. L. V. II. 1, 5; dem entthronten Sisinanth und seiner Familie entzieht Cc. T. IV. 75 res quas de miserorum sumptibus hauserant; daher dann die Beschlüsse de munimine prolis regis Cc. T. XIII. 4. XVI. 9. 10. XVII. übrigens hatte schon B. T. IX. 32, 4 J. verboten, confiscirte Güter vor zwei Jahren vom Fürsten zu erbitten bei Richtigkeit früherer Verleihung; X. 5, 4 verbietet allgemein Erbittung confiscirter Güter von Hochverräthern: nur unerbeten kann sie der Fürst gültig verleihen; daran hatten sich wohl Könige und Adelsparteien nie gebunden.

3) Vgl. Sempere p. 23.

4) L. V. II. 1, 6 nach Cd. Leg. anonym, offenbar aus c. 6 Cc. Tol. V. u. VI. s. Helff. S. 82; über die Form der Confiscation s. A. IV. S. 65. 66 und L. V. VIII. 1, 4 describere, obsignare regis vel judicis jussione.

5) Cc. Tol. V. VI.

6) „Wie Strafgerichte Gottes erscheint der Ruin so vieler reicher, mächtiger Häuser mit großem Grundbesitz".

der Unterthanen [1]): „vergessend, daß sie Plünderung abzuwehren berufen, haben sie selbst geplündert". Ferner hatte er die Erträgnisse höchst weislich für sich d. h. die Krone behalten, nicht, wie sonst geschah [2]), an den Hofadel verliehen. Deßhalb beschließt das Concil, daß alle seine Erwerbungen auf Rekisvinth, aber nicht als Privaterbfolge, sondern als Staatssuccession übergehen sollen. Der Sohn verheißt Anerkennung begründeter Forderungen [3]), aber im Uebrigen soll man nicht weiter deßhalb Anfechtungen vornehmen, weil feststeht (constiterit), daß sein Vater glorreichen Andenkens Einiges wider Recht genommen! Nur was Kindasvinth vor der Thronbesteigung als Erbgut (propria) oder Errungenes gehabt, soll von seinen Kindern geerbt werden [4]). Dabei werden nur die Geschenke, welche der König de justis proventibus, d. h. doch wohl aus dem rechtmäßigen Erwerb, also aus den Früchten auch des Staatsguts, gemacht, (seinen Kindern oder Andern) aufrecht erhalten, d. h. es sollen, nachdem Rekisvinth im Allgemeinen Entschädigung und Bezahlung verheißt, nicht einzelne rechtswidrig von Kindasvinth weggenommene [5]) und verschenkte Sachen den Beschenkten durch Vindication entzogen werden können [6]).

Als Finanzregal wurde das Münzrecht ausgebeutet: Alarich II. suchte durch Münzverschlechterung [7]) Mittel zum Krieg gegen Chlodovech [8]). Die angeblichen Münzen von Alarich I. (!) und Walja sind falsch; es finden sich Münzen von Athanagild bis zum Ende des

---

1) A. V. S. 194.

2) Von Rekisvinth verlangt man unter Tadel jenes Verfahrens, daß er wieder verleihe ad subsidium mediocrium, ad dignitatem d. h. Glanzerhöhung majorum, ad remedia subjectorum.

3) ut juste sibi debita quisque percipiat.

4) Und wie steht es mit den Früchten des Staatsguts?

5) per invasionis calumniam.

6) „Lex".

7) Falsch also Colmeiro I. p. 147.

8) A. V. S. 107 und Le Blant I. p. 50, Müller S. 75, Pinder und Friedländer S. 9 f., ältere Literatur über die westgothischen Münzen bei Depping II. p. 438 Aschb. S. 354, Lafuente II. p. 572, Davoud Oghlou Sect. B. (früher z. B. Spanheim II. p. 112 hielt man alle spanischen Silbermünzen mit dem ansprengenden Reiter für gothisch); über vandalische A. I. S. 247 und ostgothische Münzen A. III. S. 149 ist nachzutragen Mommsen Münzwesen S. 749, Pinder und Friedländer S. 58—67, Lelewel p. 4 5, über ältere römische Münzen in Spanien Mommsen Münzwesen S. 667—671.

Reichs und zwar [1]): eine von Athanagild mit dem Diadem [2]), eine von Leova I.? oder II. [3]).

Leovigild soll zuerst Münzen mit Krone des Brustbildes geschlagen haben [4]) und „immer mehr Goldmünzen Leovigilds mit allen Abzeichen des Königthums werden in Spanien gefunden" [5]). — Eine seiner Münzen trägt die Umschrift L. inclitus rex, Brustbild mit Diadem, den Titel justus; andere: pius und die Städtenamen Cordoba (bis obtinuit), Spalis (cum Deo obtinuit), pius Emerita victor, Siege über Byzantiner und Hermenigild andeutend. Ferner Elbora, Toleto justus, Narbona pius [6]).

Die Münzen Rekareds I. tragen die Inschrift justus pius victor und die Städtenamen Reccopoli, (Victoria) Avionu, (Victoria) [7]) Avione conob., Barcimonie just., Braca victor., Cordoba pius, Dertosa j. (Jusus sic), Elvora justos (sic), Emerita vict. pius, pius Ispali, Liberi (Illiberi) p., Mentesa p., Olovasio (?) p., Recopoli fecit, Tarrcona Toleto p. j. [8]).

Der Rebell Hermenigild beeilt sich, Gold-Münzen zu schlagen: eine solche des „pie rebellans", nennt Morales unter Anrufung Gottes einen „großen Schatz" [9]): sie trug den Namen Corduba und die vermeintliche Umschrift „regem devita", angeblich eine Anspielung auf „haereticum devita" aus ep. Pauli ad Timoth. c. 3, welche man so geistvoll fand, daß sie nur der h. Geist eingegeben haben könne:

---

1) Morales epist. ad Resend. p. 1022.

2) Raschke s. h. v. ich muß alle Angaben über die Münzen ohne Autopsie jenen Werken entnehmen (Gusseme I. p. 295), Velasquez conjecturas p. 22, Lelewel p 9—22, Florez III. p. 164 f.; also nicht erst von Leova an wie Colmeiro I. p. 145, s. übrigens dessen bedenkliche Notiz über den Ursprung der in Gent bewahrten westgothischen Münzen (Nachbildungen durch Becker von Offenbach).

3) Velasquez p. 24, Florez III. p. 165 (Lelewel p. 9 für L. I.), L. und Leovigild p. 27.

4) Lembke I. S. 78.

5) Helff. S. 9; nach Mommsen Münzwesen S. 749 und 899, der der westg. Münzen geschweigt, schlug zuerst von allen Barbarenkönigen Theodebert I. 535—548 Goldmünzen mit eignem Bild und Namen.

6) Velasquez p. 29—37, Florez medallas p. 171, Ponton d'Annécourt essai p. 126.

7) Ponton d'Annécourt p. 109.

8) Antonio Augustini medallas p. 206, Velasquez p. 43—62, Florez l. c. p. 194.

9) bone Deus, quem thesaurum nominat, vgl. coron. V. p. 538.

der Abbruch der Gemeinschaft mit dem Vater, zumal die Weigerung, seiner Vorladung zu gehorchen, sollte, meinte man, damit motivirt werden [1]).

Ferner sind erhalten Münzen von Leova II. [2]), von Witterich [3]), von Gunthimar [4]), von Sisibut [5]), von Svinthila [6]), von Sisinanth [7]), von Kindila [8]), von Tulga [9]), von Kindasvinth [10]), dann eine Doppelmünze, mit Kindasvinth und Rekisvinths Namen auf Revers und Avers [11]), von Rekisvinth allein mit Diadem [12]), von Wamba mit Diadem, andre mit Krone [13]), von Erwich [14]), von Egika [15]) gemeinsam

---

1) So auch Saavedra y F. p. 224, Velasquez (p. 37—41) liest aber: in nom. dom. victor, was viel wahrscheinlicher; über o. o. n. „omnes obediant nobis" Masdeu IX. p. 10, Pinder u. Friedländer S. 10, Lelewel p. 18, Florez l. c. p. 192 statt Conob. (Constantinopel).

2) Eine, Gusseme I. p. 323, Velasquez p. 62, Florez l. c. p. 215.

3) plus Emerita, p. Ispali, Tarraco pius, Toleto p. Caliabria (?) Antonio Aug. med. p. 234, Velasquez p. 64. 66, Florez l. c. p. 210, Ponton d'Annécourt l. c., Lelewel p. 17 (Gold).

4) justus rex Ispali pius, Illiberi, Tarraco (Conyemarus) Florez p. 225.

5) Dn. n. rex civitas Ebora Deus adjutor meus Aguirre II. p. 470. Bergio prius, Egitania p., Emerita p., Iminio p. Elliberi, Portucale, Toleto p. Tarrco juste (sic) Gusseme I. p. 221, Velasquez p. 67—71, Florez l. c. p. 228.

6) pius Barbi, Cordoba p., Elliberi p., Ispali p., p. Mentesa, Tarrac. justus Tucl. (Anton. August. med. p. 206. 228. 233, Gusseme I. p. 24), Velasquez p. 71—75, Florez p. 235, Ponton d'Annécourt p. 126.

7) Toleto pius Gusseme I. p. 221, Velasquez p. 75—76, Florez l. c. p. 242.

8) Rex Emerita p., Ispali p., Narbona, Toleto, Valencia, Velasquez p. 76—77, Florez l. c. p. 246, Ponton d'Annécourt l. c.

9) pius Cordoba Velasquez p. 78, Florez p. 251, eine zweite Merida bei Lelewel p. 19.

10) Narbon. p., Beatica p., Cordoba patricia, Toledo p., Narbona p.

11) Emerita p. Velasquez p. 79 - 83, Florez l. c. p. 252—259, Ponton d'Annécourt l. c.

12) Morales Cordoba p. 361 besaß zwei mit dem Bildniß Rekisvinths und auf dem Avers: Corduba patricia; Münzen von R. mit byzantinischem Einfluß im Schatz von Guarrazar. Außerdem p. Bracara, Egitania p., Emerita p., p. Hispali, Ispali p. 4, Tarraco, Toleto p., justus T. Velasquez p. 83—87, Florez l. c. p. 239—265, Ponton d'Annécourt l. c.

13) Cordoba patricia, Emerita p., p. Ispali, Toleto p., Anton. Aug. med. p. 230. Velasquez p. 87—91, Florez l. c. p. 265—269.

14) Tarraco p., p. Toleto (Tolevo), Emerita p., Ispali p., Cordoba patricia, Salmantica, Tarraco. Anton. August. p. 230, Velasquez p. 91—93, Florez l. c. p. 269—274, Ponton d'Annécourt l. c.

15) victor, Hut statt des Diadems.

mit Witika [1]), von Witika allein [2]), endlich angeblich auch von Roderich [3]).

Das Münzwesen ist das römische: der byzantinische solidus [4]), seit Constantin Weltmünze [5]), zu drei tremisses [6]); 1 Pfund Gold = 286 Thaler [7]) nach L. V. addit. = 72 sol.; 1 uncia = 6 sol. 1 stater = 3 sol. 1 drachma = 12 argent. 1 tremiss. = 5 argent. Daneben stand eine Silberwährung: 1 Pfund Silber zu 20 sol., ein sol. zu 40 Kupferdenaren [8]). Man behauptet [9]) mit Unrecht, diese römische Währung habe im Leben nicht gegolten und die Stückelung des sol. in 3 tremisses sei germanisch [10]).

Weitaus die Mehrzahl sind Goldmünzen [11]).

Die Münzen der Westgothen, Franken und Langobarden emancipiren sich übrigens mehr als die der Ostgothen und Vandalen von dem „halb römischen" Typus [12]). Man unterscheidet drei Perioden in der Münzgeschichte der Westgothen: von Leovigild bis Witterich Nachahmung des römischen Typus, von Gunthimar bis Kindasvinth zögernde

---

1) In Dei nomine E. rex regni consors, auf dem Avers W. (C. R. G. S., Caesar Augustus? so ältere Spanier; eher gewiß Caesaris Augusti civitate) ähnlich, gemeinsam mit W., Tarraco 2, Toleto, Narbo, Emerita. Anton. August. p. 237, Velasquez p. 93—106—108, Florez l. c. p. 274—284, Ponton d'Annécourt p. 126, Lelewel p. 19.

2) In Dei Nomine W. R. plus Emer. p., Toleto Ant. Aug. p. 239; eine zu Narbonne? Vaissette I. p. 375, Velasquez p. 106, Florez l. c. p. 285—289, Ponton d'Annécourt p. 126.

3) In n. d. R. R. Egitania plus. Velasquez p. 107, Florez l. c. p. 289.

4) „aureus" nur bei Greg. tur. conf. 13 als gothische Münze.

5) Mommsen Münzwesen S. 817 = c. 3 Thaler.

6) Paul. Emerit. p. 651.

7) Mommsen l. c.

8) So Masdeu u. Colmeiro I. p. 147, Rosseeuw I. p. 443, Marichalar I. p. 402.

9) Wilda S. 427.

10) Vgl. Isid. orig. XVI. 24. 25. 17, Davoud Oghlou I. p. XXV. n. 6—8, Masdeu XI. p. 56, dessen Erklärung des Widerspruchs des Anhangs der L. V. (bei Walter) mit L. V. VIII. 5, 5 nicht befriedigt; vgl. Sempere ed. Moreno I. p. 116, Smith p. 22.

11) Velasquez zählte unter 139 nur 5 Silbermünzen p. 2, vgl. Masdeu IX. p. 2—37. 322—347, Florez medallas III. p. 155 über materia, grabadura, oficinas y utilidades; über Charakteristisches der westgothischen Münzen gegenüber den merowingischen Lelewel atlas zu c. 2 beziehungsweise 3.

12) Lelewel p. 8.

Entfernung von demselben, von Rekisvinth bis Roderich Schwankungen und Neuerungen [1]).

Als Münzstätten werden auf diesen Münzen c. 25 Städte genannt [2]): besondere Münzbeamte im Westgothenreich, monetarii, nennt und die Ausbeutung ihrer Stellung zu Privatzwecken bekämpft Cassiodor [3]), dagegen werden die römischen procuratores monetae [4]) nicht mehr genannt.

Münzverbrechen werden strenge bestraft und zwar sowohl Falsch-Münzung [5]), als Münzbeschneidung [6]) und Unterschlagungen der Münzen [7]): die Weigerung, des Königs Münze zu nehmen unter Vorwand des Untergewichts [8]), gilt als Hochverrath [9]); auf Anzeige werden Prämien gesetzt [10]).

---

1) Lelewel p. 17. Daselbst mehr Detail.

2) Toletum, (über die tolet. Münzen ausführlich Gamero p. 322—334, aber Toledo „principal casa de moneda" Alcocer I. 31 ist Willkür, vgl. Ponton d'Annécourt monnaies mérov. p. 3, essai p. 32 und über Narbonne p. 126), Cordoba, Narbonne, Hispalis (Sevilla), Emerita, Merida, Reccopolis (Almonacide?), Tarraco, Ebora (Menötius, de eborensi municipio H. III. Resend. de ebor. mun. p. 271), Onoba, Saragossa, Coimbria (vgl. Eckhel I. p. 1—62, Lelewel p. 22), Areminium (= Aemplo? Lelewel p. 22), Barcino, Barbi (bei Jaen), Beatia (Beaza), Bergio (Berga), Brea (unbekannt), Oldreasio (Orerna), Salamatica (Salamanca), Braccara (Braga), Bretonia (Bretagna), Callabria, Dertosa (Tortosa), Elvora, Egitania, Elliberi (Elvira), Mentesa, Portuscale (Oporto), Tirasona, Tuci: Velasquez p. 136—141, Lelewel p. 22, vgl. Romey II. p. 55—58. 563—566; aus der Römerzeit zählt Cean-Bermudez p. 535 deren 66 auf; über Verleihung des Münzrechts durch die Kaiser an die Städte Mommsen Münzwesen S. 727. 748; über die Bedeutung der Städtenamen auf den Münzen s. aber Florez p. 168. 175; über die septimanischen von Agde, Albi, Avignon u. s. w. Ponton d'Annécourt p. 82. 100. Alarich II. münzte a. 506 zu Aire in der Gascogne L. Burg. p. 576 c. 6 (arduricanos), A. V. S. 107.

3) Var. V. 39.

4) z. B. arelatensis Böck II. p. 48, vgl. Serrigny II. p. 375, Colmeiro I. p. 146.

5) L. V. VI. 1, 3. 5. VII. 6, 1—5 nach B. T. IX. 18, 1 Feuertod.

6) circumcidere solidos VII. 6, 2. Lex Cornel. testam. B. P. V. 27, 1. IV. 14, 8, vgl. A. IV. S. 82, Dahn, Prokop S. 300.

7) L. V. VII. 6, 3.

8) So schon B. T. IX. 18, 1. P. IV. 14, 8. V. 27, 1.

9) L. V. VII. 6, 5 nicht auf Alarich II. (wie Müller I. l. c.) zurückzuführen.

10) B. T. IX. 17, 1. L. V. VII. 6, 1; vgl. über Falschmünzung Müller I. S. 90. 93. 101. 106. 120. 154. 222.

Ein Bergregal des Fiscus hat man mit Unrecht angenommen: denn B. T. X. 11, 1 verbietet nur Schürfen unter Gebäuden im Interesse der Sicherheits- und Baupolizei.

Von außerordentlichen Einnahmen sind zu nennen die Kriegsbeute [1]), die Geschenke von fremden Fürsten [2]), die Aussteuer fremder einheirathender Princessinnen [3]), der Tribut von besiegten Völkern [4]).

Großes Gewicht wird wie in all' diesen Reichen gelegt auf den Königsschatz, der, neben Krone, Volk und Land, als wichtigster Theil der Königsgewalt erscheint: den Thron und den Schatz vor Allem zu sichern eilt Thorismund von der Hunnenschlacht nach Toulouse [5]); die Notiz, daß erst Leovigild einen fiscus, thesaurus angelegt ist also von Wiederfüllung zu verstehen [6]); der Hort Alarichs II. lag zu Toulouse und ward zum Theil nach Carcassonne geflüchtet, zum Theil von Chlodovech erbeutet [7]) a. 507. Carcassonne ward besonders deßhalb belagert; die Ostgothen retteten denselben nach Ravenna [8]). Amalarich verliert a. 531 das Leben, weil er umkehrt, die Edelsteine seines thesaurus (zu Narbonne?) zu retten [9]), welchen ihm Athalarich zurückgegeben [10]); von Agila heißt es, er verlor bei Cordova den Sohn, das Heer und den ganzen „thesaurus regius".

Bei Einverleibung des Suevenreichs wird neben Volk und Land der Schatz besonders als mitgewonnen hervorgehoben [11]).

---

1) Vgl. A. V. S. 81, 211, Jul. v. W. p. 715, auch empörten Landschaften werden die opes abgenommen Joh. Biclar.

2) Vgl. A. V. S. 82, 99, 178, Greg. tur. IX. 1, 28; auch von Privaten L. V. II. 2, 5 Güter, Weinberge, Knechte: oft erpreßt.

3) cum magnorum ornamentorum mole kömmt Chrotechildis Greg. tur. III. 1. Große Schätze, die aber nicht nach Spanien gelangten, führte Riginthis mit l. c.

4) Basken A. V. S. 208, Jul. v. W. p. 709, Sueven s. unten.

5) Jord. c. 41.

6) Luc. tud. II. p. 49 sagt auch nur locupletavit fiscum; „thesauri publici" im w. S. alle Staatsgelder: so z. B. B. Nov. Mart. 2. Cc. T. XIII. s. Ergänzendes („der Schatz von Guarrazar") unter „Gesammtcharakter".

7) Greg. tur. II. 37.

8) Proc. b. G. I. 12.

9) Greg. tur. III. 10.

10) A. V. S. 116, Proc. I. 12.

11) Joh. Biclar. l. c.

Der Schatz besteht in gemünztem Gold und Silber, im Königsschmuck [1]), in Kleinodien und Geräthen [2]), zumal kostbaren Waffenstücken [3]) aller Art [4]): er wird vermehrt [5]) durch Beute [6]), durch Geschenke fremder Fürsten [7]) oder auch der Unterthanen [8]); wie anderseits aus ihm die Gaben an solche entnommen werden und zum Theil die Ausstattungen der Princessinnen [9]). Der König füllt seine Mußezeit gern damit, die Augen an diesem Schatz oder an den Rossen im Marstall zu weiden [10]).

Arabische, zum Theil noch ungedruckte Quellen [11]), rühmten „mit der jenem Volk eignen Uebertreibung" die ungemeßnen Schätze der Könige, welche die maurischen Sieger im Palaste zu Toledo vorfanden.

Neben diesem thesaurus mag das Archiv, in welchem das Original des Breviars aufbewahrt wurde [12]) und die Bücherei der Könige erwähnt werden [13]).

---

1) S. „Gesammtcharakter" über den Fund von Guarrazar.

2) Apoll. S. I. 2. IV. 8 Becher ep. Recar. ad. Greg. pap. 2 kostbare Schalen Greg. tur. IX. 28 ex eis quas vulgo „bacchinon" (Becken) vocant.

3) Schild von Brunichildis Greg. tur. l. c., Bogen von Patricius Cäsarius Sisib. ep. p. 368, ein großes Bettgestell, von Wamba restaurirt, nachdem seine Vorgänger sich des Goldes bedient Morales VI. p. 303 (nach einem epigr. des Eugenius).

4) Elmacin I. 13 p. 85, Pascal y Gay. I. p. 47.

5) l. c.

6) Sagenhaft: der „Tisch Salomons" von Titus nach Rom, von Alarich I. aus Rom entführt (angeblich von den Arabern noch vorgefunden); viel unkritisches Material bei Gibbon c. 35 p. 283, Jul. v. W. p. 715.

7) A. V. S. 82, 99, 178.

8) Die „concha" bei Apoll. S. IV. 8 der Königin Ragnachild.

9) Greg. tur. IV. 27.

10) Hier wird Athaulf ermordet A. V. S. 63; von Theoderich II. Apoll. S. I. 2, nicht zum Schatz im engern Sinn zählen die thesauri publici L. V. VII. 2, 10 alle öffentlichen Gelder ꝛc., die gegen Entwendung durch erhöhten Frieden (9facher Ersatz) geschützt sind.

11) Bei Rios el arte lat.-biz p. 80–84, Weil I. S. 534.

12) B. common. Al.

13) Nachdem man eine Handschrift des Buches des Apringius von Paca über die Apokalypse auch unter den Büchern des Königs nicht gefunden, giebt man die Hoffnung auf ep. Aemil. ad Braul. p. 675.

c) Staats-Ausgaben.

Von den ordentlichen Staatsausgaben [1]) heben wir hervor die für Verpflegung des Heeres, zumal der Besatzungen auch im Frieden [2]), die Kosten der gesammten Verwaltung, zumal die Besoldungen der Beamten: sie beziehen festen Gehalt aus der Staatscasse [3]) neben den Gebühren und Brüchentheilen, die sie von Parteien und Verurtheilten erheben [4]) und den Naturallieferungen, die der König den Provincialen auflegt [5]); dann die Beiträge zur Baulast der Städte [6]).

Als außerordentliche Ausgaben sind zu nennen die Bauten der Könige zu kirchlichen, militärischen, und andern Zwecken [7]): die „Donativa“ an das Heer unter Alarich II. [8]), unter Theoderich dem Großen zu regelmäßigen geworden [9]), dann gar nicht mehr erwähnt; die Anzeigeprämien des Fiscus [10]), Geschenke an andre Fürsten [11]), damals ein Hauptmittel der Diplomatie wie die Häufigkeit und offne Anerkennung bezeugen, Geschenke an den Pabst [12]), Geschenke an Kirchen und Klöster [13]), ferner die Ausstattung der fremde Fürsten heirathenden Königstöchter, wobei die merowingischen Freier auf die Mitgift größtes Gewicht legen [14]): auch bei Verheirathung der Söhne

1) Vgl. im Allgem. A. III. S. 151.

2) L. V. XII. 2, 6 annonae.

3) XII. 1, 2 dum judices ordinamus, nostra largitate eis compendia ministramus.

4) Oben S. 238 II. 1, 17. 24; 2, 5. VII. 4, 1. 4. VIII. 6, 2.

5) B. T. I. 9, 3 annonae et cellaria.

6) B. T. XV. 1, 2.

7) Die Anlage der Stadt Rekopolis A. V. S. 134, Victoria S. 144, Ologitis S. 185, die Befestigung von Toledo S. 213.

8) A. V. S. 108.

9) A. III. S. 75.

10) L. V. XII. 2, 14.

11) 10,000 sol. auf einmal an Childibert Greg. tur. IX. 16, ferner IX. 1. VI. 40. VIII. 35.

12) Rekared ep. p. 473 eine Anzahl cucullos; (über deren Gebrauch Apoll. S. VII. 16) goldne Becher mit Edelsteinen.

13) Greg. tur. patr. XII. 3 Spangen, Kreuze mit Suintilanus rex offerret (sic) im Schatz zu Guarrazar; eine goldne Krone schenkt Rekared zu dem Skelett des h. Felix zu Narbonne Jul. v. W. p. 715.

14) thesauri werden Herminbergen mitgegeben Fredig. p. 624. Brunichildis und Gailesvintha werden cum magnis thesauris, opibus nach Frankreich gesendet

als Brautgeschenke ꝛc. [1]). Ganz irrig ist es, was ältere Spanier von Heirathgut an Liegenschaften fabeln, welches damals westgothische Princessinnen erhalten hätten. Die beiden loca, welche Brunichild in Septimanien besaß, (possedisse noscitur) [2]) hatte sie nicht bei ihrer Heirath von ihrem Vater a. 567, sondern von Rekared a. 587 zum Zweck politischer Alliance erhalten.

Die verderblichsten und fast die größten Ausgaben der Krone bestanden in den unaufhörlich fließenden [3]), oft verschwenderischen [4]) Schenkungen [5]), Vergabungen [6]), Liberalitäten aller Art [7]) zumal von Land [8]), aber auch von andern Sachen und von Rechten [9]), durch welche dieses Königthum sich Anhänger [10]) zu gewinnen, fest zu halten, zu belohnen genöthigt sah. Auch an die Kirche reichlich zu schenken drängte Klugheit nicht minder denn Frömmigkeit [11]): Verleihungen, welche, oft erschlichen [12]), aus ähnlichen Gründen in ähnlicher Weise wenn auch in andern Rechtsformen — denn von „beneficia“ und „feuda“ findet sich hier keine Spur — die fränkische und später die deutsche Königskrone erschöpften. Unverholen werden sie Voraussetzung treuen Dienstes genannt [13]).

---

und letztere wird anfangs von ihrem Gatten sehr geliebt, denn (enim) magnos secum detulerat thesauros.

1) Greg. tur. VI. 18 s. „Privatrecht“, vgl. IV. 27. 28.

2) ep. Bulg. III. p. 112.

3) Man könnte sie daher in diesem Staat zu den ordentlichen Ausgaben stellen: sie gehörten zum System.

4) Das ist die largitas principalis Cc. T. V. 6, die munificentia circa omnes L. V. IV. 3, 5 Isid. von Sisibut.

5) L. V. IV. 2, 16. 5, 1. 2. X. 1, 8. II. 1, 6. III. 1, 10. V. 2, 2 ant. c. 305. Formel dafür F. N. 5.

6) z. B. jure emphyteutico B. T. III. 10, 3.

7) z. B. Steuernachlässe Cc. T. s. oben S. 252. B. T. J. I. 2, 7 verbietet Befreiungen einzelner possessores.

8) Greg. tur. patr. XII. 3: Ragnach. regina multa terrarum spatia . . erat enim saltus ex domo (= villa) vindiacensi. Biedenweg ad F. N. 5.

9) z. B. Patronatsrechte N. Cc. T. III. 6, 8.

10) fideles, amicos wie J. zu B. T. IV. 4, 2 beisetzt.

11) L. V. V. 1, 1. Cc. T. XVI. 10. Paul. Emerit. p. 642. Nunctus und seine fratres leben von Leovigilds Gaben.

12) B. T. J. IV. 13 (14), 1.

13) Cc. T. V. 6; anderem Gebiet, der Armenpflege, ꝛc. gehören an die praebendae Cass. Var. V. 39: schon die Kaiser hatten oft willkürlich über städtische Güter verfügt. B. Nov. Mart. III.

Wie die Confiscationen wurden diese Verleihungen oft genug angefochten, rückgängig gemacht [1]) oder man bestritt doch den Beschenkten die freie Verfügung über diese Schenkgüter auf den Todesfall (oder die Vererbbarkeit auf die Intestaterben) [2]) und unter Lebenden z. B. zur Dosbestellung [3]): man suchte ein fortbestehendes Recht der Krone an denselben zu behaupten. Dem entgegen spricht das Gesetz aus, die Königsschenkung soll in das volle Eigenthum des Beschenkten [4]) übergehen und dieser ganz frei unter Lebenden und auf den Todesfall darüber verfügen [5]), ja sie soll nicht in das übrige Vermögen [6]) eingezählt werden, von welchem der Pflichttheil berechnet wird. Der Herkunft, des Erwerbtitels solcher Güter erinnert man sich daher bestimmt: der ungenaue Ausdruck von L. V. IV. 5, 1 unterscheidet sie von den „res propriae" d. h. aber nur „Erbgut". Grade diese Stelle zeigt, daß sie in das freieste Eigenthum des Beschenkten übergingen. Diese vollfreie Verfügung erhöht noch den Werth der Königsschenkung [7]). Uebrigens war sie so häufig, daß sie als ein praktischer Hauptfall des Erwerbs [8]) eines Mannes von Außen (neben Erbeutung und Geschenken von Patron oder Freunden) im Gegensatz zur ehelichen Errungenschaft aufgezählt wird [9]); ja, daß der Grundbesitz des Gothen als (neben der Landtheilung) von königlicher Vergabung herrührend vermuthet wird [10]).

---

1) z. B. alle Schenkungen früherer Könige an Juden L. V. XII. 2, 13. Daher die Einschärfung inconvulse permaneant Cc. T. XVI. 10. L. V. II. 1. 6. Eigenthum daran IV. 5, 1. XII. 3, 2; 3.

2) V. 2, 2; schon B. Nov. III.: Mart. vom Fürsten verschenkte Fiscalgüter gehen gegen Entrichtung der Steuer in das volle Recht des Empfängers veräußerlich und vererblich über.

3) L. V. III. 1, 10.

4) Auch des Sohnes in väterlicher Gewalt IV. 5, 5.

5) IV. 5, 1. III. 1, 10.

6) B. T. X. 6, 1 J. bestimmt Accrescenzrecht des Einen Mitbeschenkten bei kinderlosem Tod des Andern (socius, consors) qui communi nomine donatum aliquid acceperunt.

7) Einmal L. V. IV. 5, 5 heißt sie beneficium. Aus diesem Wort ist um so weniger auf Beneficial-Wesen zu schließen, als es schon im römischen Staat für kaiserliche Geschenke begegnet s. die Stellen bei Böck. I. p. 260, dann II. p. 613. 992. 44. 54.

8) So auch schon B. T. V. 5, 1.

9) L. V. IV. 2, 16, ebenso 5, 5.

10) X. 1, 8.

Sehr wahrscheinlich ist, daß auch das Recht des Königs, die Hand der Wittwen zu vergeben, aus politischen Gründen geübt wurde, um treue Anhänger mit deren Vermögen ꝛc. zu belohnen [1]) und mächtige Geschlechter zu versöhnen oder zu verknüpfen; sogar im Trauerjahr [2]). Diese Schenkungen [3]), deren Material meist aus Confiscationen [4]), andern Strafeinnahmen, oft aus Widerruf der Verleihungen des Vorgängers [5]) oder geradezu aus Kirchengut [6]) geschöpft wurde [7]), erregten dem König meist mehr Haß auf der einen als Dank auf der andern Seite. Das Bedürfniß nach immer neuen hiezu verwendbaren Gütern hat in die Gesetzgebung die überhäufigen Einziehungen und Verknechtungen eingeführt und ohne Zweifel auch jenes höchst gehässige Recht des Königs geschaffen, Strafsummen, Vermögens-Massen oder -Theile jeder Art, Verknechtete willkürlich dritten, bei dem Verbrechen gar nicht beschädigten, Personen zuzuwerfen [8]).

Immer auf's Neue wird von neuen Königen die freie Verfügung des Beschenkten und die Unwiderruflichkeit der Schenkung anerkannt [9]), nur den Fall des Undanks, hier also vor Allem Untreue, Uebergang

1) pro suo labore B. T. X. 4, 1 J.

2) L. V. III. 2, 1 und violenter III. 2, 2.

3) z. B. das confiscirte Vermögen des arianischen Bischofs Sunna wird dessen Todfeind Mausena geschenkt Paul. Em. p. 655.

4) XII. 3, 2; 3; Cc. Tol. VIII. decr.: wenn einmal ein König das Confiscirte für sich behält (fisci jure applicata) nicht als „salutare remedium" an die officia palatina verschleudert, wird ihm das sehr verargt. Vgl. XIII. 1 donare, in stipendiis dare, confiscirte Güter. 4, 1 setzt voraus Schenkungen aus als erbloses Gut eingezogenem Vermögen: wer die Gültigkeit der Einziehung bestreitet, soll sich gegen den Fiscus, nicht an den Beschenkten, wenden und dem König sollen die Acten vorgelegt werden: non inquietentur ii quibus aliqua pro suo labore donavimus etc.

5) Cc. T. V. 2, 6.

6) Cc. T. III. 6 vgl. 8.

7) Cc. T. XIII. 1 verbietet das ausdrücklich. L. V. II. 1, 7 vgl. Cc. XVI. 10; gegen Anfechtung durch die Fiscalbeamten selbst schützt schon B. T. X. 1, 1.

8) L. V. III. 4, 17 ähnlich Judensclaven. XII. 3, 13 cui nos jusserimus servitura tradatur VI. 1, 3. III. 2, 2. triginta sol. reddat et cui a nobis fuerit ordinatum III. 4, 17: von einem verwirkten Vermögen: ut principis potestas seu illi seu aliis fortasse conferre habeat licentiam.

9) Nachfolger namentlich bei frommen Schenkungen vor der Anfechtung gewarnt F. N. 9. Cc. T. XVI. 10 bei Höllenstrafe L. V. V. 1, 1.

zur Opposition, Verschwörung, Empörung wohlweislich ausgenommen [1]); und zwar sind diese Schenkungen immer ganz ausschließlich dem Empfänger zugedacht, so daß auch Eheleute daran keine Gemeinschaft haben, wenn die Schenkungsurkunde nur auf den Namen des Einen Gatten lautet [2]), sie sind erblich und oft Frauen zugetheilt: Verpflichtung zu Kriegsdienst oder Bildung einer besondern Classe durch die Schenkungen besteht nicht [3]).

Bei diesen Verleihungen aus den Domänen kann bald nur eine Forderung auf bestimmte Reichnisse von einzelnen Gütern angewiesen, bald volles Eigenthum übertragen werden [4]).

d) Finanz-Verwaltung. Finanz-Mißbrauch.

Mit dem römischen Finanz- und Steuer-System wurden auch dessen schwere Gebrechen [5]) beibehalten [6]); schon B. T. II. 30, 1 [7]) muß Pfändung der Sclaven und Pflugthiere vom Acker weg verbieten; Schaaren von gefesselten Steuerschuldnern führt der praefectus Galliarum mit sich [8]); der unerträgliche Steuerdruck [9]) rief häufig Aus-

1) V. 2, 2 infringi conlatae munificentiae gratia nullo modo poterit, quia non oportet principum statuta convelli, *quae convellenda esse percipientis culpa non promeruit.*

2) V. 2, 3.

3) Cc. T. VI. 14. XIII. 1. L. V. V. 2, 3, vgl. Roth Ben. S. 215. 243, also nicht (mit Viener u. A.) Anfänge des Lehenwesens hier zu erblicken.

4) Beides vermischt Paul. Emer. p. 642 bei der Schenkung Leovigilds an Nunctus: zuerst heißt es nur, daß er alimenta aut indumenta exinde (quodam praecipuo loco fisci) haben solle, dann aber sprechen die homines habitantes in eodem loco d. h. die servi fiscales: wir wollen uns jenen dominus noster ansehen, cui *dati* sumus.

5) Vgl. Gallardo p. 4, Hegewisch S. 355—385.

6) Von Anbeginn: nicht erst wie Helff. S. 162 später recipirt.

7) Vgl. B. Nov. Mart. 2 §§ 1. 4. 5 die Aufzählung der Steuern, Beamten, Cassen. J. hebt aber nur den Unterschied von (durch die Exactoren) noch gar nicht erhobenen und erhobnen, aber noch nicht eingelieferten Steuern hervor.

8) Apoll. S. V. 13. VII. 12 ut possessor exhaustus tributario jugo liberaretur.

9) Ein charakteristischer Seufzer Paull. Pell. v. 108

> et quod praecipuo plerisque videtur amarum
> ultro libens primus fiscalia debita certo
> tempore persolvens;

brüche der Verzweiflung in den römischen Städten hervor [1]). Zwangsverkauf, wobei die Beamten sich und den Käufer zum Schaden des Fiscus und des Schuldners bereichern [2]), war Regel. Erben verzichten auf die Erbschaft, dem onus des tributum zu entgehen; auch die cessio omnium bonorum befreit nicht unbedingt vom debitum fiscale: unverschuldete vis major muß das Vermögen entzogen haben [3]). Feuertod muß den actores und procuratores (fisci) gedroht werden wegen calumniae und depraedationes wider die Provincialen [4]), welche als ihre Beute „praeda" gelten [5]). Todes- und vierfache Ersatz-Strafe dem exactor für superexactio [6]); lange Amtszeit der exactores verlängert nur die tyrannische Bedrückung der Provincialen [7]); die tabularii, bestochen oder eingeschüchtert von den potentiores, erheben deren Steuerantheil von den inferiores [8]).

Der Steuerdruck war auch im Gothenreiche groß. Schon der Ostgothe Theoderich mußte Klagen abstellen und die willkürlich von

---

durch Steuerpfändung scheint er auch später seinen Besitz bei Marseille verloren zu haben

v. 573. cunctaque quae jam tenuatus habere
Massiliae potui amissa jam proprietate
conscripta adstrictus sub conditione tenerem

(wenn es nicht seine Pachtungen bezeichnen soll).

1) z. B. in Antiochia unter Theodos I. Zos. IV. Liban. I., vgl. B. T. X. 9, 1. XI. 4, 1. 2 de fide hastae publicae; debiti enormitas.

2) l. c. XI. 1, 1.

3) B. T. J. IV. 18, 1.

4) X. 3, 1.

5) XI. 7, 1 J.; vgl. die Warnung an den advocatus f. X. 7, 1.

6) XI. 4, 2. 5, 1 (dasselbe Wort für Ueberbürdung der Colonen Sav. Col. S. 284), Freund S. 206, vgl. Serrigny II. p. 146.

7) XII. 2, 2.

8) XIII. 2, 1 f. oben S. 97; nicht wohl zu verwerthen, ohne J., nur die älteren Zustände beleuchtend N. Val. 7 mit beredter Schilderung der Erpressungen der discussores; die securitates sind Steuerquittungen; J. fehlt, weil Zuziehung des praef. praet. und anderer höchster Beamten unanwendbar geworden. Ausgelassen sind auch von J. die strennae calendarum und das pulveraticum, welche die Beamten von den Curialen erpreßten Nov. Major. I. 1; (über andere gesetzwidrige Erpressungskünste habgieriger Kaiser [B. T. IV. 4, 25. P. V. 14, 3—6 Fiction letztwilliger Zuwendungen] und Könige L. V. I. 2, 6. Cd. Leg. II. 1, 5 aviditas, compressio, impressio, principum 5, 27); dieselbe regelt die Gebühren, welche die compuls. von den possess. erheben dürfen statt der bisherigen Willkür und zwar 1/2 sol. für ein jugum oder eine Millene; über die häufigen Mißbräuche fiscalischer Ansprüche s. noch B. T. J. IX. 20, 3. X. 7, 1. P. V. 14, 3. 5. 7.

seinen Statthaltern erhöhten Steuern auf das unter Alarich II. und Eurich eingehaltne Maß zurücksetzen [1]). Als Erwich den Freien und Domänenknechten alle rückständigen Steuern bis auf das erste Jahr seiner Regierung erläßt, erklärt er, die genaue Eintreibung würde die Schuldner vollständig ruiniren [2]), nur quae exacta, sed non illata d. h. durch die Steuerbeamten unterschlagene Steuern [3]) sind (von diesen) zu entrichten; Landgüter und Weinberge waren massenhaft wegen Steuerschuld gepfändet [4]).

Wie die ostgothischen Besatzungen in den spanisch-septimanischen Städten Frohnden, Dienste (servitia, famulatus) rechtswidrig verlangt hatten, so lieferten die exactores weniger ein als sie von den Provincialen erpreßten, oder sie führten zu schweres Gewicht bei Einhebung der Naturalien, bei Wägung der solidi, weßhalb [5]) Normalgewichte, nach dem im königlichen cubiculum bewahrten Muster gefertigt, den Beamten zugestellt werden: wie in der römischen Zeit heißt es, die Finanzpraxis sei mehr Beraubung als Besteuerung [6]) und die Zöllner müssen vor der enormitas in Ueberschreitung des Tarifs gewarnt werden [7]).

---

1) Cass. Var. V. 9.

2) Cc. Tol. XIII. tom. vgl. 3.

3) Ebenso schon B. Nov. Mart. 2 de indulgentiis reliquarum S. 279 A. 7, welche hier nachgebildet scheint.

4) l. c. „Lex". Daß auch Egika Steuernachlässe bewilligte, zeigt Cc. Caes. III. 5. Tol. XVI. 8.

5) Wie schon B. Nov. Maj. I. 1 (ohne J.).

6) Cass. Var. V. 39 ut non tam exactio quam praeda videatur.

7) l. c. Ueber die fortdauernde schwere Ueberbürdung der collegiati und curiales in den Städten, der possessores und coloni, plebeji auf dem Flachland s. oben. Helff. S. 114 idealisirt die Erleichterungen durch die gothische Staatsgründung.

5. Polizeibann. Verwaltung.

Die Westgothenkönige haben die von den Imperatoren überkommene Polizeigewalt frühzeitig in so ausgedehnter Weise geübt, wie das in keinem andern Germanenstaat geschah.

In das Gesetzbuch, und zwar schon in die Antiqua, sind so außerordentlich zahlreiche, detailirte polizeiliche Bestimmungen aufgenommen worden, daß man mit gutem Grund hierauf den Vorwurf der bureaukratischen Vielregiererei und Bevormundung, der überrafinirten Künstlichkeit, der unnatürlichen Frühreife gegen das ganze Staatswesen gestützt hat [1]).

Wir gehen auf diesen Charakterzug des Gesetzes hier [2]) nicht näher ein: abgesehen von dem stärkern Zusatz römischen Stoffes, also auch römischen Polizei-Rechts, und von dem höheren Culturgrad dieses Stammes und Landes, (im Vergleich wenigstens mit den rechtsrheinischen Germanen), was beides reichere Cultur-Polizei ermöglichte und erheischte, lag ein bisher übersehener Grund jener Eigenschaft in dem starken Einfluß geistlichen Rechts und geistlicher Lebensanschauung überhaupt auf die Entstehung dieses Gesetzbuchs und auf das Wesen dieses ganzen Staates durch die Bischöfe, denen die stäte Bevormundung, die casuistische Regelung aller Verhältnisse durch Gebote und Verbote, dann aber auch planmäßige Lösung bewußt ergriffener Aufgaben viel näher lag als etwa den schlichten Aufzeichnungen der Lex salica an einem fränkischen Mallus [3]).

---

1) Helff. S. 4: „ihre Entwicklung konnte keine normale sein: was sie an äußerem Schliff und gesittetem Zuschnitt gewannen, büßten sie reichlich an innerer Tüchtigkeit ein".

2) Vgl. darüber „Westgothische Studien".

3) Manche der hier einschlägigen Bestimmungen, von ungleich größerer Bedeutung für die Cultur- als für die Verfassungsgeschichte, werden wir in den „Blicken auf die Culturzustände" in den westgothischen Studien zu verwerthen haben.

Auf dem Gebiet der Sicherheitspolizei [1]) sind hervorzuheben die Bestimmungen über Feuerpolizei [2]) und Baupolizei [3]). Hieher gehören ferner: die Maßregeln gegen schädliche Thiere [4]), sie sind sehr streng, sogar gegen Schaden durch Bienen [5]); über die straflose Tödtung der Straßenräuber [6]) und Nachtdiebe, über Sicherheit der Straßen [7]) und Mühlen [8]), detailirte Vorschriften für das Fällen von Bäumen [9]); dann ist die ganze Criminalpolitik, die Tendenz der Strafgesetzgebung, sehr wesentlich gefärbt durch den Sicherungsgedanken [10]). Charakteristisch für die allbevormundende Einmischung des Gesetzes sind auch die Bestimmungen der Medicinal-Polizei. Der Uebernahme des Patienten soll ein ausdrücklicher Vertrag vorhergehn unter Cautionsstellung von Seite des Arztes: er übernimmt (suscipit) den Kranken und verpflichtet sich zur Heilung: stirbt dieser, so darf jener das bedungene Honorar nicht fordern, aber seine Caution ohne weitere Behelligung zurückziehen. Eventuell wird das Honorar vom Gesetz festgestellt für vollständige Heilung [11]). Die Aerzte sind begreiflichermassen [12]) Griechen [13]) und Römer [14]).

---

1) Amaral p. 250 leis para a segurança interna.

2) L. V. VIII. 2, 3.

3) Verbot von Schürfung unter Häusern B. T. X. 11, 1; Sicherung der auf städtischem Boden gebauten Häuser XV. 1, 1; Uebernahme eines Drittels der städtischen Reparaturlasten durch den Fiscus 2.

4) L. V. VIII. 4, 1—21 de damnis animalium vel diversarum rerum 16. 17.

5) VIII. 6, 2.

6) B. T. IX. 11, 2.

7) Anlegung von Wolfsgruben L. V. VIII. 4, 22—24 Wilda S. 548 f. Straßenpolizei.

8) VIII. 4, 30. Davoud Oghlou I. p. 206, Romey II. p. 282.

9) VIII. 3, 3.

10) Anzeige-, Ergreifungs- und Anklage-Prämien VII. 2, 20. III. 4, 13. 13. Cd. Card. 5, 5. VII. 1, 4. 3, 4. 4, 4. 6. IX. 1, 14. XII. 2, 14. 3, 2. 16. Gengler S. 366 f. Strafproceß. Anzeigepflicht III. 5, 5. V. 1, 6. VII. 1, 1. 5, 3. VIII. 1, 3. 4, 14. 5, 6. IX. 1, 3. 8. 9. 16. 21. XII. 1. 2. 3, 10. 16.

11) Namentlich für auferre hypochyma de oculis XI. 1, 3—5; vgl. Davoud Oghlou I. p. CIV. p. 206—207, Sempere ed. Moreno I. p. 122. Romey II. p. 356; für Lähmung durch ungeschickten Aderlaß zahlt der Arzt 150 sol.; stirbt der Patient daran, erfolgt Auslieferung an die Sippe zu willkürlicher Bestrafung; für Lähmung oder Tödtung eines Knechts dagegen nur Ersatz.

12) Obwohl schon bei Wulfila leikeis ἰατρός Col. 4, 14.

13) Paul. Emer. p. 643 P. natione Graecus arte medicus.

14) Elpidius (Arzt Theoderichs des Großen) Anatolius, v. s. Caes. p. 665.

Die Sittenpolizei eifert gegen Unzucht und viele Arten von Fleischesverbrechen [1]). Aerzte sollen an freien Frauen Aderlaß nicht in Abwesenheit von Familiengliedern vornehmen, selbst in Nothfällen Nachbarn oder Diener beiziehen bei Geldstrafe von 10 sol., „weil es nicht allzuschwer ist, daß sich bei solcher Gelegenheit Ungehöriges einschleiche" [2]). In den Gefängnissen werden die Geschlechter getrennt [3]).

Im Interesse der öffentlichen Wohlfahrt [4]) greift die Regierung in alle Gebiete des Lebens ein, mittelst der jussio regis [5]). Sogar Bevölkerungspolitik wird bereits versucht [6]): dahin gehört das Verbot der Verlobung mit älteren Frauen, der mehr als zweijährigen Verschiebung der Ehe nach der Verlobung [7]), die Erschwerung des Verkaufs von Unfreien in's Ausland [8]), das Verbot, Mietharbeiter in's Ausland mitzunehmen [9]). Ebenso Volkswirthschafts-Politik: so sucht das Gesetz große Vermögenscomplexe in den Familien zu erhalten [10]).

Aber auch in allen Zweigen der Production, des Erwerbs, des Handels zeigt sich die Führung, oft leider die Gängelung, durch die Regierung. So in der Landwirthschaftspolizei.

Die germanischen Niederlassungen und Landtheilungen haben in allen römischen [11]) Ländern zunächst vortheilhaft gewirkt für den Ackerbau, indem sie die Auftheilung zahlreicher, von Sclaven bebauter, oft verödeter Latifundien [12]) in mittelgroße, von Gemeinfreien bewirthschaftete Güter bewirkten und der unter Steuerdruck und Sittenfäulniß

607; Verweichlichung lag doch nicht in der Benützung römischer Arzneikunst: so v. Bethm. H. I. S. 205 f. über die große Seuche von a. 584 Greg. tur. a. 584.

1) III. 4 und 5 die Bestimmungen für Geistliche in den „Studien".

2) XI. 1, 1. Davoud Oghlou I. p. 33.

3) B. T. IX. 2, 1; vgl. das widerliche Gesetz Constantins IX. 5, 1 B. T. Gegen Dirnen eifern die Cc. vgl. Wilda S. 820, Gengler S. 387, L. V. III. 4, 17.

4) IV. 5, 1 utilitas publica.

5) II. 1, 16 und oft; Leichenpolizei XI. 2, 1—2.

6) Amaral p. 233 Leis sobre a populaçaõ e meios de a augmentar.

7) III. 1, 5.

8) IX. 1, 10.

9) XI. 3, 3; vgl. die Schonung für die verödete Provinz Gallien Cc. T. XVII., über die Abnahme der Bevölkerung seit dem V. Jahrhundert Colmeiro I. p. 115.

10) IV. 5, 1.

11) Nachdem die Gewaltsamkeiten bei der Einwanderung vertobt. Vgl. oben S. 58. Die Verheerungen waren doch nur vorübergehend, anders Colmeiro und Bacheller.

12) Besonders Roscher II. S. 377.

verkommnen Bevölkerung das Talent, die Kraft, den Fleiß des Germanen, des besten Bauers der Erde, zubrachten und seine Liebe zu Scholle und Pflugschaar [1]), wenn bald auch in den Germanenstaaten Krone, Kirche und Adel mit ihrem Großgrundbesitz wieder die Mittelgüter der Gemeinfreien absorbirten.

Auch in Spanien [2]) haben die gothischen [3]) Einwanderer den Ackerbau neu belebt und ihr Gesetzbuch zeichnet uns mit zahlreichen Zügen bis in das Kleinste das erfreuliche Bild germanischer Bauerschaften und ihres Treibens [4]) in den Eichenwäldern, Kornfeldern, Weinbergen [5]) und Wiesen der pyrenäischen Halbinsel [6]).

Dahin zählen auch die Bestimmungen gegen Grenzverrückung [7]), über Grenzzeichen [8]), Grenzproceß [9]), Zaunbruch [10]), Feld- und Flurfrevel aller Art [11]), arglistige und fahrlässige Schädigung durch weidende Thiere [12]). Der Schade wird durch die Nachbarn geschätzt [13]): — aus dem römischen Recht ist aufgenommen die Befreiung angeschwemmten

---

1) S. Oros. VII. c. 38 oben; v. Sybel die Deutschen S. 43, Bacheller p. 22, ganz verkannt von Colmeiro I. p. 117, seine eigne Darstellung p. 122—128 hätte ihn belehren sollen: irrig auch Rosseeuw I. p. 398 (besser 442) und Hisely p. 11, der nicht zwischen Adel und freien Bauern unterscheidet; über den Anbau des Landes Isid. orig. XVII. 1—8; L. V. VIII. 2, 2. 3, 1—17. XI. 1, 9. 13. 14 (über daß Maß der aratra X. 1, 2. IX. 2, 9 aripennis l. c. und VIII. 4, 25) Lembke I. S. 234.

2) In minderem Maß schon in Aquitanien Gaupp S. 412, der aus Paullinus Pellaeus v. 498 doch allzuviel folgert.

3) Germanischen: denn auch nach Abzug aller tendenziösen, rhetorischen Uebertreibung bei Salvian s. A. I. S. 147 scheinen schon die Vandalen und Sueven hierin günstig gewirkt zu haben Zumpt Bevölk. S. 87, anders und einseitig Colmeiro I. p. 115. 158, ganz ungerecht vergleicht dieser das gothische Spanien mit dem römischen der guten römischen Zeit: besser als Ende des IV. Jahrhunderts war Spanien im VII. daran.

4) S. Helff. S. 101. 102. prata, campi VI. 2, 4. X. 1, 13. 14. 3, 6. 9.

5) VI. 2, 4. VIII. 3, 10. Die Araber fanden reichen Weinbau in Spanien vor. Hehn S. 36.

6) agri X. 1, 13. 14. 17. VI. 2, 4.

7) L. V. IX. 1, 6. XII. 3, 20. (R. A. S. 545).

8) X. 1, 14. 3, 1—5. aggeres sive arcae X. 3, 3. Homeyer, Haus- und Hofmarken S. 10.

9) II. 4, 9.

10) L. V. VIII. 3, 6. R. A. S. 547.

11) L. V. VIII. 3, 1—17.

12) VIII. 3, 10. 11. 5, 1—8.

13) R. A. S. 554, Masdeu XI. p. 52, Romey II. p. 282. 350.

oder dem Sumpf abgewonnenen Baulandes von fiscalischer Aneignung oder besondrer Besteuerung [1]) — endlich die Abwehr des Schadens durch Heuschreckenfraß, der damals sehr häufig gothische Provinzen wie Carpetanien und Septimanien heimsuchte [2]).

Einen Blick in die Viehzucht und ihre Pflege [3]) gewähren die Bestimmungen über Eichelmast in fremden oder gemeinschaftlichen Waldungen [4]), über Behalten zugelaufener Thiere [5]), über die sehr häufigen Viehverstellungsverträge [6]), dann auch über Schaden durch weidende Thiere [7]), an fremden und durch fremde Thiere [8]): erwähnt wird die Zucht von Rindern [9]), Pferden, besonders häufig [10]), und außerordentlich oft [11]) von Schweinen [12]), dann von Schafen [13]), Haus- und Jagdhunden [14]), Bienenzucht [15]); man nimmt allgemein an, die vor und nach bezeugten Stiergefechte ruhten während der Gothenzeit [16]): aber es ist der Gegenbeweis zu führen [17]).

Es fehlt nicht an Bestimmungen über Forstcultur und -Polizei [18]), über die großen Eichenwälder und die Eichelmast [19]): — von andern

1) B. T. IV. 10.

2) Greg. tur. (a. 584) VI. 23. 44: fünf Jahre nacheinander.

3) Vgl. Romey II. p. 283. 360, Masdeu XI. p. 54, Lembke I. S. 284.

4) L. V. III. 5, 1—8 decimae porcorum vgl. Waitz II. S. 532, Birnbaum S. 48.

5) l. c.

6) V. 5, 1. 6.

7) VIII. 3, 10—17.

8) 4, 1—15. 15—20.

9) VIII. 3, 8. 10. 4, 6. 8. 26. 5, 5. jumenta, armenta, pecora vel boves VIII. 4, 7. 27.

10) Von jeher in Spanien in hoher Blüthe ep. Symm. IX. 24 und sonst, der die edlen Rosse für die römischen Spiele (wohl auch wie die Maulthiere für die Posten vgl. Hudemann S. 26) stets von dort bezieht: caballi II. 1, 24. III. 1, 6. V. 4, 19. 5, 2. VII. 2, 23. VIII. 3, 13; 4, 13. 15. 26. 5, 8. 7, 6; über den hohen Werth VIII. 4, 3.

11) Roscher I. S. 233.

12) VIII. 5, 1—5.

13) VII. 2, 11. VIII. 5, 5.

14) VIII. 4, 18—20.

15) III. 5, 6. (R. A. S. 596.) VIII. 6, 1—3.

16) Vgl. Minutoli II. S. 80, Gams u. A., Romey II. p. 251.

17) S. A. V. S. 184 den Vorwurf Sisibuts gegen Bischof Eusebius.

18) L. V. VIII. 3, 1. VI. 2, 4.

19) VIII. 5, 1—8 de pascendis porcis.

Bäumen[1]) werden genannt Eckerntragende[2]), dann Oliven, Aepfel und Feigen[3]). Detailirte Straf- und Ersatz-Abstufungen finden sich für ihre Beschädigung[4]).

Der alte Ruhm der spanischen Bergwerke war eingeschlafen in dieser Periode: die Gesetzsammlung enthält keine einzige bergrechtliche Bestimmung. — Eine Art Edelsteine, lapis fulminis, wird als Exportartikel genannt[5]); dagegen läßt sich[6]) nicht[7]) für damals noch Bergbau auf Blei, Quecksilber, Obsidian erweisen[8]), nur Salzbergwerke in den Bergen von Tarracona werden als arbeitend erwähnt[9]). Die Münzfunde zeigen, daß man viel mehr auf Gold als auf Silber baute[10]). Der Tajo wälzte immer noch reichlichen Goldsand dahin[11]), aber Isidor, der dies erzählt, geschweigt des Minenbau's.

In der Wasser-Polizei begegnet der richtige Grundsatz als leitend, daß kein Wasserberechtigter von seinem Recht einen egoistischen Gebrauch machen, vielmehr die von ihm nicht benöthigten Wasserkräfte Andern, der Gesammtheit, überlassen muß[12]). Schifffahrt und Fischfang in den größeren Flüssen[13]) werden geschützt und geregelt: nur bis in die Stromesmitte darf der Angrenzer, mit Schonung des Thalwegs, Vorrichtungen (sepes, exclusa, clausuras) anlegen und der Gegenüberliegende nicht an der gleichen Stelle[14]). Mühlen, Stau-

---

1) VIII. 3, 1–17; über den Ruhm spanischen Oelbaus Hehn S. 58.

2) Glandiferae 4, 27, 3, 1.

3) carica hoc est ficus VIII. 2, 2; schon Wulfila nennt sie: smakka bagms.

4) VIII. 3, 1 seq., Fauriel I. p. 508.

5) Apoll. Sid. c. V. v. 50; s. dazu die Note bei Greg. et Collomb. und Colmeiro I. p. 137.

6) Aus Isid. origin. XIII. 21, XVI. 16. 22.

7) Mit Lembke I. S. 235.

8) Vgl. Romey II. p. 58, 357 nach Masdeu XI. p. 55.

9) Apoll. Sidon. IX. 12. sale hispano in jugis t. caeso. Colmeiro I. p. 138.

10) Velasquez p. 3. Früher dagegen lebhafte Silbermünzung der Römer in Spanien Mommsen, Münzwesen S. 667—671, Rosseeuw I. p. 443.

11) Isid. orig. XIV. 4. XVI. 21. 22.

12) VIII. 4, 29. Nullus contra multorum commune commodum suae tantummodo utilitati consulat.

13) amnes regni nostri L. V. V. 1, 6. IX. 1, 21. Romey II. p. 358 nach Masdeu XI. p. 54. Colmeiro I. p 142 über den Leinpfad nach römischem Recht Serrigny I. p. 485.

14) VIII. 4, 29.

ungen, Wasserreservoirs werden gegen Schädigung geschützt [1]). Die Wichtigkeit künstlicher Bewässerung und rationeller Wasserleitung in trocknen Gegenden wurde, eine römische Ueberkommenschaft [2]), damals in Spanien klarer erkannt als in viel spätern Jahrhunderten. Ableitung des natürlichen oder rechtlich geregelten Wasserlaufs wird nach der Stärke der Wasserader und der Stundenzahl der Dauer der Mißleitung in gekünstelter Detailirung mit Geldstrafen geahndet [3]).

Auch den Handel schützt und begünstigt die Gesetzgebung. Der überseeische Handel [4]) war lebhaft an den Küsten Südgalliens und Spaniens: zwischen Marseille und den spanischen Häfen bestand eine regelmäßige Handelsschifffahrt [5]), spanische Schiffe schleppen a. 588 die Pest ein [6]). Auf der Messe zu St. Denis in Paris fehlen die Kaufleute aus „Hyspanica" d. h. Septimanien nicht [7]). Zahlreiche syrische Kaufleute trieben sich um in jener Stadt [8]), Juden, Syrer und Griechen in ganz Septimanien [9]). Den Gegensatz von Import- und Binnen-, von Groß- und Klein-Handel daselbst schildert anschaulich [10]) Apollinaris Sidonius: ein kleiner Freier (Geistlicher, lector) von Clermont nimmt Geld auf Credit, geht zu den „nundinae catapli [11]) recentis", d. h. dem Ausgebot der eben eingelaufnen Handelsschiffe im Hafen, regelmäßig [12]) nach Marseille, kauft dort die importirten

1) l. c. 30 molinae, stagna, conclusiones.

2) S. die herrlichen Wasserleitungen zu Merida bei Fernandes y Perez p. 33 seq. und Tarracona: noch die Mauren staunten sie an Pascal y G. I. p. 77. — Uebersicht der von den Gothen vorgefundnen Wasser-Leitungen Cean-Bermudez p. 518.

3) l. c. 31 multarum terrarum situs si aquis indiget pluviis foveri aquis studetur irriguis; cujus rei jam experimentum tenetur, ut si defecerit aquarum solitus usus, deperitur consuus ex fruge proventus. Ueber römisches Recht B. T. XV. 2, 1. de aquae ductu (P. V. 7, 1) das wohl im Allgemeinen vorschwebte.

4) transmarini negotiatores L. V. XI. 3, 2. (Goldschmidt I. a. S. 273 über letzteren Begriff C. J. 1199. 4317, Kuhn I. S. 280 f.) Colmeiro I. p. 137—145, Boissieu p. 458. 593, Rosseeuw I. p. 439 unterschätzt den Handel der G.

5) Greg. tur. IX. 22 negotium *solitum*.

6) Masdeu X. p. 163, Jager III. p. 53, Colmeiro I. p. 138.

7) Urkunde Dagobert I. a. 629. Jacobs géogr. des diplomes mérov. p. 61.

8) Salvian IV. p. 87.

9) Cc. Narb. 5.

10) Apoll. S. VI. 8.

11) Vgl. Alteserra notae p. 178.

12) VII. 7. Dahn, Handel und Handelsrecht der Westgothen in Goldschmidts Z. 1871.

Waaren an Bord oder auf dem Hafen-Quai und sucht durch Wiederverkauf daheim die Zinsen zu decken und Gewinn zu erzielen; afrikanische Astrologen bieten ihre Schwindelkünste in Bordeaux (?)[1], Kaufleute aus Karthago ihre Waaren im Palast des Theudis[2], griechische[3]) in Merida feil[4]. In den Häfen und größeren Kauf-Städten gestattete man den Fremden die Bestellung einer Art von Handels-Consulat und befreiten Gerichtsstand vor diesem in Processen untereinander, nach ihrem nationalen Recht[5]. Gothen waren diese „telonarii" („jucces" übersetzt fuero juzgo) schwerlich[6], (woher hätten diese das fremde Recht gekannt?) wenn auch dem König zur Einlieferung der Zölle verpflichtet[7]; auch die „Fortdauer des römischen Handels- und Seerechts"[8] ist nur als Theil des fortbestehenden römischen Rechts überhaupt zuzugeben[9].

Die fremden Kaufleute segelten, wie schon Phöniker und Karthager, den Ebro und Guadalquivir hinauf bis tief in's Herz des Landes[10]. Die Ausfuhr bot Getraide, Metalle, Steinsalz, Wein, Essige, Wachs und Honig; die Einfuhr lieferte: Seide, Purpur, Camelhaar, Gewürze, Elfenbein (?)[11].

---

1) Apoll. Sid. VIII. 11.

2) Prok. b. V. I. 24.

3) Ueber griechisches Leben in später Römerzeit zu Sevilla und Malaca s. C. J. s. h. v.

4) Paul. Emer. p. 644, Papon II. p. 10—12, Depping II. p. 436, Romey II. p. 65, Ausfuhr p. 282. 356, Einfuhr p. 357, Masdeu XI. p. 67 u. v. Wamba über die Kamele: aus Asien? wohl Afrika. Also keineswegs nur Flußschifffahrt wie Bachelier p. 22.

5) L. V. XI. 3, 2. Dahn in Goldschm. Z. 1871.

6) v. Bethm. H. I. S. 22, Davoud Oghlou I. p. 209, vgl. Lembke I. S. 235, Sempere ed. Moreno I. p. 122, besser Rosseeuw I. p. 441. Eine anonyme Abhandlung mémoires et considerations sur le commerce d'Espagne, Amsterdam 1761, führt eine Reihe von Exportartikeln auf, die Colmeiro l. c. mit Recht reducirt.

7) Als Fortbestand „römischer Consulargerichte" (?) betrachtet es Schäffner I. S. 209. Näheres bei Dahn l. c.

8) Schäffner l. c.

9) Vgl. Biener, de Germano lege sua vivente p. 427. Romey II. p. 359 erblickt darin den Anfang des modernen Consulats.

10) Colmeiro I. p. 142. Die „gothische" Handelsmarine war wohl von Romanen bemannt.

11) Colmeiro verwerthet zu viel die Etymologien Isid.: so hält er die leges rhodiae für gothisches recipirtes Seerecht.

Unter den Gesichtspunct der Begünstigung des Handels fällt ferner der Ausschluß der Vindication von in gutem Glauben zu unverdächtigem Preise von überseeischen Händlern erkauften Waaren der regelmäßigen Einfuhr: Kleider, Gold, Silber und Schmuck [1]); die Verpönung des „Strandrechts" [2]), beides schon in der Antiqua; die Regelung der Abmiethung spanischer Knechte von ihren Herrn durch fremde Kaufleute „pro vegetando commercio" d. h. wohl als landes- und sprachkundige Begleiter oder Reisende [3]). Der Weg der Flußschifffahrt soll nicht durch selbstische Anstalten Einzelner gesperrt werden [4]). Ueberschreitung des genau fixirten [5]) Zolltarifs durch den Zollpächter zum Schaden der Einwohner oder fremden Kaufleute wird wie im römischen Recht mit dem Tode bedroht [6]). Da die L. V. anfangs nur für die Gothen galt, darf man auch Gothen als Handel und Gewerk treibend denken, denn Gothen als Gold- und Silberarbeiter setzt das Gesetz voraus [7]), selbstverständlich nur ausnahmsweise [8]). — Die Straßenpolizei sorgt für freien [9]) und sichern [10]) Weg. Die Grundeigenthümer dürfen durch Sicherungsmaßregeln ihres Gebietes (Gräben, Zäune, Wolfsgruben, Selbstschüsse) den Weg weder zu sehr einengen noch gefährlich machen [11]). Versperrung öffentlicher Wege wird verboten [12]) und von jedem straflos beseitigt, eventuell der Versperrende zur Entfernung — der Weg geht dann durch seine

---

1) L. V. XI. 3, 1.

2) VII. 2, 18 de his quae a diversis naufragiis rapiuntur (poena quadrupli). Richtiger: schwerere Bestrafung des furtum an Schiffbrüchigen; römisches Vorbild.

3) XI. 3, 3—4.

4) VIII. 4, 29; zu hart hierüber Bachelier p. 23, der den Handel von Bordeaux in jener Zeit unterschätzt und weniger Material bietet als oben unser Text; richtiger Scherer I. S. 130 (aber fast ohne alles Material).

5) Cass. Var. V. 39.

6) J. B. T. IV. 10, 1; über Wuchergesetze, Zinsmaß L. V. V. 5, 8 vgl. Roscher I. S. 334 und Privatrecht.

7) L. V. VII. 6, 3.

8) Irrig spricht ihnen Colmeiro I. p. 158 auch den Ackerbau ab.

9) L. V. VIII. 4, 24—27. Colmeiro I. p. 142.

10) VIII. 4, 23 ad civitatem vel provincias; ob aber die viarum curatores, a quorum munitione (l. monitione?) nemo exceptus est B. P. V. 6. 2, noch bestanden ist zweifelhaft (über römisches Straßenpolizeirecht Serrigny I. p. 450); anderen Zweck der custodiae, exploratores aggerum bei Apoll. S. IX. 3.

11) L. V. VIII. 4, 23—27.

12) Vgl. auch VIII. 3, 9.

widerrechtlich gesäte Saat — und zu Geld- und Leibesstrafe angehalten: die Buße verfällt dem Staat, nicht dem etwa Geschädigten, denn des Staates Ordnung ist durch die Baute verletzt [1]); scharf wird das Interesse des Staates an der Freiheit des Weges betont: er ist des „Königs Straße" [2]). Auf beiden Seiten muß „aripennis" freigehalten und anstoßendes Bauland durch Zäune und bei Aermeren durch Gräben abgesperrt werden [3]). Die Grundfäden des Straßen-Netzes, welches das gothische Spanien bedeckte, waren wohl aus dem römischen System beibehalten, das mit 32 Legionen-Straßen die Halbinsel überzog [4]).

Das römische Postwesen wird in den vorgefundenen [5]) Einrichtungen fortgeführt [6]). Der gebildete Reisende mied die „triefenden Wirthshäuser" und die alte Gastfreundschaft ersparte sie ihm meist [7]). Die Post dient zunächst nur den Beamten des Staats: um veredum [8]), paraveredum und parangarium zu erlangen, muß man eine amtliche Anweisung [9]) auf Beförderung (evectio) [10]) vorzeigen und diese darf nur für Dienstreisen (pro publica necessitate) ausgestellt werden: städtische Beamte haben ein Recht auf evectio gegenüber der Stadt und verzichten hierauf, um im Wahlbewerb Stimmung und Stimmen der Bevölkerung zu gewinnen [11]). Wer nur veredos zuerkannt erhielt, darf nicht paraveredos fordern [12]). Die städtischen Behörden (curator,

---

1) VIII. 4, 24.

2) l. c. viam per quam ad civitatem aut ad provincias nostras ire consuevimus nullus praecepti nostri temerator existat, ut eam excludat vel adstringat 25.

3) l. c.

4) Cean-Bermudez praef. p. XII., C. J. „viae"; Gilly (über die große Pyrenäenstraße) p. 130.

5) Serrigny II. p. 259—276, Hudemann S. 14 f.

6) Vgl. die ostgothischen Postordnungen (für Spanien Cass. Var. V. 39) A. III. S. 165, Helff. S. 125, (Hudemann S. 18 der S. 25—27 die Stellen aus Cod. Th. u. Cass. Var. zusammenstellt), aber die Verbindung mit den numerarii und die Verleihung städtischen Landes durch den Staat an diese ist eine unwahrscheinliche Vermuthung aus Verwechslung mit den Post-Pflichten der Curialen überhaupt; vgl. Hudemann S. 19. 20.

7) Apoll. S. VIII. 11, vgl. Kuhn I. S. 60. 65.

8) adscribere Cass. Var. V. 39, Hudemann S. 15.

9) s. Böck. I. u. II. s. h. v., Hudemann S. 17—20.

10) Apoll. S. V. 20.

11) VIII. 11.

12) Cass. Var. V. 39.

defensor, principalis) haben Verletzungen der Postordnung dem Richter anzuzeigen, der für jedes widerrechtlich benützte Pferd ein Pfund Gold erhebt, für Collusionen aber, wie sein Personal, selbst das Doppelte zahlt. Die ganze Einrichtung war zur Zeit des Breviars noch so lebendig, daß Interpretation für überflüssig erklärt wird; aber auch L. V. [1]), welche die Ansprüche der Sajonen gegen die Partei, in deren Interesse sie reisen, auf Roß und Gespann regelt, setzt noch Gleiches wie Cass. Var. V. 39 c. a. 520 voraus [2]).

Die Fremdenpolizei beschützt gastlich den Reisenden [3]): er darf sich aus fremdem Holz an der Straße Feuer zünden und hat nur für sorgfältige Löschung zu haften [4]), die Reisenden dürfen ihre Thiere auf Feldern und Weiden, auch wenn sie mit Gräben umzogen, grasen lassen [5]) und der Eigenthümer, der sie in seinen Stall führt oder auch nur vertreibt [6]), wird für jedes Stück mit Geld gebüßt [7]). Auch gegen Willen des Eigners dürfen sie auf solchen Weiden Gepäck ablegen, die Thiere zwei Tage weiden lassen, Aeste von den Bäumen zum Futter brechen, jedoch nicht länger als zwei Tage an Einem Orte weilen und keine Bäume (größere oder eckernde) fällen [8]). Wer an Furten der Flüsse Culturen anlegt und sie nicht umzäunt, hat keinen Anspruch auf Ersatz des Schadens, den übersetzende Menschen und Thiere verursachen [9]).

Doch überwacht auch die Polizei unbekannte Fremde, zumal wenn sie als flüchtige Knechte verdächtig scheinen; niemand soll solche länger als acht Tage (in Grenzbezirken als einen Tag) ohne Anzeige bei der

---

1) II. 1, 24.

2) Die veredarii (Serrigny II. p. 264) erhoben viatica Apoll. S. V. 7, vgl. Böck. II. p. 302. 605, Hudemann l. c. Der Sohn eines solchen mansionarius zu Calaguris war Vigilantius Gilly p. 130.

3) L. V. VI. 4, 4. VII. 2, 17. IX. 1, 6. 8. 21. XII. 3, 20.

4) VII. 4, 23. 27. Lehuérou II. p. 49, John O'Reilly I. p. 132; Fauriel I. p. 506, Analogien bei Peyró p. 72.

5) VIII. 4, 27 (R. A. S. 402. Wilda S. 939), VIII. 2, 3, Osenbrüggen S. 155; über die Verpflegung der peregrini in den Klöstern F. N. 9 s. Armenpolizei.

6) l. 26 l. c. Von diesem Recht macht Gebrauch der puer bei Paul. Emer. p. 645 visum est ei, ut caballo suo paululum herbam daret.

7) l. c. apertorum (d. h. unbezäunt) et vacantium (d. h. unbesät) camporum pascuis licet quisque eos fossis praecinxerit.

8) l. c. 27.

9) l. c. 28, Davoud Oghlou I. p. 215—216.

nächsten Behörde beherbergen oder als Taglöhner miethen [1]). Die Behörde vernimmt sie über ihre Identität und Zwecke [2]). Der erkannte flüchtige Knecht wird genau verhört [3]): nach einem verschärften Gesetz [4]) muß jeder aufgenommene Unbekannte dem Richter vorgestellt und von ihm untersucht werden. Der geheime Verkehr mit dem Ausland ohne Erlaubniß des Königs wird auch den Geistlichen untersagt [5]). Politisch Verdächtige in Grenzdistricten, von wo Flucht in's Ausland zu befürchten, werden unter Aufsicht processirt [6]). Juden dürfen ihren Wohnort nicht wechseln und aus andern Provinzen einwandernde Juden müssen sich dem Bischof melden [7]). In unruhigen Zeiten, so unter Eurich [8]), wurden die Heerstraßen scharf überwacht und die Reisenden genau untersucht, auch wohl zeitweilige Grenzsperre, z. B. gegen die Frankenreiche [9]), wird verfügt.

Im Gebiet der Industrie und Gewerke sind zu erwähnen der Schutz der Mühlen und Schleusen [10]) und einige Bestimmungen über Gold-, Silber- und Woll-Arbeiter [11]). Dagegen die in Isidors Sammlung [12])aufgezählten Stoffe, Waaren, Geräthe, darf man keineswegs sämmtlich als zu seiner Zeit in Spanien gefertigt annehmen: nur ausnahmsweise, wo er ausdrücklich von der Gegenwart spricht, geht das an, z. B. von dem „rostfarbigen Purpur, welcher dermalen in Spanien bereitet wird“ [13]). Weit überwiegend wurde das Gewerk

---

1) L. V. IX. 1, 12. 21.

2) IX. 1, 6. Darauf bezieht sich Cc. T. XIII. 10 auch für fremde Geistliche.

3) L. V. l. c. 8. 12 discuti, investigari, perquiri.

4) IX. 1, 21.

5) Cc. T. IV. 30: aus guten Gründen.

6) Cc. T. XIII. 2.

7) Cc. T. XII. 9.

8) Apoll. S. IX. 13 pervigil explorator, custodiae aggerum publicorum d. h. der Legionen-Hochstraßen s. Alteserra notae p. 230.

9) Greg. tur. IX. 1.

10) L. V. VIII. 4, 30 befiehlt schleunige Beseitigung aller Störungen und Schäden; vgl. auch stagna, conclusiones aquarum.

11) VIII. 3, 4. XII. 3, 6.

12) Vgl. Moron II. p. 238—255; Masdeu XI. p. 62 artes y fabricas nimmt die bei Isid. origin. genannten Stoffe und Kleider alle als noch in Spanien gefertigt an; aber auch Colmeiro I. p. 130—135 verkennt den archaistischen, gelehrt-historischen Charakter von Isidors Aufzeichnungen: wohl wohnen auch Gothen in Städten: Rosseeuw I. p. 398. z. B. in Rekopolis und Olite.

13) Origin. XIX. 28: ferrugo est color purpurae subnigrae, quae nunc fit in Hispania.

von römischen Händen getrieben. Sicher bezeugt sind nur die Baugewerke, dann Waffen-, Gold- und Silber-Schmiede — diese durch den Fund von Guarrazar [1]). —

Die Armenpolizei, d. h. die Verpflegung der Dürftigen, Aufnahme von hülflosen Fremden [2]), wird zum größten Theil von den Klöstern und Kirchen getragen, denen bei Stiftungen und Schenkungen [3]) für diese Zwecke bestimmte Mittel angewiesen werden [4]): (aber auch der Laien Wohlthätigkeit wird für Kriegsgefangne [5]) und Verbrecher in Anspruch genommen) [6]); in Schaaren kommen die Armen an die Klöster [7]) des h. Aemilian [8]); mit Beilen läßt St. Cäsarius Silber und Gold aus den Kirchen von Arles schlagen, Gefangne loszukaufen und den Hunger zu stillen [9]); er verkauft zu Gunsten der Armen, was ihm der König schenkt [10]). Bischof Mausona von Merida stiftet ein

1) Die „ganz-seidnen" (holosericas) Priesterkleider in der Basilika der h. Eulalia zu Merida, Colmeiro I. p. 183, waren doch natürlich eingeführt.

2) „In seiner Kirche, v. s. Caesar. p. 669, stand immer der Tisch gedeckt für Geistliche und alle Ankömmlinge und so lang er lebte kam Niemand nach Arles wie in eine fremde, sondern wie in seine Vaterstadt".

3) Form. N. 8. 9.

4) Cc. Ag. 7 peregrinis 38 propter incursum hospitalitatis intra muros receptacula collocare; egeni, pauperes von Klöstern verpflegt Caes. III. 3. T. III. 3 peregrinorum et egenorum necessitati. IV. 38 praebendum est a sacerdotibus vitae solatium indigentibus (wegen Uebertreibung hierin wird St. Aemilian verklagt v. s. Aem. Braul. p. 210); daher Kirchengut VI. 15. proprie alimenta pauperum heißt: peregrinis aut quamlibet necessitatem sustinentibus pro . . religionis intuitu res ecclesiasticae largiuntur.

5) Die gothische Liturgie enthält eine Fürbitte für die Gefangnen Muratori liturg. rom. II. p. 519 (ich muß nach Le Blant citiren II. p. 292). Die bestrittne (burgundische) Inschrift von a. 527 von Evian, Anz. f. Schweiz. Gesch. I. S. 49. II. S. 8, ist gewiß mit Roth gegen Gingins la Sarraz von Loskauf gefangnen Volkes zu verstehen.

6) B. T. IX. 2, 3. Schenkung an Arme V. 7, 16; der Erlös für verkaufte Dirnen wird unter die Armen vertheilt Cc. T. III. 4, Hisp. I. 8, v. s. Caesarii Mab. I. p. 660 cura circa cives et pauperes; vgl. noch über Armenunterstützung L. V. II. 1, 22. 31. 3, 3. 4. 6. 9. XII. 1, 1. 3, 17. 24. elemosyna IX. 1, 8 humanitas IX. 1, 4—6. Schmidt, p. 71. 256. 265. 473.

7) So v. Aviti presb. miciac. p. 354 cumque instaret quotidie turba clamans, ut sibi subveniretur.

8) Braul. v. s. Aem. p. 212.

9) v. s. Caes. p. 662.

10) p. 664 vgl. 666. 670. 674. vgl. Paul. Emer. p. 644 non tam propriis usibus quantum egentium praecepit deservire necessitatibus, p. 645 captivis

Hospiz [1]) für Kranke und Fremde [2]) und verordnet, daß Aerzte und Diener der Kirche unablässig Rundgänge halten und alle Kranken, Juden wie Christen, Knechte wie Freie, in die Anstalt schaffen und dort sorgfältig nähren, pflegen, heilen: die Hälfte von allen besten Naturalerträgnissen [3]), die dem Bischof gebracht werden, überweist er den Kranken. Anschaulich wird geschildert, wie Leute aus der Stadt und vom Land in das Bischofs-Haus (atrium) kommen und sich von den Verwaltern (dispensantibus) in kleinen Geschirren Oel, Wein, Honig erbitten, — der Bischof läßt die kleinen Gefäße zerschlagen und heißt sie mit großen wiederkommen [4]). Patiens von Lyon schickt in die fernsten Theile Galliens, die durch den Gothenkrieg c. a. 430 gelitten, Lebensmittel [5]). Cäsarius von Arles meint in seinem Testament, wenn er schon für Fremde und Hülflose als Bischof zu sorgen habe, wie viel mehr für heilige Jungfrauen [6]).

Spuren der Armenpflege von Seite des Königs enthält Cass. Var. V. 39, eine sehr dunkle Stelle: die praebendae, welche die königliche humanitas diversis provincialibus gewährt, wurden, scheint es, von den Steuerpflichtigen erhoben und dann an die Armen vertheilt: der gerügte Mißbrauch bestand in der Erhebung in Natura (species) u n d dazu im Geldeswerth (pretium).

Auch die Pflege der Wissenschaft übernahmen vorab die Klöster: Seminarien [7]), Klosterschulen, nach Vorschrift der Concilien, Büchersammlungen, Archive [8]) fanden sich in allen größeren. Ein Centralpunct der Cultur ward das berühmte Kloster Agalia in einer Vorstadt von Toledo: die „Schule von Toledo" glänzte durch Julian [9]), die von Sevilla durch Leander und den großen Lehrer des Mittelalters,

---

et egenis; über Mausona von Merida l. c. p. 648; über Avitus von Vienne nach dem Krieg von a. 508 ep. Aviti p. 82.

1) xenodochium Paul. Emer. p. 647.

2) hospitium in anderm Sinn Apoll. S. VII. 2, vgl. aber c. XVI. v. 115 seq.

3) So deute ich eximia; oder exenia?

4) l. c.

5) Apoll. S. VI. 12, VII. 9 Ehrensache auch vornehmer Laien ist die Sorge für peregrini.

6) Baron. ann. eccles. a. 508. Thomassin p. 618, v. Roth S. 7, Jehr S. 400. 424—431.

7) Inschriften für solche Eguren p. XVI.

8) Ueber diese besonders Eguren p. VIII.—XXII.

9) Bourret p. 183. 349—354, Eguren p. X. f.

Isidor [1]), Saragossa durch Eugenius, Braulio, Tajo [2]), Braga durch Fructuosus [3]), auch die von Cauliana war berühmt [4]). Manche Spanier bildeten sich in Byzanz: so Leander und Johannes von Biclaro, der 17 Jahre daselbst verbrachte [5]).

Regelmäßig recrutirten sich diese Pflanzschulen zugleich der Wissenschaft und der Geistlichkeit aus den Söhnen der Freigelaßnen der Kirchen, welche häufig schon vor der Geburt von den Aeltern diesem Stande geweiht wurden (oblati). An jeder größeren Kirche fanden sich auch Aerzte [6]) und bibliopolae werden wiederholt [7]) genannt.

Die nahe Verbindung mit Nordafrika und den Byzantinern erleichterte die Verbreitung der Handschriften des Ostreichs, wenn man auch dadurch keineswegs Südgallien und dessen Zusammenhang mit Italien übertroffen hatte [8]).

Von Pflege der bildenden Kunst aus dieser Zeit in Spanien wissen wir wenig. Das Material in Isidors Etymologieen ist, weil meist der vor-gothischen Zeit angehörig, nicht zu verwerthen [9]). Die zu Guarrazar gefundnen Goldarbeiten [10]) zeigen ohne Eigenartiges nur

---

1) Montalembert II. S. 198, Bourret p. 1—204, Eguren p. XV.—XXII.

2) Bourret p. 120, Eguren l. c.

3) Bourret p. 137, Eguren p. XVII., Muñoz I. p. 382.

4) Paul. Emer. p. 642: pueri parvuli, qui sub paedagogorum disciplina in scholis litteris studebant vgl. Romey II. p. 294, Thomassin p. 197. 198, Masdeu XI. p. 193. 312; über Südgallien Fauriel I. p. 412 f.

5) Isid. de vir. illustr.

6) medici ecclesiae Paul. Emer. p. 643 vgl. Lafuente II. p. 517, Sempere l. c. Elpidius Arzt des Ostgothen Theoderich Bähr S. 69.

7) Bei Apoll. S. V. Ueber die Literatur im damaligen Spanien besonders Eguren p. IX. f., Lafuente II. p. 516, dann Depping II. p. 411—425, Dunham I. p. 216, Romey II. p. 68, Moron II. p. 240, der auch hierin wie schon Masdeu XI. mayor que en el resto de Europa die „superioridad española“ nicht vergißt; ähnlich Eguren p. X., sogar die dürftige Kürze wird hier als Vorzug gerühmt p. XXI.; das andere Extrem bei Rühs S. 11 „daß in Spanien seit dem V. Jahrh. die wissenschaftliche Bildung (des Klerus) weit mehr vernachlässigt war als in allen übrigen Ländern des westlichen Europa“ — ist ebenso irrig (Isidor!); mit Recht beginnt aber Ticknor I. p. 5 seine spanische Literaturgeschichte erst mit dem XIII. Jahrhundert. Masdeu XI. p. 340 geht alle Wissenschaften durch; in der Jurisprudenz paradiren als „Legisten“ die 11 Könige, die Gesetze gegeben; aber noch ganz ebenso Muñoz p. 382.

8) Wie Eguren p. XXI.

9) Wie z. B. Lafuente II. p. 520 thut, vgl. Depping II. p. 426.

10) Vgl. Colmeiro I. p. 134, Hübner und unten Gesammtcharakter: Königsornat.

den byzantinisch-romanischen Stil der Zeit und was man [1]) von specifisch „westgothischer" Baukunst und deren Einführung in Italien durch Eutharich Cillika vorbringt, beruht (wie der westgothische „Frauencultus") auf unglaublicher Selbsttäuschung [2]). Ich stelle einige jener Periode angehörige Bauten zusammen: Bauten Athanagilds in Merida und bei Guimaraens in Portugal, dann angeblich das monasterium agaliense, Bauten eines episcopus Gudila in Acci, Sisibuts in Ebora, die Leocadienkirche zu Toledo, Svinthila's in Iliturgi, Rekisvinths in Doña de Valladolid am Puiserga [3]), Wamba's in Toledo; Städtebauten Leovigilds: Rekopolis und Victoriacum; Svinthila's: Oligitis [4]); Reparatur der Römerbrücke zu Merida durch den dux (?) Salla und den Bischof Zeno [5]); sagenhaft führt man die Villa „Wamba" (Gerticos) auf jenen König, Leon auf Leovigild, das arabische Almeria auf Amalarich zurück [6]).

Die Kunst und Technik der Münzprägung war seit der Römerzeit in argen Verfall gerathen [7]).

---

1) Troya II. 2. IV. 4 p. 42-44.

2) Dagegen schon Masdeu XI. p. 69 und dessen Niederschlag in Romey II. p. 301, Bourret p. 101, vgl. Laborde I. p. 112, p. V. p. 44. (Dies Werk ist für politische und Rechtsgeschichte ganz unbrauchbar: Sisibut ist I. p. 42 le meilleur roi de sa nation, L. V. ist base des lois langobardes und Roderich der Sohn Witika's!)

3) Troya II. p. 833.

4) Vgl. Colmeiro I. p. 115.

5) Inschrift bei Flores XIII. p. 222, Masdeu XI. p. 73 und Fernand. y Perez p. 22 (Vermuthungen über andere gothische Bauten daselbst p. 29).

6) Römisch portus magnus? Cean-Bermudez p. 351, Morales V. p. 472. 615, Romey II. p. 284, über Sculptur p. 362 (nach a. 711).

7) Velasquez p. 3, Romey II. p. 366, über andere Künste: musica la mejor en Europa! Masdeu XI. p. 318, Poesie p. 320 und über bildende Künste Valentinelli p. 70—129 mit reichen Literaturangaben über Archäologisches, worauf ich nicht eingehe.

6. Amtshoheit. Aemterwesen.

a) Allgemeines.

Der König hat die Amtshoheit [1]). Geschaffen freilich hat er die Aemterorganisation [2]) des Staates nicht. Er läßt vielmehr die vorgefundene römische nur fortbestehen [3]).

---

1) A. III. S. 172; L. V. II. 1, 13—16. VII. 5, 9. IX. 2, 3—8. XII 1, 2; 3, 17; nicht, wie Lembke I. S. 175, nur als Ausfluß des Gerichts- und Heerbannes. Deßhalb kann nur er, nicht das Concil, einen Grund der Amtsunfähigkeit aussprechen Cc. T. IV. 65, vgl. XII. 9; ganz werthlos v. Brauchitsch S. 20, der die Unabsetzbarkeit der Grafen durch die Concilien aussprechen läßt: ungenügend auch Depping II. p. 372.

2) Die secularis militia Kuhn I. S. 155, Böck. II. p. 124, Cc. Hisp. II. 17. T. IV. 10. 65 clericalis bei Apoll. S. IV. 4, und VII. 2 m. illis in clericalis potius quam in palatino decursa comitatu, ob V. 6 militaris improbitas neben turbo barbaricus in der That „mechanceté des *courtisans*"? Die officia publica (B. Nov. Th. 8 militia vel administratio) sind militairische (Apoll. S. VIII. 6) und civile B. T. IV. 8, 5 In. aliquid officii vel militiae Apoll. S. V. 9 tunicati, paludati Gegensatz: m. Amt, opificium (Handwerk) cultura (Landbau) VI. 8. VII. 9. m. persona. Dagegen nur civil B. T. XI. 5, 1 (vgl. XII. 1, 4. 2, 2. L. V. II. 4, 4) und Nov. Val. 10 In. militantes in quolibet officio vel in administratione positi Apoll. S. VII. 9 concio: miles. commilitium.) Deren Zeichen ist das cingulum militare, (Boeck. II. p. 1151 Verlust desselben mit verbera und Confiscation B. Nov. Maj. I. 1) was jede Amtsstellung, auch die des Königs, Cc. T. XII. 2, umfaßt; daher Apoll. S. V. 7 cincti und discincti d. h. Beamte und Private vgl. Kuhn I. S. 163, dann auch auf die ecclesiastica militia übertragen Cc. Hisp. II. 8.

3) Sammt ihren Titel- (gut hierüber Cenni II. p. 28: schon unter Alarich II., nicht erst von Recisvinth Byzanz nachgebildet wie die herrschende Darstellung vgl. Thierry dix ans p. 225), und Insignien- (Apoll. S. VIII. 9 dignitatum insignia) Abstufungen (Böck. II. p. 295): illustres, (z. B. Apoll. S. VII. 9 concio ep. Bulgar. III. auch auf Gothen ausgedehnt, wenn sie solche oder ihnen gleich stehende germanische Aemter bekleiden) clarissimi, (über das Verhältniß zu den illustres und spectabiles Böck. II. p. 176) spectabiles (untechnisch, von allen Bürgern Apoll. S. VII. 9 concio, wo zu lesen inter spectabiles principem locum statt principes) vgl. Kuhn I. S. 183, Böck. II. p. 429 (oft für clarissimi)

Alle römischen Aemter, nebst ihrem Apparat, dauerten allerdings nicht fort: schon unter Eurich waren manche Stufen dieser Hierarchie weggefallen [1]) und deutlich zeigt solche Lücken das Breviar seines Nachfolgers [2]), zugleich aber auch den Fortbestand der meisten Behörden [3]). Sofern die römischen Aemter fortdauerten, sollten ihre bisherigen Abstufungen strenge gewahrt bleiben mit Formen, Insignien, Privilegien [4]), Subaltern- [5]) und Canzleipersonal [6]). Weggefallen waren die römischen Central- [7]) und die obersten Provincialämter, z. B. der praefectus praetorio Galliarum: an ihre Stelle trat der König selbst: daher behält J. [8]) das im Text den in summa administrationis potestate positis judicibus noch gewahrte Recht der Gesammtconfiscation dem König allein vor [9]): weggefallen ist ferner der vicarius septem provinciarum [10]), Hispaniarum [11]), und der consularis Gallaeciae [12]); wie viele von den

---

v. Bethmann H. r. P. III. S. 22; wohl bestanden „römische und germanische Obrigkeiten nebeneinander", Gaupp S. 194, aber doch so, daß die Amtshoheit des Königs auch die römischen neu besetzte.

1) Apoll. S. VIII. 2 nam jam remotis gradibus dignitatum per quas solebat ultimo a quoque summus quisque discerni meint er, werde nur noch Bildung nobilitatis indicium sein.

2) Cod. Th. VI. besteht aus 37 Titeln, B. T. VI. aus 1 Titel mit zwei kurzen Gesetzen.

3) Und damit die Uebertreibung obiger Declamation des Apoll. S. Ueber die J. als Beleg für diesen Fortbestand Eichh. Z. f. R. W. VIII. S. 288, doch ist sie mit Vorsicht zu verwerthen.

4) privilegia militiae B. Nov. Val. 8. B. T. VI. 1, 1—2. P. V. 27, 11 qui insignibus altioris ordinis utuntur. T. IX. 2, 1 oblatis codicillorum honoribus. J. gilt überflüssig.

5) officium s. Kuhn I. S. 152, Böck. s. h. v.

6) Ganz irrig über die Beamten v. Tan. I. S. 374—5 (exceptores, notarii, tribuni, tabelliones Sav. I. S. 71) vielleicht vereinfacht: B. T. II. 1, 6 primores, J.: qui officiis adhaerent. Veränderungen in den Titeln J. zu IX. 15, 1 tabellio qui amanuensis, nunc autem cancellarius appellatur.

7) Serrigny I. p. 1—116.

8) Zu B. T. IX. 31, 1.

9) J. zu B. Nov. Val. 12 übersetzt den praef. urbi Romae, vir illuster, mit: judiciaria potestas id est illustris.

10) Böck. II. p. 72. 494.

11) Böck. II. p. 4. 69. 458—70 zu Sevilla II. 463. Der letzte genannte a. 401 ist Vigilius Böck. II. p. 460.

12) l. c. 5. 69. 1025.

11 praesides und 6 consulares per Gallias[1]) auf das gothische Gebiet trafen, ist nicht zu ermitteln — jedenfalls der praeses narbon. primae und der pr. n. secundae, beide unter dem vicar. septem provinc., dann der alpium maritimarum, cottiarum[2]) und novem popul.[3]): — eben so[4]) wenig, wie viele von den 3 consulares[5]) und 4 praesides[6]) Hispaniarum: Baeticae[7]), Balearium[8]), Carthaginiensis[9]), Lusitaniae[10]), Tarracon.[11]), Galaeciae[12]), unter dem vic. H., und wann sie wegfielen; die gesammte dioecesis Hisp. war dem praef. praet. Galliar. untergeordnet gewesen[13]). Zur Zeit Theoderichs I. und II. wird noch wiederholt der vir spectabilis comes rei militaris[14]) intra Hispanias in's Land gesendet[15]).

Der König hat auch die germanischen Rechts- und Kriegs-Aemter der Grafen und der Zahlenführer als nationale Ueberlieferung aus uralter Zeit überkommen: und verbinden sich auch in den neuen Zuständen neue, römische Functionen mit alten gothischen[16]) Aemtern und modificirt auch der König im Detail deren Competenz — abschaffen, aufheben könnte er diese altgermanischen Einrichtungen ohne Zustimmung des Volkes nicht.

Innerhalb dieser Schranken aber übt er die Amtshoheit im ausgedehntesten Maß. Er regelt die Zuständigkeit[17]). Er ernennt fast[18])

---

1) Böck. II. p. 7. p. 5. (praeses, consularis Lusitaniae Böck. II. p. 5. p. 465.

2) Böck. II. p. 7.

3) II. p. 465.

4) p. 7. 72.

5) Böck. II. p. 6. 7. 443.

6) Böck. II. p. 7. 72. 491.

7) Böck. II. p. 5. 69.

8) p. 7. 70.

9) p. 7. 464.

10) p. 7.

11) p. 7. 70. 467.

12) p. 7. 162.

13) Böck. II. p. 13. 60.

14) Böck. II. p. 37. 286.

15) A. V. S. 72—80. 83. 86; genau über die ältere Verfassung von Gallia narbon. Herzog p. 118—262.

16) Hierüber s. ein für allemal A. IV. S. 159.

17) L. V. II. 1, 16. 25. 2, 8. VII. 2, 21. 5, 1.

18) Ausnahmen: die städtischen defensores, welche consensus civium et subscriptio universorum elegisse cognoscitur B. T. I. 10, 1; ferner wählen die

alle weltlichen Beamten, wie die militärischen [1]) so die civilen [2]), — sogar Juden konnte, allem Fanatismus zum Trotz, Willkür und bestochene Habsucht der Könige zu hohen Aemtern erheben [3]) — er besoldet sie und bestimmt sonst ihre Einnahmen [4]): sie sollen daher keine ungesetzlichen annonae von den Unterthanen fordern [5]); er instruirt [6]) und controllirt sie [7]); an ihn wendet man sich wegen Nichterfüllung oder Verletzung ihrer Pflichten [8]): er belohnt sie [9]), schützt sie [10]) und straft sie [11]). Die über sie verhängten Strafen sind: Vermögensstrafen [12]), z. B.

---

cives den cancellarius oder domesticus ihres judex 11, 1 und die tabularios VIII. 1, 1; die exactores vel susceptores bei eigner eventueller Haftpflicht XII. 2, 1. 2 auf 1 oder 2 Jahre (die Wahl wird vom judex geleitet, nicht vollzogen); über nominatio und creatio der städtischen magistratus Sav. I. S. 542, Raynouard I. S. 59, v. Bethmann H. III. S. 104.

1) duces u. s. w. s. Heerbann, oben S. 213.

2) L. V. II. 1, 13; gewaltsame Bewerbung um weltliches Amt oder Bischofthum wird nach der Lex Julia de ambitu gestraft B. P. V. 32, 1. Daher ist es sacrilegium, sich ohne königliche Verleihung Amt oder nicht zustehenden Rang anzumaßen B. T. VI. 1, 1. 2; (über Aemtererwerb durch suffragium XII. 1, 4.) vgl. L. V. II. 1, 16.

3) L. V. XII. 3, 17. 19, auch Unfreie und Freigelaßne oben S. 185, ganz irrig Sempere p. 10, Biedenw. p. 83, v. Dan. I. S. 373: „die hohen Beamten gingen n u r aus dem Adel hervor". Vgl. XII. 3, 17. 19. Die regia ordinatio statuirt Ausnahmen von der lex generalis Cc. T. XII. 9.

4) B. T. I. 3, 3. L. V. II. 1, 21. 24. 25. XII. 3, 25. VII. 4, 1. 4. XII. 1, 2 dum judices ordinamus, nostra largitate eis compendia ministramus; z. B. auch Sporteln für judex und sajo L. V. II. 1, 25. Masdeu XI. p. 90, vgl. Davoud Oghlou I. p. 109.

5) Vgl. B. T. I. 9, 2 In. Daß n u r das Heer annonae erhalte, v. Bethm. H. g. C. I. S. 221, ist nicht damit gesagt. In. nihil a provincialibus *amplius* petere . . quam ei in annonis vel cellariis a principe fuerit deputatum.

6) L. V. VIII. 4, 29.

7) II. 1, 1 seq. 20. 21. 28. V. 7, 8. XII. 1, 2; Cass. Var. V. 30.

8) L. V. VI. 5, 14. VII. 1, 1. 5, 4—6. 6, 2 und viele Stellen des B.: B. T. III. 11, 1 In. Ferner X. 3, 1. XII. 1, 4. Cc. T. III. 18. XII. 9.

9) Cc. T. VI.

10) Gegen convicium appellatoris B. P. V. 37, 1.

11) L. V. II. 1, 9. VIII. 4, 29. V. 7, 8. VI. 1, 4. 4, 3. X. 1, 2. 8. Cc. T. III. 18. IV. 33. Das ist die disciplinae correctio Cc. T. XIII. Lex.

12) L. V. IX. 2, 1—5. 1, 1—8; 6, 2. XII. 3, 24. VII. 4, 4. 5. VIII. 4, 29. II. 1, 9. 2, 4. VI. 4, 3. III. 4, 17. vgl. B. T. I. 7, 1. 10, 1. II. 1, 6. 8. III. 11, 1. XI. 11, 5. XII. 1, 5. V. 5, 2. VIII. 2, 1. IX. 2, 3 Cc. T. XIII. lex.

Verlust der Gerichtsgebühren [1]), Pfändung des Richters [2]), Confiscation [3]), nebst Ersatz des durch rechtswidrige Amtsführung gestifteten Schadens [4]), mehrfacher Ersatz [5]); dann Entsetzung vom Amte [6]), auch vom geistlichen [7]), z. B. auf ein Jahr mit Pönitenz [8]) und Einsperrung [9]); Degradirung (z. B. vom Centenar zum Decan [10]), vom Spatarius zum Numerarius) [11]). Ferner Infamie [12]), Decalvation [13]), Verbannung [14]) auf Zeit, z. B. aus dem Amtsbezirk [15]), Geißelung [16]): gedroht dem sajo [17]) oder dem judex, eventuell oder primär, dem Piuphad, actor, procurator, numerarius [18]), sogar dem *sacerdos*: denn der König verhängt weltliche Strafen über den Bischof [19]), auch geistliche [20]); endlich Todesstrafe, z. B. Feuertod [21]).

Der König bestellt auch neben den ordentlichen Behörden [22]) außerordentliche Beamte [23]), die einzelne Geschäfte prüfen oder erledigen sollen [24]). Hiezu kann er benützen Laien [25]), auch Freigelaßne [26]). Un-

1) L. V. II. 1, 21.
2) II. 2, 8.
3) IX. 2, 9. B. T. XI. 5, 1.
4) L. V. II. 1, 18—20. 29. 32. 2, 4. VI. 1, 4. 4, 3. 5, 14. VII. 1, 1. 4, 5. 6. 6, 2. VIII. 1, 8.
5) II. 2, 8. Cc. T. XIII. Lex. B. T. XI. 4, 2.
6) L. V. VI. 4, 3. VII. 4, 5. XII. 1, 2. 2, 2. 3, 21. II. 1, 5. 8. Cd. L. 6. add. Lind. IX. 2, 8. honore privari.
7) Cc. T. XVI. 2.
8) l. c. XIII. 2.
9) L. V. XI. 1, 2 vgl. B. T. II. 21, 1. P. V. 30, 1.
10) L. V. IX. 2, 8.
11) Cc. T. XVI. Lex: solius regiae potestatis impulsu.
12) L. V. VII. 4, 5. B. T. IX. 7, 3.
13) L. V. IX. 2, 9.
14) IX. 2, 8. 9.
15) B. T. II. 1, 6. III. 11, 1. P. V. 30, 1.
16) L. V. IX. 2, 9. II. 1, 16.
17) l. c. 19.
18) IX. 1, 21.
19) III. 5, 4.
20) IX. 1, 21.
21) B. T. X. 3, 1. XI. 4, 2. 5, 1.
22) L. V. IX. 2, 8 cui ex ipso est commissum.
23) judices per regium decretum instituti II. 1, 15. 29, s. oben Gerichtshoheit.
24) IX. 2, 8.
25) z. B. die nuntii, legati Leovigilds an Mausona Paul. Emer. p. 648.
26) L. V. V. 7, 20.

freie[1]), wie Geistliche[2]); ist ep. Braul. p. 678 legatoriorum richtig und nicht legatorum zu lesen, so haben wir in „legatorium" den technischen Ausdruck für solche Aufträge[3]). So sendet der Ostgothe Theoderich als Regent des Reichs einen außerordentlichen Bevollmächtigten „per universam Hispaniam", eingerostete Mißbräuche zu beseitigen[4]) in Strafprozeß, Finanzen, Verwaltung und zur Entscheidung eines Einzelfalls[5]). Solche außerordentliche Commissäre entsendet der König auch zu den Provincialsynoden, die Richter, Großen, andern Laien zu nöthigen, sich zu stellen, und gegen sie die Urtheile des Concils zu vollstrecken[6]). Dahin gehören auch alle Gesandte an fremde Fürsten, z. B. hohe Geistliche der Grenzprovinzen[7]) oder die Begleiter, Reisemarschälle der Hochzeitfahrt der Königstöchter[8]). In beschränkterem Maße dürfen auch die Beamten selbst, zumal in Nothfällen, andere, z. B. benachbarte, Beamte substituiren[9]).

Gleich von der Wahl an, schon vor der Krönung, umgeben den König die magna officia[10]). In seinem Namen (daher so oft rex vel judex)[11]), als Vertreter seiner Gewalt, handeln alle diese Beamten (auch die städtischen)[12]): daher ihre eindringliche, zwingende Macht: Aram, der dux (Theoderichs des Ostgothen) zu Arles, spricht zu seinen pueri in Verfolgung eines katholischen Priesters: „gehet hin und bindet ihn an Händen und Füßen und schleppt ihn mit Gewalt

---

1) II. 1, 16. servi dominici vollziehen Amtsfunctionen IX. 2, 2. 5.

2) Cc. Tol. IV. Em. 5. 11 publicae injunctiones T. XI. 6. XII. 6. regia jussio, XVI. tom. 5 inquisitio.

3) Daher der weite Ausdruck B. T. XI. 5, 1 sub occasione publici actus; utilitatis publicae actio L. V. II. 1, 7. Cd. Leg. IX. 2, 9 quilibet agens curam: z. B. die discussores juramenti L. V. II. 1, 7. Cd. Leg. VII. 5, 9 neben amtlichen notarii regis: illi quos principalis instituit praeceptionis alloquium a nostra clementia ordinati.

4) Cass. var. V. 39 (daher: ibidem positi und hinc destinati) A. III. S. 179.

5) Des Lätus. (ein schwer beschuldigter Beamter?)

6) executor regius Cc. T. IV. 3.

7) l. c. 30.

8) z. B. Gogo bei Brunichildis.

9) L. V. II. 1, 13. 16. 2, 25.

10) sc. palatii Jul. v. W. p. 707, vgl. Morales VI. p. 175—182, v. Maurer Frohnh. I. S. 166. 102. Sempere I. hist. p. 71 ed. Moreno I. p. 50.

11) L. V. VII. 5, 2. 3.

12) „Volksbeamte" neben „Königsbeamten" wie Helff. S. 102 gibt es daher nicht.

herbei, auf daß er erkenne, daß ich der Herr bin dieses Landes" [1]). Sie haben vom König den Bann, die executio [2]). Zuerst erfolgt das admonere [3]), commonere [4]), dann das distringere, corripere, discuti [5]): auch niederer Beamte durch Höhere, judex districtus a suo duce vel episcopo [6]).

Dabei ist es eine Folge der Reduction der ganzen Staatshoheit auf die Person des Königs und der Nichtunterscheidung von Königsgut und Staatsgut, Königsdienst und Staatsdienst [7]), daß die Hofbeamten des Palatiums (wie übrigens auch im römischen Kaiserreich) zugleich die ersten Staatsbeamten sind, wie aus praktischen Gründen die an sich beschränkte Polizei- und Strafgewalt der Intendanten königlicher Villen, der actores, procuratores, allmälig zu einer mit der Competenz der Staatsbehörden concurrirenden Macht anwuchs [8]). Man hat dabei ganz übersehen, daß bei der thatsächlichen Confundirung von Königsgut und Fiscalgut (gegen Gesetz) auch die königlichen Privatbeamten als Fiscalbeamte sich darstellten [9]).

1) Greg. tur. mart. 78.

2) L. V. 4, 20. II. 1, 10. X. 1, 10. VIII. 3, 15. judicis executione venire cogatur V. 4. 17. 6, 6. VIII. 4, 15 j. insistente, j. instantia.

3) VIII. 1, 7. II. 1, 17. IX. 2, 8.

4) X. 2, 5. XII. 1, 2.

5) correptus a judice sit VI. 1, 1. VII. 3, 4. VI. 5, 14. VIII. 2, 1. 2.

6) VI. 3, 4; discussione agitata VI. 5, 12. VII. 2, 3 unter Caution zu einer Handlung verpflichten. Vgl. 3, 4; 6, 5 ad corripiendum eum judex insequatur VII. 4, 2; der ungetreue Richter durch seinen Nachfolger VII. 4, 5. discuti ist untersucht, verhört werden IX. 1, 12 sua exactione d. h. mit Amtsgewalt. cura, potestas administrandi, distringendi, coërcendi, plectendi XII. 3, 17. 19 von actores kirchlicher und weltlicher Güter; vgl. Cc. T. XII. 9 imperare, plectere, distringere.

7) Manchmal aber macht sich der Unterschied doch geltend: z. B. Cc. T. XIII. 2. Die (freien) Laien, welche der König kraft domestica correctio wegen Amtsvernachlässigung absetzen darf, sind Beamte des königlichen Hauses, nicht duces, comites.

8) A. III. S. 178.

9) Daher stellt Cc. T. XIII. c. 6 ganz gleich officia palatina und locorum fiscalium atque etiam proprietatis regiae adminiculatores vel actores. Irrig Helff. S. 148: „Jeder höhere Beamte zählte zu den offic. pal., mochte derselbe sich um die Person des Königs oder in der Provinz aufhalten"; nein, ein dux prov. als solcher ist nicht palatinus: man muß im palatium Dienst haben, um pal. zu sein, bleibt es aber dann auch bei Verwendung im äußern Dienst, z. B. Argimund; ganz irrig: „viele unterzeichnen deßhalb einfach als proceres" — das sind gerade

Die Stufenfolge der Hof=[1]) wie der Staatsämter ist genau bestimmt, wie schon die gleichmäßige Aufzählungsweise zeigt [2]). Weil man nämlich in der Praxis irrigerweise nur die eigentlichen „judices" im engeren Sinne als von den Gesetzen unter diesem Ausdruk begriffen gemeint hatte, zählt eine authentische Interpretation alle Personen auf, welche kraft ihres ordentlichen Amtes oder kraft außerordentlichen Auftrags richterliche Functionen haben, und erkennt alle diese als Richter im Sinne des Gesetzes [3]). Diese Aufzählung hält offenbar die Rangordnung der Aemter ein und lautet: dux, comes, vicarius, pacis assertor, thiufadus, millenarius, quingentenarius, centenarius, decanus, defensor, numerarius [4]).

Wie das Untereinander, ist auch das Nebeinander dieser Aemter, die Abgrenzung der Amtsgebiete, genau festgestellt, wie für die geistlichen, so für die weltlichen Aemter [5]). „Judex territorii" meint dann häufig nicht gerade den judex im engern Sinne, sondern „die zuständige Orts=Behörde", was auch der comes, vicarius etc. sein kann [6]). Im Behinderungsfalle des Zuständigen greifen dann Bischöfe und Richter des nächsten Territoriums ein [7]).

Daß erst Rekisvinth die Hierarchie der Hofbeamten nach byzantinischem Vorbild geordnet habe [8]), folgt doch nicht aus dem Fehlen der Unterschriften der comites cubiculariorum, scanciarum, notariorum, patrimoniorum (dieser begegnet schon früher), spatariorum, auf frühern

meist die Nicht=Palatinen. „Daß der Hofadel, zumal bei dem Tod des Königs, das ganze Gothenvolk vertritt, erklärt sich nur aus jener Voraussetzung". — Dasselbe findet sich ohne jene Voraussetzung bei den andern Stämmen.

1) L. V. Cd. L. VI. 2, 3 praecedere ordine.

2) Wenn IX. 2, 8 mit Cd. Compl. u. Lindenbr. zu lesen wäre: qui in *civitate* adjungitur, wäre die Stelle für diese Frage entscheidend, aber *in vicinitate* ist wegen adjungitur und des Zusammenhangs vorzuziehen.

3) judicis nomine censentur ex lege II. 1, 25.

4) Irrige Auffassung dieser Stelle bei Helff. S. 101, unzulänglich Sempere ed. Moreno I. p. 81 de la magistratura goda.

5) L. V. III. 5, 5. II. 2, 8 judex territorii, judices locorum III. 6, 1. Anerkennung des Gerichtsstandes z. B. der begangnen That VI. 5, 12 judici loci illius ubi hoc exortum fuerit.

6) So VI. 4, 4. VIII. 5, 4 j. qui fuerit in proximo.

7) L. V. VII. 5, 1. IX. 1, 21. „commissum" sc. territorium: so ist der thiufadus constitutus in territorio comitis civitatis.

8) So Helff. S. 101, 145, 146, v. Bethm. H. I. S. 205, ähnlich Aschb. S. 231 von Rekared.

Concilien und daraus, daß die Hofbeamten erst fortan auf allen Concilien die weltlichen Sachen berathen und mitunterzeichnen [1]); denn nach Cc. T. VIII. steht fest, daß es „uralter Brauch“ [2]) war, daß der Synode Palastbeamte beiwohnten [3]). Ferner fehlen auf Cc. T. XII. jene Specialtitel der anwesenden Laien wieder: sie heißen wieder nur „viri illustres und endlich: dieselben Männer, welche Cc. T. XIII. die speciellen Amtstitel unterzeichnen, nennen sich Cc. XV. wieder nur „comites“: man sieht, die Uebung wechselte. Bei diesen Unterschriften rangiren die Laien, wie es scheint, gleich den Bischöfen, nach dem Dienstalter: denn Cc. T. XIII. zeichnet zuerst ein einfacher comes, dann ein comes scanciarum *et dux*, dann ein procer, der weder comes noch dux, worauf ganz spät noch ein comes et dux folgt.

b) Städtische Aemter. Städtewesen.

Die bis auf die Zeit der Eroberung reichenden römischen Inschriften entfalten vor unsern Augen den reichen Glanz des römischen Städtelebens in Spanien, z. B. Tarraco's [4]), Corduva's [5]) und Sevilla's [6]), bis auf die Tage der Invasion von a. 409 und a. 414.

Aber auch nach derselben blühte in zahlreichen Landschaften das ganze römische Städteleben [7]) fort mit allen seinen Attributen [8]): manche Städte hatten immer noch großes Vermögen: so gehörten c. a. 460

---

1) Cc. T. IX. XII. XIII. XV. XVI.

2) „mos primaevus“.

3) huic sanctae synodo interesse illustres viros ex officio palatino.

4) C. J. p. 538—545.

5) C. J. N. 2191—2320, 229 Inschriften hier allein.

6) Die zahlreichen collegia daselbst p. 153.

7) Vgl. Sempere ed. Moreno I. p. 24 seq (oberflächlich Romey II. p. 39), Cean-Bermudez p. 1, Thierry récits mérov. I. p. 185; nicht weniger als 43 Städte mit jus latin. zählt v. Wietersh. Bevölker. S. 15, Voigt S. 177; bes. Valentinelli p. 70—120; reiche Belege über Fortleben der römischen Kunst und Cultur in fast allen größeren Städten, dann über die wichtigsten Zweige der städtischen Verwaltung: Bauten, Wasser-Straßen, Brücken, Wälle, Thore, Hafen, Bäder, Markt, Theater, Statuen, Circus, Aerzte, Professoren, Vermögensverwaltung Raynouard I. S. 159, Fauriel I. p. 393 f.

8) Eine lehrreiche Aufzählung für Narbonne Apoll. Sid. c. XXIII. unter Theoderich II. tabernis, portis, porticibus, foro, theatro, delubris, capitoliis, *monetis*, thermis, arcubus, horreis, macellis, .. *salinis* .. *merce*, *ponte* s. auch Isid. orig. XV. 3.

alle Weinberge um Marseille der Stadt [1]); Cordova führte wie auf den Inschriften [2]) auf zahlreichen Münzen und in den Formeln noch unter Sisibut seinen alten stolzen Beinamen „patricia" [3]).

Daß die städtische Verfassung und Verwaltung mit geringen Veränderungen fortdauerte [4]), erweisen, von a. 410 bis 711, bestimmte Zeugnisse [5]). Die städtische (streitige) Gerichtsbarkeit wird geübt durch

---

1) Paull. Pell. l. c.; Städte mit jus italicum in Spanien Sav. I. S. 86, vgl. Guizot cours p. 23; über die Privilegien der Städte Roth p. 60 seq.

2) C. J. p. 300.

3) F. N. 26 gegen Rozière p. 56, (vgl. Morales Cordoba p. 361, Nonius p. 400) richtig Biedenw., vgl. Knust S. 175, ähnlich Merida „altera Roma", Fernandez y Perez p. 11. J. begleitet 8 von 9 Gesetzen in B. Th. XII. 1; überraschend irrig daher Helfferichs S. 115 Behauptung. — (ebenso Moron I. p. 396, II. p. 227. 229, gegen Lafuente, Serna y Montalban I. p. 10—14, Masdeu, Sempere I. p. 35 (historia) ed. Moreno I. p. 24, auch Warnkönig I. S. 79, Lezardière I. p. 208. 280 (a. 410—408) 282—283, gegen die willkürliche Annahme einer Flüchtung des Archivs von Salpensa nach Malaga vor den Gothen bei Berlanga Mommsen Stadtrechte S. 389, C. J. p. 280.) — „die Municipien hatten sich bei Einwanderung der Gothen von selbst aufgelöst": die L. V. zeigt deren Fortbestehen bis auf die letzten Könige und wenn H. S. 119 selbst das Fortbestehen der civitas einräumen muß, so ist wohl „Auflösung" nur als „Vereinfachung" zu verstehen (Lembke I. S. 172, „es scheinen sich Municipalbeamten erhalten zu haben"); richtig ist: der comes und judex war auch über die romanische Bevölkerung gestellt; auch die Gemeindeländereien unterlagen der Zweidrittel-Abtretung; daß aber die Municipien und deren Vermögen (J. B. T. II. 18, 2 reipublicae d. h. aerario civitatis illius) fortbestanden, ist ganz unzweifelhaft und Sav. gegen Guizot entschieden im Recht, wenn auch Helff. S. 120 mit Grund die von den spanischen Schriftstellern Masdeu XI. p. 40, La Fuente l. c. I. 4, 4, Moron I. p. 226 angeführten Gründe als nichtssagend bezeichnet; daß die römische curia in das Concilium übergegangen, wie Pidal gezeigt habe, ist doch nur in höchst beschränktem Sinne, nicht einmal von Toledo, wahr. Abgesehen von Stellen in den Chroniken von Eurich bis Braulio, die Helff. S. 121 zusammenstellt, enthält nicht blos B., sondern L. V. selbst in XII. 1, 2 (Wahl des numerarius und defensor) den unzweifelhaften Beleg für die Fortexistenz der Municipien; mag nach Cd. S. J. R. das Gesetz von Rekared herrühren, so wurde es doch noch in den letzten Redactionen beibehalten.

4) Nicht nur dans les grandes villes wie Davoud Oghlou I. p. LXXIX. p. 105. Nicht nur um der Finanzverwaltung willen wie Hegel II. S. 326; über Septimanien Papon II. p. 116, Lezardière I. p. 160—179. 232—258, Fauriel I. p. 453, Rosseeuw I. p. 453.

5) Auch abgesehen von den (unter Sisibut aufgezeichneten, das übersieht v. Bethm. H. I. S. 223) Formeln, welche allerdings oft schon Abgestorbnes als noch lebend fort schleppen, z. B. F. N. 25 principales, curator (über diesen B. T. 1, 4 und v. Bethm. H. I. S. 197), magistratus, magister, hierüber Biedenweg

den defensor, der von den Bürgern aus den curiales[1]), nachdem sie alle munera getragen, gewählt[2]) und vom König bestätigt wird[3]): er ist in leichtern Criminalfällen[4]) und im Civilproceß regelmäßige erste Instanz in rein römischen Fällen[5]); nur dem gothischen Kläger muß der Römer sofort vor den rector provinciae, die sonstige zweite Instanz, folgen[6]); ja, es ist der defensores Competenz über einige, früher vorbehaltene, Fälle ausgedehnt worden, z. B. im Strafproceß[7]), ebenso in Mündelsachen[8]), wo die Klage (gegen und von Vormundschaft) insinuirt wird: per judicem *aut per curiam*[9]) und (2. l. c.) wo „contestari" stattfindet, nach J.: apud rectores prov. *vel defensores*, welch' letztere Alternative[10]) im Text fehlt: also sind die

---

p. 58, Marichalar II. p. 71, s. aber B. T. XII. 1, 7, anders J. Cc. T. II. app. *municipia* Segobia, Brittablo, Cauca; man sehe wie B. T. I. 7, 1 die honorati von J. erklärt werden: h. provinciarum id est ex curiae corpore und dazu Sav. I. S. 308, richtig Guizot I. p. 292, Haenel p. 24, v. Bethm. H. I. S. 196. F. N. 21 ordo curiae. 25 officium curiae; mit Recht erinnert v. Bethm. H. l. c. 223, daß Isid. origin. IX. 4 defensores, numerarii, decuriones, principales als lebende Begriffe anführt; bei Aufnahme eines curialis: gestorum testificatio B. Nov. Th. 11, 1 J.; irrig läßt Ross. I. p. 354 in Spanien die seniores an Stelle der curiales treten und mehr thatsächlich als rechtlich „einzelne Freiheiten" fortbestehen. Ueber die Tendenzen Alarichs II. bei Umgestaltung und Kürzung des römischen Municipalrechts s. Marichalar I. p. 342: aber manche Auslassung erklärt sich einfacher aus dem Wegfall der fraglichen römischen Institution; so z. B. auch der Bestimmungen über Circus und Theater.

1) Ausgeschlossen Juden B. Nov. Th. 3.

2) Früher jährlich, seit L. V. XII. 1, 2 lebenslänglich unter Leitung des Bischofs.

3) B. T. I. 10, 1. XII. 1, 4 s. die Umschreibung in J. von curas civit., vgl. Sav., Haenel, v. Bethm. H. l. c.

4) B. T. II. 1, 8 de parvis criminibus s. oben Gerichtshoheit S. 227. L. V. II. 1, 26. IX. 1, 21, nach B. Nov. Val. 5 unterstützen sie den rector prov. im Strafproceß.

5) Die Beschränkung auf eine Summe usque qua jus dicere possunt B. P. V. 5, 1 nicht interpretirt.

6) So gewiß richtig v. Bethm. H. I. S. 197 über B. T. II. 4, 2.

7) J. zu B. T. II. 1, 8, so nach Sav. I. S. 301. 302. II. S. 309, Maubeuge p. 16, Helss. l. c., v. Bethm. H. I. S. 197, s. aber dessen Beschränkung Note 63 zu B. Paul. I. 7 (in integr. restit.).

8) B. T. IV. 1.

9) Sav. II. S. 309.

10) Sav. I. S. 261. 304.

defensores nicht bloße Fiscalbeamte[1]): sie erhalten[2]) das jus actorum, gelten[3]), im Gegensatz zur Römerzeit, als senatorische Magistratur und sind durch den gothischen comes weniger als ehemals durch den römischen judex beschränkt.

Bei Ausübung der der Stadt zustehenden freiwilligen Gerichtsbarkeit (jus actorum, gestorum municipalium)[4]) wird bald der defensor allein[5]), bald die curia allein[6]), bald werden beide zusammen genannt[7]); daher mußte er auch wohl[8]) das Personal, officium, die Schreiber, exceptores, cancellarios etc. mit der Curie im Wesentlichen gemein haben.

---

1) Wie Hegel II. S. 326, vgl. Gaupp S. 63, Kuhn I. S. 37, v. Syb. S. 227, Guizot I. p. 38.

2) J. B. T. II. 4, 2.

3) Nach J. B. T. XII. 1, 20.

4) Böck. II. p. 103, Serrigny I. p. 240, v. Bethm. H. r. P. III. S. 280.

5) B. T. III. 10, 4.

6) l. c. III. 1, 3. 4. 4. VIII. 5, 1.

7) l. c. XII. 1, 8; vgl. IV. 1, omnes apud quos gesta conficiuntur; über die acta der Corduba patricia F. N. 25 (daher in civitate F. N. 1) gesta publica N. 21; genannt werden emancipatio B. P. II. 26, 4 beschränkt manumissio B. T. II. 12, 1 vgl. Mommsen Stadtrechte S. 434, testamenta in archio signo publico obsignato B. P. IV. 6, 1. Bestellung von Stellvertretern apud acta *magistratus* I. 3, 1. donatio VIII. 5, 1; jede, auch die d. propter nuptias muß nach III. 5, 1 insinuirt werden; vgl. 5, 2. 19, 2, wo unterschieden wird: scripturarum sollemnitas d. h. gesta legitime facta, dann introductio locorum vel traditio; ebenso 3 actis allegare sponsalitiam largitatem und 8 l. c.; III. 17, 1 actus pupillorum curiae testificatione firmetur; 4 Mütter, welche die Tutel über ihre Kinder übernehmen, müssen actis profiteri nicht wieder zu heirathen; III. 19, 4 kürzt die J. bei der Inventarisirung von Mündelgut den Text: cognitores, ut praesentibus primatibus defensore, officiis etiam publicis .. judicum ac senatorum, officiorum etiam publicorum inustum signaculis) in eine Fassung, welche doch das Wesentliche als fortbestehend zeigt: adhibitis primatibus *civitatis* (dies ist bemerkenswerth, der Text denkt an primates *officii*) vel defensore cum officio suo .. praedictorum annullis obsignata: es fehlen die cognitores, judices und senatores. Interessant auch J. zu B. T. IV. 4, 4: der Text spricht von Byzanz, die J. mißversteht Rom und sagt: wie in Rom die Testamente apud censuales bewahrt werden sollen, so in reliquis regionibus d. h. also im Westgothenreich apud curiae viros .. actis reservatae. B. P. I. 13, 3 album J. ergänzend: a. curiae. T. XII. 1, 8 läßt alle acta aufgenommen werden vor drei c. excepto magistratu vel exceptore publico.

8) v. Bethm. H. I. S. 193.

Treffend erklärt man[1]) manche Abweichungen vom älteren Recht und in der J. vom Text bezüglich des Verhältnisses vom Magistratus zur Curie dahin, daß die höchste städtische Gewalt, römisch als persönliches Recht des Magistrats gedacht, jetzt weniger persönlich auf den defensor als collegial auf die Curie bezogen wird. Daher J., was Paulus[2]) vom album des Prätors, von dem der Curie (nicht dem des Defensors), sagt[3]). Daher auch bezieht J., was der Text von den honorati sagt, auf alle Curialen, wodurch deren Theilnahme an der Gerichtsbarkeit des Defensors bewiesen ist[4]). J.[5]) setzt Civilgerichtsbarkeit der Curie neben die im Text allein genannte des judex, läßt[6]) alle Bürger den cancellarius des judex wählen, (der Text nur die primates curiae) gestattet[7]) Adoption und Emancipation, (einst vor dem Prätor vorzunehmen), vor der Curie, läßt Tutoren, (in Byzanz vom praef. urbi, 10 Senatoren und dem praetor pupill. ernannt), vom judex und den *primi patriae* (patria = civitas) ernennen[8]), gestattet interpositio decreti bei Veräußerungen von Mündelgütern nicht nur durch den judex, auch consensu curiae[9]), Eröffnung des Testaments, (statt vor dem officium censuale in Byzanz): „apud curiae viros“ [10]) und Insinuation der Schenkungen, (statt vor rector prov. oder magistratus), auch vor der Curie[11]); manchmal ist also die Curie an die Stelle weggefallener römischer Beamten getreten[12]).

Die defensores sind hiernach zwar auch „besoldete Anwälte der städtischen Gemeinden“ [13]), aber nicht bloß das: sie stehen mit richter=

---

1) Sav. I. S. 307.

2) I. 13, 3.

3) Ueber das von J. mißverstandene extra ordinem s. Sav. Anmerk.: er kannte noch nicht alle Parallelstellen dieses Mißverständnisses.

4) B. T. I. 8, 1.

5) II. 2, 1.

6) I. 12, 3.

7) V. 1, 2. Gaj. I. 6.

8) III. 17, 3.

9) III. 1, 3, ebenso Veräußerungen von mit venia aetatis privilegirten cum decreto judicum oder nach J. consensu curialium; inspectio ventris u. custodia nach B. T. IX. 32, 2 durch judex, magistratus, J. judex vel *curialis*.

10) IV. 4, 4.

11) VIII. 5, 1. 12, 1.

12) Manches Irrige bei Raynouard I. S. 174 in Unterscheidung von senatus und curia z. B. noch für das Ostgothenreich S. 75.

13) Helff. S. 101, Rosseeuw I. p. 355, vindices civitatis nennt sie B. T. III.

licher Gewalt zwischen decanus und numerarius[1]), sind nicht mit diesem identisch[2]), dem actor oder procurator ähnlich, dem judex untergeordnet, dem sie aber bei ihrem Amtsantritt keine Gebühr entrichten sollen[3]); (nicht zu verwechseln ist der def. civitatis, wie oft geschieht, mit dem defensor ecclesiae)[4]); sie haben die Commune[5]) zu schützen, sollen sich aber keine ihnen nicht zustehende Strafgewalt anmaßen, und in der Sicherheitspolizei (Abwehr von Räubern), die ihnen der Text noch zuweist, substituirt ihnen J. bereits die judices. Noch Isidor[6]) nennt sie als thätig (unter Sisinanth)[7]).

Die honorati sind die ehren-, vermögen- und einflußreichsten Bürger der Städte[8]), welche höhere Reichsämter bekleidet und dadurch senatorischen Rang[9]) erlangt haben: sie leiten die Politik der Stadt und des Territoriums[10]). Ein pauper honoratus ist deßhalb etwas

---

11, 1, ebenso actores Boissieu p. 157, B. T. VIII. 2, 1 heißen sie curiales vel defensores, dann folgen die principales civitatum.

1) L. V. II. 1, 25.

2) Wie Aschb. S. 264, Hegel II. S. 326.

3) B. III. 5, 7 ist defensor im Text tutor aut curator der J., C. J. s. h. v., vgl. Serrigny I. p. 222.

4) Greg. tur. patr. VI. 6, B. Nov. Val. 12, T. II. 4, 7, Sav. I. S. 88; wenn L. V. XII. 1, 2 aber den d. wählen läßt ab episcopo vel populis, ist doch nur an den def. civ. zu denken.

5) plebem vel decuriones, plebem vel curiam sibi commissam B. T. I. 10, 2.

6) origin. IX. 4.

7) Lembke I. S. 192 identificirt def. und tribuni; vgl. Böck. I. p. 162, Schlosser S. 413, Roth p. 63. 102—109, Eichh. Z. f. g. R. W. VIII. S. 290. Drei Arten von def., Sotelo p. 268, gab es nicht.

8) Vgl. Löbell S. 139, Guizot I. p. 47, Roth p. 84, Serrigny I. p. 240, Raynouard I. S. 80.

9) Früher nur solche, Serrigny I. p. 120, Kuhn I. S. 161. 199; vgl. Giraud p. j. I. 1. p. 131, Garnier p. 200, irrig Fauriel I. p. 452; erst J. hat, nach Wegfall der höchsten Reichsämter, für den Gothenstaat eben auch die Curialen nach Bekleidung der höheren städtischen honores (über diese Boissieu p. 201) für honorati erklärt; übrigens wird der „ordo amplissimus", Raynouard I. S. 83, häufig in B. P. I. IV. V., von J. nur einmal und als nicht mehr praktisch erwähnt J. IV. 12, 3 ordinis consilio statt ex decreto o. a. B. Nov. Th. 8 statt senatoria dignitas: aliquis honor vel dignitas.

10) In diesem Sinn nennt Idac. öfter die honorati wie in Rom p. 35—37 in den gallischen Städten, untechnisch wohl Salv. VI. p. 189: die honorati zu Toulouse sind es, die Avitus zum Kaiser erheben.

Ungeheuerliches [1]). In dem Municipalleben dieser nobiles erhielt sich lang viel echt römisches Wesen: z. B. schöner municipaler Patriotismus [2]), freilich auch darunter kleinlichster municipaler Ehrgeiz [3]).

In den Stadtsenat, die curia, einzutreten, ist eine Pflicht, eine Last, an den Besitz eines bestimmten Maßes von Vermögen, zumal Liegenschaften, geknüpft [4]). Jeder „Senator", curialis, hat der Reihe nach die einzelnen städtischen munera [5]) zu bekleiden [6]) und für das Einfließen der Steuern in der Stadt und deren Territorium dem Fiscus solidarisch zu haften [7]). Er erhebt direct vom possessor, von ihm der exactor, compulsor die Steuer [8]). Das war der eigentliche Fluch dieses Standes, welchen die gothische Herrschaft, da sie das Steuer-System beibehielt, nicht aufhob [9]). Die Gerichtscompetenz-Erweiterungen des Defensors ꝛc. [10]) konnten dafür nicht trösten; eben so wenig die Ehrenrechte der honorati dem rector prov. gegenüber [11]); übrigens sind die curiales honorati erst nach Bekleidung der höheren Aemter [12]).

1) Apoll. S. I. 6; die honorati unterscheidet von den einfachen possessores auch die constit. Honorii a. 418 p. 370.

2) Ap. Sid. VII. 9 civitas = patria l. c. populus heißt die Bevölkerung eines solchen Gebiets z. B. Nitiobroges, Vesunici (Agens, Perigeur) VIII. 11. Ausonius nennt noch keltische Stammnamen gens aedua p. 824.

3) l. c. V. 20; die Germanen, auch wenn sie in den Städten wohnten, wurden doch erst sehr spät Glieder der Gemeinde Sav. I. S. 294.

4) B. T. XII. 1. Nov. Theod. 11, 1. Val. 10. Major. 1. (eine Hauptquelle) Paul. I. 13, 3; vgl. Sav. I. S. 301. 302. 542, Roth p. 43. 65, Serrigny I. p. 184, Littré p. 40, Fauriel I. p. 356—380, Giraud I. I. p. j. p. 83, reiche Literatur p. 118, Laboulaye propriété p. 104—108, Helff. S. 113, v. Bethm. H. I. S. 196.

5) Kuhn I. S. 7. 29. 35 schildert sie, J. läßt vereinfachend manche weg.

6) B. T. XII. 1, 4. 9.

7) l. c. XII. 2.

8) Nov. Maj. I. 1, freilich ohne J.; vgl. Hegewisch S. 259.

9) Zu günstig hierüber seit Sav. I. l. c. (s. dagegen denselben S. 47) die herrschende Meinung, z. B. v. Bethm. H. I. S. 196.

10) Andere Veränderungen in der Municipalverfassung bei Fauriel I. p. 451 (nicht richtig was er vom judex sagt).

11) v. Bethm. H. l. c. (Theilnahme an Gerichtssitzung und salutatio desselben B. T. IX. 15, 1).

12) Vgl. ep. I. Hilarii papae ad Ascan. praef.: honorati et poss. civitatum c. Honorii a. 418 honorati, curiales, possessores; der hon. ist freilich zugleich possessor vgl. Gaupp S. 72. 67. Ganz ungenügend über das Städtewesen Lembke I. S. 192, völlig mißkennt die curiales Amaral p. 275 sie mit den plebei identificirend; nach Romey II. p. 267 sind sie identisch mit *privati* u. *proceres* d. h. Glieder der curia *regis!*

Die erdrückende Belastung der Curialen[1]) beweisen folgende recipirte Sätze des römischen Rechts[2]). Ihr Vermögen wird durch das Amt eine „tenuis et exhausta facultas“: mit allen Mitteln trachten sie, sich ihrem Stand zu entziehen, und die Gesetze, sie darin zu erhalten: nicht der judex, nur der König kann sie bei äußerster Erschöpfung ihres Vermögens befreien[3]), vielmehr muß sie der j. nach Wegfall der Befreiungsgründe wieder beiziehen; ebenso haften ihre Collegen, welche einen Pflichtigen durchschlüpfen lassen[4]). Haben sie sie sich den Pflichten in ihrer Geburtsstadt entzogen und die Zutheilung zu einer andern erschlichen, so sollen sie in beiden Städten die Lasten tragen[5]). Kinder von 7 Jahren hatte man in dies Joch gespannt, fortan soll das nicht vor dem 18. Jahre geschehen[6]); kein solcher curialis[7]) kann curator oder defensor civitatis werden[8]), bevor er alle städtischen munera erfüllt hat, widrigenfalls er abgesetzt und vor den König gestellt wird[9]). Besonders arg aber ist, daß man überwiesene Fälscher zwar folterte, aber gleichwohl — in der Curie beließ! (nur die „*dignitas*“ curiae verwirken sie: ut *honoratus* esse non possit), aber Arbeit, und also auch Verantwortung, des Amtes ließ man

1) J. setzt fast immer II. 30, 1. V. 2, 1. 5 und sonst IX. 15, 1 statt decurio curialis Gaupp S. 62, Guizot I. p. 48; Hegel II. S. 329, der aber irrt mit der Bestreitung aller höheren Befugnisse (anders derselbe S. 313) neben dieser Last: sie bildeten allerdings auch einen „Stadtsenat“, wenn sie auch nicht die „seniores loci“ sind (Kuhn I. S. 64). Auch gründet das Veräußerungsverbot ihrer Güter nicht darauf, daß diese als verliehenes Staatsgut gelten S. 327, „so daß der König, wenn der neue Erwerber der Steuerpflicht nicht genügt, sie einziehen und Andern, auch dem Veräußerer, geben kann“ — das ist nur Recht des Königs zur Confiscation und Wiederverleihung wie es gegenüber Privateigenthum ebenso gut besteht. B. Nov. Mart. III. spricht von städtischen Gütern, welche der Kaiser Privaten geschenkt hat.

2) Diese Zustände, im tolosanischen Reich ohne Zweifel zunächst wie im römischen erhalten, dürfen in dem Bilde jener Zeit nicht fehlen: sie ergänzen das unter „Grundlagen“ gezeichnete Gemälde des wirthschaftlichen und socialen Lebens. Ueber die Gesetzgebung seit Valentinian Roth p. 40 seq.

3) B. T. XII. 1, 1.

4) l. c. 5.

5) 2 l. c. in utraque serviat civitate.

6) J. l. c. 8; man bemerke im Text den Unterschied von militiae nomen inserere und municipali dari obsequio.

7) Text: decurio.

8) Text: procuraturas vel curas civitatum.

9) J. 4 l. c.

ihnen [1]). Der compulsor erhob mehr vom Curialen, als dieser vom possessor empfangen, wies vollwichtige Münze zurück oder verlangte eine „Wechselgebühr" [2]). Das Gesetz muß verbieten, daß freiwillige Uebernehmer von munera zu curiales gepreßt werden: aber ein Freier, bisher nicht Curiale, soll seine natürlichen Kinder nur dann zu Erben einsetzen können, wenn er sie zuvor einer Curie zuschreiben läßt [3]). Nach älterem Rechte durften sie sine decreti interpositione nichts [4]) verkaufen: das gestattet B. Nov. Val. 10, aber nur zum Behuf von Bezahlung von Schulden an den Fiscus unter Beiziehung und Unterschrift ihrer concuriales: auch dürfen sie zwar ad advocationem vel aliquam militiam adspirare, aber nur wenn sie in der Curie Vertreter stellen, für welche sie unbedingt haften; sie dürfen nicht fiscalische Güter und Waldungen pachten und J. erklärt den Grund [5]). B. N. Th. 4 erstreckt das auf Privatgüter, der Verpächter verwirkt das Eigenthum an den Fiscus [6]).

So blieben denn die Curialen auch in der Gothenzeit die schwer überbürdeten Lastthiere des Staats: sie hatten außer der eigentlichen Steuerlast drückende Frohnden (operationes) und Naturalleistungen, z. B. Pferdestellung für die Reichspost (caballos ponere) [7]), zu tragen.

---

1) IX. 15, 1 l. c., andere Beschränkungen der Curialen aus den gleichen Motiven X. 2, 1 und „Finanzhoheit".

2) „mutaticum": so verstehe ich B. Nov. Maj. I. 1.

3) Oder Töchter einen c. heirathen B. Nov. Th. 11, 2, B. T. l. c. 11, 1 hat er in zwei provinciae habitatio oder possessio, so darf er wählen; aus der Reichshauptstadt Ost- oder West-Rom hat J. gemacht: civ. quae teneat totius provinciae principatum.

4) praedia rustica und urbana nur bei den potestates bewiesener Noth, Knechte nur mit Unterschrift von 5 priores curiae.

5) ne sub hac occasione servitia curiae non impendat X. 2, 1.

6) Die merkwürdige Deduction, wonach eine solche conductio eine Art der den c. längst verbotnen procuratio sei (procurator = conductor fiscalis) übergeht J., wie sie auch einigermassen der eiteln Phrasen sich enthält, welche im Text diese Schwergeplagten den Senatoren von Rom und Byzanz in Titeln gleichstellt: der ordo amplissimus, häufig in B. P. V. VI., und I., wird von J. nur einmal und nicht mehr als gegenwärtig praktisch erwähnt IV. 12, 3 ordinis consilio statt ex decreto a. o.; nicht immer läßt die J. antiquirtes historisches Material aus wie IV. 8, 3 die lex voconia und die XII Tafeln (non exspectato ordinis consilio ist ein Mißverständniß von „extra ordinem").

7) Gegen den Mißbrauch solcher angariae schon Cc. T. III. c. 18 ne in angariis aut in operationibus superfluis privatum . . onerent, „in exactionibus harpyiae" Apoll. S. V. 7, inauditis exactionum generibus l. c. V. 13.

Ihre Steuer an die arca[1]) publica heißt census, censio, functio publica. Eifrig wacht das Gesetz — nicht in ihrem Interesse![2]) — dafür, daß sie das Vermögen, auf welchem diese Lasten ruhten, nicht veräußerten: — denn sie suchten sich durch Preisgebung desselben[3]) jenem Druck zu entziehen — und verordnet verhältnißmäßigen Uebergang der Last mit jeder Veräußerung, deren Beurkundung jenes darauf gelegte Steuerquantum enthalten muß. Versäumung dieser Vorschrift oder Rückstand auch nur Eines Jahres hat Verwirkung des Erkauften an den König zur Folge, der dasselbe dem Veräußerer, welchem der Kaufpreis bleibt, oder Andern zuwenden kann. Auch untereinander können diese Belasteten nur mit der Wirkung der gleichzeitigen Uebertragung der Belastung veräußern.

Die Tochter eines c., welche einen servus, actor, procurator heirathet, wird ihren Aeltern zurückgegeben, beerbt sie nicht und muß einen c. heirathen: der erste Gatte wird, wenn colonus, zum collegiatus gemacht, wenn servus, unter Qualen getödtet! — eine lehrreiche Parallele; auch verwirkt dieselbe, wenn sie nur einen Andern als einen c. ihrer Stadt heirathet, ein Viertel ihres Vermögens an ihre Heimathstadt und ihre Kinder werden c. in der zweiten Stadt. Todesstrafe droht einem Beamten, der einen c., statt ihn zu revociren, verkauft, wenn auch mit dessen Zustimmung: man zog die Sclaverei diesem städtischen „Ehrenamt" vor! denn dabei wird doch manchmal noch splendor ordinis et natalium gerühmt[4]): man begreift das Wort, welches bei den römischen Juden Palästina's im Schwange ging, „Schlägt

---

1) L. V. V. 4, 10 in arca publica functionem exsolvere — censum exsolvere; summam census scripturae ordo continebit = functio publica (rei receptae bei Colonen).

2) Vgl. L. V. IV. 4, 19. B. T. III. 1, 8. J. quicumque debita curiae servitia aut patriae (im Text provincia) suae fugientes res suas occulte vendere voluerint sciant, non posse valere quod fecerint et se ipsos ad debita servitia revocandos et illos qui emerint pretium perdituros.

3) Wie durch andre Mittel; aber nicht einmal Eintritt in Kirchenamt steht ihnen frei. Cc. T. IV. 19, wo bezeichnend servili conditione obnoxii und curiae nexibus obligati neben einander stehen. Hauptstellen über den Finanz- und Steuerdruck und das Ueberwälzen aller Leistungen auf die Armen Salvian VII. und oben S. 98. 289, Marichalar I. p. 800, Roth p. 44. 45. 68. 80—83, Serrigny II. p. 63, Volmer p. 10, Raynouard I. S. 55, Fauriel I. p. 374, Laboulaye propriété p. 100, Vogt p. 33.

4) Roth p. 83; über Wahl und Erblichkeit des Standes Roth p. 70, Serrigny I. p. 196.

man dich zum Mitglied der Curie vor, so wähle dir lieber die Jordanwüste zum Nachbar" [1]).

B. Nov. Th. 8 schließt die als curiales Gebornen — denn Stand und Last war erblich — von allen honores und dignitates aus und beschränkt sie auf die debita officia curiae [2]); wegen der Erblichkeit und um den Söhnen das erforderliche Vermögen zu erhalten, dürfen sie diesen durch Testament die Erbschaft nicht entziehen; in deren Ermanglung dürfen sie Fremde einsetzen, die aber, wenn nicht selbst Curialen, $^1/_4$ der Curie überlassen müssen: Liegenschaften und was nicht verborgen werden kann, werden geschätzt: über Gold, Silber und Alles, quod latere potest [3]), hat der Erbe der Curie den Manifestationseid zu schwören; ebenso werden Forderungen und Schulden zwischen Erbe und Curie getheilt: männliche Descendenten, gleichviel, ob Curialen oder nicht, sind von dieser Abzugsquart frei, weibliche nur, wenn sie einem curialis der Stadt vermählt sind; wenn sie gar nicht oder einen Nicht-curialis heirathen, müssen sie vom Todestag an $^1/_4$ herausgeben. Mutter und Großmutter sind frei von der Quart, wenn Frauen eines Curialen, ebenso ein extraneus curialis. Nur wer 13 Kinder hat, soll nicht als curialis ad servitia curiae gezogen und, wenn er schon curialis ist, mit ehrenvoller Ruhe entlassen werden [4]). Dagegen wird der Eidam eines curialis, der seiner kinderlosen Frau Testamentserbe geworden, von der Curialpflicht ergriffen [5]). Aus und von den Curialen werden auch öffentlich zu Protokoll auf 1 oder 2 Jahre die exactores und susceptores gewählt [6]).

Trotz jenes gewaltsamen Festhaltens und künstlichen Vermehrens nahm die Zahl der Curialen so erschreckend ab, daß man die Dauer einzelner ihrer Aemter verdoppeln mußte [7]), und das Vermögen der

1) Voigt S. 174.

2) Die Stelle ist wichtig für Kenntniß der Lasten und Pflichten der c.

3) 11, 12 „de praesidio", barbarisch erklärt.

4) B. T. XII. 1, 6. XVI. 1, 1; ebenso sind befreit (non exactores, non allectos) die Geistlichen, aber bei Verlust oder Verzicht des geistlichen Standes wird er vom judex den curial. oder collegiat. beigesellt B. T. XVI. 1, 5.

5) 7 l. c., wobei J. statt decurio und principalis einfach curialis setzt und ausläßt: si ab omnibus alienus officiis est et nullis quibus merito possit excusari privilegiis adjuvatur; gleichwohl bestanden diese Entschuldigungsgründe noch fort: wenn sie ohne solche die servitia ablehnen (declinant), werden sie ad servitia = officia B. T. XVI. 1, 1 J. civitatis revocirt 9 l. c.

6) 2, l. 2.

7) B. T. XII. 2, 2.

Städte war schon unter Arcadius und Honorius so erschöpft, daß der kaiserliche Fiscus ein Drittel ihrer Reparaturlast übernommen hatte [1]); wegen Unwürdigkeit abgesetzte Geistliche werden für die Curie nicht verschmäht [2]); (im Detail waren wohl in manchen Städten mit der Gothenzeit Vereinfachungen eingetreten) [3]); ebenso zieht B. [4]) die verabscheuten Irrgläubigen zu diesen Aemtern bei [5]). Dafür sollen curiales „nicht so leicht" gefoltert, gegeißelt, unmäßiger Geldstrafe unterworfen werden: all' dies soll sie nach Ausspruch nicht schon des judex, sondern nur einer potestas dignissima [6]), d. h. rector prov. oder dux [7]) treffen und nur der Schuldige, nicht die ganze Curie, soll die mulcta tragen.

Aber auch im Gebiet der Staatsverwaltung [8]) haben sie noch andere Lasten und Pflichten: sie haften für Einhaltung der Gesetze über Befreiung von Kriegsgefangenen [9]), über Postwesen [10]) und Anderes. Zunächst über ihnen steht der judex civitatis als Königsbeamter: er darf ihnen nicht eigenmächtig Befreiung gewähren [11]), aber auch seine Strafgewalt nicht mißbrauchen [12]).

Unter den curiales stehen die collegiati [13]). Ueber diese enthält B. nur wenige, aber genügende Stellen: wenn sie ihre Städte verlassen, so werden sie sammt ihrer Habe von den Richtern ad officia civitatis suae zurückgezwungen [14]): sie sind aber gemeinfrei, und schließen mit ingenuae und collegiatae ebenbürtige Ehen, deren

---

1) B. T. XV. 1, 2.

2) Gestraft wird es, wenn hominibus improbissimis ab omnibus officiis militiae aditus obstruatur.

3) So J. zu B. T. XVI. 1, 5 statt decem primi nur curiales.

4) B. T. IV. 3.

5) (Der „cohortalinos" geschweigt J.) ne videamur hominibus exsecrandis .. beneficium praestitisse: nur apparitores, Kerkermeister, sollen sie nicht sein.

6) Im Text: praef. praet.

7) Doch darf ein tabellio zur Erprobung der Echtheit einer von ihm gefertigten Urkunde gefoltert werden, obgleich er inzwischen curialis geworden B. T. J. IX. 15, 1. XII. 1, 5. Vgl. Roth p. 83, andere Privilegien Serrigny I. p. 237.

8) Vgl. Roth p. 79.

9) B. T. V. 5, 2.

10) IX. 15, 1 mit den curatores und defensores, auch hier principales civitatis statt officii.

11) B. T. XII. 1, 1.

12) l. c. 5.

13) Vgl. Bethm. H. I. S. 197. Gaupp. S. 67. Helff. S. 115.

14) revocari, oft statt dessen als Knechte verkauft. B. Nov. Maj. I. 1.

Kinder dem Vater folgen: mit colonae und ancillae haben sie kein aequale conjugium: daher folgen hier die Kinder der Mutter [1]) und es sollen [2]) Geistliche nach Verlust ihres Grades, und damit ihrer Befreiung, vom Richter zum officium civitatis beigezogen [3]), und zwar die bessern und reichern zu curiales, die „niedrigsten Menschen" zu collegiati gemacht werden.

Diese collegiati, corporati waren Kleinkrämer [4]) und Klein-Gewerkleute [5]); ihre verachtete Stellung bezeugt auch Isidor [6]). So strenge wie die Curialen werden sie in Stadt, Stand und Pflicht gehalten: liefert der actor einer possessio den flüchtigen bei ihm verborgenen collegiatus nicht aus, so wird er, wenn ingenuus, selbst Collegiat, wenn Knecht, gegeißelt und getödtet; befahl der Herr der possessio die Bergung, so verwirkt er das Besitzthum; auch der Fiscus muß ausliefern; die Söhne eines solchen flüchtigen collegiatus, mit einer ancilla erzeugt, werden collegiati, die mit einer colona, curiales; sie haben nach Anordnung der Curialen niedre Dienste im Turnus zu leisten, dürfen nicht außerhalb des Stadtgebiets wohnen, so wenig wie die Curialen Geistliche werden [7]) oder defensores ecclesiae, bei Strafe der Gütereinziehung und Rückführung in den Dienst der Stadt; auch diaconi entziehen sich dem nur durch Stellung von Stellvertretern: befreit sind nur bereits ordinirte Priester und Bischöfe [8]). Aber auch

1) B. T. XIV. 1, 1.

2) Nach XVI. 1, 5.

3) si ita et natalibus et facultatibus est idoneus: si autem infima persona est, zu den collegiati oder anderm Dienst, keinenfalls aber darf er entschlüpfen; J. verschärft hier die Ausdrücke: T. hatte noch nicht von *infimae* personae gesprochen (nur pro hominum qualitate et quantitate patrimonii vel *ordini* vel *collegio* civitatis adjungatur): man sieht das Sinken der collegiati.

4) Daher negotiantium collegium. Böcking II. p. 1013. Kuhn I. S. 283.

5) Serrigny II. p. 291. 351. Sehr zahlreiche collegia in Sevilla C. J. p. 373.

6) origin. IX. 4. c. dicuntur quod ex eorum collegio custodiisque deputentur, qui facinus aliquod commiserunt (z. B. Nov. Maj. I. 1. ein actor ingenuus), während den a. servus J. (famulus Tert) Geißel und Tod treffen: est enim sordidissiumum genus hominum patre incerto progenitum: letzteres Merkmal in der Definition, die wieder so verkehrt wie möglich, rührt von der Zuweisung unehelicher Kinder in dieser Classe her — natürlich nur Einer der mehreren Gründe der Zugehörigkeit zu derselben.

7) B. Nov. Val. 12.

8) l. c. und München II. S. 143. B. Nov. Maj. I. J. ad Nov. Val. 12 läßt den primarius, aurarius, publicus servus, die primores officii und die Strafe von 20 Pfund Gold aus.

diese, d. h. Collegiatpflichtige, denen es gelungen, die Priesterweihe zu erlangen, dürfen von ihrem Vermögen nichts veräußern, müssen ihren männlichen Nachkommen oder Verwandten die Hälfte desselben abtreten (und sich von diesen in dem Dienst der Stadt vertreten ließen), in Ermanglung von solchen, ihren Töchtern, welche Curialen heirathen müssen, widrigenfalls das ganze Vermögen der Stadt verfällt; selbst aus dem Asyl der Kirche muß den Flüchtigen der Archidiakonus liefern und die Klage [1]) gegen ihn verjährt erst in 30 Jahren [2]).

Andere Municipalämter, wie censuales [3]), quinquennales [4]), principales [5]), duumviri [6]), decemviri [7]) mögen in manchen Städten frühe verschwunden sein.

Zweifelhaft ist, ob die von Isidor [8]) genannten burgarii [9]) als diesem Staat angehörig bezeichnet werden, wie es doch scheint: zwischen „tabellio“ und „collegiati“ genannt, wären dann diese „Bürger“ Colonisten in Grenz-Städten und -Castellen [10]); zahlreiche Belege [11]) zeigen „burgum“ (πύργος) und „burgarii“ über das ganze Reich verbreitet; ob Name und Wesen also damals noch auch gerade in

1) a. revocatoria.

2) l. c. einige andere Bestimmungen oben „Curialen“; noch Cc. T. IV. 19 verbietet, daß curiae nexibus obligati Bischöfe werden.

3) Sav. I. S. 68. Roth p. 112. vgl. Roth p. 86—114. Sehr summarisch Raynouard I. S. 95.

4) Sav. I. S. 68. J. C. in Carthago n. und Tarraco. Roth p. 183.

5) Sav. I. S. 81. 96. Isid. orig. IX. 4. B. Nov. Major. I. 1. locum principalitatis adepti Biedenw. p. 57. Böck II. p. 11. 93. 125. Roth p. 72.

6) Nennt in Spanien Cc. Illib. 56. a. 305. (vgl. Roth p. 90—96. Serrigny I. p. 203. Raynouard I. S. 62. Fauriel I. p. 358 f. Giraud p. j. I. 1. p. 131. Sehr zahlreiche Belege C. J. s. h. v. Vgl. F. N. 25. Biedenweg p. 57.

7) In Clermont Apoll. S. II. 6.

8) origin. IX. 4.

9) b. a burgis dicti, quia crebra per limites habitacula constituta burgos vulgo vocant (dies nach Oros. VII. 32), unde et Burgundionum gentis nomen inhaesit, quos quandam subacta Germania Romani per castra disposuerunt atque ita ex locis nomen sumserunt.

10) Vgl. l. c. XV. 2. Burdigalim appellatam ferunt quod Burgos Gallos primum colonos habuerit, quibus antea cultoribus impleta est; (ein Landgut Burgus bei Apoll. Sid. s. oben S. 69). Ueber nöthige Vorsicht bei Benützung des ganz archaisirenden Isidor s. Hübner S. 580 gegen los Rios in dessen beiden Werken.

11) bei Böck II. p. 705 (leicht zu vermehren aus Procop. de aedif.).

Spanien lebendig oder nur gelehrte Tradition bei dem archaistischen Isidor war, das ist wohl unentscheidbar [1]).

Die plebeji sind an die Scholle gebundene coloni [2]); sie dürfen das Gütlein gar nicht veräußern: der Käufer verwirkt den Kaufpreis [3]).

Gewisse Privilegien der Stadtgemeinden [4]) wie der curiae werden aufrecht erhalten: so das Erbrecht der curia [5]), vor dem Fiscus, gegenüber einem erblos verstorbenen Curial [6]), die Unersitzbarkeit ꝛc. ihrer Sclaven durch Andere [7]), das Verbot der Leichenbestattung innerhalb der Mauern [8]). Bei Gründung neuer Städte, z. B. von Rekopolis, verliehen auch die Könige solche Privilegien [9]).

---

1) Ueber die obige Ableitung des Burgunder-Namens vom römischen burgi (bei Fredigar) s. jetzt Forel, Anzeiger f. Schweiz. Gesch. I. 1869 S. 58; schon bei Vegetius IV. 10. findet sich burgus, castellum parvulum; vgl Leucker I. S. 418, Erhard I. S. 115, Serrigny II. p. 378; W. hat baurgs für πόλις, baurgja für πολίτης, gabaurgja für συμπολίτης, bibaurgeins für παρεμβολή, baurgs vaddjus für τεῖχος. b. nicht identisch mit pagus, wie Marichalar I. p. 307.

2) Oder, in den Städten, nicht zum ordo gehörige Römer Lezardière I. p. 181, K. Maurer S. 59.

3) L. V. V. 4, 19; nach Helff. S. 160 sind die plebeji = den collegiati in den Städten: aber grundsteuerpflichtige „Taglöhner" sind doch schwer denkbar (über die verschiednen Bedeutungen von privati Böck. II. s. h. v., Kuhn I. S. 278; Cc. T. XIII. 3 bezeichnet es nicht den Patronlosen, wie Helff. S. 161, sondern den Gegensatz zum servus fiscalis wie schon Cc. T. III. sive pr. sive fiscalem); nach Hegel II. S. 327 sollen es umgekehrt die römischen possessores sein im Gegensatz zu den curiales und den Gothen (milites, aber auch die curiales waren grundsteuerpflichtige possessores und auch die Römer waren milites). Das ist Eine Bedeutung, bestätigt durch Isid. orig. IX. 4. pr. extranei sunt ab officiis publicis; est enim nomen magistratum habenti contrarium et dicti privati quod sint ab officiis curiae absoluti. Vgl. L. V. XII. 1, 2 pr. homines V. 4, 19. Viel Confuses über curiales, plebeji, privati bei Davoud Oghlou I. p. 202—206, vgl. Levasseur I. p. 68. du Cellier p. 48 behauptet irrig Verschmelzung von servi, coloni, collegiati in der Gothenzeit.

4) Roth p. 59 seq.

5) Und der Kirche V. 3, 1.

6) B. T. V. 2, 1 J. curia, cujus ordini subtrahitur fügt die testamenti factio activa hinzu.

7) l. c. IV. 10, 3. 4.

8) Im Suevenreich Cc. Brac. I. 18 nach B. P. I. 21, 2.

9) Joh. Bicl. ad h. l.: aber wohl noch weiter gehende Befreiung von gewissen Steuern, Frohnden und Lasten.

c) Die unmittelbaren königlichen Beamten.

Die größte Schwierigkeit bereitet für klare Auffassung der Beamtenhierarchie das Verhältniß des rector provinciae[1]) zum comes[2]) und zum judex[3]).

Beste Aufklärung über das Competenzverhältniß zwischen rector provinciae und dem gewöhnlichen Richter gewährt die J.[4]). Leichtere Criminalfälle, die Hehlung eines Knechts, Diebstahl, besonders eines Hausthiers, oder auch ein leichter Fall von invasio soll nicht an den rector provinciae, sondern an die „mediocres judices, qui publicam disciplinam observant", gebracht werden, d. h. an die defensores oder assertores pacis: an den rector prov. dagegen nur der förmliche Inscriptionsproceß: schwerere Fälle, die nur vom judex ordinarius mit „Recitatio" der Gesetzesstelle entschieden werden[5]). Hier ist, im Gegensatz zum Text (abgesehen von der Auslassung des interdictum momentariae possessionis), hervorzuheben die bestimmte Bezeichnung der „*mediocres judices*, welche die öffentliche Ordnung wahren", die im Texte fehlt, mit dem erklärenden Zusatz: defensores aut assertores pacis, ferner, daß der rector provinciae noch immer als der judex ordinarius für den Inscriptionsproceß bezeichnet wird. Daß der provinciae judex der judex ordinarius ist, zeigt l. 9 l. c.; den Gegensatz bilden: illi, qui *armatis* praeesse noscuntur, wie die J. das *judicium militare* des Textes, den eingetretenen Veränderungen gemäß, umschreibt, d. h. der comes und die Zahlenführer. Daher ist gleichbedeutend: in una provincia vel sub uno judice esse[6]). Die nur einmal[7]) genannten auditores vel judices, an welche die königliche audientia vel jussio gerichtet ist, sind römische j.[8]).

---

1) A. IV. S. 160.
2) A. IV. S. 159.
3) A. IV. S. 160.
4) Zu B. T. II. 1, 8.
5) Bei einer Strafe von 5 Pfund Gold für die Officialen.
6) B. T. II. 5, 1.
7) L. V. VII. 5, 1.
8) Das wird gegen v. Bethm. H. I. S. 193 Note 38 (wo er Eichhorn R. G., auch Z. f. g. R. W. VIII. S. 289. 292, gegen Hegel S. 325 vertritt) genügen: der judex = rector prov. ist nicht, wohl aber der judex civitatis dem comes civitatis untergeordnet; die „comites provinciae" der Notitia dignit. sind nicht mehr technisch.

Die cognitores im engern Sinne sind, im Unterschied von den procuratores, *praesente judice* aufgestellte Proceßmandatare[1]).

In der L. V. begegnet der rector provinciae nur einmal[2]), neben („vel") dem judex territorii. Das ist, nach dem Erörterten, vollbegreiflich, ohne daß man ihn in späterer Zeit verschwunden oder mit dem dux identisch denkt[3]). Kein solcher rector provinciae scheint mir der rector rerum publicarum Sisisclus, der, mit dem actor rerum fiscalium Suanila, beide viri illustres, dem Conc. Hisp. II. anwohnt[4]); beide Titel kommen so nie wieder vor[5]) und ich halte sie für Umschreibungen des wirklichen Amts, die für geschmackvoller galten als die einfache Namennennung: der „Leiter der öffentlichen Dinge" kann dann freilich jeder königliche Beamte heißen und sein[6]).

Nach B. ist der rector provinciae der judex ordinarius für die Römer im Civil- und Strafproceß (auch für den Fiscus)[7]); ferner übt er die Finanz- und Polizeigewalt des Königs über sie[8]),

---

1) B. T. II. 12, 7. P. V. 10, 2. I. 2, 1 (in der J. wird der Ausdruck vermieden), anders T. III. 19, 4 u. IV. 20 (21), 5. J. zu IX. 1, 7 geschweigt ihrer; ordinarii cognitores XVI. 5, 1 d. h. judices (ohne J.).

2) L. V. XII. 1, 2. — J. zu B. T. V. 5, 2 macht daraus judices. VIII. 2, 1 bleibt er stehen, weil keine interpretatio. Vgl. B. P. V. 30 J. I. 7, 2.

3) Helff. S. 155 und v. Bethm. H. g. P. I. S. 193, mit dem judex identisch geworden Warnkönig I. S. 79.

4) Ein r. r. publicar. Helladius bei Hildifons p. 9.

5) Auch der a. r. f. nicht als solcher in L. V. XII. 1, 2 wie Helff. S. 155 behauptet.

6) Dies bestätigen Cdd., welche zweimal rector, nicht actor, auch rerum fiscalium, lesen. Vielleicht ist es, wie Helff. S. 155, nach Hildif. de viris illustr. c. 7, annimmt, der comes civitatis von Sevilla, dem der König füglich seine Vertretung in Abhaltung des Concils vertrauen mochte. Der ihm gesellte actor (al. rector) rerum fiscalium — man bemerke die Antithese — ist dann ein (gleichfalls umschriebener) Finanzbeamter d. h. actor.

7) B. T. II. 1, 5, vgl. X. 1, 1. 3, 2. XII. 2, 1. praeses prov. blieb stehen B. Cd. Greg. IX. 11. III. (6) 2, 5. P. V. 28, 4. 14. III. 7 (3), 1 geschweigt J. seiner; blieb doch J. P. V. 18, 2 auch judex tutelaris und centumviri stehen und V. 14, 2 der praef. praet.; praesidis acta P. 28, 4. 14. I. 3, 1. Vgl. Folter IV. 11, 3 vgl. 4, 2. II. 15, 6 ex auctoritate praesidis hereditatem adire compelli. praesides bestanden nach der not. dign. c. a. 425 in den alpes maritimae, in prov. aquitan. I. et II., novem populania, narbonnensis I. et II. s. Serrigny I. p. 128. J. C. nennt praes. Gallaeciae, Mauritan.. Tingit., Hispan. cit. et Baeticae.

8) B. T. l. c. XI. 3, 1. I. 6, 4. 5.

unterstützt von seinem „officium“ [1]) und dem rechtskundigen „consiliarius“ [2]), der aber civium electione bestellt wird [3]). Einzelne Fälle überträgt er wie früher an judices pedanei [4]). Der rector provinciae wird von J. [5]) nicht mehr genannt, statt dessen: „competentes judices [6]) . . intra provinciam“ für Soldaten und Nicht-Soldaten [7]).

Die Feststellung von Amt und Thätigkeit des judex wird erschwert durch die mehrfachen Bedeutungen, welche die Quellen, ohne weitere Unterscheidung [8]), mit dem Ausdruck verbinden — eine Schwierigkeit, welche man schon in jenen Jahrhunderten empfunden und durch eine authentische Interpretation zu heben versucht hat [9]). Denn judex

---

1) l. c. I. 6, 1. XI. 5. IX. 1, 9. XII. 1, 5.

2) l. c. I. 11, 1. 2. II. 1, 6.

3) I. 11, 3. Sav. I. S. 309, v. Bethm. H. I. S. 196.

4) B. Paul. V. 30, v. Bethm. H. l. c. r. P. III. S. 41. Serrigny I. p. 148 verzeichnet die verschiednen Ansichten über diese.

5) Zu B. Nov. Mart. I.; L. V. I. 2, 5 ist r. der König.

6) B. T. XI. 4, 2 vgl. J. jud. provinciar. d. h. den rectores prov. XIII. 2, 2 statt j. prov. j. loci, ebenso XII. 2, 1.

7) Nach B. Nov. Val. 5 übt der r., moderator prov. die Strafgewalt. Ihn identificirt mit dem judex territorii in L. V. IX. 1, 2 Zöpfl S. 420; über die Identität mit dem judex per provinciam s. Böck. I. p. 140, vgl. II. p. 1147. Verbindung des praesidatus mit dem ducatus und comitatus I. p. 138 und über das Verhältniß von rectores, correctores, moderatores, praesides provinciar. II. p. 332. 1146. 1180.

8) Das hat schon Sav. I. S. 303 bemerkt, ohne im Einzelnen stets das Richtige zu treffen: z. B. jud. prov. ist nicht comes goth.

9) S. oben S. 305. L. V. II. 1, 25 heißt es, die den judices auferlegten Pflichten sollen für jeden gelten, welcher judicandi potestas hat, cui debite judicare convenit. Vgl. 2, 4: cunctos judices vel quibuscunque judicandi potestas est II. 2, 7. quorumlibet judicum; oft per judicis instantiam d. h. durch Richter-Spruch und -Gewalt III. 2, 1. Cc. T. IV. 65 judices provinciarum, omnes judices Cc. T. VII. 1 (hier nicht etwa j. palatii zu verbinden), ebenso XII. 7. XVI. tom. und sehr häufig: hier also judex nicht zur Bezeichnung des bestimmten, judex genannten Amtes L. V. III. 4, 13. II. 1, 11: erst hinterher wird dann noch unterschieden: comes civitatis vel judex II. 1, 17. judex negotii, seu dux . . vel comes. 20 judex, comes, vicarius comitis; im weitern Sinn ferner III. 4, 13 und sehr oft B. z. B. J. T. IV. 8, 1 14 (15), 1. IX. 1, 1 judices loci ubi delictum commissum est. IV. 20 (21), 5 macht aus cognitores judices und schweigt V. 1, 1 des Prätors, ebenso verwandelt J. V. 5, 2 die rectores in die unbestimmteren judices. Zu B. P. V. 38, 1 nennt erst J. die Richter in audientia secunda. Daß der judex in der römischen Verfassung vorgefunden wurde,

im weitern Sinn bezeichnet jeden, der irgend richterliche Functionen hat: in diesem Sinn ist auch der dux, comes, vicarius, Piusaps, actor ein judex [1]). Daher sind nur solche Stellen zur Charakterisirung des judex sicher zu verwerthen, wo er neben dem comes, dux etc. genannt wird [2]).

So ist „judex" ohne Beisatz oft der römische j. provinciae [3]) mit seinen hergebrachten, wenig veränderten, Functionen [4]) im Straf= und Civil=Proceß [5]), in Finanz und Polizei [6]): er bildet sich nach

---

verkennt Masdeu XI. p. 88, der sie nur für „substitutos" der in Politik, Heerbann und Andrem viel abgezognen comites hält.

1) Ueber judices B. T. III. 11, 1. Ant. c. 282. 322 locorum 289 L. V. II. 1, 9—11. 13. 15. 17—20. 22—32. 2, 2—5. 8. 3, 2. 6, 1. V. 7, 8. VI. 2, 3. VII. 2, 22. 4, 2. IX. 1, 21. 2, 2; so sind unbestimmt die j., welche den Streit um die Basilika der h. Eulalia entscheiden sollen Paul. Emer. p. 649.

2) z. B. L. V. IX. 1, 21. XII. 2, 10. III. 5, 5 (Cc. T. IX. 1) ist nur (neben dem pontifex) der weltliche Richter überhaupt gemeint; quolibet judice insistente. V. 4, 8 locorum judices d. h. alle welche nach VI. 1, 5. (XII. 1, 1 j. et cunctos quibus judicandi potestas concessa est,) jud. ordinatione funguntur; vgl. Cc. T. III. 16 j. territorii (L. V. VI. 4, 4, ebenso VI. 3, 7. XII. 1, 2. 3, 3. IV. 4, 1.) Cc. T. III. 17. j. earundem partium. 18 locorum vel actores fiscalium patrim. 21 j. vel actores publici Cc. Hisp. I. 3. T. XVI. 1. cunctis judicariam curam habentibus 2. qui j. praesunt causarum negotiis; dann si episcop. vel j. L. V. VI. 2, 3 si quis ex quolibet j. gradu vel ordine. 4, 3 judicaria privatus potestate. 5, 12 j. loci illius ubi hoc exortum fuerit. VII. 4, 2. Ebenso B. Gaj. III. § 1. quibus publici officii potestas commissa est. P. I. 7, 2 J. V. 5, 6. jeden Strafrichter 4, 1 J.; B. T. IX. 30, 1. 31, 1 J. X. 5, 1 J. besonders zu beachten P. I. 7, 2 wo J. statt des Prätors im Text sagt: hoc enim quod per praetorem antea fiebat, modo per judices civitatum agendum est d. h. die in integr. restit. vgl. 5, 2 J. apud cunctos vel *privatos* judices T. XI. 11, 5 j. publicus XVI. 1, 2. v. Bethm. H. Darstellung I. S. 187 leidet an dem Irrthum der ausschließlichen Wehrpflicht der Gothen, der Identificirung von j. und vicarius und mangelnder Kritik des Sprachgebrauchs wegen mangelnder Kenntniß des Materials; auch Merkel, über den judex im bayer. Volks=Recht S. 136 verkennt, daß judex doch a u ch technische Specialbedeutung in der L. V. hat und folgert irrig aus II. 1, 25, daß die Westgothen regelmäßig a l l e Beamten judices genannt hätten.

3) So B. T. I. 6, 4 wo ihn J. statt des praeses prov. des Textes nennt. Das verkennt Hegel II. S. 326; vgl. XI. 4, 2 (hier J. j. provinciar. statt j. des Textes); 6, 1. Recurs an ihn wegen Uebersteuerung XIII. 2, 2.

4) B. T. IX. 8, 2.

5) III. 11, 1.

6) Daher administrare provinciam s. Boissieu s. h. v.

alter römischer Weise sein praetorium selbst [1]): das „officium" d. h. Personal [2]) wird oft besonders gestraft; Soldaten hat er nicht unter sich [3]); seinen cancellarius oder domesticus darf er nicht mitbringen, durch öffentliche Wahl wird ihm dieser beigegeben [4]). Auch Knechte und Colonen der Krone dürfen diese römischen judices ergreifen, ohne sich durch die actores, ordinatores hemmen zu lassen. Nicht mehr der defensor civitatis, wie im Text [5]), soll nach J. den Räuber verfolgen, während [6]) J. die decreti interpositio des Textes bei Verkauf von Mündelgut umschreibt mit: auctoritate judicis aut consensu curiae: also die Wahl läßt zwischen dem judex [7]) und der curia; der Ausdruck ist so geläufig, daß die J. [8]) das Unbestimmtere des des Textes: si quis in potestate publica positus atque honore administrandarum provinciarum für das Gothenreich mit dem bestimmten Ausdruck wiedergiebt: judex provinciae cujuslibet vel quicumque in administratione constitutus. Besonders lehrreich aber ist, wie die J. [9]) die römischen Beamtungen, den veränderten Verhältnissen entsprechend, umschreibt. Der Text sagt: wenn Einer ordinaria vel qualibet praeditus potestate seine Amtsgewalt zur Erzwingung einer Heirath mißbrauchen will, — sie bezeichnet dann denselben als judex, — so sollen die Bedrohten seiner Gerichtsbarkeit entzogen werden: die vindices civitatis und apparitores eben dieses judex haben dafür zu sorgen: ist der betreffende der judex ordinarius, so competiren alle civilia et criminalia negotia dieses Hauses fortan zu dem vicarius, ist der vicarius oder similis potestatis der Bedränger, umgekehrt zu dem judex ordinarius: sind beide verdächtig, so hat illustris praefectura den Schutz des Hauses zu übernehmen. Dies verallgemeinert nun J., indem sie (statt ord. vel q. praed. pot., judex) nennt: hos judices, qui provincias administrant, vel etiam

---

1) B. T. I. 9, 3. III. 6, 1. J.: habeant qui ipsis in consortio administrationis videntur conjuncti. Serrigny I. p. 104.

2) IX. 1, 0. 2, 3.

3) Daher umschreibt J. das: a militibus faciat custodiri mit: quacumque custodia XI. 8, 2 B. T.

4) Vgl. B. T. II. 1, 1 j. in provinciis ordinati.

5) l. c. I. 10, 3.

6) l. c. III. 1, 3.

7) Nicht comes, wie Sav. I. S. 306 und Haenel ad h. l.

8) Zu l. c. III. 6, 1.

9) Zu l. c. III. 11, 1.

hos, quibus civitates vel loca commissa sunt. Also auch die judices und comites der Städte und die Vorstände kleinerer Gebiete: gleichwohl sind alle diese judices *in provincia* j. im weitern Sinn [1]). Statt des „vindex civitatis" und der „apparitores judicis" verweist sie auf „alios judices vel civitates proximas" und erklärt dies (mit Nichterwähnung des vicarius und der illustris praefectura) folgendermaßen: ut si in eadem provincia sit alia potestas, utpote si sint duo judices, unus privata et alius dominica jura gubernans, si ab altero .. prematur, alterius tutela debeat defensari aut certe — damit wird die Präfectur ersetzt — ad magnificam potestatem, quae principis auribus hoc possit intimare, recurrat. Daraus erhellt, was wir am Schluß noch einmal werden hervorheben müssen, daß schon a. 506 keineswegs in allen Provinzen dieses Reichs eine gleichmäßige Aemterorganisation bestand, daß man die Municipalbehörde, den vindex civitatis (geschweige denn das Amtspersonal des bedrängenden Richters selbst) nicht mehr für ausreichend zum Schutze hielt, daß der vicarius, obwohl er vorkam, nicht so regelmäßig wie nach der römischen Verfassung neben dem judex stand; daß dagegen bald in Einer Provinz eine Mehrzahl von judices fungirte, bald aber neben dem judex (d. h. dem dominica jura gubernans) ein großer Fiscal- oder richtiger Domänenbeamter, ein comes patrimoniorum oder rector, actor rerum fiscalium stand, der concurrirende und namentlich, wie hier, ergänzende Gerichtsbarkeit üben konnte: (ganz wie Cc. H. II. nebeneinander den rector rerum *publicarum* und rector rerum *fiscalium* nennt), daß endlich der praefectus praetorio, an den der Text gerichtet, in diesem Staat weggefallen: die magnifica potestas, die ihn ersetzen soll, ist nach meiner Idee der dux provinciae, der über beiden steht, der aber, abweichend vom Text, den Fürsten nur zu handeln veranlaßt, während der praefectus praetorio die Person des Kaisers vertritt und selbst handelt. — In andern Fällen ist der judex an die Stelle des römischen praefectus urbi und des praetor tutelaris getreten [2]).

---

1) judex ordinarius, genannt J. B. T. XI. 6, 1, vermeidet J. sonst gern zu nennen z. B. IV. 13 (14), 1. VIII. 1, 1 bleibt er nur, weil keine Interpretatio; er hat sein römisches officium unter sich; in dem mehr theoretisirenden P. V. 30 aber wiederholt J. *judices pedanei* id est qui ex delegatione causas audiunt, sie werden vom *judex provinciae* (L. V. VI. 8, 7) gestraft.

2) So B. T. III. 17, 8 wo die J. in solcher Weise den Text ersetzt, bei der Be-

Dann aber ist der judex auch die ordentliche, unter dem Grafen stehende, regelmäßige Behörde erster Instanz, auch für die Gothen, zunächst im Civil- und Straf-Verfahren, aber auch mit Verwaltungs- und Finanz-Functionen ganz wie der Graf: nur militairische Stellung hat er nicht.

„Der ordentliche judex hat als solcher Gerichtsbarkeit in allen Civil- und Strafprocessen": so sagt ein Gesetz [1]), offenbar einen Zweifel der Praxis entscheidend, während den außerordentlichen, vom König bestellten Commissairen die Instruction die Competenz bestimmt, ob sie auch Strafsachen und mehr als einen Einzelfall zu entscheiden haben. In den Gerichtssprengel [2]) darf kein Nachbarrichter eingreifen [3]). Der judex steht unter dem dux, neben, aber auch unter dem comes [4]). Wird er verklagt, so ist der comes oder dessen Delegirter sein Richter oder auch der Bischof. Mittelpunkt ihres Sprengels ist nicht nothwendig wie bei dem comes eine Stadt: daher heißt es seltener judex als comes civitatis: es giebt in Einer civitas mehrere judices und giebt judices auch außer den civitates: daher judices *locorum* [5]). Als Strafrichter hat er bald auf Anklage, bald von Amtswegen [6]) einzuschreiten, er soll die Schuldigen ungesäumt ergreifen, d. h. in

---

stellung eines tutor oder curator in Ermanglung eines t. testamentarius oder legitimus; ebenso steht 4 l. c. der judex statt jener beiden Beamten, wo der Text selbst schon neben sie gestellt hatte: judices, qui in provinciis jura restituunt; diese blieben für das Gothenreich allein übrig.

1) L. V. II. 1, 15.

2) territorium sibi commissum L. V. II. 1, 16. 2, 8. III. 6, 1 j. territorii IV. 4, 1. VIII. 1, 9 für dies ihr Gebiet handeln sie in Vertretung; vgl. noch über die territoriale Competenz judex vel episcopus loci, in cujus civitate, castro, territorio XII. 3, 2; 8; 12; 3, 27.

3) Nur Requisitionen, II. 2, 8, deren Nichterfüllung sehr häufig, deren Erzwingung sehr seltsam und schwerfällig geordnet ist.

4) Meist hinter demselben genannt comes civitatis . . judex territorii III. 6, 1. V. 4, 9. j. civitatis Cc. Em. 15 B. P. I. 7, 2 J. VI. 5, 12 singularum civitat. XI. 1, 6. Einmal vor dem com. L. V. IX. 1, 6; auch hinter dem vicar. III. 6, 1. Ausnahmsweise umgekehrt: judex loci, comes, dux VI. 5, 12.

5) V. 4, 10 einmal judex provinciae vel territorii IX. 1, 6 judex vel vicarius proximae civitatis aut territorii hier j. gleich comes. X. 1, 16 judices singularum civitatum, villici atque praepositi.

6) VI. 3, 7.

Untersuchungshaft bringen [1]). An seine civilprocessuale Competenz [2]) schließt sich die ihm zustehende freiwillige Gerichtsbarkeit und die Obervormundschaft, worin ihm der Bischof zur Seite steht: bei Bestellung des Vormunds, der Caution, des Inventars, der Rechnung [3]).

Den Uebergang gleichsam hievon zu seiner polizeilichen Competenz bildet es, wenn er die Wittwe ermahnen soll, den Nießbrauch am Vatergut der Kinder nicht zu mißbrauchen [4]). Im Gebiet der Verwaltung ist er mit dem kleinsten Detail behelligt: er erläßt nach Aufforderung von Bauern, deren Vieh durch Bienen des Nachbars geschädigt worden, an diesen das Gebot, die Stöcke an unbegangne Orte zu verlegen [5]): ihm muß binnen 8 Tagen das Zulaufen fremder Knechte gemeldet werden [6]): aus polizeilichen Gründen sollen gewisse Veräußerungen nur vor dem judex (oder unbescholtenen Männern) nach Sachprüfung vorgenommen werden [7]); aber auch Glauben und Wandel getaufter Judenkinder muß er prüfen [8]) und die Dirnen der Geistlichen verkaufen [9]). Im Finanzgebiet hat er den thiufadus, vicarius und die eigentlichen Finanzbeamten zu überwachen und wegen Versäumung ihrer Pflichten zu strafen [10]): auch sonst hat er öffentliche Einkünfte einzuheben [11]), angarias und operationes aufzulegen [12]).

Das Verhältniß des judex zum comes setzen folgende Stellen in's Klare: der judex ist nicht, wie man behauptet hat, identisch mit dem comes civitatis, sondern diesem untergeordnet und schwächer:

---

1) V. 4, 11. judex eum comprehendere non moretur; wenn aber VI. 3, 7 judex provinciae vel territorii statt Tod Blendung verhängen darf, ist nicht der gewöhnliche judex gemeint.

2) z. B. Unterbrechung der Verjährung X. 2, 5; er schätzt allein oder mit honesti viri den Werth von Verwendungen oder andern Beträgen V. 4, 10.

3) IV. 2, 13; 3, 3.

4) IV. 2, 14.

5) VIII. 5, 6 und bezieht eine Brüche von 5 sol. (wie überhaupt die Bußen wegen Ungehorsams wider diese contestatio aut praecepta).

6) IX. 1, 3 contestari; ebenso 6 quia noluit contestari vgl. 12.

7) IX. 1, 21.

8) XII. 2, 10.

9) Cc. Hisp. I. 3.

10) Ihn selbst trifft dabei eine Buße von 3 Pfund Gold, ohne daß seine Insolvenz gegenüber diesem Betrag vermuthet wird. IX. 1, 21.

11) XI. 1, 2; aus finanzpolizeilichen Gründen soll er Restitutionen beschleunigen, die im Civilproceß gefordert werden.

12) Cc. T. III. 18. 21.

wenn der judex allein den Verbrecher nicht zu erreichen und zur Strafe zu bringen vermag, suche er Hülfe bei dem comes civitatis [1]). Den Unterschied beweisen kaum weniger schlagend als diese entscheidende Stelle zahlreiche Gesetze, welche auf den comes civitatis vel judex verweisen, wobei das unselige vel, eine Lieblingsträgheit dieses Gesetzes, ganz unklar läßt [2]), ob die Wahl der Partei oder Anderes die Competenz des comes oder judex bestimmen darf. Identität [3]) kann das vel hier nicht immer ausdrücken sollen.

Der höchste weltliche Vertreter der Krone in allen ihren Gewalten in einer Provinz ist der dux, er hat das Prädicat: magnifica potestas [4]); er übt militairische [5]), richterliche [6]), polizeiliche [7]) und financielle [8]) Gewalten: er steht in allen diesen Beziehungen an der Spitze der provincia [9]) und aller ihrer civitates [10]) und territoria und deren comites [11]): dux *provinciae* heißt er deßhalb [12]) so bestimmt wie der Graf

---

1) VII. 4, 2 quod si forte ipse judex solus illum comprehendere vel distringere non potest, a comite civitatis quaerat auxilium, cum solus sibi sufficere non possit.

2) So II. 1, 11. 13. 16 comitem *sive etiam* judicem 2, 8. 3, 10. 1, 22. VI. 1, 1. 25. 28. Cd. Leg. 29. VII. 1, 5. VI. 5, 12. V. 4, 10. VIII. 5, 6. episcopo aut comiti aut judici aut senioribus loci. 4, 26. 29. ac judex IX. 1, 21. vel thiuphadus IX. 21, 2. 1; richtig im Ganzen v. Syb. S. 221, allzuvag Guizot I. p. 292.

3) Wie v. Bethm. H. I. S. 190.

4) gloria vestra titulirt Gregor d. Gr. den dux Claudius Aguirre II. p. 408, vir clariss. Paul. Em. p. 653, inlustris eod. s. über dieses Prädicat Cenni II. p. 84. Natürlich kann der dux prov. zugleich e cubiculo sein, so Argimund unter Rekared Joh. Biclar. l. c. Er ist an die Stelle des praef. praet. getreten, wenn ich J. B. T. III. 11, 1 richtig interpretire.

5) L. V. V. 7, 29. Paul. Emerit. p. 654.

6) L. V. II. 1, 25 (richtig Paul. Pant. p. 195) also nicht nur „general" Cénac Moncaut I. p. 424, dux, comes . . vel qui ex regia jussione . . judices eliguntur. Greg. tur. II. 20 dux in carcere positum extrahi jussit vgl. mart. I. 78.

7) Paul. Emerit. l. c. Diese drei Gewalten übt der d. Claudius bei Niederwerfung des arianischen Aufstandes P. Emer. l. c.

8) Cc. T. XIII. lex XVIII. tom., fehlt bei Rosseeuw I. p. 346.

9) Victorius dux prov. Aquitaniae primae unter Eurich Apoll. S. VII. 7, Greg. tur. II. 20.

10) super septem civitates l. c., ebenso v. patr. c. 8.

11) Hegel II. S. 324.

12) L. V. II. 1, 16. 17, ebenso v. s. Fructuosi p. 430 d. exercitus provinciae.

comes *civitatis*[1]). In der Römerzeit begegnet ein dux legionis VII. per Asturiam et Gallaeciam[2]). In der Gothenzeit nennt L. V.[3]) dux provinciae[4]) vel comes[5]), d. summus (al. suus)[6]) aut episcopus[7]) (vor comes, thiufad., vicar.[8]) vel commissos populos regens[9]) aut patronus[10]) et seniores)[11]); unus ex officio ducum zwingt Wamba zur Annahme der Krone[12]). Duces des Leovigild nennt Joh. Biclar.; vielleicht waren auch seine beiden Söhne duces, als sie provincias ad regnandum erhalten; unter Eurich schon begegnen Victorius dux Aquitan. prov.[13]) und Nammatius als Befehlshaber der Flotte[14]); unter Alarich II. a. 487 Suatrius Gothorum dux[15]): ferner Theudis als Statthalter[16]); Aram dux Theod. regis Italiae „residet" in Arles[17]);

---

1) Wenn Sav. I. S. 234. 276 sagt, der comes war die höchste Local-Obrigkeit der Gothen, so ist das nur dann richtig, wenn man von der Provinz als Einheit absieht; richtig gegen ihn schon Lemble I. S. 177, Rosseeuw I. p. 346; über das ältere römische Verhältniß von dux, comes (diese beiden nicht, wie Sav. nur der Kriegs- und Friedens-Titel desselben Amts) vicarius, Kuhn I. S. 190, Serrigny I. p. 301, v. Bethm. H. röm. Civilpr. III. S. 13, Marin I. p. 236; über die eigne Gerichtsbarkeit des römischen dux Böck. II. p. 212, und einen „principatus" nennt man seine Gewalt über sieben Städte Greg. tur. patr. 8 (dessen Sprachgebrauch über dux Jacobs géographie p. 60): vgl. Cc. T. XVII. tom. ducatus regionis, dux terrae, (Septimanien) provinciae, „intra clusuras" s. v. Spruners Atlas Spanien und Portugal I.; Morales VI. p. 180 vergleicht sie den visoreyes seiner Zeit; daß es missos regios gegeben habe, hat Romey Masdeu XI. p. 88 mißverstehend nachgeschrieben.

2) C. J. N. 2634.

3) II. 1, 16.

4) 17.

5) IX. 2, 8. 9.

6) II. 1, 22. 25.

7) VII. 1, 1.

8) V. 1, 6.

9) IX. 2, 9.

10) l. c. (Cod. Tol.)

11) pal. IX. 2, 9 (Cd. T.).

12) Jul. v. W. p. 707.

13) Greg. tur. II. 20 bei Apoll. Sidon. VII. 17 comes.

14) l c. VIII. 6; untechnisch carm. VII. v. 402, wo sie neben dem scythicus senatus vielleicht den König und seine Brüder bezeichnen; ebenso untechnisch c. 13.

15) Prosp. chron. cont. havn. p. 31.

16) Proc. b. G. I. 12.

17) Greg. tur. I. 78 und entsendet Befehle nach Nimes; kaiserliche d. h. e. Fr. VI. 18.

ein dux ist Claudius, Lusitaniae[1]) dux prov.[2]), ebenso Ranosind dux Tarracon. prov.[3]); vier duces Wamba's ziehen gegen Narbonne[4]). Srinthila erlangt schon in adolescentia ducis officium[5]).; dux wäre auch et spatharius[6]) der sagenhafte Julian, und zwar d. Tingitaniae prov., aber eine ganze prov. Ting. haben die Gothen keinenfalls gehabt; der dux Francio Cantabriae[7]), der den Frankenkönigen Tribut zahlt, scheint eine fränkische Erfindung[8]). Der dux Launebodus zu Toulouse, dessen Gattin Berchtrudis erst a. 589 stirbt[9]), kann hiernach nicht gothischer[10]), nur fränkischer dux gewesen sein. Gothische *magistri militum* giebt es nicht[11]). Der dux wird fast immer vor dem Grafen genannt[12]). Daher (wie wegen des Altersverhältnisses) steht der comes Witterich ehrerbietig hinter dem dux Claudius[13]): unter den majores loci personae, d., comes, gardingus, ist der d. der Erste: unmittelbar nach dem König wird er genannt[14]), oft mit dem Bischof zusammen, ge=

---

1) Ein Mitschüler des h. Isidor bei St. Leander epist. Isidori ad Claud. ducem ed. Arevalo t. VI. memento communis doctoris nostri Leandri.

2) Der d. L. p. heißt aber auch dux civit. emer., weil Emerita Hauptstadt von Lusitanien Joh. Biclar.

3) Jul. v. W. p. 708.

4) l. c. p. 711.

5) Luc. tud. II. 51.

6) Rod. tol. III. 19 comes spath.

7) Nach Murphy p. 53 kennen allerdings auch arabische Quellen Julian als Gouverneur von Tanger unter Ghitisba = Witisa. Aldama I. p. 2 (?) nennt dessen vicarius, comes Recila.

8) Bei Fredeg. p. 424.

9) Venant. Fort. II. 12.

10) Wie Brower bei Migne 71 p. 101.

11) Der m. m. Spaniae C. J. N. 3420 ist ein Römer, der m. m. Comitiolus In. H. in Carthagena a. 589 ist ein Byzantiner (A. V. S. 166) und der m. m. Ermengandus in Barcelona jedenfalls eine Fälschung. Bulgachramnus ist comes, nicht (wie Vaissette I. p. 322) dux Septim. Daß Salla (Inscr. Fernand. y Perez p. 22) *dux* emeritensis gewesen, nur Hypothese; dahingestellt lasse ich das kaum lesbare duce Ayone auf der Inschrift Hermenigilds zu Alcalá bei Velasquez p. 41; dagegen ist sicher Seresindus dux a. 578 bei Masdeu IX. p. 360; den comes oder dux Vergelatus in der v. s. Fructuosi lasse ich billig unverwerthet.

12) L. V. IX. 2, 8. 9. II. 1, 7 entscheidend 1, 25. III. 4, 17. Cd. L. V. 1. 6. 7. 20 Cd. Lind. Cenni II. p. 34, Sotelo p. 258, richtig Masdeu XI. p. 37 (gegen Villadiego), Eichh. Z. f. g. R. W. VIII. S. 290 (nach dem comes VI. 5, 12).

13) Paul. Em. l. c. utpote junior aetate reddens obsequium seniori, immo nutritori.

14) L. V. IX. 2, 9 principi, d., comiti.

nauer aber dem Erzbischof entsprechend, wie dem episcopus civitatis der comes civitatis [1]). Unerweislich aber ist die Annahme [2]) von sechs duces entsprechend den sechs Erzbischöfen von Karthagena, Bätica, Lusitania, Gallicia, Tarracona und Septimania, mit den constanten Sitzen Toledo, Sevilla, Merida, Braga, Saragossa (oder Tarracona) und Narbonne, da Zahl und Bestand der weltlichen provinciae überhaupt nicht fest steht, vielleicht nie fest stand [3]). Außerdem gab es noch duces in einem weiteren Sinn: jeder vom König bestellte Heerführer, der gewöhnlich mehrere comites unter sich hat, heißt dux und in diesem Sinn kann auch ein comes eines dux Stelle versehen, ja auch im Frieden außerordentlichermaßen über eine ganze Provinz gestellt werden [4]).

Der dux hat major auctoritas [5]) als der Richter, dieser wendet sich an ihn, Widerspänstige vor sein Tribunal zu schaffen [6]); maßt sich ein Privater richterliche Gewalt an oder greift ein comes oder judex in einen fremden Gerichtssprengel, so schreitet ganz folgerichtig der dux ein, der über allen Territorien der Provinz steht [7]); stellt

---

1) Daher steht Cc. T. XII. nebeneinander religiosi provinciarum rectores (i. e. archiep.) et clarissimorum ordinum totius Hispaniae duces, nicht ganz genau daher Cenni II. p. 34. 36, vgl. Helff. S. 149; aber ganz gewiß ist mir hier die technische Bedeutung von duces nicht; ungenügend Romey II. p. 268.

2) Aschb. S. 262, Helff., so auch Rosseeuw I. p. 346.

3) Conc. T. VIII. unterzeichnen nur 6, aber XIII. 8 duces, (also nicht wie Marichalar II. p. 29 bis 6 d. prov.) Hodoagrus, Offilo, Adulfus, Ella, Wenedarius, Fandila, lauter Gothen, 2 davon zugleich com. cubic., 4 com. scanciar. XIII. Wadamir c. scanc. et dux ebenso Reccared, Egica, Sisibut, Sunifred, Argemir c. cub. et dux, Isidor c. thesaur. et dux, Sisimir spatarius, comes et dux. Cc. T. XVI. Vitulus c. patrim. et dux, alle folgen den 13 nur einfach comes, dann noch 2 com. et procer.

4) „Graf und Grafentitel genügten oft, den herzoglichen Beruf zu versehen" Helff., ist also schief (Aschb. S. 262 wendet das ebenso schief: „nach Ablegung des herzoglichen Amts behielt der dux die herzogliche Würde und heißt deßhalb (?!) *comes*") und L. V. II. 1, 17 beweist das nicht: denn in provinciae dux vel comes ist nicht nothwendig comes provinciae zu denken; ebenso schief: „daß die Herzogswürde keine fest abgegrenzte weltliche Stellung unter den spätern Westgothen ausdrückte, ist ausgemacht, bis sie nach und nach völlig verschwand": aber noch auf dem letzten uns erhaltnen Concil Cc. T. XVII. wird mit größter Bestimmtheit von einem dux Galliae provinciae, dux terrae. ducatus regionis gesprochen.

5) Die Judenschaft in Gallien wird sammt ihrem Vermögen in seine Willkür (suffragium) gestellt Cc. T. XVII. tom.

6) L. V. VII. 1, 1.

7) L. V. II. 1, 16.

sich der Bischof nicht vor dem judex, soll ihn der dux (oder comes) dazu anhalten[1]); von dem verdächtigen comes, vicarius, thiufadus wendet sich (bis Kindasvinth), so scheint es, die Partei an ihren dux[2]): er entsetzt und zwingt zum Schadenersatz den parteilichen Richter[3]).

Bei der Heerführung wird er und der comes beständig zusammengenannt: er hat Feinde und Rebellen zu bekämpfen[4]); er und die comites werden vom König beauftragt, zum allgemeinen Wohle mit dem Heerbann auszurücken[5]): er entbietet (admonet) die niedern Führer des Heerbanns und wird für Willkür und Bestechlichkeit dabei gestraft: er hat ein Zehntel seiner Knechte in's Feld zu führen[6]).

Selbstverständlich kann es nach dem Gesagten nicht befremden, einen dux zugleich ein anderes Hof- oder Staats-Amt bekleiden zu sehen. Daß[7]) eine Anzahl von Großen unterzeichnet: dux et comes oder c. patrim. et dux, ist (wenn man nicht an comites im römischen Sinn gewisser Aemter denken will) entweder so zu erklären, daß ein dux provinciae auch comes einer civitas sein konnte[8]), oder so und das ist wohl das Richtigste, daß comites, die einmal Heerführer, duces, gewesen, diesen Titel beibehielten[9]) und am Hof Würden, von Special-comites erhielten[10]).

---

1) II. 1, 17 compellere.

2) II. 1, 20 suum ducem; Cd. Tol. got. „summum ducem“ d. h. König.

3) VI. 4, 3.

4) IX. 2, 8.

5) l. c. 9.

6) l. c.

7) In Conc. T. VIII. XVI. und sonst.

8) So Eichh. I. S. 162, Z. f. g. R. W. VIII. S. 290.

9) Auch bei den Römern dux als bloßer Titel; s. die Belege s. v. „dux“ in Pauly's Realencyclopädie, Masdeu XI. p. 88 denkt nur an duces provinciae „außer Dienst“. Die Ausdrücke ex-duce, ex-comite bei Marin I. p. 237 und Alteserra sind nicht quellenmäßig. Irrig bestreitet v. Bethm. H. I. S. 190 (ähnlich schon Eichh. I. S. 162), daß der d. eine „ordentliche“ Gerichtsinstanz bilde, — allerdings, nur eben eine zweite Instanz für Beschwerde und Abhülfe gegenüber der ersten, so II. 1, 17 L. V. wegen Competenzüberschreitung, 23 wegen Verdächtigkeit des Richters, II. 1, 18 gegen Ungehorsam des Bischofs im Civilproceß, wegen dessen Gefährdung des Kirchenvermögens V. 1, 6: richtig Hegel II. S. 326, Schäffner I. S. 159. 348; aber d. und comes sind nicht Stellvertreter des (viel niederern) thiufaps, weil im XII. Jahrh. (!) adelantado und comites mit þ. synonym gebraucht werden.

10) Etwas abweichend Rosseeuw I. p. 340 le duc pouvait joindre à son titre celui de comte s'il occupait une dignité à la cour. („comes“, „regis“).

Was wir über Entstehung[1]) des Amtes des comes — aus Combinirung von Functionen des römischen comes mit denen des germanischen „Grafen" [2]) — im Ostgothenreich gesagt, gilt gleichermaßen von diesem alt=neuen Amt in allen jenen Staaten [3]). Der comes, vom König ernannt[4]), nicht nothwendig aus Adels=Familien, häufig aus römischen[5]), zu den honestiores personae zählend, an der Spitze der primates, majores civitatis[6]), nicht identisch mit dem rector provinciae[7]), mit dem Prädicat vir illustrissimus[8]), steht in Krieg und Frieden unter[9]), und, wo er mit ihm genannt wird, hinter dem dux, entsprechend dem episcopus civitatis[10]), über und vor dem

---

1) Darüber schweigt völlig v. Bethm. H. I. S. 190. Fauriel I. p. 509.

2) Ueber das germanische Wort für comes jetzt Waitz I. S. 249, vgl. Sav. I. S. 270. Der einfache römische c. ist nur vir spectabilis, der einfache gothische c. v. illustris, wegen seiner erhöhten Bedeutung.

3) P. Pantin. p. 106 überträgt hier wie sonst zu unbedingt Ostgothisches aus den Varien auf West=G. Ganz irrig v. Brauchitsch S. 3—5 und Leo Mittelalter I. S. 39: jeder, der ein königliches Amt bekleide, heiße comes; nur römische Wurzel des Amtes behauptet Morales VI. p. 32, Fauriel I. p. 509 und Raynouard I. S. 91 sehr einfach: „später nannte man sie (die Stadt=präfecten) Grafen". Besser, obgleich nicht ganz genau Weiske S. 82, Secretan féod. p. 70.

4) Paul. Emer. p. 653 comites a regi constituti Aschb. S. 261, Lembke I. S. 209.

5) Beides mit Unrecht bestritten von Helff. S. 150.

6) Apoll. S. VII. 2. L. V. VIII. 4, 29 p. majoris loci mit dux und gardingus im Gegensatz zu thiufadus und compulsor vgl. Amaral p. 193 seq.

7) So richtig v. Bethm. H. I. S. 191 gegen Sav. I. S. 303, v. Syb. S. 220, Walter I. l. c.; Lembke I. S. 176 faßt die comites als Gefolgen (unterscheidet c. civ. und c. exercitus = praepositus hostis) und erklärt die Formel dux et comes durch Eintritt des d. in Gefolgschaft; (rein römisch faßt dux und c. Mariana VI. 1.) zu beachten ist, daß schon römisch und gerade in Spanien der ducatus und der comitatus in Einer Person vereinigt werden konnte. Böck. II. p. 277. 278, vgl. C. J. N. 2210 (nicht 2110 wie verdruckt steht) c. et praeses prov. maurit. caesar.; vgl. N. 2129. 2609 und Calori Cesis p. 7.

8) F. N. 39; in einer Formel: das gegen Cenni II. p. 34.

9) Mit Unrecht zweifelt Dunham I. p. 187, sehr schwach Moron II. p. 222.

10) L. V. V. 1, 6. 7. 20. II. 1, 25. IX. 2, 8 nach Garcias Loaisa und Aschb., ähnlich Rosseeuw I. p. 347, soll der c. civ. toletanae identisch mit dem rector rer. publicar. in Cc. T. II., dem dux prov. nicht untergeordnet, den ersten Palatinen gleich, als solcher das Concil zu besuchen berechtigt sein, was den c. der Provincialstädte verwehrt sei (!) — Sätze, die theils unerwiesen, theils erweislich falsch sind. Der König bestimmt allein die weltlichen Großen, die dem Cc. beiwohnen, darunter war regelmäßig selbstverständlich der c. von Toledo.

judex [1]), aber, wie dieser, als ordentliche erste Instanz für Rechtspflege und Verwaltung: sein Sitz ist die Stadt der Grafschaft [2]).

Sehr häufig werden die comites erwähnt: comes civitatis [3]), territorii [4]), mehrere comites civitatis d. h. *ex civitate* [5]), Grafen der Besatzung [6]). Mit Namen genannt werden Valdericus c. u. toletanae [7]), Hildericus nemausensis urbis curam comitali praesidio agens [8]), c. Eugenius [9]), c. Laurentius [10]), der eine gelehrte Bibliothek besaß. Der Celsus servus vester cum territoriis a clementia v. sibi commissis ist dux tarraconensis provinciae oder comes civitatis Caesaraug. [11]) oder beides zugleich. Victorius ist c. arvernensis unter Eurich [12]). Der c. Gomacharius [13]) ist wohl com. civ. agathensis [14]). C. a rege in civitatibus constituti [15]), einfache comites ohne Zusatz, begegnen unter Alarich II., z. B. Timotheus (B. common.) und sehr willkommen, gleichzeitig, zur Zeit der Schlacht von Vouglé, der schöne gothische Name Sigifuns (promptus victoria) [16]); ferner Angela [17]), dann Ostrulf [18])

---

1) L. V. VIII. 4, 29. 2, 6. a c. civ. vel a judice II. 1, 16. 3, 10. III. 6, 1. VI. 1, 1. VIII. 1, 9. 5, 6 nur einmal hinter dem j. II. 1, 20; vor dem Piusaps und vicarius V. 1, 6, vor dem tribunus und villicus XII. 1, 2.

2) D. h. des dazu gehörigen territoriums B. T. III. 11, 1 quibus civ. vel loca commissa sunt, daher c. civitatis oben II. 1, 29. Heinecc. el. II. p. 361; sein Amt heißt wie bei den Ostgothen comitiva (c. exercens v. s. Eptadii p. 780).

3) L. V. II. 1, 11. 16. 3, 10. III. 4, 17. 6, 1. IV. 2, 14. VI. 1, 1. VII. 4, 29. VIII. 4, 26. 29. IX. 1, 20. 21, 8.

4) IX. 1, 21 Cc. Narb. 4.

5) v. s. Caes. p. 667.

6) Vgl. l. c. p. 677.

7) Cc. T. XIII.

8) Jul. v. Wamb. p. 708.

9) ep. Braul. p. 684.

10) v. s. Aemil. Braulio p. 210.

11) l. c. p. 684.

12) Apoll. S. VII. 17. Greg. tur. II. 20.

13) Greg. tur. mart. I. 79.

14) Falsch In. H. N. 19 Sevilla mit comes Ericus und Agila.

15) Paul. Em. p. 653; der praepos. civ. L. V. V. 6, 8 ist eben der c. c., so auch Helff. S. 155; in diesem territorium (fines J. B. T. II. 18, 2) stehen mehrere thiufadi unter ihm.

16) quidam barbarus haereticorum comitivam exercens v. s. Eptadii p. 780: wird durch des Heiligen fromme nächtliche Uebungen bekehrt.

17) de praesentia regis levavit v. s. Fructuosi p. 430.

18) Cc. T. XIII. ebenso XV. und 16 andere. Die Namen unter „Kirchenhoheit".

und Andere nennt Cc. T. XV., von denen die folgenden vorher [1]) Specialamtstitel erhielten: Cixila [2]), Vitulus [3]), Valdericus [4]), Theudila [5]), ganz ebenso Audimundus, Gundamundus [6]), Severinus [7]), Trasericus [8]), Ega (vielleicht Egica?) [9]); ferner Cc. T. XVI. noch Vitulus c. patrim. et dux: 13mal begegnet hier comes und 2mal comes procer [10]).

Deutlich zeigt die Doppelstellung des c. als Friedensbeamten und Heerführers L. V. [11]): der c. civitatis hat die Vorräthe für Verpflegung des Heeres in der Stadt zu beschaffen, oder unter ihm der dispensator annonae: aber auch der Anführer dieses Heeres ist ein comes, über den Zahlenführern stehend: er heißt als solcher c. exercitus, praepositus hostis, pr. exercitus, ohne daß dies ein anderes Amt wäre, er ist zugleich c. irgend einer andern civitas [12]): dieser comes exercitus hält den

---

1) In Cc. T. XIII.

2) Dort c. notarior.

3) Dort c. patrim.

4) Dort c. civ. tolet.

5) Dort nur procer, vielleicht indessen c. geworden.

6) Dort c. stabuli.

7) Dort c. spatharior.

8) Dort c. et spatharius.

9) Dort c. scanciar. et dux.

10) Wo vielleicht procer = palatinus; über den comes armiger Apoll. Sid. I. 2 s. unten „Gesammtcharakter", „Palast"; über „comes" als bloßes (römisches) Prädicat Kuhn I. S. 196.

11) IX. 2, 6.

12) So richtig P. Pant. p. 100 und ungefähr Davoud Oghlou I. p. 195, anders v. Bethm. H. I. S. 190, Sotelo p. 264, Rosseeuw I. p. 346, ganz irrig Aschb. S. 202: „jeder palatinus im Amt heißt c., sonst giebt es nur c. civ., die c. exerc. IX. 2, 6 sind nicht Heerführer, sondern „Stabsauditeure", haben Verpflegung und Aufgebot zu besorgen (Auditeure?). Daher, nicht aus der römischen Verfassung, wo wir sie doch längst vorher finden, leitet er die c. patrim., thesaur., notar. cubic.; ebenso unrichtig Helff., der S. 5. 15. 147 alle palatinos als c. faßt und alle c. als „Pfalzgrafen": aber sicher konnte doch auch ein dux p. sein und ein c. civ. narb. oder ein c. exerc. IX. 2, 6 war sicher nicht als solcher pal. oder c. pal. „nur sie . . bilden das Hofgericht, . . an welches Berufung gestattet war", — aber es bestand gar kein solches mit dem fast durchaus römischen Proceß unvereinbares „Pfalzgericht" — nur einzelne vom König für den Einzelfall gebildete Commissionen. — „Daneben bekleiden die palatini d. h. im Palast Beschäftigten (richtig) die bescheidnen Stellen der Hofhaltung bis zu Stallmeistern und Köchen": richtig — aber diese waren doch gewiß keine comites! — „Als Mitglied des Hofgerichts war jeder höhere Hofbeamte Graf, also Pfalzgraf — denn jeder der ein höheres eo ipso mit richterlichen Functionen verbundenes Amt bekleidete, führte den Titel Graf".

comes civitatis durch Beschwerde bei dem König zur Erfüllung seiner Pflichten an. Jeder dieser comites hat ein Dienstpersonal unter sich, seine homines, die er als Boten rc. verwendet; er versammelt bei feindlichem Einfall oder Empörung die bewaffnete Macht und befiehlt den Thiufaden, Vicarien und einzelnen Heermännern, ihm zu folgen. An ihn, nicht an den Centenar, zahlt der Decan Strafgeld [1]). Er steht über dem judex [2]), der judex zeigt dem comes civitatis die bei dem Verhafteten vorgefundenen Sachen, um sie später dem Berechtigten auszuantworten, offenbar zur Controlle und Rechtfertigung zugleich des judex; ebenso hat [3]) der comes territorii den thiufadus, vicarius und alle, welche judiciali functi extiterint potestate, für Nichterfüllung ihrer Amtspflichten mit Ruthenstrafen zu verfolgen [4]). Dabei ist aber der judex im engsten Sinne noch nicht inbegriffen: ihm wird erst weiter unten, wie dem comes selbst, eine Strafe von 3 Pfund Gold auferlegt; er ist daher competent bei Klagen gegen den judex [5]), wobei er, wie sonst, delegiren darf [6]); auch der Fiscus klagt bei dem comes civitatis [7]); im Strafproceß darf er comprehendere, distringere [8]) und hat bei der Strafe der Verknechtung manchmal, wie der König, das Recht, den künftigen Herrn zu bezeichnen [9]); er schreitet ein gegen rechtswidrige Ehen, ermahnt auf Antrag der Kinder die Mutter, den Nießbrauch an deren Eigen nicht zu mißbrauchen: von Amtswegen soll er Beraubung der Kirchen zur Anklage und Abstellung bringen, bestochne, parteiliche Richter absetzen und zur Vergütung anhalten [10]); er hat eine schärfere Zwangsgewalt, größere Autorität, weitere Executionsmann-

---

Wo steht das? „ohne solche amtliche Stellung zählte der Vornehme zu den proceres, illustres, patricii, seniores, majores“ — aber L. V. zeigt, daß gerade zu diesen auch die comites gehören und Cc. T. XIII. vgl. mit XV. zeigt Theudila und Audemund dort blos als proceres, hier als comites. — Der Satz „die palatini behielten ihre Hoftitel bei, wenn sie in andere Dienstverhältnisse traten“ ist dahin zu ändern: „wenn sie vorübergehend in andern Geschäften abwesend waren“.

1) L. V. IX. 2, 8.

2) IX. 1, 20.

3) 21.

4) Ebenso der judex III. 4, 17.

5) VI. 4, 3 al. lesen hier dux statt comes.

6) II. 1, 29 quod ad personam suam comes elegerit.

7) vel judex II. 3, 30.

8) III. 4, 17. 6, 1. VI. 1, 1.

9) l. c.

10) V. 1, 6. VI. 4, 18.

schaft als der judex, der ihn zu Hülfe ruft, wo er einen widerspänstigen Beklagten nicht zu zwingen vermag [1]). Auch Finanz- und Polizei-Gewalt übt er: wegen Verletzung der Finanzgesetze wird er gestraft [2]) oder schreitet selbst von Amtswegen ein [3]). Strafgelder können ihm verbleiben [4]); im Gebiet der Straßenpolizei läßt er störende Bauten auf Land- und Wasserstraßen entfernen [5]): überhaupt greift er tief in das Kleinleben des Gebietes, in dem er dauernd weilt [6]): namentlich in alle Felder der Strafpolizei [7]). An ihn sind auch die Brüchen wegen Verletzung der Sonntagsfeier oder der jüdischen Begräbnißordnung oder wegen Aberglaubens zu zahlen [8]). Er wie der vicarius ist regelmäßig der leitende Beamte und Stellvertreter der Krone für alle ihre Gerechtsame: richterliche, militairische und financielle [9]). Deßhalb kann er sehr bezeichnend geschildert werden als der „Leiter der öffentlichen Dinge“ [10]).

Außer diesen comites civitatis und c. exercitus [11]) hat man nun aus dem römischen System zahlreiche, rein römische, comites beibehalten [12]): so den comes patrimonii, patrimoniorum [13]); er verwaltet das kaiserliche Privatvermögen: vielleicht ward er im Gothen-

---

1) VII. 4, 2; gleichwohl mag sich ein nobilis auch ihm fortasse widersetzen III. 6, 1.

2) Cc. T. XIII. lex.

3) V. 4, 19. 20. XI. 1, 2.

4) IX. 2, 3. 4.

5) VIII. 4, 26. 29 rumpatur.

6) VIII. 5, 6 Anzeige zugelaufenen Viehs an den Grafen oder im conventus publicus vicinorum.

7) III. 4, 17 gegen meretrices.

8) Cc. Narb. 4, 9. 14.

9) Cc. T. VIII. lex.

10) rector rerum publicarum Cc. Hisp. II.

11) Es giebt nicht nur Einen c. ex. wie Masdeu XI. p. 36, Gamero p. 423 oder c. militiae Marin I. p. 241 (kömmt gar nicht vor).

12) Morales VI. p. 175, Masdeu XI. l. c., Rosseeuw I. p. 346, Marichalar I. p. 410, Lafuente II. p. 395, Fauriel I. p. 510, ganz ungenügend Romey II. p. 267, erdichtet sind die comites in der A. V. S. 000 (Kindasv.) erwähnten falschen Urkunde. Ob alle diese Chargen schon im Reiche von Toulouse bestanden Lehuérou I. p. 202? Manche mögen wohl erst im toledanischen Reich aufgenommen worden sein.

13) Hegel II. S. 326; über dessen Verschiedenheit vom comes sacrar. larg. und vom comes rer. privatar. s. Böck. II. p. 375—379.

staat erst wegen der strengen Ausscheidung [1]) wieder eingeführt; allerdings nennt schon Cc. T. VIII. Riquira, VIII. und IX. Rikila L. V. XII. 1, 2 einen c. p., i. e. procurator rerum privatarum [2]). Ferner begegnet ein comes cubiculariorum, Hodoagrus et Offilo gleichzeitig [3]), Ethericus [4]), Argimer c. c. et dux, Ataulf c. c. [5]); die cubicularii sind ursprünglich servi [6]); auch Bischöfe haben cubicularii [7]), bei den Römern bestand ein praepositus c. [8]); dann ein comes notariorum, ein Kanzleramt [9]): notarios publicos und andere regiae celsitudinis, deren Vorstand hier gemeint, nennt [10]) L. V.; es ist also nur Zufall, daß die J. [11]) den notarius und tribunus (wie übrigens auch den comes) ausläßt; ein notarius, man weiß nicht, ob des Königs, verliest [12]) die Erklärung Rekareds [13]): dem königlichen notarius steht zu das recitare [14]). Weiter ein c. scanciarum: daraus, daß Mehrere gleichzeitig diesen comes-Titel führen — (z. B. [15]) fünf: c. sc. Adulfus, Evantius,

1) s. oben Finanz S. 254.

2) Einen solchen Namens Scipio nennt die verdächtige epist. de fisco barc. Mansi X. p. 471; unverdächtig dagegen Vitulus c. p. Cc. T. XIII. Derselbe XVI. „et dux“; überschätzt für den Gothenstaat bei Manresa p. 72; Sotelo p. 261.

3) Cc. T. VIII.

4) Cc. T. IX.

5) Cc. T. XIII.

6) B. P. III. 9. 56.

7) v. s. Caesar. p. 670. 672. 675; ebenso Isidor ep. ad Braul. p. 651.

8) ? Böck. II. p. 398. 400.

9) Paulus Cc. T. VIII. IX. Cixila XIII. XV. hier nur „comes“, über die notarii s. Böck. II. p. 4. 59, Sotelo p. 261. C. J. N. 3119. Der notarius des Cäsarius von Arles v. s. Caes. p. 64—83, Bolland. 27. Aug. VI. notarios. Zu seinem Amt gehört, den Stab des Bischofs zu tragen l. c. ed. Sirmond. p. 673; „Notar“ in unsrem Sinn ist der chartarius publicus nom. Desiderius p. 676.

10) VII. 5, 9.

11) Zu B. T. I. 3, 1.

12) Cc. T. III. praef.

13) Ein notarius des Bischofs, unus de notariis, von Arles ist ein Römer Licinian v. s. Caes. p. 662, ed. Sirmond ein zweiter: Messianus p. 665, lector aut notarius p. 666 (Geistliche: presbyter tunc temporis notarius p. 671).

14) ep. Sisib. Caecilio. p. 866 confestim accito notario elegimus recitanda; ebenso der Byzantiner Cäsarius p. 368; synonym. scribae, litterarii Apoll. S. V. 17, IX. 9 vel bibliopola IX. 7. ep. Braul. et Reciav. p. 684—6, ein tabellarius als Bote Apoll. S. II. 3. VIII. 9. IV. 8 und oft; ebenso bajulus IV. 7 was jeder Träger, von Briefen wie Leichen, III. 12.

15) Cc. T. VIII.

Afrila, Wenedarius, Fandila, dann Wadamir c. sc. et dux, ebenso Rekared, Egika, Sisibut, Sunifred, dann, ohne dux, Adelaib, Salamir [1]) — folgt doch nicht [2]), daß die Auszeichnung nur „titular“: gab es doch auch mehrere wirkliche camerarii etc. an andern Höfen; daß sie die Gehalte auszuzahlen haben, hat [3]) man wohl aus spätern Zuständen übertragen [4]). Ferner ein c. spathariorum Severinus [5]); diese „Schwertträger“ [6]) waren eine Art vornehmer Leibwache [7]) byzantinischen Ursprungs [8]); daher wohl zahlreiche duces und comites nicht c. spathariorum, sondern einfach spatharii heißen: Guiliaugus spatharius et comes, ebenso Aldericus, Nilacus, Trasericus [9]), Sisimirus sp., comes et dux, Tarrosarius c. spatharius; daß ein sp. zum numerarius in Merida degradirt wird, erscheint als unerhörter Sturz [10]). Einen comes devotissimorum domesticorum, den vir inluster Flavius Strategius Apion, nennt [11]) zum Jahre 539, also unter Theudis, eine Inschrift zu Oviedo: da aber derselbe nach den Consularfasten und jener Inschrift zugleich Consul ordinarius dieses Jahres war, von Byzanz ernannt, haben wir keinen gothischen Beamten, sondern etwa einen Gesandten Justinians darunter zu denken. Der c. stabuli (Gisclamundus) [12]) ist auch schon römisch, nicht erst germanisch [13]). Ein comes thesaurorum, Isidorus c. th. et dux [14]), hat unter sich numerarii [15]). Dagegen comes palatii —

---

1) Cc. T. XIII.

2) Wie Helff.

3) Ferreras II. § 551.

4) Vgl. v. Maurer Frohnh. I. S. 191, Sotelo p. 260; gothisch, Rosseeuw l. c., ist scancla nicht!

5) Cc. T. VIII. XIII. XV.

6) spatharia i. e. Schwerterfabrik s. Böck. s. h. v., nicht wie Marin I. p. 237 ein gothisches Wort für eine Waffe (spatha und spata).

7) P. Pantin. p. 198.

8) Chron. pasch. p. 590.

9) Cc. T. XIII., dieser auch XV.

10) Cc. T. XVI. „Lex“; sollte sp. ein späterer Name für die J. B. T. IV. 10 (9), 3 noch genannten protectores sein? Nach Marin I. 239—240 war Julian Roderichs c. spath.; oben S. 331.

11) C. J. N. 2699.

12) Cc. T. XIII. XV.

13) Böck. I. p. 210. II. p. 404, Sotelo p. 263.

14) Cc. T. XIII. s. Böck. II. p. 330. 346.

15) Irrig sieht Davoud Oghlou I. p. 192 in allen diesen c. serfs royaux.

Ausdruck und Amt — ist den Quellen total fremd: insbesondere heißt Gojaricus in dem common. Alarici reg. nur comes: nicht Eine Variante hat den Zusatz palatii und derselbe wird also ohne Grund von allen bisherigen Schriftstellern c. pal. genannt [1]): (— ebensowenig giebt es [2]) einen besondern „comes regis": jeder c. ist c. r.—); Gojarich empfing als einfacher comes jenen außerordentlichen Auftrag und stand nicht, wie Aeltere [3]) annehmen, etwa mit Anianus, an der Spitze der Redactionscommission. Beamter des königlichen Archivs (wie der exceptor des städtischen) ist Anianus [4]): er wird nicht referendarius genannt, doch entspricht dies Amt seinem edere und recognoscere; ob consiliarius regis (Leo) [5]) technisch ein Amt bezeichnen soll, ist sehr fraglich [6]).

Auch der vicarius, aus der römischen Verfassung überkommen [7]), bildet ein ordentliches [8]) Glied in der Kette der Beamtungen in Frieden und Krieg: er ist vicarius des judex provinciae [9]), nicht identisch mit dem judex civitatis [10]) oder dem comes: er ist [11]) Vertreter

---

1) So schon von Gothofr. c. 5, Biener op. ac. II. p. 21, Marin I. p. 237, Lardizabal I., Walter I. S. 38, Sav. I. S. 44, Schäffner I. S. 94, Guizot I. p. 290, Eichh. I. S. 260, Gengler S. 91 (aber vir inluster heißen alle comites und „ordinare" kommt auch sonst vor), v. Daniels I. S. 135, v. Bethm. H. I. S. 186, Rudorff S. 288, Schulte S. 64, Zuaznavar p. 74, Serna y Montalban I. p. 32, Sempere ed. Moreno I. p. 50; vgl. Calori Cesis p. 10; nur bei Pernice eine ferne Ahnung des Richtigen p. 3 „ne *videtur* quidem" auch bei Ostgothen nicht p. 5.

2) Rosseeuw I. p. 346.

3) z. B. Vaissette I. p. 241.

4) B. Commonit.

5) Bei Greg. tur. mart. 92.

6) Römische consiliarii Böck. II. p. 303.

7) B. T. III. 11, 1.

8) Anders v. Syb. S. 221.

9) ep. Aviti 32 ist der praefectus Galliarum und sein vicarius ostgothisch; der v. septem prov. und v. Hispaniar., z. B. vicarius Hispaniarum C. J. N. 483, fiel weg.

10) Wie Eichh. I. S. 163 und v. Bethm. H. I. S. 191, (oder mit dem millenarius Rosseeuw I. p. 348), verleitet von der allgemeinen Bedeutung von „judex" und wegen IX. 1, 6 judice vel vicario (vel ist aber nicht immer Identitätsausdruck in der L. V.) annimmt und II. 1, 31 wird der judex vor dem vicarius verklagt! Richtig v. Syb. S. 220, der nur nicht alle Stellen kannte.

11) Daher vicarius *comitis* L. V. II. 1, 20. 22. 25. 29. V. 1, 6. IX. 2, 8. 9. 1, 21. VIII. 1, 5; vgl. Sav. § 82 p. 276, schon Ant. 322; („v. principis"

des comes in allen dessen Functionen: z. B. financiellen [1]); er steht neben, bald hinter [2]), bald vor [3]) dem thiufadus, vor dem pacis assertor [4]), nach dem comes [5]), vor dem judex [6]) und villicus [7]). Ob auch jeder außerordentliche Substitut vicarius heißt [8]), ist doch zweifelhaft: dafür spricht, daß L. V. [9]) erst nach allen Beamten, selbst nach dem thiufadus, den vicarius nennt: soweit ich sehe, bezeichnet allerdings das Wort bald den ordentlichen Beamten, bald den außerordentlichen Substituten [10]). Der vicarius hat ein festes territorium [11]): man sucht ihn dort auf, wie den judex [12]); oft steht es frei, sich an ihn statt an letztern zu wenden [13]); er hat gerichtliche, polizeiliche [14]) und militairische Functionen [15]). Die Eidesformel F. N. 39 [16]) ist offenbar die eines v.; daß aber schon im Römerstaat nicht überall gleichmäßig neben dem judex ein v. stand, zeigt B. [17]); noch weniger war das nach der gothischen Eroberung der Fall, wie J. ad h. l. darthut, die den vicarius ganz ausläßt und an seiner Statt einen Domänen-

---

Petr. Pant. p. 197 gab es mit diesem Titel nicht). Das fränkische vicecomes begegnet in den westg. Quellen nicht.

1) Co. T. XIII. lex.

2) L. V. V. 1, 6. IX. 2, 8. 1, 21. 28.

3) II. 1, 20. 25.

4) II. 1, 25.

5) VIII. 1, 5. IX. 1, 21. XII. 1, 2.

6) III. 6, 1.

7) VIII. 1, 5; ist II. 1, 13 per vices auf ihn zu beziehen? und 14 v. des Pluſaps? 16 sogar der servus des judex wird dessen vicarius. XII. 1, 2 comes, vicarius, villicus vgl. IX. 1, 21.

8) So Petr. Pant. p. 197; anders im römischen Reich s. Valesius bei Böck. not. dign. II. p. 428. 503* regelmäßig agens vices, Delegirte eines magistr. Sav. I. S. 70, z. B. praesidis in Bätica C. J. s. h. v.

9) V. 1, 6. IX. 2, 8.

10) Unbestimmt Masdeu XI. p. 80, Manresa p. 72, nur diesen kennt Davoud Oghlou I. p. 106.

11) v. *loci* IX. 1, 21 irrig, abgesehen vom agens vices, Sav. I. S. 274.

12) IX. 1, 6 j. aut v. proximae civitatis aut territorii.

13) l. c.

14) IX. 1, 21.

15) IX. 2, 8.

16) ille vicem agens illustriss. viri comitis.. has conditiones subscripsit vgl. Biedenweg ad h. l.

17) T. III. 11, 1.

beamten nennt; der v. provinciae Africae [1]) bleibt, wie dieser ganze Titel, ohne J.; gemeinschaftlich mit dem comes hat er nicht zu handeln [2]).

Wie der comes zählt der hinter und unter im stehende millenarius, gothisch þiusaþs [3]), zu den Herführern und Beamten [4]) in Krieg [5]) und Frieden [6]). Er hat auch im Frieden Strafgerichtsbarkeit [7]) und wird deßhalb ermahnt, Schuldige dem Gesetz nicht zu entziehen, — diese gothischen Heerführer scheinen ihre Mannschaft oft zu glimpflich bei Delicten gegen Römer behandelt zu haben — sondern zu unterwerfen; er darf sich Vertreter bestellen (die militairischen Pflichten mochten ihn oft abziehen), die in seiner Abwesenheit richten [8]); daß sie auch im Frieden als regelmäßige Beamte über bestimmte Territorien mit Gerichts-, Polizei- und Finanz- [9]) Gewalt bestellt sind, beweist L. V. IX. 1, 21, wo sie, vor dem vicarius [10]), zunächst nach dem Grafen stehen und in dessen Abwesenheit den Bischof zu Excommunication und Fasten anhalten können [11]); sie zählen aber schon, im Unterschied vom comes, zu den viliores und inferiores personae,

---

1) Jn B. T. I. 6, 1.

2) Wie v. Bethm. H. I. l. c. vermöge seiner Identificirung von judex und vicarius annimmt, der auch L. V. VII. 1, 25 total mißverstanden: wenn hier der Criminalrichter nicht „solus" handeln soll, so ist damit nicht Zuziehung des v. gemeint! Zweifelnd über den v. Dunham I. p. 188. Zahlreich römische vicarii C. J. z. B. arcae patrimonii zu Sevilla N. 198. v. von Privaten C. J. N. 957. 1108.

3) L. V. IX. 2, 1. 3. 6. 9. 1, 21. II. 1, 14. 22. V. 1, 6 (er ist aber nicht des comes Stellvertreter gleich dem vicarius wie v. Dan. I. S. 373) IX. 2, 8 und hinter jud. und vic. II. 1, 20 (daß hier gleich an den dux, nicht erst an den comes etc. berufen wird, ist nur Folge laxer Redaction; II. 1, 26 stellt ihn nach dux, comes, vic., pac. assert. und vor quingent. V. 1, 6 zwischen comes und vicarius: vor diesen auch IX. 1, 21. 2, 8; in Cc. T. XIII. lex: dux, com., þiuf. numerar. villicus.

4) L. V. II. 1, 25.

5) IX. 2, 8.

6) IX. 1, 21. Irrig Depping II. p. 374 und Davoud Oghlou I. p. 104, der den Heerbann für die function principale hält, aus welcher der Gerichtsbann erst fließe; beide sind wie bei dem König oben S. 210 gleich alt und untrennbar. Richtig v. Syb. S. 224, Dunham I. p. 189, Masdeu XI. p. 88, Rosseeuw I. p. 349.

7) Indirect beweisen das auch Stellen wie B. T. II. 1, 9 f., 23.

8) L. V. II. 1, 14.

9) Cc. T. XIII. lex.

10) L. V. II. 1, 25 v., pac. ass., þiuf., millen.

11) IX. 2, 2—8 in territorio comitis constituti.

werden mit dem compulsor zusammengestellt [1]), und, wenn sie eine Strafe von 1 Pfund Gold nicht erschwingen, dem König verknechtet: sie sind vielleicht erst später so tief gesunken [2]), wahrscheinlicher nur aus Versehen so tief rangirt.

Nach unserer Grundauffassung kann man nicht das militairische als das ursprüngliche, das gerichtliche als das spätere Moment in diesem Amt fassen [3]): alle diese germanischen Beamten sind von Anfang zugleich [4]) Heerführer und Richter [5]). Die ältere Deutung [6]) als senescalcus hätte man [7]) nicht wieder stützen sollen und am wenigsten damit, daß ein anderer (!) Beamter, der praepos. exerc. [8]) von der castilianischen Uebersetzung einmal „siniscalc" genannt wird: vielmehr ist dem Ergebniß nach an der spätern Erklärung [9]) festzuhalten [10]), wonach þiuf. = þusundifaþs = χιλίαρχος [11]), millenarius, wofür nicht nur die castilianische Uebersetzung [12]) spricht [13]), sondern entscheidend die ostgothische [14]) und vandalische [15]) Analogie; jedenfalls aber ist, sollte auch

---

1) IX. 2, 9.

2) Helff. S. 175.

3) Wie Helff. S. 101 aus dem Gegensatz zu dem nur civilen pac. assert. folgert.

4) Richtig Sav. I. S. 276. Irrig Unger Gerichtsv. S. 60 „mögliche Richter", nicht ganz genau Eichh. Z. f. g. R. W. VIII. S. 293.

5) Die Schreibung schwankt: thiufadus IX. 2, 1. 3. tiuf. IX. 2, 5. 8. tiumf. II. 8, 14. tiuph. Cc. T. XIII. tyuph. Diefenb.

6) J. Grimm's Gramm. 1826 II. S. 493.

7) Helff. S. 156.

8) IX. 2, 1.

9) J. Grimm's Gesch. d. D. Spr.

10) So auch Aschb. S. 244, Philipps I. S. 414, Walter I. S. 35, Hegel II. S. 325 (der ihn aber wie Rosseeuw I. p. 348 mit dem vicarius identificirt), Lafuente I. p. 398, Davoud Oghlou I. p. LXXIX., Romey II. p. 275, aber schief (nach Masdeu XI. p. 47 en lengua gotica [dicen] persona alta [„tief."] y sublime, so noch Gamero p. 423, dagegen schon Heinecc. el. II. p. 363) p. 331, richtig schon Morales VI. p. 180. Waitz I. S. 167 unterscheidet wie Sotelo p. 266, Cenni II. p. 40, Cénac Moncaut I. p. 425, Marin I. p. 249 (mit schlimmer Etymologie!), Depping II. p. 385, Gamero p. 423, Helff. l. c. und Erbacher S. 48. Sachße S. 255 þ. und millenarius. Warnkönig I. S. 79 setzt þ. gleich judex und vicarius des comes und, obenein, gleich Schöffen! Der þ. ist nicht decanus! wie Unger Gerichts-V. S. 61, der angels. tienheofod beizieht; ähnlich Diefenb.

11) W. oben S. 000.

12) el que ha en guarda mil caballeros en la hueste.

13) Von L. V. IX. 2, 1 u. 4.

14) A. III. S. 80.

15) A. I. S. 211.

die Etymologie þiu-faþs = Volksführer vorzuziehen sein, der þ. und der millenarius identisch: das vom þ. geführte „Volk" ist eben eine Tausendschaft; daß II. 1, 25 þ. vor millenarius steht, spricht nicht gegen [1]), sondern für diese Deutung, gedenkt man an gardingi, synonym mit palatini [2]); gerade das fragliche Gesetz will alle Ausdrücke erschöpfen; ebensowenig spricht gegen diese Deutung der Fortbestand der [3]) þiufadia im Frieden, vielmehr versteht sich die Fortdauer der militairischen Pflichten wie der Richtergewalt des þ. über die Mannschaft von selbst [4]). Daß er nicht commandirt habe [5]), ist ein Irrthum: er hat, unter dem comes, alle militairischen Functionen des Aufgebots, der Controlle, der Beurlaubung, der Verfolgung von Fahnenflüchtigen, der Zuführung an den Sammelplatz, also auch das Commando; bei Isidor [6]) darf man keine Schilderung des gothischen millenarius erblicken wegen der Worte: chiliarchae, qui mille praesunt militibus, quos *nos* millenarios vocamus: nos sind die Lateiner, nicht die gothischen Zeitgenossen, denn bei phalanx Macedonum heißt es legio *nostra*, während es doch a. 630 gewiß keine gothische legio gab.

Zwischen millenarius und centenarius steht, als Heerführer und Richter über 500, der quingentenarius [7]).

Hierauf folgt der centenarius [8]): zwar heißen auch die römischen centuriones, schon zur Zeit des Vegetius, centenarii [9]), und auch decani kennt derselbe [10]): gleichwohl ist nicht, wie man etwa hienach

---

1) Wie Helff. S. 156.

2) Daß aber L. V. beinahe alle Aemter in beiden Sprachen bezeichne, Rosseeuw I. p. 348, ist unrichtig.

3) Insofern auch räumlichen Cenni II. p. 40, Schäffner I. S. 348 (wie baurgs bei W.) Landau, centum pagi S. 11.

4) Etwas Anderes ist die Frage nach deren Function als Schöffen oder Ting-Genossen, so Rosseeuw I. p. 350, was v. Bethm. H. I. S. 195 zu meinen scheint und alsdann richtig verneint; er folgt H.'s Ableitung von þiuda-faþs „Kriegsvolks-Führer" S. 191.

5) Helff. will ihn deßhalb (?) „Oberwaibel" (!) nennen.

6) Origin. IX. 3.

7) L. V. II. 1, 25. IX. 2, 1. 4. Marin I. p. 250. 285—6. Waitz I. S. 166. Moron p. 309.

8) L. V. IX. 2, 1. 3. 5. II. 1, 25 centena IX. 2, 1. 4, 5; nach Aschb. S. 263 = dem villicus! Richtig Waitz I. S. 152, Moron p. 309.

9) Veget. II. 8.

10) Veget. II. 13.

meinen möchte, römischer Ursprung der gothischen Zahlenführer anzunehmen: das Decimalsystem ist im gothischen Heer reicher entwickelt und begegnet auch bei den Vandalen [1]); dabei beweisen der quingent. und decanus, daß nicht das gothische Großhundert, für welches [2]) die Vermuthung sprechen soll, zu Grunde lag [3]). Der centenarius ist Heerführer über 100, mit richterlicher Gewalt auch im Frieden, zwischen dem quingentenarius und dem decanus [4]), (— aus Isidor [5]): „quinquagenarii qui sunt in capite 50 militum" ist eine Mittelstufe von Fünfzig-Führern, die das Gesetz nicht kennt, nicht zu folgern, —) er bietet die Leute seiner centena auf und beurlaubt sie [6]): unter die centena werden die Strafgelder ihrer Officiere vertheilt. Todesstrafe trifft ihn für Heereslitz [7]); er ist, wie der Piufaps, einem comes [8]) untergeordnet, auch im Frieden, und zu dessen Territorium gehörig; die centena ist ihm zugeschrieben (adscripta); die Degradirung zum decanus erscheint als harte Strafe; sein nächster Vorgesetzter ist nicht der quingentenarius oder der comes, an den sein Strafgeld fällt, sondern der Piufaps, ohne dessen Zustimmung er weder Dispens noch Urlaub vom Heerbann gewähren kann. Anders freilich 4. l. c., wonach er und selbst der decanus beurlauben kann: doch ist dies vielleicht kein Widerspruch: der Heermann wird zwar straffrei durch Erlaubniß des decanus, dieser aber muß den centen. und dieser den Piufaps angehen, sonst wird er selbst straffällig; hundafaps [9]) und taihunfaps kommt in den westgothischen Rechtsquellen nicht vor; örtliche Bezeichnung der centena, wie im Frankenreich [10]), kann bei den Westgothen nicht begegnen [11]).

---

1) Zacher S. 381.

2) Nach Holtzmann S. 425.

3) Bei W. hundafaps für κεντυρίων (Marc. 15, 39. 44, 45), oder ἑκατόνταρχος, Math. 8, 5. 27, 54. Die gothischen Centenen hat Gemeiner gar nicht beachtet.

4) L. V. II. 1, 25.

5) Origin. IX. 3.

6) L. V. IX. 2, 1. 3.

7) l. c. 2, 3.

8) Richtig Guérard essai p. 56.

9) Wie Warnkönig I. S. 79.

10) z. B. c. corbonensis Jacobs Géographie p. 76.

11) Gemeiner und Zimmerle S. 13 nehmen hundert Höfe als Basis der Centene.

Es schließt die Reihe der Zahlenführer der decanus, Befehlshaber über zehn Mann im Feld [1]), mit richterlicher Gewalt zwischen dem centenarius und dem städtischen defensor [2]); mit den römischen decani [3]) haben sie nur den Namen gemein; römische Kriegs-decani [4]) haben im Frieden keine Gerichtsgewalt und keine räumliche Competenz [5]) und mit diesen gothischen decani nichts zu schaffen; der decanus entbietet und beurlaubt seine Leute, ist aber soviel weniger wichtig im Heerverband als der Centenar, daß er die Heereslitz, die diesem das Leben kostet, mit nur 10 sol. büßt: die Befugniß, Urlaub zu ertheilen, gewährt ihm L. V. IX. 2, 4 im Widerspruch mit 4. l. c., wonach selbst der Hundertführer ohne den piufaps nicht beurlauben kann; seine Leute heißen und bilden auch im Frieden eine decania, was, wenn nicht räumlich, doch persönlich seine Competenz bezeichnet [6]).

Praepositus [7]) bezeichnet gar nicht technisch einen bestimmten Beamten, sondern „die competente Behörde", wer das nun im Einzelfall sein mag [8]): so ist [9]) der praepositus civitatis eben der comes civitatis, der praepositus exercitus [10]) „der Commandirende", wer er nun sei; zweimal noch begegnet praepositus in L. V.: X. 1, 16 und VIII. 1, 5; dort hinter judices und villici, hier zwischen villici und actores, daher als Uebergang von den rein staatlichen zu den halb privaten Aemtern [11]).

---

1) L. V. II. 1, 25. IX. 2, 1. 3—5.

2) II. 1, 25 s. oben S. 311. IX. 2, 1.

3) Bei Böck. II. p. 800.

4) Oben bei Vegetius l. c.

5) So richtig auch Guérard essai p. 63.

6) Vgl. Waitz I. S. 460, Peucker II. S. 32, richtig: kein Orts- oder Dorfvorsteher Moron p. 309; in Deutschland keine Decanien richtig Weiske S. 16, Waitz Kieler Monatsschr. I. S. 261.

7) L. V. X. 1, 16. II. 4, 4 civitatis V. 6, 3. hostis IX. 2, 6. IX. 1, 8. 9. VIII. 1, 5.

8) Vgl. Böck. II. s. h. v. die zahlreichen Aemter z. B. cursus publici p. 1204, Lafuente II. p. 395, ungenügend Romey II. p. 268, (nach diesem wie oft Cénac Moncant I. p. 424,) nach Masdeu XI. p. 36, besser dieser p. 48.

9) L. V. V. 6, 3.

10) IX. 2, 1.

11) W. würde praepositus, dann auch villicus, actor, procurator mit fauragaggi gegeben haben, welches fast immer οἰκονόμος, nur einmal Luc. 8, 3 (ἐ. Ἡρώδου) ἐπίτροπος ist. Gal. 4, 1, wo ἐ. und οἰκ. nebeneinanderstehen, wird οἰκ. mit f. g., ἐ. mit ragineis gegeben.

Dunkel bleibt die Doppelstellung des numerarius [1]): er ist der Letzte in der Scala richterlicher Gewalten, steht unter dem defensor [2]) und auch [3]) nach dem letzten rein richterlichen Beamten, als Uebergang zu den actores, procuratores, die auch Privatbeamte sein können [4]). Nach L. V. [5]) wird er vom populus oder Bischof gewählt als städtischer Beamter [6]). Das Richtige ist, daß es, neben diesen städtischen, auch königliche numerarii gab, untergeordnete Steuereinnehmer: solche haben [7]) die rectores provinciarum unter sich, gegen deren Erpreßungen die Provincialen geschützt werden, und so stellt sie auch dar die epistola de fisco barcinonensi, vom comes patrimonii ernannt. Wamba hatte einen spatharius, Theudimund, auf Betrieb des Bischofs [8]) von Merida zum numerarius degradirt [9]), was wohl königliche, nicht

1) Nicht identisch mit dem centenarius oder dem villicus wie Rosseeuw I. p. 350 oder dem defensor (daß beide römisch entgeht Zöpfl S. 430, irrig auch Romey II. p. 270), und Walter I. 36 n., richtig v. Svb. S. 227, die bürgerlichen Aemter und Richter Lembke I. S. 209; nach Aguirre II. p. 416, v. Bethm. H. g. P. I. S. 224, r. P. III. S. 150 ist der num. oder tabularius (so auch Serrigny I. p. 174) prov. mit dem tab. civitatis zu Einem städtischen Amt verschmolzen; aber Apoll. S. V. 7 stellt noch beide in Gegensatz; über beide in der römischen Reichsverfassung Guizot I. p. 40, Boissieu p. 254, Kuhn I. S. 164, Böck. I. 20 und oft, v. B. H. röm. Civ.-Proc. III. S. 150. 160: nur in Steuersachen Richter, andere Stellung im tolosan. Staat? Isid. origin. IX. 4 (hienach wohl Eichh. Z. f. g. R. W. VIII. S. 291 „Rechnungsbeamte" vgl. Cénac Moncaut I. p. 424) n. vocati sunt qui publicum numerum aerariis inferebant stellt ihn unter die städtischen Beamten; aber das Imperfect zeigt hier, zum Ueberfluß, daß Isid. die alte römische Verfassung vor Augen hat; nicht zu verwechseln mit dem monetarius Cass. Var. V. 9, Münzmeister s. oben S. 272.

2) L. V. II. 1, 25.

3) IX. 1, 21.

4) Daß sie sehr tief stehen, zeigt Apoll. S. II. 1 die Antithese zum Präfecten.

5) XII. 1, 2.

6) Vgl. Dunham I. p. 189. Helff. S. 101. 122. 124 meint L. V. II. 1, 25 zähle ihn mit Unrecht zu den Richtern, er sei als königlicher Steuerbeamter im Gegensatz zu den städtischen zu denken; aber dann würde er nicht vom Volke gewählt (populus und curia sind doch nicht zweifellos identisch wie H. S. 122), irrig auch S. 124 die Identificirung der n. mit den arcarii (und der privati mit den collegiati) „beide konnten Posthaltereien übernehmen (caballos ponere) und in arca publica functionem exsolvere, also (?) sind arcarii numerarii, dafür erhielten sie Gemeindeland mit Gebäuden und Sclaven und traten zu Fiscus oder Gemeinde in gleiches Verhältniß wie der bucellarius zum patronus" (!).

7) B. T. VIII. 8, 1.

8) Nicht Bestätigungsrecht des Bischofs wie Masdeu XI. p. 40.

9) Cc. T. XIII. lex. XII. 1, 2.

städtische Beamtung voraussetzt: Egika restituirt ihn und seine Nachkommen: sie sollen um deßwillen in alle Ewigkeit nicht mehr molestirt werden [1]).

Zunächst Finanzbeamte, und zwar ursprünglich Privatbeamte auf den Gütern der Kaiser und der Großen, sind die actores [2]), a. fisci [3]), a. loci [4]), a. patrimoniorum fiscalium [5]), der Städte [6]), und die procuratores [7]). Daß diese identisch [8]), zeigt B. T. I. 6, 5 Text verglichen mit J. [9]). Zu unterscheiden sind andere römische procuratores provinciae: z. B. narbonnensis, balearium [10]); dagegen nahe stehend die procuratores von Fabriken [11]), von Magazinen ꝛc. [12]); ferner pr. rerum privatarum Hispaniae tarraconensis (?) [13]), und nur andere Namen sind: adminiculatores rerum fiscalium et regiae proprietatis [14]), actores nostrarum provinciarum [15]), auch rationales [16]), ebenso ordinatores patrimoniorum [17]) J. = actores im Text: insofern berühren sie sich mit den „assertores“ d. h. Proceßbevollmächtigten [18]). B. [19]) nennt als mögliche Disponenten über ein praedium: servus, colonus, actor [20]),

1) Mit dem Vorwurf der Schmach oder mit Rechenschaftsforderung? — agentes und adjutores der numerarii nennt ep. de fisc. barcin.

2) L. V. IX. 1, 21. VIII. 1, 5.

3) XII. 1, 2.

4) VI. 1, 1. 4.

5) Cc. T. III. 18; vgl. Isid. orig. IX. 4, Boissieu proc. patrim. p. 241.

6) Mommsen Stadtrechte S. 452.

7) L. V. VIII. 1, 5. IX. 1, 8. 21. loci VI. 2, 8.

8) a. vel procurator VIII. 1, 5. IX. 1, 8. XII. 1, 2 L. V. würden es noch nicht beweisen.

9) proc. drückt eben Eine Richtung ihrer Thätigkeit aus.

10) Böck. II. p. 50. C. J. 1121. alpium maritimar. p. 487. C. J. N. 1970 Luc. Valer. Proculus praef. class. alex. und proc. a. m., zugleich patronus von Malaca.

11) s. Böck. s. h. v.

12) Dann saltuum l. c. II. p. 44, vectigalium C. J. p. 142.

13) Böck. II. p. 467.

14) Cc. T. XII. 9. XIII. 6; vgl. L. V. II. 3, 10.

15) XII. 1, 2 d. h. in prov. nostris.

16) B. T. II. 1, 5. X. 1, 1 rat., magistri rei privatae, officiales; statt dessen J.: ordinatores domorum dominicarum.

17) B. T. II. 1, 1.

18) B. Nov. Val. III. 12 J. T. IV. 20, 1.

19) T. II. 30, 1.

20) Schief Romey II. p. 333.

procurator, conductor [1]). Mit Unrecht hat man diese wesentlich financielle, ja private Dienstellung verkannt [2]): sie ist die Grundlage [3]): der unfreie actor gehört zum Gut [4]); unfrei waren aber die fiscalischen actores regelmäßig [5]), daher ward ihnen vom König Feuertod gedroht — bei Freien undenkbar [6]); sie sind Intendanten, Verwalter königlicher Güter: als solche haben sie über die Unfreien und Halbfreien auf diesen Höfen, über die „familia" [7]), private Gewalt und Aufsicht: nahe lag es, ihnen Finanz-, Polizei-Gewalt und später auch niedere Gerichtsbarkeit [8]) über benachbarte Freie beizulegen [9]). Daß diese private Function die Grundlage war, zeigt, daß nicht blos der König, auch Private solche actores, villicos haben können [10]): natürlich, sie sind Gutsintendanten, der villicus ist der Vorsteher einer villa und nicht blos der König hat villas, sie waren für einen abgeschlossenen Besitz eine Art Privatobrigkeit geworden: sie legen ihren

1) II. 32, 1 bezeichnend: servus, actor, sive possessionis; über actor, agens bei Greg. tur. Alteserra notae p. 234.

2) Auch Masdeu XI. p. 42.

3) Irrig v. Bethm. H. I. S. 195, er entspreche dem pacis assertor. Vgl. dagegen L. V. VI. 1, 1. B. T. J. IV. 8, 2 (P. III. 9, 19. 32) 20 (21), 4. V. 5, 2. IX. 22, 1.

4) Daher auch das peculium des a. vel colonus zu einem fundus cum mancipiis et omni instrumento rustico vel urbano zählt; vgl. Apoll. S. V. 20 propria domus cujus actorem, vineam, messem, olivetum tectum inspicere.

5) Daher ausdrücklich genannt B. Nov. Maj. I. 1. a. ingenuus — dag. a. servus auch Freigelaßne Cc. T. XIII. 6.

6) Und zwar mit folgender Motivirung: J. quia graviorem poenam principes constitui voluerunt in eos, qui *sui juris* sunt (Tert: qui *nostri* juris sunt) et sua debent custodire mandata X. 3, 2; anderseits Schutz derselben actores domus dominicae (rei privatae im Tert) gegen die rectores provinciarum und deren (arg. arrogatione illicita principalium vel *propriis* decretis ordinis) principales 3. l. c.

7) Cc. T. XII. 9.

8) judex vel actores loci L. V. VI. 2, 3.

9) Cc. T. III. 18. 21. Daher nennt sie dasselbe Concil bald actores fiscalium patrimoniorum, bald actores publicos und verbietet ihnen, Kirchenknechte in publicis (Staats-) und privatis negotiis (Domainial-Sachen oder ihren privaten) in Anspruch zu nehmen.

10) L. V. VI. 1, 1 actores von Privaten J. B. T. IV. 8, 2. P. III. 9, 32. 20 (21), 4. V. 5, 2. IX. 22, 1. III. 9, 19. procuratores villici selbst coloni Kuhn I. S. 263.

Untergebenen Naturalleistungen auf[1]): an sie, wie an den Herrn, hält sich der Richter bei Vergehen eines servus und nur wenn diese (quibus commissa res est) schwer, selten (difficulter) an den Ort kommen — ein actor konnte über mehrere villae, loca bestellt sein —, ergreift der Richter den servus selbst. Daß hier nicht blos königliche actores und villici gemeint, zeigt der Zusammenhang. Auch VI. 1, 4 L. V. beweist, daß jeder Herr zahlreicher Sclaven einen actor zu haben pflegt, der zunächst an deren Spitze steht und diese auch vor Gericht vertritt; daher auch[2]) actor vel procurator den Uebergang von den Sclaven zu den ingenui macht; IX. 1, 21 werden zuerst die öffentlichen Richterbeamten aufgezählt, dann folgen die actores und procuratores und von ihnen heißt es, daß sie sein können procuratores: 1) der Kirchen oder 2) des Fiscus oder 3) des königlichen Privatguts oder 4) beliebiger Anderer[3]); diese alle haben eine räumlich begrenzte Competenz[4]) und die Ueberwachung der ihnen anvertrauten *populi*[5]) vel juniores: die Unfreien auf den Domänen heißen minores der actores: der actor muß seinen minor bei einem Proceß mit einem Freien vor den öffentlichen Richter stellen, darf sich nicht anmaßen, einen solchen Handel, wie einen Streit zwischen zwei seiner minores, selbst zu entscheiden[6]), wie auch im Strafproceß der actor (rationalis) nicht den (unfreien) Verbrecher (in der Domäne) dem ordentlichen Richter vorenthalten darf: der Richter ergreift, nach dieser älteren und römischen Bestimmung, denselben, ohne den actor abzuwarten[7]). Später aber erlangt auch der königliche actor Strafgewalt, und zwar bis zu

---

1) Cc. T. III. 18. 21.

2) L. V. VIII. 1, 5.

3) Der Text ist verschoben: actores vel procuratores vel ecclesiarum Dei sacerdotes fisci vel proprietatis nostrae atque quorumlibet hominum: da es keine sacerdotes fisci etc. giebt, ist die Verderbniß klar: entweder ist sacerdotes Einschiebsel eines Abschreibers, der die richtige Folge procuratores ecclesiarum Dei, fisci, proprietatis und quorumlibet nicht verstand und bei ecclesiae die obligaten sacerdotes einschob oder (minder wahrscheinlich) sacerdotes ist Apposition zu procuratores, d. h. nach manchen Cc. priesterliche Verwalter des Kirchenguts.

4) l. c. in quorum commisso mancipia latebrosa vagatione se foverint.

5) So Cc. T. III. 18. Daher appellirt man wegen rechtswidriger Confiscation durch die officiales an den procurator B. P. V. 14, 2.

6) L. V. XII. 1, 2. Helff. S. 155 spricht von Privatdomänen statt von Privatgütern des Königs im Gegensatz zu Domänen.

7) B. T. II. 1, 1. 5 ne aliquo colludio effugiat.

hohen Strafstufen [1]). Aushülfsweise hat schon J. [2]) dem privata jura in provincia gubernans Richterfunctionen (wie Titel) beigelegt [3]). Analog erhalten auch die actores der großen Grundherren [4]) Gewalt über die Unfreien und Schutzhörigen der Besitzung [5]): ja sie haben wie die öffentlichen Richter, die Fremdenpolizei zu handhaben [6]), namentlich in Entdeckung und Verhaftung flüchtiger fremder Knechte [7]), wie umgekehrt auch ursprünglich Richter, Polizei- und Militair-Beamte mit der Einhebung öffentlicher Einkünfte betraut und dem Aerar dafür verantwortlich sind, so die comites, tribuni und judices [8]).

Die villici [9]), der villicus loci [10]) atque praepositus [11]), auch über eine Mehrzahl oder Gesammtheit villarum et possessionum [12]), stehen nach dem judex [13]), zwischen vicarius und praepositus [14]), und kommen sowohl in Staats- als Privatbesitzungen [15]) vor [16]). Die oft-

1) L. V. VI. 2, 3.

2) Zu B. III. 11, 1.

3) Mit Unrecht leugnet also richterliche Gewalt dieser praepositi v. Bethm. H. I. S. 224.

4) B. T. I. 6, 5 J. actores potentium.

5) IX. 1, 21. Daher christianis *familiis* praeesse XII. 3, 19.

6) Daher wird auch von ihnen besonders Einhalt der Gesetze über Loskauf von Gefangnen gefordert B. T. V. 5, 2.

7) Vgl. L. V. IX. 1, 6 illius qui in loco major est interrogatione: das kann z. B. ein actor regis oder senioris loci sein. Wenn aber der vir illuster actor rerum fiscalium Suanila an des Königs Statt dem II. Conc. Hisp. anwohnt, (nicht: präsidirt wie A., *consedentibus cum* heißt es) so ist das ein außerordentlicher Vertrauensauftrag, der mit dem Amt eines actor nichts zu thun hat; übrigens lesen andre Cd. rector, was wegen des parallelen rector rerum publicarum viel leicht vorzuziehen und gar kein technischer Titel ist oben S. 322.

8) Cc. T. III. 18. 21.

9) L. V. XI. 1, 2.

10) VI. 1, 1.

11) IX. 1, 9 (8) (nicht immer identisch wie Romey II. p. 270 nach Masdeu XI. p. 401) mit der curia, Cénac Moncaut I. p. 424, hat er nichts gemein v. = arcarius C. J. s. h. v. VIII. 1, 5. 9. X. 1, 16. XI. 1, 2. XII. 1, 2. Ant. 322; vgl. bes. Apoll. Sid. IV. 11 habebat (amicum) consiliarium in judiciis . . procuratorem in negotiis, *villicum in praediis*, tabularium in tributis; Isid. origin. IX. 4 (aus Cicero!) v. villae gubernator est.

12) Daß der vicarius nicht etwa Vorsteher des vicus s. Waitz II. S. 333, Weiske S. 38.

13) L. V. XI. 1, 2. X. 1, 16.

14) VIII. 1, 5. IX. 1, 8. XI. 1, 2. X. 1, 16. Lafuente II. p. 395, Dunham I. p. 189, Levasseur I. p. 115, Manresa p. 73 irrig, Sotelo p. 203.

15) So C. J. N. 957. 1198.

16) Cass. Var. V. 39 tam de privata possessione quam publica.

gothische Verwaltung hob das ganze Amt auf, weil sich zahlreiche Mißbräuche daran geknüpft hatten, ähnlich denen bei den irenophylaces und den Sajonen: Dörfer und Villen bestellten sich solche villici oder ließen sie sich bestellen als Schützer, als eine Art Sauvegarde, gegen Bezahlung: die Schützer aber, wie im Mittelalter die Vögte, bedrückten und bedrängten ihre Schützlinge [1]). Gleichwohl begegnen auch später — noch oder wieder — villici im Westgothenreich: sie sind den actores etc. ganz analog [2]): als Steuereinnehmer, eben von den „populi fiscales" [3]); als eine Classe der servi rustici nennt sie B. [4]) neben den saltuarii: ebenso den actor vel colonus [5]); sie vertreten die Interessen der villa [6]): (an welchen Hof, villa, sich oft ein ganzes Dorf mitwachsend anschloß), z. B. gegen plündernde Soldaten hat er die Entschädigung einzuklagen [7]); ihm ist als Ortsbehörde Anzeige von Ankömmlingen zu machen, er, mit dem judex und praepositus, von dem er unterschieden wird [8]), sind die Vorsteher des Ortes, die priores loci [9]). Die villici sollen den Römern entrissene tertiae restituiren [10]) im Interesse des Fiscus; und auch sonst [11]) erscheinen sie dem Fiscus für Einnahmen verantwortlich; sie sind vom Staat besoldet [12]). Die villici königlicher villae wurden wohl von dem König selbst oder den großen Finanzbeamten (comes

---

1) l. c. villicorum . . genus, (nur Eine Art der villici?) quod ad damnosam tuitionem (über tuitio s. A. III. S. 116) queruntur inventum tam de privata possessione quam publica funditus volumus amoveri quia non est defensio quae praestatur invitis: (sie drängten sich auf) suspectum est quod (l. quod non) patiuntur volentes: nam hoc est revera beneficium si sine munere feratur acceptum. Dieses genus villicorum hieß, scheint es, im Osten irenophylaces, pacis assertores; s. unten S. 356.

2) Cc. T. XII. 9 ne Judaei sub ordine villicorum atque actorum administratorio usu christianam familiam regere audeant.

3) Cc. T. XIII. „Lex".

4) P. III. 9, 19.

5) l. c. 9, 32.

6) Vgl. Weiske S. 55.

7) L. V. VIII. 1, 9.

8) Das gegen Helff. S. 159.

9) Diese priores IX. 1, 8. 9 sind nicht besondre Beamte solchen Namens.

10) X. 1, 16 ut fisco nihil debeat deperire.

11) XI. 1, 2.

12) XII. 1, 2. Daß er immer die Gewalten eines assertor pacis hat, Helff. S. 159, ist schief.

patrimonii) bestellt und hatten dann, wie die actores, procuratores, die Erträgnisse der villa einzuliefern. Alle drei haben gemein, daß sie, als Vorsteher von Dörfern, Höfen, Grundcomplexen fiscalischer, adeliger, kirchlicher Güter, zunächst private Gewalt haben über deren unfreie, halbfreie, hintersäßige Bewohner, dann aber auch — wenigstens sicher die fiscalischen — über die Freien der Umgegend financielle, polizeiliche und geringe richterliche Competenz erhalten. Dagegen seniores[1]), majores[2]), priores loci[3]) bezeichnet nicht eine besondere, also genannte Kategorie von Beamten: sie stehen[4]), nach dem judex, in der Versammlung der Gemeinde, als Angesehenste, nicht gerade „Aelteste" [5]): die Anzeige des flüchtigen Ankömmlings erfolgt an den nächsten Staatsbeamten, judex oder vicarius, das erste Verhör aber soll der im Orte Angesehenste vornehmen: das kann ein villicus, actor des Königs oder Gutsherrn oder letzterer selber sein[6]).

Kurz fassen können wir uns nach den früheren[7]) Erörterungen über die Sajonen[8]); ihre Stellung ist im Allgemeinen, doch nicht vollständig[9]), die gleiche wie bei den Ostgothen. Sie sind untergeordnete[10]) Vollzugsorgane des Richters, wenn nicht identisch, doch parallel den executores, compulsores, apparitores[11]) des römischen judex[12]);

1) L. V. VIII. 5, 6.

2) IX. 1, 6.

3) Vgl. Lafuente II. p. 395.

4) VIII. 5, 6.

5) Ebenso IX. 1, 6 illius qui in loco major est interrogatione discussus.

6) Das bestätigt IX. 1, 8, wonach die Anzeige erfolgen soll prioribus loci illius, villicis atque praepositis *quibuscunque* und 9, wonach die priores sind: judex, villicus atque praepositus, besonders aber 21, wo den Staats- und Privat-Beamten quorumlibet hominum procuratores entgegen gehalten werden die subditi populi vel *juniores;* so wenig hier die juniores die Jüngeren, sind VIII. 5, 6 die seniores die Aelteren. Ganz irrig Manresa p. 72 und Dunham I. p. 189: „Municipalräthe, aber nicht römischen Ursprungs".

7) A. III. S. 119. 180 oben S. 136; ganz verkehrt Aschb. S. 266 „die s. gehörten zu den königlichen Leibeignen"!

8) pro obsequio V. 3, 2, judicis VI. 1, 4. II. 1, 16. 24. 2, 6. X. 2, 5. Ant. 311.

9) So P. Pant. p. 203.

10) Primär 100 Hiebe angedroht II. 1, 16, aber nicht, d'extraction servile Davoud Oghlou I. p. LXXIX.

11) Aber Cc. T. XI. 9 ist apparitor der zu einem geistlichen Amt Vorschlagende.

12) II. 1, 11, v. Bethm. H. I. S. 195. 223, „nicht zu verwechseln" nach v. Bethm. H. S. 223 mit den den buccellariis analogen sajones, aber woher derselbe Name?

jeder Richter und Graf hat deren regelmäßig: durch sie übt er sein distringere[1]): durch sie weist er, nöthigenfalls mit Gewalt, den zudringlichen Vornehmen aus dem Gericht[2]). So läßt er auch per sajonis instantiam zum Behuf der Unterbrechung der Verjährung Besitzübertragung vornehmen mit[3]) schriftlicher Anweisung, deren uns erhaltene Formel dem Sajo befiehlt, die beanspruchte Liegenschaft vor freien Zeugen zu consigniren[4]): ist das Object noch nicht versiegelt, soll er es mit eignem Siegel versehen[5]). Wenn sie in solchen Geschäften Reisen und Gänge machen[6]), erhalten sie vom Werthbetrag (d. h. hier der Composition) 10 sol.[7]) und die Partei hat ihnen die zur Reise nöthigen Pferde (2—6) zu liefern[8]). Sie theilen sich[9]) mit dem Richter in die Strafe für Vergleichung anhängiger Sachen, denn, wie der Richter für das Urtheil, hätten sie für Ladungen, Execution rc. Gebühren zu erheben gehabt. Wie sie von Privaten, zu deren Schutz sie ursprünglich gegeben wurden, zur Ausübung von Gewalt und angemaßter Autorität mißbraucht wurden[10]), oder auch vom Richter in Ueberschreitung seines Amtes, haben wir erörtert[11]). Es kann aber auch der Sajo den Richter vertreten: der Gefährdeeid wird alternativ coram judice vel ejus sajone geschworen[12]). Und zwar handelt er

1) II. 1, 16 („sajones regis“ Cenni II. p. 31 meint wohl compulsores) ordinat distringere.

2) II. 2, 9.

3) Dem entsprechend wird auch in einem Grenzstreit zwischen zwei Bischöfen der Besitz restituirt per suum sajonem Cc. Em. 8; ohne Beweis behauptet Davoud Oghlou I. p. 106, der Richter habe vicarius und sajo ernannt.

4) X. 2, 5.

5) Auch der judex hat einen solchen Amts-Siegel-Ring IX. 2, 3, vgl. II 1, 17. 18. 2, 8 annulo tuo maneat obsignatum „propter auferendam rationalium excusationem“; er wird vermahnt, nichts von Ort und Stelle zu nehmen; aber auch Eide werden vor ihm statt vor dem Richter geschworen L. V. VI. 1, 5.

6) So verstehe ich II. 1, 21 si pro causis alienis vadunt im Gegensatz zum Strafproceß und Einschreiten um der öffentlichen Ordnung willen.

7) Das wäre jedoch nochmal soviel als der Richter: vermuthlich (anders Davoud Oghlou I. p. 109) ist vermöge Versehen 40 zu lesen statt 10.

8) II. 1, 24.

9) II. 2, 5.

10) II. 1, 16. 17.

11) Nur in dieser Stellung kennt sie Masdeu XI. p. 89, Morales VI. p. 179 („alguazil“, so auch Sotelo p. 209, Rosseeuw I. p. 414) zu dessen Zeit noch in Spanien sayones als merinos, escribanos der sayonia vorkamen.

12) VI. 1, 4.

hier nicht als Delegatar; dagegen [1]) bei der Cautionsabnahme [2]) nur auf Befehl des Richters, wie er denn auch bei der Aufzählung sämmtlicher Richtenden in L. V. II. 1, 25 [3]) fehlt.

Im Gegensatz zu den ordentlichen, dem Aemtersystem dauernd eingegliederten Richtern steht, so scheint es, der pacis assertor, ein außerordentlicher, durch den König für Einzelfälle bestellter, Commissär, abgesendet, eine bestimmte Streitsache zum Rechtsfrieden zu führen [4]).

Hienach gab es wohl nicht Hofbeamte, die a. p. hießen und in einzelnen Fällen abgeordnet wurden, sondern der König ernannte Private, oder andere Aemter bekleidende Palatinen, einen Proceß zu erledigen, z. B. zwischen zwei Vornehmen drohende oder ausgebrochene Thätlichkeiten zum Frieden zurückzuführen oder der Unsicherheit in einer Landschaft zu steuern, und ein solcher hieß dann, so lang und so weit, p. a. Dagegen spricht freilich L. V. II. 1, 25, wo der p. a. in der ordentlichen Aemterscala zwischen vicarius und thiufaths steht und erst nach diesen die ex regia jussione außerordentliche Richterfunctionen Uebenden genannt werden. Vielleicht ist in einzelnen Provinzen aus früheren außerordentlichen Commissionen ein festes Amt geworden: doch müßte das schon sehr frühe geschehen sein, denn bereits J. fügt

---

1) II. 2, 4.

2) Und C. Em. c. 8.

3) Wie a. 717, Waitz IV. S. 344, Valssette I. c. 18 p. 128, begegnen noch im IX. Jahrhundert sajones in septimanischen Urkunden s. Sav. I. S. 201, R. A. S. 766, Schäffner I. S. 369.

4) L. V. II. 1, 15 pacis vero (i. e. im Gegensatz zu judices) assertores non alias dirimant causas, nisi quas illis regia deputaverit ordinandi potestas: pacis autem adsertor est, qui sola faciendae pacis intentione regali sola destinatur auctoritate. Aschb. S. 264 identificirt ihn mit dem thiufaths, v. Bethm. H. I. S. 196 mit dem villicus, „örtlicher Unterrichter"; irrig auch Depping II. p. 374; nach Masdeu XI. p. 88 Garcias, Petr. Pant. p. 203, Dunham I. p. 189, Serna y Montalban I. p. 50, Rosseeuw I. p. 417: „missi dominici" immer nur delegirt, ohne festes Amt; schon daß man eine Definition für nothwendig erachtet, beweist das seltne Vorkommen. Sav. I. S. 260, II. S. 303 und Haenel ad. B. l. c. wissen keinen Rath, sie ignoriren L. V. II. 1, 15. Lembke I. S. 209 meint, jeder außerordentliche Beamte habe p. a. geheißen; ganz falsch Davoud Oghlou I. p. LXXIX.: juges arbitres, élus . . par les parties („jussi regis" [oder missi Romey II. p. 331] p. 106 kommen nicht vor) anders derselbe p. 110. Oberflächlich Romey l. c. Vgl. Roth p. 109, der sie nur als städtische Beamte kennt, gewählt von der Curia, bestätigt vom Proconsul; er zweifelt, ob sie identisch mit den milites stationes agentes; auch Serrignys fleißige und klare Arbeit versagt hier II. p. 286: er bestreitet Gothofr., ohne Besseres zu bringen.

zu [1]) den mediocres judices, qui publicam disciplinam observant, bei: id est aut defensores aut assertores pacis, wobei vielleicht Stadt und Flachland unterschieden wird. Daher ist auch umgekehrt die Möglichkeit nicht ausgeschlossen, daß, was im tolosanischen Reich noch ein festes Amt war, im toletanischen zur Zeit von L. V. II. 1, 15 außerordentliche Aufträge bezeichnete, während sich II. 1, 25 noch mehr auf dem alten Boden bewegt [2]). Man hat nun allgemein [3]) gothischen Ursprung eines Amtes angenommen, dessen Name der germanischen Grundidee vom allgemeinen Rechtsfrieden so ganz zu entsprechen schien, ja man wäre versucht, in p. a. nur die lateinische Uebersetzung des altgothischen Richternamens, etwa stava [4]), zu erblicken, dessen Functionen nun dem Mischgebild des comes zugefallen, wobei auch die Competenz des neugeschaffenen oder doch neu eingeführten gothischen Beamten d. h. des p. a. auch über Römer [5]) gerade im comes eine Analogie fände. Allein diese lockenden Hypothesen sind falsch: schon in der byzantinischen und römischen Verfassung begegnen εἰρηνοφύλακες und pacis praefecti, praepositi, vor und unabhängig von gothischer Einführung. Einmal ist in B. [6]) als Steuereinheber vor dem decurio der praefectus pacis genannt, was J. mit curator pacis wiedergiebt — womit über den Ursprung des Amtes nichts, wohl aber seine damals ordentliche und locale Regelmäßigkeit entschieden ist — ferner ist die Correctur praefectus pagi [7]) statt pacis im Codex Justinianeus [8]) zu verwerfen, endlich begegnet in den Basiliken [9]) ein εἰρηνάρχος und die l. unica Cd. Th. XII. 14 führt die Titelrubrik: „de irenarchis"; hienach kann man nicht mehr zweifeln, daß Amt und Name ursprünglich nicht germanisch und nicht nur für außer=

1) B. T. II. 1, 8.

2) Beide Gesetze werden von M. A. dem Rekisvinth, von Cd. Leg. der Ant. zugetheilt.

3) v. Bethm. H. I. S. 195 „ohne Zweifel".

4) Oben S. 32.

5) In leichteren Criminalfällen neben dem defensor civitatis (oder ist zu suppliren defensor pacis?) im Gegensatz zu dem judex oder rector prov. in schweren Fällen.

6) T. II. 30, 1.

7) Ueber solche praepositi pagi Voigt S. 169. 185, Jacobs, pagus p. 20. 21.

8) Welche Beck nach Gothofr. aufgenommen.

9) T. IV. p. 66.

ordentliche Delegationen des Kaisers bestimmt war [1]). Aber ordentliche Beamte sind sie auch nicht. Aus jenen römischen Stellen ergiebt sich vielmehr, daß die pacis praepositi, hirenophylaces (sic), hirenarchi, sich eng berühren mit den von Privaten gemietheten, seltener vom Kaiser erbetenen, außerordentlichen Schutzleuten, militairischen Sauvegarden Cod. Th. XII. 14, 1 a. 409 verbieten die Kaiser das Institut aus denselben Gründen und fast mit denselben (unterstrichenen) Worten, wie Cassiodor [2]) später das ähnliche Institut einer Art villici [3]). Fortan soll der praefectus praetorio den „angesehenern" Provincialen jene Sorge für die Sicherheit der einzelnen Gebiete zuweisen; aus den von Gothofredus gesammelten griechischen und lateinischen Quellenstellen [4]) erhellt, daß sie besonders die Verfolgung von Räubern, Dieben, Hehlern übernehmen [5]). l. ult. Cd. Th. II. 2, 4 [6]) de patrocinio vicorum verbietet das Institut der hirenarchi aut cephalaeoti und vicani als außerordentliche Schützer der Dorfschaften, aber noch ein Gesetz von a. 420 [7]) läßt die alten Gewohnheiten bezüglich der hirenarchae fortbestehen und ein späteres [8]) von a. 426 setzt (wohl anderweitige) hirenarchos in Byzanz neben actuarii, cornicularii voraus. Das Ergebniß ist: Der Name, byzantinisch-römisch für außerordentliche und außeramtliche Privat-Beschützer gebraucht, hatte sich bis auf das tolosanische Reich erhalten: auch in der alten Function

---

1) „assertor" ist sonst Proceßbevollmächtigter s. „Civilproceß". Schäffner I. S. 370, schief Romey II. p. 338.

2) Var. V. 39.

3) l. c. hirenarchorum *vocabula* quae adsimulata provincialium tutela quietis ac pacis per singula territoria haud (al. non) sinunt stari concordiam, *radicitus amputanda* sunt. *cesset* igitur *genus* perniciosum reipublicae, cesset rescriptorum hirenarchas circiter inconvulsa simplicitas et celsitudinis tuae (praef. praet.) sedes provinciarum defendenda suscipiat pacis hujusmodi locupletioribus commissura praesidia. Cass. scheint jene Stelle benutzt zu haben; fast mit denselben Worten, nur mit Auslassung der Negation, stellte Justinian l. 1 Cd. Just. de irenarchis, X. 75 das Institut wieder her.

4) Daß August. ep. 159. 160 tuendae publicae pacis vigilantia an dies Amt denke, ist doch nicht nothwendig.

5) Mit dem praepos. von Magazinen (horreorum) und susceptores diversarum specierum stellt zusammen l. 49 § 2 Cd. Th. XII. 1 praep. pacis, wo ich vorschlage *panis* zu lesen, was zu horrea und species besser stimmt.

6) Vgl. Zumpt Colon. S. 54.

7) l. 17 Cd. Th. de jure fisci X. 1.

8) l. 21 Cd. Th. VIII. 7.

wie villici und sajones kam das Institut noch etwa vor: später aber nannte man im Gothenstaat pacis assertores außerordentliche — dies der Zusammenhang mit der älteren Bedeutung — Commissäre des Königs, — dies die Neuerung — welche für eine bestimmte Landschaft auf Zeit oder für eine einzelne Streitsache zur Beilegung abgeordnet wurden. Nicht hiemit zu verwechseln ist, daß häufig römische Gemeinden (oder einzelne collegia in denselben) [1]) einen Mächtigen zu ihrem „patronus" ernannten, der Ehre und des Schutzes halber, so z. B. Malacca den praefectus classis alexandrinae und procurator alpium maritimarum Lucius Valerius Proculus [2]): diese patroni wurden aber ebenfalls oft aus Schützern zu Schädigern und die Städte ließen sich, so z. B. gerade das Stadtrecht von Malacca [3]), oft das Recht bestätigen, daß ein solcher nur durch Einstimmigkeit bestellt werden könne — ganz wie im Mittelalter bezüglich der „Vögte".

Zum Schlusse stellen wir mehrere Subalternbeamte römischen Ursprungs zusammen. Judex und comes civitatis haben zur Verfügung executores [4]) (der Sache, wenn auch nicht den Personen nach, identisch mit den sajones), apparitores [5]) (zweifelhaft, ob identisch mit den exactores [6]) im Steuerwesen) [7]), exactores bei Zwangsversteigerung [8]) wegen Steuerrückstand [9]). J. nennt sie statt der apparitores und discussores des Textes [10]); auch discussores umschreibt J., zwar nicht unrichtig [11]), aber zu vag [12]). Diese exactores vel susceptores werden aus den Curialen [13]) von den Curialen und

1) z. B. C. J. N. 2211 p. 311 collegium fabrorum.

2) C. J. 1970, ähnlich Tarraco N. 4113 vgl. 4137 p. 256 de patrono cooptando. 2060 civem et patronum municipium cooptavit 3695.

3) C. J. p. 257.

4) L. V. II. 1, 11. 17. 19.

5) B. T. III. 11, 1. (vgl. Wenck ad Cd. Th. I. 13, 1.) Nov. Val. 12, Böck. II. p. 1150, Kuhn I. S. 152, in J. verschwunden, ebenso XI. 7, 1.

6) B. Nov. Mart. II. Maj. I. 1. Baudi di Vesme p. 401 compulsores annonarum.

7) Apoll. Sid. IV. 24. Cass. var. V. 39 v. Aviti petrog. erem. p. 361, vgl. Gaupp S. 80.

8) B. T. X. 9, 1.

9) XI. 4, 1. 2.

10) XI. 7. 1 s. Gothofr. und Haenel ad h. l.

11) Wie Gothofr. und Haenel.

12) Böck. II. p. 107, Kuhn I. S. 162.

13) Das beweist auch XVI. 1, 1.

dem Volk gewählt, darüber Acten aufgenommen, ihre Namen den judices (Text: rector. prov.) bekannt und die Wähler eventuell für Amtsuntreue der Gewählten haftbar gemacht [1]). Die Wahl geschieht je auf ein Jahr: „damit sie nicht gleichsam eine fortgesetzte Herrschaft der Erpressung über die Provincialen üben“: nur im Nothfall, wenn die Zahl der Curialen sehr gering oder das Herkommen der Stadt dafür ist, auf zwei Jahre [2]). Finanzbeamte sind auch die tabularii [3]), welche bald für eine ganze Provinz (solidae provinciae), bald für eine Stadt genannt werden; sie dürfen keine Colonen oder Unfreie sein und werden von den Provincialen bestellt [4]). Fiscalische Unterbeamte sind die rationales [5]) für die einzelnen officia [6]), dann die Zöllner, telonarii, welche aber zunächst als Consuln der fremden Nationen, vor Allem wohl der Byzantiner, erscheinen und in Handels- und ähnlichen Processen ihrer Landsleute untereinander nach deren Recht über sie richten [7]). Nur einmal nennt das Gesetz den tribunus, zwischen comes und judex, mit financiellen Functionen [8]). Für die Verpflegung des Heeres in den Städten und Castellen sorgt manchmal ein besonderer annonae dispensator, erogator [9]), wenn nicht der comes civitatis selbst [10]).

---

1) B. T. XII. 2, 2 de susceptoribus *praepositis* et *arcariis*. Die letzten beiden sie behandelnden Gesetze des Cod. Theod. sind nicht recipirt.

2) Nicht der Richter wählt, wie der Ausdruck zu verstehen sein könnte, er leitet nur die Wahl: judiciaria sedulitate mutentur Text; J.: j. *electione* mutentur.

3) „hoc est qui rationes publicas tractant“ fügt J. erläuternd bei B. T. VIII. 1, 1 quibus fides publica committenda est.

4) ordinantur. Sie heißen im Text t. civitatum, J. nennt sie nur t. und fügt bei: aut hi quibus exactionis libri traduntur. B. T. XIII. 2, 1 sind sie identisch mit exactores geworden; vgl. C. J. p. 115, Apoll. S. IV. 11 tabularium in tributis. Böck. II. s. h. v. führt t. der Aemter, nur für eine Stadt (Portus, Ostia) t. an. Vgl. Roth p. 112 re munic.

5) Vgl. Böck. II. s. h. v.

6) B. T. X. 1, 1 r. magistri priv. rei, officiales in J. vereinfacht in: ordinatores domor. dominicarum vgl. Wenck ad Cd. Th. 11, 1. L. V. X. 2, 5 ne per r. excusatio fiat . . propter auferendam excusationem r.

7) L. V. XI. 3, 2. Oben S. 289.

8) XI. 1, 2. Die J. zu B. T. I. 3, 1 läßt ihn fort; ein vir tribunitius bei Apoll. S. IV. 22. VII. 10 ist römisch, vgl. notarii et tribuni, V. 9 carm. XXII. v. 216.

9) (Nicht zu lesen dispensatur, wie Walter) IX. 2, 6.

10) Vgl. P. Pant. p. 202.

d) Schlußbetrachtungen.

Mit dem römischen Aemterwesen bestand noch dessen alter Rost und giftige Fäulniß [1]) fort: der Mißbrauch der Amtsgewalt [2]), der „Druck und Uebermuth der Aemter" war auch in diesem Staate groß und manchfach: zu den mit dem römischen System beibehaltenen alteingenisteten Uebeln, z. B. der ganzen Ueberlastung der Curialen, traten neue, aus den neuen Verhältnissen dieses Staates erwachsene [3]). Das Bild der Schrecken, welche ein römischer Präfect, Seronatus, über die zitternden Provincialen verhängt [4]), ist trotz der Uebertreibung lehrreich; das Gegenstück [5]), der Präfect Ferreolus, dessen Wagen die Provincialen Beifall klatschend begleiten [6]), ist wohl eben so übertrieben und minder glaubhaft. Der Amtsmißbrauch war so groß, daß ältere Gesetze allen Beamten (in administratione positis vel in quolibet officio militantibus) während ihrer Amtszeit allen Erwerb durch Kauf, Tausch, Schenkung verboten hatten [7]). Die städtischen Beamten trieben es nicht besser als die königlichen, und Isidor, der so selten den antiquarischen, archaistischen Gesichtspunkt verläßt, um in seine Zeit zu blicken, sagt am Schluß seiner Schilderung der städtischen defensores: „heutzutage sind ihrer manche nicht Vertheidiger, sondern Verderber" [8]). Selbst die Armenpflege, die Wohlthätigkeit der Könige wurde zu neuen Be=

---

1) S. oben „Curialen" und „Finanz".

2) L. V. II. 1, 24. XII. 1, 2 Cass. Var. V. 39. Daher militiam confingere, quo quem concutiant vel terreant B. P. V. 2, 7. 11. A. IV. S. 81, bes. bezeichnend B. T. XI. 5, 1 J. L. V. VII. 4, 4. „terribilis actu publico".

3) Doch zu vag: Dozy II. p. 31 l'Espagne des Goths était gouvernée plus mal encore que l'Espagne des Romains.

4) Bei Apoll. S. V. 13.

5) l. c. VII. 12.

6) Vgl. schon Hegewisch S. 260.

7) Nov. 10. Valentinian hebt dies auf: vorbehaltlich des Beweises, daß solche Urkunden abgezwungen oder abgelistet seien (Gefängniß, Ketten, Folter, Drohung des Todes), oder daß die Gegenleistung nicht erfolgt sei: alsdann Rückgabe unter Verwirkung des Preises: im Gegenfall aber, d. h. wenn der Beamte ungerecht verleumdet worden, Verwirkung des zurückzuzahlenden pretium an ihn: die Sache behält er.

8) Origin. IX. 4 at contra nunc quidam eversores, non defensores existunt; das sind die pressurae et penuriae der L. V. X. 2, 6, die extorsio IV. 3, 4.

drückungen mißbraucht [1]). Unaufhörlich hat die Gesetzgebung zu eifern gegen Bestechung [2]), Unterschlagung und Veruntreuung [3]), Fälschung [4]), Willkür gegen die Kirche oder die Curialen [5]), gegen Parteilichkeit [6]), Gewaltthätigkeit aller Art [7]), Gelderpressung (33¹/₃ statt 5 Prozent Taxen) [8]) der compulsores [9]), Gerichtsdiener [10]), defensores [11]), Ueberforderung an angariae et evictiones [12]), der Boten, welche gaudia publica verkünden [13]), xenia, munuscula erpressen, (zweimalige Steuereinheischung [14]) versuchen sie), die Habsucht der Richter [15]) — daher Aufnahme der lex julia repetundarum [16]) —, Nachgiebigkeit gegen fürstliche Willkür [17]), Saumsal [18]), Nachlässigkeit [19]), Widersetzung gegen das Recht [20]), superbia [21]), (sie wollen nicht Recht geben [22]), nicht Königsknechte vor Gericht stellen) [23]), Vorgeben geheimer Mandate des Königs [24]), Amtserschleich-

1) Cass. Var. V. 39.

2) L. V. II. 4, 6. V. 7, 8. VI. 1, 2. 3, 4. 4, 3. 5. XII. 1, 2. 3, 10. 24. 25. III. 4, 13. 17. VII. 2, 3. 4, 3. 5. IX. 1, 21. 2, 1. 3—5; 9. XI. 1, 2. B. T. I. 10, 3 colludium VIII. 2, 1. XI. 5, 1. P. V. 30, 1. 27, 2. 18, 12.

3) XI. 1, 2. Cc. T. XIII. 3 „Lex“.

4) B. T. IX. 15, 1. XII. 2, 1.

5) Cc. T. III. 21. B. T. XII. 1, 5.

6) L. V. I. 1, 18. 19. 22—30. 2, 4. 3, 3. II. 1, 26. 2, 4. VI. 4, 3. 5, 14. VIII. 1, 1. 4. 2, 5—6. IX. 1, 21. 2, 1. 4. 5. 9.

7) L. V. II. 1, 28. 30. VIII. 4, 20 Zerstörung von Wasserbauten XII. 1, 2. B. T. III. 11, 1. P. V. 28, 2.

8) L. V. II. 1, 24—30. VII. 4, 4 superexactio vgl. Sav. Col. S. 284 XII. 1, 2.

9) B. T. I. 6, 4.

10) 6, 1.

11) Isid. origin. s. h. v.

12) Cc. T. III. 18.

13) B. T. VIII. 4, 1. XI. 5, 1.

14) 7, 1.

15) L. V. II. 1, 24. 30. 3, 3. VII. 4, 4. 5.

16) B. T. IX. 21, 1. 2.

17) L. V. II. 1, 27.

18) II. 1, 20. 24. 2, 4. 8. III. 4, 17. 5, 4. VI. 4, 3. 5, 14. VII. 6, 2. IX. 1, 21. Cc. T. XIII. 2. B. T. IX. 7, 3.

19) L. V. VI. 1, 4. 4, 3. Cc. T. XIII. 2. B. T. X. 7, 1 J.

20) L. V. II. 1, 28. 2, 8. V. 1, 6. IX. 1, 8.

21) B. T. II. 1, 6.

22) L. V. II. 1, 29.

23) XII. 1, 2.

24) B. T. I. 3, 1.

ung[1]), Erfindung letztwilliger Zuwendungen[2]) und Druck aller Art[3]): sogar vom Zaubern muß man die Richter abmahnen[4]). Der Amtsmißbrauch zum Schaden des Fiscus[5]) war so arg, daß ein eigenes Gesetz Aerzten den unbegleiteten Eintritt in die Kerker verbietet, wo comites, tribuni, judices oder villici in Untersuchungshaft gehalten werden: „damit nicht die Gefangnen aus Schuldbewußtsein sich den Tod durch den Arzt erzielen: denn wenn ihnen durch diesen zum Tode verholfen wird, entgeht dem öffentlichen Vermögen viel“[6]), d. h. sowohl wegen der noch nicht eingestandenen und in ihrem Bergort noch verhohlnen Unterschlagungungen als wegen Entgangs der Confiscation, wenn der Angeschuldigte vor Ueberführung stirbt und sein Erbe dann nicht eingezogen werden kann.

Besonders lehrreich über die bestehenden Mißbräuche spricht L. V. XII. 1, 2[7]): indictiones, exactiones, operas, angarias heischen comes, vicarius, villicus, die doch gar keine annonae zu fordern haben. Bezeichnend ist: man ließ sich vom König im Krönungseid besonders Schutz gegen seine Beamten geloben[8]). Zumal die königlichen Finanzbeamten, die actores und procuratores, bedrückten die Provincialen mit unbegründeten Ansprüchen[9]) und offener Beraubung[10]) dermaßen, daß der Feuertod als Strafe gedroht werden muß[11]) und die rectores provinciarum erhöhten eigenmächtig das Steuermaß[12]), wie die exactores mehr einheischten als ihnen aufgetragen[13]). Allen Unterbeamten der Provincialvorstände und allen, die irgend „durch ein öffentliches Amt Furcht einflößen können“[14]), muß bei Verlust des Lebens und Vermögens verboten werden, von der Landbevölkerung

---

1) subreptio Cc. T. IV. 65.
2) B. T. IV. 4, 2. 5.
3) L. V. VI. 2, 3 Cd. Leg.
4) Cc. T. III. 18. IV. 33.
5) negligentes circa ea quae nobis jure debentur B. T. X. 7, 1.
6) L. V. XI. 1, 2 multum publicis rationibus deperit.
7) s. die Stelle oben bei Schutz der Kleinfreien.
8) Cc. T. oft, Lembke I. S. 173.
9) calumnia, ebenso X. 7, 1 B. T.
10) depraedatio.
11) B. T. X. 3, 1.
12) XI. 3, 1.
13) XI. 4, 2.
14) vel quicunque sub occasione publici actus videntur esse *terribiles*.

(rusticanis) Sclavendienste zu heischen oder deren Knechte und Vieh für sich arbeiten oder sich von ihnen „Geschenke" (xenia, munuscula) geben zu lassen. Dabei ist charakteristisch, daß J. im Interesse der Bedrückten die gleiche Strafe, welche der Text für die Bestochenen wie für die Bestechenden aufstellt, weg läßt [1]).

Das „officium" der römischen Beamten [2]) bestand, wenn auch etwa vereinfacht, a. 506 noch fort: daher besondere Strafen für den judex und sein officium [3]). Im Römerreich gilt dasselbe (bei strengster Verantwortung) für stark genug, gegen den eignen Bureau-Chef das Recht zu wahren, und häufig, aber nicht immer, betrachtet sie auch noch der Interpretator als ausreichend hiefür.

Juniores bezeichnet allgemein das einem Beamten untergeordnete Personal: aber auch andere Abhängige, z. B. die Leute auf einer Domäne gegenüber ihrem Intendanten [4]). Aehnlich pueri, wobei weder immer an Jugend noch an Unfreiheit solcher Diener zu denken ist [5]). Das Canzleipersonal der römischen Beamten begreift principales [6]) und officiales [7]): die ältere Bezeichnung der tabelliones im Text wird in J. gegeben mit: qui *nunc* amanuensis aut cancellarius dicitur [8]). Uebrigens bedarf diese gesammte Darstellung einer wichtigen Schlußbemerkung: man darf die Aemter-Organisation nicht durch das ganze Reich gleichmäßig durchgeführt und nicht jederzeit gleichmäßig aufrecht erhalten denken.

Schon im römischen Reich bestanden hierin wesentliche Verschiedenheiten [9]) und sie mußten in den neuen Staaten zunehmen: was [10]) von

---

1) l. c. 5, 1 ne damna provincialibus infligantur; die Wähler der exactores haften für deren evertere B. T. XII. 2, 1.

2) Serrigny I. p. 107, v. Bethm. H. r. P. III. S. 15. 134.

3) B. Nov. Val. 12. T. XII. 1, 5. 2, 2. J. und oft.

4) L. V. IX. 1, 21.

5) L. V. VII. 5, 9 notarios eorumque pueros; aus dem commentariensis und seinem adjutor, welchen noch B. T. IX. 2, 2. 3 die Behandlung und Bewachung der Gefangnen zuweist, macht J. vereinfachend: cui traditus est, custos vgl. Nov. Th. 3 custos carceris: schon damals soll das kein Jude sein wie Cc. T.

6) B. T. X. 3, 3 vgl. XI. 5, 1. in diversis officiis principatus, andere principales XII. 1, 7.

7) omnium judicum B. T. I. 6, 1 J. 1, 8 qui negotia intromittunt für Competenzverletzungen in Geld gestraft.

8) Sie rücken zu curiales auf IX. 15, 1.

9) Sav. I. S. 84 f.; lehrreich B. T. III. 11, 1 vicarius *vel similes potestates:* also nicht überall vicarii.

10) A. IV. S. 160.

den Ostgothen gesagt ist, gilt von allen diesen Germanenreichen. Die römische Municipalverfassung selbst, aus leidigen Gründen der Noth, noch am strengsten in Gleichmäßigkeit erhalten, zeigte doch schon unter Valentinian bedeutende gewohnheitsrechtliche locale Verschiedenheiten [1]) und hatte sich später nicht in allen Landschaften gleich [2]) vollständig erhalten: hienach wechselte auch das Bedürfniß nach neuen Aemtern. Wo ferner die gothischen hospites dünn gesät waren oder nur kleinere Städte bestanden, mochte der comes Einer größern für die territoria mehrerer genügen — in den baskischen Bergen hatte der Gothengraf außer in den Städten wohl wenig zu wirken; bei dichter gothischer Bevölkerung dagegen mochten auch im Frieden die Zahlenführer die Thätigkeit des römischen judex mehr beschränken. So ist nicht anzunehmen, daß immer in allen acht Provincial-Hauptstädten Tarracona, Braga, Merida, Corboba, Carthagena (Toledo), Narbonne und Tanger duces bestellt waren [3]). Danach verschieden richtete wohl bald Ein judex über römische, gothische und Misch-Fälle, bald standen in den Städten mit stark gemischter Bevölkerung und stehender Besatzung römische und gothische judices neben einander. Gewiß stand — mit Ausnahme etwa von Septimanien — nicht immer an der Spitze jeder Provinz ein dux, alsdann nahmen die comites der größeren Städte eine desto wichtigere Stellung ein. Wo eine weite Domäne, mit hohen Finanzbeamten [4]), oder eine geistliche oder adelige Besitzung unter ihrem actor oder unter der Verwaltung des Abtes oder des adeligen senior selbst die halbfreien und schutzhörigen Leute in sich beschloß, erstreckte sich ihr Einfluß auch auf die ganze Umgegend einer solchen „Immunität" und drängte die Landgemeinde-Behörden und auch den fernen comes oder judex thatsächlich in den Hintergrund, ja sollte sie selbst dem Gesetze nach in gewissen Fällen ersetzen [5]). Dieser manchfaltigen Durchbrochenheit der Verhältnisse und

---

1) So bestand nach consuetudo civitatis bald ein-, bald zweijährige Amtsdauer der exactores B. T. XII. 2, 2 und das Gesetz muß das anerkennen. Daher wohl auch XIII. 2, 1 in manchen Städten tabularii, in andern exactores.

2) S. Hegel II. S. 324.

3) Wie Masdeu XI. p. 38, Rosseeuw und die Meisten; s. oben S. 332.

4) Vgl. bes. J. zu III. 11, 1.

5) III. 11, 1 J. Uebrigens kommen die alten Beamtennamen noch im zweiten Reich und zwar in Urkunden von 1039 und 1054 nicht nur duces, comites, vicecomites, judices, auch sajones noch und thiufadl vor s. Helff. S. 243. Mit Recht

Aemter muß man sich wohl bewußt und der Annahme ganz gleicher Organisationen oder auch nur solcher Gleichmäßigkeit, wie sie etwa im Frankenreich der Karolinger bestand, ferne bleiben.

---

hebt auch Hegel II. S. 325 v. Syb. S. 220 hervor als Schwierigkeiten in dieser Materie die Unbestimmtheit, dann die Unbeständigkeit in der Bezeichnung der Aemter (oft mehrere Namen für Ein Amt pinf., gardlng. etc.) die Verschiedenheit der Entstehungszeit der einzelnen Gesetze.

7. Kirchenhoheit. Kirchenwesen.

a) Im Allgemeinen.

Der König hat Gewalt über die arianische und die katholische Kirche.

1. Die arianische Kirche.

Mit Recht hat man beklagt, daß wir von der Verfassung und den Zuständen in der arianischen Kirche im Gothenreich und deren Verhältniß zur Staatsgewalt so gut wie keine Nachrichten haben: der „rechtgläubige Zerstörungseifer“ [1]) hat sie vernichtet [2]).

Im Allgemeinen sind die gleichen Verfassungs-Zustände und Einrichtungen wie in der katholischen Kirche vorauszusetzen. Theoderich II. geht mit seinen Bischöfen zur Messe [3]), Eurich zieht sie an seine Tafel [4]); unter Leovigild sind sie selbstverständlich die begünstigten Vorfechter gegen den katholischen Episkopat [5]), aber bestimmender Einfluß des Arianismus auf die Regierung läßt sich nicht nachweisen [6]): wenn auch arianische Synoden vorkamen, hatten diese doch in keiner Weise die Bedeutung der späteren katholischen Reichsconcilien [7]). Ob auf diesen Synoden von je auch gothischer Laienadel erschien und weltliche Fragen mitberieth, ist zweifelhaft; doch steht fest für das Arianer-Concil, das Leovigild a. 581 kraft seines Königsrechts beruft, daß hier die primores Gothorum neben den Bischöfen und Priestern den geistlichen libellus conversionis berathen. Die Ueberlegenheit, welche

---

1) Helff. S. 4. Ar. S. 35 meint er, es habe an Lebenszeichen des Arianismus ganz gefehlt. Vgl. Revillout p. 95.

2) Cc. Caesar. II. 2.

3) Unten „Gesammtcharakter“.

4) A. V. S. 95.

5) A. V. S. 141.

6) A. M. Fauriel I. p. 577.

7) Vgl. Lembke I. S. 198. Petigny p. 224 unterschätzt doch die Entfaltung der arianischen Kirche im tolosanischen Reich.

später der katholische Episcopat über die Krone gewann, war von dem arianischen nicht zu besorgen: stand ihm doch eben dieser katholische Klerus schon herrschend gegenüber, zahlreicher, gebildeter, concentrirter, daher mächtiger [1]). Vielmehr übte die Krone strenge Gewalt über die arianischen Bischöfe [2]). Bis zur Bekehrung bestanden in allen größeren Städten arianische und katholische Bischöfe nebeneinander [3]), wobei es in Zeiten der confessionellen Conflicte nicht an Versuchen fehlte, den Katholiken einige Kirchen zu entreissen [4]); selbstverständlich setzt der König die arianischen Bischöfe ein [5]); auch nach der Bekehrung bestehen noch einzelne arianische Kirchen und sogar Bischöfe eine Zeit lang fort, z. B. Sunna in Merida, erst nach dessen Empörung werden die unter Leovigild den Katholiken entrissenen Kirchen diesen restituirt [6]). Daß bei der Landtheilung die arianischen Kirchen ihre Lose gerade von katholischen entnommen [7]), ist unerweislich — den größten Theil ihres Vermögens hatten sie wohl erst nach und nach durch Schenkungen der Könige und reicher Gothen erworben — und daß anderseits die Güter der katholischen Kirche von der Landtheilung verschont blieben [8]), undenkbar.

Der Gegensatz der beiden Confessionen war im Allgemeinen schroff: der Katholicismus spielte dabei, wie aus seinen eigenen Berichten erhellt, die Rolle des verachtungsvollen, seiner geistigen Ueberlegenheit bewußten Angreifers [9]): abgesehen von der idealeren Tiefe des Princips und dem Rückhalt an Rom waren seine Priester Romanen

---

1) S. Helff. S. 6. 7, von dem aber die obige Darstellung im Uebrigen abweicht; daß nur geborne Adlige arianische Bischöfe wurden ist als Rechtsvorschrift entschieden irrig, als Thatsache höchstens für die Regel richtig; die Argumentation aus der Bedeutung der heidnischen (so auch Amaral p. 160, Türk S. 94) Priester und Wuotans ꝛc. aber ist deßhalb verfehlt, weil die Gothen damals schon seit 200 Jahren Christen und ihre Priester als Träger der christlichen und römischen Cultur (Wulfila!) in eine von der der alten Heidenpriester ganz verschiedne Stellung zu der Nation eingetreten waren.

2) Uebertrieben bei Revillout p. 103.

3) Wie schon die Unterschriften auf dem Cc. T. III. zeigen; s. daselbst unten.

4) z. B. Paul. Emer. p. 648 Sunna gegen Mausona quasdam basilicas cum omnibus earum privilegiis praecipiente rege sublatas.

5) l. c.

6) Paul. Em. p. 653—655. Ueber die Umgestaltung der Kirche seit Cc. T. III. Eichh. Z. f. g. R. W. XI. S. 100, Staudenmeier S. 77.

7) Helff. l. c.

8) Volmer p. 14.

9) A. M. Fauriel I. p. 577.

und um die ganze Höhe der classischen Cultur den gothischen Trägern des Arianismus überlegen. Dabei zeugt es von confessioneller Verranntheit oder, wenn man will, Gewissenhaftigkeit, jedenfalls aber von arger politischer Verblendung, wenn die gothischen Herren des Landes den Katholiken, den „Römischen" [1]), den Uebertritt zum Arianismus durch das die Gewissen stark belastende Erforderniß einer zweiten Taufe ganz außerordentlich erschwerten [2]), während man sich katholischerseits bei der reconversio mit bloßer Handauflegung begnügte.

2. Die katholische Kirche.

Die Behandlung der katholischen Kirche durch die Könige [3]) wechselte selbstverständlich je nach der politischen Situation des Staates: im Anschluß an das in der äußeren Geschichte Dargestellte mag hier ein kurzer Rückblick auf die Zeit von der Einwanderung in Gallien bis Rekared genügen.

Ueber das Verhältniß der ersten Könige: Alarich, Athaulf, Sigrich, Walja: zur katholischen Kirche wissen wir so gut wie nichts [4]) und können nur vermuthen, daß es der jeweiligen romanisirenden oder antirömischen Haltung dieser Fürsten entsprach. Alarich hatte das Asylrecht der Kirchen zu Rom sorgfältig respectirt [5]), war dann auch etwa der Bischof von Nola Kriegsgefangener geworden. Athaulf, mit der katholischen Kaisertochter vermählt, hatte sicher Schonung geübt. Arge Plünderung katholischer Kirchen unter Theoderich I. wird be-

---

1) Romanos enim vocitant homines nostrae religionis Greg. mart. 25. Daß sich aber die Arianer Catholici genannt hätten, hat Masdeu IX. p. 5 mit Recht gegen Florez bestritten Dupuy; p. 343.

2) Diese galt als mors profundae voraginis; epist. decr. IV. Erst Leovigild hob das, von Noth der Gefahr gedrungen, auf: das ist der libellus detestabilis des Arianerconcils a. 581 von Toledo; Türk I. S. 41, Helff. S. 6.

3) Ueber deren Zustände vor der gothischen Einwanderung Valdesius p. 88. Bourret p. 85, Gabourd II. p. 90, Rico y Amat I. p. 6.

4) Das angebliche Martyrium der h. Maura mit ihren 7 Kindern zu Tours durch die Gothen (s. die apokryphe vita in der Note zu Greg. tur. confess. 18 bei Migne 71 p. 841) ist eine plumpe Erfindung: es soll erfolgt sein „zur Zeit des h. Martin": dieser stirbt aber a. 397 (nach Reinkens Martin S. 270 a. 401), d. h. also 15 Jahre, eh' ein Gothe den Boden Galliens betreten; falsch wohl auch In. II. Malaga: „nobilis Amaguindus qui paulo ante Gotorum tempora christianos ad fidem hortabatur".

5) S. A. V. S. 53.

klagt [1]), aber — in Feindesland [2]), während die Legenden von St. Orientius immerhin freundliches Verhältniß zu dem gallischen Episkopat andeuten [3]). Auch anerkennt Papst Gregor, daß West- und Ostgothen-Könige in Arles das Vermögen der Kirche respectirt, also a. 410—540 [4]). Von dem toleranten [5]) Theoderich II. erzählte man im Vertrauen [6]), daß sein Kirchenbesuch mehr Sache der Gewohnheit als des Bedürfnisses war; doch mag das zum Theil Abgunst gegen den Arianismus sein. Daß die Katholikenverfolgung unter Eurich mehr politische als confessionelle Motive hatte [7]), sahen wir. Daß derselbe seine Erfolge dem Vorzug seines Glaubens zugeschrieben habe und mehr der katholischen Lehre als den römischen Mauern feind gewesen sei, ist eine Declamation frommen Hasses [8]); daß ihm aber der katholische Name „den Mund wie Essig zusammenzog“ (acet), ist bei dem Widerstand des katholischen Episkopats sehr begreiflich: Epiphanius von Pavia, vom König mit höchsten Ehren aufgenommen, in allen Wünschen günstig beschieden, schlägt die Einladung an die königliche Tafel aus, weil an dieser auch arianische Priester Theil nehmen [9]); ähnlich weigert sich [10]) der katholische Priester, Speisen zu berühren, über die ein Arianischer das Zeichen des Kreuzes gemacht. Auch hat man das Maß der Verfolgnng sehr übertrieben [11]). Nach Apollinaris Sidonius

---

1) Idac. p. 42. 50.

2) Vgl. Cc. Caes. II. 1—3.

3) A. V. S. 75.

4) epist. VI. 53.

5) Vgl. Cénac Moncaut I. p. 229.

6) Apoll. Sid. I. 2 „si sermo secretus“ (was die französischen Uebersetzer gröblich mißverstanden!)

7) Auch Gaupp S. 180, Aschb. S. 167, Kries. p. 50, v. Bethm. H. P. S. 182, Troya II. I. a. p. 65. 576, Schröckh XVIII. S. 73, Fauriel I. p. 578 minder gut II. p. 28, Revillout p. 105. 137—147, irrig das Fräulein von Lezardière I. p. 295 und Parizel p. 83, Guettée I. p. 345, besser Staudenmaier S. 76.

8) Bei Apoll. S. VII. 6.

9) Ennod. v. Epiph. Bolland. 21. Jan. p. 364. „E. gentile nescio quid murmurans“ l. c. 370.

10) Bei Greg. tur. mart. 80.

11) Hauptquelle sein leidenschaftlicher Feind Apoll. Sid. III. 1. VII. 6 ep., der die Herden das auf den Altären gewachsene Gras „weiden“ läßt! Nur auf ihm gründet Greg. tur. II. 25 (wie sonst oft, vgl. Kries p. 49. 50), dessen noch mehr übertreibenden Bericht wir controlliren können und reduciren müssen: (E. rex G. excedens Hispanum limitem [ein Anachronismus] gravem in Galliis super

wurden die Bischofssitze von Bordeaux, Perigueux, Rhodez, Limoges, Anterieux, Eusa, Bazas, Comminges, Javols, Aux u. A. nicht wieder besetzt, nachdem ihre Inhaber weggefallen, „ipsorum morte *truncatis*" d. h. durch natürlichen Tod, wie das folgende „terminus" deutlich beweist. Gregor von Tours versteht das Wort von Hinrichtung und übertreibt noch weiter [1]). Nur Crocus von Nimes und Simplicius [2]) wurden verbannt und Sidonius selbst von Clermont entfernt und eine Zeit lang in Haft gehalten [3]). Allein während dessen ist Eurichs mächtigster Minister, Leo, selbst ein Katholik [4]), deßgleichen der comes Victorius, dem die grollende Auvergne [5]) nach der Einverleibung anvertraut wird, und derselbe Sidonius hofft von den katholischen Bischöfen von Aix, Arles,

---

Christianos intulit persecutionem. *truncabat* passim perversitati suae non consentientes, clericos carceribus subigebat, sacerdotum alios exilio dabat, alios gladio trucidabat etc. Dann läßt er ihn die Kirchthüren mit Dornen sperren: Ap. S. hatte nur gesagt, Dornen wuchsen davor: sed persecutor non post multum tempus ultione divina percussus interiit) unkritisch folgen ihm Morales V. p. 429, Diago p. 37, Desormeaux I. p. 57, Pagi ad a. 475, Mandajors p. 438, Bachelier p. 23, Gams II. a. S. 484, Colmeiro I. p. 114, Masdeu XI. p. 127, Jager II. p. 26, Rus Puerta p. 174, besser Fauriel I. p. 578, Guettée I. p. 338. 346, Colmeiro I. p. 114, ganz richtig Lecoy de la Marche p. 24. p. 47.

1) Romey II. p. 117 sagt, Greg. lobe (!) ihn wegen seiner Toleranz.

2) Sitz unbekannt: es ist wohl derselbe den Ap. S. VII. 8 als Bischof nach Bourges bringen will, die Arianer hassen ihn. Schon als Laie war er von den Barbaren eingekerkert gewesen 9.

3) A. V. S. 101, Kaufmann Museum S. 13; wäre Eurich gewesen, wie A. ihn schmähend geschildert, dieser wäre härterem Lose nicht entgangen.

4) Freilich kein besonders scrupuloser: Greg. tur. mart. 92. Dessen beherrschenden (Ennod. v. Epiph. p. 370 consiliorum principis moderator et arbiter Leo vgl. Vaissette I. p. 227) Einfluß schildert Apoll. S. IV. 21 quotidie . . per potentissimi regis consilia totius sollicitus orbis pariter ejus negotia et jura, foedera et bella, loca, spatia, merita cognoscis . . (te) constat gentium motus, legationum varietates, facta ducum, pacta regnantum didicisse; aus VIII. 3 erhellt, daß er besonders des Königs auswärtige Politik leitete und dessen Schreiben an Fürsten und Völker verfaßte; auch VII. 5 beweist nur, daß die Gothen die Bischöfe der von ihnen eroberten Städte in Aquitanica prima nicht gern in römische Städte reisen ließen, (vgl. Kaufm. Ap. S. S. 13, über die eifrige Correspondenz der katholischen Bischöfe s. z. B. Gams „Sedatus" S. 918. 919) sie wußten wohl, warum; in constituendo antistite (von Bourges) provincialium collegarum deficimus numero, quod de urbibus Aquitaniae primae solum oppidum Arvernum romanis reliquum partibus bella fecerunt.

5) Apoll. S. VII. 17, andere Römer am Hof Kaufmann Museum S. 24.

Riez und Marseille günstige Vermittlung zwischen Eurich einerseits und Rom und Burgund anderseits[1]) und Gestattung der Wiederbesetzung der Bischofsstühle[2]). Wie sich unter seinem Nachfolger die Bedrohung durch das Frankenreich zugleich als Bedrohung durch den Katholicismus darstellte und beide nur ohnmächtiger Abwehr begegneten, haben wir dargestellt[3]). Eine späte Erfindung ist die unter Alarich II. gesetzte Biographie des h. Bassius[4]) und daher unverwerthbar für das Verhältniß dieses Königs zum Katholicismus wie für Anderes: seine Maßregeln gegen die Bischöfe waren nur Nothwehr[5]); freilich, als ihm die Basilica des h. Felix zu Lyon den Ausblick vom palatium auf die Fluren von Livière versperrt, bedenkt sich sein Minister Leo nicht, sie zum Theil abtragen zu lassen[6]). Theoderich der Große dehnte seine bekannte Toleranz zuversichtlich auch auf die westgothischen Provinzen aus: er schickte mit klugem Bedacht den eifrigen Katholiken Ibba als Statthalter und Feldherr in diese Lande[7]); die Verfolgung, welche sein dux Aram gegen einen katholischen Priester erhob[8]), war, wenn überhaupt mehr als Legende, nur vereinzelt[9]); er ließ wiederholt Concilien tagen zu Tarraco und Gerunda

---

1) l. c. so deute ich regni utriusque.

2) VII. 7 per vos (Graecus von Marseille) legationes meant . . vobis primum non solum tractata reserantur, verum etiam tractanda committuntur; freilich erhebt er schwere Vorwürfe, als diese Bischöfe sich den Frieden auf Kosten der Auvergne erkaufen: seine Sprache geht hier aus dem Rhetorischen in wahrhaft menschliches Pathos über: er fordert auf, solch „schimpfliches Verständniß" zu brechen: adhuc, si necesse est, obsideri, adhuc pugnare, adhuc esurire delectat. si vero tradimur, qui non potenimus viribus obtineri, invenisse *vos* certum est, quod barbarum suaderitis ignavi!! Die Gregor patr. XII. 3 genannte Ragnachildis Sigivaldi filia, welche reiche Geschenke an katholische Klöster macht, kann der Zeitrechnung nach nicht die gleichnamige Gattin Eurichs sein.

3) A. V. S. 105, Schrödh XVIII. S. 75, Guettée II. p. 2, Revillout p. 149—166.

4) s. Vassii Bolland. 16. April p. 421 seq.

5) S. im Uebrigen A. V. S. 106; gut schon Masdeu X. p. 83.

6) (Wofür er erblindet) Greg. tur. mart. 92 lediglich Legenden aus den AA. SS. in der Chronica de castro Ambasiae in spicileg. acherian. III. p. 522 C. S.

7) A. V. S. 113, Revillout I. p. 173.

8) Greg. tur. mart. 78.

9) Ueber die Toleranz der arianischen Gothen schon Aldrete antig. p. 311, Raynouard II. S. 31, Klapper p. 9; richtig, wider Willen, Cenni I. p. 174 dogma suum adversus Catholicos „*tuiti* sunt". Vgl. II. p. 123 (bei den Citaten aus Cenni ist manchmal I. zu ergänzen).

zu Arles, Lerida und Valencia [1]) Theudis gestattet die Abhaltung der Synoden zu Toledo und Barcelona [2]). Sein Nachfolger Theudigisel scheint weniger katholikenfreundlich gewesen zu sein: das liegt wohl in der von ihm erzählten Legende, er habe den wunderthätigen Quellen zu Oser [3]) mißtraut und deren Steigen zu gewissen heiligen Zeiten für ein „Stücklein der Römischen" (ingenium Romanorum) erklärt: er läßt den Zugang mit seinem Siegel schließen, wird aber natürlich beschämt [4]). Da indessen eine vierjährige Regierung durch die Erzählung vorausgesetzt wird und dieser Fürst nur wenig über Ein Jahr herrschte, ist vielleicht sein Vorgänger Theudis gemeint [5]); Gregor [6]) von Tours klagt, daß sich die Gothen durch solche Mirakel, die auf ihn den den größten Eindruck machen, nicht bekehren lassen, sondern dieselben durch „boshafte Auslegungen" hinweg erklären wollen. So spricht der gothische Graf [7]), welcher der katholischen Kirche zu Agde ein Grundstück entrissen hat, als ihn darauf ein Fieber befällt: „was, meint ihr, werden nun diese Römischen sagen? sie werden sprechen, das sei zur Strafe, weil ich ihnen den Acker genommen, was mich doch nach der Natur des menschlichen Körpers befallen. Aber so lang ich lebe, sollen sie ihren Acker nicht wieder erhalten." Die durch Hermenigilds Rebellion herbeigeführte Katholikenverfolgung unter Leovigild war theils Nothwehr, theils Ausübung des Strafrechts [8]). Daß damals

---

1) S. unten.

2) S. unten.

3) Andere Ortsangaben Helff. Ar. S. 40 zu Osetum, Oretum Dozy récherches p. 203, Cortes y Lopez III. p. 342, Jacobs géogr. p. 152 (Julia Constantia, jetzt Osser bei Sevilla?) Die Schreibung schwankt: auch Oser, Osen Cean-Bermudez p. 236, Depping II. p. 226, Saavedra y F. p. 191, vgl. Dunham I. p. 113, Morales V. p. 407, verworfen von Masdeu X. p. 113. XI. p. 215 als fränkische Erfindung: gegen Ferreras scharf Berganza, crisis p. 50, vgl. Bordier, Greg. tur. I. p. 65.

4) Greg. tur. mart. I. 25.

5) Helff. Ar. S. 39 nimmt aus unzureichenden Gründen einen Suevenkönig Theudigisel an. Eine ähnliche Geschichte unter Sigrich daselbst nach Fabr. h. eccles. zu Sigeb. Gembl. c. 25 (schlecht verbürgt).

6) l. c. I. 26.

7) l. c. 79.

8) A. V. S. 141; in diese Zeit soll wohl die Fabel fallen, welche Paul. Hieron. Barcinon. p. 487 erzählt von einem Bischof Severus (wo?) qui a Gothis clavo infixo in capite occisus est; fuitque unus ex septuaginta episcopis qui condiderunt leges Goth.!! d. h. die Cc. unterschrieben.

den katholischen Klöstern von dem Heere Leovigilds übel mitgespielt wurde [1]), ist wohl zu glauben und von dem dabei erzählten Mirakel wenigstens soviel, daß Leovigild das Geplünderte erstatten ließ [2]). Der Gegensatz der beiden Bekenntnisse wurde damals wieder, wie zur Zeit Eurichs und Chlodovechs außerordentlich scharf empfunden, während kurz vorher Mischehen zwischen beiden Confessionen vorgekommen waren: so zwischen Leovigild und Theodosia [3]). Höchst bezeichnend hiefür und für das mehr angreifende Verhalten des Katholicismus [4]), das mehr defensive des Arianismus, ist — (wie für jene Zeit die Biographie des h. Cäsarius [5]), wo diese Ketzerei nie ohne verächtliches Beiwort genannt [6]) wird) — Gregorius von Tours, namentlich sein Religionsstreit [7]) mit dem durchreisenden Gesandten Leovigilds, Agila [8]): im Verlauf der Disputation, in welcher Gregor viele Bibelstellen, aber wenig Beweise beibringt, sagt der Gothe: „Eher fahre meine Seele aus meinem Leibe, als daß ich den Segen eines katholischen Priesters annehme"; Gregor frohlockt, daß derselbe später in

---

1) Greg. tur. conf. 12 cum exercitus ejus, ut assolet, graviter loca sancta concuteret .. Gothis diripientibus res monasterii.

2) Anders natürlich die älteren Spanier Padilla II. p. 45, Morales V. p. 500, X. p. 148 (läßt ihn aus Schwäche gegen Godisvintha also handeln!) Ferner Masdeu XI. p. 129, du Boys I. p. 516, Phillips I. S. 359, Montalembert II. S. 199, Petigny p. 234, Cenni I. p. 174, Colmeiro I. p. 114, Revillout p. 105, aber auch Dunham I. p. 125 verkennt die Nothwendigkeit in Leovigilds Energie (besser Romey II. p. 148), während Andere in dem Eifer der „Rettung" der Gothen zu viel thun z. B. Lopez Madera p. 33 los Godos no deffendieron su error con pertinancia ni persiguieron la iglesia romana.

3) Daß man L. „primo" für katholisch gehalten, ist späte Beschönigung des Luc. tud. II. p. 49: die Schwester Leanders und Isidors sollte nicht wissentlich einen Arianer geheirathet haben.

4) Vgl. Apoll. S. VII. 6 quo Modaharium civem Gothum arianae haereseos jacula vibrantem spiritualium testimoniorum mucrone confoderis — freilich lauter katholische Zeugen; c. a. 480.

5) p. 662 seq.

6) Verachtung auch sonst Hauptempfindung, z. B. Salv. VII. p. 161, der sonst viel weniger fanatisch. Die Schimpfwörter bigot = Visigot und cagot (canis Gothus) bezeugen jenen Haß, aber wann sind sie entstanden? Vgl. Lagrèze p. 47, Cénac Moncaut I. p. 266, in Gascogne „Cahets", in Navarra „Agotes", baskisch „Agotacs"; die Ableitung von den Mauren des VIII. oder den Waadtländern des XII. Jahrhundert ist zu verwerfen.

7) V. 44.

8) de fide lacessire coepit.

einer Todeskrankheit zum Katholicismus übergetreten sei; er nennt ihn zwar „unbedeutend“ [1]), aber während Gregor ihn durchaus durch Schmähungen des Arianismus bekehren will, spricht der Gothe: „Lästre meinen Glauben nicht, den du nicht theilst; wir lästern nicht, was ihr glaubt, wenn wir es auch nicht glauben; ... denn also geht ein Spruch in meinem Volk: „es schadet nichts, wenn Einer an Altären der Heiden und an Kirchen Gottes vorübergehend vor beiden sein Haupt entblößt.“ Da erkannte ich seine Thorheit und sprach: ich sehe, du bist ein Vertheidiger der Heiden und Ketzer ꝛc.“ — Die in Gallien reisenden gothischen Gesandten betonen eifrig, wohl oft aus Vorsicht, ihre Uebereinstimmung mit den katholischen Dogmen [2]).

Uebrigens ist nicht zu verkennen, daß der Katholicismus, wie er die mehr consequente und mehr seelenbezwingende Auffassung der christlichen Ideen vertrat (mochte auch der Arianismus dem ursprünglichen germanischen Polytheismus näher stehen, da er gestattete, Christus geringer als Allvater zu denken), so nicht nur durch die größere Bildung seines Klerus, mehr noch durch seine großartige Organisation und die großartige Verwerthung derselben jenem Ketzerglauben bei Weitem überlegen war.

Auch über die katholische Kirche hätte nun die Hoheit der Krone dem König [3]) ausreichende Rechte gewährt, wenn die Könige immer den Muth und die Möglichkeit gehabt, sie geltend zu machen. Das allgemeine Befehlsrecht, der Bann, des Königs erstreckt sich, wie die gesetzgebende Gewalt, in allen weltlichen Dingen auch über die Kirche [4]). So verstärkt Wamba das bisherige Maß der Pflicht,

1) „nullius ingenii aut dispositionis ingenii peritum“.

2) Ein ähnliches Religionsgespräch Greg. tur. VI. 40; der Gothe Agila besucht am Ostertag die katholische Kirche, nur Friedenskuß und Abendmahl theilt er nicht mit den Katholiken; vgl. Löbell S. 360, Guettée II. p. 243, Dupuy p. 349. 344. 250—255; über die Hauptdifferenzen der Bekenntnisse Salvian V. p. 100 Licentii lirinensis common. I. p. 318. 336, Isid. Origin. VII. 4. VIII. 5 „Arriani“ Waitz Ulfila S. 57 und — allzu geistreich — Helff. Ar., s. Reinkens Hilarius S. 136 H. de trinitate adversus Arianos.

3) Wie schon bei den Kaisern s. B. N. Maj. II. 1. T. XVI. 1, 6.

4) Vgl. Masdeu XI. p. 15. In geistlichen wahrt die Freiheit der Kirche scharf Cc. Tol. VII. 1 quoniam potestati principis nullus sacerdotum in hoc praebere debet assensum, (Verkehr mit Excommunicirten) unde vel perjurium videatur incurrere vel, quod absit, si quicumque catholicae fidei praevaricator princeps surrexerit etc.; aber sonst erkennt sie die Kirchenhoheit des Königs an: Cc. Em. praef. de secularibus sancta (regi) manet cura et ecclesiastica plenius disponit divinitus sibi sapientia concessa.

der Geistlichen, zur Landesvertheidigung beizutragen, und bedroht, Bischofe, Priester und Diakone mit Verbannung, niedere Kleriker mit der gleichen Strafe wie die Laien[1]). Der Geistliche, selbst der Bischof, muß sich bei Strafe vor dem weltlichen Richter stellen[2]). Nicht einmal in Ehesachen ist die Kirche ausschließlich competent[3]): wie die weltliche Gesetzgebung[4]) die Ehehindernisse bestimmt[5]) und die Scheidung regelt[6]), so trennt der weltliche Richter rechtswidrige Ehen[7]). Ueber Unzucht von Geistlichen erläßt der König Gesetze[8]): trennt der Bischof die Schuldigen nicht, so hat er zwei Pfund Gold an den Fiscus zu zahlen; ist er zu schwach zur Execution, soll er das Concil oder den König anrufen[9]); gegen Incest und Verletzung von Keuschheitsgelübden[10]) kann neben dem Bischof der Richter und im Nothfall der König einschreiten[11]); gegen Zwang zur Priesterweihe[12]), Verschleuderung des Kirchenguts erläßt auch der Staat Gesetze[13]), sowie gegen die Habsucht der Priester, welche das für das

1) L. V. IX. 2, 8.

2) II. 1, 17; er ließ sich in der Regel vertreten durch assertores, procuratores.

3) Abgesehen natürlich von Verhängung der Kirchenstrafen districtio canonica II. 1, 17. 2, 4. Fasten II. 1, 17. IX. 1, 21. Excommunication auch für weltliche Delicte II. 1, 5. V. 1, 5. XII. 3, 23. 24.

4) Wie vorher schon die römische: B. T. III. 12, 1 de incestis nuptiis so jetzt die gothische L. V. III. 3, 1.

5) l. c. und III. 4, 14. 15. 2, 8. 5, 1—7.

6) B. T. III. 16, 1. 2. L. V. X. 1, 17. XII. 2, 14. 3, 8. III. 2, 2—3; 6, 1—13. 5, 1. 2. V. 1, 7. 2, 3—6. IX. 1, 15; der Herr kann sogar ein ganzes Jahr nach Schließung des contubernium durch Entziehung seines Consenses die Ehe lösen X. 1, 17.

7) Von Freien mit Unfreien III. 2, 2. 3; oder von Verwandten innerhalb des sechsten Grades III. 5, 1.

8) Wie früher der Kaiser B. T. XVI. 1, 6. Der Mönch Tarra vertheidigt sich gegen solche Beschuldigung vor dem König Rekared p. 22; vgl. R. de Castro II. p. 290.

9) L. V. III. 5, 2.

10) Auch Mißbrauch der vestis religiosa bekämpft der König L. V. III. 5, 4.

11) III. 5, 2; 4, 18; vgl. Masdeu XI. p. 18.

12) B. N. Maj. II. 1 J.

13) Man kann sich statt an den Bischof an den Richter und gegen den Erzbischof darf man sich an den König deßhalb wenden Cc. T. IX. 1; ganz allgemein gestattet Cc. T. XIII. 10 den Geistlichen, wenn sie bei zwei Erzbischöfen gegen ihren Bischof nicht Recht erlangen, sich an den König zu wenden Cenni II. p. 153 recursus ad regem nihil cum canonibus pugnat.

Kirchengebäude bestimmte Drittel ihrer Einkünfte für sich verwenden und den Bau durch übermäßige Frohnden ihrer Pfarrkinder führen wollen. Dasselbe Gesetz [1]) verbietet die Vereinigung mehrerer Kirchen in Einer Hand, weil die geistlichen und weltlichen Pflichten und die Vermögenscontrolle darunter leiden [2]). Weiter wird Unverjährbarkeit der Klagen der Kirchen angeordnet und deren Vermögen auch sonst durch detailirte Bestimmungen gegen Beraubung geschützt [3]); freilich sind die meisten dieser Normen nur in die Gesetzsammlung aufgenommene Concilienschlüsse [4]): indessen werden wir die Mitwirkung des Königs und des Weltadels bei diesen Versammlungen kennen lernen und anderseits werden durch die Aufnahme in die Gesetzsammlungen jene Canones zu weltlichem Recht; daher sind denn auch Kirchenstrafen, wie Excommunication [5]), Fasten [6]), Einsperrung in's Kloster mit strenger geistlicher Zucht in die Gesetzsammlung aufgenommen und zwar in Anwendung auf Geistliche [7]) wie Laien [8]). Auch die bestrittnen Grenzen der erbischöflichen Provinzen und bischöflichen Sprengel ordnet der König [9]). Besonders hätte es aber Interessen und Rechte der Krone wahren können, daß nur der König das Recht hat [10]), ein Reichsconcil zu berufen (dessen Beschlüsse und zwar auch die geistlichen Inhalts [11]) erst durch seine Confirmation Gültig-

1) L. V. V. 1, 5; andere weltliche Gesetze über Geistliche IX. 2, 8. IV. 2, 12. VI. 5, 16. Strafen III. 4, 18. IX. 2, 8. XII. 3, 21. 24. 26.

2) V. 1, 15.

3) V. 1, 6 Befehle bezüglich der Urkunden der Kirchen.

4) So: V. 1, 1—5. IX. 1, 21. XII. 1, 2. 2, 2; 15; 3, 21. 22. 24; vgl. Cc. Tol. IX. 2 folg. Absetzung und Verbannung gegen Geistliche, die Unzucht mit Jüdinnen treiben, Geldstrafen über Bischöfe V. 1, 5 auch dem Wortlaut nach reiner Synodalcanon: unio nostrae adunationis, in medio coetus nostri delatum; droht nur Kirchenbann *antiquorum patrum regulae* XII. 3, 10 leges *et canones* werden berücksichtigt.

5) L. V. II. 1, 5 vom König angedroht mit Confiscation am Schlusse der Cc. T. XIII. XIV. XV., nachdem die einzelnen Canones schon diese Drohung ausgesprochen. Daher Cc. T. XVI. XVII. Lex nur scheinbar der König allein die Excommunication anordnet. Vgl. die Entschuldigung und andere Beispiele dafür bei Cenni II. p. 21.

6) L. V. II. 1, 17.

7) III. 4, 18; 5, 2.

8) l. c. und 5, 5.

9) Cc. Em. 8 reducit, restaurat, confirmat.

10) Marichalar II. p. 16, wie die Sueven, Franken und Burgundenkönige.

11) Cc. T. XVI. „lex“.

keit erlangen)[1]) und die von Gemeinde und Klerus vorgeschlagenen und gewählten Bischöfe zu bestätigen[2]). Die praeceptio regia entbindet auch den Bischof von der Pflicht, dem Ruf des Erzbischofs zum Provincialconcil zu folgen[3]), welches dieser jährlich berufen soll[4]).

Diese Rechte der Kirchenhoheit[5]) hätten also an sich wohl zur Abwehr klerikaler Uebergriffe ausgereicht. Leider machte nun aber die gesammte Situation der inneren Politik und das moralische Uebergewicht des Klerus die Geltendmachung der königlichen Rechte immer schwieriger und die gesetzlichen Vorrechte der Kirche und der einzelnen Geistlichen immer gefährlicher.

Im Allgemeinen war die ganze Rechtsstellung der katholischen Kirche, wie sie im Römerreich bestand, (natürlich abgesehen von der Verfolgung des Arianismus) mit allen ihren Privilegien nach den kaiserlichen Constitutionen anerkannt[6]).

Von diesen Privilegien[7]) heben wir hervor einmal das gefreite Forum der Geistlichen. Es soll[8]) ein Geistlicher seinen Streit mit einem andern bei Strafe des Bannes und der Sachfälligkeit nicht

1) Co. T. XIII. XVI. „lex" schwerlich erst in Nachahmung der römischen Kaiser wie Aguirre II. p. 694.

2) Ueber beide wichtige Puncte s. u. Romey II. p. 261, Kaim S. 67.

3) Co. Ag. 35.

4) Cc. T. III. 18; gleichwohl erwähnt das Cc. Narb., daß auch dieses c. 18 per ordinationem des Königs erlassen sei und ruft demselben einige Puncte in's Gedächtniß zurück und Cc. Caesaraug. praef. erklärt zu tagen ex permissu gl. d. regis: Em. aber anerkennt geradezu das Recht des Königs, auch die Provincialsynoden zu berufen und lex regis Cc. T. XVI. beruft eine solche nach Narbonne. Sonst erwähnen die Provincialsynoden manchmal der Berufung und Erlaubniß des Königs nicht, nur zählen sie nach seinen Regierungs-Jahren, z. B. Cc. Tol. IX.; vgl. Morales VI. p. 26, Kaim S. 55, Revillout I. p. 256.

5) Vgl. Masdeu XI. p. 15—28, Rosseeuw I. p. 282, Sempere hist. p. 173: nicht erschöpfend Dunham II. p. 183: 1. Verordnungsrecht, 2. Gerichtsbarkeit in höchster Instanz, 3. Recht, die Bischöfe zu ernennen, 4. die Nationalconcilien zu berufen und ihre Beschlüsse zu bestätigen; er schreibt, wie ich oft finde, Romey II. p. 257 und dieser, gleich einfach, Masdeu l. c. aus; Alteserra notae p. 186. 333.

6) Durch Reception von B. T. XVI. 5, 3.

7) pr. honoris Paul. Emer. p. 645, andern Sinn haben die privilegia einzelner basilicae, welche, als Vermögenswerthe, mit diesen usurpirt, confiscirt z. B. unter Leovigild Isid. und Paul. Emer. p. 653—655, und restituirt werden; es sind Immunitäten, Ansprüche auf Reichnisse aus Domänen rc.

8) Nach Cc. T. III. 13.

von dem weltlichen Richter, sondern vom Bischof entscheiden zu lassen[1]). Weltliche Delicte der Geistlichen werden durch die zuvorkommenden Kirchenstrafen (Klosterhaft) oft der Kenntniß und Ahndung des weltlichen Richters entzogen[2]); manche Verbrechen, z. B. Conspiration mit dem Ausland, entziehen die Concilien geradezu der Competenz des Königs und behalten sich selbst die Bestrafung vor[3]); ebenso bewaffneten Aufstand der Geistlichen[4]). Wie eifersüchtig die Kirche die Hereinziehung der Staatsgewalt in geistliche Händel verhütet, zeigt der[5]) in Erinnerung gebrachte alte Canon de importunis clericis: wegen Excommunication soll der Geistliche nur an ein zahlreicheres Concil appelliren, nicht an den König[6]). Uebrigens hatte Bischöfe wenigstens schon das recipirte römische Recht der Klage bei dem öffentlichen Richter entrückt und vor die audientia anderer Bischöfe verwiesen[7]).

Den vielbestrittenen Bestimmungen über Gerichtsbarkeit der Geistlichen in Nov. Val. XII. derogirt Nov. Maj. I., wie J. richtig hervorhebt. Geistliche müssen in Civil- und Criminalklagen den Laien vor dem weltlichen Richter Rede stehen[8]); nach dreimaliger fruchtloser Ladung durch den executor werden sie als contumaces behandelt. Der von Geistlichen belangte Laie hat die Wahl zwischen seinem forum ordinarium und dem judicium episcopi. Infamie droht den defensores, die diese Vorschriften verletzen. In der römischen Gesetzgebung

1) Anders nach Cc. Agd. 32, wo erst Gratian ein berüchtigtes non eingeschoben: *non* respondeat clericus judici; vgl. Hefele II. S. 637.

2) Cc. T. IV. 29.

3) l. c. 30 denuntiatus principi apud concilium mulctabitur.

4) l. c. 45 nur Klosterpönitenz; Furcht vor ihren Conspirationen X. 2.

5) Richtig Cc. Brac. II. 35 app.

6) Wenn er aber dies thut und et importunans se palatio aures principum inquietare voluerit, hic ad nullam veniam poterit pervenire neque spem futurae reconciliationis habebit.

7) B. T. XVI. 1, 2; dagegen über die Criminalklage gegen andere Kleriker s. 3 l. c., es ist also nur mit großen Beschränkungen richtig, daß nach L. V. II. 1, 18 die Geistlichen in allen bürgerlichen Sachen vor den bürgerlichen Gerichten Recht zu nehmen haben v. Bethm. H. I. S. 225, Masdeu XI. p. 229, Dunham I. p. 200, Romey II. p. 301, Baur S. 258, Planck I. S. 289. 297 f., du Boys I. p. 524—5, Revillout p. 80 f.

8) (per auctoritatem judicis ad publicum provocare); doch dürfen sich episcopi und presbyteri wegen pervasio und graves injuriae im Criminal-Processe durch einen procurator vertreten lassen (was Laien versagt), nicht auch in andern Criminalklagen.

schon ist die Tendenz der Zurückschraubung der sich ausdehnenden Competenz der geistlichen Gerichte unverkennbar. Denn die Ausscheidung zwischen geistlichen und weltlichen Fällen, welche bereits Arcadius und Honorius hatten treffen wollen, war immer schwerer zu vollziehen [1]).

Ferner bildet der geistliche Stand einen sehr bedeutenden Strafminderungsgrund [2]): für dasselbe Verbrechen trifft den Laien Verknechtung, den Geistlichen nur Verbannung [3]); den Laien Geißel, den Geistlichen nur Fastenstrafe [4]). Sehr deutlich sagt Cc. T. IV. 46: wenn ein Geistlicher Gräber zerstört, soll er vom ordo entfernt und zu dreijähriger Pönitenz verurtheilt werden, „weil diese That als Sacrileg von den öffentlichen und weltlichen Gesetzen mit dem Tode gebüßt wird" [5]). Der Geistliche, der Wahrsager befragt, kommt mit lebenslänglicher Klosterhaft ab, Laien droht Verknechtung, Confiscation, Geißelung [6]); der Geistliche, der in einer Empörung, die Waffen in der Hand, ergriffen wird, verliert nur den Grad und wird in's Kloster gesteckt, dem Laien droht der Tod [7]). Deßhalb kam es häufig vor, was noch nie hervorgehoben worden, daß vornehme Laien, die sich durch Betheiligung an den politischen Parteikämpfen und Verschwörungen eine drohende Verfolgung, einen Hochverrathsproceß zugezogen, halb unfreiwillig in den geistlichen Stand traten (oder vom König dadurch beseitigt wurden), an dessen Pflichten sie sich dann oft nicht gebunden glaubten [8]). So plant der Adel der Auvergne bei

---

1) B. T. XVI. 5, 1 quoties de religione agitur, episcopos convenit agitare; ceteras vero causas, quae ad ordina(to)rios cognitores vel ad usum publici juris pertinent, legibus oportet audiri. Ueber die Autorität der Bischöfe in den Gerichten im V. Jahrhundert vgl. Troya II. a. p. 533.

2) B. Nov. Val. 5, Planck I. S. 343.

3) L. V. IX. 2, 8; vgl. Cc. T. IV. 45. XVI. decr. Sisbert von Toledo wird nur verbannt, nicht verknechtet, wie die mitschuldigen Palatinen nach l. c. 10. Die Grafen zu Merida trifft Infamie, Verbannung, Ketten, den Bischof, wenn er katholisch werden will, nur Kirchenbuße, eventuell Verbannung.

4) L. V. II. 1, 5. 17.

5) Gemeint ist X. 2, 1, welches Gesetz aber nur den Unfreien zum Tode verurtheilt; vielleicht schwankte die weltliche Gesetzgebung.

6) Cc. T. IV. 29.

7) 45 l. c., vgl. VII. 1. X. 2. XIII. 2.

8) Cc. Tol. VIII. 7 quosdam . . eventu necessitatum aut nutu periculorum adeptos . . ecclesiasticarum officia dignitatum et quoniam, quum illis imponerentur, id sibi fieri *noluisse* testantur . . licet inviti perceperint, quod non merebantur, habere. Vgl. bes. Cc. T. XI. 5, wo Geistliche in Fällen,

drohender Herrschaft der Gothen massenhaft in den geistlichen Stand und dessen geschützte Stellung einzutreten [1]). Auch sonst schont und begünstigt die geistliche und weltliche Gesetzgebung in jeder Weise diesen Stand: bei Geschlechtsdelicten schreitet zunächst der Bischof ein, nur mit großer Vorsicht wird wegen solcher Anklagen vorgegangen [2]). Freigelassene, die in den geistlichen Stand treten, werden vom patrocinium frei und können von den Erben des Patrons nicht in Knechtschaft revocirt werden [3]).

Der König ist als Schirmherr der Kirche ganz besonders verpflichtet, dieselbe zu schützen und zu wahren [4]). Als weitere Privilegien der Kirche sind noch zu nennen ihre Vertretung auch durch Unfreie vor Gericht [5]), Unverjährbarkeit ihrer Rechte [6]), Freiheit von gewissen Steuern und Frohnden [7]), vom Waffendienst [8]), Beschleunigung ihrer Processe [9]), Erbrecht der Kirchen und Klöster gegen ihre erblos verstorbenen Glieder vor dem Fiscus [10]), aber hinter der Curie und dem Patron, Befreiung der Priester von der Folter, der die andern Kleriker unterworfen sind, vorbehaltlich der Verfolgung ob crimen falsi [11]). Auch der Schutz der römischen Gesetze für die heidnischen „Templa" ist fortan von den Kirchen zu verstehen [1]). Eine außerordentliche Wohlthat war die Befreiung der Geistlichen von der Hauptlast dieses Staates, den städtischen munera [13]); wenn sie durch

---

da Laien Talion, Verknechtung, Verbannung trifft: nulla incurvatione status servituti hominum debent addici und sehr glimpflich mit Absetzung, Verbannung und Excommunication abkommen.

1) Apoll. S. II. 1. Cc. Tol. VIII. 7 quosdam etc.

2) L. V. III. 4, 18. Cc. Brac. II. 8 fordert für Beweis der Unzucht von Geistlichen 2—3 Zeugen (!) und straft beweisfällige Ankläger mit Excommunication; für seine Geistlichen zahlt oft der Bischof die Composition.

3) L. V. V. 7, 18.

4) V. 1, 6.

5) II. 3, 3.

6) V. 1, 1—6.

7) Cc. T. IV. 26.

8) Cc. Ilerd. s. Cc. Tol. IV. 19 bis Wamba, vgl. aber 45.

9) B. T. II. 4, 7.

10) J. B. T. V. 3, 1.

11) B. T. XI. 14, 5 magis poena digni sunt quibus quum lex reverentiam praestet, suae professionis immemores in mendacii crimine deteguntur.

12) de ecclesia intelligenda sunt J. zu P. V. 21, 1, ebenso IV. 2, 3 statt deorum donis: his quae in honorem Dei ecclesiis relinquuntur.

13) B. T. XVI. 1, 1.

Absetzung oder Verzicht den Grad verlieren, werden sie sofort als curiales oder collegiati [1]) beigezogen.

Ferner wird das Asylrecht der Kirchen nach Maßgabe des recipirten römischen Rechts [2]) und der ältern Concilien auch von der gothischen Gesetzgebung anerkannt [3]) und auf den Concilien [4]) von König und Episkopat geregelt [5]). Nicht nur Altar, Porticus und „Chorus" [6]), auch das Haus [7]) des Bischofs gewährt Asyl [8]) und dreißig Schritte im Umkreis dürfen sich die Schützlinge im Freien ergehen [9]). Die gewaltsame Entreissung oder sonstige Verletzung gilt als eine dem Altar zugefügte Verletzung [10]) und wird mit Geld- und Geißel-Strafe geahndet [11]), sowie mit Verlust des Straf- oder Forderungsrechts gegen den flüchtigen Knecht oder Schuldner [12]). Doch soll, wer den Schutz der Kirche anruft, sich aller Eigenhülfe, nament-

1) B. T. XVI. 1, 5.

2) B. T. IX. 34, 1. Nov. Major II. 1. Todesstrafe für Verletzung desselben Böhmer II. S. 44. 45, Serrigny I. p. 410, Revillout p. 89. 110.

3) Vgl. Lardizabal p. 13, Masdeu XI. p. 224, Dunham I. p. 199, Baur S. 259, Rosseeuw I. p. 429. Oberflächlich wie immer Davoud Oghlou I. p. 167—170; Fehr S. 359 f. Weinhold S. 14 hat die L. V. nicht berücksichtigt. Dann, über den Ursprung des Asyl-R. Z. f. d. R. III. S. 342 nennt nur flüchtig zwei Stellen der L. V., Du Boys I. p. 393; daß L. V. aus dem römischen Recht schöpft, entgeht Wilda S. 542 vollständig; über die sacrosancta altaria auch in andern Beziehungen L. V. III. 2, 2. 3, 2. VI. 5, 18. 16. IX. 2, 3. Erzbischof Julian schrieb (?) eine Abhandlung de vindicatione domus Dei et eorum qui ad eam confugiunt. Felicis v. Juliani; portugiesisch uneigentlich „immunidade" Amaral p. 231.

4) Cc. T. XII. 10.

5) L. V. IX. 2, 3 de his qui ad altaria sacra 2 qui ad ecclesiam confugiunt.

6) L. V. VI. 5, 16.

7) Selbstverständlich auch die arianischen Kirchen: die Verletzung desselben durch Sigrich geschah bei blutiger Rebellion und ist nicht wie von Revillout p. 110 zu verwerthen.

8) IX. 2, 3. III. 2, 2 ad episcoporum vel ad altaria sancta.

9) Cc. T. XII. 10; nicht aber sind Häuser (domuum receptacula) innerhalb und außerhalb dieser Strecke inbegriffen.

10) IX. 3, 3 altaria cui injuriosus fuit.

11) Von der Kirche mit Excommunication Cc. Ilerd. 8 und mit der sententia severitatis regiae im Allgemeinen Cc. Tol. XII. 10; ein Versehen scheint es, wenn J. zu B. l. c. Todesstrafe droht, vgl. Haenel ad h. l.

12) dominus servum, creditor debitorem recipiat *excusatum* l. c. so heißt er technisch: L. V. IX. 3, 3 ut ei veniam det et exoratus indulgeat IX. 3, 4. V. 4, 17 clericus servum, sicut in aliis legibus continetur, (nämlich 3, 3) *excusatum* a culpa domino restituat.

lich der Waffen, enthalten: wer bewaffnet in die Kirche flüchtet, darf gewaltsam entfernt und, wehrt er sich, straflos getödtet werden [1]). Der Hauptvortheil bestand darin, daß die Geistlichkeit zwischen dem Flüchtling und dem zornigen Verfolger vermittelte [2]): dem Knecht soll Todesstrafe und Verstümmelung erlassen, selbst dem Mörder [3]) das Leben gesichert werden: ja, von Rechtswegen tritt Strafmilderung ein: so wird durch Asyl der Feuertod in Verknechtung verwandelt [4]). Der Schuldner darf vom Gläubiger nicht geschlagen oder gebunden werden, der Priester vereinbart zwischen ihnen die Abführung der Schuld. Anderseits wird auch den vielfachen Mißbräuchen des Instituts begegnet: z. B. behielt die Kirche solche Flüchtlinge gern als Clienten 2c. bei sich, oder die Knechte klagen über die Herren, gewinnen die Einmischung des Geistlichen, der zuletzt den Verkauf des Unfreien erpreßt (extorquet), oder die Priester geben sich als Mittelspersonen dazu her, den Knecht einem Feind des Herrn zu verkaufen, der sie dann als Ueberführungsmittel im Strafproceß benützt [5]), oder sie unterstützen sonst die Widerspänstigkeit gegen die Herrschaft [6]).

---

1) L. V. IX. 3, 1—2.

2) Conc. Tol. VI. 12 den Ueberläufern intercessu sacerdotum et reverentia loci regia in eis pietas reservetur.

3) L. V. VI. 5, 16.

4) III. 2, 2, ähnlich Tod in Verknechtung III. 3, 2 oder in Geldbuße und Degradation: IX. 2, 3 pro vita sua non pertimescat. Ein historisches Beispiel erzählt Paul Emer. p. 655: der wegen Empörung verurtheilte Arianer Vakrila gewinnt das Asyl der h. Eulalia (ob *remedium* percipiendum, technisch) er war zu Exil, Infamie, Confiscation verurtheilt: Rekared mildert die Strafe dahin, daß er mit Weib und Kind (!) und aller Habe dem Bischof Mausona verknechtet werde und zwar zur untersten Knechtschaft und vor dessen Pferd einhergehe: der Bischof umgeht den Befehl und läßt ihn sofort frei unter der Bedingung der Conversion.

5) Für schwere Fälle: Tödtung, Vergiftung, Zauberei eine besondere Bestimmung IX. 3, 4.

6) V. 4, 17: „denn höchst unpassend ist es, daß die Knechte an jener Stätte den Trotz der Unbotmäßigkeit annehmen, wo die Zucht der Demuth und das Vorbild des Gehorsams gepredigt wird"; specielle Vorschrift von Kindasvinth bezüglich der von ihm besonders verfolgten Mörder: ohne Zuziehung des Priesters darf sie zwar der Verfolger nicht vom Altar entfernen, aber wenn er geschworen, sie nicht durch peinliche Anklage zur Hinrichtung treiben zu wollen, muß der Priester sie selbst extra chorum herausführen und der Verfolger darf sie greifen: sie werden den Erben des Ermordeten zu beliebiger Behandlung, abgesehen von Tödtung, verknechtet; VI. 5, 16; ebenso bei Verwandtenmord 18; auch die custodes ecclesiae liefern aus.

Wichtiger noch als diese Privilegien waren die thatsächlichen Vorzüge in der Stellung der Geistlichen. Die Geistlichen der höhern Grade zählen als solche zu den nobiles idoneaeque personae und werden stets vor den ihnen im Rang sonst gleichstehenden Laien genannt [1]): oft weigert der Hochmuth dieser geistlichen Aristokratie dem Richter des Staats den Gehorsam [2]); sie weiß sich in politischen Fragen so einflußreich wie die weltliche [3]), conspirirt oft mit dem Ausland [4]) und ergreift selbst die Waffen gegen den König [5]). Es wird noch zu erörtern sein, in welch wichtiger Weise der einzelne Bischof und die Concilien, wie schon im römischen Recht [6]), die Rechtspflege ergänzten, in zweiter Instanz übten [7]), den König beschränkten [8]), controllirten. Die Concilien wurden, wie die Parlamente, höchster und zuletzt alleiniger Gerichtshof in politischen Processen [9]); daher setzen die Thronreden voraus, daß außer den königlichen Vorlagen und außer den von den Bischöfen selbst angeregten kirchlichen Fragen auch noch aus dem Volk „negotia causarum, populorum jurgia" bei ihnen eingelaufen sind [10]).

---

1) II. 1, 27 sacerdotes sive alii viri idonei VI. 1, 6 sacerdotes . . majores palatii; Cc. T. VII. 1 omnes sacerdotes omnesque seniores vel judices ac ceteros homines officii palatini vgl. IX. 2, 8. II. 1, 7; bes. XII. 2, 15. II. 1, 17. 28. 3, 1. 5, 11. 12. 10. III. 2, 2. 3, 2. IV. 2, 12. V. 4, 17. 1, 3. 4. clericus sine honore IX. 2, 8 honor ecclesiasticus V. 7, 18; aber ein Vorgehen im Rang, Aschb. S. 290, ist es doch nicht.

2) fretus honore sacerdotali II. 1, 7 vgl. V. 1, 6.

3) Dagegen ist es kein Privileg, sondern Folge des Princips der persönlichen Rechte, daß die Kirche nach römischem Recht lebt; seit Herstellung des Landrechts nach canonischem und nach Landrecht; die Beziehungen auf das gothische Recht C. H. II. c. 1 seq. sind nur rhetorisch.

4) Cc. T. IV. 30.

5) 45 l. c. VII. 1. Warnung vor Nachstellungen gegen das Haus des Königs XIII. 4.

6) v. Bethm. H. r. P. III. S. 112.

7) s. Kirchenhoheit L. V. II. 1, 22.

8) Cc. T. IV. 75.

9) Cc. T. XIII. tom. „judicii universalis edictum" u. c. 2. Cc. T. XV. z. B. scheinen die Kläger gegen die k. Prinzen, Justizverweigerung fürchtend, sich an das Concil gewandt zu haben.

10) Cc. T. XVI. tom. XVII. tom. u. c. 1; (auffällt, daß der König das versammelte Concil vor Bestechlichkeit und Parteilichkeit warnt Cc. T. XVI. tom.) Cc. T. XVI. richtet als „judicium" über Sisibert von Toledo; ebenso XVII. praef.: außer den im tomus enthaltenen Gegenständen und der Kirchenzucht sollen sie di-

Aber die Kirche war auch nach der Krone das reichste Rechtssubject, zumal die größte Grundbesitzerin, im Staat[1]): zu der höchsten moralischen Macht trat jeder Vorzug des Reichthums. Wie des Adels bestand der Kirchen und Klöster Vermögen vorab in weitgedehnten Ländereien[2]) und deren Bevölkerung mit zahlreichen Knechten[3]): daher wird Größe und Bedeutung der Kirchen oft geradezu nach der Zahl ihrer Knechte abgeschätzt[4]), die kleinsten haben nicht leicht unter 10 mancipia[5]): auch sehr viele Freigelaßne[6]) zählte sie, bei denen sie das obsequium vorbehielt[7]); schon Cc. IIlib. 19 denkt die Geschäfte der Kirche durch deren Freigelaßne besorgt; ein Bischof von Dumium verschenkt 500 Unfreie beider Geschlechter an Freigelaßne der Kirche[8]); es sollen Listen über sie geführt und bei jedem Stuhlwechsel ihre Freibriefe (cartulae professionis sc. obsequii) vorgelegt und erneuert werden bei Strafe der Wiederverknechtung[9]). Daher bestehen die Einkünfte der Kirchen in tributa und fruges[10]) und den Arbeitserträgnissen der Knechte, Mägde[11]), Freigelaßnen und manchfaltigen andern Clienten[12]).

---

versarum causarum negotia quae se venerabili coetui ingesserint audienda .. judiciorum edictis .. terminare: ebenso tom.: populorum negotia vestris auribus intimata. Berufung des weltlichen Rechts auf die canonica sententia L. V. IV. 2, 11. Cd. Emil. V. 1, 7.

1) Trotz der Klage über die paupertas ecclesiar. hispanar. Cc. T. III. 18.

2) terrae L. V. V. 1, 4 praedia 5. Cc. T. IV. 69 Agd. casellas vel mancipiola ecclesiae, terrulae, vineolae, hospitiola T. II. 4 agella vel vineola. in terris ecclesiae Cenni II. p. 162, Baur S. 257, Schröckh XVI. S. 415. Von Erträgnissen werden genannt: Wein, ep. Braul. p. 657, Oel l. c., Oliven l. c., damascinae l. c.

3) S. oben S. 206: familia ecclesiae L. V. II. 3, 3. V. 1, 7. Cc. Hisp. I. 1. T. IV. 67. 69. 74. VI. 9. IX. 11—16. X. app. XI. 6. Em. 15. 17.

4) L. V. V. 1, 5.

5) Auch wenn m. hier (nach Du Cange) mit je Einem Unfreien besetzte Höfe bezeichnet, ergiebt sich dasselbe.

6) Cc. Hisp. I. 1. II. 8 Agd. 7 T. IV. 67—74. VI. 9. 10. IX. 10—16 Em. 20.

7) L. V. V. 1, 4. 7. Cc. T. IV. 72. III. 6. VI. 9. 10. Planck II. S. 356.

8) Cc. T. X. app.

9) Cc. T. VI. 9. Cc. Caes. III. 4 (doch sollen die Bischöfe nicht hierauf speculiren, sondern den Freigelaßnen die Beweisführung erleichtern) professiones einerseits der Freiheit, andererseits des anerkannten obsequium IV. 70.

10) Cc. T. IV. 33. X. app.

11) Cc. T. X. app.

12) L. V. V. 1, 4 commendati in obsequium. Cc. Em. 17 ingenuus in domo ecclesiae nutritus.

Dieser Reichthum der Kirchen wird vermehrt durch die unablässigen[1]) und oft colossalen[2]) Schenkungen[3]) von Grundstücken, Knechten, Geld[4]), Geräth von Gold und Silber, Kirchenschmuck[5]), Handschriften[6]), Lebensmitteln[7]). Speisekammer und Keller in Kloster Cauliana erscheinen sehr wohl versehen[8]). Die Bischöfe haben palastähnliche Häuser[9]), atrium heißt die Bischofswohnung oft[10]): die Kirchen selbst dagegen heißen und sind basilicae[11]). Die Schenker sind bald die Könige[12]), (dafür besondere Formeln)[13]), bald reiche Private[14]). Die Beschenkten sind bald die einzelnen Geistlichen, als Ver-

---

1) Mariana V. 11, Walter II. S. 112, Roscher II. S. 280.

2) Paul. Emer. p. 644.

3) Unter Lebenden, z. B. Ap. Sid. III. 1 von Avitus, und auf den Todesfall, Paul. Emer l. c., die Hälfte sofort, die Hälfte nach dem Tode, zunächst dem Bischof zugewendet. Sehr häufig vermachten die Bischöfe ihr Privatvermögen ganz oder zu großem Theil ihrer Kirche: so, im Wege des Fideicommisses (mit einer bedenklichen Bedingung) Paul. Em. l. c. Seither war die Kirche von Merida eine der reichsten in Spanien, so zwar, „daß bei Processionen zahlreiche Diener in ganz seidnen Gewändern vor dem Bischof wie vor einem König einherschritten, was sonst Niemand vermochte" l. c. p. 648; viele Wagenladungen von Silber und kostbarem Schmuck schleppt ein räuberischer Bischof davon aus dem „thesaurus" der Kirche p. 649. 652; schon der archidiaconus cum magno comitatu puerorum superbus equo vehente etc. p. 656, vgl. Colmeiro I. p. 133.

4) 2,000 sol. Paul. Emer. p. 651.

5) In Arles v. s. Caes. p. 664.

6) Eguren p. XIX.

7) Ganze Wagenladungen Braul. v. s. Aem. p. 212; 200 beladne Esel Paul. Emer. p. 651: wenn auch Legende — man sieht, was geglaubt wurde. v. s. Caesarii Mab. I. p. 660 erat . . Firminus illustris . . et . . illustrissima mater familias Gregoria, quorum cura circa clerum et monachos etc.

8) Paul. Em. p. 651.

9) v. s. Caes. l. c.

10) Paul. Emer. p. 645 seq.; Isid. orig. XV. 3 a. magna aedes est sive amplior et speciosa domus; der Grundbesitz der Kirche heißt deren res Apoll. S. VI. 10.

11) L. V. V. 1, l. 5. VI. 5. 16 s. die Concilien; über ecclesiae L. V. II. 1, 6. VI. 5, 16. 18. IV. 2, 12. 18. IX. 1, 21. 3, 1—4. oratoria Rilliet p. 44, andere Unterscheidungen ebenda.

12) L. V. V. 1, 7. 1. Cc. T. VI. 15.

13) F. N. 9 quam facit rex qui ecclesiam aedificans monasterium facere voluerit s. Finanzen, Ausgaben.

14) Cc. T. VI. 15 fidelium. L. V. V. 1, 1. pia fidelium oblatio V. 1, 6 oblationes aut donatas aut testamento relictas Cc. Agd. 3. (römische Sitte B. P. IV. 2, 3) Cenni II. p. 165.

treter der Kirche[1]), bald die Kirchen unmittelbar[2]). Die Schenkungen sind unwiderruflich[3]) und gelten als besonders gottgefällig[4]). Oft ist der Verwendungszweck genau detailirt[5]).

Außer dem Eigenthum an Grundstücken bildet den Gegenstand der Schenkung häufig der Patronat über Freigelaßne[6]). Auch ließ man sich oft jure precarii an dem Geschenkten Nießbrauch bestellen[7]). Zu unterscheiden von solchen Schenkungen sind die fast täglichen kleinen Geldopfer-Gaben der Gemeinden, welche zu drei gleichen Theilen dem Bischof, den Presbytern und dem niedern Klerus zufallen[8]) und von welchen die Kirchenstifter sich oft die Hälfte vorbehalten wollen[9]).

Die letztwilligen Zuwendungen an Kirchen[10]), namentlich von frommen Frauen, wurden so häufig durch geistliche Erbschleicherei herbeigeführt, daß schon ältere Kaisergesetze schützende Formen hiefür vorschrieben[11]) und die gothischen Könige ein Maximalmaß derselben bestimmten[12]). Ausgesprochenermaßen gelten solche Vergabungen bereits

1) F. N. 31 cartulae oblationis. 7. 8. Marichalar II. p. 48—53. Cc. Agd. 4 hoc pro redemtione animae, non commodo sacerdotis probatur offere vgl. Tar. I. 10.

2) F. N. 7.

3) Cc. Agd. 3 F. N. 7—9; die hiebei üblichen Verfluchungs- und Selbstverfluchungsformeln 1. 5. 7. 45. 39.

4) F. N. 8 vgl. Cc. T. IV. 33 multi fidelium in amorem Christi et martyrum . . basilicas construunt, oblationes conscribunt. Apoll. S. VIII. 4 quidquid ecclesiis spargis tibi colligis.

5) F. N. 8 9 für luminaria und Armenpflege, pro adolendis odoribus, reparatione ecclesiae, pro victu regularium vestitu monachorum, susceptione pauperum.

6) Cc. T. III. 6 servi ecclesiarum, episcoporum vel omnium clericorum. Cc. T. 21 bes. IV. 72 liberti a quibuscunque manumissi atque ecclesiae patrocinio commendati.

7) L. V. II. 1, 6.

8) Cc. Em. 14. Brac. II. 0. Thomassin p. 561.

9) Cc. brac. I. 21.

10) L. V. conferre in ecclesiam V. 1, 6. IV. 5, 1. donatio pro anima V. 7, 16.

11) Welche B. Nov. Mart. 5 aufhob: clerici qui sub praetentu religionis ejusmodi feminarum domus adeunt.

12) L. V. IV. 2, 18. V. 7, 16. 5, 1. 2 stehende Wendungen in den Testamentsformeln F. N. 21. 25.

als „Seelgeräthe“ [1]). Sogar Unfreie dürfen mit Verkürzung der Herren solche Vergabungen vornehmen [2]). Knechte des Fiscus stiften und begaben ganze Kirchen „aus ihrer Armuth“ [3]). Hieher gehören auch Bau und Dotirung von neuen Kirchen durch Könige, Bischöfe — solche und andere Geistliche pflegten bei'm Amtsantritt ihr ganzes Vermögen vorbehaltlich des Nießbrauchs ihrer Kirche zuzuwenden [4]) —, reiche Laien [5]). Dahin zählen ferner die „privilegia“ d. h. Immunitäten, Befreiungen von Grund- und andern Steuern, dann auch Rentenforderungen an benachbarte Fiscal-Güter, welche die Könige einzelnen Kirchen verliehen [6]).

Die canonischen Bestimmungen über Unveräußerlichkeit des Kirchenguts [7]) und Controlle der Verwaltung der Bischöfe und niedern Priester mittelst Inventarisirung [8]) ihres Privat- und des Kirchenvermögens vor Zeugen bei jedem Todesfall [9]) wurden auch in die Reichs-

---

1) L. V. V. 4, 1 pro remediis animarum divinis cultibus terrena debemus impendere. 6 ecclesiis testata testatoris voluntas 7, 16 pro animabus Cc. Agd. 4 pro redemtione animae.

2) l. c.

3) de sua paupertate; hiezu soll aber der Bischof auctoritas regia einholen. Cc. T. III. 15.

4) Cc. T. XI. 5.

5) Apoll. S. VII. 9 concio: ecclesiam exstruxit miles, juvenis, adhuc filius familias. Eugen. ep. carm. 10 basilica in tutanesio s. Felicis gebaut von Aetherius und Theudisvintha. Vgl. Greg. tur. Martin III. 8; von dem dux Victorius h. Fr. 20. Die Ragnachildis Sigivalti filia patr. XII. 3 ist wohl Gothin? Die gleichnamige Gattin Eurichs, „eines Königs Tochter“, war schwerlich Gothin. a. 691 (14. Mai) weiht ein Abt Locubera die von ihm gebaute Kirche mit zwei Chören zu Bailen bei Cazlona. Masdeu XI. p. 404.

6) Und welche Leovigild aufhob: das ist gewiß zunächst der Sinn dieser „privilegia“ vgl. Padilla II. c. 45 „rentas“: weniger Asyl-Recht u. dgl.; dagegen allgemeines Zehntrecht der Kirchen ist nicht mit Biedenweg aus Cc. Hispal. I. 2 zu folgern.

7) Cc. Ag. 4. 22. Hisp. I. 1 f. Cenni II. p. 165, Masdeu XI. p. 195, Thomassin p. 624. 561. 555, Lafuente II. p. 391, Romey II. p. 291—296, Freund S. 179, Planck II. S. 502, Gfrörer II. S. 113, Kaim S. 52. 53, Braun S. 70.

8) (breve) IX. 9 Cc. T.

9) Cc. Ilerd. 16. Vallet. 2 zählt als muthmaßliche Bestandtheile des Nachlasses auf: libri, species, utensilia, vasculae, fruges, greges, animalia Tol. IX. 7; die Verletzung gilt als invasio; die Gebühren für Bestattung eines Bischofs durch einen Andern werden fixirt 9: die Ornamente müssen besonders ausgenommen werden descriptis thesauris atque domorum internis.

gesetzgebung herübergenommen [1]). Eine Hauptgefahr für das Kirchenvermögen lag in dem Wirthschaftssystem selbst: Bischöfe und andere Geistliche oder deren Wittwen commendirten ihre Kinder in das obsequium der Kirche, dafür erhalten diese oder die Geistlichen selbst [2]) Liegenschaften und anderes Vermögen der Kirchen zum Nießbrauch, häufig nur als Precarie (sola miseratione); sie entzogen sich dann aber oft der Kirche, lebten als Laien und behaupteten Eigenthum an dem Empfangenen [3]). Die alte canonische Dritteltheilung der Kircheneinkünfte [4]) wird beibehalten. Es lag aber in der Verleihung auch der bloßen Nutzungen [5]) von praedia als stipendia [6]) immer jene Gefahr und die zahlreichen Cautelen halfen nicht immer. Gegen offene Gewalt und Beraubung durch den Adel oder Beamte [7]) verheißt der König seinen Schutz [8]); auch das kam vor, daß der Bischof Klostergut oder Vermächtnisse zu Gunsten einer Pfarrkirche an seine Hauptkirche zog [9]); jeder Bischof soll seinen Untergeistlichen beim Amtsantritt derselben die Inventare und die übrigen Urkunden (brevia, namentlich die Testamente der Kirchenwohlthäter) über das Vermögen der einzelnen Kirchen aushändigen [10]) und diese sie als echt mit Unterschrift bestätigen.

---

1) inseri L. V. V. 1, 2 schon eine ant.; 3. sanctorum canonum instituta. Vgl. 4. 5. 6 über Unersitzbarkeit von Kirchengut 6 Unverjährbarkeit von Kirchenklagen. Vgl. Cc. T. IX. 8.

2) Cc. Tol. III. 4: si quis clericorum agella . . in terris ecclesiae sibi fecisse probatur sustentandae vitae causa, usque ad diem obitus . . possideat . . . nec testamentario aut successorio jure cuiquam heredum . . relinquat, nisi forsitan cui episcopus pro servitiis ac prestatione ecclesiae largiri voluerit.

3) L. V. V. 1, 4. Cc. Tol. VI. 5 stipendia sub precariae nomine. Roth Feud. S. 161.

4) L. V. l. c. 1. 5. Cc. T. IX. 6. XV. 5. XVI. tom. 5. Brac. II. 2 u. I. 7. Tar. I. 8.

5) L. V. V. 1, 6 professionem scribere; ein zugewanderter Geistlicher mit seiner Familie hat sich auf halb urbarem Boden einer fremden Kirche angebaut, Apoll. S. VI. 10; er erbittet vom Bischof Nachlaß von debitus glebae canon.

6) Cc. Em. 12. 13, Cc. T. XVI. tom. c. 5.

7) Cc. T. III. 21.

8) S. das energische Gesetz l. c.; vgl. Cc. Tol. VI. 15.

9) l. c. u. Cc. T. IX. 1.

10) Schädigung oder Auslieferung solcher Urkunden an die Gegner der Kirche hat Ersatzpflicht und Excommunication zur Folge Cc. Ag. 26.

Die Verwaltung des Kirchenguts soll nach alten [1]) und erneuten [2]) Canones der Bischof weder selbst noch durch „oeconomi“ [3]) aus dem Laienstand besorgen, sondern sich aus seinem Klerus Verwalter wählen [4]); die Oberleitung aber kann ihm durch die Kirchenstifter nicht entzogen werden [5]). Die Bischöfe haben, namentlich bei Visitationen [6]), exactiones zu fordern von den Kirchen ihrer Diöcese, deren Maß [7]) auf 2 sol. jährlich von jeder Kirche (nicht, wie gefordert, ein Drittel aller Einkünfte) festgesetzt wird: der Visitator soll nicht mit zu großem Gefolg erscheinen, nicht mehr als 50 (!) Pferde fordern [8]) und nicht länger als einen Tag bei jeder Kirche weilen.

Die wichtigen Führer nun des Klerus und der klerikalen Partei sind die Bischöfe: durch den Episkopat und dessen Versammlungen auf den Concilien hat die Kirche diesen Staat beherrscht [9]). Die Ableitung des Einflusses der Bischöfe aus dem der Priester im gothischen Heidenthum [10]) ist schon längst [11]) treffend widerlegt [12]) und hätte nicht wieder erneut vorgebracht werden sollen [13]). Die Bischöfe heißen sacerdotes [14]),

1) Cc. Chalk., dann speciell für Spanien Cc. Illib. 19.

2) Cc. H. 9. T. IV. 48.

3) epist. Isidori Aguirre II. p. 555, vgl. Thomassin p. 565, Braun S. 63. 76, Davoud Oghlou I. p. 163—167, Kaim S. 87, W. „fauragaggja“.

4) Solche ordinatores, v. s. Caes. p. 671, dispensantes Paul. Emer. p. 647, negotiator noster Apoll. S. VI. 4, vgl. Levasseur I. p. 141, vel procuratores setzt voraus B. T. V. 3, 1; über Verwaltung des Klosterguts durch Mönche Cc. Tar. I. 11.

5) Cc. T. III. 18, vgl. Berganza p. 76. 77, Masdeu XI. p. 192, Kaim S. 52. 53, Rosseeuw I. p. 281.

6) Eine solche v. s. Caes. p. 673, Masdeu XI. p. 186.

7) Cc. Brac. II. 2. T. VII. 4.

8) So die meisten Cdd.; die Coll. Mat. emendirt: quinarium numerum evectionis; s. die Gründe für 50 und für 5 bei Aguirre II. p. 527, Hefele schweigt.

9) Ganz verkehrt nennt Troya II. p. 821 die Bischöfe die „pilofori“, „capillati“, Jord. c. 5 mißverstehend und diese geistliche Aristokratie mit der weltlichen vermengend.

10) Bei Canciani IV. p. 59.

11) Von Rühs S. 9.

12) Vgl. A. I. S. 99 und v. Sybel Goten und Geten S. 528. 529, v. Roth S. 14.

13) Von Helff. l. c.

14) L. V. II. 5, 11—15. 1, 22. 28. 29.

werden aber auch von diesen unterschieden[1]): pontifices vel sac., rectores[2]), wie vom König wird von ihnen — nie vom dux — der Ausdruck culmen gebraucht; „dominus meus“ redet man sie an[3]), „antistes“[4]); königliche Pracht entfalten sie[5]). Sisibut adressirt einen heftigen Verweis gleichwohl: Eusebio sancto ac venerabili patri episcopo[6]); ferner patres sancti[7]), pontifex territorii[8]); immer stehen sie vor dem Laienadel[9]) und dem Richter[10]), einmal vor dem König[11]); regelmäßig heißen sie episcopi[12]).

Sie dürfen so wenig wie der König Processe in Person führen wegen Gefahr der Einschüchterung, die bei dux und gardingus nicht so allgemein befürchtet wird[13]).

Abgesehen aber von der Macht der Kirche durch ihren Reichthum üben die Bischöfe einen unermeßlichen moralischen Einfluß: sie bilden den sittlichen und geistigen Mittelpunkt von Stadt und Stadtgebiet wie der Graf den amtlichen und heißen emphatisch „Bischof der Stadt“[14]); sie nehmen den Streitenden den Eid ab, sich zu versöhnen[15]); Con=

1) XII. 2, 13 L. V. sac. = presbyter V. 7, 2. VI. 5, 16 f. Hinschius Kirchenrecht I. 1 p. 2, Romey II. p. 290, Schrödh XVII. S. 23, Döllinger S. 304. 329, ep. sacerdotes vel judices Cc. T. XIII. 10.

2) XI. 7. XII. tom. primarium sedium praesules XIV. 1 sind Erzb.; sanctissimi et beatissimi L. V. XII. 2, 13 sanctissimus dominus F. N. 45. sublimissimi Cc. T. XV. tom. reverendissimi XVI.

3) Paul. Emer. 644 und oft v. s. Caes. p. 671, Apoll. S. bestritten zwischen Sirmond. und Tillemont. ob VII. 13 a. Abt oder Bischof.

4) l. c. 648 quasi coram rege.

5) ep. Sisib. p. 370; ebenso ep. Chindasv. p. 678. ep. Recesv. p. 685. d. papae schreibt Apoll. S. an alle Bischöfe V. und VI.

6) L. V. III. 4, 8 sanctiss. XII. 2, 1. 3. 10.

7) III. 4, 18. V. 1, 6.

8) 5, 5.

9) IX 2, 8. Cc. T. XVI. 10 sacerdotes dei, seniores palatii, omnis populus, sie gehören zur alta nobleza Moron II. p. 202.

10) sac. et majores palatii VI. 5, 6. IV. 3, 4. III. 5, 2. 4. 18.

11) XII. 2, 10 s., rex vel judex.

12) Hauptstellen: II. 1, 17. 22. 28. Cd. Leg. 29. 5, 12. 15. III. 4, 18. 3, 2. V. 1, 3. 4. 6. VI. 4, 3. 5. 5, 13. VII. 1, 1. 5, 1. IX. 2, 3. 8. Cd. Legg. 1, 21. 2, 9. Cod. Tol. XII. 1, 2. 2, 13. 15. 3, 1.

13) L. V. II. 3, 1, über ihren befreiten Gerichtsstand in Strafsachen oben S. 380, B. T. XVI. 1, 2, vgl. 3; ihre Insignien Böhner I. S. 181 f.

14) episcopus civitatis II. 1, 20. 22. XVI. 7. Cc. T. c. ubi praeesse dignoscitur.

15) Cc. Ilerd. 7.

ciliensschlüsse machen ihnen die Vermittlung alter Familienfehden und Spaltungen in ihren Städten zur Pflicht [1]); zu Schiedsrichtern werden sie so häufig bestellt, daß ihnen [2]) ausdrücklich wenigstens für die Sonntage diese Thätigkeit verboten werden muß und Criminalfälle zumal mit Todesstrafe, ihnen entzogen werden [3]); ihr Haus gewährt Asyl wie die Kirche [4]) und sie sind die natürlichen Beschützer [5]) der katholischen, der römischen Bevölkerung der Stadt [6]) und des Weichbilds gegen den gothischen, arianischen Grafen des Königs [7]) und seiner Landsleute; „einen Mönch kann man nicht zum Bischof brauchen", heißt es in Bourges, der nur im Himmel die Seelen, nein, einen Mann, der Leib und Leben der Seinen vor dem weltlichen Richter vertritt" [8]); „er bedarf der Klugheit der Schlange auf dem Forum [9]), und beugt den Nacken der Trotzigen unter das Joch des Gesetzes" [10]).

An Conflicten mit den Gothengrafen [11]), namentlich zur Zeit der Glaubensverschiedenheit, fehlt es nicht: der ketzerische Graf von Agde entreißt der Kirche ein Grundstück, vergebens mahnt der Bischof zur Rückgabe: auch Erkrankung und Heilung des Frevlers durch den Bischof bessert jenen nicht: hergestellt hält er seinen Raub fest: auf Mahnung des Bischofs droht er: „schweig', schweig', du Krüppel, sonst laß ich dich in Riemen schnüren und auf einem Esel durch die Stadt führen, daß du Allen zum Gespötte wirst, die dich sehen; so lang ich lebe, sollen die Römischen den Acker nicht wieder haben." Darauf erbetet der Bischof Wiederkehr der Krankheit und läßt sich auch durch Er-

1) Cc. Agd. 31.

2) Cc. Tar. I. 4.

3) Cc. T. XI. 6; auch sollen sie nicht more secularium judicum pro impenso patrocinio sich bezahlen lassen 10; schiedsrichterliche und richterliche sententiae pontificales neben den decemvirales Apoll. S. III. 7. 10.

4) L. V. III. 3, 2.

5) „patronus" nennen die cives von Merida ihren Bischof. Paul. Emer. p. 650 totius urbis pro ullus sua praesentia suspendit p. 653, sogar Regen muß er erbeten p. 656 und Brand löschen! Apoll. S. VII. 1.

6) Thierry, Attila S. 118, dix ans p. 296, Fauriel I. p. 376, Fehr S. 328—335, Cellier II. p. 42, Trognon p. 63, Rilliet p. 59, Thomassin p. 475, Arnd I. S. 203. 263, v. Roth S. 7, „caput urbis" 14.

7) Rico y Amat. p. 7.

8) Apoll. S. VII. 9.

9) 13.

10) VIII. 14. IX. 3 forenses regulae.

11) Vgl. Reinkens Martin S. 133.

bieten doppelten Ersatzes nicht erbitten, nochmals für den Grafen zu beten, der denn auch sterben und den Acker herausgeben muß [1]).

Ihre Klagen, daß sie die „weltlichen [2]) Stürme", die sie freilich selbst aufsuchen, von ihrem geistlichen Beruf abziehen, waren wohl begründet; zwei Bischöfe und ein Graf oder Herzog berathen untereinander über den Zustand des Reiches und gelangen zu dem Ergebniß, Kindasvinth zu veranlassen, seinen Sohn zum Mitregenten und designirten Nachfolger zu bestellen [3]). Wir sahen, wie der Bischof von Clermont seine Stadt und Landschaft sogar gegen einen Eurich lange zu behaupten vermag [4]), wie der Bischof von Narbonne dem Rebellenkönig Paulus, wie Gumild von Magelone dem König Wamba die Thore ihrer Städte sperren [5]). Auch daran ist zu erinnern, daß bei Unterhandlungen zwischen dem römischen Reich und den Barbaren die Bischöfe von Gallien, Italien, Spanien die regelmäßigen Gesandten und Vermittler sind, so zwischen Nepos und Eurich die Bischöfe von Arles, Aix, Riez und Marseille, dann Epiphanius von Pavia [6]): später vermittelt Cäcilius von Mentesa zwischen Sisibut und Byzanz [7]), Argobad von Nimes zwischen Wamba und Paulus [8]) und unter Sisinanth werden die Geistlichen der Grenzprovinzen als geheime Unterhändler der Könige mit den fremden Staaten gedacht [9]) (daher werden sie wie die Palatinen vereidigt gegen Verrath [10]) und ihre Machinationen besonders hervorgehoben und beklagt [11]): großen Einfluß übt Faustus von Merida selbst auf Wamba; schon B. T. XVI. 1, 4 entzieht dem abgesetzten Bischof den Zutritt zu dem Herrscher und entfernt ihn 100 Millien von seiner Bischofsstadt; oft erhalten sie außerordentliche Aufträge des Königs zur Ausrichtung einzelner Geschäfte [12]); dabei sollen sie

---

1) Greg. tur. mart. I. 79.

2) ep. Braul. p. 657.

3) ep. Braul. p. 685 alterna collatione conferentes . . et in futurum patriae providentes.

4) Ap. Sid. III. 1; „im Namen der Stadt" dankt er für Wohlthaten VI. 12.

5) Jul. v. W. p. 708. 711.

6) Apoll. Sidon. VII. 6. Ennod. v. Epiph.

7) Jul. v. W. p. 711.

8) ep. Sisib.

9) Cc. T. IV. 30.

10) VII. 1.

11) X. 2. XVI. 9.

12) Cc. Em. 5 exhibendis und Cc. T. XII. 6. XVI. tom. und 5 pro regiis inquisitionibus.

die Gemeinden nicht mit Verpflegungs- ꝛc. Anforderungen drücken. Wie wichtig in solchen Geschäften ein tüchtiger Bischof für den König sein konnte, zeigt der Brief Braulio's [1]).

Die rein geistliche Gerichtsbarkeit der Bischöfe [2]) und Aebte [3]) über die Geistlichen [4]) beschäftigt uns hier nicht; sie wurde oft grausam mißbraucht [5]): Schläge [6]), unmäßige Frohnden und Zinse [7]) grausame, willkürliche, geheime Kirchenbußen bis zum Erliegen [8]) verhängen sie; Mönche werden vom Bischof mit Sclavendiensten beschwert [9]), mit der Absetzung wird Verbannung vom Bischof verbunden [10]). Unablässig hat die Kirchenzucht die Verweltlichung des Klerus zu bekämpfen. Schon Cc. Illib. verbietet den Geistlichen das Umherreisen außer ihrer Provinz im Betrieb von Geldgeschäften [11]). Anschaulich schildert die Pflichten des Bischofs Apollinaris Sidonius [12]), wie der kleine (minor) Mann durch seine Vermittlung

1) ep. Braul. p. 678 in omnibus erat aptus et in legatoriorum susceptione et ad implendam vestram jussionem et in diversarum rerum subvenienda occasione (hier der Archidiakon als Vertreter des Bischofs).

2) Ueber communio bald als Kirchengemeinschaft, bald als Eucharistie entzogen Masdeu XI. p. 269, Gams II. a. S. 23 f., München II. S. 198 f. Zeitlich abgestufte Excomm. L. V. V. 1, 6. IX. 1, 21, vgl. Lembke I. S. 162. Ueber geistliche Gerichtsbarkeit L. V. II. 1, 28. Cd. Leg. 29. 3, 1. 5, 12. III. 4, 18. 5, 2. 5. 7, 2. XII. 1, 10. 3, 12. 13. 15. 20. 23. Sempere ed. Moreno I. p. 125 del derecho ecclesiastico de la monarquia goda. Masdeu XI. p. 182 zählt die unmittelbaren und mittelbaren Rechte auf.

3) Schläge, Gefängniß Paul. Emer. p. 641.

4) subditos presbyteros L. V. II. 1, 17. III. 4, 18. V. 7, 2. 1, 2. 3. IX. 2, 8.

5) Cc. Agd. 3.

6) Cc. Narb. 13. Barc. III. 6.

7) angariae et indictiones Tol. III. 20: non sacerdotaliter, sed crudeliter desaevire (dagegen anderseits Ueberhebung des niedern Klerus, der „cothurnus superbiae" wird energisch bekämpft „curvatus" vgl. Cc. T. IV. 39. 40).

8) Cc. T. XI. 7.

9) Cc. T. IV. 51.

10) multi sunt qui indiscussos potestate tyrannica, non auctoritate damnant et sicut nonnullos gratiae favore sublimant, ita quosdam odio invidiae humiliant et ad levem opinionis auram condemnant. Daher fortan Absetzung nur unter Zuziehung des Provincialconcils Cc. H. II. 6, ungenau und ungenügend Davoud Oghlou I. p. 185—186.

11) 19 de clericis negotia et nundinas sectantibus .. non circumeuntes provincias quaestuosas nundinas sectentur; aber einem lector war dies gestattet Apoll. S. VI. 8. VII. 2.

12) c. XVI. v. 115 seq. und hiezu Fertig II. S. 26 f., Bolland. 23. Aug.

der Vornehmen hochfahrendes Auftreten weniger fürchtet, wie er für die Fremden, Kranken, Gefangenen sorgt.

In mancher Stadt üben sie die Rechte der Gemeinde aus oder doch diese übt sie unter ihrer Leitung [1]) und von Geschlecht zu Geschlecht liefert Eine große Familie der Stadt häufig die Bischöfe [2]). Landen fremde Kauffahrer im Hafen, so suchen sie vor Allem „nach altem Herkommen“ Audienz beim Bischof und senden ihm Geschenke; er kann ganz willkürlich drohen, sie nicht mehr nach Hause kehren zu lassen, wenn sie nicht seinen Willen thun, z. B. ihm einen freien Knaben überlassen und sie müssen nachgeben, „unvermögend, so hoher Macht länger zu widerstreben“ [3]).

Die Bischöfe haben aber auch nach den weltlichen Gesetzen sehr wichtige Pflichten und Rechte des Eingreifens in das Rechtsleben als Beamte des Staats: sie haben in der Sittenpolizei, in der Rechtspflege, ja selbst im Kriege [4]), neben den weltlichen Beamten, dux, comes und judex, vielfach einzugreifen, die staatliche Gewalt zu unterstützen, zu ergänzen [5]), zu controlliren. Vermag der Richter einen durch Vor=

---

p. 612, Fauriel I. p. 385; typisch auch die Grabschrift des Bischofs Marius von Avenche mémoire hist. de l'acad. XXXIV. p. 147.

1) L. V. XII. 1, 2 wird der defensor gewählt ab episc. vel populis.

2) Oben S. 92, Guizot cours p. 22, Kaufmann, Museum S. 5, vgl. Diago p. 32 seq., über die Bischöfe von Barcelona auch Pulades p. 330—350, Salgado p. 200 seq. über die aus Lusitanien; von Sevilla Espinosa p. 68 (ganz unkritisch), Tarraco Pulades l. c., von Granada (desgleichen) und Morales Iliberia p. 178—185, Pedraza p. 49—84, von Baza Suarez p. 336, von Cadir p. 105, von Jaën, Baëça, Mentesa, Iliturgi. Tucci (de Martos) Ximena p. 693, über die Bischofsfolge in Südgallien s. die Tabellen bei Guettée I. p. 414 f.

3) Paul. Emer. p. 644: ex more occursum praebuerunt.. nec amplius tantae potestati resistere valentes: wie unterwürfig schreibt comes Bulgaramnus ep. I. II. an einen fränkischen Bischof.

4) L. V. IX. 2, 8. 9. Das angebliche Motiv von II. 3, 1 negotiorum molestiis non implicare ist also nur Verhüllung des zweiten.

5) Dies zeigt deutlich Cc. T. III. 18. L. V. VII. 5, 1, wo der Bischof (oder andere judices vicini) loci oder vicinus eingreifen soll, wenn der zunächst berufene Richter stirbt; das Verhältniß zu den andern judices bleibt unbestimmt: wer geht vor? Oft ist dies Verhältniß so unbestimmt, z. B. IX. 1, 21: erfüllen die weltlichen Beamten abwärts vom comes ihre Pflicht in Verfolgung flüchtiger Knechte oder in Uebung der Fremdenpolizei nicht, soll episcopus *vel* comes civitatis sie strafen: umgekehrt Helff. S. 122 „unter Controle des Stadtrichters“, sie haben seit Cc. T. III. 18. II. 1, 22. 28 die weltliche Rechtspflege zu überwachen und selbst daran Theil zu nehmen; vgl. Staudenmeier S. 76, Reinkens, Hilarius S. 51.

nehme Geschützten nicht vor sich zu bringen und ist der König zu fern, so soll er den dux oder episcopus anrufen, „daß deren größere Autorität denselben vor Gericht schaffe" [1]). Diese Gleichstellung mit dem dux [2]) entspricht genau der Stufe, welche der Bischof in diesem Staat einnimmt: er steht stets vor dem comes [3]). Sehr bezeichnend für das hohe Vertrauen, das man in den Bischof setzt, ist die Verordnung, daß, wenn der Richter von einer Partei als verdächtig bezeichnet wird, er mit dem Bischof zusammen das erste Urtheil sprechen soll: die Zuziehung desselben wird dem Richter Parteilichkeit unmöglich machen. Ferner werden „die Priester Gottes, denen vom Himmel die Hülfe und die Sorge für die Armen und Bedrängten auferlegt ist", unter Berufung auf Gott angewiesen, ungerechte Richter in väterlicher Milde zur Besserung ihres Urtheils zu ermahnen: der Bischof des Territoriums — denn die räumliche Competenz ist wie bei dem weltlichen Richter fest geordnet [4]) — soll (wohl auf Anrufen der Partei?) die Richter und Geistlichen oder andere taugliche Männer zusammenrufen und gemeinsam mit dem Richter ein gerechtes Urtheil fällen, beharrt aber dieser auf seiner Sentenz, allein ein anderes Urtheil finden und beide Sprüche sammt dem Appellanten an den König senden [5]).

Welch' wichtige Rechte von ihnen in der Mitwirkung bei der Gesetzgebung und in der obersten Leitung des Staates geübt werden, wird die Darstellung der Concilien zeigen: hier sei nur daran erinnert, daß sie bei der Königswahl und auf den Concilien die zahlreichsten Stimmen führen [6]), daß die Begnadigung von Hochverräthern und

---

1) VII. 1, 1 ut eorum major auctoritas hunc judicio faciat praesentari. Freilich muß manchmal auch potestas judicialis coërcere (clericos) quos sacerdos inhibere non praevalet Cc. Hisp. I. 3.

2) Vgl. IX. 2, 8.

3) VIII. 5, 6. IX. 1, 21. Deßhalb ist auch VI. 4, 3 die Lesart „dux" der „comes" vorzuziehen, wonach der Bischof neben dem dux gegen den ungerechten Richter mit Amtsentsetzung und Verurtheilung zu Ersatz einschreitet: wo der Gang der Justiz stockt, soll sie durch ergänzendes Eingreifen des Bischofs gefördert werden.

4) ep. loci VII. 5, 1 eventuell alius, vicinus ep. XII. 3, 2. 12 ep. ad quorum territorium pertinere noscuntur.

5) II. 1, 28 Geldstrafe für den Richter, der den Appellanten nicht zur Verfügung des Richters stellt: doch cessirt diese Competenz der Bischöfe si regia in hoc negotio fuerit rogata praeceptio: dann urtheilt die königliche Commission.

6) Cc. Tol. VIII. 10.

andern politischen Verbrechern von ihrer Zustimmung abhängig gemacht wird [1]). Zuletzt aber wird ganz allgemein — und gerade in der Unbestimmtheit des Ausdrucks lag bei dem ganzen Zug dieser Zeit und dieses Staates die Gefahr der Ausdehnung in's Schrankenlose — den Bischöfen das schon in ihrem Namen ausgesprochene Recht der Beaufsichtigung von dem geistlichen auf das weltliche, auf das Staatsgebiet übertragen und ihnen die Controlle der weltlichen Beamten in deren Geschäftsführung, in der Behandlung der Unterthanen, die Ermahnung und nöthigenfalls die Anzeige bei dem König als Recht und Pflicht zugewiesen [2]); nur eine kleine Anwendung jenes großen Princips ist es, wenn dann die Bischöfe mit den seniores die Last der Reichnisse der Provinz an die judices normiren sollen: als Erfüllung letzterer Vorschrift würde erscheinen die dem Cc. Barc. II. angehängte epistola de fisco barcinonensi [3]), in welcher der Metropolitan mit drei Suffraganen den numerariis bestimmt, zu welchen Preisen sie Getreide berechnen und in welchem Maß sie andere Leistungen vom Volk erheben sollen: gegen die Echtheit dieser Epistel sprechen aber starke Gründe) [4]).

1) L. V. VI. 1, 6.

2) Cc. T. III. c. 18, vgl. Cc. T. IV. 32. L. V. II. 1, 30. XII. 1, 2 sint prospectatores — offenbar Uebersetzung von ἐπίσκοποι — episcopi (wiederholt Cc. Caes. III. praef. divina pietas ep. *speculatores* plebium instituit, ut .. totam plebem *condirigant* dignis exemplis) secundum regiam administrationem, qualiter judices cum populis agant, ut aut ipsos praemonitos corrigant aut insolentias eorum auditibus principis innotescant.

3) Mansi X. p. 471.

4) 1) Die numerarii, ganz geringe Steuereinnehmer, erhalten den hohen Titel domini sublimes et magnifici filii aut fratres. 2) Nach der Ueberschrift hätten alle Bischöfe der Tarraconensis unterzeichnen sollen, es finden sich aber außer dem Metropolitan nur 3 statt 12: denn es ist nicht anzunehmen, daß nur die 3 genannten zu Barcelona's „fiscus" gehörten. 3) Der Name Scipio des comes patrim. kommt in diesen Jahrhunderten in Spanien und Gallien nicht vor. 4) Es fehlt diesem Namen das Prädicat. 5) Er soll die numerarii gewählt haben, während diese Wahl der civitas, das Ernennungsrecht dem König zustand. 6) Keinenfalls war es bereits eine consuetudo, was erst a. 589 verordnet worden, daß die Bischöfe das Maß der Leistungen zu bestimmen haben. 7) Endlich ist die Absichtlichkeit, mit welcher die Bischöfe als diese Dinge allein beherrschend dargestellt werden, nicht zu verkennen und darin liegt wohl der Zweck der Fälschung: a nobis sicut consuetudo est consensum ex territoriis, quae nobis administrare consueverunt postulatis, id circo per hujus consensus nostri seriem decrevimus: dann nochmal pro nostra definitione . . secundum consensum nostrum.

in Cc. T. IV. 3 wird das dann noch schärfer und weiter gefaßt [1]). Später wird durch Reichsgesetz officiell die cura der Bischöfe in protegendis populis et defendendis als von Gott auferlegt anerkannt [2]).

Neben den rein geistlichen Functionen der Bischöfe und den rein weltlichen stehen nun die häufigen Fälle, in denen sie ununterscheidbar zugleich als geistliche und als weltliche Beamte handeln: so wenn [3]) der Bischof Dirnen der Geistlichen zum Besten der Armen als Sclavinnen verkauft [4]), wenn er sorgt, daß der König oder der Klerus nicht Freigelaßne der Kirche veräußern oder Beamte sie zu Frohnden verwenden; da so manche Delicte zugleich als Sünden Kirchenbußen verwirken, erklärt sich das gemeinsame Einschreiten von Richter und Bischof: so sollen beide zusammen die Reste [5]) des Heidenthums [6]) ausrotten, Incest, andere Geschlechtsverbrechen und das Abtreiben der Leibesfrucht strafen [7]). Gegen Päderasten verhängt zuerst der judex die Strafe der Entmannung, darauf übergiebt er den Schuldigen dem betreffenden Bischof zur gesonderten Einsperrung in ein Kloster, worin, verbunden mit canonischen Bußen [8]), zugleich eine weltliche Strafe (Ge-

---

1) S. unten: Concilien. Die „sacerdotalis moderatio“ d. h. die fürbittende Vermittlung des Bischofs erwirkt auch Hochverräthern die Verzeihung des Königs VI. 17; vgl. VIII. 4 ipsi . . de sublimiori celsitudine ordinum regunt et disponunt subjectas multitudines plebium.

2) Cc. T. IV. 32. Cc. Caes. III. praef. Revillout p. 134.

3) Nach Conc. Tol. III. 5.

4) Mit dem judex oder Hisp. I. 3 allein. Allein Cc T. IV. 42, vgl. VIII. 5.

5) Cc. T. XVI. tom. 2. Cc. T. III. 16. XII. 11 sacerdotis vel judicis instantia: und lärmende Tänze, Gesänge an christlichen Feiertagen 23, vgl. Davoud Oghlou I. p. XCV., du Boys I. p. 524.

6) Vgl. den aus den christlichen Ideen üppig empor gewucherten Aberglauben: z. B. Reliquiencult F. N. 9; die Bischöfe hängen sich dieselben um und lassen sich „als lebendige Reliquienschreine“ von den Priestern umhertragen Cc. Brac. III. 5. ut majoris fastus apud homines gloria intumescant quasi ipsi sint reliquiarum arca; Sisibut tadelt scharf diesen Cult der Knochen Todter statt der Pflichterfüllung gegenüber Lebenden ep. Sisib. p. 370, A. V. S. 183. Die Nachfrage nach Reliquien gewisser Heiligen war so stark, daß die Bischöfe von Barcelona die Namenzettel von allen abnehmen und sämmtliche Knochen ununterscheidbar in Einem Schreine bewahren ließen ep. Braul. p. 655. Worauf gründet Schotel p. 15 seinen Vorwurf: voral maakten de Gothen zich aan die misdaad schuldig (d. h. Raub von Reliquien und Leichen der Heiligen)?

7) Cc. T. III. 17. L. V. III. 4, 18. 5, 2—5.

8) Solche Fälle setzt voraus Cc. Narb. 6, wo der ep. einen vornehmen Bürger in's Kloster verwiesen, ut emendetur.

fängniß) liegt [1]): überall, wo das religiöse, moralische [2]), etwa schon von der Bibel betonte Schuldmoment im Delict hervortritt, wird statt oder doch neben der Staatsgewalt der Bischof beigezogen, z. B. bei Funddiebstahl, Unterschlagung zugelaufener Thiere [3]). Daher denn auch die ausgedehnte Mitwirkung der Bischöfe bei Durchführung der Judengesetze [4]): sie haben, freilich neben König und Richter, Wandel und Glauben getaufter Judenkinder zu prüfen, die gegen Christen zeugen wollen [5]); sie sind überhaupt in diesen Fällen [6]) nicht neben dem judex, sondern allein competent: in andern Bestimmungen läßt das unbestimmte vel das Verhältniß nicht genauer erkennen [7]); die Bischöfe allein führen die Listen der getauften Juden [8]) und ordnen ihren Aufenthalt [9]), vereidigen kann sie auch der Richter; der zuwandernde Jude muß sich melden bei episc., sacerdoti vel judici; episc., sacerd. una cum judice verhängen Ruthenstrafe über den Juden; dagegen in andern Fällen ist der Bischof oder Pfarrer primär zuständig [10]), und die Geistlichen, nicht die Richter, können die Bande des obsequium brechen, kommt der Patron den Judengesetzen nicht nach. Mit ausdrücklicher Berufung auf Bibelstellen werden die Priester selber

---

1) L. V. III. 5, 5; so wird der sub poenitentia auf drei Jahre Verbannte apud ep. relegirt VI. 5, 13; freiwillig geht in ein solches ergastalum poenit. der Selbstankläger Cc. T. X. append., gedroht wird es XI. 6 sub perpetuo damnationis teneatur religatus ergastulo. 7 exilium vel retrusio wohl auch in ein Kloster; vgl. Rosseeuw I. p. 289.

2) Schutz der Bedrängten, daher ihre Competenz in Statusprocessen: L. V. IX. 1, 21 und bei Vormundschaften IV. 3, 3.

3) VIII. 5, 6.

4) XII. 2, 10. 3, 1.

5) XII. 2, 10.

6) Nach Cc. T. XII. 9 (ut cura omnis distringendi Judaeos *solis* sacerdotibus debeatur) und ne judices quidquam de perfidorum excessibus extra sacerdotum conniventiam judicare praesumant.

7) XII. 3, 12 judex vel sacerdos; e. vel judex VI. 4, 3. vel comes V. 4, 3. aut judex vel seniores loci VIII. 5, 6, über dem judex VI. 4, 3 aut dux VII. 1, 1.

8) (Auch XII. 3, 1 bezüglich der Religionsgespräche), 3, 28 er hat dem ganzen conventus ad se pertinens Judaeorum Unterweisung in den neuen Judengesetzen zu ertheilen, deren libellus in archivis ecclesiarum Cc. T. XII. 9 verwahrt und in den Kirchen verlesen wird.

9) l. c. 2, 21.

10) Und erst wenn in locis sacerdotalis praesentia defuerit, treten die judices oder christiani honestissimi ein 21.

überall als Vollzieher dieser Judengesetze bestellt [1]) und scharf wird betont, daß nur im äußersten Nothfall die Richter ohne Zuziehung von Geistlichen die Judengesetze durchführen sollen [2]): erst eventuell, wenn auch der controllirende Bischof säumt, schreitet der princeps ein und allgemein nach [3]) dem Geistlichen der judex [4]).

Competenz der Bischöfe in Testaments- und Freiheit-Processen kennt schon Apollinaris Sidonius [5]). B. regelt die geistliche Gerichtsbarkeit zwar im Allgemeinen nach dem System des Cd. Theodos., (über geistliche Delicte des Bischofs richten die Nachbarbischöfe [6]), des Priesters der Bischof mit den Priestern) [7]), über Laien haben aber die Bischöfe nach diesem Gesetz — sehr begreiflich in den Zeiten Alarichs II.! — keinerlei Gerichtsgewalt (der tit. Cd. Th. I. 27 de episcopali definitione wurde in das B. wohlweislich nicht aufgenommen) und ein exemtes Forum haben die Bischöfe nach diesem Gesetz im Civil- und Criminal-Proceß nur sofern, als sie nicht vor dem defensor, sondern vor dem rector provinciae Recht geben müssen [8]); in beiden Richtungen haben erst die Concilien (zumal seit der Conversion), deren Schlüsse die L. V. aufnahm, die Bischöfe wieder — und zwar zuletzt weit über das Maß des römischen Rechts hinaus — erhöht. Nach L. V. [9]) haben die Bischöfe in Armensachen selbständige Competenz, ferner controlliren sie den ihnen als verdächtig bezeichneten judex [10]). Appellation gegen das Urtheil erster Instanz geht an sie oder mit ihrem Bericht an den König [11]).

---

1) l. c. 23.

2) 25 l. c. wegen Gefahr der Bestechung, ebenso 26: presbyteri, diaconi, dann erst judices, eventuell Bischof und König; 24 Strafe in Geld und Excommunication, wenn die Priester die Judengesetze nicht durchführen.

3) So auch Cc. T. XVI. 1 sacerdotibus cunctisque judiciariam curam habentibus.

4) Auch die Controlle der Beamten wird aus der göttlichen Einsetzung der Bischöfe abgeleitet Cc. T. IV. 33.

5) VI. 3. 4.

6) Cc. III. 18. XIII. 12 fügt bei: unter Vorsitz des Erzbischofs.

7) B. T. XVI. 1, 2. 3.

8) Vgl. Roth p. 48, Serrigny I. p. 394.

9) B. T. XVI. 1, 3. Nov. Val. 3.

10) II. 1, 10.

11) l. c. 23 wie in den Gesetzen Justinians v. Bethm. H. röm. Civ.-Proc III. S. 115, aber unabhängig von diesen.

Für Nichterfüllung dieser Amtspflichten wird der Bischof wie ein weltlicher Beamter in Geldstrafen genommen [1]). Aus andern Gründen hat der Bischof auch im Gebiet der freiwilligen Gerichtsbarkeit und der Obervormundschaft mitzuwirken: dem sacerdos haben [2]) die Testamentszeugen die Testamentsurkunde binnen 6 Monaten vorzulegen [3]); bei dem den Sclaven dictirten Nothtestament soll episcopus atque judex die Glaubwürdigeit der Zeugen prüfen und ihre Aussagen unterschreiben [4]). Das über das Vatererbe eines Minderjährigen aufgenommene Inventar wird bis zur Volljährigkeit bei einem von der Familie zu wählenden Bischof oder Presbyter verwahrt [5]). Rechnungsablage und Entlastung des Vormunds geschieht coram sacerdote vel judice [6]). Dem Mündel geleisteter Beistand ist eine den geistlichen Pflichten gleichstehende Function [7]); auch Freilassungen geschehen coram sacerdote [8]).

Die Gerichtsbarkeit jedes Bischofs erstreckt sich über seine Diöcese [9]). Die Namen von Pfarreien werden selten genannt [10]). Der

---

1) L. V. III. 4, 18. 5, 2 ja IX. 1, 2 Ersatz, Verbannung XII. 3, 19 verhängt der König freilich im Einvernehmen mit dem Concil, daher poena concilii XII. 1, 2: auch geistliche Strafen, Excommunication und Fasten auf 30 Tage über den Bischof wegen Nichterfüllung seiner weltlichen Amtspflicht aus Bestechung, Parteilichkeit oder Saumsal, vgl. Cc. T. XII. 9.

2) juxta aliam legem: nämlich, II. 5, 13.

3) II. 5, 11 quolibet sacerdote, doch genügen auch andre Zeugen.

4) Ebenso das testamentum holographum: unterschreiben können es nach Wahl der Partei auch andere Zeugen.

5) IV. 3, 3.

6) IV. 3, 4.

7) V. 1, 1 pupillis occurrere jure sacerdotali.

8) V. 7, 2. 9.

9) Aber in manchen Quellen, z. B. Greg. tur., ist dioecesis = parochia V. 15: dioeceses quindecem quas primum Gothi tenuerunt; schlagend zeigt das mlr. Martin I. 22, s. die Note daselbst bei Migne p. 930, Jacobs Géogr. p. 30, Braun S. 32; vgl. L. V. V. 1, 6 eccl. principalis, absoluta, dioecesana.

10) z. B. v. s. Caes. p. 673 citharistana parochia, Masdeu XI. p. 191, über Pfarreien auf dem Lande Revillout, clergé p. 399; über eccles. überhaupt II. 1, 6. VI. 5, 16. IV. 2, 12. 18. IX. 1, 21. 3, 1—4; über die hierarchische Ordnung Morales VI. p. 182, ausführlich Masdeu XI. p. 143, Cenni II. p. 112, Lafuente II. p. 383, Depping II. p. 387, Cénac Moncaut I. p. 427, Moron II. p. 231. Ungefähr, aber nicht erschöpfend, zählt Masdeu XI. p. 180 (abgeschrieben von Romey und aus diesem von Dunham I. p. 196) die Vorrechte der „Metropolitane“ (Erzbischöfe) auf: Berufung der Provincialsynoden, Conservirung der

„demokratische Geist" [1]) der Kirche gestattete in Spanien den Vorrechten der Metropolitanen nur langsames Aufkommen und ebenso der päpstlichen Suprematie eine nur allmälig wachsende und wechselnde Anerkennung [2]).

Bei der Erhebung zum Bischof wirken Wahlrecht des Klerus und der Laien und Ernennungs- oder Bestätigungsrecht des Königs [3]) in wechselnder Weise zusammen. Dies setzen als [4]) das Normale die Quellen im V. wie aus dem Anfang des VI. Jahrhunderts voraus [5]). Ernennung des Nachfolgers durch den lebenden Bischof wird eben so oft verboten, als immer wieder geübt [6]). Canonisch wenigstens bedenklich war der Vorgang zwischen Paulus und seinem Neffen Fidelis in Merida: er bestellt ihn bei seinen Lebzeiten zu seinem Nachfolger [7]), zugleich setzt er ihn in seinem Testament zum Erben mit der fideicommissarischen Auflage, „wenn ihn der Klerus von Merida zum Bischof haben wolle", dies ganze unübersehbare Vermögen der Kirche zu

---

Suffraganbischöfe, Ernennung von Stellvertretern, Gerichtsbarkeit in erster (?) Instanz, allgemeine Ueberwachung der Disciplin. Romey II. p. 292. 296, Thomassin p. 483, Planck I. S. 368 f., 539, Dozy II. p. 21.

1) Rosseeuw I. p. 472.

2) l. c. s. unten.

3) Durch deren bloßen Vorenthalt bleiben erledigte Bischofstühle einfach unbesetzt Apoll. S. VII. 6; nicht richtig daher Depping II. p. 221 und andere Aeltere, welche erst von Theoderich dem Großen oder Theudis das Bestätigungsrecht des Königs datiren, vgl. Masdeu XI. p. 22, Dunham I. p. 109, seit Rekared derselbe I. p. 183. Ulloa conjeturas sobre el origen de la regalia de nuestros reyes para la nominacion de obispos y arzobispos übersieht den imperatorischen (Serrigny I. p. 190) Ursprung dieses Rechts und argumentirt zuviel aus der Handlungsweise des Amalers Theoderich, die doch nur den imperatorischen Rechten entfloß.

4) Raynouard I. S. 127—135, II. S. 43. 66.

5) v. s. Caes. Mab. I. p. 661. Eonius (ep. arelat.) clerum vel cives alloquitur et ipsos rerum dominos per internuntios ut.. nullum sibi alterum quam s. Caesarium eligerent fieri successorem, also keineswegs erst zur Zeit Sisinanths Ernennungsrecht des Königs wie Thomassin p. 347, Aguirre II. p. 692. Pabst Leo freilich in ep. ad Rustic. narb. geschweigt der Mitwirkung der Staatsgewalt ganz: er sagt nur a clericis electi, a plebibus expetiti, a prov. ep. cum metropolitani judicio consecrati; alte Canones, recitirt Cc. Brac. II. app. 1—6, schließen wie den Fürsten alle Laien von der Mitwirkung aus; s. aber selbst Cenni II. p. 130, vgl. Planck II. S. 67.

6) Staudenmeier S. 76.

7) hunc F. successorem sibi elegit moxque etiam in loco suo se vivente ordinavit.

Merida zu hinterlassen, widrigenfalls frei darüber zu verfügen: der Widerstand von „homines pestiferi“ bleibt nicht aus und wird nur durch die Drohung mit jener Clausel gebrochen [1]).

Einsetzung der Bischöfe ohne Wissen des Erzbischofs bloß nach dem Wunsch der Gemeinde rügt Papst Hilarius a. 461—468 unter Eurich [2]); gleichzeitig [3]) schildert Apollinaris Sidonius drei Candidaten, von denen der Eine sich auf antiquam natalium praerogativam beruft, der zweite durch seine Küche, der dritte durch Preisgebung des Kirchenvermögens die Stimmen der oppidani gewinnt [4]). Leova setzt Fronimius einseitig zum Bischof ein (ordinatus) und Leovigild „trachtet“ ihn abzusetzen [5]).

Das Canonische war [6]): Wahl des Bischofs durch Volk und Bischöfe der Provinz und Genehmigung des Königs auf Vorschlag des Metropolitan [7]). Man sah bei der Wahl auf edle Abkunft [8]).

---

1) Paul. Emer. p. 644—645 magis inviti quam sponte.

2) ep. ad Ascan. praef. c. 1. nec tantum putetis valere petitiones populorum ut dum his parere cupitis voluntatem Dei . . deseratis.

3) Ap. Sid. IV. 25.

4) Hier Wahl disputo strepitu turbae furentis, inter partium dissonas voces. Bischofswahl in Bourges: a. 472 Ceillier XV. p. 85, Fertig II. S. 28. Fauriel I. p. 578, Guettée I. p. 357, fremit populus per studia divisus Ap. S. VII. 5: Mitwirkung durch Provincialbischöfe, in deren Ermanglung durch Erzbischöfe &c. der nächsten Provinzen ersetzt. l. c. 8 quem sibi flagitat populus beturicus ordinari, einen Laien. Ap. S. hielt damals daselbst eine Predigt, die tief in die hier spielenden Leidenschaften blicken läßt. Die Bewerbung war höchst hitzig und nicht zwei Kirchenbänke faßten die Zahl der Candidaten: omnes placebant sibi, omnes omnibus displicebant: zuletzt verzichten die Laien auf ihr Wahlrecht und unterwerfen sich dem Entscheid der Bischöfe und diese der des Apoll. S.; vgl. Guizot I. p. 75, ungenügend Romey II. p. 201.

5) Greg. tur. IX. 24.

6) Seit Cc. T. IV. 19.

7) Vgl. Salgado p. 158 antigo costume de se erigirem os novos bispados (nicht vollständig), Böhmer I. S. 146, Gieseler I. S. 705, Rosseeuw I. p. 288, Planck I. S. 432, Kaim S. 55, Staudenmeier S. 76—79. Demokratisch, Rico y Amat. I. p. 10, kann man diese Kirchen-Verfassung nicht mehr nennen.

8) Was schon in der factischen Succession solcher domus infulatae oben S. 92, Ampère II. p. 313, lag; Apoll. S. VII. 9 concio sucht dies auf das Lob des Johannes bei Lucas zu stützen: si natalibus servanda reverentia est parentes ipsius aut cathedris aut tribunalibus praesederunt; illustris in utraque conversatione prosapia aut episcopis floruit aut praefectis; edles Geschlecht auch der Frau des Candidaten l. c. Hildef. v. ill. p. 10.

Der Uebertritt aus hohen Staatsämtern in den Episkopat war schon in der römischen Zeit häufig, z. B. Apollinaris Sidonius [1]); er schlägt einen vornehmen Laien zum Bischof von Bourges vor; zwei andere Laiencandidaten schließt nur ihre zweite Ehe aus; ebenfalls unter Eurich ist Volusianus ep. turon. unus ex senatoribus [2]). Die Könige setzten oft willkürlich, ohne Episkopat und Gemeinde zu fragen, Laien unmittelbar aus dem Staatsdienst ohne Einhaltung der canonischen Vorstufen zu Bischöfen ein [3]). Dies scheint besonders unter Leovigild geschehen zu sein: daher eifert Cc. T. III. dagegen [4]); aber auch der fromme Rekared erlaubte sich, scheint es, Uebergriffe hierin, denn zehn Jahre später schärft Cc. Barc. II. dasselbe Verbot nachdrücklich ein [5]). Es half nicht viel: bald darauf, vermuthlich unter und von Witterich, wurde ein gewisser Agapius unmittelbar aus der secularis militia trotz seiner Unkenntniß der Kirchensatzungen zum Bischof von Cordova erhoben [6]). Das Uebel war aber so allgemein verbreitet und so schwer zu bekämpfen, daß das große Concil IV. T. in den stärksten Ausdrücken die Bedrohung des ganzen Bestandes der Kirche durch dasselbe schildert — unter einem Rekared und Isidor! Wie mag es unter minder kirchlichen Fürsten und minder trefflichen Erzbischöfen bewandt gewesen sein! Sisibut erzwingt die Einsetzung eines Bischofs zu Barcelona gegen den Widerstand des Erzbischofs Eusebius von Tarraco und seiner Partei in energischen

---

1) VII. 9 si militarem forte dixero personam, protinus in haec verba consurgitur: S. ad clericatum quia de seculari professione translatus est .. natalibus turget, dignitatum fastigatur insignibus.

2) Greg. tur. II. 16, ein anderer Fall 26; vgl. ferner Cc. T. IV. 19.

3) Vgl. Cc. Arel. II. 1. 2.

4) 1. nullus deinceps ad promerendos honores ecclesiasticos contra vetita canonum aspiret indignus.

5) 3 nulli deinceps laicorum liceat ad ecclesiasticos ordines praetermisso canonum praefixo tempore *aut per sacra regalia* aut per consensionem cleri vel plebis . . ad summum sacerdotium aspirare: sondern Einhaltung der canonischen Vorstufen: Klerus und Gemeinde (so ep. Mentesan. 2) schlagen 2 oder 3 dem Metropolitan und den Bischöfen vor: das Loos entscheidet, wer zu consecriren: der Genehmigung des Königs wird hier gar nicht gedacht, vgl. Cc. Tar. I. 5; dies beweist aber nichts; s. über die damalige Uebung die (falschen, ganz klerikalen) epist. ad Mentesanos Cc. tol. prov. II., wo 2 die casus saeculi obvians und 3 si vero quod absit aliqua occasio saeculi domino obviaverit das Genehmigungsrecht des Königs anerkennen.

6) Wie Isidor Cc. Hisp. II. 7 klagt: „delegatus“.

Worten[1]). Es war übrigens dieses Eindrängen des Laienadels in die Bischofstühle und die willkürliche Verleihung derselben durch die Krone, ähnlich wie im merowingischen Staat und wie später im deutschen Reich, natürliche Folge der hohen politischen, weltlichen Bedeutung, welche der Bischofstab erhielt. Es ist, klagt das Concil c. 19[2]), der verderblichen Unsitte nicht zu geschweigen, welche, die alten Satzungen überschreitend, die ganze Ordnung der Kirche verwirrt hat, indem die Einen aus Ehrgeiz[3]), die andern mit Simonie[4]) die Bischofswürden anstreben, bald Unwürdige zu dieser hohen Ehre gelangen, überführte Verbrecher oder lediglich dem weltlichen[5]) Staatsdienst hingegebene Männer — eine bezeichnende Zusammenstellung! Diese Fälle und ihre Beseitigung müssen behandelt werden, wenn nicht die höchste Verwirrung in der Kirche ausbrechen soll. — Man sieht, man hält es der Entschuldigung bedürftig, daß man diese „gewagten“ Fragen anrührt, in denen man den König nicht ungerügt lassen konnte. Auch wagt das Concil nicht, so allgemein war der Mißbrauch, die bisher erfolgten ungehörigen Erhebungen zu untersuchen und rückgängig zu machen (praeteritis omissis), nur für die Zukunft bringt es die alten Unfähigkeitsgründe in Erinnerung, von denen wir als charakteristisch für die Zustände hervorheben: bewiesenes oder gestandenes Verbrechen, Infamie, Ketzerei oder Rückfall in dieselbe — man sieht, sogar ein Rekared mußte dem Arianismus noch Concessionen machen —, Verletzung der Cölibatgesetze, unfreier Stand, Unbekanntheit, Laienstand, weltlicher Staatsdienst, Zugehörigkeit zu einer städtischen Curie,

1) ep. Sisib. p. 370 . . nequaquam exspectes, sed huic viro qui Deo (d. h. dem König!) magis quam miserandis placet hominibus ecclesiam barcinon. regendam committe, quatenus (bis nächste Ostern) gaudeamus de ejus pontificatu optabili *et de vestra tandem vel sera consensione*. Wie Kindasvinth den Erzbischof nöthigt, einen Unwürdigen zum Priester zu weihen, s. unter „Absolutismus“.

2) Bischöfe aus vornehmen Gothengeschlechtern. Paul. Em. p. 657, Renovatus und Merila genere Gothus familiae splendore conspicuus.

3) Wohl Ausnahme war es, wenn Helladius regiae aulae illustrissimus rerumque publicarum rector aus wahrer Frömmigkeit in's Kloster Agalia geht und später Erzbischof von Toledo wird; ähnlich der Laie Teudila (= Totila?) ep. Sisib. p. 371.

4) Freilich ein altes Uebel s. Apoll. S. VII. 5 rem in nundinam mitti auctionemque potuisse.

5) seculari militiae dediti.

Schreibensunkunde, Jugend (unter 30 J.), Nichteinhaltung der canonischen Grade, Ambitus und Simonie, Ernennung durch den Vorgänger allein oder durch den — König allein, wie die folgende Umschreibung, ohne dies auszusprechen, andeutet [1]). Daran knüpft sich die positive Vorschrift, in welcher Weise die Erhebung stattfinden soll: Wahl aller Geistlichen und (vel!) Bürger, Consecration durch alle oder doch drei Bischöfe (unter schriftlicher Zustimmung der abwesenden Mitbischöfe), besonders den Erzbischof: es ist höchst bezeichnend, daß dabei der königlichen Genehmigung, die den Ausgangspunkt für die Mißbräuche gegeben hatte, gar nicht erwähnt wird — woraus doch deren Aufhebung für die Zukunft mit nichten zu folgern ist: die Synode will nur das Kirchenrecht in dieser Frage feststellen, das staatsrechtliche, dem weltlichen Recht angehörige Genehmigungsrecht des Königs läßt sie unberührt [2]). Denn auch spätere Concilien setzen die Mitwirkung des Königs bei Ordination der Bischöfe durch den Erzbischof voraus [3]). Auch der scharfe Tadel, den Cc. T. XII. 4 über Wamba ausspricht, trifft nicht seine Ernennung von Bischöfen an sich, sondern die Ernennung von Bischöfen an Orten, wo bisher keine bestanden, also die Neuerrichtung von Bisthümern einseitig durch den König; diese werden feierlich vernichtet und mit dem Anathem bedroht. Aber das Ernennungsrecht des Königs an sich konnte das Concil um so weniger anzweifeln, als es dasselbe in c. 6 ganz ausdrücklich anerkennt und dem Erzbischof von Toledo die Befugniß einräumt, jeden, den der König zum Bischof gewählt und er selbst billigt, sofort einzusetzen [4]).

---

1) sed nec ille deinceps sacerdos erit, quem nec clerus nec populus propriae civitatis elegit nec auctoritas metropolitani vel comprovincialium sacerdotum assensio exquisivit: außer Laienschaft und Klerus der Bischofsstadt, Metropolitan und Mitbischöfen konnte aber nur noch der König in Betracht kommen.

2) Abgesetzte Bischöfe können, nachdem sie von einem zweiten Concil unschuldig erfunden, nur durch feierliche Wiederverleihung der Grade restituirt werden. Aber ebenso muß den Bischöfen verboten werden, Verwandte oder Günstlinge zu Vorständen von Klöstern und Pfarrkirchen des Gewinnes wegen zu bestellen Cc. T. X. 3.

3) So Cc. Em. 4 si juxta canonum sententiam per voluntatem metropolitani atque informationis ejus epistolam per regiam jussionem ab alio metropolitano aliqui fuerint ordinati etc.

4) c. 6. dum .. diffuso tractu terrarum .. impeditur celeritas nuntiorum, quo aut non queat regiis auditibus decedentis praesulis transitus innotesci aut de *successore morientis* episcopi *libera principis electio* praestolari: deßhalb: nascitur saepe . . regiae potestati, dum *consultum* nostrum pro sub-

Diese Bestimmung reichte aber nicht aus, als einmal der Erzbischof von Toledo selbst, wegen Hochverraths angeklagt, abgesetzt und ersetzt werden soll. Hier hat zwar König Egika per praelectionem et auctoritatem suam schon vor Zusammentritt des Reichsconcils (in praeteritis) dem Bischof Felix von Sevilla befohlen, für den Sitz Toledo Sorge zu tragen[1]), „aber er hatte unserm Beschluß vorbehalten, ihn für später daselbst zu bestätigen“[2]), und nun überpflanzt die Versammlung, nachdem sie den geständigen Sisibert abgesetzt, in canonischer Weise mit Zustimmung des Klerus und Volkes jenen von Sevilla nach Toledo, und da sie gerade vereint ist, bestimmt sie selbst, wer in die dadurch erledigten Sitze von Sevilla und Braga nachrücken soll, ohne auch hiebei des Consenses von Volk und Klerus, was hier sich als Phrase zu deutlich verrathen hätte, und der Genehmigung des Königs zu erwähnen, welche übrigens stillschweigend nachfolgte, da dieser Beschluß den Synodalacten einverleibt und diese von dem König gutgeheißen worden.

Zwar hatte schon das römische Recht den Bischof nur durch Synoden absetzbar erklärt[3]) und dies wiederholten die Concilien[4]), aber wir sahen, wie die Könige namentlich wegen politischer Anklagen, aber auch wegen bloßer Verletzung der Kirchenzucht[5]) die Bischöfe durch Verbannung von ihren Sitzen oft genug entfernen[6]) und absetzen[7]): ebenso rufen sie dieselben aus der Verbannung[8]) oder aus dem freiwillig aufgesuchten Kloster zurück[9]).

---

rogandis pontificibus sustinet, injuriosa necessitas. Darum beschließen alle Bischöfe Spaniens und Galliens (dies fehlt in einigen Handschriften): ut salvo privilegio unius cujusque provinciae(!) .. quoscunque regalis potestas elegerit et toletani ep. judicium dignos esse probaverit, in quibuslibet provinciis in praecedentium sedibus praeficere praesules; binnen 3 Monaten hat sich derselbe vor dem Erzbischof bei Excommunication zu stellen: excepto si regia jussione impeditum se esse probaverit.

1) jussit de praefata sede jure debito curam ferre.

2) nostro eum in postmodum reservans ibidem decreto firmandum.

3) B. T. XVI. 1, 4.

4) Cc. T. III. 2. IV. 28. XII. 4. XVI. app.

5) Sisibut A. V. E. 183.

6) A. V. S. 104, 141. Apoll. S. VII. 6, v. Caes. p. 662.

7) Cc. T. XII. 4. XIII. 2.

8) l. c.

9) ep. Sisib. ad Caesar. mentes. p. 366, über Versetzungen auf den Cc. Cenni II. p. 157.

Was die erwähnte räumliche Competenz der Bischöfe betrifft, so war das Reich in Kirchenprovinzen, Metropolitan-Bisthümer getheilt, welche mit den staatlichen „provinciae" zusammenfielen: die Provinz Septimania mit dem Stuhle zu Narbonne (früher bestritten von Arles), Bätica mit Sevilla, Tarracona mit Tarraco, Lusitanien mit Merida; im suevischen Gallicien bestand anfangs nur die Metropolitane Bracara, später wurde Lugo zur gleichen Stellung erhoben, aber nach der Einverleibung des Suevenreichs wieder untergeordnet. In der Karthaginiensis bestritten sich Karthagena und Toledo lange Zeit den Vorrang: sehr begreiflich ist, daß während der griechischen Occupation a. 554—622 Karthagena von den Byzantinern, Toledo von den Gothen als Metropole anerkannt wurde und daß nach der Vertreibung der Kaiserlichen und dem Uebertritt der Gothen die Königsstadt endgültig den Sieg behauptete: „Karthagena verschwindet seither völlig aus der Geschichte" [1]).

Jede dieser Provinzen enthielt eine Mehrzahl von Bisthümern [2]). Bei dem Glaubenswechsel wurden die bisher arianischen Kirchen je der nächsten katholischen Kirche zugesprochen [3]). Dreißigjährige Verjährung wird „secundum jus legis" bezüglich der Diöcesen in Einer Provinz anerkannt [4]). Der König entscheidet über die Herstellung der lusitanischen Kirchenprovinz, freilich auf Antrag des Bischofs [5]); ein solches Territorium, durch die Kirchenprovinz bestimmt, ist festabgegrenzt [6]), wie das der weltlichen Beamten [7]); in allzu kleinen

---

1) Rosseeuw I. p. 289.

2) 80 im Ganzen, und zwar: narb. 8, tarac. 15, carthag. 21, baet. 11, lusitan. 14, galaec. 11 s. Florez IV., Masdeu XI. c. 110, Lemble I. S. 145. Ueber die ältern Bisthümer Gams zur ält. Kirchengesch. S. 250; irrig läßt Masdeu XI. p. 146, Dunham I. p. 196 die Erzbisthümer erst seit (Romey II. p. 289 nach) der Gothenzeit entstehen. Die alphabetische Aufzählung bei Mayerne p. 105 stammt aus der angeblichen divisio Wambae.

3) Cc. T. III. 9.

4) extra vero nullo modo, ne, dum dioecesis defenditur, provinciarum termini confundantur Cc. T. IV. 34, vgl. 35 und Cc. Em. 8.

5) Brac. II. app. 5—13; territorium = Kirchengebiet Apoll. S. VI. 10, ebenso regio VII. 5; (über die 17 parochiae des pagus arisitensis in Septimanien Vaissette I. p. 267), er selbst lädt einen Erzbischof ein, in sein Gebiet überzugreifen VII. 5.

6) pontifex territorii III. 5, 5.

7) Grenzberichtigungen Cc. H. II. 1. 2. T. IV. 3. Em. 8. XII. 4 ep. seu judex ad quem ille locus pertinuerit.

Orten vici, villulae, Vorstädten sollen keine Bischofssitze errichtet werden [1]).

In diesem Gebiet stehen unter ihnen die sacerdotes, presbyteri, rectores ecclesiarum et monasteriorum atque diaconi [2]), welche die Diöcese, zu deren ministerium sie gehören, so wenig wie der Colone die Scholle verlassen dürfen [3]).

Die wichtigsten Rechte des Metropolitanen waren die Abhaltung der (jährlichen) Provinzialsynoden, Bestätigung und Consecration der gewählten Suffragan-Bischöfe, Ueberwachung der Kirchendisciplin und Gerichtsbarkeit in Streitfällen seiner Bischöfe. Die einfachen Bischöfe haben das Recht, Kirchen zu weihen, die geistlichen Weihen und das Sacrament der Confirmation zu ertheilen [4]). Die Stellung und die Rechte aller Metropolitanen waren gleich: nur das Alter der Ordination begründet den Vorrang auf den Concilien: ein Primat oder Patriarchat war nicht anerkannt: erst seit der Mitte des VII. Jahrhunderts erlangt der Metropolitan von Toledo wichtige Vorrechte und einen thatsächlichen Primat.

Begreiflichermaßen haben gerade die Bischöfe von Toledo, wie in der Kirchen- und Culturgeschichte, so in der politischen und Verfassungsgeschichte dieses Reiches eine leitende Rolle gespielt [5]). Ausdrücklich sagt das (bedenkliche) Decret Gunthimars, die „Nähe des

1) Cc. T. XII. 4; über zwei Bischöfe an Einer Kirche (zumal Einfluß der Glaubensspaltung) und Einen Bischof über zwei Kirchen Masdeu XI. p 186.

2) L. V. V. 1, 46. IX. 2, 8 clerici cum et sine honore.

3) Cc. H. II. 6. 8.

4) Cc. tar. 5. 13. T. III. 23. IV. 3 emer. 4 luc. II. 3. 4. Isidor. de eccles. offic. II. 2. 7.

5) Wir stellen das Verzeichniß derselben hier mit kurzen Erinnerungen zusammen: Hauptquellen: Isid. u. Hildef. de v. ill., vgl. Gams Tüb. Quart. S. 260, Gamero p. 337—367.

Unter Rekared Euphemius I. und Adolphus a. 589—597 (599) Montanus a. 527.
c. a. 603—611 (615) der erste Erzbischof Aurasius Hildef. p. 9 (Pisa p. 93).
612—632 (633) Helladius, ein vornehmer Gothe, früher im Hofdienst, legte vielleicht beim Eintritt in die Kirche seinen germanischen Namen ab (Pisa p. 93 über sein Verhältniß zum König).
632 (33)—636 Justus.
636—647 Eugenius I. (II.)
647—658 (657) Eugenius II. (III.), vornehmer Gothe, früher Feldherr — aber nicht deßhalb, wie Aschb., im Rang eines dux: jeder Erzbischof hatte diesen „Rang": gefeierter Dichter.

Throns", der „Cult seiner Herrschaft" habe diesen Bischofssitz vor allen in der Provinz erhöht und Cc. Tol. VII. 6 schreibt vor, daß „zu Ehren des Königshofes und zur Unterstützung des Erzbischofs die benachbarten Bischöfe jährlich einen Monat in dieser Stadt verbringen sollen mit Ausnahme der Aerndte und Weinlese" [1]).

Eines der wichtigsten Rechte des Erzbischofs von Toledo war die ihm durch Cc. T. XII. 6. a. 681 eingeräumte Befugniß, „um die lange Vacatur der Stühle zu vermeiden", allein statt der Provincialbischöfe dem König den zu ernennenden Candidaten vorzuschlagen, und be-

---

658—667 Hildifuns, „vita", ganz hienach Carranza II. p. 568, kritiklos Alcocer I. 32 folg., als Heiliger verehrt Salazar sub die 21. Julii vgl. R. de Castro II. p. 353, Ceillier XVI. p. 712, Bähr I. S. 127. 469, Bourret p. 70, Pisa p. 100—106.

668—680 Quiricius: verbessert mit Wamba die Kirchenzucht.

680—690 Julianus, jüdischer Herkunft, beherrscht den König, die Concilien, die Bisthumverleihungen; als Benedict II. einige Stellen seiner apologia fidei verwirft und einen Legaten nach Spanien schickt, stellt sich das (XV. T.) Concil von a. 688 auf Julians Seite und der neue Pabst Sergius giebt nach. Judenverfolgung. Schriftstellerei: historia Wambae. „Chronicon Wulsae".

690—693 Sisibert, abgesetzt vom XVI. Cc. T. a. 693 wegen Blasphemie und Verschwörung.

693—700 Felix, früher Erzbischof von Sevilla (nach R. de Castro II. p. 387 bis a. 698).

700— a.? Sisibert.

a.? —707 Guntherich, bekämpft angeblich Witika's Wandel, hält Cc. T. XVII.

707—711 Sindered (?).

1) Auf die zahlreichen Streitfragen über den Primat von Toledo und sein Verhältniß zu Sevilla (Karthagena) gehe ich nicht ein: vgl. Aguirre II. p. 157 seq., Masdeu XI. p. 33. 146. 177, Cenni I. p. 228, Alcocer I. 32 (22), die Capitelzahl hier ist verdruckt fol. 35, Espinosa p. 72. 105, Suarez p. 86, vgl. die charakteristische Tradition bei Julian del Castillo p. 103: Uebertragung des Primats auf Toledo wegen Fälschung der Bücher Isidors durch Theodosius von Sevilla: man öffnete daselbst das Thor nicht mehr, durch welches salió el malvado Theodosto. Fälschungen von Privilegien für die Kirche von Toledo Roias p. 574, Pisa p. 88—116. Morales V. p. 377. 569. Garcias Loaisa de primatu eccles. toletanae l. c. p. 437, Florez V. p. 188 gegen Resend. ep. ad Kebedium p. 180 seq., Joh. B. Perez epist. de conc. Hisp. l. c. I. p. 11, Lardizabal p. 14, Gams II. a. S. 444, Lembke I. S. 141, Gams zur ält. Kirchengesch. S. 260. Ueber das Verlangen der spanischen Erzbischöfe, nicht dem „Primas", nur dem römischen Stuhl zu unterstehen Luc. tud. l. c. 55. Der Ausdruck „Primas" ist den spanischen Quellen fremd, die Erzbischöfe haben keinen Vorrang, sie unterzeichnen nach dem Ordinationsalter, vgl. Cenni II. p. 64, Rosseeuw I. p. 280. 284.

deutend mußte sein Ansehen steigen, seit die Reichsconcilien seit a. 653 zu Toledo regelmäßig wurden, auf denen er als Bischof der Stadt den Vorsitz führte, ohne Rücksicht auf Ordinationsalter [1]).

Das Recht des Königs, den Erzbischof einzusetzen (constituere, praeficere) oder zu bestätigen, ist von den Bischöfen unbestritten [2]). Trotz der dringenden Bitten Braulio's von Saragossa entführt Kindasvinth ihm seinen Archidiakon Eugenius und setzt ihn auf den Stuhl von Toledo [3]).

Die Beziehungen der gothisch-spanischen Kirche zum römischen Stuhl waren sehr wechselvoll, sowohl was die Häufigkeit des Verkehrs, als was die Anerkennung des römischen Ansehens betrifft. Aus der älteren Zeit seien erwähnt der Brief des Papstes Innocens an die auf Cc. T. I. versammelten Bischöfe a. 400; der des Papstes Felix an Zeno von Sevilla [4]), des Papstes Hormisdas an Sallustius von Sevilla [5]) und an alle Bischöfe Spaniens [6]), an die Provinz Bätica [7]); bestritten, aber glaubhaft, ist die Bestellung eines päpstlichen Vicariats 19. Nov., 30. Dec. a. 465 durch Hilarius [8]); nicht ganz zutreffend faßt

---

1) Unterschätzt von Masdeu XI. p. 145 seq. in seinem Streben, den unfehlbaren, p. 149, päbstlichen Stuhl (vgl. Cenni I. p. 251) als einzigen Primas von Spanien darzustellen. Vgl. Cenni p. 191. 192. 204, Rosseeuw I. p. 283.

2) Ausgangspunct war wohl das von den Kaisern geübte gleiche Recht, sogar bezüglich des Pabstes, A. III. S. 202, und ep. Symm. X. 70 folg. (unter Honorius). ep. Braul. p. 654 Eusebius noster metropol. decessit . . filio tuo domino n. suggeras ut utilem illi loco praeficiat, cujus doctrina et sanctitas sit caeteris vita forma und Isidor antwortet l. c.: de constituendo . . ep. tarraconensi non eam quam petisti sententiam regis, sed tamen et ipse adhuc ubi certius convertat animum, illi manet incertum.

3) ep. Braul. et Kindasv. p. 678—9; ebenso Hildifuns vgl. Hildef. de vir. ill. p. 11, Julian de vir. ill. p. 11, andere Beispiele unter Kindasv. und Rekisv. bei Ferreras; über die Metropolitanverfassung Masdeu XI. p. 145. p. 172—182, Cenni II. p. 64, Planck I. S. 573, Böhmer I. S. 194 f., Lembke I. S. 137—145.

4) Thiel I. p. 213.

5) Thiel l. c. p. 788. 793. 979, an Johann. illicit. p. 885.

6) l. c. p. 981.

7) Cenni I. p. 187—191. 201. II. p. 62, Thomassin p. 20, Morales V. p. 432, Espinosa p. 70.

8) Vgl. Nic. Ant. III. 3. 74, Padilla I. p. 377—83. II. p. 4—9, Aguirre II. p. 240. 276, Thiel I. p. 155. 157. 165. 169 (Ascanio tarracon.), Mariana V. 4, 5, Ferreras II. §§ 155. 238, Moron II. p. 232, Valdesius p. 95—96, Rosseeuw I. p. 275.

man [1]) diese Beziehungen dahin zusammen: Uebersendung des Palliums, Entscheidung in dritter Instanz [2]), Absendung von Richtern, Legaten und Vicarien.

Eine große Anzahl der später in den Cc. ausgesprochenen Einschärfungen sind unleugbar in diesen päpstlichen Briefen, welche den Zustand der Kirche in Italien (und Gallien) darstellen, wenn nicht zuerst, doch schärfer und bestimmter als in andern Quellen aufgestellt: z. B. die jährliche Abhaltung der Cc. [3]), unentgeltliche Einsetzung der Bischöfe [4]), Verhinderung sofortigen Uebertritts vom Laienstand in den Episkopat, Normen über poenitentes, Zustimmung des Metropolitans, Verbot des Ueberganges zu andern Kirchen, Absetzung uncanonisch Ordinirter [5]). Schon Cc. T. III. bezieht sich auf die epistolae synodales der Päpste und Cc. T. IV. 6 entscheidet a. 633 eine liturgische Controverse durch ehrerbietige Berufung auf die Vorschriften des apostolischen Stuhls [6]); denn Gregorius der Bischof der römischen Kirche seligen Andenkens habe nicht nur Italien erleuchtet, sondern auch entlegene Kirchen durch seine Lehre unterwiesen und dem höchst heiligen Bischof Leander auf dessen Ansuchen Bescheid gegeben [7]). Auch Cc. T. VIII. 2 beruft sich für Lösung einer moralischen Antinomie auf Papst Gregor [8]).

Besonders lebhaft war der Verkehr begreiflicherweise bald nach dem Glaubenswechsel zur Zeit Gregors des Großen, Leanders und noch Isidors [9]). Die Uebersendung des Palliums an jenen [10]) ist das einzige Beispiel der Uebung dieses Rechts während der Gothenherr-

1) Dunham I. p. 196, lediglich Masdeu XI. p. 152 ausschreibend.

2) Vgl. Cenni I. p. 158. 237. II. p. 51.

3) Thiel I. p. 788.

4) l. c. p. 793.

5) p. 155. 157, vgl. Cenni I. p. 158. 216. II 50 seq., Guizot civil. II. p. 284, Rosseeuw I. p. 290.

6) „non nostram sed paternam institutionem sequentes“.

7) Ueber das Mirakel, das dem Gesandten Kindasvinths, Tajo von Saragossa, zu Rom in der Peterskirche begegnete s. Rod. Tol. II. 20, Aguirre II. p. 528.

8) l. c. et libris et meritis honorandus atque in ethicis assertionibus pene cunctis merito praeferendus.

9) S. A. V. S. 168, Eichh. Z. f. g. R. W. XI. S. 101, Helff. Ar. S. 58, Romey II. p. 287—317. Gieseler II. S. 747, Schröckh XVII. S. 247. XVIII. S. 83, Rosseeuw I. p. 276.

10) A. V. S. 163.

schaft. Damals griff der Papst auch kräftig in die Jurisdiction: er setzt a. 603 durch seinen Legaten, den defensor Johannes, den abgesetzten Bischof Januarius von Malaca wieder ein, straft die Bischöfe, die ihn abgesetzt, und erklärt seinen Verdränger für unfähig zu allen Kirchenämtern [1]). Im späteren Verlauf des VII. Jahrhunderts werden die Berührungen allerdings viel seltener [2]).

In dem Streit über den Monotheletismus richtet der Papst [3]) an Erwich und die spanischen Bischöfe die (invitatoria epistola) Aufforderung, den Beschlüssen des VI. Concils sich anzuschließen, was auch in Cc. T. XIV. bereitwillig geschieht. Dagegen wird die päpstliche Forderung einer Aenderung ihrer von Julian verfaßten Bekenntnißschrift von den spanischen Bischöfen auf Cc. T. XV. energisch zurückgewiesen [4]). Gegen den Vorwurf der Lauheit vertheidigt [5]) die spanische Kirche Braulio wider Papst Honorius a. 638 [6]) sehr energisch: sie seien nicht „stumme Hunde", wie der heilige Vater geschrieben, und hielten Concilien, soweit irgend thunlich.

Das Recht der Dispensation übten die Bischöfe und Synoden Spaniens selbst, nicht der päpstliche Stuhl.

Daß Witika den Zusammenhang mit (d. h. den Recurs zu) dem römischen Stuhl durch Gesetz aufgehoben habe, ist unerweislich [7]).

Aus dem Klosterwesen heben wir nur einige Züge hervor [8]).

---

1) Greg. M. ep. ad Joh. def. Aguirre II. p. 400. p. 416 sententia Joh. l. c. p. 302; vgl. Sav. II. S. 276, aber auch Masdeu XI. p. 160—164. Ueber Stephan von Illiberi und den Grafen Comitiolus Ferreras II. §§ 433. 454.

2) Vgl. Cenni II. p. 46, Helff. Ar. S. 58, Romey II. p. 259.

3) praesul. rom. sedis, pontifex antiquae Romae im Gegensatz zu Byzanz.

4) Vgl. Nic. Ant. V. 7, 388, Lembke I. S. 144, Gieseler I. S. 748, Eichhorn Z. f. g. R. W. XI. S. 107, Helff. Ar. S. 76.

5) Den Verband mit und die Abhängigkeit von Rom übertreibt tendentiös Luc. Tud. p. 55 durchgängig, vgl. Masdeu XI. p. 145 seq.; zwei unechte Briefe Leo's hat schon Ferreras II. § 624 ausgeschieden.

6) ep. 21. Florez XXX. app.

7) S. A. V. S. 226. Mit Recht vorsichtig Eichhorn l. c. S. 108.

8) Vgl. Berganza p. 17—20, Masdeu XI. p. 73. 299—308, Zumpt Bevölk. S. 90, Böhmer I. S. 380, Lafuente II. p. 385, Dunham I. p. 210, Romey II. p. 148, Baur S. 304, Gilly p. 154; lehrreich das Bruchstück der v. s. Valerii abbatis s. Petri de mont. † a. 692 p. 1042, Mabillon p. 307—312, Valdesius p. 96, Gieseler I. S. 547, Planck I. S. 402, Levasseur I. p. 144, Serrigny I. p. 402, Montalembert l. c. II. S. 200 f. (und ziemlich hienach Littré p. 120—194), Döllinger l. c., Giraud I. 1 p. 380 (p. j.), Alcántara I. p. 279, Cénac Moncaut I. p. 324 f., Rosseeuw I. p. 285—288.

Für die Stiftung von Klöstern durch Könige und reiche Private, welche übrigens der Genehmigung des Bischofs bedarf[1]), wurden besondere Formeln gefertigt, so häufig kamen sie vor. Der Bischof darf unter Zustimmung des Concils je Eine Kirche seiner Diöcese in ein Kloster umgestalten und dotiren[2]). In Rechten und in der Schutzpflicht des Staats werden Klöster den Kirchen ausdrücklich gleichgestellt[3]). An der Spitze der congregatio monachorum steht der abbas, eingesetzt vom Bischof[4]), der den Eintritt seiner Geistlichen in den Mönchsstand nicht hindern darf, dagegen sollen Laien nur in Ausübung der Armenpflege in Klöster aufgenommen werden[5]). Jedoch sprechen geistliche[6]) und weltliche[7]) Gesetze Verweisung, Einsperrung in Klöster oft als geistliche[8]) und weltliche[9]) Strafen aus. Auch Kinder werden von den Aeltern[10]) im zartesten Alter schon einer Kirche oder dem Kloster bestimmt[11]). Zur Einhaltung des Klostergelübdes findet auch weltlicher Zwang Statt[12]).

Genannt seien hier ein Nonnenkloster des h. Cäsarius zu Arles[13]),

---

1) Cc. Agd. 27.

2) Cc. T. III. 4, weitere Beschränkungen IX. 5.

3) Cc. T. X. app. L. V. V. 1, 6 omnium ecclesiarum id est in monasteriis virorum quam etiam feminarum; vgl. V. 7, 8.

4) Cc. T. IV. 51, vgl. Agd. 27. 38, T. XII. 4. Caes. III. 3. Hisp. II. 10. 11.

5) Cc. T. IV. 50, Caes. III. 3, vgl. Guizot I. p. 308.

6) Cc. Narb. 5. F. N. 45.

7) L. V. III. 5, 1. 5.

8) Cc. Narb. 11. Hisp. II. 3. T. IV. 24. 29. 43. 45. 52. VIII. 3, lebenslängliche 5. 6. 7. X. 5. 3.

9) L. V. l. c.; über einen honoratus de civitate Cc. Narb. 6.

10) Oft wollen auch Väter und Mundwalte gegen ihren Willen in's Kloster Getretene mit Gewalt herausnehmen Jul. de vir. ill. p. 11. „pueri oblati" Baur S. 308; wie aber oft die leeren Klosterzellen gefüllt wurden zeigt v. s. Val. abb. s. Petri de mont. Mabill. II. p. 1042 tolluntur ex familiis sibi pertinentibus subulci, de diversis gregibus servi atque de possessionibus parvuli, qui inviti tondentur.

11) Cc. Hisp. II. 3 ecclesia in qua *dicatus* ab infantiae exordiis fuerit. T. IV. 49 monachum aut paterna devotio aut propria professio facit. II. 1 quos voluntas parentum a primis infantiae annis clericatus officio mancipavit. oblatio per parentes IV. 55; nur bis zum 10. Jahre X. 6. Thomassin p. 246.

12) L. V. III. 5, 2. 3, 2. 4. 6, 2. Cc. T. IV. 49. de monachis vagis VII. 5. Besondere Kleidung schreibt Mönchen und Nonnen vor Cc. Barc. II. 3. T. IV. 55. VI. 6—8. Caes. III. 5. Tol. X. 4. 5.

13) v. s. Caes. p. 663. 674 a. 507, Montalembert I. S. 233. 234, Fehr S. 567, Schröckh XVII. S. 208, Alteserra notae p. 130, Eguren XIX.; über

das Mönchskloster zu Cauliana bei Merida [1]) vom h. Aemilian [2]), das zu Aquä [3]), das des h. Victorian a. 506 zu Assa in Arragonien [4]), das zu Potes [5]), das monasterium agaunense [6]); unter Leovigild stiftet Mausona zahlreiche Klöster in Lusitanien [7]), St. Donatus das Kloster Servia [8]) zu Setabis [9]), Johannes von Gerundium das zu Biclaro [10]). Geistliche, Bischöfe [11]), wie Laien, Könige [12]) ziehen sich in Vorbereitung zum Tode oft in geistliche Einsamkeit mit Bußübungen [13]) in Klöster

---

septimanisches Klosterwesen Papon II. p. 13, Vaissette I. p. 310, Fauriel I. p. 403.

1) Paul. Emer. p. 641, auch in ep. Tarrae p. 21.

2) Braulio v. s. Aem. p. 211, s. Berganza, Ferreras conv. p. 152—212 gegen Ferreras.

3) Mit den Gebeinen des confessor Pimenius Cc. T. XII. 4.

4) Venant. Fort. epitaph. (diese Notiz entnehme ich Ferrer. II. § 215 und Mabillon A. O. B. I. p. 189.)

5) Ferrer. a. 530.

6) Alteserra notae p. 389.

7) Paul. Em. p. 647.

8) Ildef. v. ill. p. 10. 32, Lembke I. S. 152—156, Ferrer. II. § 333, Nic. Ant. IV. 3, 47, Helff. Ar. S. 52.

9) Mariana V. 11.

10) Isid. v. ill. p. 31, Nic. Ant. IV. 5. 104; über Klosterstiftungen des h. Fructuosus † vor a. 675 unter Kindasv. dessen vita p. 340 und Ferrer. Berganza p. 67—75, Vincent. de montibus p. 1042, Montalembert l. c., Ceillier XVII. p. 745, Ferreras § 537; über Dumium s. u. Sueven und Montalembert II. S. 195; über Klöster in Bätica Bähr I. S. 473, alte und neue Cc. H. II. 10. 11; überhaupt in Spanien schon zu Anfang des V. Jahrh. Aguirre II. p. 240, Montalembert II. S. 195 und die Fabel der Stiftung des monast. caradignens. durch Theoderich den Großen (oder dessen Sohn!) Berganza p. 36, Yepes p. 90, s. die falsche Inschrift in Cardenna In. H. conjux catholica Th. Italiae regis quae prima monachos in Italiam vocavit et hoc construxit coenobium, für echt gehalten von Berganza p. 39; aber nicht besser wird es stehen mit einer Stiftung unter Gesalich, die Aguirre annimmt. Ueber die erste Einführung der Regel St. Benedicts Aguirre II. p. 403 und Ferreras XVI. p. 60 de la entrada de la regla de S. Benito, Berganza p. 24—30, Yepes p. 94, B., Ferreras conv. p. 213—236, Bourret p. 40 und daselbst weitere Literatur.

11) Paul. Emer. p. 645.

12) A. V. S. 219.

13) Der unermeßliche Zudrang zu dem Kloster des h. Fructuosus droht den Heerbann zu entvölkern!! — eine Uebertreibung, die im Uebrigen den Werth der Quelle nicht aufhebt.

zurück. Mönchs- und Nonnenklöster sollen zwar weit von einander abliegen [1]), aber in Bätica stehen die letzteren unter Schutz (tuitio) und Leitung der ersteren [2]). Ein Hauptpflanz- und Pfleg-Ort der Cultur wurde das Kloster Agalia in einer Vorstadt von Toledo, auf dem Norduser des Tajo gelegen, dessen Aebte und Mönche häufig die erzbischöflichen und bischöflichen Stühle bestiegen [3]), später die Kirche der h. Cosmas und Damianus [4]): doch auch in Toledo selbst hofft man gelehrte Handschriften auftreiben zu können [5]). Seminarien finden sich regelmäßig in den Klöstern [6]); unwissende Kleriker sollen hier lesen lernen und Judenkinder christlich erzogen werden [7]); doch auch außer Klöstern [8]): an den gelehrten Schulen in St. Jerusalem zu Sevilla, von Leander und Isidor gegründet, in der Eugen, Hildisuns, Braulio, Sisibut, Julian gebildet wurden [9]). Das Vermögen der Klöster [10]) muß namentlich auch gegen Eingriffe der Bischöfe sicher gestellt werden [11]).

Zu unterscheiden von in Klöstern zusammenlebenden Mönchen [12]) und Nonnen sind nun einerseits Einsiedler [13]) (auch weibliche [14]), deren

1) Cc. Agd. 28.

2) Cc. Hisp. II. 10. 11, wofür sie den Mönchen die Kutten zu liefern haben.

3) Angeblich von Athanagild Berganza p. 59, Hildef. de vir ill. p. 11, Helff. Ar. S. 56. 57, Montalembert II. S. 219: Heladius, Sisibert, Eugenius II. etc. Einen Gothen Richila als Abt dieses Klosters entnehme ich Salazar V. 3, Sept. p. 41.

4) Carranza p. 560, Gamero p. 895.

5) ep. Braul. p. 674, welche Briefe einen lebhaften gelehrten Verkehr des damaligen Klerus bezeugen; vgl. z. B. p. 690—699.

6) Cc. Narb. 11. T. IV. 25; Böhmer I. S. 338 vgl. Bourret p. 4.

7) l. c. 60 Bourret p. 41.

8) Cc. T. II. 1. VIII. 8.

9) S. die Monographie von Bourret p. 6—202; aber eine solche gelehrte Laienschule im Palast zu Toledo hat derselbe S. 38—39 ohne hinreichende Begründung angenommen. Vgl. Eguren p. X. und oben „Polizei".

10) Bestehend in praedia rustica et urbana et fabricae und Zubehör Cc. Hisp. II. 11 *possessiones, familiae, subulci, servi* de gregibus v. s. Val. abb. s. Petri de montibus Mabill. II. p. 1042.

11) Cc. Ilerd. 3. Hisp. 10, besonders stark T. IV. 51. VII. 4. IX. 2, vgl. Roth Ben. S. 263, Guizot I. p. 400. Der Eigenthümer, praedii dominus, Ricimer vertreibt den h. Valerius, Mabillon l. c., kraft seines Eigenthums.

12) monachi L. V. II. 1, 17. IV. 2, 12. monasteria III. 5, 1. V. 1, 6. Der Ursprung von μόνος (noch bei Isid. orig. XV. 4) war vergessen, vgl. Cellier XVI. p. 205.

13) reclusi Braul. v. Aemil. p. 203.

14) B. T. V 3, 1.

Ueberwachung oft nothwendig)[1]), anderseits solche Personen, welche, ohne in ein Kloster zu treten[2]), häufig einzelne, z. B. Keuschheits-Gelübde, zumal in schwerer Krankheit, ablegten[3]). Die Wittwe des Königs muß Religiosengewand anlegen und auf Lebenszeit in ein Nonnenkloster treten[4]). Besondere Kleidung (und Tonsur) war auch solchen auferlegt[5]). Oft aber trugen Wittwen während der Trauerzeit diese Kleidung außen und nahmen Ehren und Vortheile der Religiosen in Anspruch, darunter aber weltliche Tracht, und beriefen sich auf diese, wurden sie in unheiligem Wandel ergriffen[6]). Rücktritt in die Welt

1) Cc. Agd. c. 38. Tol. IV. 53. VII. 5. Rosseeuw I. p. 285.

2) conversio L. V. III. 6, 2 bezeichnet beides, auch von Verlobten und Gatten. Vgl. Apoll. S. IX. 6.

3) Schriftform fordert Cc. T. X. 8. Ep. Leonis pap. ad Rustic. narb. 9—14. L. V. III. 6, 3. Cc. Ger. 9: aber oft calliditate magis quam devotione conversionis; poenitentia L. V. III. 5, 8. 7. 4, 18. VI. 5, 12—18 ep. Leonis papae ad Rustic. narb. 2. 7. 9. 11. Vgl. über die poenitentes in Krankheit noch Cc. Barc. I. 5—9. Tol. III. 11. 12. VI. 8. XI. 12, Lembke I. S. 168; schon Illib. 13. 14 kennt virgines Deo sacratas, die nicht gerade in Klöstern leben müssen; vgl. Gams II. a. S. 64, 390, ferner B. Nov. Mart. 5 sanctimonialibus viduis diaconissis omnibusque religiosis matronis; dann Cc. Agd. 15 sanctimoniales Tol. IV. 19. 55. Tarr. I. 1; auf Versuch, sie zur Ehe zu bewegen, stellt den Tod L. V. IX. 20, 1. 2 oft (aber anderwärts Cc. T. X. 2 religiosus = clericus, wie Paul. Emer. p. 645. 644?) unterscheidet man clericus, religiosus, vel monachus; ebenso schon Apoll. S. quod genus vitae de tribus ordinibus? monachum ageret an clericum poenitentemve? Ueber religiosi L. V. II. 1, 5. 7. III. 5, 6. XII. 2, 15; Cc. T. IV. 53 *religiosi* viri propriae regionis, qui nec inter *clericos* nec inter *monachos* habentur sive hi qui per diversa loca vagi feruntur: diese sollen von den Bischöfen einem bestimmten Pfarrklerus oder einem Kloster zugetheilt werden praeter hos qui ab. ep. suo aut propter aetatem aut propter languorem fuerint absoluti; eine Inschrift von a. 662 Theodemirus famulus dei fixi (sic). in sec. annos 76 accepta poenitentia quievi In. H.; dahin gehört auch die Scheerung und poen. Wamba's Cc. T. XII. 1, 2, A. V. S. 215 und das Verbot gewaltsamer Scheerung, welche Erwich für seine Familie fürchtet XIII. 4. Ferner Gaudentius ep. valer. valetudinis nimietate praeventus per manus impositionem subactus poenitentiae legibus.

4) Andere Wittwen thun das häufig freiwillig Cc. Caes. III. 5, über devotae noch Cc. Brac. II. append. 30 L. V. III. 5, 2. 4, 18; Rückkehr zur secularis militia verbietet schon ep. Leon. pap. ad Rustic. narb. 10.

5) vestes religiosarum viduarum, schwarze oder purpurbraune pallia Cc. T. VI. 6—8. X. 8. L. V. III. 5, 2—4.

6) Cc. Ilerd. 6 poenitens vidua vel virgo religiosa Barc. I. 6. poenitentes viri tonso capite et religioso habitu utentes (ebenso T. III. 11. 12) 7. duo sunt genera viduarum etc.; aus an. II. Recisvinth. Inscr. Ximena p. 28 „Maria cum poenitentia recessit" bei Marmolejo in goth. Buchstaben.

wird mit Kirchenbann gestraft [1]). In tödtlicher Krankheit tonsurirte man Bewußtlose auf den Lebens- und Sterbensfall [2]). Auch Kindasvinth und Erwich legen, nachdem sie sich aus dem Leben zurückgezogen, solche Kleider an; ein vornehmer junger Römer Mavius sucht c. a. 620 „den Schatten der Kirche" zu Hornachuelas bei Cordova [3]). Eine geistvolle Verwerfung des christlichen Mönchthums aus antiker Lebensanschauung heraus findet sich bei Rutilius Numatianus [4]).

Kraft seiner „Kirchenhoheit", d. h. hier seiner „Pflicht", den Irrglauben zu verfolgen, regelt der König auch die Rechtsstellung der Juden. Die Lage der Juden war ursprünglich in diesem Reich eine verhältnißmäßig günstige gewesen auf der Basis des römischen Judenrechts [5]). Schon Antoninus Pius hatte ihnen das bestrittene Recht

---

1) Cc. Barc. II. 4. T. IV. 55. 56. VI. 6—8. VII. 5. X. 5: zu unterscheiden Pönitenz zur Strafe z. B. für den Richter Cc. T. XVI. 2. Brac. app. 23. 24. vgl. über poenitentes die Abhandlung bei Aguirre II. p. 358 seq., über sanctimoniales p. 502, religiosae Berganza p. 77—80, Masdeu XI. p. 295—7, Lafuente II. p. 389, Boissieu p. 250. 251, Dunham I. p. 218, Romey II. p. 302, Planck II. S. 292, Rosseeuw I. p. 288.

2) L. V. III. 5, 2. Cc. T. III. 11. 12. IV. 54 qui in discrimine constituti poenitentiam accipiunt, 55 quicumque ex secularibus accipientes poenitentiam se totonderunt; vgl. VI. 8, Masdeu XI. p. 270—277, Böhmer II. S. 419—25.

3) Masdeu IX. p. 362 ecclesiaeque (so statt ecclesiasque?) petit securus Mavius umbram (statt umbra?).

4) l. c. v. 395 und 440:

se Capraria tollit
squallet lucifugis insula plena viris.
ipsi se monachos Grajo cognomine dicunt,
quod soli nullo vivere teste volunt.
munera fortunae metuunt, dum damna verentur,
quisquam est sponte miser, ne miser esse queat?
quaenam perversi rabies tam stulta cerebri,
dum mala formides nec bona posse pati?
si suas repetunt ex fato ergastula poenas,
tristia seu nigro viscera pelle tument.
sic nimiae bilis morbum assignavit Homerus
bellerophonteis sollicitudinibus:
nam juveni offenso saevi post tela doloris
dicitur humanum displicuisse genus.

Dann 520 seq.

5) Eine leidenschaftliche Anklage der Juden bei Rut. Numat. I. v. 395. 440. 520.

der Beschneidung bestätigt[1]). Die in B. recipirte Nov. Theod. III. schließt sie nur aus vom honor militiae und administrationis, vom Amt des Defensors und des Kerkermeisters (um Chicane christlicher Gefangenen zu verhüten), verwandelt neugebaute Synagogen in katholische Kirchen unter einer Buße von 50 Pfund Gold (gestattet ist die Reparatur alter) und straft mit Tod und Confiscation die Bekehrung christlicher Knechte durch ihre jüdischen Herren, welche der Talmud diesen freilich zur Pflicht machte[2]). Daher wohl die unaufhörliche Bekämpfung dieser ebenso unablässigen Propaganda in den Cc. Die Competenz der Gerichte hatte geregelt J. zu T. II. 1, 10. Dieselben sollen von ihren geistlichen Obern (majores religionis suae) in geistlichen Fragen[3]) nach den Bestimmungen der hebräischen Gesetze gerichtet werden, in allen andern durch „unsere Gesetze" geordneten, vor das Gericht gehörigen Fällen müssen sie wie Jedermann vor dem judex prov. streiten: doch dürfen sie durch Compromiß ihre Obern in Civilsachen entscheiden lassen[4]). Ihr Sabbat soll in Processen und auch in fiscalischen Anforderungen respectirt werden[5]).

Ein Hauptgrund ihrer Macht war offenbar der große Reichthum[6]), durch dessen geheime Verwerthung sie es allein ermöglichten, auch später unter den härtesten Gesetzen fort zu existiren: Bestechung der Richter, der Bischöfe, selbst des Königs[7]), um sie zur Nicht-Anwendung der ganzen Strenge jener Gesetze zu gewinnen, läßt sich deutlich aus den Quellen erkennen.

---

1) Aguirre II. p 503; über das Judenedict Valentinian III. Basnage III. p. 141, vgl. Grätz IV. S. 71, Stobbe, Juden S. 1—3, Fehr S. 519, Giraud I. p. 335; über das ältere römische Recht bezüglich der Juden Goldschmidt p. 12—20.

2) Grätz IV. S. 73.

3) quod ad religionis eorum pertinet disciplinam.

4) Daß J. setzt: omnes qui Romani esse noscuntur statt romano et communi jure viventes hat wohl nicht den Sinn, daß es etwa auch Juden gegeben hätte, die Gothi esse noscuntur; (wie wurden Juden aus den Franken-Staaten beurtheilt?)

5) Nach der sehr humanen Bestimmung von B. T. II. 8, 3 J. die sabbati nullum Judaeorum aut pro fiscali utilitate aut pro quolibet negotio volumus conveniri, quia religionis eorum dies non debet actione aliqua perturbari. Eine constitutio Rekared I. gegen die Juden erwähnt Greg. M. ep. 3.

6) Depping S. 36.

7) Vgl. Cc. T. XVII. tom., L. V. XII. 3, 11, Lob des Widerstandes Rekareds gegen solche Versuche ep. Greg. M. l. c., vgl. Grätz IV. S. 73. 74, Pulades p. 312, Stobbe, Juden S. 4, Montalembert II. S. 227.

Wie groß dieser durch Handel erworbene[1]) Reichthum war, läßt sich ermessen aus der Besorgniß vor dem bedeutenden Steuerausfall, den die Confiscation des Vermögens der Juden herbeizuführen droht[2]). Mag ihr Vermögen besonders in Geld und Fahrhabe, Waaren ꝛc. bestanden haben, auch Grundbesitz fehlte ihnen nicht, und es ist irrig, daraus, daß die Landtheilungsgesetze der Juden neben den „Romani" nicht besonders erwähnen, ihre geringe Zahl oder Mangel an Liegenschaften zu folgern[3]): sie sind unter den „Romani" einbegriffen, wie Griechen oder christliche Kirchen. Zahlreich waren die Juden im gothischen Gallien[4]) und katholische Bischöfe bedienten sich ihrer als vertrauter Boten[5]): tapfer vertheidigten die Juden von Arles ihre Stadt für die milderen Arianer (Ost- und West-Gothen) gegen die härteren Katholiken[6]) und in besonderem Flor und Ansehen stand noch a. 417 die zahlreiche Judengemeinde auf Minorca, der kleineren der Balearen[7]): der Judenlector Theodor hat daselbst alle städtischen Aemter, auch das des Defensors (gegen das Gesetz), bekleidet und hat Grundbesitz auch auf Majora; ein anderer Jude, Cäcilian, gilt als vir honestus auch unter den Christen und wird nach der Bekehrung zum Defensor gewählt; der Jude Lectorius[8]), Vater der Artemisia, ist rector provinciae und comes.

Auch die älteren Concilien beschränken sich auf folgende Bestimmungen. Cc. Agd.[9]) regelt die Voraussetzungen der Taufe und[10]) verbietet[11]), wegen der mosaischen Speisegesetze, gemeinsame Mahlzeiten

---

1) Cc. T. XVI.

2) Cc. T. XVII. 8.

3) Wie A. de Castro p. 23.

4) Vgl. Montesq. 28, 7. Pellicer p. 111 läßt sie schon zur Zeit Nebucadnezars (!) in Spanien einwandern (dagegen schon Mondejar p. 17), La Rigaudière p. 10 ebenso willkürlich massenhaft mit den Gothen: er schätzt mit den älteren Spaniern, z. B. Julian del Castillo p. 101, p. 11 die getauften unter Sisibut auf 90,000.

5) Apoll. Sid. IV. 5. VI. 1, 11. (VIII. 13 ein getaufter), vgl. Jost V. S. 43.

6) v. Caesar. arel. l. c.; Juden in Bordeaux John O'Reilly I. p. 132.

7) epist. Severini episc. majoric., an deren Echtheit nicht (mit Kayserling S. 157, Grätz IV. S. 454) zu zweifeln, vgl. Nic. Ant. III. 2, 50.

8) qui nuper hanc provinciam texit (l. rexit) et nunc comes esse dicitur.

9) c. 32.

10) 40.

11) In Wiederholung von Illib. 50.

von Juden und Christen[1]); der Verkehr mit den Juden, der Glaube an die besondere Kraft ihrer alttestamentlichen Ritushandlungen, Segensformeln und Sprüche war so groß, daß Cc. Illib.[2]) den Christen verbieten muß, ihre Saaten von Juden segnen zu lassen. Die sieben Synoden seit Cc. Agd. erwähnen der Juden gar nicht: erst das Conversions-Concil[3]) unter Rekared legt ihnen einige, noch sehr glimpfliche Beschränkungen auf: sie sollen keine christliche Frauen und Concubinen haben — dies Verbot zeigt, trotz dem römischen Recht, das solche Verbindungen als adulterium strafte[4]), wie eng bisher die Lebensgemeinschaft[5]), wie wenig[6]) verachtet der Jude war[7]) — Kinder aus solchen Verbindungen sollen getauft werden; christliche Knechte sollen sie, wie man sieht, wegen der Gefahr der Bekehrung, nicht erwerben[8]), vielmehr solche, die sie gekauft und beschnitten haben, ohne Ersatz des Preises in Freiheit gesetzt und dem Christenthum zurückgegeben werden[9]): endlich sollen sie keine solchen Staatsämter bekleiden, vermöge deren sie über Christen Criminalstrafen zu verhängen hätten: andere Würden, namentlich Finanzämter, bleiben ihnen also zugänglich[10]). Das Provincialconcil von Narbonne vom gleichen Jahre

1) Gams II. a. S. 109, Schröckh XVI. S. 304, A. de Castro p. 22.

2) c. 49.

3) Tol. III. a. 589 c. 14; über den Zustand bis Ref. Jost V. S. 30, über Ref. S. 106, Grätz IV. S. 73.

4) La Rigaudière p. 10 erfindet, daß Cc. T. III. sie in Judenviertel (juderias) in Toledo verwiesen.

5) Trotz dem römischen Recht, das solche Verbindungen als adulterium strafte. B. T. III. 7, 2.

6) Conc. Illib. c. 15. 16 hatte Ehen zwischen Katholiken und Heiden nur mit Rüge (schwerer bei Ehen mit Heidenpriestern), zwischen Katholiken mit Ketzern und Juden mit Excommunication bedroht.

7) Ganz irrig also Lopez Madera's p. 47 These: los judios siempre aborrecidos en España.

8) Auch Nichtchristen dürfen sie nicht beschneiden B. T. XVI. 4, 2.

9) Was übrigens lediglich eine Wiederholung der Bestimmungen des Breviars B. T. III. 1, 5. XVI. 4, 1. 2 war. Strafen hiefür P. V. 24, 3. 4 u. T. XVI. l. c. Uebertritt von Christen zum Judenthum wird mit Confiscation gestraft B. T. l. c. 3, 2; übrigens sollen getaufte Juden ihre ehemaligen Glaubensgenossen nicht chicaniren 3, 1.

10) Bekämpfung der Katholiken durch die verbündeten Arianer und Juden, Helff. Ar. S. 89, kann ich nicht annehmen.

verbietet nur den Juden knechtliche Arbeit am christlichen Sonntag und die Bestattung ihrer Leichen nach anderm als jüdischem Ritus [1]).

Erst unter Sisibut brach plötzlich ein Sturm der Verfolgung über sie herein [2]). Die beiden uns erhaltenen Judengesetze dieses Königs [3]) beschäftigen sich zumal mit den christlichen Knechten der Juden: diese sowie die (in ungünstigern Formen) Freigelaßnen sollen die römische Civität haben, durch Gesetz Freigelaßne und gleichwohl (an Christen) veräußerte werden gegen Ersatz des Preises in Freiheit gesetzt; Christen, die sich haben beschneiden lassen und im Judenthum beharren, werden schwer bestraft. Entlaufene Knechte, die sich zur Annahme des Christenthums erboten, werden mit Belassung ihres Peculiums frei; „unter den Vorfahren erschlichene" Schenkungen an Juden werden confiscirt; nicht einmal als Miethlinge darf der Jude Christen halten; verkaufen mit dem Peculium an Christen darf er sie bis zum ersten Januar nächsten Jahres; Ehen zwischen Christen und Juden werden getrennt; Nachfolger auf dem Thron, welche dies Gesetz aufheben, oder Uebel=

---

1) Namentlich mit Psalliren, gleich den Christen c. 4 und 9.

2) Basnage VIII. p. 389, vgl. Jost V. S. 110, Lembke I. S. 193, Dunham I. p. 209, Moron I. p. 105, Davoud Oghlou I. p. 170 184, Romey II. p. 342, Pfahler Gesch. S. 497, Dozy II. p. 26, A. de Castro p. 26, Rosseeuw I. p. 444 f., Revillout p. 257; noch bei Amaral p. 211 figuriren die grausamsten dieser (auch von Gamero p. 409 beschönigten) Judengesetze als: leis em favor e defeza de religiaõ, noch mehr de los Rios p. 31, der den „Undank" der Juden schilt p. 36. Dagegen treffend Sempere ed. Moreno I. p. 123 leyes sobre la intolerancia religiosa, gemäßigt Morales VI. p. 71, fanatischer Masdeu XI. p. 138—143 und Valdesius p. 171. Das müßte schon unter Rekared geschehen sein, wäre obige (S. 421 Note 10) Motivirung der Judenverfolgung richtig; gut gegen Helfferichs abschwächende Darstellung Grätz IV. S. 75. Depping S. 38, Romey II. p. 169 zählt (nach Aimoin f. S. 423 N. 2) die mit Gewalt Getauften auf 90,000 — wohl viel zu hoch. 80,000 Colmeiro I. p. 159. Die scharfsinnige Untersuchung von Grätz, westg. Gesetzgeb. S. 6 f., sucht nachzuweisen, daß die meisten dieser Gesetze nicht den „Juden", sondern getauften und rückfällig gewordnen Juden gegolten habe. Dies ist in vielen, aber nicht in allen von Grätz also erklärten Bestimmungen zuzugeben; Eingehenderes in den westg. Studien. Auch in der Zutheilung der einzelnen Gesetze an die verschiednen Könige hat er, neben manchem Richtigen, Irriges. So vergißt er Isidors Zeugniß, daß Sisibut die Juden mit Zwang zur Taufe geführt — ein Satz, der sehr viele Aufstellungen des Verfassers widerlegt; sehr schwach ist die viel citirte Arbeit von de los Rios bezüglich der Gothenzeit S. 30—37, besser A. de Castro p. 20—22; über die gleichzeitigen Verhältnisse im Frankenreich Fehr S. 521—539.

3) L. V. XII. 2, 13. 14.

thäter, die es brechen, werden, mit den Juden, am jüngsten Tage in die Hölle verflucht [1]). Was diese Gesetze berichten, wird durch spätere Schriftsteller ergänzt, welche freilich auch arg übertreiben [2]): Zwang zur Taufe durch Confiscation und Geißelung wurde massenhaft angewendet: durch heimliche Flucht in's Frankenreich suchten sich die Verfolgten zu retten [3]).

Das vierte Concil von Toledo unter Sisinanth hat dann ausführlich, in zehn Canones, die Bedrückung der Juden zwar einerseits der Willkür in mancher Richtung entzogen, anderseits freilich dieselbe in strenger gesetzlicher Bestimmtheit geregelt [4]); c. 57 verwirft zwar, in leider nur zu bald wieder vergessenen Worten, die gewaltsame Bekehrung [5]): aber jene, welche einmal mit Gewalt zum Christenthume gebracht worden, „wie dies in den Tagen des höchst gottesfürchtigen Königs Sisibut geschehen", haben darin zu bleiben [6]). Geistliche und Laien werden mit Excommunication bedroht, wenn sie, wie häufig geschah, sich durch die Reichthümer der Juden bestechen ließen, sie zu schützen, d. h. die Judengesetze nicht gegen sie durchzuführen [7]). Bereits Getaufte, die rückfällig geworden, werden durch den Bischof zum Christenthum angehalten und ihre Kinder oder Knechte, welche sie beschnitten, ihnen abgenommen — gläubige Kinder solcher Rückfälligen sollen jedoch das Erbe ihrer Aeltern nicht einbüßen [8]) — oder freigelassen [9]). Auf Erlöschen des Judenthums mit der lebenden Generation war es aber gezielt, wenn c. 60 ganz allgemein den Juden

1) Vieles Detail übergehe ich.

2) So sollen nach Aimoin VI. 22 90,000 (!) Juden zur Taufe gezwungen worden sein; einfacher Chron. Moisslac. l. c. Judaei in Hisp. baptizantur.

3) Chron. Marii Avent. contin. in Du Chesne I. p. 216. Judaeos praeter eos qui fuga lapsi sunt ad Francos . . convertit.

4) Unrichtig sagt daher Helff., Cc. IV. wiederhole, abgesehen von c. 60, nur die Bestimmungen von Cc. III., vgl. Grätz IV. S. 77.

5) In Uebereinstimmung mit Gregor M. ep. I. 47, vgl. Depping S. 38, A. de Castro p. 26.

6) ne nomen Domini blasfemetur et fides . . vilis ac contemtibilis habeatur.

7) c. 58. multi accipientes a Judaeis munera patrocinio suo perfidiam suam fovebant . . quicumque illis contra fidem christianam suffragium vel munere vel favore praestiterit.

8) c. 61.

9) c. 59.

ihre Kinder wegzunehmen und in Klöstern oder christlichen Familien zu erziehen befiehlt [1]). Der Verkehr getaufter Juden mit ungetauften wird mit Geißelung und Verknechtung an Christen gestraft [2]): Ehen zwischen Juden und Christen werden getrennt, wenn der jüdische Theil nicht die Taufe annimmt, und die Kinder werden christlich erzogen [3]). Rückfällige Juden sind zeugnißunfähig [4]) und auf Befehl des Königs werden Juden [5]) von allen öffentlichen Aemtern, nicht nur von den früher schon ihnen entzogenen, ausgeschlossen, „weil sie dieselben zum Schaden der Christen führen": Bischöfe und Richter sollen sie nicht mehr durch Erschleichung in solche Stellen gelangen lassen [6]): endlich sollen Juden keine christlichen Knechte und Mägde irgendwie erwerben oder behalten: dieselben werden vom König freigelassen [7]).

Unter dem völlig priesterergebenen Kindila wurde principiell ausgesprochen, daß niemand im Reiche leben dürfe, der nicht katholischer Christ: Gott scheint, sagt Conc. Tol. VI. [8]), endlich den unbeugsamen Unglauben der Juden nicht mehr dulden zu wollen: deßhalb hat er dem höchst christlichen König den Gedanken eingehaucht, mit den Priestern seines Reiches diesen Aberglauben mit der Wurzel vom Grund auszurotten [9]): für diese Gluth des Glaubens ist dem Herrn zu danken, daß er diese durchlauchtige Seele geschaffen und mit seiner Weisheit erfüllt hat [10]): er gebe ihm dafür langes Leben und ewigen Ruhm. Deßhalb wird Wahrung der Judengesetze jedem König zu vor seinem Regierungsantritt eidlich zu gelobender Pflicht gemacht: Nachsicht gegen die Juden aus Nachlässigkeit oder Bestechung, Ver-

1) Nach gewissen katholischen Schriftstellern soll sich dies nur auf die Kinder getaufter und rückfälliger Juden beziehen: so Gams l. c. (und ganz allgemein auch Grätz, w. Judengesetze) im Widerspruch mit Wortlaut und Zusammenhang der canones. 59 und 61 sprechen von Rückfälligen, 60 von „Judaei". Richtig Grätz IV. S. 169.

2) c. 62.

3) c. 63; man sieht, wie trotz der frühern Synoden und der neueren Verfolgung im Leben keine Kluft zwischen Christen und Juden bestand.

4) c. 64.

5) Und Judenkinder, auch getaufte?

6) c. 65 bei Excommunication und für den Juden Geißelstrafe.

7) c. 66 nefas est enim ut membra Christi serviant Antichristi membris. Dieser Canon ist übergegangen in L. V. XII. 3, 12, nicht (wie Helff.) XII. 2, 11.

8) c. 3; vgl. Grätz IV. S. 79; vertheidigt von de los Rios p. 30!

9) nec sinit degere in regno suo eum qui non sit catholicus. l. c.

10) Volle Zustimmung bei Aguirre II. p. 518.

letzung jenes Eides wird mit ewiger Verdammniß bedroht und die Gesammtheit der Judengesetze bestätigt.

Trotzdem hat der fromme Rekisvinth auf Cc. Tol. VIII. praef. wieder die Juden zu verklagen[1]), „welche allein im Reich noch als Schmach und Frevel übrig (nachdem Gott alle andern Ketzereien mit der Wurzel ausgerissen) und in großer Zahl rückfällig geworden sind" — der vom Fanatismus freie Geist Kindasvinths scheint ihrer geschont zu haben[2]). Auf Ermahnung des Königs behandelt das Concil die Judenfrage im letzten Canon[3]). Es sei unwürdig, daß ein orthodoxer Fürst Ungläubige zu seinen Unterthanen zähle[4]) und die Christengemeinde durch Verkehr mit solchen verunreinigt werde. Doch begnügt sich die Versammlung, die Schlüsse von Cc. T. IV. unter Sisinanth zu erneuen.

Das Cc. T. IX.[5]) bestimmt nur, daß die getauften Juden, wo sie sonst ihr Domicil haben mögen, die christlichen und die jüdischen Feiertage in den Städten unter Controlle der Bischöfe verbringen, auf daß sie jene feiern müssen, diese nicht feiern können, bei Strafe von Geißelung oder Fasten. Cc. T. XI.[6]) droht den infideles, also wohl vorab den Juden, für Auswerfen der Communion Geißelung und lebenslängliche Verbannung. Erwich dagegen nimmt die Verfolgung principiell wieder[7]) auf: er beschwört das Concil[8]), „die Pest des Judenthums mit der Wurzel auszureißen". Das sei wichtiger als Alles: die Versammlung soll seine einzelnen Judengesetze genau prüfen und dann als Ganzes veröffentlichen: „auf daß uns nicht der Fluch treffe, mit welchem ältere Canones und Könige[9]), zumal Sisibut, solche Nachfolger bedroht, welche die Judengesetze, besonders das

---

1) Nachdem die zum Reiche gehörigen Dinge (domestici) erledigt sind: vitam moresque Judaeorum denuntio; vgl. Grätz IV. S. 155—159, A. de Castro p. 29.

2) Vgl. Grätz IV. S. 155 (allzu bestimmt).

3) c. 12.

4) Masdeu XI. p. 138 „ley que merece grabarse en bronce".

5) c. 17.

6) c. 11.

7) Vgl. Grätz IV. S. 162, Pétigny p. 236; vorübergehend hatte sie Graf Hilderich in Septimanien unter Wamba geschützt — er nahm wohl von ihnen die Mittel zu seiner Empörung s. A. V. S. 206, Depping S. 39, de los Rios p. 31.

8) XII. T.

9) Vgl. L. V. XII. 2, 14. 3, 12. 29. 14. 27.

Verbot christlicher Judenknechte, nicht aufrecht erhielten. c. 9 erklärt dann, daß das Concil die einzelnen Gesetze geprüft und gutgeheißen und daß sich deßhalb jedes Gericht an dieselben unwiderruflich zu halten habe: nämlich das Gesetz über die Erneuerung der alten Judengesetze und deren Bestätigung[1]) auf ewige Dauer[2]), über Lästerung der h. Dreieinigkeit[3]), Entziehung der Juden, ihrer Kinder und Diener von der Taufe[4]), Verbot der jüdischen Pascha-[5]), Sabbat- und sonstigen Festfeier[6]), der Beschneidung[7]) und Verleckung zum Judenthum; Gebot der Feier der christlichen Festtage[8]); Verbot der jüdischen Speisewählerei[9]); der jüdischen Ehen[10]) unter Verwandten und ohne christlichen Priester; der Angriffe auf die christliche, der Vertheidigung[11]) der jüdischen Lehre; der Abwerfung des[12]) Christenthums und Flucht und der Aufnahme solcher Flüchtlinge; der Bestechung von Christen durch Juden; der Lesung vom Christenthume verworfener Bücher[13]); der Haltung christlicher[14]) Knechte; der nur angeblichen Bekehrung[15]) (um christliche Knechte halten zu können); der Verschweigung christlicher Knechte; Befreiung jüdischer Knechte, wenn sie sich bekehren. Vorschrift der von den getauften Juden zu beschwörenden Erklärung[16]); Verbot amtlicher Zuchtgewalt von Juden über Christen (ausgenommen k. Befehl, extra regiam ordinationem), insbesondere in der Stellung von actores und villici über christliches Gesinde[17]); Gebot der Meldung jedes einwandernden[18]) Juden beim

1) L. V. XII. 3, 1. 23—25.
2) l. c. 29. Cd. Card.
3) 3, 2.
4) 2, 13—18.
5) 2, 16. 3, 1. 4.
6) 3, 5. 20. 21.
7) 2, 20. 21.
8) XII. 2, 7. 11. 13—17. 3, 1. 4.
9) XII. 3, 6. 14.
10) 2, 16. 37. 8. 18. 3, 1. 7. 13. 14. 20.
11) XII. 2, 6. 14. 16. 3, 1. 8. 18. Mischehen 14.
12) 3, 1. 10. Julian wie schon Isidor bekämpfte die jüdischen Theologen, welche bei allem Druck die Antwort nicht schuldig blieben. Grätz IV. S. 160. 165.
13) 3, 11.
14) XII. 2, 11. 13. 14. 3, 1. 12. 13. 16. 18.
15) 3, 13. 2, 10. 15. 18. 27. Rückfall vgl. III. 5, 3.
16) 2, 14. 16. 27.
17) l. c. 3, 7. 10.
18) 3, 20.

Bischof; der Versammlung [1]) der Juden an gebotenen Tagen beim Bischof [2]); der ausschließlichen Competenz der Priester [3]) in Anwendung der Judengesetze und Bestrafung der Richter, die ohne die Geistlichen hierin handeln; der Bestrafung der Priester und Richter für Nicht-Anwendung der Judengesetze [4]); Befreiung der Bischöfe von dieser Strafe bei mangelnder Anzeige der Geistlichen; Vorbehalt der Begnadigung des Königs [5]) bei aufrichtiger Bekehrung; Publication [6]) dieser Gesetze durch die Bischöfe an die Juden ihrer Provinz [7]), Bewahrung der Erklärungen [8]) der Juden in den Kirchenarchiven und endlich feierliche Promulgation dieser bestätigten Gesetze. Cc. T. XIII. 9 [9]) begnügt sich damit, wie alle Canones von Cc. XII. so auch den in Judaeorum nequitiam zu bestätigen.

Auf dem XVI. Cc. T. fordert Egika auf, eifernd im Eifer Gottes alles Judenthum in beiden Geschlechtern „auszurotten mit der Wurzel", seine älteren und „heutigen" Gesetze zu bestätigen, insbesondere das neue, daß kein Jude im Betrieb von Geschäften [10]) den Hafenplatz (cataplum) betreten und mit Christen Handel (commercium) treiben darf, ein Verbot, welches freilich die Widerstandsfähigkeit der Juden in ihrem Hauptnerv, dem Reichthumserwerb, durchschnitten hätte. Dagegen soll aufrichtig bekehrten Juden erlassen werden „die Bürde jeder Leistung" [11]) (jugum omne functionis), die sie dem Fiscus als Juden schulden [12]), so zwar, daß diese Quote ihrer Abgaben (functio pensionis) den noch hartnäckigen zugelegt wird. Tom. c. 1 willfahrt diesen Anträgen mit der Motivirung, daß die Hartnäckigkeit der Juden wie die Schuld des Judas mit ehernem Griffel auf demantenen Nagel

1) Vgl. XII. 3, 20. 21.

2) Anhaltung zum christlichen Abendmahl L. V. XII. 3, 3.

3) 3, 23—26.

4) 3, 24—26.

5) 3, 27.

6) 3, 28.

7) 3, 1.

8) XII. 2, 10.

9) L. V. XII. 2, 18; vgl. Grätz IV. S. 168, A. de Castro p. 30, irrig de los Rios p. 32.

10) 9.

11) Aber daß sie nobiles sein sollen, hat La Rigaudière erfunden p. 12.

12) XII. 2, 18.

geschrieben sei; alle Bischöfe und Richterbehörden sollen die Gesetze eifrig vollziehen [1]).

Auf dem Cc. T. XVII. klagt Egika, daß die Juden, wie sie von Anfang Christus verleugnet, auch jetzt mit schmählichen Gründen seine Lehre verspotten [2]). Der alte Ruhm der Glaubenseinheit Spaniens müsse erhalten bleiben. Auch in andern Ländern hätten die Juden Empörung gegen ihre christlichen Herrscher versucht und als Strafe Gottes Hinrichtung erfahren. Nun aber lägen Geständnisse vor, daß auch die spanischen Juden mit überseeischen Glaubensgenossen Verbindungen gegen die Christenheit und zur Untergrabung der christlichen Lehre angeknüpft. Im Anfang seiner Regierung habe er sie in aller Milde mit manchfaltiger Ueberredung zum Christenthum führen wollen, ja ihnen die durch das Gesetz entzognen christlichen Knechte wieder gegeben, um sie (!) — viel eher ist wohl anzunehmen, daß die Juden durch Geschenke diese Concession erkauften, welche nun unter einem sehr unwahrscheinlichen Vorwand verhüllt wird — durch den Verkehr mit diesen der Kirche zuzuführen. „Sie aber haben, gegen ihre eidliche und schriftliche Erklärung, der alten Gebräuche wieder gepflogen. Da also Gottes Wille ihre Züchtigung gerade meiner Regierung aufbehalten hat", — sollen Adel und Bischöfe ihre Ausrottung und das Schicksal ihrer Personen und Güter zur Verherrlichung Christi berathen. Dabei scheint ihre Austreibung beabsichtigt: denn es heißt: „geschont sollen für jetzt nur jene Juden werden, welche in den Gebirgspässen (intra clausuras) Galliens leben und zum Ducat jener Landschaft gehören, welche durch häufige Mordthaten, feindliche Einfälle und die Seuche streckenweise verödet ist" [3]). Deßhalb sollen daselbst die Juden mit ihrem Vermögen verbleiben, in voller Abhängigkeit von dem dortigen dux und allen Anforderungen des Staates (Fiscus) nachkommend: dabei müssen sie als Christen leben und bei jedem Rückfall Austreibung auch aus jenem Land und die gleiche Strafe wie ihre Vettern in Spanien gewärtigen.

Darauf beschließt das Concil [4]): das abscheuliche Judenvolk, mit dem Blut Christi befleckt, seine Eide unzählige Male brechend, hat

1) Es ist doch wohl sacerdotibus, nicht senioribus, zu lesen.

2) Oder ihr mit schmählichen Künsten zu entgehen wissen, nachdem sie dieselbe äußerlich bekannt.

3) Daß diese Juden wegen ihrer Tapferkeit im Krieg gerühmt und verschont werden, ist ein Mißverständniß von Grätz IV. S. 168. 72.

4) c. 8.

nicht nur den Bestand der Kirche verwirrt, in rebellischem Erkühnen haben sie auch dem Vaterland und dem ganzen Volk Verderben geplant: sie haben geglaubt, ihre Zeit sei gekommen, freudig über die Christen herzufallen. Die Verschwörung dieser Ungläubigen ist dem Concil aufgedeckt und durch ihr Geständniß dargethan, nicht nur ihre Rückfälligkeit, auch ihr Trachten durch Verschwörung sich des Throns (was sehr unwahrscheinlich) zu bemächtigen. Deßhalb beschließen wir hiemit, nach dem Befehl des Königs, der in heiligem Glaubenseifer das Kreuz Christi und den seinem Volk gerüsteten Untergang rächen will, sie sollen mit ihrem gesammten Vermögen, ihren Weibern und aller Nachkommenschaft für ewig dem Fiscus verfallen (Verknechtung und Confiscation) und in allen Provinzen Spaniens von ihren Wohnsitzen entfernt und vom König dadurch zerstreut werden, daß er sie an Christen verschenkt; Freilassung ist verboten, so lang sie Juden bleiben. Da man aber — trotz der Confiscation! — nicht auf die bisherigen Steuern der Juden verzichten will, wählt der König aus ihren bisherigen christlichen Knechten eine Anzahl aus, wendet durch besondere Verleihung oder bei ihrer Freilassung diesen aus ihrem Peculium (d. h. dem Vermögen ihrer bisherigen Herrn) bestimmte Quoten zu und hiervon haben dieselben die bisher von ihren jüdischen Herren geleisteten Steuern und Leistungen zu entrichten. Die Herren, welchen die Juden geschenkt werden, haben schriftlich zu versprechen, daß sie keine Uebung ihrer nationalen Gebräuche dulden werden. Ihre Kinder werden ihnen von den Herren im siebenten Jahre weggenommen, jeder Verkehr mit den Eltern unmöglich gemacht, sie werden bewährt eifrigen Christen zur Erziehung übergeben und später mit Christen verheirathet.

Daß Witika die Juden zurückgerufen und milde behandelt, hat die kirchliche Feindschaft wohl[1]) — wie seine übrigen Frevel, als Anklage gemeint, — erfunden[2]).

Die natürliche Folge dieser ausgesuchten Mißhandlung der Juden war deren massenhafter und freudiger Uebergang zu den duldsamen Arabern, welchen sie nach einem Bericht, der auch als Sage von typischer Bedeutung ist, die Thore von Toledo geöffnet haben sollen[3]).

---

1) A. M. Jost V. l. c., La Rigaudière p. 13 (die ganze Darstellung ist werthlos).

2) So richtig, obzwar schüchtern, de Castro p. 34.

3) Depping S. 41, Grätz IV. S. 170; widerlich ist die Vertheidigung jener Gesetze und die Anklage der Juden bei de los Rios p. 33. 30.

b) Die Concilien insbesondere.

Die Institution, durch welche nun die Kirche ihren Einfluß auf, ihre Herrschaft [1]) über diesen Staat am Großartigsten geübt hat, sind die Versammlungen des Episkopats zu den Provincial- [2]) und National-Synoden [3]) gewesen: Geschichte und Bedeutung dieser ursprünglich rein kirchlichen Vereinigungen, welche immer mehr weltliche Dinge in ihren Bereich ziehen und zuletzt als wahre Reichstage, Parlamente, die höchste, die entscheidende Gewalt [4]) über die Krone hinweg, im Gothen-Staat gewinnen, ist gerade ihrer allmäligen Veränderung wegen nicht leicht in's Klare zu stellen. Parteirichtungen in Politik und Wissenschaft haben sich des Gegenstandes bemächtigt und ihn oft bis zur Unkennbarkeit entstellt [5]). Das einzige Mittel, zur richtigen Würdigung derselben zu gelangen, ist eine Darstellung der einzelnen Versammlungen selbst in allen für unsere Aufgabe wesentlichen Puncten: am Schlusse dieser Darstellung werden sich dann die richtigen Rückblicke von selbst ergeben [6]).

---

1) Vgl. Sempere ed. Moreno I. p. 62 politica del clero godo. Rotteck IV. S. 156, Eichhorn in Z. f. g. R. W. XI. S. 92.

2) singulare per provincias concilium Cc. T. XIV. 1.

3) generale concilium Cc. T. XIV. 1. L. V. III. 4, 18. V. 1, 6. II. 1, 8. Cd. Leg. XII. 3, 20. Cenni II. p. 69.

4) Das ist die wahre concordia sacerdotii et regni (!) bei Cenni II. p. 45, 24; ähnlich Manresa p. 57—61.

5) Vgl. einstweilen Gibbon c. 38 p. 310. 370 mit Loaisa ep. ad Phil. regem p. 3, Cenni II. p. 96—106. Moron I. p. 189. 191. 195 der — sehr fruchtlos — die Bischöfe wider Gibbons Beschuldigung der Herrschsucht vertheidigt; er meint, sie seien gezwungen worden, Empörer zu krönen: aber die meisten Empörungen machten sie selbst; er erblickt gerade den Vorzug dieser Verfassung darin, daß los obispos catolicos se *encargaron* de la *direccion* de la sociedad und daß ihr fundador principal fue s. Isidoro, el hombre mas sabio de su siglo. Ueberschätzung des politischen Werthes der Cc. auch bei Staudenmeier S. 77, Rico y Amat. I. p. 13 (erblickt darin demokratische Umgestaltung der Verfassung!), Serna und Montalban I. p. 41—44, Gamero p. 500. 468, Muñoz I. p. 377 f., Eguren p. XX., Manresa p. 52; besser Sempere historia I. p. 69. 82. 87, Revillout p. 184; vgl. Davoud Oghlou I. p. 163, Romey p. 317—322, Masdeu XI. p. 232—256.

6) Ueber arianische Synoden s. oben S. 366; von den ältern katholischen Synoden in Spanien Cc. Illiberit. c. a. 306 (Gams II. a. S. 3—136 und 500 Folioseiten bei Aguirre I. p. 242—742, vgl. Pedraza p. 57, Rico y Amat. I. p. 11), und Tol. I. a. 400, dann zu Astorga a. 446 und Toledo a. 447 (Bischöfe

Die erste Synode, die uns zu beschäftigen hat, ist die von Agde[1]) in Südgallien unter Alarich II. unter dem Vorsitz des bekannten Cäsarius von Arles[2]). Die Vorrede ihrer Acten rechnet zwar nach der Regierungszeit des Königs Alarich, giebt aber nach einigen Handschriften und Ausgaben diesem weder ein Prädicat, noch erwähnt sie seiner gleichwohl nicht zu bezweifelnden Erlaubniß (oder gar Berufung) dieser Versammlung[3]). Ihre 47 echten Canones (die Can. 48—71 sind falsch) behandeln nur kirchliche Fragen[4]), wie sie auch erklärt, nur über Zucht und Weihen der Priester und Nutzen der Kirchen verhandeln zu wollen.

Darauf tagten unter Theoderichs Regierung die Synoden von Tarracona[5]) und von Gerunda[6]); ob aber die drei Synoden von

---

der Provinzen Tarrac., Karthag., Lusitan., Bätica: 18 Can. ohne alle Erwähnung weltlicher Gewalten gegen den Priscillianismus Hefele II. S. 288 sowie die von Tarracona a. 464 Hefele S. 571, Gams S. 389—394, Rolas p. 572, Tillem. memoires eccles. p. 863—872, Campomanez und Dieguez p. 523, Romey II. p. 486) können wir hier absehen; über die Conciliem im Suevenreich zu Braga I. (II.) (die falschen Acten eines angeblichen Cc. Brac. I. von a. 411 bei Hefele II. S. 91) a. 563, Lugo a. 569 und Braga II. (III.) a. 572 s. Sueven.

1) Concilium Agathense, 9. Sept. a. 506.

2) 34 Bischöfe, kein germanischer Name darunter.

3) Aber nach Andern, z. B. Sirmond Conc. Galliae I. p. 160, heißt es freilich: cum .. ex permissu domini nostri gloriosis. magnificentiss. piissimique regis . . s. synodus convenisset ibique flexis in terram genibus pro regno ejus, pro longaevitate, pro populo dominum deprecaremur ut qui nobis congregationis permiserat potestatem regnum ejus felicitate extenderet, justitia gubernaret, virtute protegeret. Der Natur der Sache nach wird man annehmen dürfen, daß dieser Zusatz echt und später — als ein Zeichen zu großer Gefügigkeit, (noch Guettée II. p. 47 glaubt sie entschuldigen zu müssen), unter den arianischen Fürsten — weggelassen worden ist: schon de Catel p. 478 für den Zusatz, auch Vaissette I. p. 243; nicht einmal Cenni II. p. 94 kann dies Berufungsrecht hierwegen interpretiren; Ceillier XIII. p. 777 schweigt, XVI. p. 229 für Erlaubniß.

4) Von denen etwa zu erwähnen die Bestimmungen über geschlechtliche Beziehungen der Kleriker c. 1. 9—11. 28. 39; über Kirchenvermögen c. 4. 6. 7. 22. 26. 33. 45. Pflicht der Kirche, sich der Armen (hier der von ihren Patronen vernachläßigten Freigelaßnen, vgl. Fehr S. 549, Braun S. 69. 70, Revillout clergé p. 400 f.) anzunehmen 29; Beschränkung der Verfolgung und Vertheidigung von Ansprüchen Geistlicher vor dem weltlichen Richter c. 32; über Juden 34. 40 und Aberglauben 42; daß die sogen. tolosan. Synode von a. 507 nicht zu Stande kam, hat schon Baluz. dargethan s. Hefele II. S. 642.

5) 6. Nov. a. 516; ohne weitere Erwähnung des Königs als in der Datirung nach seinen Regierungs-Jahren, unter dem Vorsitz des dortigen Metropolitan Jo-

Arles [1]), Lerida [2]) und Valencia [3]) im Jahre 524 unter Theoderich oder 546 unter Theudis gehalten wurden, ist bestritten, doch sprechen für die erstere Annahme überwiegende Gründe [4]).

Im Jahre 527 tagte die zweite Synode zu Toledo [5]); den fünf Canones [6]) ist angefügt ein Schreiben des Vorsitzenden, Montanus, an

---

hannes vgl. Aguirre II. p. 237, Ceillier XV. p. 677, Gams II. a. S. 432; von den 13 Canones heben wir hervor c. c. 2. 3. 4. 10. 11, welche die Verweltlichung des Klerus durch Beschäftigung mit Handel, Wucher und gerichtlicher Thätigkeit bekämpfen: man sieht aus c. 4, daß Bischöfe und Priester sehr häufig von Laien zu Schiedsrichtern bestellt wurden: an Sonntagen und in allen Straffällen sollen sie sich gerichtlicher Function enthalten und sich auch nicht, wie weltliche Gerichtspersonen ꝛc., für gerichtliche Vertheidigung (pro impensis patrociniis) bezahlen lassen.

6) 8. Juni a. 517, des Königs nur in der Datirung erwähnend, unter dem gleichen Vorsitz, 6 Bischöfe, 10 canones; 6—8 über geschlechtliche Vergehen der Geistlichen und solcher Laien, welche ordinirt werden wollen.

1) 6. Juni, ohne alle Erwähnung des Königs.

2) 6. August.

3) 4. Dec., nur mit Angabe des Regierungsjahres.

4) Für die erstere Mariana V. 7, Morales V. p. 450, für letztere Aguirre II. p. 282, Pagi l. c., Flores l. c., Ferreras II. § 262, Rus Puerta p. 180, Cenni p. 226, Valdesius p. 96, vgl. Gams II a. p. 437. 452, Aschb. S. 188, München II. S. 227 (unentschieden Hefele II. S. 684); diese behaupten, es müsse in der Datirung statt Theoderici gelesen werden Theudis oder letzterer habe auch (!) Theod. geheißen oder sich nach seiner Thronbesteigung diesen Namen beigelegt (!), so Ferreras II. § 279, Nicol. Antonius IV. 10; ich kann diese Auskunft gegenüber dem: Theuduridi vel Theoderici regis aller Handschriften nicht statthaft finden; zu Arles präsidirt Cäsarius 7 Bischöfen oder deren Vertretern (4 can. über Ordinaiton und Cölibat); zu Lerida Sergius von Tarracona 8 Bischöfen und Vertretern (16 can.: Verbot der Waffenführung von Geistlichen sogar in belagerten Städten c. 1; Asylrecht 8; Geschlechts- vergehen der Geistlichen 5, 15; Ketzerei 13. 14); zu Valencia Celsius 6 Bischöfen und Vertretern, nach Ferreras Celsus von Toledo: dann muß die Synode unter Theoderich fallen und zwar vor a. 527: a. 527 war dem Celsus bereits Montanus gefolgt; Mansi aber hält den Vorsitzer für Celsinus von Valencia, der noch a. 589 dem Cc. III. tol. anwohnte und verlegt deßhalb das Cc. an das Ende des VI. Jahrh. (6 echte can.: über Alter und Werth dieser gothischen can. mit Stolz Muñoz I. p. 380); ein für allemal sei verwiesen auf die Abhandlungen über die einzelnen Cc. in Florez España sagrada I.—XXXI., wo sie bei den einzelnen Städten zu suchen; ferner Masdeu XI. p. 232—252.

5) Cc. Tol. II. 17. Mai; unter Vorsitz des dortigen Metropolitan Montanus (vgl. über ihn Hildef. de vir. ill. p. 9); 7 Bischöfe; über das Datum gegenüber dem von Manchen, z. B. Ceillier XVI. p. 603, angenommenen Jahr 531 s. Aguirre II. p. 265, Hefele II. S. 700 und die Literatur daselbst; entscheidend dafür Hildef. l. c.

6) Ueber Heranbildung und geschlechtliche Beziehungen der Geistlichen, Incest, Unveräußerlichkeit liegender Kirchengüter.

die Katholiken von Palentia, in welchem König Amalarich, der „dominus rerum“, als Wächter der Kirchengüter erscheint, und ein weiteres an einen gewissen Theoribius, einen früheren hochgestellten Weltmann, dominus eximius, der sich in den geistlichen Stand zurückgezogen [1]).

Nachdem Montanus seine sonstigen Verdienste anerkannt, droht er, ihn zu verklagen bei dominus noster, d. h. dem König, und bei dem filius noster Erganes, wenn er [2]) den Mißbrauch des Eindringens fremder Priester in die Gebiete der Municipien Segobia, Brittablo und Cauca nicht abstelle: Theoribius war offenbar ein Suffragan-Bischof des Montanus [3]).

Am Schluß dieser Concils-Acten begegnet zum ersten Mal der Ausdruck des Dankes an den König (nächst Gott) nebst einer feinen Anticipirung seines Wohlwollens für die Zukunft: „wir erbitten dem glorreichen Herrn König Amalarich die Gnade Gottes, der uns für ungezählte Jahre seiner Regierung die Freiheit gewähre, was zum Cult unsers Glaubens gehört, auszuüben und zu verhandeln“ [4]).

Um a. 540 [5]) hielt Sergius, der Erzbischof von Tarracona, mit 6 Suffraganen (kein gothischer Name) eine Provincialsynode zu Barcelona, ohne Erwähnung des Königs Theudis [6]): ihre 10 Canones sind rein kirchlichen Inhalts [7]).

---

1) Nach Ferreras II. § 252 willkürlicher Annahme der Begründer des Klosters Toribio oder Potes, und Hauptbeförderer des Mönchthums in Spanien; nach Hefele „Statthalter“.

2) Vermuthlich der dux „Statthalter“ (Ferreras, Hefele) der Provinz.

3) Aber nicht identisch mit jenem Thuribius von Astorga; über die Verwechslung der beiden Theor. Pagi ad a. 448 und Tillemont mém. eccles. VIII. p. 864 Aguirre II. p. 272, anders Hefele und Mabillon A. O. s. B. I. p. 188, s. aber „vester coëpiscopus“; Florez VIII. 18 verwirft freilich diese Lesung und will noster coëp. oder vester ep. lesen; vgl. Nicol. Anton. III. 4, 105 und Ulloa, conjeturas l. c.; vgl. die sehr reiche Literatur über den sehr dunkeln Brief bei Mariana V. 6, Ferreras II. p. 252 f., Mabillon l. c.

4) Acta Cc. Tol. II. epilog.; vgl. Padilla II. p. 11, Gams II. a. p. 445 mit Recht: eine captatio benevolentiae, kein Beweis seiner Duldung; aber falsch, daß M. des Glaubens wegen „in die Stadt Toledo verbannt“ war.

5) Agúirre II. p. 270, Garcias Loaisa l. c.

6) Der Anhang de fisco barcinon. mit Erwähnung Rek. gehört offensichtlich nicht hieher.

7) Wir heben hervor: das Verbot das Haar zu pflegen, den Bart zu scheeren an Geistliche c. 3, die Vorschrift, daß poenitentes das Haar scheeren, Mönchskleider

Darauf folgte das große Bekehrungsconcil von a. 589, auf Befehl des Königs berufen [1]). Dies dritte Concil von Toledo hielt seine erste Sitzung am 8. Mai 589 [2]). Der König erschien, von vier seiner gothischen Großen umgeben, in der Vorversammlung, in welcher er erklärte, er habe sie zur Herstellung der Kirchenzucht berufen, nachdem bisher die Ketzerei die Berufung von Concilien nicht zugelassen habe, was, wie wir sehen, nicht richtig [3]); er fordert sie auf, mit Wachen und Gebet sich zu ihrem Werke vorzubereiten. Nachdem dies drei Tage hindurch geschehen, hält die Synode ihre erste Sitzung am 8. Mai, der König erscheint in ihrer Mitte, nachdem alle Bischöfe Platz genommen, und erklärt in „gotterfüllter" Rede, daß er hiemit die Urkunde (tomus) [4]) seines neuen Glaubens der Versammlung zur Prüfung überreiche: der Notar verliest nun zuerst eine lange und salbungsvolle Erklärung, die unter Verwerfung der Lehre des Arius das orthodoxe Glaubensbekenntniß nach den Concilien von Nicäa,

---

tragen, fasten und beten und keine Gastmähler besuchen sollen; solche, die in Todeskrankheit Pönitenz erhalten, müssen nach ihrer Genesung als Pönitenten leben c. 6—8 vgl. 9.

1) Cc. T. III. praef. cum (rex) omnes regiminis sui pontifices in unum convenire mandasset. „quod vos ad nostram praesentiam devocaverim"; in der Kathedrale Santa Maria la mayor wurden gefeiert Cc. T. III. IX. XI., in Santa Leocadia IV. V. VI. XVII., unbestimmt Gamero p. 441.

2) So richtig Ulloa tratado, al. a. 590, unter Vorsitz des Mausona von Merida, Euphemius von Toledo und Leander von Sevilla mit 67 Bischöfen: die arianischen, welche ihre Ketzerei abschwören, sind Ugna von Barcelona, Murila (Ubiligisklus) von Valencia, Mutto von Setaba, Neufila von Tuy, Ermarich von Laniobra, Viligisclus ebenfalls von Valencia (oder Valence?), Sunnila von Beza (Besensis), Froisclus von Dertosa, Bekila von Lugo, Gardingus von Tuy, Argiorit von Portucale, Hildimer archipresbyter auriensis, Vertreter Lopati episcopi. Die doppelte Besetzung von Valencia und Tuy beweist die Stärke der arianischen Gemeinden und den Eifer, mit welchem gothische Große nach dem Bischofsstab griffen; „alle" Bischöfe Spaniens werden geladen; ferner unterschreiben: der König, die Königin Baddo, Gussin vir illuster procer (Handzeichen!) Fonsa, Afrila, Agila, Ella, jeder: vir illuster; über diese Unterschriften s. Aguirre II. p. 350—354: über die septimanischen Bischöfe Vaissette I. p. 324.

3) Vgl. Marichalar II. p. 4.

4) Solche „tomi" überreichen fortan die Könige regelmäßig der Versammlung: sie enthalten die weltlichen Gegenstände, mit welchen sich dieselbe befassen soll: in dieser Form schriftlicher Thronrede übt die Krone die Initiative: ob in Nachahmung der imperatorischen Sitte, dem Senat libellos zu überreichen? so Marichalar II. p. 8.

Constantinopel, Ephesus und Chalkedon enthält: das ganze, hochberühmte Gothenvolk habe mit seinem König dies Bekenntniß angenommen, aber auch des Suevenvolkes unendliche Menge, das er seinem Reich unterworfen [1]). Diese hochedlen Stämme bringe er also als Opfergaben Gott durch die Hände der Bischöfe dar und sie sollen die gleiche Erklärung von den Bischöfen, Geistlichen und Ersten seines Volkes *(primores gentis nostrae)* abnehmen. Darauf Dank dem wahrhaft katholischen, wahrhaft orthodoxen und wahrhaft Christus liebenden König. Diese Erklärung erfolgt in 23 Artikeln, welche die acht Bischöfe, dann die übrigen Priester und Diakone, die vier genannten Großen und „omnes Seniores totius gentis Gothorum" — es sind aber nur 5!! — unterschreiben, und von denen besonders c. 16, die Verwerfung des libellus detestabilis vom XII. Jahr des Königs Leovigild, hervorzuheben ist: in qua continetur Romanorum ad haeresim arianam transductio. Darauf erklärt der König in langer Rede, es sei nicht nur seine Pflicht, das Leben der Völker durch das Recht zu regeln und zu schützen, und die Wuth der Unbotmäßigen durch die königliche Macht zu zügeln, sondern auch für den rechten Glauben und das Seelenheil seiner Völker zu sorgen, weßhalb er sofort eine liturgische Vorschrift erläßt; um nämlich den neuen Glauben gehörig bekannt zu machen und zu verbreiten, soll in jeder Kirche vor der Communion das Symbolum von Constantinopel vorgelesen werden. Zum Schluß fordert er die Bischöfe auf, um die übeln Sitten der insolentes zu bekämpfen, neue Anordnungen für schärfere, strengere Zucht zu treffen. Von den hierauf folgenden 23 Canones heben wir die nachstehenden hervor.

Besonders fein ist dabei, wie sich das Concil vom König Versprechungen geben läßt, gewisse bisher geübte Mißbräuche nicht fortsetzen zu wollen, c. 6. 8. innuente (so statt jubente) atque consentiente rege .. praecepit concilium ut nullus clericos ex familia fisci audeat a principe donatos expetere, ebenso 10, wo annuente rege beschlossen wird, daß Wittwen und Jungfrauen, besonders solche, die das Keuschheitsgelübde gethan, von Niemanden, d. h. eben vom König, zur Heirath sollen gezwungen werden; wohl auch 21, wo

1) alieno vitio in haeresim deductam nostro studio ad veritatis originem revocavimus: alieno vitio geht schwerlich auf Leovigild (Hefele), dem der Sohn doch schwerlich hier vitium vorwirft und der ja die Sueven schon als Arianer vorfand.

königliche actores den Kirchensclaven Lasten auflegen: der König gelobt Abhilfe.

Zuerst wird die strenge Befolgung aller alten Concilienschlüsse und päpstlichen Synodalbriefe — die Gleichstellung der letztern weist bezeichnend auf Leanders römische Beziehungen —, deren genaue Einhaltung bisher der Druck der Ketzerei und des Heidenthums rc. nicht immer geduldet, eingeschärft, dann der Befehl des Königs bezüglich des Symbolum als ein bloßer Vorschlag, consultus, den jetzt die Synode genehmige, dargestellt [1]).

Aber das Wichtigste war die vollständige vom König sanctionirte Unterordnung der Gewalt seiner Beamten unter die Synoden, welche dadurch aus geistlichen Versammlungen zu den das Leben des Staates leitenden politischen Körpern werden. Daß Geistliche, welche Mitgeistliche mit Uebergehung des Bischofs vor den öffentlichen Gerichten belangen, außer der geistlichen Strafe der Excommunication noch die Sachfälligkeit trifft, c. 13, war bereits im Gegensatz zu den ältern Canones, welche nur die geistliche Strafe aussprechen, ein charakteristischer Fortschritt auf diesem Wege [2]). Aber die principielle

1) In seiner Weise wird der König selbst gebeten, frühere Eingriffe zu unterlassen. Darauf folgen Bestimmungen zum Schutz des Vermögens der Kirchen und Klöster, besonders auch an Freigelaßnen 3. 4. 6. 8. 19, der Geistlichen vor ungebührlichen Belastungen durch die Bischöfe, der Kirchensclaven durch die weltlichen Behörden 20. 21; über die Keuschheit der Priesterehen 5, namentlich der neu übergetretnen arianischen Priester, welche bisher nicht an so strenge Cölibatgesetze gebunden waren; über Eintheilung der arianischen Kirchen unter die nächsten katholischen Bischofssprengel c. 9; über Beschränkung des oft willkürlich und gegen den Willen der Betheiligten geübten Rechts der Könige, Wittwen und Jungfrauen zu verheirathen, durch abgelegte Keuschheitsgelübde c. 10; über Beschränkungen der Juden, welche im Vergleich mit den späteren Verfolgungen noch sehr gelinde sind: es wird ihnen nur verwehrt christliche Frauen, Concubinen und Knechte zu haben, Strafgewalt über Christen zu üben und christliche Knechte zum Judenthum zu bekehren; c. 14; ferner sollen königliche Knechte aus ihrem Peculium Klöster stiften dürfen, Laienpatrone den Bischöfen die Verwaltung des Vermögens der von ihnen dotirten Kirchen nicht entziehen können, Bischöfe ihren Klerus und weltliche Kirchensclaven nicht mit willkürlichen Belastungen drücken c. 15. 19. 20. 21; bezeichnend für die Culturzustände ist das Verbot von Tänzen und Gesängen an den Festen der Heiligen (Richter und Bischöfe sollen das abstellen) und das Gebot statt der „müßigen Fabeln", welche oft am Tisch der Geistlichen erzählt werden, Vorlesungen aus der heiligen Schrift abzuhalten. c. 7. c. 23. Vgl. Marichalar I. p. 372.

2) Daß die Bischöfe zugleich mit den weltlichen Richtern Götzendienst und Abtreibung der Leibesfrucht mit allen Strafen, ausgenommen der Todesstrafe, ver-

Anerkennung der Suprematie des Krummstabes über die Beamten enthält c. 18, welcher den Richtern und Actoren, „nach Decret unsers höchst glorreichen Herrn" befiehlt, der jährlichen November-Provincialsynode beizuwohnen, „auf daß sie lernen, in welch' gottesfürchtiger und gerechter Weise sie mit den Unterthanen umzugehen haben, und weder Freie noch Domanialknechte mit unbegründeten Lasten und Frohnden drücken. Denn es sollen gemäß der königlichen Ermahnung — diese zweimal ausdrücklich zu erwähnen fand man doch für nöthig — die Bischöfe Oberaufseher sein [1]), über die Behandlung der Unterthanen durch die Richter, so daß sie dieselben selbst warnen und ahnden oder ihre Uebergriffe zum Gehör des Königs bringen, und wenn sie die Getadelten nicht zu bessern vermögen, sollen sie selbe excommuniciren: vom Bischof aber und den Senioren, d. h. dem Adel werde erwogen, wieviel die Provinz, ohne Schaden zu leiden, den Richtern (an Gehalt und Leistungen) gewähren müsse" [2]).

Auf diese Canones folgt ein edictum des Königs in confirmationem concilii, welches am Schluß für Verletzung [3]) dieser Vorschriften den Geistlichen mit Excommunication von jedem Concil, den vornehmen Laien mit Confiscation seines halben, den geringen des ganzen Vermögens und mit Verbannung bedroht. Folgen die Unterschriften des Königs und der sämmtlichen Bischöfe. Angehängt ist eine Predigt Leanders von Sevilla zum Lob der Kirche ob der Bekehrung des Volkes, die er nach dem Schluß des Concils und der Bestätigung der Canones hielt: sie entbehrt weder feurigen Schwungs noch kühler, schonender Klugheit: das beste daran aber ist, daß sie sich jeder Schmeichelei gegen den König enthält.

---

folgen dürfen, war freilich ein starker weiterer Schritt auf der Bahn der Ausdehnung geistlicher Gewalt über die Strafjustiz, doch wird noch in beiden Fällen des Consenses des Königs ausdrücklich zu erwähnen für nöthig erachtet c. 16. c. 17.

1) Schief hierüber Mariana ensayo p. 24, zu sehr generalisirend Canciani IV. p. 57, vgl. Davoud Oghlou I. p. 163.

2) Ich lese statt des sinnlosen judicium: judici oder judicibus. Hefele II. S. 48 sagt, der Bischof soll mit 2 Senioren überlegen, was ein Richter als Strafe zu bezahlen hat, wenn er nicht zur Synode kommt: diesen Sinn gebe der Text mehrerer Handschriften. Welcher? und wie erklärt sich dann das sine suo (provinciae) detrimento?

3) Sowohl der quae ad fidem conveniunt als quae ad morum correctionem respiciunt d. h. der geistlichen und der Staats-Sachen.

Noch im nämlichen Jahre trat, nach c. 18 der toletanischen Synode, zu Narbonne am 1. Nov. [1]) die septimanische Provincialsynode zusammen unter dem Vorsitz des dortigen Erzbischofs Migetius mit 7 Suffraganen. Ein geistreiches Spiel des Zufalls ist es, daß gleich der erste Canon der ersten Synode nach jenem Concil, das in Wahrheit die Priester zu den Fürsten dieses Staates gemacht hat [2]), den Geistlichen verbieten muß, Purpurkleider zu tragen, da diese der weltlichen Hoffahrt angehörten und nicht den Geistlichen, sondern den mit Staats-Gewalt ausgerüsteten Laien zuständen; der Verweltlichung des Klerus tritt auch das Verbot, an öffentlichen Plätzen zu wohnen und sich auf denselben plaudernd umherzutreiben, entgegen c. 3. Für Verletzung der Sonntagsfeier durch Laien schreibt diese rein geistliche Versammlung bereits weltliche Strafen vor. Die Confundirung von Geistlichem und Weltlichem ist schon vollständig [3]). Der niedere Klerus wird von dem Episkopat, der das Heft fest in die Hand genommen, zu strenger Unterordnung angehalten [4]).

Von den im folgenden Jahre 590 zu veranstaltenden Provincialsynoden ist uns nur über die von Leander [5]) zu Sevilla abgehaltene (Cc. Hisp. I. mit 7 Bischöfen) Nachricht erhalten durch einen Brief der acht Bischöfe an einen neunten, Pelagius von Astigi, in welchem sie die Beschlüsse mittheilen [6]).

Im Jahre 592 hielt am canonischen Tag Artemius von Tarracona mit 13 Bischöfen ein Provincialconcil zu Saragossa, welches den convertirten arianischen Priestern, wenn sie seither den katholischen

---

1) Früher z. B. ep. I. Hormisdae pap. ad episc. Hispal. c. 3 ep. Aviti 80 waren jährlich 2 Synoden vorgeschrieben.

2) Guettée II. p. 298.

3) Der Freie zahlt dem Grafen der Stadt 6 sol., der Knecht erhält 100 Streiche; der Abt des Klosters, in welches angesehene Laien internirt sind, hat diese politischen Gefangenen nach Anweisung des Bischofs zu behandeln; c. 6. Juden zahlen Geldstrafen an den Grafen für canon-widrige Leichenfeier; ebenso Geld-, Prügel-, Freiheit-Strafen gegen Laien wegen Wahrsagung und Zauberei c. 14; für Knechte Prügelstrafe wegen heidnischer Verehrung des Donnerstags, dies Jovis c. 15.

4) Sie sollen nicht cothurno superbiae incedere; an Bildung und Pflichteifer werden die Anforderungen erhöht: sie haben den Oberen die Vorhänge bei dem Eintritt in die Kirchen aufzuheben c. c. 14. 15.

5) Ueber diesen Vorsitz die Abhandlung von Aguirre II. p. 395 seq.

6) Sie wenden c. 33 der Synode von Agde auf widerrechtliche Freilassung von Kirchenknechten an und c. 5 von Tol. III. auf Geschlechtsverhältnisse von Geistlichen.

Glauben treu bewahrt und die Cölibatvorschriften befolgt haben, nach erneuter Benediction ihr Amt fortzuführen gestattet [1]); wo ehemals arianische Bischöfe vor neuer Benediction Kirchen consecrirt haben, müssen diese von einem katholischen Bischof neu consecrirt werden [2]).

Am 17. Mai a. 597 tagten 16 spanische Bischöfe zu Toledo und schärften in 2 Canones die Cölibatgesetze und die Sicherung des Kirchenvermögens gegen die Bischöfe ein [3]), während vermuthlich eine Provincialsynode a. 598 für Tarracona zu Huesca neben jenen Gesetzen die jährlichen Provincialsynoden, deren Abhaltung oft unterblieb, wiederholt anordnet: am 1. Nov. a. 599 trat die tarraconische Provincialsynode zu Barcelona zusammen [4]); die Geistlichen sollen sich für Verleihung der Weihen und des Chrisma nicht bezahlen lassen und Laien erst nach Durchgang durch alle vorgeschriebenen Grade die Bischofswürde erlangen [5]).

Darauf folgt angeblich die toletanische Provincialsynode, welche im Jahre 610 unter Gunthimar den angefochtenen Primat von Toledo über die Karthaginensis Provincia feststellt [6]), wobei sie dies Verhältniß als schon seit Montanus a. 563 bestehend anerkennt. Indessen sind die Acten dieser Synode (sowie noch mehr die angehängten drei Bittschriften aus Mentesa um Wahl des Aemilian zum Bischof) in ihrer

---

1) Die in arianischen Kirchen gefundnen Reliquien sollen von den katholischen Bischöfen im Feuer erprobt werden (igne probentur; doch nicht einfach verbrannt wie Hefele III. S. 53).

2) Angehängt ist ein Schreiben von verdächtiger Echtheit, welches Artemius und 3 Bischöfe an die k. Steuerbeamten von Tarracona richten, in welchem sie den Preis von Getreidelieferungen an das Volk festsetzen oder das Maß von Getreidelieferungen von dem Volk.

3) Mansi X. p. 478. Gothen sind Mausona von Emerita, der präsidirt, Mutto (?) von Setaba, Baddo von Illiberi. 3 Namen der in der praef. angekündigten 16 fehlen. Einen Gubila in Granada nennt In. H. a. 504 (Alhambra.) Vgl. Harduin III. p. 535, Aguirre II. p. 516.

4) Unter Vorsitz des Erzbischofs Asiaticus mit 11 Bischöfen, worunter Unnus von Barcelona und Froisclus von Dertosa (neben ihm noch ein Julianus von Dertosa, offenbar der von jeher katholische): 4 canones.

5) Man sieht aus der Bestimmung, daß noch die Gemeinde, plebs, neben dem Klerus das Vorschlagsrecht übte: unter mehreren Candidaten entschied das Loos; die Könige hatten oft zu bestätigen: das heißt aut per sacra regalia aut per consensionem cleri vel plebis.

6) 18. Oct. a. 610 unter Vorsitz des Erzbischofs von Toledo, Mansi X. p. 507, 15 Bischöfe, kein Gothe (Poscarius?); nur unter Erwähnung des I. Regierungsjahres piissimi atque gloriosissimi.

Echtheit oder doch Hiehergehörigkeit schon früher angefochten [1]) und nach meiner Ueberzeugung entschieden falsch. Die Gründe sind: einmal die von gleichzeitigen Concilien, Gesetzen und andern Quellen ganz verschiedene Sprache, die weder so unbeholfen kurz noch so schwülstig schleppend ist, wie dies den echten Schriftstücken des damaligen Spaniens eignet: nirgends findet man eine Parallele zu der klaren kurzen bestimmten Fassung namentlich des zweiten Absatzes der Synodalacten, der die Hauptsache, den Primat von Toledo in trefflichem Ausdruck proclamirt: der Absatz tali ergo dispositione bis meritis, dann in minderem Maß der dritte Absatz ist so geschrieben, wie man dazumal nach Allem, was wir wissen, in Spanien nicht schreiben konnte [2]). Zweitens ist der Hinweis auf Cc. Tol. II. unter Montanus und den damals schon bestehenden Primat in dieser Geflissentlichkeit sehr verdächtig und im Widerspruch damit, daß Euphemius von Toledo sich bei Cc. T. III. nur unterschreibt metropolitanus carpetaniae provinciae, eine „Bescheidenheit“ (Mansi), welche sehr uncanonisch wäre. Auffallend drittens ist das Fehlen der Unterschrift des Primas von Toledo selbst, der als Vorsitzender, obwohl es sich um seinen Primat handelte, nicht in den Unterschriften fehlen durfte. Viertens werden die Acten verdächtig durch das entschieden falsche Anhängsel der drei Bittschriften, welche, in übrigens viel schlechterm Latein, darauf berechnet scheinen, das Recht des Provincialconcils, auf Vorschlag der Gemeinden und unter königlicher Genehmigung bei Besetzung des Bischofsstuhles den Hauptentscheid zu geben, in möglichst klares Licht zu stellen. Jedenfalls ist der hier genannte Aemilianus unvereinbar mit dem in den Acten der Synode aufgeführten Jacobns von Mentesa.

Zweifelhafter steht die Sache mit dem sog. decretum Gundemari, doch scheinen auch hier die Gründe, die für die Unechtheit sprechen, überwiegend: die Sprache hat eine zwingende Aehnlichkeit mit der der Synodalacten: verdächtig ist, daß der König in beiden

---

1) S. die Literatur bei Perez, Harduin, Mansi, Garcias Loaisa, Rus Puerta p. 183, Ferreras II. SS. 466—468, Aguirre, Thomassin P. I. L. 1. c. 38 und Hefele III. S. 62, Helff. S. 51; jene Bittschriften würden einmal beweisen, wie vornehme Abkunft zur Bischofswahl empfahl: quem origo generis creavit illustrem und sodann, wie der König das Recht hat, den von Gemeinde und Bischöfen Gewählten auszuschlagen: si vero quod absit aliqua occasio saeculi domino obviaverit.

2) Man vergleiche damit die 9 Jahre später von dem größten Gelehrten jener Zeit, Isidor von Sevilla, verfaßten Acten des Cc. Hisp. II.!

Stücken genau als piissimus atque gloriosissimus bezeichnet wird: sehr verdächtig ist, daß sich Gunthimar das sonst unerhörte Prädicat „*majestas nostra*“ beilegt — die Glosse von Mansi perantiquus est majestatis titulus regibus Hispaniae ist unrichtig: niemals begegnet sonst dies Prädicat bei den Gothenkönigen; verdächtig ist der Ausdruck fratria für conspiratio, der im damaligen Latein jener Gegend nicht (obzwar anderwärts in ältern Acten), wohl aber sehr häufig im spätern Latein der Spanier begegnet. Auffallend ist die historische Gelehrsamkeit und die scharfe Unterscheidung von regio als einem Theil der provincia, während sonst, wie wir sahen, auch der officielle Sprachgebrauch hierin sehr schwankt [1]). Präparirt muthet auch an die Erwähnung der usurpatio praeteriti principis (Witterich), die sonst in solcher Formel nicht vorkömmt, und ungewöhnlich ist, daß der König neben den Kirchenstrafen nicht eine bestimmte weltliche Strafe, — Verbannung erwartet man — sondern nur im Allgemeinen nostrae severitatis censuram droht. Ferner sieht der Zufall, daß der große Isidor von Sevilla, dum in urbem toletanam pro occursu regio advenissem, und, um es minder auffallend zu machen, deßgleichen Innocentius von Merida, diesen Nachtrag zu Acten eines toletanischen Provincialconcils mit unterzeichnet, doch ganz nach der Absicht aus, mit der Autorität dieses Namens zu wirken. Endlich aber fällt am Meisten auf, daß gleichzeitig mit den 15 Bischöfen der Karthaginiensis noch 4 Metropolitane und 22 Bischöfe aus dem ganzen Reich, also fast der spanische Episkopat vollzählig, am Hoflager sich befunden haben sollen, während doch feststeht, daß ein Reichsconcil, überhaupt ein anderes als jenes angebliche toletanische Provincialconcil, unter diesem König nicht gehalten wurde [2]). Staatsrechtlich gewährt übrigens das Decret, auch wenn echt, wenig Ausbeute, da dem scheinbar Ueberraschenden, daß der König diese Frage der hierarchischen Ueberordnung und der Grenzregulirung der Kirchenprovinzen entscheidet, durch wiederholte Wendungen die Spitze abgebrochen wird, welche das decretum als ex autoritate priscorum veniens und nur die Beschlüsse der Bischöfe und Canones exequirend darstellen.

---

1) scientes procul dubio Carpetaniae regionem non esse provinciam, sed partem carthaginiensis provinciae, juxta quod et antiqua rerum gestarum monumenta declarant.

2) Gleichwohl setze ich die gothischen Namen her: Goma olyssipon., Emila barcinon., Gundemar Vescens., Argibert portucal.

Unter Sisibut hielt Eusebius von Tarracona eine Provincialsynode zu Egara [1]), welche aber lediglich die Beschlüsse des Cc. Osc. unter Reccaredus divae memoriae, die nicht aufgezeichnet oder nach ihrer Aufzeichnung nicht bekräftigt worden seien, bestätigte [2]).

Am 13. Nov. a. 619 tagte zu Sevilla das Conc. Hisp. II. unter Vorsitz des großen Isidor mit seinen acht Suffraganen [3]); anwesend sind von Laien die viri illustres Sisisclus und Suanila, rector rerum publicarum und rector [4]) rerum fiscalium. Zuerst wird dem Bisthum Malaca zurückgegeben, was discrimine militaris quondam hostilitatis davon losgerissen und an andere Bischofskirchen gekommen war, wobei man sich auf die Analogie des weltlichen jus postliminii beruft; vermuthlich stand diese Restitution in Zusammenhang mit der Auseinandersetzung Sisibuts mit den Byzantinern, welche gerade auch die malacitana regio damals abtraten: die angeführten Kriege sind ohne Zweifel die Kämpfe zwischen Gothen und Griechen [5]). Darauf wird ein Grenzstreit zwischen Astigi und Corduba, abermals mit Berufung auf das Gothenrecht und das römische Recht, neben dem canonischen, entschieden [6]). c. 3 weist einen Kleriker Spassandus, der in den Dienst der Kirche von Corduba getreten, zurück in den des Bischofs von Italica, in qua dicatus ab infantiae exordiis fuerat, wieder mit Berufung auf die lex mundialis, „welche die Colonen da fest hält, wo sie einmal sind: nicht anders bestimmen die

---

1) 13. Jan. a. 614, Mansi X. p. 531 (a. 615 Ulloa tratado) mit 13 Bischöfen, darunter Emila barcin., Sintharius und ein Vertreter des Goma (Gomarellus): nur mit Erwähnung des a. III. gloriosiss. d. n. r. Sisib.

2) constitutio, . . quae . . constituta quidem, sed conscripta minime fuit confirmata.

3) Darunter die Gothen Cambra italic., Theudulf malacitan und (?) Bisinus eliberit.: ohne andere Erwähnung des gloriosiss. rex Sisibut als seines Regierungsjahrs, einige Cdd. lassen auch das aus.

4) al. actor.

5) c. 1. Die barbarica feritas steht nicht im Wege.

6) c. 2. Grenzzeichen; Klagverjährung: quia illi tricennalis objectio silentium ponit. hoc enim et secularium principum edicta (hier können nur gemeint sein die Gesetze der Gothenkönige in L. V.) praecipiunt et praesulum Romanorum decrevit auctoritas; diese stete Beziehung auf das weltliche Recht charakterisirt den großen Polyhistor, der präsidirt; übrigens ist die Berufung auf das Gothenrecht nur ornamental: die Kirche lebte damals nur nach canon. und römischem Recht.

Canones über die Kleriker, welche im Acker der Kirche arbeiten" [1]). c. 6 bestimmt, daß nicht der Bischof, nur das Provincialconcil, einen Priester absetzen kann: mit ziemlich schielender Beziehung auf das weltliche Recht, welches Freigelaßne nicht durch Willkür der Herrn, nur nach öffentlich „beim Prätor" (!) durchgeführtem Proceß in die Knechtschaft zurückziehen lasse; aus c. 7 erhellt, daß häufig weltliche Große unmittelbar aus dem Staatsamt, unkundig der geistlichen Gesetze, wohl durch Gunst des Königs, in hohe Kirchenwürden traten und alsdann gegen die Canones fehlten [2]). Freigelaßne der Kirche werden wegen groben Undanks mit der „ingrati actio canonum *ac legum* auctoritate" in die Knechtschaft zurückgezogen [3]). Die oeconomi, welche Kirchengut verwalten, dürfen keine Laien sein, auch dürfen die Bischöfe nicht selbst die Verwaltung führen [4]): die jüngst in Bätica gegründeten Klöster sollen wie die alten vor der Habsucht der Bischöfe geschützt, ein von einem gierigen Bischof zerstörtes durch Beiträge der Uebrigen wieder hergestellt und die dortigen Nonnenklöster d. h. ihre Güter, unter gehörigen Cautelen, von Mönchen verwaltet werden [5]). Den Schluß bildet die Bekehrung eines monophysitischen Bischofs aus Syrien und eine ausführliche Widerlegung jener Irrlehre [6]).

Darauf berief [7]) Sisinanth das vierte Concil von Toledo [8]). Es erklärt zusammengetreten zu sein „aus Liebe zu Christus und ver-

1) c. 3 — man sieht, die Analogien des weltlichen Rechts dienen nur zu rhetorischem Schmuck. c. 4 und 5 tadeln ungehörig erfolgte Priesterweihen.

2) l. c. quod quidem non est mirum id praecepisse virum ecclesiasticis disciplinis ignarum et statim a seculari militia in sacerdotale ministerium *delegatum* (sc. a rege?).

3) c. 8.

4) c. 9. Nach Conc. Chalced.

5) c. 10. c. 11.

6) Hierüber Isid. Pac. p. 286.

7) praef. und c. 75.

8) 5. Dec. a. 633 unter Vorsitz Isidors: 6 Bischöfe, darunter die Gothen Selua Narbon., Sisuld emporit., Sisisclus elborens., Leudefred cordub., Remesarius nemaus., Ranarius? urgellitan., Musitacius? valentin., Wiaiicus olyssipon., Ansiulf portucal., Suabila oretan., Oedulf oscens., Braulio caesaraug., Ermulf conimbr. (vertreten), Ansericus segov., Ildisclus segont., Modarius pacens., Hiccila salamant. Ueber die Zeit Aguirre II. p. 494, Roias p. 575, im Uebrigen Depping II. p. 268, vgl. Zuaznavar I. p. 93, Lafuente p. 411—415, kritiklos über alle Cc. T. Alcocer I. p. 32 seq., über die gallischen Bischöfe Vaissette I. p. 334.

möge des Eifers des Königs, um auf sein Geheiß und Gebot einige Fragen der Kirchenzucht zu erledigen" — der wichtigen weltlichen Fragen wird geschwiegen: sie danken Gott und seinem Diener (minister), dem König, dessen Frömmigkeit ihn nicht nur um die irdischen, auch um die göttlichen Dinge sich kümmern läßt: darauf tritt der König mit weltlichen Großen [1]) in die Basilica, wirft sich vor den Priestern Gottes zu Boden [2]) und ersucht unter Thränen und Seufzern um ihre Fürbitte bei Gott. Endlich fordert er sie auf zur Reform der Kirchenzucht gemäß den oft vergeßnen Canones, worauf die Versammlung außer dem Cult auch die „mores" als Gegenstand ihrer Fürsorge erklärt — hier lag die immer bereite Brücke zu Strafrecht und Staatsrecht.

Nach Ablegung des katholischen Glaubensbekenntnisses [3]) erläßt die Synode eine Reihe von rein geistlichen Bestimmungen [4]). Daneben stehen aber folgende Canones von wichtigem rein weltlichem oder doch gemischtem Inhalt. Die Cc. T. III. 18 angeordneten jährlichen Synoden wurden zum großen Schaden der Kirchenzucht nicht eingehalten: c. 3 erneut das Gebot von Generalconcilien für ganz Spanien und Gallien oder doch von Provincialsynoden [5]), legt nun aber denselben, in sehr bedeutender Erweiterung der von dem Cc. T. III. eingeräum-

---

1) cum magnificentissimis et nobilissimis viris; auf diese Anwesenheit der Gothenkönige in den Cc. gründet Valdesius im XVII. Jahrhundert die Vorrechte der spanischen Könige vor den französischen, in den Cc. sich durch Gesandte vertreten zu lassen.

2) Ueber dies „*humo*", nicht etwa homo, ausführlich Aguirre I. p. 237, Marichalar II. p. 80 f.

3) c. 1.

4) c. 2. Einheitliche Liturgie (über diese die berühmte „gothische", „spanische", „isidorische". „mozarabische" L. Gams zur ältern Kirchengesch. S. 240 f., Morales VI. p. 101, Salgado p. 239—247, Böhmer II. S. 220—5, Schröckh XVII. S. 315, Rosseeuw I. p. 477 und Pinius p. 1—112, Bourret p. 188) und andere Formen 41, in allen Provinzen des Reichs gleiche Osterfeier 5; Uebertragung spanischer Kirchensitten auf Gallien 9; 6 nur einmaliges Untertauchen bei der Taufe statt dreimaligen unter Beziehung auf einen Brief des Pabstes Gregor an Leander zur Unterscheidung von den Arianern; über Feier des Charfreitags c. 7. 8; tägliches Gebet des Vaterunsers 10; Anerkennung der schon damals viel angefochtenen Apokalypse 17; Keuschheitsgesetze rc. 21—24. 42—44; Bildung des Klerus 25 (dazu Bourret p. 68); Aberglauben 29; Kirchenvermögen 33—38. 48. 51 (Birnbaum S. 48); Freigelaßne 66—74; Mönche und Religiosen 4. 9—56.

5) Zum 15. Mai propter vernale tempus, quando herbis terra vestitur et pabula germinum inveniuntur.

ten Competenz, die Stellung eines allgemeinen Berufungs=Hofes bei gegen Aussprüche (und eines außerordentlichen Gerichtshofs gegen Rechtsverletzungen) nicht nur von Bischöfen, auch von Richtern, Großen und allen Laien, indem ein königlicher Vollzugsbeamter (executor) alle hier Verklagten zur Stellung nöthigen und die Urtheile des Concils vollstrecken wird [1]). Damit war auf der Bahn der Herrschaft des Episkopats über diesen Staat ein ganz gewaltiger Fortschritt geschehen, etwas ganz Neues errichtet, die bisherige Aemterorganisation durch Einschiebung eines neuen Tribunals zunächst erster Instanz (namentlich in Besitz=Störungs= und Entziehungs=Sachen) in allen Fällen der Gewaltthat, dann aber auch eine zweite Instanz gegen Aussprüche der Richter geschaffen: und die königliche Vollzugsgewalt ist diesem geistlichen Gericht ein für allemal als Werkzeug zur Verfügung gestellt.

Die Form, in welcher diese Versammlungen abzuhalten, wird dann genau festgesetzt: nach der Bedeutung, welche dieselben nunmehr als Rechtshöfe und Staatsorgane gewannen, müssen auch wir sie berücksichtigen [2]). Es werden vor Sonnenaufgang Alle aus der Kirche, welche als Versammlungsort dient, entfernt, alle Thüren verschlossen bis auf eine, durch welche die Mitglieder eintreten und welche die Thürhüter bewachen. Die sämmtlichen Bischöfe treten paarweise ein und nehmen ihre Plätze nach dem Alter ihrer Ordination [3]) im Kreise: dann werden die zuzulassenden Priester, nach ihnen die Diakone gerufen, jene sitzen hinter, diese stehen vor den Sitzreihen der Bischöfe. Darauf treten ein jene Laien, „welche nach W a h l d e s C o n c i l s anwohnen dürfen" [4]): schon diese eine Bestimmung, — wenn man auch annehmen

---

1) c. 3 omnes autem qui causas adversus episcopos aut judices vel potentes aut contra quoslibet alios habere noscuntur, ad idem concilium concurrant et quoscunque examine synodali a quibuslibet prave usurpata inveniuntur regii executoris instantia justissime his quibus jura sunt reformentur: ita ut pro compellendis judicibus vel secularibus viris ad synodum metropolitani studio idem executor a principe postuletur.

2) S. die ausführliche Abhandlung de ordine servato in conciliis antiquis Hispaniae et qualiter in illis se haberent episcopi ac reges bei Aguirre I. p. 227—240, namentlich über das Verhalten des Königs und die ihm ertheilte benedictio p. 229 und die (s p ä t e) via regia oder exhortatio ad principem p. 223; angewandt Cc. Em. 5, Masdeu XI. p. 235, Cenni II. p. 73—81, Gamero p. 447, Bourret p. 152, Rico y Amat. I. p. 15, Dunham I. p. 202.

3) Das sind die debitae sedes Cc. T. VI. praef., VIII. XI., Brac. III., T. XII. XIII. XVI. XVII., überall in der praef.; s. Aguirre II. p. 157—167.

4) qui *electione concilii* interesse meruerint.

will, daß der vom König abgeordnete executor, ferner andere (offenbar doch trotz dieser Stelle vom König bestimmte) Palatinen und die judices und actores provinciae nach Cc. T. III. 18 von Rechts wegen anwohnen, nicht erst nach Wahl des Concils, — schließt doch jede Möglichkeit eines Uebergewichts des Weltadels in diesen Versammlungen aus [1]): endlich erscheinen noch die Notare, deren man zur Protokollführung oder Vorlesung bedarf. Nun werden die Thüren geschlossen und nach einer Pause der Sammlung in Gott fordert der Archidiakonus (des Metropolitan) zum Gebet auf. Sofort werfen sich alle zu Boden und beten geraume Zeit leise mit Weinen und Seufzen, bis Einer der ältern Bischöfe sich erhebt und laut zu Gott betet (das Vaterunser?). Alle sprechen Amen und erheben sich auf Aufforderung des Diakons und nehmen in aller Furcht Gottes und bester Ordnung ihre Sitze. Ein Diakonus, mit der Alba bekleidet, tritt in die Mitte und verliest die Canones über die Abhaltung der Concilien.

Der Metropolitan fordert auf, wenn Jemand einen Antrag zu stellen habe, ihn vor seinen Mitbrüdern zu erheben. Ein hierauf wegen Verletzung der Canones gestellter Antrag muß vollständig erledigt sein, ehe zu Anderm übergegangen werden darf. Priester, Diakone und Laien, die draußen stehen, und an das Concilium appelliren wollen, haben ihre Anliegen dem Archidiakon des Metropolitan mitzutheilen und dieser dem Concil: erst dann kann Jenem Eintritt und Vortrag gestattet werden. Kein Bischof darf die Sitzung vor der allgemeinen Aufhebung verlassen, Niemand das Concil vor Beendigung aller Geschäfte auflösen und alle Beschlüsse müssen von allen Bischöfen unterschrieben werden [2]). Daran schließt sich die erneute Erinnerung an die canonischen Voraussetzungen der Wähl-

---

1) Wenn auch nicht (wie Brauchitsch S. 17 nach Canciani IV. p. 52, Sempere p. 18, Serna u. Montalban I. p. 38 aus dem fuero juzgo annimmt) nur die Bischöfe als autores de los canones, die Laien nur como testigos unterzeichnen. Vgl. Sempere p. 21, Marina teoria p. 10—28; nur theilweise richtig, daß gewisse Aemter das Recht der Theilnahme gewährten, vgl. Hänels Anzeige von Serna u. Mont.: oben Cc. T. III. 18. Der König hat das Recht, zu erscheinen: durchaus anwesend war er nie; das gegen Marina ensayo p. 25. Viel zu sehr verallgemeinert teoria de las cortes I. p. 8—16 diese Normen: nur Vorführung jedes einzelnen Concils gewährt den Einblick in das Erwachsen des Instituts.

2) Diese genauen Formvorschriften waren, wie der Schluß errathen läßt, durch tumultuarische Vorgänge auf frühern Concilien hervorgerufen: tunc enim Deus suorum sacerdotum interesse credendus est, si tumultu omni abjecto sollicite atque tranquille ecclesiastica negotia terminentur.

barkeit zum Bischof, an die wider-canonischen Mittel und Formen, mit welchen und in welchen man diese Würde anstrebte, die natürlich desto stärker verweltlicht, desto eifriger von Weltleuten angestrebt wurde, je größere weltliche Bedeutung sie gewann [1]). Welche gefährliche politische Rollen die Geistlichen oft spielten, zeigt das ausdrückliche Verbot, daß sie heimliche Aufträge an fremde Völker besorgen oder selber abschicken, ohne besondere Erlaubniß des Königs, widrigenfalls sie beim König angeklagt, vom Concil aber — nicht vom König — mit entsprechender (unbestimmt gelaßner) Strafe gezüchtigt werden sollen [2]). Diese Versammlungen werden also bereits zu Gerichtshöfen über politische Verbrechen ihrer Mitglieder und zu gefreiten Gerichten für Geistliche in solchen Fällen. Die Bestellung von Priestern, besonders wohl Bischöfen, zu Richtern in politischen Processen wird dem König unter der Bedingung gestattet, daß er vorher verspricht, es werde kein Todesurtheil vollstreckt werden: man sieht, welch' großen Einfluß der Episkopat als Stütze der Krone gegen den Laienadel gewonnen hatte [3]). Dasselbe zeigt c. 32, eine Fortbildung von Cc. T. III. 18. Ganz allgemein wird ihnen hier das Recht und die Pflicht zugesprochen, Beamte und Vornehme — nicht nur wie c. 18 Cc. T. III. judices und actores —, welche die Kleinfreien bedrücken, zu verwarnen und eventuell beim König zu verklagen, „auf daß, wen die priesterliche Mahnung nicht zur Gerechtigkeit beugt, die königliche Gewalt vom Frevelthun abhalte“: Unterlassung macht den Bischof dem Concil verantwortlich [4]). Diese Bestimmung, gewiß nicht bloß von der einmengerischen Herrschsucht des Klerus, sondern ebenso von dem Bedürfniß der Könige getroffen, den sinkenden Gemeinfreien gegen

1) S. den Canon oben unter Bischöfe.

2) c. 30 confinitimi hostium sacerdotes praeter eos qui a regia potestate licentiam acceperunt quodlibet mandatum ad gentem extraneam occulte accipere vel dirigere non praesumant: qui autem deprehenditur atque convincitur denuntiatus principi apud concilium condigna animadversione mulctabitur.

3) c. 31.

4) c. 32. Diese Pflege, „cura“, ist ihnen von Gott auferlegt: episcopi in protegendis populis ac defendendis impositam a Deo sibi curam non ambigant: ideoque dum conspiciunt judices ac potentes pauperum oppressores existere, prius eos sacerdotali admonitione redarguant et si contempserint emendari eorum insolentias regiis auribus intiment ut quos sacerdotalis admonitio non flectit ad justitiam regalis potestas ab improbitate coërceat. si quis autem episcoporum id neglexerit concilio reus erit.

den Druck der weltlichen Aristokratie zu Hülfe zu kommen, mußte doch, in der ganzen Lage dieses Reiches, die Herrschaft der Bischöfe über den Staat wesentlich befördern; nur consequent wird dann auch das Concil competent, nicht der König, wenn diese obzwar rein weltliche Function nicht erfüllt wird. Auch für die rein weltlichen Delicte des bewaffneten Aufstandes und der Gräberzerstörung bestimmt das Concil c. 45. 46 nicht neben, sondern wohl statt der weltlichen Strafen, wenigstens c. 46 unzweifelhaft, für den Klerus nur Pönitenz und Klosterhaft; c. 47 gewährt ihm Freiheit von allen Frohnden und von Personal-Auflagen und zwar wird diese Bestimmung wieder in feiner Weise als „auf Befehl des Königs" vom Concil getroffen hervorgehoben[1]), da es sich um weltliches Recht handelt, zumal c. 65 um Ausschluß der Juden von allen Aemtern, worin ein Eingriff in die Amtshoheit des Königs zu liegen scheinen könnte, der durch seinen „Befehl" vermieden werden soll.

Den Schluß bildet ein großer Canon c. 75, in welchem die Versammlung erklärt: nach Ordnung einiger Fragen des Kirchenlebens und der Disciplin, beschloßen alle Priester „zur Kräftigung unserer Könige und Festigung des Gothenvolks unter Gottes Gericht ein höchstes priesterliches Gebot auszusprechen. Denn bei manchen Völkern, wie das Gerücht geht, waltet eine solche Treulosigkeit der Herzen, daß sie die ihren Königen eidlich versprochene Treue nicht halten wollen und mit dem Munde das Eidgelöbniß heucheln, während sie im Herzen den Frevel der Treulosigkeit bergen: sie schwören ihren Königen und brechen die Treue, die sie geloben, ohne Furcht vor Gottes Strafe des Meineids. Welche Hoffnung soll solchen Völkern im Kampf gegen die Feinde zur Seite stehen? welch' Vertrauen werden sie im friedlichen Verkehr mit andern Völkern beanspruchen können? welchen Vertrag werden sie nicht brechen? welch' den Feinden zugeschworenes Versprechen halten, wenn sie nicht einmal die ihren eignen Königen beschworne Treue halten? wer ist so wahnsinnig, sich mit eigner Hand das Haupt abzuschlagen? Sie zerfleischen sich mit eigner Hand und wenden ihre Kräfte gegen sich selbst und ihre Könige.

---

1) praecipiente domino nostro atque excellentiss. S. rege id constituit sanctum concilium. „magnum" heißt es c. 48, sacratissima synod Cc. T. V. 7. c. 57–66 enthalten die oben S. 423 erörterten Judengesetze, wobei dreimal dem König die Initiative zugeschoben wird 58 consulto 65 praecipiente .. rege constituit s. c. 66 ex decreto gloriosiss. princ. hoc sanctum elegit concilium.

Während der Herr spricht: Leget nicht Hand an meine Gesalbten und wer erhebt die Hand wider den Gesalbten des Herrn und bliebe rein?, scheuen Jene weder Meineid noch Königsmord. Ein Sacrileg ist der Königsmord, nicht blos Verletzung des Vertrages, nein, auch des Gott geleisteten Versprechens. Deßhalb hat der Zorn des Himmels viele Königreiche der Erde dermaßen verwandelt, daß die Gottlosigkeit eines das andere zerstört. Daher müssen wir den Sturz solcher Völker vermeiden, auf daß nicht auch wir mit gleich plötzlichem Schlag getroffen werden: denn wenn Gott nicht der ungehorsamen Engel geschont hat, die durch Empörung die himmlischen Wohnungen verloren, wie viel mehr müssen wir Menschen für uns fürchten. Deßhalb wollen wir bis zum Tode unsern Fürsten die versprochene Treue und die Gelübde halten: nicht wohne unter uns, wie unter gewissen Völkern, die frevle Tücke der Untreue, die verschlagne Arglist des Herzens, der gottlose Meineid, der Verschwörungen fluchwürdiges Trachten. Niemand reiße bei uns rechtswidrig das Reich an sich, Niemand errege Aufruhr und Parteiiung unter den Bürgern, Niemand sinne, die Könige zu verderben. Sondern, nachdem der Fürst in Frieden entschlafen, soll der Adel, die **primates** des ganzen Volkes, mit den Bischöfen in gemeinsamer Berathung den Nachfolger bestellen, auf daß durch so gewahrte Eintracht jede gewaltsame, herrschsüchtige Spaltung in Land und Volk verhindert werde. Bessert diese Ermahnung unsere Herzen nicht, so höret unsern Spruch: wer immer unter uns oder den Völkern von ganz Spanien durch irgend welche Verschwörung oder Planung den Eid seiner Treue, den er für des Vaterlandes und des Gothenvolkes Bestand und Wahrung der Wohlfahrt des Königs geleistet, brechen oder den König mit Mord anfallen oder der königlichen Gewalt entkleiden oder mit dem Rechtsbruch des Rebellen den Thron sich anmaßen wird, der sei Anathema im Angesicht Gottes des Vaters und seiner Engel und mit allen seinen Genossen ausgestoßen von der Gemeinschaft der katholischen Kirche und der ganzen Christenheit". Darauf wird dieselbe Sentenz fast wörtlich noch zweimal unter Acclamation des ganzen Klerus und Volkes wiederholt. Und nochmals beschwören die Bischöfe die Kirche und alles Volk, zu sorgen, daß nicht diese furchtbare und so oft wiederholte Sentenz zu ihrem ewigen Verderben ausschlage, „sondern wir wollen die versprochene Treue unserm höchst glorreichen Herrn und König Sisinanth halten und ihm mit treuer Hingebung dienen, auf daß wir des Himmels und dieses Königs Gnade verdienen. Dich aber, den gegenwärtigen König, und die künftigen Fürsten kommender Zeiten fordern wir mit gebührender Demuth auf, daß ihr maßvoll und milde gegen eure Unterthanen mit Gerechtigkeit und Gottesfurcht die euch von Gott anvertrauten Völker regiert und dem Herrn Christus, der euch eingesetzt, gute Verwaltung führt, herrschend in Demuth des Herzens und im Eifer, recht zu handeln. Und keiner von euch fälle allein das Urtheil, wo es sich um Leben oder Gut handelt, sondern in öffentlicher Berathung mit den Häuptern des Volkes ergebe sich klarem Richterspruch die Schuld der Angeklagten: das Gefühl der Gnade bleibe euch auch bei euren Kränkungen[1]) und mehr durch Milde als durch Strenge seid stark, auf daß, indem dies Alles mit frommem Maß von euch befolgt wird, die Könige sich der Völker, die Völker der Könige und Gott sich beider erfreue. Ueber die künftigen Könige aber sprechen wir dies Urtheil: wenn Einer von ihnen wider die Ehrfurcht vor dem Gesetz mit hochfahrender Herrschaft und mit Königsdünkel in Freveln und Schandthaten oder Habsucht grausam seine Gewalt gegen das Volk übt, so werde er von Christus dem Herrn mit dem Anathem verurtheilt und sei von Gott getrennt und gerichtet, weil er übelthun gewollt und das Reich verderben."

„Ueber Svinthila jedoch — so fährt der Canon fort —, der aus Gewissensangst vor den eignen Freveln sich selbst (!) der Krone entäußert und der Gewalt entkleidet hat, haben wir mit Zustimmung des Volkes beschlossen, weder ihn noch seine Gattin wegen ihrer Verbrechen noch auch ihre Kinder je wieder in unsere Gemeinschaft aufzunehmen, noch sie zu den Ehren, aus denen sie wegen ihrer Sünde gestoßen, wieder zu erhöhen. Sondern wie sie des Thrones verlustig sind, sollen sie auch des Besitzes der Güter entbehren, welche sie den Armen abgepreßt, abgesehen von dem, was sie durch das Mitleid unsers höchst gottesfürchtigen Fürsten erlangen mögen. Deßgleichen über Geila, den Bruder des erwähnten Svinthila an Geblüt und an Verbrechen, der weder das Band der Bruderschaft gehalten noch die unserm Fürsten versprochene Treue gewahrt hat: auch diesen schließen wir mit seiner Gattin wie die vorgenannten von der Genossenschaft des Volkes und unserer Gemeinschaft aus und sie sollen von ihrem verlornen Vermögen, das sie durch Sünde gewonnen, nichts wieder erhalten können, als was die Gnade unsers höchst gütigen Königs

1) In offensis ist zu lesen, nicht inoffensis.

gewährt, welche da die Guten bereichert und die Bösen von seiner Milde nicht ausschließt" [1]).

Dies merkwürdige, für jene Zeit und Staatszustände charakteristische Actenstück spricht am beredtesten in seinen eigenen Worten. Die „größte staatsmännische Weisheit" vermöchten wir nicht darin zu bewundern. Widerlich muthet die plumpe Heuchelei an, mit welcher von der königsmörderischen Treulosigkeit gesprochen wird, welche bei andern Völkern „wie man sagt", bestehen soll, während man nicht den Muth hat — und freilich nicht haben konnte, nachdem eben diese Bischöfe fast Tags zuvor eine solche Rebellion und Verschwörung durchgeführt hatten — dem verrätherischen Gothenadel selbst eine Strafpredigt zu halten: der Hinweis auf die Merowinger, der vielleicht darin liegen soll, fiel nicht zur Ehre der Gothen aus. Diese Heuchelei läßt die mächtigen politischen und biblischen Gedanken, die dann ausgesprochen werden, nicht recht zur Wirkung kommen: eine solche Strafpredigt muß den Muth haben, sich an die zu wenden, denen sie gilt: alle jene Dinge, die bei „gewissen Völkern" vorkommen sollen, waren soeben erst gegen König Svinthila begangen worden.

Hervorzuheben ist die Auffassung eines „Vertrags", pactum, welcher diesen Wahlkönig mit dem Treue versprechenden Volk verbinden soll. Das Wahlrecht wird schon ganz unverholen ausschließlich dem weltlichen und geistlichen Adel vorbehalten [2]). Dann vermag das Concil doch nur wieder die geistliche Strafe anzudrohen. Zu bemerken ist, wie einerseits der priestergemachte und priesterergebene König gelobt und geschützt, dann aber doch durch die freilich scheinbar nur an seine Nachfolger adressirte Verwarnung energisch, wenn auch mit gebührender Demuth, der geistlichen Ueberlegenheit erinnert wird.

Gewiß wirkte diese Sprache der Kirche, diese Verweisung auf die Verantwortung vor Gott als eine wohlthätige Beschränkung der königlichen Willkür im Interesse der Gesammtheit: aber dabei ist doch

1) Folgt Dank gegen Gott und in widerlichem Schwulst gegen den König. Darauf Dank Gott und post haec pax, salus et diuturnitas piissimo et amatori Christi domino nostro Sisinando regi, cujus devotio nos ad hoc decretum salutiferum convocavit: corroboret Christi gloria regnum illius gentisque Gothorum in fide catholica, annis et meritis protegat illum usque ad ultimam senectutem summi Dei gratia et post praesentis regni gloriam ad aeternum regnum transeat ut sine fine regnet qui intra seculum fideliter imperat (l. imperavit). Definitis itaque his.. annuente religiosissimo principe.

2) Vgl. v. Brauchitsch S. 13.

auch das bewußte Streben der Bischöfe nach Herrschaft über den Staat unverkennbar. Der plötzliche Uebergang aus allgemeinen Redensarten zu der ganz bestimmten Untersagung alleiniger Jurisdiction des Königs über Leben und Vermögen, d. h. wohl in politischen Processen, verräth die Absichtlichkeit und das enge damalige Bündniß mit dem Laienadel. Die rectores sind die weltlichen und geistlichen Leiter des Volkes, d. h. also das Concil, nicht etwa nur die rectores provinciae. Die eventuelle Verfluchung künftiger Könige für den Fall tyrannischer Regierung in Ausdrücken, die aller Achtung vor den Kronenträgern entbehrten, war auch für den gegenwärtigen ein deutlicher Wink und wenigstens jenes Eine Postulat, die Jurisdictionseinschränkung, galt ja auch ihm. Charakteristisch ist dann das abermalige Ueberspringen aus der vagen Rhetorik in die bestimmte Verfolgung der gestürzten Dynastie, wobei man weder offenbare Lüge (freiwillige Abdankung des Königs aus Gewissensangst) noch widrige Rachsucht und Schmeichelei vermeidet — Alles übrigens in einer Sprache, die Eleganz und Nachdruck nicht entbehrt. Man hält es doch noch für nöthig, der Zustimmung des Volkes hiebei zu erwähnen, welchem thatsächlich freilich nur mehr das Recht blieb, die Beschlüsse der beiden Aristokratien durch Zuruf sich anzueignen. Die unitas, aus welcher die Gestürzten gestoßen werden, ist nicht etwa die Kirche, sondern eben der Verband der geistlichen und weltlichen Großen, wie er auf diesen Synoden erscheint und die Geschicke des Staates lenkt: bei Geila und den Seinen heißt es: a societate gentis atque consortio nostro placuit separari, was auch noch Verbannung, vielleicht Verweisung in ein Kloster ausdrückt: Ausschluß aus dieser Versammlung war in der That, wie ehemals Ausschluß aus der Volksversammlung, Verurtheilung zum politischen Tode geworden.

Nachdem Sisinanth im März a. 636 gestorben und Anfang April Kindila zu seinem Nachfolger gewählt war, berief dieser, wohl Ende Juni, alsbald das fünfte Concil von Toledo [1]). Dasselbe spricht vor

---

1) Wieder in der Leokadienkirche unter Vorsitz des Eugenius I.; vgl. Zuaznavar p. 03. 97, Pinius p. 24; (Justus von Toledo und Isidor waren fast gleichzeitig mit Sisinanth gestorben) mit 23 Bischöfen und Vertretern, darunter die Gothen Oya (Bola al.) barcin., Mustacius valent., Wiaricus olyssiponens., Suabila oretan., Amanungus aucens. (al. Amantius), Egila oxomens., Ansericus segoviens., Ildisclus segontiens., Asfallus presbyter. Ob ein bloßes Provincialconcil (Morales)? dagegen Loaisa und Lardizabal.

Allem Dank gegen Gott aus, „dessen Wink uns berufen“, und für die Thronbesteigung (initia) des Königs, dessen dauerndes Heil und Glück erbeten wird. Derselbe tritt in die Versammlung „mit den Optimaten und Senioren seines Palastes“ — nicht mehr wie früher mit nur einzelnen von ihm Erwählten — und „empfiehlt sich knieend unserer Fürbitte, zwingt seine Getreuen in frommer Ermahnung, das Gleiche zu thun, und schickt diese „institutio“ voraus, welche wir nach seinem Befehl auch durch unser Gutheißen billigen: daß nämlich in dem ganzen ihm von Gott verliehenen Reich von Mitte December an drei Tage zur Vergebung der Sünden Bittgänge abgehalten werden sollen: denn da die Ungerechtigkeit überhand und die Frömmigkeit abnimmt und die Bosheit neue Frevelthaten erfindet, soll diese neue Uebung vor den Augen des Allmächtigen unsere Reinigung bilden“. Man würde sehr irren, in dieser Initiative des Königs in Kirchensachen einen Beweis von Uebergriffen und Uebermacht der Krone zu erblicken: sie ist vielmehr ein Zeichen seiner völligen Befangenheit im klerikalen Bann und deßhalb können die Bischöfe diesen „Befehl“ durch ihr „Gutheißen“ [1]) leicht billigen. Man darf vielleicht aus der Klage des Königs arg zerrüttete Zustände folgern: alle folgenden 8 Canones bezwecken lediglich Sicherung dieses Herrschers und der Seinen, dann überhaupt Kräftigung des Königthums gegen den Geist der Verschwörung und Empörung, welchen also die dreifache Acclamation des letzten Concils nicht beschworen hatte [2]). c. 2 klagt, daß die immer wieder verbotenen Frevel immer wieder begangen werden, bestätigt alle Beschlüsse der „allgemeinen und großen Synode“ über Leben und Wohlfahrt des Fürsten und fügt hinzu, „daß alle Nachkommenschaft unsers Königs Kindila mit aller Güte und Kraft geliebt, vertheidigt und geschützt werde, so daß sie nicht ihres (vom Staate?) zugewiesenen oder von den Vorfahren zugewendeten oder eigenerworbenen (?) Vermögens ungerecht verkürzt werden sollen, daß Niemand sie in widerrechtlich ersonnener Weise schädige. Um diese habgierige Nachstellung auszurotten, bedrohen wir alle Gegenwärtigen, Abwesenden und Künftigen mit zeitlichem und ewigem Verderben für den Bruch

---

1) Vgl. Cc. T. VI. 2, erst durch die Bischöfe wird seine devotio eine constitutio.

2) Insofern nennt Helff. l. c. die ganze Versammlung eine politische, der man aber doch nicht nur „zum Schein“ jenen reinen geistlichen Canon 1 an die Spitze gestellt hat.

dieses Verbots." Die von Sisinanth gegen Svinthila und dessen Haus vorgenommene, vom letzten Concil geheiligte Beraubung war vielleicht nach dem Tode des Erstern gegen dessen Erben von Gegenparteien versuchsweise nachgeahmt worden: es mußten, wie c. 3 zeigt, der Erhebung Kindilas wirre Partei- und Wahlkämpfe vorausgegangen sein und man wollte die Dynastie sicher stellen. „Gegen neu auftauchende Krankheiten, fährt c. 3 fort, muß man neue Heilmittel erfinden. Weil daher Manche unbesonnen und sich selbst nicht verstehend ohne ruhmvolles Geschlecht oder persönliches Verdienst ohne Weiteres und leichthin zur Krone gelangen zu können wähnen, sprechen wir unter Anrufung Gottes hiegegen aus: daß, wer solche Pläne hegt, ohne von der allgemeinen Wahl erhöht oder der edeln Abkunft gothischen Geschlechts getragen zu sein, excommunicirt und ewig verdammt sein soll." Auch dieser Satz ist im Wesentlichen eine Bestätigung von Cc. T. IV. 75, veranlaßt, wie es scheint, durch Candidaturen, welche die vorgeschriebne Form des Concils nicht eingehalten hatten, nicht von den Geschlechtern des herrschenden Adels, vielleicht von Nichtgothen ausgegangen waren[1]). Weiter wird excommunicirt, wer durch abergläubige Mittel die Todeszeit des regierenden Fürsten erforscht und bei dessen Lebzeiten Andern oder sich selbst Hoffnungen und Vorbereitungen zur Thronbesteigung macht[2]) oder (Zauber-) Flüche über jenen ausstößt[3]); all' dergleichen war also, trotz Isidors Predigt, gegen Sisinanth oder Kindila wieder geschehen.

Besonders bezeichnend für diesen Staat, in welchem fast jeder Thronwechsel ein Parteienwechsel und eine Beraubung der Anhänger des abgetretnen Hauses war, ist nun c. 6, welcher diese Entziehung des selbst errungenen oder vom verstorbenen Fürsten empfangenen Vermögens verbietet mit einer Motivirung, welche auf den Sinn der Nachfolger für den eignen Vortheil speculirt[4]). Sodann verordnet —

---

1) quem nec electio omnium provehit nec *gothicae gentis nobilitas* ad hunc honoris apicem trahit: ich wage kaum zu entscheiden, ob gothischer Adel oder das „edle Geblüt gothischer Nationalität" gemeint: doch spricht für ersteres (so Marichalar I. p. 384; daselbst Kritik der Ansichten von Morales, La Serna, Mariana, Cardillo, Villalpando, Moret.) der primatus g. goth. in Cc. T. IV. 75.

2) c. 4 im Anschluß an Cc. T. IV.

3) c. 5 im Anschluß an Cc. T. IV.

4) l. c. simili providentia pro fidelibus regum nostra datur sententia: ut quisquis superstes principum extiterit juste in rebus profligatis aut lar-

„um des Leichtsinns und der Vergeßlichkeit der Bösen willen" — ebenfalls ein echtes Zeichen der Zeit — die Synode, daß am Schluß jedes Provincial- oder National-Concils c. 75 Cc. T. IV. „über das Leben unserer Fürsten" laut verlesen werde, um durch die häufige Wiederholung auf die Ohren und Herzen zu wirken. Das Begnadigungsrecht des Königs in allen obigen Delicten wird ausdrücklich c. 8 anerkannt und mit Dank, Lob und Fürbitte für König Kindila geschlossen c. 9.

Schon zwei Jahre darauf berief Kindila das VI. Concil von Toledo [1]). Es tritt zusammen auf die „heilsamen Ermahnungen" des Königs, und bestätigt [2]) nach Ablegung des Glaubensbekenntnisses [3]) die Bestimmungen von Cc. T. V. 1 bezüglich der Bittgänge. Dann erneut es [4]) die früheren Concilienschlüsse gegen die Juden [5]), wobei hier nur hervorzuheben, daß mit der Zustimmung der „Optimaten und vornehmen Männer des Königs" — von deren Anwesenheit auf dem Concil übrigens das Vorwort diesmal keine Erwähnung gethan — beschlossen wird, kein künftiger König soll den Thron besteigen, der nicht vorher unter den übrigen eidlichen Verpflichtungen (leider erfahren wir von diesen nichts) gelobt, die katholische Religion nicht

—

gitate principis adquisitis nullam debeat habere jacturam; nam si licenter et injuste fidelium perturbetur meritum, nemo optabit promptum ac fidele praebere obsequium, dum cuncta nutant in incertum et in futuro discriminis formidatur causa: eine höchst getreue Schilderung der Zustände, die bei jedem Thronwechsel einen Parteiwechsel und eine Katastrophe der Anhänger des letzten Königs in Aussicht stellten; — sed saluti et rebus eorum principalis pietas debeat praebere suffragia; exemplis enim caeteri provocantur ad fidem, quum fideles non fraudantur mercede.

1) Anfang Januar a. 638, über die Differenzen der Zählung Perez ep. p. 11, vgl. Zuaznavar p. 63. 97. Lafuente p. 417: 53 Bischöfe und Vertreter, nach dem Ordinationsalter rangirend, darunter die Gothen Selua (al. Silva, Selva) narbon., Leudefred cordub., Sisisclus elborens., Osdulfus oscens., Suabila orectan., Ilitila salmant., Ansiulfus portucalens., Oya barcin.. Anserieus segov., Viaricus olyssipon., Guda tuccitan., Egila oxomens., Ildisclus segont., Amanuncus causens., Tunila malacitan., Oscandus asturicens., Gottomarus iriensis., Gutisclus presbyter emerit., Domarius pr. arcovic., Wamba diacon. segobr. und ein Vertreter des Musitacius valent. „in praetorio toletano in eccles. s. Leocadiae", über praetorium Aguirre II. p. 518.

2) c. 2.

3) c. 1.

4) c. 3.

5) S. oben S. 423, 448 und ep. Braul. p. 608.

von den Juden verletzen zu lassen, und alle gegen diese erlaßnen Gesetze aufrecht zu halten. Und wenn er nach diesem Eide den Thron bestiegen und dawider gehandelt hat, wird er in sehr starken Worten mit allen seinen Mitschuldigen, Priestern wie Laien, als „Futter des höllischen Feuers" verflucht. Neben wenigen kirchlichen Bestimmungen [1]), die im Wesentlichen nur ältere Canones bestätigen, faßt das Concil nun folgende politisch und staatsrechtlich wichtige Beschlüsse: Todesstrafe soll nur erkannt werden, wenn der Ankläger gestellt und seine Anklagefähigkeit nach weltlichem und kirchlichem Recht geprüft worden, ausgenommen, wo es sich um Hochverrath, um Mordanschläge auf den König handelt: hier soll es also, — eine charakteristische Ausnahme, — bei den römischen Begünstigungen dieser Anklage sein Bewenden haben [2]). Flüchtlinge und Ueberläufer zu den Feinden werden, wenn sie wieder in die Gewalt des Fürsten und Volkes fallen, excommunicirt und zu langwieriger Pönitenz verurtheilt: suchen sie vorher reuig das Asyl einer Kirche, so wird ihnen durch Vermittlung der Priester milde Behandlung durch den König zugesichert: die weltliche Strafe bleibt hier unberührt. Dagegen ist es ein starkes Zeichen des engen Verbandes von geistlicher und weltlicher Aristokratie, wenn [3]) das Concil die jüngern Palastleute auffordert, die höhern und ältern Palatinen mit Ehrerbietung und umgekehrt die ältern, jene mit Wohlwollen und gutem Vorbild zu behandeln.

Die Fürsorge für die Anhänger des Königs wird in Bestätigung von Cc. T. V. erneut [4]): die Nachfolger sollen ihnen weder Würden noch Vermögen entreißen, sondern die gleiche Huld zuwenden: doch soll der gegenwärtige König Untreue oder Pflichtverletzung im Amt ungehindert strafen dürfen und, wenn erst nach seinem Tode Jemand der Untreue gegen ihn überführt wird, so sollen einem solchen die Königsgeschenke entrissen und unter die Getreuen vertheilt werden [5]);

1) Simonie wird an Empfängern und Verleihern der Kirchenämter mit Vermögenseinziehung bedroht, 4 Verhütung der Verschleuderung von Kirchengut, 6—8 Gelübdebruch, 9—10 Freigelaßne der Kirche.

2) c. 11 quisquis a quolibet criminatur non antea accusatus supplicio dedicetur quam accusator praesentetur atque legum et canonum sententiae exquirantur . . . nisi ubi pro capite regiae majestatis causa versatur.

3) c. 13.

4) c. 14.

5) c. 14 dignum videtur ut sacerdotali sententia consulamus fidelibus regis.

besonders das Recht, die Königsgaben zu vererben, wird gewahrt. Nachdem das Concil dermassen für Unanfechtbarkeit der Schenkungen an die Getreuen des Königs gesorgt, so erfüllt es eine noch viel näher liegende Pflicht, wenn es die Schenkungen an die Kirche für unantastbar erklärt[1]). — Auch die Kinder[2]) der Könige im Allgemeinen und des dermaligen Fürsten insbesondere werden geschützt, was als schwacher Vergelt für die mit keinem Lob zu erreichenden Verdienste Kindila's dargestellt wird; c. 7 erneut c. 3 des vorigen Concils mit einigen andern Wendungen: reumüthiges Geständniß, sich hiegegen verfehlt zu haben, soll Verzeihung erwirken. Zu den Gründen, welche die Wählbarkeit zum König ausschließen, wird noch gefügt: 1) religiöses Gelübde mit Tonsur und Anlegung geistlicher Tracht, 2) Decalvation, 3) knechtische Abstammung, 4) fremde d. h. ungothische Nationalität[3]).

Endlich c. 18 bedroht in Erneuerung von Cc. T. IV. 75 jeden Anschlag auf Leben und Regierung des Königs mit dem Anathem und der Hölle und verpflichtet, was eine bezeichnende Zuthat, jeden Nachfolger, wenn er nicht der Mordthat mitschuldig scheinen will, den Untergang seines Vorgängers wie seines eignen Vaters zu rächen, wobei ihm die Heldenkraft des ganzen Gothenvolks Hülfe leisten soll: „und wenn sie träg und zage einen so gräßlichen Frevel nicht rächen wollen, so sollen sie alle nach unserem Ausspruch bei den andern Völkern beschimpft und ehrlos sein"[4]). Mit so starken Mitteln, mit Verpfändung der Nationalehre, muß diese Priesterschaft Leben und Thron von Fürsten umschirmen, welche freilich mehr Könige des Klerus als des Gothenvolkes waren und nicht in der Begeisterung und Treue des Volksheers die Wurzeln ihrer Kraft finden konnten. Die Wiederholung der Satzungen des letzten schwach besuchten Concils in stärkern Wendungen scheint die geringe Wirkung desselben und die Fortdauer der von ihm bekämpften Gefahren anzudeuten.

Das Concil schließt mit Dank und Fürbitte für den König, der

---

1) c. 15.

2) c. 16.

3) Vielleicht darf man hieraus schließen, daß man von der Dynastie Svinthilas, deren Glieder wohl geschoren, manche auch decalvirt worden, Bewegungen fürchtete; ob auch für 3) und 4) concrete Anlässe vorlagen, steht dahin.

4) l. c. si autem .. tam funestum noluerint vindicare scelus sint omnes ex nostra sententia opprobrium ceteris gentibus.

es berufen: man wünscht ihm langes glückliches Regiment auf Erden und ewige Seligkeit [1]).

Das siebente Concil von Toledo [2]) bekennt, zusammengetreten zu sein sowohl aus eigner Frömmigkeit als vermöge des Eifers (serenissimi atque amatoris Christi) des Königs Kindasvinth: es will für die ecclesiastici mores und für die utilitas publica sorgen, „ohne welche wir nicht ruhig leben können" — damit wird die Competenz in weltlichen Dingen kurz motivirt — und wendet sich sofort gegen die politischen Verbrecher geistlichen und weltlichen Standes. „Wer weiß nicht, wie viele Frevel bisher durch Empörer (tyranni) [3]) und Landflüchtige (refugae) verübt worden, die sich in's Ausland gewendet, wie ihr unsäglicher Trotz die Kraft des Vaterlandes schwächte und dem Heer der Gothen nie endende Anstrengung auferlegte". — Gemeint sind die Bewegungen der Priesterpartei, welche Kindasvinth im Anfang seiner Regierung zu unterdrücken hatte und die nach dieser Stelle bedeutend und anhaltend gewesen sein müssen. — „Dabei könnten wir die Verblendung der Laien noch ertragen, aber das ist viel schlimmer und staunenswerth, daß auch aus geistlichem Beruf so Viele sich kopfüber in dieses Erkühnen gestürzt: zu unserer Schmach würde es gereichen, Dinge ungestraft zu lassen, welche Staatsgesetz und Kirchenzucht gleichmäßig verpönen."

Daher beschließt das Concil: welcher Geistliche vom höchsten [4]) bis geringsten Grad sich unter irgend welchem Vorwand in das Gebiet eines fremden Volks begiebt, um von da aus mit Gewalt seine Rückkehr oder irgend etwas zu erreichen oder durch dieses Mittel das Volk oder Vaterland der Gothen oder speciell den König zu schädigen versucht oder vollendet hat, ebenso Alle, welche mit solchen im Ein-

---

1) Aus dem Briefe Braulio's p. 668 an Pabst Honorius geht hervor, daß dieser gleichzeitig mit dem König ein spanisches Concil gewünscht.

2) 18. Oct. 646, unter dem Vorsitz des Orontius von Merida: 28 Bischöfe, 11 Stellvertreter, darunter die Gothen: Egila oxomens., Richimer dumiens., Sisisclus elborac., Ansericus elborac., Widericus segont., Winibald ilicitan., Egered salamant., Gottomar iriens., Sonna brittan., Godosteus curiens., Witericus lamecens., Adamir tudens, Willensis presbyter, C. agens vicem Teuderedi pacensis, A. diaconus a. v. Giverici mentesan., Egila diaconus, M. diaconus a. v. Dudilani malacit.

3) So schon das römische Recht vgl. B. T. V. 6, 1.

4) Ein Bischof Theodisklus von Sevilla soll unter Kindasv. synodali sententia als Verräther, perfidus, verbannt worden sein, Luc. tud. p. 55, aber unsere Acten wissen von dieser Strafe nichts.

verständniß stehen oder ihnen Rath und Hülfe gewähren, sich zu einem fremden Volk zu flüchten oder in ihrem bösen Beginnen auszuharren oder nach der Flucht Volk, Land oder Fürst der Gothen zu schädigen oder sie in solchem Vorhaben bestärken — alle solche werden des Grades und der Ehre entsetzt, zur lebenslänglichen Pönitenz verurtheilt und erst auf dem Sterbebette wieder zur Communion gelassen: Priester, welche dies vorher, wenn auch auf Gebot des Fürsten (— die jetzt herrschende Partei sucht sich gegen einen Gesinnungswechsel oder Personenwechsel des Herrschers zu sichern und diesem das Begnadigungsrecht zu beschränken: ja sogar gegen den Katholicismus gerichtete Umwälzungen hält man noch für möglich —) thun, theilen seine Strafe: denn (— und hier wird die Unabhängigkeit der Kirchengewalt vom König in solchen Fragen energisch gewahrt: —) der Macht des Herrschers darf kein Priester in Dingen willfahren, worin ein Eidbruch läge: sowenig wie, wenn etwa, was der Himmel verhüte, ein Fürst an's Ruder gelangte, der vom katholischen Glauben gewichen, ein Priester sich um der Gunst oder der Verfolgung des Herrschers willen vom Licht zur Finsterniß zurückwenden lassen dürfte: ebensowenig dürfen durch Befehle oder Drohungen der Fürsten obige Bestimmungen beseitigt werden. „Haben doch — wie wir wissen [1]) — alle Priester Spaniens, alle Senioren, Richter und andere Männer des Palastamts geschworen und ist es doch längst so in den Gesetzen bestimmt, daß kein Landsflüchtiger oder Verräther, der gegen Volk, Vaterland oder König der Gothen gehandelt oder sich in Bündniß mit einem andern Volk begeben hat, in seine Güter wieder eingesetzt werden darf, außer daß ihm der König aus Erbarmen den 10. Theil seines frühern Besitzes — aber nicht mehr — übrigens aus beliebigen Mitteln zuwenden darf. Aber weil so sehr viele Geistliche (— man sieht, gegen welchen Stand der König die Hülfe der Versammlung braucht —) von Leichtsinn und Verkehrtheit verblendet, die Würde ihres Standes und ihr eidliches Versprechen vergessen und bei Lebzeiten des Fürsten, dem sie Treue zu halten geschworen, die Erhebung eines Andern mit frevlem Wankelmuth betreiben, rotten wir solch' Laster mit der Wurzel aus unserer Mitte und beschließen: wenn ein Laie im Gebiet des Gothenreichs in Empörung (superbiens) nach der Krone greift, und ein Geistlicher ihm Hülfe oder Beistand leistet, und der Empörer wirklich durch den Sieg der Sünde zur Herrschaft gelangt, so soll dieser Bischof oder

1) Wir wissen aber nichts davon.

Geistliche von Stund an excommunicirt sein: wenn sich aber (— was freilich sehr zu befürchten stand —) vermöge der Ruchlosigkeit des Fürsten, dem er frevelnd angehangen! trotz der Bemühung der Bischöfe diese Strafe nicht durchsetzen läßt, so soll wenigstens, wenn er seinen Beschützer überlebt, jeder Priester excommunicirt sein, der ihm vor dem Sterbebette (und hier darf er es nur nach erwiesener Reue) Communion gewährt — eine kluge und vorsichtige Wendung. Begeht aber ein Laie fortan eines der obigen Verbrechen d. h. Schädigung des Vaterlandes, Volkes oder Königthums durch Flucht in's Ausland oder Hülfeleistung hiezu, so soll er nicht nur sein ganzes Vermögen verlieren, (— also eine weltliche Strafe über Laien verhängt —) sondern auch lebenslänglich excommunicirt sein, wenn ihm nicht die Bischöfe [1]) bei'm Fürsten Verzeihung erbitten".

Diesen also bleibt die Verständigung mit dem politischen Gegner gewahrt.

„Wenn Jemand zur Herabsetzung oder Schmähung des Fürsten frevle Worte gesprochen oder seine Ermordung oder Absetzung geplant oder begünstigt hat, so erachten wir auch einen solchen der Excommunication schuldig, überlassen jedoch dem Fürsten die Verzeihung, zu dessen Gewalt es ohne Zweifel gehört, die Schuld der Unterthanen durch den Spruch der Gnade zu mildern. Wir beschwören aber die höchst huldvollen Fürsten, daß sie dies Urtheil der Excommunication über verrätherische Priester und Laien, die in's Ausland flüchten oder hiezu behülflich sind, nie ohne gerechte und nothwendige Fürbitte der Bischöfe aufheben: denn was kann ihrem eignen Nutzen mehr frommen, als wenn diese unsere Norm von den Herrschern selbst eingehalten und von allen Unterthanen befolgt wird. Wer diese Satzungen verwirft und jeder König, der sie in irgend etwas verletzt oder verletzen läßt, soll ausgestoßen sein und vor Gott als ein Abtrünniger vom katholischen Glauben gelten."

Die übrigen 5 canones sind kirchlichen Inhalts [2]): hervorzuheben [3]) ist noch c. 6 der Beschluß, daß pro reverentia principis ac regiae sedis honore vel metropolitanae civitatis die benachbarten Bischöfe jährlich einen Monat in der Residenz verbringen sollen. Es

---

1) Nach Cc. T. VI. 12.

2) Erkrankung der Priester während der Messe 2; Bestattung des Bischofs 3; übermäßige Geldforderungen der gallicischen Bischöfe 4; Controle der Einsiedler (reclusi) 5.

3) Vgl. Thomassin p. 438.

läßt sich nicht mehr entscheiden, ob damit der König Controlle der Bischöfe oder Unterstützung durch dieselben oder umgekehrt die Bischöfe Controlle über die Regierung bezweckten. Dank an Gott und König Kindasvinth schließt die Acten [1]): dem König wird prosperitas des irdischen und Seligkeit des himmlischen Reichs gewünscht.

Dies Concil ist höchst merkwürdig. Wir wissen anderswoher, daß Kindasvinth im Kampf gegen die Priesterpartei zur Herrschaft gelangte — aus c. 1 würden wir es kaum entnehmen können. Er gebraucht das Concil, sonst das Hauptmittel über die Herrschaft der Krone, dießmal zur Befestigung seiner Macht und die Bischöfe müssen sich bequemen, die Rebellion zahlreicher Priester für die Vergangenheit zu gestehen und für die Zukunft zu bedrohen: dabei wird aber mit gleich großer Kühnheit wie Geschicklichkeit — die Fürbitte geht auch dahin, daß er immer in Liebe zur katholischen Kirche und Lehre zunehmen möge, was bei Kindila und Sisinanth nicht vorkömmt — der Sprache die Freiheit der Kirche möglichst gewahrt und sogar, unter dem Schein der Hülfe, das Begnadigungsrecht der Krone, das noch die letzten Synoden anerkannt, juristisch und moralisch beschränkt und in der Ausübung an die Mitwirkung des Concils geknüpft. Und solches konnte einem kräftigen und ursprünglich im Kampf mit der Mehrzahl der Priesterschaft zur Herrschaft gelangten König abgerungen oder abgelistet werden [2]).

Das achte Concil von Toledo trat zusammen am 16. Dec. a. 652 [3])

---

1) Glorioso Ch. principi, ob cujus votum in hanc urbem .. convenimus: deposcimus, ut s. ecclesiae cath. fidei semper ac pacis cumuletur affectu.

2) Ueber dies Cc. gegen Lardiz. und Marina treffend Zuaznavar I. p. 99, vgl. Sempere hist. I. p. 90. 91.

3) Nicht wie sonst in der Leocadien-, sondern in der Petrus- und Paulus-Kirche Ulloa tratado a. 653, vgl. Salgado p. 213, Pinius p. 24, Schütze S. 97, Marichalar I. p. 407. Vorsitz des Orontius von Merida: 51 Bischöfe, 13 Aebte rc., 11 Vertreter von Bischöfen: darunter folgende Gothen: Dunila Malacitan., Egered Salaman., Selua Egitan., Filimir Lamec., Aya Eliberit., Amanung Abilens., Froila Mentesan., Ansericus Segov., Tayo Gerundens., Winibal Elicitan., Witericus Segontin., Dadila Complut., Gosericus Auson., Wadila Vesens., Afrila Dertosan., Bacauda Egabr., Ascaricus Palent., Sonna Auriens., Tayo Caesaraugust., Ermenfred Lucens., Valdrig Arcabic., Sisibert Conimbr., Giberius Bigastr., Guterius Diaconus, Osdulg Abt vic. Ricimiri Dumiens., Godescalc presbyter vic. Eglilae Oxomens., Sindigis Diac. Dazu ex viris illustribus officii palatini: Hodoagrus comes cubiculariorum et dux, Offilo comes cubiculariorum et dux, Adulfus comes scanciarum et dux, Babilo comes et procer, Astaldus comes et procer, Ataulfus comes, Ella comes et dux, Paulus comes notariorum,

auf Befehl (jussu) des Königs Rekisvinth [1]), der mit 17 seiner Palatinen, darunter 15 Gothen, in die Versammlung tritt [2]) und knieend (acclinis) ihre Fürbitte fordert und Gott dankt, daß sie seinen Befehl [3]) erfüllt haben. Gerade diese fromme Demuth erhöht ihn in den Augen der Bischöfe. Darauf erklärt er, nachdem er durch den Tod seines Vaters aus einem Mitregenten zum Alleinherrn geworden, dränge es ihn, sein Glaubensbekenntniß der Versammlung auszusprechen, was er durch Ueberreichung eines „Bandes" („tomus") thut. Nach dem König ertheiltem Segen wird der tomus eröffnet und verlesen. Neben dem rein theologischen Inhalt — der König bekennt sich zu den von den großen Concilien festgestellten Symbolen — ist hervorzuheben, wie er dem Concil die Lösung des Conflicts zwischen dem geschwornen Eid und der Barmherzigkeit zuweist: „wir gedenken, daß einstmals ihr und alles Volk geschworen, daß jeder, welchen Standes oder Ranges er sei, der den Tod des Königs und das Verderben des Gothenvolkes oder Landes in Gedanken (!) oder Thaten angestrebt, mit strengem unwiderruflichem Urtheil bestraft werden und keinerlei Gnade oder Verzeihung finden soll". Im Verlauf wird dann aber das Concil für alle, auch weltliche Sachen, die ihm vorgelegt werden, für Umgestaltung auch der weltlichen Gesetzgebung, nicht nur der canones, immer unter Wahrung der königlichen Zustimmung für competent erklärt [4]). Darauf wendet er sich an die 17 Palatinen: „ihr edeln Männer, die ihr aus dem officium palatinum dieser heiligen Synode nach altem Brauch beiwohnt (— so

---

Evantius comes scanciarum, Euridus comes et procer, Riquira comes patrimoniorum, Afrila comes scanciarum, Wenedarius comes scanciarum et dux, Fandila comes scanciarum et dux, Cumefrendus comes spatariorum, Froila comes et procer, Ricolla comes patrimoniorum; die Acten sind von höchst widerlichem Schwulst.

1) Doch mit feiner Verkleidung dieses Befehls in den göttlichen Willen: cum nos .. divinae ordinatio voluntatis .. principis serenissimi jussu .. coëgisset.

2) adest sereniss. pr.

3) suae jussionis implentes decretum.

4) ut quaecumque negotia de quorumlibet querela vestris auditibus extiterint patefacta .. justissime cum nostra conniventia terminetis; in legum sententiis quae aut depravata consistunt aut ex superfluo vel indebito conjecta videntur nostrae serenitatis accomodante consensu haec sola quae ad sinceram justitiam .. conveniunt ordinetis; canonum obscura quaedam .. in meridiem .. intelligentiae reducatis; omniumque negotiorum conventus ordinumque status qui in vestram extiterint devoluti praesentiam .. justissime constituere studeatis. Vgl. Marichalar VI. 9.

sehr alt war derselbe nicht —), eine Ehre, auf welche euer Adel euch Anwartschaft giebt (— das war nur in sehr vagem Sinne der Fall —) und welche die Erprobung ihrer Billigkeit zu Leitern des Volkes berufen, die ich als meine Gehülfen in der Regierung, treu im Unglück, wacker im Glück, begrüße, durch welche die Gerechtigkeit die Gesetze erfüllt, die Gnade die Gesetze mildert und gegen die Gerechtigkeit des Gesetzes die Milde des Gesetzes zum Siege bringt": sie werden zu innigster Eintracht mit den geistlichen Mitgliedern ermahnt (beide erlassen decretorum edicta): zuletzt gelobt er beiden, den Dienern Gottes und den aus dem Königshof würdig gewählten Großen, Alles, was sie Gottgefälliges „mit seiner Zustimmung" beschließen werden, auszuführen und gegen alle Klagen und Einwendungen durch die fürstliche Autorität zu schützen[1]). Zuletzt, nachdem die domestici erledigt, lenkt er die Aufmerksamkeit der Versammlung auf die Judengesetze und deren nothwendige Revision. Das Concil dankt Gott für die fromme Gesinnung des Königs und legt seinerseits sein Glaubensbekenntniß ab. Sodann erklärt es den Conflict zwischen der eidlichen Verpflichtung, der Bestrafung der Landflüchtigen und Verräther (Cc. Tol. VII. und VI.) einerseits und der christlichen Pflicht des Mitleids anderseits für höchst schwierig und ruft, an der Lösung durch Menschenweisheit verzweifelnd, in langem Gebet die Erleuchtung des h. Geistes an. Der durch die Landflüchtigen angerichtete Schade, der ziemlich groß gewesen sein muß[2]), habe zu jenen Eiden des ganzen Volkes gegen solche Aufrührer geführt, die mehr durch Noth abgezwungen, als durch weise Berathung beschlossen worden seien. Liegt schon darin ein Vorwurf gegen diese Maßregel,

---

1) Vos etiam illustres viros quos ex officio palatino huic sanctae synodo interesse mos primaevus obtinuit ac nobilitas expectabilis honoravit et experientia aequitatis plebium rectores exegit, quos in regimine socios, in adversitate fidos et in prosperis amplector strenuos, per quos justitia leges implet, miseratio leges inflectit et contra justitiam legum moderatio aequitatis temperantiam legis extorquet; sie sind ex aula regia decenter electi d. h. also nicht grade diese Beamten, der Zahl und dem Rang nach, haben von Alters das Recht der Theilnahme, sondern herkömmlich ist nur, daß eine Anzahl von Palatinen vom König zur Theilnahme gewählt werden.

2) c. 2 temporibus non procul excursis quum quorundam refugarum tumultuosa seditio frequenter vastationes terris inferret et scandala populis cum excidiis irrogaret, adeo ut captivorum turmas reducere et desolationes terrae . . quilibet conatus nequeat reparare.

so wird derselbe dadurch verschärft, daß im Verlauf jener voreilige Eid mit dem des Herodes und des Jephta verglichen und mit Berufung auf Bibelstellen und Aussprüche des Papstes Gregor und des mit gerechtem Stolz gerühmten Isidor die Pflicht ausgesprochen wird, die Schuld eines so sündhaften Eides nicht noch durch sündhafte Erfüllung zu erschweren: während also im Uebrigen alle geschwornen und noch zu schwörenden Eide für die Sicherheit der königlichen Gewalt, des Volkes und Landes unverbrüchlich gehalten werden sollen, wird doch von der Verstümmelung und Todesstrafe (daß diese beschlossen worden, wissen wir sonst nicht) Umgang genommen. Diese rein politische Maßregel, welche die große Zahl der Betroffenen oder das Bedürfniß der Versöhnung der Parteien oder das Gefühl der Schwäche der Regierung nothwendig machte, wird mit rein theologischen Phrasen mehr zugedeckt als begründet [1]).

Außer kirchlichen Bestimmungen [2]) regelt das Concil nun noch c. 10 die Königswahl. Der h. Geist hat zugleich das Gesetz des Königs und den Beschluß der h. Synode [3]) erfüllt in folgender Satzung: die künftigen Herrscher sollen entweder in der königlichen Stadt oder am Sterbort mit der Zustimmung der Bischöfe und Großen des Palastes gewählt werden, nicht irgendwo draußen im Lande oder durch die Verschwörung Einzelner oder die tumultuarische Erhebung bäuerischer Haufen. Ferner werden den Königen ihre Pflichten vorgezählt: sie werden sein (erunt) vor Allem Vertheidiger des katholischen Glaubens gegen das Judenthum und andere Ketzerei, bescheiden in That, Urtheil und Wandel, nicht verschwenderisch, so daß sie nicht ihren Unterthanen Geld und Geldversprechen abpressen müssen: sie werden das vorgefundne Staatsvermögen nicht zu eignem, sondern zu der Gesammtheit Vortheil verwalten, und nur ihr Privatvermögen auf die Erben übertragen (dies wird in der angehängten lex bis auf Svinthila zurückbezogen); vor der Thronbesteigung hat der König diese Puncte alle zu beschwören und dieselben sollen nicht erst für die Zukunft, sondern schon gegenwärtig gelten und Verletzung durch Kleriker oder Laien Excommunication und Verlust des kirchlichen oder weltlichen Ranges zur Folge haben. Die frühern Canones, namentlich auch über Abhaltung des Concils, werden bestätigt, die

---

1) Schütze S. 97 (über den Meineid).

2) Ueber Simonie und Cölibat c. 3—7 Unwissenheit und Fastenverletzung 8. 9 und Erneuerung der Judengesetze Sisinanths c. 1. 1.

3) Vgl. Zuaznavar p. 61 über den Hauptzweck der Berufung p. 106.

Minorität muß der Mehrzahl beipflichten oder excommunicirt das Concil verlassen: — eine Bestimmung, welche die Lockerung der hierarchischen Disciplin verräth. Die Versammlung schließt mit reichem Lob und Dank für den König und dem Anathem für jede Verletzung dieser Beschlüsse, welche übrigens „im Namen des Königs" ergehen: auch das Gesetz zur Zügelung der „furchtbaren Habsucht der Fürsten". Angehängt sind zwei Decrete des Königs, in welchen die Bestimmungen über die Finanzverwaltung und Wahlordnung bestätigt werden mit manchem Vorwurf gegen frühere Regierungen, auch die seines eignen Vaters, wie zuerst ohne Nennung, am Schluß aber mit ausdrücklicher Nennung, seines Namens gesagt wird. Hervorzuheben ist noch, daß die Beschlüsse über die Finanzfragen nicht nur von allen Bischöfen und Priestern, sondern vom ganzen officium palatinum und zugleich (simulque) von dem conventus majorum minorumque bestätigt werden: dabei ist aber doch höchstens an Acclamation des vor der Kirche versammelten Volkes, dem hinterher nach Oeffnung der Thüren die Beschlüsse verlesen wurden, zu denken, wenn nicht die minores bloß die minores palatii sind. Auf das „decretum" des Concils folgt dann eine „lex" des Königs, in welcher er aus eignem Mund die schweren Rügen der Habgier früherer Herrscher mit starken Worten wiederholt und sich „selbst und allen Nachfolgern eine Schranke des Gesetzes zieht"[1]). Bei dem völligen Uebereinstimmen zwischen König und Bischöfen, bei der gegenseitigen Bestätigung ihrer Beschlüsse fällt es weniger, aber doch immer noch einigermaßen auf, daß der König in seiner lex für Verletzung der Wahlgesetze Anathem und Excommunication über Laien und Geistliche ausspricht: — die Vermengung von Staat und Kirche hat hier ihren Höhepunct erreicht[2]).

In einem der nächsten Jahre hielt Eugen II. von Toledo ein Provincialconcil[3]); es tritt zusammen, erklärt es, nach canonischer Vorschrift,

1) l. c. quum praecedentium serie temporum immoderatior aviditas principum sese defunderet in spoliis populorum et augeret rei propriae censum aerumna flebilis subjectorum . . quia subjectis leges temperantiae dederamus, principum quoque excessibus retinaculum temperantiae poneremus, tam nobis quam cunctis successoribus . . legem ponimus etc.

2) Ferreras II. § 554 bemerkt, daß hier zum ersten Mal Aebte und Edle unterschrieben, vgl. Marichalar II. p. 4.

3) IX. Conc. Tol. vom 2.—22. Nov. a. 655 (in der Kirche der h. Jungfrau), so Ulloa tratado, al. a. 654. 657, Marichalar II. p. 4: 17 canones, mit 15 Bischöfen, 8 Aebten, darunter die Gothen: Tayo caesaraug., Winibal ilicit., Witericus

ohne des Königs anders als in der Schlußfürbitte zu erwähnen. Wenn ein Priester das Stiftungsgut einer Kirche dieser entzieht, dürfen die ehrbaren Verwandten des Stifters Beschwerde beim Bischof oder Richter[1]) — wohl nach ihrer Wahl — führen, gegen den Bischof beim Erzbischof, gegen diesen beim König: also auch der weltliche Richter und der Fürst werden competent erkärt[2]).

Dagegen greift das Concil hinwieder in das Privatrecht ein, wenn es den Kindern von Geistlichen die Erbfähigkeit entzieht und sie der Kirche ihres Erzeugers verknechtet[3]), wenn es allen Freigelaßnen der Kirchen und deren Nachkommen die Ehe mit freien Römern oder Gothen verbietet und Kinder aus solchen Ehen in dem obsequium der Kirche festhält[4]). Daher die Vertretung des Königs durch vier Palatinen wohl begreiflich scheint[5]).

Das X. Concil von Toledo trat nicht, wie beschlossen, am 1. Nov., sondern am 1. Dec. a. 656[6]) zusammen[7]): mit Dank gegen den König, durch dessen „Votum"[8]) den Vorschriften der Väter gemäß sie sich versammeln konnten. Bei Concilien, die mehr als Eine Provinz umfassen, fehlt diese Anerkennung der königlichen Berufung nicht.

---

segontin., Dadila complut., Valdingus arcavic., Olberius bigastr., Waldefredus mentes., Ildephonsus abbas.; mit unterzeichnen viri illustres officii palatini Paulus comes notarior., Etherius (al. Hemeterius) comes cubicularior., Ella comes et dux, Riccila comes patrimonior.

1) Hefele läßt dies aus.

2) c. 1. Rein geistliche Bestimmungen enthalten: c. 2 über Präsentationsrecht der Stifter, 3—9 Sicherung des Kirchen- und Kloster-Guts, 10 Cölibat, 11—16 Kirchensclaven, unfreie Geistliche, Freigelaßne der Kirche, 17 Judengesetze.

3) c. 10.

4) c. 13. 14 gestattet statt dessen Restitution von Allem was solche Personen oder ihre Aeltern von der Kirche empfangen.

5) Vgl. Zuaznavar I. p. 117—120.

6) So auch Ulloa tratado.

7) Unter Vorsitz des Eugenius mit 24 Bischöfen und Vertretern, darunter die Gothen: Witericus segont., Wittaricus elonens., Dadila complut., Egeredus salamantic., Baldvigius arcavic., Hermefredus lucens., Argefredus abbas vicarius Eglianis exomens., (Martinus) vic. Waldefredi mentes., Fugila presb. vic. Olberici bigastr., (Agricius) diac. Winibalis illicitan.; keine Palatinen: erst später wird der vir illuster Wamba vom König mit einem Auftrag in's Concil gesendet; 7 canones.

8) Später nochmal erwähnt.

Außer geistlichen Bestimmungen [1]) wiederholt c. 2 das Verbot, daß Geistliche vom Bischof bis zum niedersten Grad die Gesetze für die Wohlfahrt des Fürsten, des Volkes und Vaterlandes verletzen, und droht — gelinde genug — mit Absetzung, wovon aber der König [2]) begnadigen kann. Außerdem wurde der Versammlung die schriftliche Selbstanklage des Erzbischofs Potamius von Braga überreicht wegen Verletzung der Keuschheitspflicht, worauf die Bischöfe allein — mit Entfernung der niedern Kleriker — eine Sitzung hielten und dem Reuigen wegen seines Geständnisses die Absetzung nachließen [3]), die Verwaltung seiner Provinz aber dem Fructuosus von Dumium übertrugen. Darauf wurde dem Concil auf Befehl des Königs (directo regis) durch den vir illuster Wamba (wohl den spätern König) das Testament des Bischofs Martinus von Braga überreicht, der das Kloster zu Dumium gestiftet und alle folgenden Könige (Sueven) zur Erfüllung seines Testaments aufgefordert hatte [4]). Endlich wird dem Concil [5]) das Testament des verstorbenen Bischofs Rikimer von Dumium vorgelegt, welches das Vermögen seiner Kirche schwer verkürzt. Derselbe hatte nämlich [6]) das ganze Einkommen seiner Güter an Zins und Früchten den Armen vermacht ohne Abzug des Nothbedarfs für die Kirche selbst, ebenso Alles, was er bei seinem Amtsantritt an Kirchenvermögen vorfand oder selbst durch Arbeit der Unfreien oder eigne Zuwendung dazu erwarb; ferner hatte er den Verkauf von gewissen Sachen zu einem Preise befohlen, der eine Schenkung verbarg, weiter zahlreiche Knechte der Kirche freigelassen und diesen, außer Anderm, mehr als 500 Sclaven beiderlei Geschlechts geschenkt. Alles ohne den vorgeschriebenen Ersatz an die Kirche aus seinem Vermögen. Dies Testament unterwarf das Concil folgenden Beschränkungen: das

---

1) Gleichmäßige Feier des Geburtsfests Mariä c. 1. Gelübde von Wittwen und von Aeltern für Kinder c. 3—6. Verkauf von christlichen Knechten durch Priester! an Juden 7. Fürbitte für den König.

2) Allein, ohne Zuziehung des Concils? s. oben S. 459.

3) Vgl. Thomassin p. 267. 360.

4) So verstehe ich: ita decreverat, ut succedentibus per ordinem regibus ad complementum ejus ipsius testamenti constitutio commendata maneret; vielleicht mit Recht behauptet Ferreras II. l. c., die Verbindlichkeit auch für die Gothenkönige als Rechtsnachfolger der Suevenkönige sei bezweifelt und nunmehr anerkannt worden; Martin v. Dumium starb a. 583, 20. März, noch unter suevischer Hoheit.

5) Nicht ganz richtig Aguirre II. p. 586.

6) Vgl. Zuaznavar I. p. 117—120.

Vermögen des Testators bleibt so lang im Eigenthum der Kirche, bis dessen Zinsen den Schaden an Geräthen der Kirche ersetzt haben, alsdann wird es den Armen verabfolgt. Die Freilassungen und die Zuwendungen an die Freigelaßnen werden durch das billige Ermessen des jetzigen Bischofs Fructuosus reducirt. Hier richtet also das Concil in ziemlich willkürlicher und formloser Weise in einem Rechtsstreit zwischen dem Kirchenvermögen von Dumium einerseits, vertreten von Fructuosus, und den Legataren und Freigelaßnen anderseits, die gar keinen Vertreter haben.

Das nächste Concil[1]), dessen Acten uns erhalten, ist die Synode der Provinz Lusitanien, welche zu Merida am 6. Nov. a. 666 tagte Es beginnt mit Gebet für König Rekisvinth: Gott, der ihm das Reich verliehen, verleihe ihm auch Glück, Frieden und Sieg über seine Feinde. Und da er für die weltlichen Dinge gottselige Sorge trägt und „auch der kirchlichen durch die Gnade Gottes eifrig waltet" (intenta mente disponit), stehe ihm Gottes Huld in Allem zur Seite — jene Anerkennung der königlichen Autorität auch in Kirchensachen war sehr ungefährlich, so lang die Persönlichkeit des Königs nicht nur in geistlichen, auch in weltlichen Dingen ganz von der Leitung des Concils abhing. Nicht im Eingang, wohl aber c. 8 bekennt das Concil ausdrücklich, auf Befehl (jussu) des Fürsten versammelt zu sein, was es c. 5 und 7 auch bei allen Provincialsynoden voraussetzt.

Außer geistlichen Satzungen[2]) verordnet das Concil, daß für den König, seine Getreuen und sein Heer, wenn er in's Feld gezogen, bis zur Rückkehr in seinen Königssitz, täglich Kirchengebet und Messe dargebracht werde — soweit ich sehe, die erste Anwendung dieses Gedankens in einem germanischen Staat und eine weitere Be-

1) Unter Vorsitz des Proficius von Merida mit 11 Bischöfen, darunter die Gothen: Selua igiditan., Theodericus olyssipon., Theodisclus lamec., Alvarius calabr.; in der Jerusalemskirche; 23 Canones.

2) Vesperfeier 2. Gelübde keuschen und nüchternen Lebens bei Einsetzung der Bischöfe c. 4. Ladung an Bischöfe, Weihnachten und Ostern mit dem Erzbischof zu feiern, nicht abzulehnen. 9 keine Gebühren für Chrismen und Taufe. 10 Bestellung und strenge Unterordnung von Archipresbyter, Archidiakonus und Primiklerus. 11 Ehrerbietung gegen den Bischof, besonders bei Visitationen. 12 Versetzung von Landgeistlichen an die Kathedrale. 13 Belohnung eifriger Kleriker. 14 Vertheilung der Geldopfer der Gemeinde unter den Klerus. 16 Beschränkung der Erhebungen der Bischöfe von den Pfarrkirchen und Regelung der Baulast. 19 Ernennung von Klerikern aus den Unfreien der Kirchen. 19 Pflichten Eines Priesters an mehreren Kirchen; vgl. Thomassin p. 391, Pinius p. 25.

sieglung des engen Verbandes zwischen Krone und Kirche[1]). Bei den Provincalsynoden, welche nach dem Willen des Erzbischofs und dem Befehl des Königs anberaumt werden, hat jeder Bischof zu erscheinen oder seine Abhaltung, z. B. einen außerordentlichen Auftrag des Königs, schriftlich anzugeben: auch darf er sich nur durch einen Priester, nicht durch einen Diakon vertreten lassen, da ein solcher nicht schicklich in der Reihe der Bischöfe sitzen kann, im Vorzug vor den Priestern[2]); wer ohne Entschuldigung von dem durch den Metropolitan angesetzten Provincialconcil, „was nicht ohne Mitwirkung des königlichen Willens geschieht“[3]), wegbleibt und die Ladung des Erzbischofs (admonitionem) wie den Befehl des Königs (regiam jussionem) unbeachtet läßt, wird auf Zeit excommunicirt und als Pönitent an einen bestimmten Ort verwiesen. König Rekisvinth, „dessen Herz Gott in der Hand hält und wendet, wohin er will“, — nicht aus der Staatsgewalt soll dies Recht zu fließen scheinen, was doch die Wahrheit — „hat auf den Antrag des verstorbenen Erzbischofs Evantius von Merida die Grenzen dieser lusitanischen Kirchenprovinz nach den alten Canonen wieder hergestellt[4]): seine Bestätigung (confirmatio) hat dies geordnet. Da nun Sklua von Egitania gegen Justus von Salamanca auf Restitution einer Diöcese bringt und die 30jährige Verjährung noch nicht abgelaufen, sollen vom Erzbischof abgeordnete inspectores die Grenzverhältnisse prüfen und jedem durch seinen Sajo zutheilen, was ihm gebührt“[5]): man sieht, was aus den von der Kirche selbst dem König in kirchlichen Sachen eingeräumten Rechten kräftige Herrscher hätten machen können.

Ohne Erlaubniß des Bischofs dürfen die Geistlichen keine weltlichen Geschäfte führen oder öffentliche Aemter übernehmen c. 11. Den grausamen und abergläubisch=fanatischen Sinn des Klerus verräth es, wenn c. 15 den Bischöfen verbieten muß, Kirchenknechte im Zorn zur Strafe verstümmeln zu lassen. „Wenn der König im weltlichen Gesetz für die Menschen sorgt, darf die Kirche wohl das Gleiche thun“[6]). Vielmehr soll — eine beschämende Bestimmung —

1) c. 3, aus 4 erhellt die Mitwirkung des Königs bei Ernennung der Bischöfe s. oben.

2) c. 5. S. oben S. 445.

3) c. 7 quae res non extra agitur regiam voluntatem.

4) Ueber einen im XIII. Jahrhundert unter Berufung auf unsere Synode hierüber geführten Streit s. Hefele III. S. 100.

5) Nach Cc. Hisp. c. 2.

6) Gemeint ist wohl L. V. VI. 6, 13; s. oben S. 200.

der judex civitatis die Untersuchung führen und der Bischof sich an dessen Strafausspruch halten (decalvatio ist ausgeschlossen), alsdann soll derselbe verschenkt oder sonst veräußert, jedenfalls der weitern Rache des Bischofs entzogen werden [1]). Ebenso sollen Geistliche, welche behaupten, von Kirchenknechten sei ihnen Krankheit angezaubert, (nicht selbst strafen, sondern) dem Bischof Anzeige erstatten: dieser läßt unter Beiordnung von boni homines den weltlichen Richter untersuchen und spricht nach dessen Bericht das Urtheil. Ueble Nachrede gegen einen verstorbenen Bischof wird an niedern Geistlichen mit 50 Hieben gestraft, an einem freien Laien, „der aber im Hause der Kirche lebt und durch Gaben aus dem Kirchenvermögen erhöht ist", mit einer seinem Rang entsprechenden Excommunication. Unter den zur Familie der Kirche zu Zählenden, quia et in his discretionis est gradus, ist zu unterscheiden zwischen dem major qui dignitate polleat und inferior oder minima persona, jener erhält 6 Monate Excommunication, dieser eine beliebige Züchtigung (disciplina). Die alten Beschränkungen der Freilassung von Kirchenslaven und Veräußerung von Kirchengut werden wiederholt c. 20—23. Das Concil schließt mit Dank und Gebet für den König, „dessen Wachsamkeit Staat und Kirche, letztere mit von Gott verliehener Weisheit, lenkt".

Darauf folgen ungefähr gleichzeitig [2]) die beiden Provincialsynoden von Toledo [3]) und Braga [4]): jene tagte 7. Nov. a. 675 [5]). Das Concil beklagt, daß seit 18 Jahren keine Synode mehr stattgefunden und deßhalb inzwischen die Kirchenzucht sehr gelitten habe: es freut sich, daß, nachdem so lange ein Befehl zur Versammlung der Bischöfe gefehlt habe [6]) — ohne diese wagt man also troß dringender Veran-

1) (Diese Stelle, wie so viele, welche Schwierigkeit machen, läßt Hefele einfach aus) ab ep. suo aut donatus fidelibus suis maneat . . aut abjiciendi eum (vielleicht noxae datio) licentiam habebit.

2) Ueber die Zeitbestimmung s. Hefele III. S. 104 gegen Ferreras.

3) Cc. T. XI., kein Generalconcil, so schon Vasaeus p. 601, vgl. Zuaznavar I. p. 117—120.

4) Cc. Brac. III.

5) In der Marienkirche unter Vorsitz des Erzbischofs Quiricius mit 16 Bischöfen, 3 Aebten und 8 Bischofsvertretern: darunter die Gothen: Argemundus oret., Godiscalcus oxomens., Acisclus complut., Riccila accitan., Suintericus valent., Egica segont., Annila abbas., Sinduitus segov. vertreten, ebenso Munnlus durch Egila diacon., Vaderedus abbas., Gudila archidiac.; keine Palatinen; 16 canones.

6) quia non erat adunandorum pontificum ulla praeceptio (scil. regis).

lassung nicht einmal, ein Provincialconcil zu berufen —, endlich der fromme, eifrige und kluge König Wamba wieder eine solche Mahnung erlassen [1]).

Nach Ablegung eines langen Glaubensbekenntnisses [2]) schärft das Concil correctes Benehmen während der Sitzungen ein und verpönt Gelächter, Zank, Spott und Schreien mit Ausstoßung und dreitägiger Excommunication, was, wie der Inhalt der übrigen Canones, allerdings starke Lockerung der Disciplin vermuthen läßt [3]). Die Bischöfe, „vom Stolz ihrer Stellung erfüllt" [4]), zählen häufig zu jenen praepotentes, praesumentes, welche es verschmähen, die Rechtshülfe des Staates anzugehen; ohne sich an den Richter zu wenden, begehen sie pervasiones (statt praevasiones), praesumtiones und caedes selbst oder durch ihre Leute: die Vermöglichen werden zur Buße nach den Gesetzen des Königs angehalten und außerdem auf zwei Wochen excommunicirt. Schwierigkeit aber machten insolvente Bischöfe, namentlich wenn sie ihr Vermögen, wie häufig geschah, bei ihrem Amtsantritt der Kirche zugewendet. Weder konnte man die Bußen aus dem Kirchengut bezahlen noch wollte man solche Personen, wie das Gesetz bei Laien vorschrieb, dem Geschädigten verknechten [5]): man traf die Auskunft, je 10 sol. Buße in je 20 Tage Pönitenz zu verwandeln. Zu solchen Gewaltthaten verwendete Kirchensclaven werden nach weltlichem Recht gerichtet.

Sehr bedenklich ist nun, daß neben diesem excessus generalis noch besonders der Fall hervorgehoben werden muß, daß ein Bischof ein weibliches Familienglied eines Magnaten verführt, worauf Absetzung, Verbannung und lebenslängliche Excommunication gesetzt wird. Die gleiche Strafe wird gesetzt für Tödtung oder ein ähnlich schweres Verbrechen an einem Palatinen oder Adligen (auch adligen

---

1) hortatu religiosi principis jussu evocatis convenimus; die spanische Kirche wird der Frau im Evangelium verglichen, die 18 Jahre krumm (curvata) war.

2) Das gegen die Ketzerei der Bonosianer gerichtet ist Hefele l. c., Helff. Ar. S. 72.

3) Vgl. Gamero p. 450, c. 2 Verfall der Bildung, 3 des Gehorsams vgl. Thomassin p. 361, und der Einheit, 4 lange heftige Verfeindung unter den Geistlichen 8. 9 Simonie, 10 Gelübde geistlichen Lebens, 15 Festsetzung bestimmter Zeit für Abhaltung des Concils, 11 Interpretation eines zu wenig unterscheidenden Canon von Cc. T. I.

4) de honoris sibi culmine blandiuntur.

5) l. c. nulla eos incurvatione status sui servituti hominum debere addici.

Frauen) verübt, worauf nach weltlichem Recht (d. h. einem Laien) Talion, Verknechtung oder Verbannung bestimmt wäre.

Der Canon ist offenbar durch ganz bestimmte Fälle hervorgerufen: das erklärt zum Theil, daß nur von Magnaten und Adel die Rede, aber immerhin bleibt bezeichnend, daß man nur, wenn das Opfer des Bischofs ein Glied des Adels gewesen, mit einiger, immer noch sehr schonenden Energie einschreitet: das verräth die Gewaltthätigkeit, Hoffahrt und Entsittlichung dieser geistlichen Aristokratie[1]).

Schließlich wird die jährliche Versammlung an der Metropolitane zu der vom Fürsten oder Erzbischof bestimmten Zeit eingeschärft: jeden Bischof, der ohne hinreichende Entschädigung ausbleibt, trifft Excommunication für ein Jahr und die gleiche Strafe alle Bischöfe der Provinz, wenn sie ein Jahr ohne Concil verstreichen lassen, „d. h. wenn nicht die Macht des Königs es verhindert hat"; — man sieht, wie der König das Berufungs- und Verbietungsrecht unbestritten inne hat und oft genug übt: dagegen ein Recht, die Versammlung aufzulösen, wird nicht erwähnt und wurde unsers Wissens in diesem Reiche nie geübt. Der Dank an König Wamba wiederholt zweimal, daß sein Befehl und Eifer sie berufen, daß er als Reformator der Kirchenzucht der Gegenwart entgegengekommen, die vergeßnen Ordnungen der Concilien wieder hergestellt und die jährliche Abhaltung der Versammlungen angeordnet habe[2]).

Ungefähr gleichzeitig tagte zu Braga die Provincialsynode von Gallicien unter dem Erzbischof Leodigisus[3]), berufen, wie es am Schluß unter Dank und Fürbitte erwähnt, durch Decret des Königs Wamba. Nach Ablegung des Glaubensbekenntnisses zählt c. 1 die Mißbräuche auf, welche die folgenden Canones im Einzelnen abstellen[4]).

1) c. 15 des Cc. Em. wird erneut in c. 6 und auch auf Freie ausgedehnt: die Bischöfe sollen gegen Niemand Verstümmelungs- oder Todes-Strafe aussprechen. Vgl. 7: geistliche Strafen willkürlich und geheim bis zum Tode des Gezüchtigten gesteigert.

2) Daß Wamba auf diesem Concil eine neue Diöcesaneintheilung gegeben habe, wie die Spanier auf Grund einer einzigen Handschrift der Acten behaupten, ist nicht anzunehmen; s. die Gründe bei Hefele l. c. 107, A. V. S. 214.

3) Cc. Brac. III. al. Leodecisius; mit dem Beinamen Julianus: (über germanische und römische Doppelnamen s. A. IV. S. 147. 186) mit 7 Bischöfen, darunter die Gothen: Froaricus portucal., Bela britan., Ildulfus, qui cognominor Felix, iriens.; 8 Canones.

4) Nur geistlichen Inhalts: Profane Surrogate von Wein und Brod im Abendmahl 1. Verwendung der h. Gefäße zu Trinkgelagen 2. 4 Cölibat. 5 Miß-

Das XII. Concil von Toledo hatte wieder wesentlich [1]) politische Bedeutung: es sollte die schmähliche Palastrevolution, durch welche Erwich die Krone seines Wohlthäters Wamba an sich gerissen, rechtfertigen und so geschah's: der „Reformator der Kirchenzucht" war den Bischöfen zu energisch: ihre Partei stürzte ihn und breitete den Mantel der Kirche über den Thronräuber.

Am 4. October a. 680 hatte Erwich dem König den Gifttrank gereicht, am 20. October salbte ihn Erzbischof Julian von Toledo, am 9. Jan. a. 681 trat auf „Befehl des Königs" in der Apostelkirche das Concil zusammen [2]). Der Fürst erscheint in frommer Demuth in der Versammlung und erbittet knieend (reclinem nostro se coetui exhibens) die Fürsprache der Bischöfe bei Gott, dankt dem Himmel, daß das Concil nach seinem Befehl zusammengetreten und fügt hinzu: die Rathschläge der Concilien müssen der sinkenden Welt aufhelfen; die Väter kennen die Leiden und täglich wachsende Noth der Zeit, die eine Strafe der Verachtung der göttlichen Gebote sind. Deßhalb müssen sie, das Salz der Erde, die Regeneration des kranken Staates übernehmen d. h. die gottlose Mißregierung Wamba's hat die Revolution und die Rettung des Staates durch die Kirche nothwendig gemacht: — das letzte Concil hatte diesem König umgekehrt die Reformation der Kirche verdankt. Er überreicht in einem Tomus seine Einzelanträge zu ihrer Entscheidung, „deren Gerechtigkeit seine Thronbesteigung zieren und die Verirrungen des Volkes abstellen soll". Darauf Dank an Gott für eine so heilsame Aufforderung und Segen über den Fürsten, nach dessen Entfernung der „tomus" verlesen wird. Der König ruft darin die Unterstützung der Bischöfe an, nachdem er durch die Gnade

---

brauch des Reliquiencults, 6 der Disciplin in Geißelung auch höherer Geistlicher. 7 Simonie. 8 Beraubung des Kirchenguts durch die Bischöfe.

1) Vgl. Zuaznavar I. p. 120—124, Lafuente II. p. 443, Rico y Amat I. p. 17, Marichalar I. p. 423.

2) Cc. T. XI., in der Kirche der Apostel-Fürsten, unter Vorsitz Julians mit 34 Bischöfen, 4 Aebten, 3 Vertretern, darunter die Gothen: Liuva bracarens., Ricclla accitan., Geta (?) iliplens., Tructemundus elborens., Froaricus portucal., Attila (?) cauriens., Sisibad tuccitan., Argibad eliberitan., Ella segont., Theodulfus astigitan., Gundulfus lamecens., Theoderacius assidon., Balderedus abbas, A. presbyter vic. Gildimiri complut.; anwesend mitunterzeichnen folgende 15 viri illustres officii palatini ohne nähere Amtstitel: Sesuldus haec instituta quibus interfui annuens subscripsi. Recaredus, Witiza, Wimar, Teudila, Ostrulfus, Salamirus, Theudefredus, Ildigisus, Severianus, Theudulfus, Vitulus, Egila, Adeliuvus, Ataulphus similiter subscripsi; 13 Canones.

Gottes die Regierung zur Rettung des Landes und Aufrichtung des Volkes übernommen. Obwohl ihnen die Anfänge seines Regiments nicht unbekannt seien, in welcher Weise er durch die Fügung göttlicher Gerichte den Thron bestiegen und die Salbung erhalten habe, so sollen sie es doch nun auch schriftlich vernehmen: sie sollen es dann selbst promulgiren und, wie er seine Krone durch ihre Zustimmung erhalten, so sollen sie selbe nun durch ihr Gebet, ihren Rathschlag und Segen weihen, „so daß diese eure zahlreiche Versammlung wie eine erneute Bestätigung (innovatio) unseres Regiments erscheint". „Der Eifer euerer Leitung säubere das Land von der Gottlosigkeit: erhebt euch, löst die Schlingen der Frevler, bessert die Uebelthäter, züchtigt die Verräther, beuget die Hochfahrenden, richtet die Unterdrückten auf und, was mehr als all' das, reißet die Pest des Judenthums, die immer neuen Wahnsinn schafft, mit der Wurzel aus: alle alten Judengesetze müssen erneut werden, auf daß uns nicht, namentlich vermöge des von Sisibut gedrohten Fluches[1]), die Mitschuld ihrer Frevel durch deren Duldung treffe. Ferner bedarf der Abhülfe die Wirkung des Gesetzes unseres Vorgängers (ohne jedes Prädicat), wonach Heereslitz und Nichtbefolgung des Heerbanns Infamie und Verlust des Zeugnisses zur Folge hatte", ... „wodurch beinahe die halbe Bevölkerung von ganz Hispanien mit lebenslänglicher Ehrlosigkeit geschlagen und in manchen Flecken, Landschaften und Dörfern alle Bewohner zeugnißunfähig gemacht sind. Und obwohl unsere Gnade schon eine Milderung dieses Gesetzes (für die Zukunft) beschlossen hat, soll doch Euer Ausspruch jene restituiren, welche bereits darunter gelitten haben. Und ganz im Allgemeinen, was Euch an den Gesetzen unserer Herrlichkeit absurd (!) oder gegen die Gerechtigkeit erscheint, das ändert in einmüthigem Beschluß. Und auch neue Satzungen erlaßt, sofern sie euch nöthig scheinen, in schriftlicher Aufzeichnung, auf daß die anwesenden geistlichen Leiter der Provinzen und die Spitzen der edelsten Stände von ganz Spanien[2])

---

1) Oben S. 423.

2) et clarissimorum ordinum totius Hispaniae duces, gemeint sind die viri illustres off. pal.; aber ich wage kaum „duces" mit „Herzog" zu übersetzen wie Hefele, es heißt nicht: duces Hispaniae, wie er sagt: es sind die weltlichen Analoga der geistlichen rectores wie der nächste Satz zeigt; wenn es dann c. 1 heißt: consedentibus episcopis atque palatii senioribus universis, so ist damit nicht gesagt, alle Senioren des Palastes, sondern, wie der tomus besagt, eben nur jene illustres aulae regiae viri, quos interesse huic sancto concilio delegit nostra sublimitas; hier hat also wieder einmal eine Auswahl stattgefunden: in andern Fällen

dieselben in die ihnen anvertrauten Gebiete mitnehmen und einführen können". Schließlich ermahnt er die heiligen Väter „und euch, durchlauchtige Männer des königlichen Hofes, welche unsere Hoheit auserlesen, diesem h. Concil anzuwohnen", zu gewissenhafter Lösung ihrer Aufgabe. Eine kurze Uebergangsbestimmung zeigt in seltner Klarheit, wie man sich die Rechte von König, Episkopat und Adel bei der Gesetzgebung und der ganzen Thätigkeit dieser Concilien vertheilt und in einander greifend dachte: 1. Die Versammlung wird nur vom König berufen. 2. Sein Befehl (jussus) legt den Bischöfen und den Senioren des Palastes die Berathungsgegenstände vor (dies ist nicht genau: die Bischöfe ꝛc. haben auch die Initiative, namentlich in rein geistlichen und in gemischten, aber auch in rein weltlichen Dingen). 3. Die Beschlüsse der Versammlung werden erst durch königliche Bestätigung und Publication zu verbindlichem Reichsgesetz (lex) [1]).

Nach Ablegung des Glaubensbekenntnisses folgt nun zur Rechtfertigung der Revolution eine Erklärung des Concils, die der Mehrzahl doch nur als widerliche Heuchelei ausgelegt werden kann. „Der Beweis der uns vorgelegten Urkunden hat dargethan, mit welcher Friedlichkeit und Ordnungsgemäßheit (— gerade das Gegentheil war der Fall und sollte jetzt vertuscht werden —) Fürst Erwich den Thron bestiegen und die Regierungsgewalt durch die heilige Salbung empfangen: (— die Salbung an sich hat keine verfassungsrechtliche Wirkung, sie war nur eben leicht von dem mitverschwornen Julian zu erlangen gewesen und sollte das Rechtswidrige canonisch decken). — Aus diesen Urkunden ersieht man die Uebernahme der Pönitenz durch den frühern König Wamba und die Uebertragung der königlichen Ehre auf diesen unsern Fürsten. Da nämlich den genannten König Wamba

---

scheint es, als ob alle Palatinen, denen oben S. 462 eine Anwartschaft nach alter Sitte eingeräumt wird, erschienen; aber doch gewiß immer nur a) die Höhern, und b) die gerade am Hof Anwesenden.

1) Magna salus populis gentisque nostrae regno conquiritur, si haec synodalium decreta gestorum sicut pio devotionis nostrae studio acta sunt, ita inconvulsibilis nostrae legis valido oraculo confirmentur, ut quod serenissimo nostrae celsitudinis jussu a venerandis patribus et clarissimis palatii nostri senioribus discreta titulorum exaratione est editum, praesentis hujus legis nostrae edicto ab aemulis defendatur. Besonders wird die Judengesetzgebung als von der Versammlung geprüft und gebilligt bezeichnet und deßhalb als unwiderruflich verpflichtend.

der Schlag einer unvermeidlichen Nothwendigkeit befiel[1]), legte er die Tracht geistlichen Gelübdes und das ehrwürdige Zeichen der Tonsur an und bestimmte durch urkundliche Wahl (— dazu hätte er, auch seinen freien Willen angenommen, nicht das Recht gehabt —) diesen unsern Herrn Erwich zu seinem durch priesterliche Segnung (— diese verleiht nur dem rechtmäßig gewählten religiöse Weihe —) zu salbenden Nachfolger. Wir haben ferner sämmtlich die folgenden Urkunden eingesehen: eine von den Senioren des Palastes unterschriebene Erklärung, in deren Beisein (— es waren eben die Mitverschwornen Erwichs) — der frühere Fürst geistliche Tracht und Tonsur annahm; eine Urkunde, in welcher derselbe unsern glorreichen Herrn Erwich zum Nachfolger wünscht; eine weitere Information desselben an unsern ehrwürdigen Bruder Julian von Toledo, worin er ihn auffordert und anweist, unsern Herrn Erwich mit aller Sorgfalt und Herrlichkeit zum König zu salben: in welchen Urkunden wir auch die Unterschrift des Fürsten Wamba eingesehen und die Beweiskraft und Echtheit all dieser Schreiben erfunden haben. Nachdem wir dies alles gelesen und geprüft, beschloß die Versammlung, den Bestimmungen jener Urkunden unser aller Bestätigung beizusetzen, auf daß der König, dessen Herrschaft Gott in seinen verborgenen Rathschlüssen vorausgewußt, nunmehr am offenen Tage als durch den Beschluß[2]) aller Bischöfe consecrirt erscheine. Und demzufolge sei die Hand des Volkes von jedem Band des Eides, welches dasselbe an König Wamba, so lang er das Reich besaß, geknüpft hielt, gelöst[3]): es diene fortan allein diesem König Erwich mit freiem Dienst und freudigem Gehorsam, ihm, den der Wille Gottes im Voraus zum Throne bestimmt, den sich der abgetretne Fürst zum Nachfolger bestellt und, was dazu kömmt, die Liebe des ganzen Volkes ausgewählt hat: — (das Volk hatte dazu gar keine Gelegenheit gehabt). — Nachdem dies erkannt und eingesehen, ist es Pflicht, unter dem Gott des Himmels zu dienen unserm König

---

1) inevitabilis necessitatis eventu teneretur. Diese Worte enthalten — in berechneter Unverständlichkeit — den Giftplan.

2) Es wird also die jedenfalls bisher fehlende, verfassungsmäßig unentbehrliche, Zustimmung der geistlichen Aristokratie nachträglich ertheilt.

3) Der stärkste und kühnste Act der Ueberhebung der Priesterschaft, wohlgefällig verzeichnet von Cenni II. p. 17, Suarez p. 125: entweder, wenn das bisher Vorgetragene richtig, unnöthig, oder, wenn unrichtig, unbefugt und unwirksam: — man fürchtete den Gewissenszweifel des Volkes.

Erwich mit frommer Treue, ihm zu gehorchen mit willigstem Eifer, zu thun und anzustreben, was zu seinem Heile, dem Volke und dem Nutzen des Vaterlandes dient. Deßhalb wird fortan nicht wohl dem Anathem und dem rächenden Strafgericht Gottes entgehen (— diese Wendung verräth noch eine gewisse Schüchternheit —), wer hochfahrend Wort oder Hand gegen ihn erhebt."

Richtige Beleuchtung erhält aber vorstehende empörende Heuchelei erst durch den nachfolgenden Canon, welcher, obwohl allgemein sprechend, doch lediglich den unglücklichen König Wamba zu treffen sucht und deutlich verräth, wie wenig freiwillig derselbe die Tonsur mit der Krone vertauscht hatte und wie sehr das böse Gewissen der Verschwörer die Rückkehr des tapfern Kriegers zu Schwert und Scepter fürchtete. „Oft sind die, welchen die Gnade Gottes auch gegen ihren Willen (— das war freilich bei Wamba der Fall! —) zu Theil geworden, undankbar, fechten an, was sie in Ehren halten sollten, und stoßen in weltlichem Trachten eine Gabe wieder von sich, die sie mit höchstem Eifer festhalten sollten. Viele fordern noch in bewußtem Zustand die letzte Oelung (oder das Pönitentengewand) und verlieren dann in Krankheit dermaßen Sprache und Besinnung, daß sie sich um ihr Seelenheil nicht mehr kümmern und keinen Wunsch der frühern Frömmigkeit mehr hegen: solchen giebt man die letzte Wegzehrung gleichwohl. Andere dagegen (— so ist der Gedankenzusammenhang, der Text ist tief verdorben —) trachten mit eiteln Rechtsgründen (cautionibus) und fluchwürdigem Widerstreben, das ehrwürdige Zeichen der Tonsur wieder von sich zu thun und die geistliche Tracht abzuwerfen, indem sie höchst unverschämt behaupten, sie seien um deßwillen durch dies Gelübde nicht gebunden, weil sie die Pönitenz weder selbst erbeten noch auch nur in bewußtem Zustand empfangen. Diese freche und hartnäckige Unverschämtheit würde solche Sprache nicht führen, wenn sie sich [1]) erinnerte, daß man ja auch die Taufe den Kindern ohne deren Willen und Bewußtsein giebt (— ein im Mund von Priestern empörender Vergleich —): wie die Taufe ist auch die „Verleihung" (!) der Pönitenz, obwohl Bewußtlosen ertheilt, ohne Widerstreben unverbrüchlich zu bewahren. Wenn fortan Jemand, der irgendwie die Pönitenz empfangen, diesen Synodalbeschluß verletzt, werde er als wahrer Uebelthäter von den Strafen der Väter betroffen und namentlich kann er nie wieder

1) S. die Noten bei Aguirre II. p. 690.

im Staat ein Amt bekleiden" [1]). Das war es: man wollte Wamba den Rückweg zum Thron versperren. Anstands halber mußte man dann doch auch dem viel ärgern Uebelthäter, d. h. dem Priester „der willkürlich jemanden ohne dessen Willen, ja ohne Bewußtsein in verwegnem Unterfangen die Pönitenz auferlegt", eine Strafe drohen: man begnügte sich aber mit einjähriger Excommunication und gestattete ihm den Beweis, daß ihn sein Opfer durch Handbewegungen (!), manuum indiciis, oder andere deutliche Zeichen dazu aufgefordert habe; man verzichtet also auf ausdrückliches Verlangen — Cc. T. X. 3 hatte noch Schriftform des Gelübdes verlangt! — und begnügt sich mit dem Beweis von vieldeutigen Gebärden.

Selten ist in aller Geschichte ein politisches Verbrechen widerlicher mit religiöser Heuchelei geschmückt und verhüllt worden. Dabei ist die Geschicklichkeit zu bewundern, mit der, als ob es sich nicht lediglich um Wamba handle, an ältere Canones [2]) angeknüpft wird.

c. 3 verbietet dann den Bischöfen, vom König kraft des ihm nach den alten Canones allein zustehenden Rechts [3]) begnadigte Hochverräther, die er wieder in seine Gunst aufgenommen und an seine Tafel gezogen, gleichwohl von der kirchlichen Gemeinschaft auszuschließen: es scheint, als ob wackere Geistliche die Gegner Wamba's, verurtheilte Verräther, vielleicht Anhänger des Paulus, mit deren Hilfe Erwich seinen Streich vollführt und die er nun zu hohen Gnaden erhöht hatte, charakterfest und gewissenstreu von sich und der Kirche fern gehalten: diese moralische Opposition sollte gebrochen werden. Höchst verdächtig klingt die zweimalige Betonung der Tafelgenossenschaft und wie es gar so unerträglich, jene von der Gemeinschaft auszuschließen, „welche doch mit dem König speisen" — solche Rücksichten waren sonst der großartigen Rücksichtslosigkeit der Kirche sehr fremd. Aber das Concil ist mit der politischen Verurtheilung Wamba's noch nicht zu Ende. Der Bischof Stephan von Merida klagt sich selbst an, daß er, durch königliche Gewaltthätigkeit gezwungen, das Kloster Aquä zu einem Bischofssitz erhoben: weil er nun mit unbedachtem und allzuleichtem Gehorsam gegen die ungerechten Befehle König Wamba's diesen Schritt gegen die Canones gethan, bittet er um Verzeihung und Abhülfe. „Weil wir nun wirklich alle wissen, besagter König, leichtfertig handelnd, habe

---

1) ne ad militare cingulum redeant.

2) S. Cc. T. VI. Barc.; oben S. 433.

3) S. dagegen S. 243.

nicht nur jenen Schritt befohlen, sondern in gewohntem Eigensinn auch durchgesetzt, daß er hier in einer Vorstadt von Toledo einen Bischof (neu) einsetzte und das gleiche in andern Dörfern und Flecken that, ließen wir verlesen, was die Canones gegen die so insolente Willkür solcher Störung verordnen." Dies geschieht: über Mitwirkung des Königs bei Besetzung der Bisthümer enthalten aber die verlesenen Normen nichts. Der zum Bischof in Aquä eingesetzte Cuniuld bleibt ungestraft, weil er nicht aus eignem Ehrgeiz, sondern auf Antrieb des Fürsten eingesetzt wurde. Aquä wird wieder Kloster und ein ähnliches Vorgehen mit dem Anathem bedroht[1]). Weiter wird nach Anregung Erwichs bestimmt: nachdem dieser das Heerbanngesetz Wamba's zu mildern beschlossen (für die Zukunft), hält das Concil (unter Zustimmung Erwichs) für nothwendig (— man könnte höchstens sagen billig — daß jene, welche kraft jenes Gesetzes die Zeugschaftsfähigkeit verwirkt, dieselbe und den Titel ihres Ranges (— man sieht, nicht das vorgeschützte Bedürfniß, wieder zeugnißfähige Personen zu haben, war das wahre Motiv —) und Standes wieder erhalten: ja mit rückwirkender Kraft wird erklärt, Ansprüche, welche sie nur wegen der verwirkten Zeugnißfähigkeit (— es ist aber vorab an Fähigkeit zu Haupteid und Erfüllungseid zu denken —) nicht geltend machen oder durchsetzen konnten, sollen sie jetzt durch Ablegung des Zeugnisses verfolgen können, wenn nicht damals noch ein anderes infamirendes Verbrechen oder dermalen die 30jährige Verjährung entgegensteht[2]). Ferner wird dem Antrag des Königs auf Republication der Judengesetze Statt gegeben[3]), und ein strenges[4]) Gesetz gegen Götzendienst erlassen, aus welchem hervorgeht, einmal, daß, besonders bei dem niedern Volk, Sclaven und Colonen, das Heidenthum sich erhalten, bei den höhern Ständen sich früher verloren hatte (— was damit zusammenhängt, daß jene auf dem flachen Land (pagus, pagani), diese in den Städten lebten —) und vielleicht, daß auch germanisches Heidenthum noch mit im Schwange ging[5]).

---

1) c. 4.

2) c. 7.

3) c. 9.

4) Geißelung und Ketten für Knechte: eidliches Versprechen der Herrn, sie fortan abzuhalten: widrigenfalls Excommunication, Verwirkung des Eigenthums am Knecht, der dem König zu beliebiger Verschenkung eingeliefert wird, für Freie lebenslängliche Excommunication und strengeres Exil (in ein Kloster).

5) Unter den cultores idolorum veneratores lapidum *accensores facu-*

Das Wichtigste aber unter den politischen Normen dieses Concils war die Verleihung einer ganz ausgezeichneten Stellung an den Erzbischof von Toledo. Das war offenbar die Frucht von Julians Arbeit bei der Absetzung und Scheerung des einen und Einsetzung und Salbung des andern Königs und beweist, wie für die Bedeutung seiner Person, so für seine enge Allianz mit Erwich und für das rasch mächtig gestiegene Ansehen von Toledo[1]).

Dieser Metropolitan sollte fortan unter Mitwirkung des Königs, dessen Ernennungsrecht ganz unbeschränkt anerkannt wird, alle Bischöfe von ganz Spanien und Gallien ernennen dürfen — von Wahl durch die Mitbischöfe auf den Provincialsynoden, von Vorschlag der Gemeinden und Mitwirkung des Erzbischofs ist nicht mehr die Rede — und der so Bestellte hat sich nur binnen drei Monaten vor seinem Erzbischof zu stellen, der eine Einweisung, aber keine Consecration mehr, vorzunehmen hat[2]). Jährliche Abhaltung des Concils am 1. Nov. wird bei Excommunication angeordnet und mit Dank gegen Gott und Fürbitte für den König geschlossen. Der König promulgirt die Beschlüsse und droht für Verletzung außer der Excommunication und $^1/_{10}$ Confiscation, eventuell, si nihil habuerit facultatis, 50 Hiebe, jedoch ohne begleitende Infamie.

Am 4. Nov. a. 683 berief[3]) König Erwich[4]) die XIII. Synode nach Toledo[5]). Der König erscheint, erfleht die Fürbitte des Concils,

larum et excolentes sacra fontium vel arborum sind die letztgenannten wohl auch germanisch zu denken.

1) c. 6 quoscumque potestas regalis elegerit et metrop. probaverit cum conniventia sagt die Wiederholung in Cc. T. XIII. 9.

2) Vgl. Ulloa conjeturas. Wie hiemit die Clausel: salvo privilegio unius cujusque provinciae, zu vereinbaren, war dem Concil wohl selbst unklar. Die übrigen Canones sind geistlichen Inhalts: 5 über Form der Communion, 8 Ehescheidung wobei Hartnäckigen auch die Strafe der Infamie und Verlust der palatina dignitas gedroht wird, 10 Asylrecht.

3) Der Schluß c. 13, nicht auch der Eingang, erwähnt jussus regis.

4) Nicht Egika! wie Le Grand d'Aussy p. 445, Marichalar I. p. 426.

5) Unter Vorsitz Julians, in derselben Kirche, mit 47 Bischöfen, 9 Aebten, 26 Vertretern, darunter die Gothen: Liuva bracar., Floresindus hispal. (l. Thoresindus), Mummulus (?) cordub., Theudericus assidon., Geta iliplens., Froaricus portucal., Miro conimbr., Ella segont., Sonna oxomens., Cuniuldus italic. (wohl der Cc. T. XII. erwähnte ehemalige Bischof von Aquae, dem die nächste Vacatur versprochen war), Alaricus auriens., Gundulfus lamec., Attila caurlens., Oppa tulens., Tructemundus elbor., Sisebadus tucitan., Onegisus avilens., Theo-

bezeichnet als dessen Berathungsgegenstände Kirchendisciplin und Sittenzucht und überreicht einen tomus, der seine Wünsche, namentlich zur Aushülfe für Unglückliche (Verbrecher), enthält. Nach Dank und Segen der Versammlung entfernt sich der König huldvoll [1]) und die Versammlung prüft den „tomus". Er erklärt darin, sich vor der Versammlung niederzuwerfen [2]) und seine Wünsche ihrem Rath zu unterbreiten. Zuerst kündet er seinen Entschluß an, die Armen (miseri), d. h. Anhänger des Paulus, welche mit Infamie und Confiscation bestraft waren, zu restituiren; dann verlangt und verheißt er Garantien gegen ungerechte Verurtheilung von Geistlichen und Laien; Steuernachlaß bis zum ersten Jahr seiner Regierung; Zurückdrängung der sich überhebenden Freigelaßnen: darüber verlange er ihren, bekanntlich vom heiligen Geist erleuchteten und ewig zu befolgenden, Rath. Deßhalb beschwört er die Bischöfe „und den Adel der hohen Männer, welche aus dem Amt des Königshofes erkoren sind, in dieser heiligen Synode mit euch zu sitzen", zu sorgfältiger Prüfung aller von ihm vorgelegten oder von ihnen selbst eingebrachten Fragen.

Nach Verlesung des Glaubensbekenntnisses beschließt das Concil, das viel mehr politische als kirchenrechtliche Bedeutung hat, auf An-

dulfus astigitan., Sarmata (?) valent., Onemundus salamant., Brandila laniobrens., Olipa segobr., Euredus ilerd., Ara (?) olyssipon., Sisebertus abbas., Wisandus abbas. vic. Suniefredi narbon., Spasandus vic., Laulfus v., Gisebertus diaconus (gegen die Cc.) v. Ansemundi lobetens., Fredebadus v. Valderedi caesaraug., Veremundus v., Sisuldus v., Cixila v. Wisifredi auson., v. Ergobadi eliberitan., v. Attilani pampilon., Andebertus v. Gudiseli oscensis., v. Riccilani accitani., v. Leuberici urgelitani; ferner 26 viri illustres officii palatini: Ostrulfus comes haec instituta *ubi interfui* annuens subscripsi; Wadamirus comes Scanciarum et dux similiter; Reccaredus c. sc. et d.; Argemirus c. cubiculi et dux; Egica c. scanc. et d.; Isidorus c. thesauror. et d.; Sisibutus c. scanc. et d.; Valdericus c. civitatis toletanae; Vitulus c. patrimonii; Cixila c. notariorum; Sunifredus c. scanc. et d.; Gisclamundus c. stabuli; Willangus spatarius et comes; Aldericus spatarius et c.; Adeliubus c. scanc.; Theudila procer; Salamirus c. scanc.; Ataulfus c. cubicular.; Nilaeus spatarius et comes; Severinus comes spatarior.; Trasaricus spat. et comes; Audemundus procer; Sisimirus spatar., comes et dux; Trasimirus procer; Torrosarius c., spatarius; Recaulfus procer. Daß sie mit dem König zugleich erscheinen, ist nicht gesagt.

1) gratiosus exivit.

2) coram coetus vestri reverentia humilis devotusque prosternor, reclinis assisto.

trag des Königs, dessen Herz das Erbarmen gerührt, die Befreiung der Paulianer [1]) und ihrer Kinder von der Infamie, ja für alle seit Kindila von dieser Strafe Betroffenen, (was also weiter geht als der königliche Antrag, aber zum Theil eine Erneuung von Cc. T. XII. ist) [2]), und da diese Befreiung [3]) ohne Gewährung von Unterhalt nichts bedeuten würde, berathen und beschließen sie auf Befehl des Königs auch hierüber, daß jener Theil ihres eingezogenen Vermögens, der noch im Besitz des Fiscus und nicht an Dritte geschenkt oder zu stipendium gegeben ist, ungesäumt jedem Verurtheilten durch königliche Verordnung zurückgegeben werde — der vergabte Theil des Eingezogenen aber verbleibt den damit Beschenkten [4]). c. 2 sichert, unter starker Anklage früherer tyrannischer Mißbräuche der Gewalt und Arglist der königlichen Gerichtshoheit, Bischöfe und Palatine, dann in geringerm Maß auch Gemeinfreie, vor Verurtheilung, besonders wohl in (wie der Nachsatz: de infidelitatis crimine zeigt) politischen Processen, ohne gehöriges Verfahren, und gegen Erpressung von Geständnissen durch Kerker und Folter: in öffentlicher Versammlung der Bischöfe, Senioren und Gardinge soll die Untersuchung geführt, d. h. das Concil soll für solche Processe der einzig competente Gerichtshof werden: wie diese ganze Anordnung zunächst nur für die herrschende Aristokratie sorgen will, — denn daß scheinbar der K ö n i g hier wie c. 6 die Initiative ergreift, beweist gar nichts: solchen Königen wie Erwich einer war redigirte der Episkopat, hier wohl Julian, die „Thronrede" — zeigt deutlich die Abweichung bezüglich der Gemeinfreien. c. 3 bestätigt [5]) einen allgemeinen [6]) Steuererlaß des Königs bis zu seinem ersten Regierungsjahr. Am folgenden Tag wird aus Dank gegen den König erlassen ein decretum defensionis in regiam prolem, „ein Schutz (tuitio), den er durch seine Wohlthaten reich verdient": man sieht, wie sich dies

---

1) hortante pariter ac jubente rege . . decernendum nobis occurit.

2) Die Rebellion des Paulus erhält gleichwohl scharfe Verurtheilung; von dem Motiv, die Zahl der Zeugnißfähigen zu vermehren, ist gar nicht mehr die Rede.

3) „Von der servitus", sagt der Text ungenau; verknechtet waren sie nicht.

4) Diese Unterscheidung sieht freilich zunächst aus wie Freigebigkeit der Aristokratie lediglich auf Kosten der Krone, indessen ist die Maßregel doch schon angedeutet in dem Antrag des Königs quos devovimus rebus *quibus fas fuerit* revestire. Die Wiederentziehung des schon Vergabten erschien als contra fas und mit gehässigen Folgen begleitet.

5) vigorem definitioni ejus apponimus.

6) An solchen Stellen sind die Canones oft nur Umschreibungen der „Thronrede".

Königthum an den Krumstab klammert (— obwohl hier umgekehrt die Initiative dem Concil zugeschoben wird —). In der „lex" wird besonders hervorgehoben, daß mit den sacerdotes auch die seniores — vor ihnen fürchtete man jene Gefahr — zugestimmt; es werden daher alle gegenwärtigen, abwesenden und zukünftigen Bischöfe und Fürsten (principes, gemeint sind wohl alle Adligen und späteren Könige) unter Bedrohung mit Anathem und ewiger Verdammniß beschworen, sich zu enthalten aller Nachstellung gegen die Nachkommenschaft des Königs und seiner Königin Leovigotho und alle, die ihren Söhnen und Töchtern verbunden sind oder noch werden: hervorgehoben werden: Versuch der Absetzung (abdicari), Ermordung, Vermögens- oder Rang-Beraubung (dejici), gewaltsame Tonsurirung oder Anlegung geistlichen Gewandes, — eine offenbar vom bösen Gewissen eingegebene Besorgniß! — Verbannung ohne alle Ueberführung [1]), Verstümmlung und Geißelung. c. 5 verbietet in sehr heftiger Sprache moralischer Entrüstung die Wiederverheirathung der verwittweten Königin: in Schwefelfeuer wie der Teufel werde ein solcher Frevler (d. h. ihr Gatte in zweiter Ehe) verbrannt: „denn unerträglich ist, daß die einstige Königin, ein Theil des Leibes des verstorbenen Herrschers, der Lust eines Unterthanen diene." Es soll aber dieser Aufwand von Rhetorik nur das eigentliche Motiv verbergen. Dies ist ein politisches: es soll nicht, wie bisher oft geschehen, die Königin-Wittwe in dem Kampf der Parteien eine Rolle spielen, es soll ihre Hand und der Reichthum und die Ansprüche ihres Hauses auf den Thron nicht von Kronprätendenten und ehrgeizigen Großen angestrebt und als Waffe wider den correct Erwählten gebraucht werden: daß dies und nicht jene zarte Rücksicht auf den Verstorbenen und die Ehre der Krone der Beweggrund, verräth allzu deutlich, daß auch der nachfolgende König, auf welchen die ganze Argumentation nicht paßt, sie nicht heirathen darf. Auch der nächste Beschluß bezweckt, wie c. 2 und zum Theil c. 5, die Sicherung der Aristokratie [2]): nachdem nämlich alte und neue Erfahrung gezeigt habe, wie so oft Freigelaßne und Knechte von Privaten, vom König zum Rang von Palatinen erhöht, diese ihre Stellung neben oder über ihren ehemaligen Herren zu deren Verfolgung und Denunciation mißbrauchen,

1) Hierauf beruft sich Cc. T. XV.: justum et negotiosum d. h. „geschäftsmäßiges" judicium.

2) hortante pariter ac jubente rege: gerade bei Gesetzen zur Beschränkung der Krone schob man den Schein der Initiative gerne dieser zu.

sollen fortan, bei Strafe der Wiederverknechtung, Angehörige dieser Stände vom König nicht zu Palatinen und Actoren von Domänen erhöht werden — ausgenommen Freigelaßne und Knechte des Fiscus; diese bildeten eine höhere Schicht jener Classen und waren als Angeber und rachsüchtige Ausbeuter ihrer Kenntniß der Geheimnisse der Adelshäuser nicht, wie deren ehemalige Diener, zu fürchten. c. 8 verpflichtet die Bischöfe, sich auf die Ladung des Königs oder Erzbischofs einzufinden oder ihre Verhinderung zu beweisen. c. 9 erneut die Beschlüsse des letzten Concils von Toledo[1]). Mit Dank gegen Gott und den König schließt das Concil. Der König aber verkündet den Steuernachlaß in einem besondern Manifest, welches manche von dem betreffenden Canon nicht vorgesehene Detailbestimmung (Strafen für die Finanzbeamten) enthält, und bestätigt die Beschlüsse des Concils in einer lex in confirmatione concilii edita vom 13. Nov. in einer Sprache, welche, bei aller Ehrerbietung vor der inspirirten Versammlung, doch keinen Zweifel darüber läßt, daß erst „durch dieses Gesetzes Edict" ihre Beschlüsse für das Volk Gesetzeskraft erlangen, sogar auch die rein geistlichen Normen[2]) und für Verletzung dieser — also auch der rein geistlichen — Vorschriften droht der König zugleich mit Excommunication und Confiscation von ein Zehntel des Vermögens, eventuell d. h. Vermögenslosen 50 Hiebe, jedoch ohne Infamie. Man sieht, die Verschmelzung von Staat und Kirche ist längst vollzogen.

Ausschließlich kirchliche Fragen behandelt das Provincialconcil vom November a. 684, Cc. T. XIV., welches gleichwohl vom König[3]) berufen wird. Es hatte nämlich der Papst[4]) an die spanischen Bischöfe

1) Ueberwiegend geistlichen Inhalts sind: c. 7 Verbot an Geistliche, aus Gründen persönlicher Erbitterung oder Streithändel den Gottesdienst in ihren Kirchen einzustellen; 10 Wirkung der Pönitenz von Geistlichen auf ihr Recht, die Culthandlungen fort zu führen; 11 Verbot der Aufnahme und Bergung von flüchtigen Geistlichen und Mönchen, analog der flüchtiger Knechte: auch hier Pflicht der Anzeige an den Richter: dagegen soll die Anrufung des Metropoliten gegen den Bischof oder eines andern Metropoliten oder wenn, zwei Erzbischöfe vergebens angegangen worden, des Königs, nicht von dem Appellaten d. h. dem Bischof oder Erzbischof an dem Appellanten mit Excommunication gestraft werden.

2) quae *omnia* praemissa synodalia . . decreta a praesenti die decernimus observanda.

3) jussu strenuo Cc. T. XIV. praef.

4) Man streitet, ob Leo II., Helff. Ar. S. 75, oder dessen Nachfolger Benedict II. s. Hefele III. S. 268. 293.

und an König Erwich Briefe [1]) gerichtet, in welchen er in dem großen Streit gegen den Monotheletismus den Beitritt der spanischen Kirche zu den Beschlüssen des VI. allgemeinen Concils verlangte.

c. 1 erklärt, König Erwich habe, da die Berufung eines Generalconcils auf Anregung des römischen Stuhls (zur Unterdrückung der verderblichen Lehre des Apollinaris über den Monotheletismus), welches an sich die Bedeutung des Gegenstandes erheischt hätte, unthunlich gewesen, den Zusammentritt zu Synoden in jeder einzelnen Provinz angeordnet und zwar sollte das Concil in „dieser königlichen Stadt" vorangehen, dessen Beschlüsse den übrigen Erzbischöfen durch ihre Vertreter (vicarii legati) mitgetheilt und dann in allen Provinzen gleichmäßig angenommen werden sollen [2]). Bekanntlich habe man von Rom die Acten [3]) des (VI.) Concils von Constantinopel in Verwerfung des Monotheletismus nebst einem die ganze Geschichte dieser Versammlung schildernden Brief des Papstes Leo zugesendet erhalten, in welchem er alle Bischöfe „dieses Reiches Spanien" zur Gutheißung jener Beschlüsse einlädt (invitati) [4]). Diese Aufforderung hätten sie kaum zurückgekehrt vom letzten Concil, daher stark angegriffen (imminuti) und obenein zur strengsten Winterzeit, erhalten, weßhalb die Veranstaltung eines Generalconcils unmöglich gewesen [5]). Sie hätten aber einzeln für sich in ihren Bischofssitzen jene Zusendung geprüft und die darin aufgestellten Sätze gebilligt, sie ferner nun, nachdem eine Generalsynode nicht zu berufen, in Provincialsynoden und zwar zuerst für diese Provinz zu Toledo geprüft, indem die Provinzen Tarracona,

1) Aguirre II. p. 710—716: auch an einen comes Simplicius; Baron. hat ihre Echtheit bestritten; für unsere Zwecke ergeben sie keine Ausbeute als den Gedanken, daß Gott zwar eine Mehrheit von weltlichen, aber nur Eine geistliche Gewalt auf Erden gewollt habe, dann eine Reihe von (nicht neuen) Titeln und Prädicaten des Königs und die Anerkennung des Rechts des Königs, ein Generalconcil zu berufen.

2) Unter Julians Vorsitz sind versammelt 16 Bischöfe seiner Provinz, darunter die Gothen: Riccila accitan., Ella segont., Sonna oxom., Olipa (?) segobr., 6 Aebte: darunter ein Sisbertus und 10 Vicare der Metropoliten von Tarracona (ein Abt Argibad), Waldemar diacon. v. des Sunifredus von Narbonne, von Merida, Braga (Recesindus abbas v. Liuvani brac.) und Sevilla (v. Floresindi [l. Thoresindi?] hispal.); keine Palatinen werden genannt; ebensowenig die Kirche, wiewohl c. 1 von praememorata ecclesia spricht.

3) Vgl. hier Pagi und Hefele S. 293 gegen Baronius.

4) c. 2.

5) Nicht überzeugend Helff. Ar. S. 75: „der pontifex der alten Roma sollte warten lernen".

Narbonne, Merida, Braga und Sevilla durch Vicare vertreten seien, hätten jene Beschlüsse mit den ökumenischen Concilien übereinstimmend gefunden, erklärten daher deren ehrerbietige Anerkennung und reihten sie hinter derselben an der rechten Stelle ein [1]).

Die nächste Synode war wieder ein Nationalconcil, berufen von Egika zur Berathung politischer und kirchlicher Fragen [2]). Der König erscheint in der Versammlung, fordert knieend (humo prostratus) [3]) die Fürbitte der Bischöfe, erhebt sich und überreicht einen tomus, der nach seiner Entfernung verlesen wird. Egika fordert von der inspirirten Synode Lösung des Conflicts zweier Eide, welche er seinem verstorbenen Schwiegervater und Vorgänger habe schwören müssen. Zuerst bei der Vermählung mit dessen Tochter habe er schwören müssen, daß er in jeder Sache seinen (d. h. Erwichs) Kindern zum Siege verhelfen und in allen ihren Angelegenheiten seinen Weisungen gemäß handeln werde, sodann bei seiner Bestimmung zum Thronfolger vor der Uebertragung der Krone, daß er dem ihm

---

1) c. 3—7; d. h. hinter dem von Chalkedon: denn die V. allgemeine Synode war von den Spaniern noch nicht als solche anerkannt s. Hefele II. S. 899, III. S. 294. Nach einer kurzen Darlegung der orthodoxen Lehre von den zwei Naturen und Willen in Christo schließt das Concil mit Dank gegen Gott und den König c. 8—12; es warnt vor Grübelei und ermahnt, statt dessen zu glauben: neque enim quae sunt divina discutienda, sed credenda sunt: non enim se Deus discutere jubet, sed credere.

2) Cc. T. XV. 11. Mai a. 688 (Ulloa tratado a. 687) in der Haupt-Kirche (ecclesia praetoriensis) der Apostelfürsten unter Vorsitz Julians, mit 65 Bischöfen und Vertretern, darunter die Gothen: Suniefred narbon., Floresind hispal., Riccila accitan., Ervig calabr., Monefonsus (über diesen Namen J. Grimm in Haupts Z. VII.) egiditan., Sonna oxom., Froaricus portucal., Wisefred auson., Emmila illicit., Theuderacius assidon., Willedeus calagurrit., Cuniuld italic., Geta (?) iliplens., Gaudila emporit., Euredus ilerd., Onemundus salamantic., Spassandus (?) complut., Gundericus segont., Willephonsus vesens., Sabaricus gerund., Valderedus caesaraug., Tructemundus elborens., Sisebad tuccitan., Atala cauriens., Landericus olyssip., Miro conimbr., Fiontius (?) lamec., Sesuldus archipr. vic., Suniulfus abbas v., Florentius v. Leuberici urgellitan., Gundila a. v., Desiderius v. Nandarbi astigit.; dann 11 Aebte und andere Geistliche, darunter Wisandus archidiac., Sisebertus abbas und 17 weltliche Große, welche, obwohl zum Theil in Cc. T. XIII. mit Specialämtern bezeichnet, diesmal alle nur mit comes unterzeichnen: es sind Hostrulfus comes ita subscripsi, ebenso Wimar, Vitulus, Trasemundus, Valdericus, Teudila, Nausti, Cixila, Giselamundus, Sisuldus, Severinus, Sonna, Ara, Trasericus, Ega, Suniemirus und Audemundus, vgl. Lafuente p. 449, Marichalar I. p. 435.

3) Wohlgefällig verwerthet von Thomassin p. 443.

anvertrauten Volke niemals Gerechtigkeit verweigern werde. Hier sei nun Verletzung des Eides unvermeidlich, da er entweder, wider die Gerechtigkeit und den zweiten Eid, den Kindern Erwichs in jeder Sache zum Siege verhelfen oder, gemäß der Gerechtigkeit und wider den ersten Eid, die Kinder Erwichs unter Umständen unterliegen lassen müsse. „Dazu kömmt, daß Erwich alles Volk gezwungen, zum Schutz seiner Kinder zu schwören und daß er im Interesse der Sicherung seiner Dynastie schweren Druck geübt, Viele widerrechtlich des Ranges und Vermögens beraubt, aus Edeln in seine Knechte verwandelt, der Folter und gewaltsamer Verfolgung unterworfen hat. Wenn nun hiegegen dringend, laut und allgemein um Restitution gerufen wird, welche nicht ohne Nachtheil für seine Kinder geschehen kann, wie kann ich hier Verletzung des einen oder andern Eides vermeiden?“ [1]) Deßhalb ruft er die Lösung des Conflicts durch die Versammlung an und fordert diese, die Bischöfe „wie auch euch, edle und erlauchte Männer des königlichen Hofes“, auf, diesen Punct wie die übrigen (anderswoher) vorgelegten Fragen gewissenhaft und gerecht, ohne Bestechung und Gunst, zu prüfen und zu entscheiden. —

Man sieht, daß Erwich zur Erhaltung der so frevelhaft erlangten Gewalt für sich und sein Haus ernstlich zu zittern hatte, daß jene Vereidigung zum Schutz der königlichen Kinder nicht ausreichte, daß er wiederholt zu den von ihm selbst und den Concilien so streng verpönten Mitteln griff, die Führer der adligen Opposition mit politischen Processen zu verfolgen, durch Folter und gewaltsame Gerichte zu Geständnissen zu zwingen und dann sie durch Confiscation, Infamie, Verknechtung zu Gunsten der Krone und seines Hauses unschädlich zu machen.

Wir dürfen das seinem eignen Schwiegersohn wohl glauben, den er durch einen besondern Eid, abgesehen von der natürlichen Gemeinschaft der Interessen, zur Vertheidigung seiner Kinder und Aufrechthaltung dieser ungerechten Bereicherungen verpflichtet hatte.

Diesen aber scheint der gefahrdrohende Sturm der öffentlichen Meinung, dessen Heftigkeit die Worte des Tomus deutlich verrathen, zu einer Nachgiebigkeit gezwungen zu haben, welche mit großer Feinheit durch jenen zweiten Eid motivirt wird: — einen Eid solchen Inhalts hatte Egika jedenfalls öffentlich vor der Thronbesteigung nach

---

1) Dies der Sinn des sehr unklaren Textes.

altem Brauch abzulegen[1]), auch wenn ihn nicht Erwich noch speciell zur Gerechtigkeit verpflichtet hätte, wobei dieser wohl gewiß nicht an die Möglichkeit dachte, daß der zweite Eid zur Auflösung des ersten werde benützt werden.

Das Concil geht nicht sofort auf Lösung dieser Collision ein, sondern, nach Ablegung des orthodoxen Bekenntnisses, erledigt es zuerst eine dogmatische Controverse. Vor zwei Jahren hatten die spanischen Bischöfe eine von Julian verfaßte Denkschrift (liber responsionis fidei nostrae, auch apologia, in vier Capiteln) nach Rom geschickt, welche ihre Uebereinstimmung mit den Lehren des VI. allgemeinen Concils aussprechen sollte. Papst Benedict verlangte die Aenderung zweier ihm bedenklichen Stellen. Aber die spanischen Bischöfe weisen dies Ansinnen zurück und vertheidigen ihre Schrift „auf eine gar wenig höfliche Weise (Hefele)[2]), indem sie mit stolzen Worten ihren „unwissenden, eifersüchtigen Gegnern“ eine „schamlose Stirn und sichere Beschämung wegen Unkenntniß der Wahrheit“ zusprechen.

Darauf prüfen sie die eidlichen „conditiones“, über deren Collision der König geklagt. Zuerst lassen sie die bei der Vermählung beschworene Eidesformel verlesen, und finden, dieselbe enthalte einige so unmögliche Verpflichtungen, daß der Schwörende, auch wenn frei von den Sorgen und Mühen der Regierung, sie nicht leicht würde einhalten können. Unter Anderm enthalten sie Folgendes: „ich gelobe, mich gegen meine Verwandten, eure und der Leovigotona (sic!) Kinder, so als aufrichtigen Freund ohne Falsch zu verhalten und alle meine Tage in solcher Liebe mit ihnen zu leben, daß ich sie und die Ihren (partem eorum) in keinen Stücken, Fragen oder Sachen beunruhigen oder belästigen,

---

1) S. unten „Gesammtcharakter“.

2) In dem sie dem Papst flüchtige (incuriosa lectio) Lesung derselben vorwerfen; noch stärker ist: sicut nos non pudebit quae vera sunt defendere, *ita forsitan quosdam pudebit, quae vera sunt ignorare*; in der langen Erörterung wird, außer der Bibel, Athanasius und Augustinus, mit gerechtem Selbstgefühl auch Isidor citirt: quod et majores nostros docuisse monstramus, honorantes . . sententiam doctoris egregii hispalensis sedis episcopi; darauf: jam vero si *impuderata quis fronte* nec his patribus credat et inde ita libaverint insolens scrutator exquirat etc.: wer anderer Ansicht sei, verwirke das Anathem des Concils von Chalkedon; noch heftiger: wenn der Papst ihren ganz aus Ambrosius und Fulgentius geschöpften Lehren widerspreche: non jam cum illis est amplius contendendum, sed erit per divinum judicium amatoribus veritatis responsio nostra sublimis, etiam si ab *ignorantibus aemulis* censeatur indocilis.

niemals bösen Willen gegen sie hegen und weder Gelegenheit noch Vorwand suchen will, wodurch meine Braut oder eure übrigen Kinder im Großen oder Kleinen beunruhigt würden, ausgenommen wegen ganz gerechter Ursachen, die mir nach Gesetz und Wahrheit zweifellos begründet scheinen: über solche behalte ich mir vor, mich mit aller Liebe an (diese) meine Verwandten zu wenden [1]). Aber doch werde ich auch hierin nie von stets bereiter Liebe zu ihnen ablassen: denn auch in allen ihren Rechtssachen, mögen sie Kläger oder Beklagte sein, verspreche ich, so lang ich lebe, euren Kindern mit all' meiner Kraft, so viel ich kann und Gott mir Vermögen leiht, mich zum Beistand zu erheben und anzustrengen, wie in meiner eigenen Sache, so daß jene keinerlei Schaden oder Verlust befahren, vielmehr ihre Interessen durch mein Betreiben, Wirken und Verfolgen zur Befriedigung gelangen sollen." Darin lag der bedenklichste Theil des Eides. Nach diesen lediglich zur Vertheidigung seiner Kinder von Erwich dem Egika abgepreßten (quas extorserat) Versprechungen (conditiones) wird der Eid verlesen, in welchem Egika bei der Thronbesteigung Gott gelobte, dem Volk Gerechtigkeit zu gewähren und Niemanden wider das Recht Schaden zu thun. Zwischen beiden Eidformeln ergab sich nun manchfacher Widerspruch. „Wie kann er für seine Verwandten den Proceß führen und den Gegnern, wenn sie im Rechte sind, den Sieg zusprechen? wo bleibt da der oberste Richter? wie kann er dem Volke zum Rechte verhelfen, wenn er unter allen Umständen seinen Verwandten zum Siege verhelfen muß? So scheint also der Fürst beide Schwüre zugleich nicht halten zu können: wiewohl, bei näherer Betrachtung, er bei Leistung des zweiten Eides vom ersten absolvirt war, da ja derselbe Mann ihn zum zweiten gezwungen, dem er den ersten geleistet" — eine echt canonische Vorstellung! Aber abgesehen davon beschließt das Concil, daß der zweite Eid dem ersten vorgehe, da dieser nur seinen Privatvortheil, jener der Rechtspflege gelte, dieser, vor der Thronbesteigung, Eines Hauses Schutz, jener, nach der Thronbesteigung, gerechte Regierung des ganzen Volkes gelobe: die Liebe zu Volk und Vaterland müsse der zu Verwandten vorgehen, die Verletzung des einen Eides schade vielleicht Einem Hause, die des andern einer großen Menge. Es müsse aber die allgemeine Wohlfahrt der Rücksicht auf Einzelne überwiegen, wofür auch Bibelstellen citirt werden. Uebrigens werde der erste Eid

1) quas ad cognatos *quaereri!* mihi . . reservo. Bei dieser Vagheit des Ausdrucks hat die Ausnahme freilich kaum Bedeutung.

keineswegs ganz aufgehoben: sondern der König solle dem Volk und den Verwandten die gleiche Liebe zuwenden. „Die beiden Eide heben sich nicht auf, sondern sind zu verschmelzen, so daß der kleinere dem großen sich anschließt und die den Verwandten versprochene Liebe dem ganzen Volke gelte. Und so wird in Inspiration durch den heiligen Geist der König vom ersten Eid in dem Sinne gelöst (also doch!), daß er die Verwandten und das Volk gleichmäßig wie die Söhne eines Vaters leite, liebe und schütze, und gerechte Ansprüche weder des Hauses noch des Volkes um des andern willen verkürze, beider Sachen mit gleicher Treue und Liebe behandle".

Dagegen erklärt das Concil die weitere allgemeine eidliche Verpflichtung des Volkes zum Schutz der königlichen Kinder Cc. T. XIII. für unbedenklich, indem jene Formel die Prinzen selbst verpflichte, Recht zu geben, und nöthigenfalls dem Strafrecht unterstelle[1]), nur rechtswidrige Nachstellung gegen sie verpöne, keineswegs aber, wie man fälschlich behaupte, verwehre, Rechtsansprüche gegen die Prinzen als Partei zu verfolgen, als Zeuge, Sachwalter, Fürsprech zu unterstützen oder als Richter zu entscheiden, welche Rechte vielmehr mit Berufung auf Bibelsprüche ausführlich und feierlich anerkannt werden[2]). Die Richter sollen solche Klagen (sie waren, scheint's, bei dem Concil eingereicht) einfach nach den geistlichen und weltlichen Rechten entscheiden.

Mit Dank gegen Gott und Fürbitte für den König schließt das Concil. Eine angehängte sogenannte Lex des Königs bedroht wieder mit Zehntelconfiscation (der eventuellen Leibesstrafe wird diesmal geschwiegen) und Excommunication jede Verletzung dieser Beschlüsse[3]).

Am 1. Nov. a. 691 tagte zu Saragossa die Provincialsynode von Tarracona[4]) auf Befehl des Königs. Außer geistlichen Canones[5]) bestätigt sie c. 5 das Eheverbot für die königliche Wittwe und fügt hinzu, daß dieselbe sofort nach dem Tode des Königs das religiose Gewand anlegen und auf Lebenszeit in ein Nonnenkloster „fern dem

1) Gemeint ist Cc. T. XIII. c. 2 u. decret. defens., oben S. 482.

2) Nachdem jener Beschluß das Richten über, müsse er auch das Klagen gegen die Prinzen gestatten.

3) Er frohlockt über indissolubilis juramenti confractam catenam.

4) Cc. Caesaraug. III.; 5 Canones, die Unterschriften fehlen; vgl. epist. Antonii Augustini Aguirre I. p. 6.

5) Weihung von Kirchen nur an Sonntagen c. 1. Gleichzeitige Osterfeier im ganzen Gebiet nach Weisung des Erzbischofs c. 2. Ausschluß von Laien aus den Klöstern c. 3. Vorzeigung der Freibriefe der Freigelaßnen der Kirche bei jedem Bischofswechsel c. 4.

Wirbelstrom der Welt" treten muß. Als Motiv wird außer der Verhinderung der Ehe mit einem ehemaligen Unterthan auch noch Abwehr von Nachstellungen und Schmähungen gegen ihren Lebenswandel angegeben — das wahre Motiv also wieder verschwiegen. Es muß sehr auffallen [1]), eine solche Norm auf einem bloßen Provincialconcil, ohne Zuziehung der Palatinen, erlassen zu sehen. Wahrscheinlich ging die Initiative vom König aus, der vielleicht seine Schwiegermutter zu entfernen suchte; befremden muß aber, daß auch auf den beiden folgenden Nationalconcilien, obwohl Cc. T. XVI. 8. dazu Veranlassung bot, diese Bestimmung nicht wiederholt wurde. Das Concil schließt mit Dank gegen Gott und den König und droht für Verletzung seiner Normen Excommunication und Verbannung [2]).

Auf den 2. Mai a. 693 berief Egika das Nationalconcil nach Toledo [3]). Nachdem die Versammlung Gott gedankt und für den König gebetet, erscheint dieser, beugt sein Haupt [4]), überreicht einen tomus, und bittet um dessen Berathung (sowie der von andern Seiten der Versammlung vorgelegten Puncte; besonders ist wohl die Bestrafung Sisiberts gemeint). Nach seiner Entfernung wird derselbe verlesen; die Synode (nur) vermöge den Verfall der sinkenden Zeit aufzuhalten [5]);

---

1) Die Motivirung ist sehr vag und schwach: nostri ordinis est . . animae exhibere profectum.

2) Statt Confiscation.

3) Cc. T. XVI. in der Kirche der Apostelfürsten „jussu et hortatu" regis; 11 canones, unter Vorsitz des Primas Felix; 58 Bischöfe, darunter die Gothen: Vera (?) tarrac., Ervigius biterrens., Suniagisus lamiobrens., Gaudila empurit., Auredus ilerd., Gundericus segunt., Spassandus complut., Basuald palent., Wittisclus valent., Sonna oxom., Audebertus oscens., Adelphus (Ataulfus?) tudens., Sunigisidus (isclus?) laniobrens., Eppa illicitan., Onemundus salamant., Balderedus caesaraug., Argesindus egitan., Teudisclus beatiens., Cuniuldus italic., Wisefredus ausonens., Laulfus barcinon., Emila conimbr., Leovericus urgellitan., Sisebadus tuccitan., Fionius (?) lamec., Miro (Mirus) gerund., Landericus olyssip., Teudefredus vesens., 5 Aebte (Braulio?), 3 Bischofsvertreter und 16 comites und viri illustres: Vitulus vir illuster, comes patrimonii et dux haec gecreta synodalia subscripsi; Wimar comes subscripsi. Teudulfus, Paulus, Theodefredus, David, Requisindus, Sisemundus, Ella, Teodebittus, Bigesuindus, Ega, Afrila, Danila, jeder comes; dann Audemundus comes procer und Teudemundus comes procer, vgl. Marichalar I, p. 442.

4) gloriosi capitis verticem cernuo voto reclinans.

5) nutantis seculi obstare ruinam.

er fordert ihren Rath, ihre inspirirte Unterstützung (subsidia, consilia) in der Regierung zu dem Heile seines ganzen Volkes und zu seinem eignen, der vor Allen vielen Sünden (crimina) ergeben sei. „Nicht unbekannt ist euch, mit wie vielen Leiden und Plagen und Freveln der Treulosen Gott täglich das Land heimsucht zur Strafe der Sünden, denen ihr, das Salz der Erde, abhelfen müßt.“ Zuerst sollen sie das rechte Glaubensbekenntniß feststellen; dann für die verfallenden Kirchen sorgen, die darunter leiden, daß mehrere Einem Priester anvertraut werden: jede, welche auch nur 10 Knechte (Höfe? Mansos?) besitzt, soll ihren eignen Priester haben. Der Verfall der Kirchen sei soweit gegangen, daß die Juden spotten, es bedeute nichts, daß man ihnen die Synagogen sperre und niederbreche, da sie die christlichen Kirchen in viel schlimmerm Zustand sähen. Sie sollen die Bischöfe nach alter Vorschrift anhalten, ein Drittel ihrer Einkünfte auf die Kirchenbaulast zu verwenden, ferner nicht in Ausrichtung königlicher Aufträge die Gemeinden mit Forderungen von Frohnden &c. zu überlasten, noch Kirchengut zu Stipendien zu geben. Ferner sollen sie die Strafen des Götzendienstes erneuen und verschärfen. Sehr befremden würde, daß in diesen, ohnehin wesentlich kirchlichen, Dingen der König nicht nur die Initiative ergreift, auch die darauf zu setzenden Kirchenstrafen in ihrem Maß (z. B. Excommunication auf zwei Monate, auf ein Jahr Pönitenz) festsetzt, wüßte man nicht, daß hinter dem König ein leitender Bischof stand. — Endlich aber, „was mehr als dies“, sollen sie, eifernd im Eifer Gottes, den Unglauben der Juden in beiden Geschlechtern mit der Wurzel ausrotten und die Päderastie bekämpfen. Endlich werden die Bestimmungen gegen den Hochverrath erneut: „weil so viele Verräther auf dem Kothurn der Hoffahrt nicht durch Gottes Verleihung, sondern aus bloßer Ueberhebung des Ehrgeizes nach der Krone streben, sollen Palatinen jedes Ranges und Ehrengrades, welche den Tod des Königs oder das Verderben von Volk und Vaterland der Gothen planen oder Unruhen (conturbium) im spanischen Gebiet zu erregen suchen, sammt ihrer Nachkommenschaft von jedem Palastamt ausgeschlossen und lebenslänglich tributpflichtig dem Fiscus verknechtet werden, ihr Vermögen wird confiscirt und vom König beliebig verliehen. Alle Mängel der geistlichen und weltlichen Gesetzgebung sollen sie aufdecken und verbessern: dabei sollen aber jene Gesetzesbestimmungen (legum sententiae) gewahrt bleiben, die von Kindasvinth bis Wamba ergangen und als wohlbegründet und ausreichend erfunden sind. Es sind also gerade die Gesetze seines Vorgängers und Schwiegervaters Erwich, welche er stillschweigend als der Reform bedürftig erklärt [1]). Die ihnen vorgelegten Civilprocesse und politischen Processe (Sisibert) sollen sie mit Gerechtigkeit zugleich und Milde beurtheilen „und darum beschwöre ich euch, ehrwürdige Priester Gottes, und euch alle, durchlauchtige Senioren des Königshofes, welche diesem Concil anzuwohnen unser Befehl oder die günstige Gelegenheit veranlaßt hat, in den von euch zu entscheidenden Processen ohne Bestechung, ohne Ansehen der Person, ohne Gunst und ohne Lauheit zu richten." Nach Verlesung dieses tomus erfolgt überschwänglicher Dank gegen Gott für diese Ansprache des Königs, der sie ermahnt, das Schiff Gottes (doch nicht blos die Kirche, sondern zumal den Staat) als Steuerleute sicher zum Hafen zu führen.

Nach Ablegung eines sehr ausführlichen Bekenntnisses bestätigt die Versammlung nach dem Antrag (hortante pariter ac jubente) die Judengesetze c. 1, dann mit Umschreibung des Tomus dessen Verfolgung des Götzendienstes. Bischöfe, Priester und Behörden sollen wachsam einschreiten, die Frevler strafen, die Objecte des Aberglaubens in die Kirchen schaffen bei Strafe von Absetzung und Pönitenz von einem Jahr: inzwischen wird ihr Amt ein vom König bestimmter einfacher Vertreter verwalten. Wer in Beschirmung der Abergläubischen sich den einschreitenden Behörden widersetzt, verwirkt Anathem und, wenn er ein Nobilis, drei Pfund Gold an den Fiscus, wenn er ein Geringerer, hundert Hiebe, Decalvation und halbe Confiscation c. 2. Gegen die überhandnehmende Päderastie wird zuerst den Geistlichen besonders Absetzung und lebenslängliche Verbannung gedroht, außerdem bleibt für sie und Laien jenes Gesetz in Kraft, welches hundert Hiebe, Decalvation, lebenslängliche Verbannung [2]) und Ausstoßung aus aller christlichen Gemeinschaft hiefür bestimmt hat: auch sterbend sollen sie nur bei gehöriger Buße wieder die Communion erlangen c. 3. Versuchter Selbstmord wird mit zweimonatlicher Excommunication gestraft [3]). c. 5 regelt genau nach Antrag des Tomus die kirchliche

---

1) S. Westgoth. Studien, vgl. Znaznavar I. p. 133.

2) B. T. IX. 4, 5 hatte den Feuertod gedroht.

3) de disperantibus c. 4; eigne Initiative der Versammlung (als häufige Motive des Selbstmords werden genannt: censura pro qualibet negligentia oder Einsperrung zur Pönitenz für ein Verbrechen) 2 und 3 lassen auf argen Sittenverfall schließen; freilich hatte schon Cc. Illib. 71 die Päderastie bekämpfen müssen, aber seit der Gothen-Zeit begegnete keine Spur mehr bis auf dies Concil.

Baulast, und die übrigen verwandten Puncte, sogar genau mit dem beantragten Maß der Excommunication [1]). c. 7 [2]) gebietet die Verkündung aller Beschlüsse der Provincialsynoden durch den Bischof binnen sechs Monaten an seinen Clerus nicht nur, auch an den Conventus seiner Stadt und die ganze Gemeinde (plebem) seiner Diöcese (auf dem Lande); wer diesen Beschlüssen widerspricht, dagegen auftritt, sie nicht erfüllt, gering achtet, ungehorsam murrend, gehässig sie herunterreißt und nicht vielmehr wohlwollend begünstigt, wird auf zwei Monate excommunicirt.

Zur Belohnung für die Verdienste des Königs (causa retributionis, opem beneficientiae) wird das „Gesetz zum Schutz der königlichen Nachkommenschaft" wörtlich erneut c. 8, und außerdem täglich, mit Ausnahme des Charfreitags, für ihn und sein Haus in allen bischöflichen und Diöcesankirchen eine Messe und Fürbitte angeordnet.

Darauf spricht das Concil als geistliches und weltlich-politisches Gericht. Nach dem Gehorsam gegen Gott ist das zweithöchste Gut, den Königen, die er zu seinen Stellvertretern erkoren, die versprochene Treue unversehrt im Herzen zu wahren und gegen sie nicht Schaden noch Arges zu bereiten, unter Berufung auf die früher schon hiefür benützten Bibelstellen vom Gesalbten des Herrn. Daher ist das den Fürsten geleistete Gelübde ohne Falsch zu halten und die ihnen versprochene Treue nicht durch Umtriebe der Bosheit zu verletzen: wenn schon ein einfaches Wort, wie viel mehr muß die den Königen eidlich gelobte Treue gehalten werden! Die frevle Verstocktheit von manchen Weltleuten und, was schlimmer, von Priestern verachtet aber diese eidlich beschworene Treue und bewahrt, während sie mit einem Nebelrauch von Eidesworten das Versprechen umhüllen, im Geheimniß des Herzens verruchten Verrath. „Weil nun Sisbert, der Bischof von Toledo, der Umtriebe schuldig erfunden ist, daß er unsern Herrn und König Egika nicht nur des Reiches berauben, sondern mit Frogellus, Theodemir, Leovila, Leovigotho, Thekla und den Andern ermorden und seinem Volk im Lande Aufruhr und Verderben bereiten wollte, (den wir auch schon durch unsern Spruch seines Amtes und Ranges entsetzt haben), so beschließt unsere Versammlung, daß jener unser Spruch in diese

1) Zum Theil hatte der König der Versammlung dies Maß festzustellen überlassen: dies hat einigermassen mißverstanden Aguirre II. p. 750.

2) c. 6 regelt die correcte Form der Oblate beim Abendmahl.

Synodalacten aufzunehmen und für immer in aller Kraft aufrecht zu halten sei. Sisbert aber soll für seinen Eidbruch und Versuch solchen Frevels nach der Bestimmung der alten Canones (welche befehlen, daß, wer solches gethan und bei Lebzeiten des Herrschers einem Andern die Krone zugedacht hat) aus der katholischen Gemeinschaft gestoßen, des Ranges und Amtes entsetzt, aller Güter zum Vortheil des Königs beraubt, zu lebenslänglicher Strafarbeit verbannt, und, wenn ihn die Gnade des Königs nicht eher absolvirt, erst im Tode wieder zur Communion zugelassen sein". Gleiche Strafe solle alle andern Geistlichen für ähnliche Vergehen wider den König treffen. — An dies Gericht für die Vergangenheit reiht sich, in Erneuerung älterer Concilienschlüsse, folgendes Gesetz für die Zukunft; „Wie ein Geschwür, das im Körper größer wächst, nur durch schärfere Heilmittel oder Ausschneiden geheilt wird, so muß die Verstocktheit der Verräther, der nichts Einhalt zu thun vermochte, mit härteren Strafen gezüchtigt werden. Sogar über das Verbot des Herrn, die Sünden der Väter an den Kindern zu strafen, muß man hinwegsehen, nachdem der Eidbruch und die grausame Sitte, gegen unsere Fürsten sich zu verschwören, dieselben mit verschiednen Mordarten wegzuräumen oder sie des Reiches zu berauben, so stark um sich gegriffen, so tiefe Wurzeln geschlagen hat. Deßhalb bestimmen wir, daß, wer fortan, jeglichen Ranges oder Standes, Tod oder Absetzung des Königs plant, oder ihn zu schädigen und anzugreifen, oder sein Volk oder Land durch Parteiung oder Umtriebe zu verwirren trachtet, mit seiner ganzen Nachkommenschaft von jeder Stufe des Palatinenstandes entfernt und dem Fiscus lebenslänglich verknechtet werde: unter Wahrung des Begnadigungsrechtes für Egika für die schon wegen Verraths Verurtheilten oder künftig deßhalb zu Strafenden. Ihr Vermögen ist rechtmäßig sein Eigenthum geworden: aus diesem haben durch seine Verleihung Einiges Kirchen, Anderes seine Nachkommen oder noch manche andre Personen zur Belohnung ihrer Verdienste empfangen. Die Kinder und weitern Nachkommen der verurtheilten Verräther sollen diesen Beschenkten niemals schaden oder ihnen irgend eine jener Verleihungen entreißen dürfen. Dieses strenge Gesetz soll deßhalb verkündet werden, auf daß, wen nicht das eigne, den doch seiner Kinder und gesammten Nachkommenschaft Verderben vom Verbrechen abhalte. Wenn aber einer der folgenden Könige alle Sätze dieser unserer Bestimmungen nicht einhält — man fürchtet, daß bei einem Wechsel der Dynastie und der Partei ein von den Gegnern Egika's erhobener

König die Schenkungen aus den confiscirten Geldern Bestrafter aufheben oder deren Nachkommen restituiren könnte —, so soll er und sein ganzes Geschlecht für ewig verdammt zu Grunde gehen und obenein nach göttlichem Strafgericht auf Erden alle Habe und Ehre verlieren und durch das Urtheil Christi mit dem Teufel und dessen Genossen zum Grunde der Gehenna fahren." Diesem Beschluß wird noch „nach einem alten Canon" [1]) eine Verfluchungsformel aller Hochverräther angehängt, welche von allen anwesenden „Bischöfen, Senioren des Palastes, Klerus und allem Volk" dreimal wiederholt wird.

Darauf schließt das Concil, „nachdem es alles erledigt, was die Kirchenzucht erheischte oder sonst unserer Versammlung zur Regelung (ob directionem) vorgelegt war", mit Dank gegen Gott und Fürbitte für den König, den er unter dem Schild seines Schutzes und dem Banner des Glaubens mit dem ihm anvertrauten Volk und Land zum Heile führen möge.

Vor Eröffnung des Concils hatte ein allgemeiner Beschluß der Versammelten (decretum judicii ab universis edictum), unter Berufung auf die Ersetzung des Judas des Verräthers durch Matthias, ausgesprochen, daß das Concil nicht eher beginnen könne, bis Sisbert, der sich durch sein Verbrechen aus ihrer Gemeinschaft geschieden, und den doppelten Frevel des Ehrgeizes, superbia, und Eidbruchs auf sich geladen, bestraft und ein Anderer an seine Stelle gesetzt worden. Daher wird Sisbert der Versammlung vorgeführt: er bekennt die Pläne seines Verraths und wird nach alten canonischen und weltlichen Normen der bischöflichen Würde und Ehre entsetzt, excommunicirt und exilirt. Darauf, damit das Concil sofort beginnen könne, wird „gemäß der Vorwahl (praeelectionem) und Verordnung (auctoritatem) des Königs, durch welche er bereits früher (in praeteritis) dem Bischof Felix von Sevilla für den toletanischen Stuhl (einstweilen) Sorge zu tragen (curam ferre) befohlen (jussit), indem er vorbehalten, daß unser Decret ihn für die Zukunft bestätigen solle, dieser von seinem bisherigen Sitz von Sevilla nach Toledo mit Zustimmung von Klerus und Volk canonisch überpflanzt, ihm Faustinus von Braga und diesem Felix von Portucale zum Nachfolger gegeben. Darauf erst beginnt das Concil, dessen Acten die Beschlüsse einverleibt werden. Den Schluß der Acten bildet eine Lex des Königs: in confirmatione

1) Cc. T. IV. c. 75 oben S. 448.

Concilii: die Beschlüsse des Concils sind inspirirt, deßhalb befiehlt der König per hujus legis nostrae decretum von diesem Tag an ihre unverbrüchliche Befolgung [1]).

Weil die Bischöfe der Provinz Narbonne wegen einer Seuche nicht erscheinen konnten [2]), befiehlt ihnen dies Gesetz, in Narbonne eine Provincialsynode zu halten und allem hier Beschlossenen durch Unterschrift beizutreten. Verletzung der Canones wird mit Excommunication und Viertels- (al. Fünftels-) Confiscation bedroht. Zum Schlusse erklärt der König, er wünsche zwar so zu regieren, daß der Friede durch keine Störung von Außen oder Innen getrübt werde: aber auch den der Treulosigkeit Schuldigen suche er die Hand der Gnade zu reichen, um sich Gottes Wohlgefallen zu erwerben und Land und Volk weiteren Umsturz zu ersparen. Nur fürchtet er durch solche Milde den Geist der Empörung zu ermuthigen. So möge das Concil die häufige Bedrohung durch Verräther und ehrgeizige Nebenbuhler und die tiefen Zerrüttungen des Landes erwägen und Rath ertheilen, ob er diese Verbrechen nach geistlichem und weltlichem Recht strafen oder begnadigen solle. Jedoch wahrt er sofort für sich und seine Nachfolger das Recht, künftige Hochverräther nach dem unter Sisinanth ergangenen Beschluß zu bestrafen [3]). Es soll also aus dieser Befragung des Concils der Krone kein Präjudiz erwachsen. Endlich soll die Versammlung noch über folgende Einzelfrage ihr Gutachten (censendum) abgeben, die offenbar auch unter den Gesichtspunct der Begnadigung und Restitution fällt. Wamba habe gleich nach seiner Thronbesteigung „unsern" Spatarius Theudimund auf Anstiften des damaligen Bischofs Festus (al. Faustus) von Merida, jedoch kraft alleiniger Verfügung der Krongewalt, (ohne Richterspruch, soll das wohl heißen) im Widerspruch mit seiner Herkunft und Stellung in eben diese Stadt Merida als Numerarius geschickt, welches (niedre) Amt dieser auch ein Jahr lang ohne Rechtsgrund bekleidet, da er dem Befehl des Fürsten nicht Widerstand leisten konnte. Nun soll das Concil Theudimund und all seiner Nachkommenschaft die Last dieser Amtsstellung abnehmen, so daß fortan in alle Zukunft weder er noch seine Nachkommen um deßwillen behelligt werden können [4]).

---

1) Und zwar sowohl was pro disciplina vel utilitate ecclesiastica als was pro corrigendis pravorum moribus beschlossen worden.

2) Ueber zwei Ausnahmen vgl. Ferreras mit Hefele III. S. 322.

3) Oben S. 450.

4) Eine Entscheidung des Concils fehlt ebenso wie bei der Amnestievorlage;

Im folgenden Jahre tagte am 9. November in der Leokadienkirche das XVII. Concil von Toledo [1]). Es erscheint der König Egika „voll des heiligen Geistes", neigt sein hohes Haupt (inclytum caput reclinans) und verlangt Segen und Fürbitte der Versammlung. Nachdem dies in herkömmlicher Weise geschehen, überreicht er einen tomus und verlangt dessen Berathung von den Bischöfen „und auch von euch, durchlauchtige Zier des Königshofes und zahlreiche Versammlung vornehmer Männer, welchen diesem ehrwürdigen Verein beizuwohnen unsere Hoheit befohlen hat, da die mündliche Aufzählung der für das Frommen unseres Regiments, Volkes und Landes nothwendigen Berathungs-Puncte zu umständlich wäre. Diesen Tomus sowie Andres was zur Kirchenzucht gehört und endlich die verschiednen Fälle und Geschäfte, welche man eurer Versammlung unterbreitet, berathet und erledigt durch eure Beschlüsse." Nach Empfang des Segens entfernt sich der König und der Tomus wird verlesen. „Meine religiöse Begeisterung ist unaussprechlich. Ich fordere euch zur Abgabe des Bekenntnisses auf zur hellern Erleuchtung der Gläubigen und Bekehrung der Ungläubigen. Die Juden halten an ihrer Verleugnung Christi fest und wissen mit schändlichen Beweisgründen seine Lehre zu verspotten [2]). Da es nun auf dem ganzen Erdkreis unser sicherer, wahrheitsgemäßer und allbekannter Ruhm war, daß das spanische Reich durch die Fülle des rechten Glaubens glänzte, erheischt unser Ruhm, jenen energisch zu begegnen, um so mehr, da sie sich in einigen Ländern gegen ihre christlichen Herrscher empört haben [3]) und von diesen nach gerechtem Strafgericht Gottes zum größten Theil getödtet worden sein sollen, und ganz besonders, da auch wir nun in neuerer Zeit durch offenes Geständniß unzweifelhaft erfahren, daß sie in überseeischen Ländern mit andern Hebräern sich berathen haben, gemeinschaftlich gegen die Christenheit zu handeln, deren Untergang herbeizuführen und den Christenglauben zu untergraben: was auch euch durch die mitzutheilenden Geständnisse wird bewiesen werden. Zu

---

ich vermuthe, daß der zuletzt unterzeichnete Theudemundus comes procer dieser restituirte numerarius ist.

1) Anwesend die „meisten Bischöfe von Spanien und Gallien"; die Unterschriften sind leider verloren, 8 Canones. Marichalar I. p. 445—450.

2) Oder sich der angenommenen Taufe wieder zu entziehen: deludere nefariis argumentis.

3) Etwa im Frankenreich?

Anfang unserer Regierung hatten wir so milde Absichten für ihre Bekehrung, daß wir sie nicht nur mit verschiednen Ueberredungsmitteln zum Glauben an Christus herbeizuziehen versuchten, auch christliche Knechte, die ihnen wegen ihres Unglaubens das Gesetz entzogen, gaben wir ihnen zurück, um sie durch diesen Verkehr für die Kirche zu gewinnen" — offenbar eine Scheinentschuldigung des Königs für den Juden erwiesene Nachgiebigkeit. „Aber sie haben ihre beschwornen und schriftlichen Versprechungen nicht erfüllt und sind in Uebung ihrer gewohnten Gebräuche und Ceremonien ergriffen worden. Weil nun der Wille Gottes ihre Bestrafung für meine Regierung aufgespart hat, soll eure und unserer Großen gemeinsame Versammlung ihre Verruchtheit zügeln, auf daß ihre Bosheit sofort ausgerottet und gestraft, der christliche Glaube aber und Christi Name verherrlicht werde.

Weiter wird der „Wahnsinn" mancher Priester gerügt, welche für lebende Menschen, im Glauben sie dadurch bald sterben zu machen, Seelenmessen lesen und doch nur ihren eignen Seelen dadurch schaden — mit einer Ausführung, die den geistlichen Verfasser all' dieser Thronreden verräth. Für diese Priester und die Anstifter ihres Frevels sind Strafen aufzustellen. Im Uebrigen werden die „ihrer Untersuchung vorgelegten Geschäfte der Unterthanen" (populorum negotia vestris auribus intimata) zu gehöriger Erledigung empfohlen. Endlich wünscht der König, es sollen nach Schluß des Concils und dann für jedes Monat dieses Jahres dreitägige Fasten und Litaneien angeordnet werden, „auf daß der Teufel nicht wie bisher unsere Unterthanen zu Empörung und Nachstellung wider uns und folgeweise zu ihrem Verderben (himmlische und irdische Strafe ist gemeint) verführe, sondern die Gesinnung der Treue in ihnen walte, so daß wir in Frieden und Eintracht mit ihnen leben können."

Nach Ablegung des Bekenntnisses wird zuerst beschlossen, daß fortan [1]) bei jedem Concil die ersten drei Tage, mit Ausschluß der Laien, lediglich mit Fasten, Unterredungen über die Glaubensgrundlehren und die geistliche Sittenzucht des Klerus ausgefüllt und dann erst die übrigen Geschäfte verhandelt werden c. 1: — eine Abwehr der allzugroßen Verweltlichung dieser Synoden, welche in der That seit

1) Florez VI. p. 48 giebt statt nullo secularium assistente Cc. Tol. XVII. 1 die Lesart: nullum seculare negotium admittentes. Mit Unrecht haben die Meisten, auch Valiente p. 88, Gibbon c. 38 und noch Marina ensayo p. 27, dies als von Anfang bestehende Einrichtung dargestellt, vgl. Cenni II. p. 81.

lange mehr politische als geistliche Fragen verhandelten. Und wie um hievon wieder abzulenken werden mit eigner Initiative der Bischöfe mehrere rein kirchliche Canones aufgestellt [1]).

Außerdem wird nach Antrag des Königs das Messelesen für Lebende mit Absetzung, lebenslänglicher Verbannung und Excommunication für den Geistlichen und den Anstifter geahndet [2]). Die Litaneien für den Bestand der Kirche, das Wohl des Königs und Heil des Volkes, Vergebung der Sünden und Austreibung des Teufels werden angeordnet [3]), das Judengesetz wird erlassen [4]) und, von freien Stücken, das Gesetz zum Schutz der Gattin und Nachkommenschaft des Königs erneut als „Lohn-Vergelt" [5]) der heiligen Kirche für dessen Eifer für dieselbe, zugleich zur weitern Anspornung hierin für ihn und die Unterthanen, namentlich wegen seiner Verdienste um die Kirche gegen die Juden, Dabei ist deutlich zu sehen, daß es sich bei diesen Schutzgesetzen namentlich um die Zeit nach dem Tode des Herrschers, um Sicherung seiner Wittwe und Waisen gegen Rache und Beraubungs-Gelüste seiner Gegner, handelte: „wenn es sich treffen sollte, daß nach langen und glücklichen Regierungsjahren unseres Herren unsere glorreiche Herrin, Königin Cixilo, ihn überleben und (— das wird also nach Cc. Caes. III. hier vom Reichsconcil vorausgesetzt —) als religiöse Wittwe leben und liebe Kinder haben sollte", alsdann soll Niemand aus Neid, Haß oder teuflischer Nachstellung sich gegen sie erheben, abgesehen von evidenter Schuld durch künstliche Verfolgung ihnen schaden, ihren Wandel mit ungerechter Befleckung beschimpfen, ihnen Fasten oder den Kindern gegen ihren Willen Religiosentracht aufzwingen, oder sie mit Verbannung, Zwangsarbeit oder Ruthenstrafe heimsuchen, wodurch sie Ehre und, abgesehen vom ordentlichen Gang des Rechts, ihres Vermögens Besitz verlören: sondern ruhig und friedlich sollen sie ungestörten Rechts besitzen sowohl was sie vom väterlichen Vermögen nach gesetzlicher Erbfolge empfangen als was ihnen

---

1) c. 2. Versieglung des Taufsteins von Beginn der Quadrages bis zum Fest der coena domini; 3. Fußwaschung am genannten Festtag; 4. Verbot der Veräußerung oder Verwendung der Kirchengeräthe zum Privatgebrauch durch die Geistlichen.

2) c. 5.

3) c. 6.

4) S. oben S. 428.

5) vicissitudo mercedis . . pro tantis beneficiis piam retributionem impendere cupientes.

durch seine Verleihungen unser gnädiger Herr geschenkt hat als was sie rechtmäßig erworben und über all' dies sollen sie unbeanstandet verfügen können. Werden sie dessen entblößt, so sind sie durch die Kraft dieses Beschlusses mittelst bischöflichen Schutzes zu vertheidigen. Auf Verletzung dieser Bestimmungen steht Anathem, Ausstreichung aus dem Buche des Himmels und Höllenstrafe mit dem Teufel und seinen Genossen.

Darauf Dank gegen Gott und Fürbitte für den König, „auf dessen Gebot und Befehl (jussu et imperio) wir uns versammelt" und Bestätigung aller einzeln aufgezählten Canones (auch der rein geistlichen, confirmatio) durch legis decretum des Königs: Verletzung wird nach den Gesetzen der frühern Concilien mit Excommunication und weiterem Schaden [1]) bedroht.

Dies ist die letzte westgothische Synode, deren Acten uns erhalten: die der XVIII. zu Toledo, welche Witika und Erzbischof Guntherich hielten, c. a. 601, sind verloren [2]).

So sehen wir folgende Entwicklung von unsern Augen vollzogen. Die Synoden sind Anfangs rein kirchlich: aber als solche haben sie schon gewisse Rechte und Functionen weltlicher Gerichtsbarkeit, da ja solche jedem einzelnen Bischof in der letzten Zeit des Imperiums eingeräumt waren. Von hier aus erfolgte die Machterweiterung seit dem Glaubenswechsel: die Wahlkönige lehnen sich im Kampf gegen die übermächtige, weltliche, erbliche Aristokratie an die durch Organisation und Bildung überlegene geistliche des Episkopats, indem sie die Gerichtsbarkeit [3]) und die gesetzgebende Gewalt der Reichsconcilien in weltlichen Dingen immer mehr erweitern. Auf diesen spielen die Palatinen schon vermöge ihrer geringen, durch Wahl des Königs bestimmten Zahl [4]) eine sehr untergeordnete Rolle. So waren denn

1) So ist zu verstehen seu etiam damno maneant usquequaque damnati.

2) Vgl. A. V. S. 224, Perez ep. p. 11 und Mansi XII. p. 163 Pagi ad a. 401. 4. Baron ad h. a. 16. (Ferreras p. 493), der mit Recht bemerkt, die Abhaltung des Concils im Anfang der noch guten Regierung Witika's und dabei doch antichristliche Tendenz sei ein Widerspruch; er meint dann, der König selbst habe nach seinem Umschlag in's Böse jene Acten guten Inhalts zerstört. (!)

3) Wiederholt richtet das Cc. über Hochverrath als höchster Staatsgerichtshof.

4) Nicht auch der Bischöfe, wie Morales XII. c. 54 wegen Cc. T. IV., dagegen Marichalar II. p. 10.

auch auf den von Laien am stärksten besuchten Concilien diese doch in verschwindender Minderheit [1]). Während überhaupt nur auf 19 dieser 32 Versammlungen Laien zugelassen [2]) und von jenen, welche nur geistliche Fragen behandeln, streng ausgeschlossen sind, findet später eine höchst bezeichnende Ausscheidung statt: an den ersten drei Tagen aller Concilien werden nur kirchliche Fragen verhandelt und von diesen sind die Laien von Rechts wegen ausgeschlossen, während in den übrigen Tagen weltliche Dinge verhandelt werden, woran die Geistlichen von Rechts wegen Theil nehmen, und zwar, schon vermöge ihrer Majorität, in entscheidender Weise. Das geringe Volk aber ist gar nicht vertreten und hat nur das Recht, die fertigen Beschlüsse durch bejahenden Zuruf zu acceptiren: die Entscheidung aller politischen und aller Rechtsfragen konnte vor das Concil gezogen werden und lag hier in der Hand der von einigen hervorragenden Bischöfen geleiteten Majorität, in der Regel im Einvernehmen mit dem König, der häufig einzelne als seine Rathgeber zu sich beschied und vorher mit diesen bestimmte, was im Concilium berathen und beschlossen werden sollte [3]). Der König hätte vermöge der in seiner Kirchenhoheit enthaltenen Rechte — Ernennung des Metropolitan von Toledo und aller Bischöfe, Berufung der Reichsconcilien und Sanction ihrer Beschlüsse — der Theorie nach das Heft in der Hand halten und jene Versammlungen nach seinem Willen gebrauchen können, aber thatsächlich geschah dies fast nie: thatsächlich waren die Könige umgekehrt von den hervorragenden Bischöfen abhängig, und solche Fürsten, welche sich dem widersetzten, wurden meist in Bälde von dem Episkopat durch das mißbrauchte Schwert ehrgeiziger Palatinen beseitigt; solchen Königen versagte sich die Allianz der Kirche, welche unter dieser niemals etwas Anderes als ihre Herrschaft über den Staat verstand und sich alsdann aus dem sonst bekämpften Weltadel gefügere Werkzeuge wählte und auf den durch List und Gewalt geleerten Thron erhob.

---

1) Cc. T. VIII. — hier zuerst unterschreiben die Laien die Acten des Concils — 17 zu 52, IX.: 4 zu 16, XII.: 15 zu 35, XIII.: 26 zu 48, XV.: 16 zu 77; vgl. Planck II. S. 230 (über den Vorrang der Geistlichen hiebei); Montalembert II. S. 224, Bourret p. 150, Lembke I. S. 199; ganz falsch daher Rico y Amat p. 19, daß durch Zulassung der Palatinen die Verfassung sich in absolute Monarchie verwandelt habe; die Zuziehung der Aebte seit Cc. T. VIII. hatte also schwerlich den Zweck die Palatinen aufzuwiegen.

2) Nämlich auf Cc. brac., caesar. und 17 Cc. T.

3) Vgl. Marichalar II. p. 12, Cc. T. XIII. 8.

Man sieht hier deutlich, wie der Geist, der Inhalt des politischen Lebens die Bedeutung der bloßen Rechtsformen entscheidet: wüßten wir nicht aus der politischen Geschichte das Gegentheil, aus den verfassungsmäßigen Rechten der Krone über die Kirche — der König darf Kirchenstrafen verhängen — ließe sich wahre Tyrannisirung der geistlichen durch die weltliche Macht in diesem Staat folgern.

Die Unterschriften bedeuten Zustimmung zu den Beschlüssen des Concils, und zwar unterzeichnen die Palatinen mit der gleichen Formel wie die Bischöfe, also nicht in bloßer Zeugschaft; Minoritätsbeschlüsse oder Gutachten kommen nicht vor: es haben, scheint es, die Ueberstimmten venerando conclusum sich unterwerfen müssen. Selbstverständlich wählten die Könige nur solche Palatinen, deren Ergebenheit sie kannten: insofern erschienen diese allerdings als „Commissäre“ des Fürsten, dessen Interessen sie vertraten [1]), aber meistens verständigte sich die Krone vorher mit den leitenden Bischöfen selbst [2]).

---

1) Marichalar II. p. 26.

2) Nur kirchliche Versammlungen sind diese Concilien nach Florez IV. 6. 11, Cenni II. p. 85 seq., der dann die subscriptio palatinorum umdeuten muß, v. Daniels I. S. 372, Sempere memorias I. 17 (und ihre Gerichtsgewalt?), „auch“ kirchliche nach Depping II. p. 268, vgl. Dunham I. p. 206, Romey II. p. 174; über ihre kirchliche Competenz Cenni II. p. 151. Die Concilien „ebensogut Reichstage“ Gaupp S. 396 (aber doch nicht von Anfang!) Guizot I. p. 278, Canciani IV. p. 52, vgl. Morales 12. 54, Llorente p. 10. 24 „cortes generales del reyno“. Mariana VI. 9, Thomassin p. 455, Marina Cortes p. 20, ähnlich Lardizabal p. 22 unas cortes generales del reyno, en las que estaba representada la nacion por los dos brazos eccles. y secular unidas und zwar seit Cc. T. III. (p. 18), so daß sie geistliche und weltliche Gesetze erlassen konnten (aber der „geistliche Arm“ erließ die weltlichen Gesetze mit und von einer Vertretung des Volkes ist keine Rede) und Amaral p. 167 estados geraes p. 181 untersucht: em que sentido se podem chamar côrtes, vgl. Unger S. 32 und Hänels Anzeige. Die Unterscheidung nach Entwicklungsstadien fehlt auch bei Bourret p. 145—152, Guettée II. p. VII., besser Rosseeuw I. p. 293—299 und Marichalar y M. II. p. 3—36 ¿ fueron cortes los concilios de Toledo? wo aber, wie schon Cenni diss. IV., den weltlichen Gliedern, abgesehen von den Strafurtheilen, irrig das Stimmrecht abgesprochen wird: thatsächlich freilich blieb den Palatinen gegenüber den an Zahl und Bildung überlegnen Bischöfen nur das Gehorchen übrig: (daselbst Kritik von Morales, Saavedra y Faxardo, Mariana, Thomassin, Cardillo, Villalpando, Cenni, Florez, Feijóo, Marina, Guizot) aber die confirmatio von Cc. T. XII. quod a .. patribus .. *et palatii senioribus* est edictum und die Formel: statuta *annuens* subscripsi von Palatinen beweisen das formelle Stimmrecht unwiderleglich, wenn auch die Geistlichen beifügen: statuta a nobis

edita, definita. Dagegen „juntas puramente politicas“ nennt sie Marina ensayo p. 27 (vgl. Manresa p. 55, Sotelo p. 106), der aus ihnen unmittelbar die späteren cortes entstehen läßt p. 20 (dagegen Serna y Montalban I. p. 38, Marichalar und Manrique II. 3—36, dann Hänels Anzeige, Rosseeuw I. p. 297), ja nach Marina teoria de l. c. I. p. 1—8 bilden diese einen wesentlichen Bestandtheil der Verfassung schon seit dem „establecimiento de la monarquia goda“; ähnlich Rico y Amat I. p. 11, Muñoz I. p. 381, besser Sempere historia p. 113, der zumal ihre Ohnmacht gegenüber dem Despotismus betont und besonders Zuaznavar I. p. 138—141 gegen Marina's Ueberschätzung der gothischen Verfassung: „no hubo constitucion (im Sinne der Repräsentativverfassung) politica en la España goda“; er verneint mit Recht die Frage: ¿ „tenian representacion nacional los concilios toletanos?“ p. 153; richtig auch Sempere hist. I. p. 97—106 ed. Moreno p. 76 (impotencia de aquel consejo para refrenar el despotismo) p. 60 observaciones sobre los concilios toletanos; vgl. Lafuente p. 494 gegen Marina's Satz „estas juntas no eran ecclesiasticas (!) sino puramente (!) politicas y civiles y unos verdaderos estados generales de la nacion“. Das widerlegt schon ein Blick in den „modus tenendi concilia“! Richtig auch Gamero p. 441—466: weder germanisches Ting noch Cortes noch bloße Synoden; aber die Cc. T. IV. und VIII. angeordnete Versammlung zur Königswahl ist auch nicht der Ursprung der Cortes, wie p. 463.

8. Repräsentationshoheit.

In diesem Gebiet dauert die früh erworbene Machtvollkommenheit der Krone, am wenigsten von der Doppelaristokratie des Reiches beschränkt, fort: in den verworrenen, schwankenden und für das noch unbefestigte Germanenreich gefährlichen Verhältnissen Galliens im V. Jahrhundert, im Reiche von Toulouse, konnte nur einheitliche, rasche Leitung mit einiger Sicherheit steuern durch die wechselnde Brandung der Parteien.

So vernehmen wir seit a. 420 nichts von einem Recht der Volksversammlung oder Aristokratien bei der Entscheidung über Krieg, Frieden, Bündniß mitzuwirken; thatsächlich war freilich die Stimmung des Adels, auch des römischen, später auch des geistlichen[1]), oft von entscheidendem Einfluß.

Die Vertretung des Staates nach Außen, die Leitung der äußern Politik liegt auch später, im Reich von Toledo, so gut wie ausschließlich in der Hand des Königs[2]): von einem Recht der Mitwirkung des Adels, des Reichsconcils oder gar des Volkes erscheint keine Spur. Der König wird stets als allein handelnd genannt: er empfängt und bescheidet die fremden Gesandten. Freilich ist dabei die Dürftigkeit und die dramatisch personalisirende Neigung[3]) unserer Quellen mit in Anschlag zu bringen, welche Alles auf die Persönlichkeit des Herrschers zurückführen und selten einmal der einflußreichen weltlichen und geistlichen Berather für innere und äußere Politik gedenken, welche doch fast immer diesen Fürsten zur Seite[4]) standen. Nur bei Wamba

1) Cc. T. IV. 30 Geistliche als geheime Gesandte des Königs.

2) Romey II. p. 250 richtig.

3) Besonders Greg. tur., bei dem z. B. IX. 1 Rekared durch seine Annäherung an Godisvintha und mit dieser allein die Politik gegenüber den Merowingen leitet.

4) Leo z. B. dem Eurich Apoll. S. IV. 21. VIII. 3: er verfaßt die „vielgerühmten Ansprachen", wie aus dem Munde des Königs, mit welchen dieser bald

heißt es einmal, daß ihn auch der Rath seiner Optimaten abgehalten, die Franken für die den Rebellen geleistete Hülfe durch einen Angriffskrieg zu züchtigen [1]).

Auch gothisches Reichsgebiet tritt der König aus Gründen der Politik alleinhandelnd ab: als jedoch der Zweck nicht erreicht wird, nimmt sie ein Graf wieder zurück mit Berufung auf die „jura Gothorum", d. h. gothisches Territorialrecht, das Fremde nicht mehr besitzen sollen, wenn sie ihre Vertragspflicht nicht erfüllen [2]).

So wird denn einige Male dem Ausland gegenüber neben dem König auch das Volk der Gothen als völkerrechtliches Subject betont [3]): letzteres wegen des Thronwechsels von Königen verschiedener politischer Tendenz; und sowohl aus diesem Grund als um des größeren Nachdrucks willen wird eine Geldforderung gegen Theoderich II. als zustehend bezeichnet „dem König, meinem Herrn, und dem ganzen Volk der Gothen" und abgetretenes, wieder beanspruchtes gothisches Reichsgebiet heißt „jura Gothorum" [4]).

Die Namen der Gesandten, die uns erhalten, sind oft gothisch [5]):

---

die Vandalen schreckt, bald mit den Franken an der Wal sich verbündet, bald sein Reich (gegen Rom) erweitert; vgl. carm. VII. v. 395 die proceres, senatus, die den Krieg betreiben und v. 450 seq., wo das concilium den Frieden verlangt a. 455: aber es ist mit dieser poetischen Rhetorik und rhetorischen Poesie nichts zu bauen; über Alarichs Verhandlungen mit Chlodovech Greg. tur. II. 35.

1) Jul. v. W. p. 715 nisi maturato sui cordis suorumque optimatum revocaretur consilio, ne disrupta pactionis inter utramque gentem promissio impetendi sanguinis esset occasio. Willkürlich macht Ferreras II. § 160 aus der Heeresmusterung Eurichs, bei der sich das Portentum begiebt a. 505, eine Landes-Versammlung der Gothen, um mit ihnen wegen der Zeitläufe Berathschlagung zu halten.

2) ep. Bulgar. III.; nicht aber darf man die nach pact. andel. p. 6 zur dos Gailesvintha's gegebnen gallischen Städte als Veräußerungen gothischen Gebiets anführen, denn dos ist hier von Chilperich gegebener „Muntschatz", nicht von Athanagild gegebne Mitgift, wie Bonell S. 216 u. A.

3) z. B. ep. Bulgar. I., ja sogar allein genannt: Theudibertus . . cum gente Gothorum pacem . . roborare gens G. sperat universa . . legati Gothorum (l. c.; ebenso III.) concordes cum Gothis III. (häufiger kömmt vor provincia Gothorum d. h. narbonnensis ep. III.).

4) l. c. III.

5) z. B. Greg. tur. V. 44 Agila von Leovigild, Oppila VI. 40, ebenso ep. Bulgar. III. Totila et Gundrimer, legati nobiles, viri illustres. Sisib. ep. Caes. Ansemund, an die Langobardenfürsten: per Totilanem (wohl derselbe wie unter Gunthimar).

es beweist dies für ausreichende Bildung und Gewandtheit oder doch[1]) überwiegende Ergebenheit und Verlässigkeit der Germanen.

Neben den für den öffentlichen, officiellen Verkehr bestimmten Briefen erhalten die Gesandten mündliche Aufträge und Anweisungen[2]). Häufig bedient man sich der Bischöfe als Gesandter[3]).

---

1) Hierüber lehrreich ep. Sisib. Caesar. p. 868 Ansemundo fiducialiter crede, suspensa cavillatione recipe, remota suspicione quod jusseris in ejus pectore mitte, noster etenim est, etsi impolitus eloquio, non puritatis studio . . ejus sinceritatem tibi gubernandam comitto etc. . . während Apoll. Sid. III. 7 von römischen Gesandten sagt: secreta dirigentium principum venditantes ambiunt a barbaris bene agi cum legato potius quam cum legatione. Die Römer Florentius und Exsuperius werden von Leovigild an Chilperich gesendet Greg. tur. Mart. III. 8.

2) l. c. hic lator est in cunctis obstructus (l. instructus) et . . finaliter ordinatus etc.

3) Vgl. ep. Sisib. Caes. l. c., Romey II. p. 275, oben S. 393.

III. Gesammtcharakter des Königthums.

1. Absolutismus.

Nach den Ergebnissen der politischen Geschichte und den bisher erörterten Einzelrechten [1]) der Krone kann es nicht befremden, daß das Gesammtbild dieses Königthums kein einheitliches, sondern ein widerspruchvolles ist: es ist despotisch und ohnmächtig zugleich [2]). Unvermittelt neben und oft in Widerstreit mit der Lähmung des Königthums durch die geistliche Aristokratie stehen vereinzelte Erscheinungen eines Absolutismus der Krone, welche nicht nur mit germanischer Volksfreiheit, welche mit jeder Staatsidee unvereinbar sind und an sultanische Willkür gemahnen [3]).

Solche Thaten und Züge sind aber nicht etwa Beweise wahrer Stärke der Krone, sondern Zeichen der Schwäche des Staats- und Rechtsgedankens: manchmal erscheinen sie als verzweifelte Schläge in dem Todeskampf gegen die Aristokratie — so oft die Todesurtheile Verbannungen, Verknechtungen, Vermögenseinziehungen; manchmal dagegen gestattet der Adel, der den Staat regiert, der Krone in ihm

---

1) Rosseeuw I. p. 344 greift nur einzelne Aeußerungen des Bannes oder der Hoheit heraus, statt diese als Ganze zu fassen.

2) Verkannt von v. Bethm. H. I. S. 218, auch kann man nicht mit Löbell S. 231 die Gewalt der westgothischen gesetzlich größer als der fränkischen Könige nennen, Davoud Oghlou I. p. C., ganz ungenügend dessen Abschnitt „royauté" p. 186—208; sehr überschätzt wird die gothische Verfassung von Marina discurso, ähnlich Rico y Amat I. p. 18, der überall zuviel absichtliches Machen, zu wenig unwillkürliches Erwachsen derselben annimmt. Dagegen für den Absolutismus schon Lopez Madera p. 12, vgl. Dunham I. p. 181, Moron I. p. 188, nicht übel Romey II. p. 343: la monarchie absolue, l'inquisition et les libertés en même temps, du Boys I. p. 520: à la fois ephemère et despotique.

3) Das ist der fastus regius, die superba dominatio L. V. I. 2, 6; deßhalb wird ihnen modestia empfohlen Cc. Tol. VIII. 10.

gleichgültigen Dingen solche Ausschreitungen gegen Einzelne. Und das Königthum, dem die gebührende ruhige Machtenfaltung nicht vergönnt ist, gefällt und entschädigt sich in solchen aufflackernden Zuckungen von Tyrannei. Viel kam immer, wie bei allem germanischen Königthum, auf die Individualität des Trägers an: so heißt es schon von Eurich, daß er „mit eiserner Hand" die Gothen beherrschte[1]), ähnlich Leovigild und Kindasvinth. Zu unterscheiden sind hiebei vom Gesetz anerkannte Aeußerungen der Krongewalt von rechtswidrigen Willkürthaten[2]) einzelner Herrscher gegen Leben, Ehre, Freiheit, Vermögen ihrer Feinde oder anderer Unterthanen[3]): — sie erpressen von reichen Leuten Urkunden, in denen diese sich als der Könige oder ihrer Günstlinge[4]) Schuldner bekennen müssen[5]); sie entreißen den von ihren Vorgängern Beschenkten diese Schenkungen und restituiren sie den mit Confiscation bestraften Hochverräthern[6]). Höchst beschämend für das Königthum ist, daß Urkunden zu Gunsten des Königs nur dann gelten sollen, wenn die darin unterschriebenen Zeugen bestätigen, daß weder Zwang noch Betrug dabei geübt worden[7]). Schon B. T. IV. 4, 2 hatte, um Verdacht und Möglichkeit der Erpressung nach dieser Richtung abzuschneiden, formlose letztwillige Zuwendungen an den princeps für ungültig erklärt[8]) —; auch in dieser Willkür trat das gothische Königthum nur die Erbschaft des Imperatorenthums an[9]). Nur die erstern, die gesetzlichen Handlungen, beschäftigen uns hier.

Vor Allem verletzt die schrankenlose Strafwillkür[10]), welche das Gesetz häufig der Laune des Königs einräumt und wonach er über Leben und

---

1) Ennod. v. Epiph. p. 360.

2) Wenn z. B. Alarich II. eine Basilika, die ihm die Aussicht stört, abdecken läßt? Greg. tur. mart. 92.

3) flagitia, facinora cupiditatis und avaritia sind die Hauptäußerungen der aviditas L. V. II. 1, 5, des fastus regius I. 2, 6.

4) Daher die Wichtigkeit der persönlichen Gunst des Königs: Greg. tur. patr. 18, 2 hanc fabricam Sichlarius quidem Gothus, qui magno cum Alarico rege amore diligebatur, aemulus monasterio concupiscit.

5) L. V. II. 1, 5.

6) l. c. 6.

7) Cc. T. VIII. 10 decr. u. Lex.

8) In. fügt dessen amici bei, vielleicht necessitudinibus mißverstehend für necessariis; Zügelung fiscalischer Erlistung von Erbschaften auch 5 l. c.

9) Wie die Kaiser einfach städtische Güter verschenken, zeigt B. Nov. Mart. III.; über dies Motiv der Neigung zu den römischen Gesetzen Rühs S. 7.

10) arbitrium regis L. V. XII. 2, 18. technisch: ebenso IX. 2, 8 judicis VI. 4, 3 domini X. 1, 13 vgl. III. 4, 3. VI. 2, 2. 1, 2. 4, 3. VII. 3, 6. 6, 2.

Schicksal eines freien und edeln Mannes entscheiden darf. Diese Willkür ist nicht mit seinem Begnadigungsrecht zu verwechseln: vor allem richterlichen Strafurtheil entscheidet der König, ob den Ueberführten eine Strafe treffen solle und welche, wobei ihm manchmal gar keine Schranke gezogen ist [1]), und ausdrücklich muß das Gesetz wenigstens die unschuldigen Verwandten, Gatten [2]), Nachbarn, Erben der Strafe entrücken [3]), während ihm in andern Fällen wenigstens das Maß der gesetzlich bestimmten Strafart überlassen bleibt [4]), namentlich dann, aber keineswegs nur dann [5]), wenn der Schuldige dem König verknechtet wird [6]). Oder auch, der König darf beliebig denjenigen bestimmen, welchem der Schuldige verknechtet, die Confiscation oder Geldstrafe zugewiesen werden soll [7]). Am meisten empört solche Strafwillkür, wenn sie — und zwar ganz unbeschränkt — wegen bloßen Nichterscheinens vor dem König von diesem geübt werden darf [8]) oder wegen bloßer Scheltworte [9]). Damit verglichen ist es wenig, daß der

---

1) L. V. II. 1, 7 Cd. Leg. u. M. A. ut quidquid de eo vel de omnibus rebus suis facere vel judicare voluerit, sui sit incunctanter arbitrii; III. 4, 13; oft sendet der Richter den Ueberwiesenen an den Hof, wo dann der König ausspricht quod sibi placitum fuerit VI. 2, 3.

2) Ein Beispiel ihrer Mitbestrafung Paul. Emer. p. 655.

3) L. V. VI. 1, 7.

4) IX. 2, 8 juxta electionem principis districtiori mancipetur exilio: hier hat der König nur Ort und Art des Exils zu bestimmen; ebenda über das confiscirte Vermögen, wo mit Cdd. Leg., Compl., Lindenb. regalis, nicht mit M. A. legalis censura zu lesen; ähnlich wird der Verbrecher manchmal auch dem Geschädigten zu beliebiger Rache II. 1, 6, mit Ausnahme etwa der Tödtung VI. 1, 2, übergeben.

5) arg. VI. 2, 3.

6) IX. 2, 8 ut de ejus persona quidquid princeps judicare voluerit, potestas illi indubitata manebit. III. 4, 13 de ea faciat quodcunque voluerit VII. 6, 2 ut ejus arbitrio super eo sententia depromatur. Rekared verwandelt in Folge Asyls Confiscation und Verbannung in Verknechtung härtester Art mit Vermögen, Weib und Kindern Paul. Emer. p. 655 zu Gunsten des Bedrohten.

7) Schon Ant. 277, dann L. V. VI. 2, 1. III. 2, 2. III. 4, 13 bes. 17 „pauperi". Natürlich lag in diesem Recht, den Herrn zu bestimmen, eine weitere Willkür in Strafschärfung; manchmal übt dies Wahlrecht auch an des Königs statt der dux, comes, judex l. c.; Geldstrafe cui rex jusserit III. 1, 3: VI. 2, 1 zeigt übrigens, daß dies auffallende Bestimmungsrecht des Königs daraus zu erklären ist, daß der Schuldige in entsprechenden Fällen ursprünglich dem Fiscus verknechtet wurde.

8) II. 1, 7 Cd. L.

9) II. 1, 7 M. A.

König im Gesetz nicht vorgesehene Fälle selbst entscheidet und erst nachher das Rechtsprincip seiner Entscheidung in das Gesetzbuch aufnimmt [1]).

Zu solchen Willkür-Acten gehört es, bei aller Frömmigkeit des Motivs, doch auch, wenn Rekisvinth Sanct Fructuosus mit Gewalt verhindert, nach Palästina zu reisen, damit Spanien den heiligen Mann nicht verliere, und nach Toledo bringen läßt [2]), oder wenn wiederholt Mönche durch königlichen Befehl dem Kloster entzogen werden [3]); schlimmer ist es, wenn ein König, ich vermuthe Kindasvinth (denn Erzbischof von Toledo war Eugenius I.), befiehlt, einen Unwürdigen zum Priester zu weihen: und der Primas des Reiches [4]) giebt nach: (spricht aber statt der Segnung heimlich eine Verfluchung) [5]), denn auch die mächtigste Macht in diesem Reiche, die Kirche, muß sich viel gefallen lassen [6]).

Einen starken Eingriff in die persönliche Freiheit enthält auch das vom Gesetz anerkannte, ziemlich weit gehende Recht der Könige, über die Hand ihrer weiblichen Unterthanen, freier Mädchen und Wittwen, zu verfügen — ebenfalls von den Imperatoren überkommen. Zwar hatten später römische Gesetze jene Befugniß zu begrenzen und Mißbrauch abzuwehren versucht [7]). Die Könige hatten aber diese Schranken

1) II. 1, 11.

2) v. s. Fruct. p. 430, Ferreras II. § 555.

3) epist. Tarrac. p. 21, vgl. ep. Braul. et Chindasv. p. 678.

4) rogatus a rege quia jussioni principis resistere non praevaluit.

5) ep. Braul. p. 679.

6) Verfügung über die Bischofssitze oben S. 407, über ihr Eigenthum Cc. T. III. 6 ne cuiquam donentur a principe liberti ecclesiae.

7) Grimms R. A. zweifeln noch an dem römischen Ursprung: s. aber z. B. den Mißbrauch dieses Rechts durch Maximin bei Lactantius de mortibus persecut. 38 (vgl. Serrigny I. p. 131; über fränkische Analogien und städtische Privilegien dagegen s. Franken, Wilda S. 802. 803). Abgesehen davon, daß schon Provincialvorstände mißbräuchlich reiche Partien für sich, ihre Söhne rc. erzwangen B. T. III. 6, 1. 11, 1, zeigt 10, 1 si nuptiae ex rescripto petantur, daß abgewiesene Freier sehr häufig unter Vorgebung der Zustimmung der Bräute oder deren Aeltern rc. ein praeceptum principis erschleichen, ferner, daß ein solches praeceptum auch bei wirklicher Zustimmung häufig erbeten wurde; und der Text muß es ausdrücklich erst verbieten, die Zustimmung der Bräute durch einen Befehl des Kaisers ersetzen zu wollen: nos enim peti de nobis nuptias supplicatione prohibemus, quas deceat de voluntate parentum vel de ipsis adultis puellis aut mulieribus impetrari. Gewahrt bleibt dabei das Recht des Dispenses von Ehehindernissen und des Proceßentscheids von gebrochnem Verlöbniß.

stets wieder durchbrochen: deßhalb beschließt Cc. T. III. 10, „unter Gutheißung des Königs", — wie es gerade in solchen Fällen heißt, wo man Mißbräuchen der Krone begegnen will —, Wittwen und Jungfrauen sollen nicht mit Gewalt gegen ihren und ihrer Eltern Willen zur Heirath gezwungen werden bei Strafe der Excommunication für den „Behinderer der Keuschheit": genannt wird der König nicht [1]). Die Könige verheiratheten oft die Wittwen sogar während des Trauerjahres [2]) und daß es hiebei oft nicht ohne schroffe Gewaltsamkeit abging, zeigen zahlreiche Gesetze [3]).

Mit dem gezeichneten Absolutismus einerseits, mit dem Einfluß der Kirchendisciplin auf diesen Staat anderseits hängt auch jene Vielregiererei und jene Alles bis in höchst casuistisches Detail überwachen, im Gesetz regeln, in der Verwaltung leiten wollende Bevormundung zusammen, die einen widerlichen Zug in der Geschichte dieses Reiches bildet [4]). Dem gegenüber konnte die theoretische Beschränkung des Königs durch das Gesetz [5]) oder die Selbstbeschränkung desselben [6]), oder die Ungültigkeitserklärung einzelner seiner Handlungen [7]) (nach römischem Muster) oder der Sprüche von ihm eingeschüchterter Richter [8]) wenig frommen. Uebrigens war dies oft so willkürlich zufahrende und zu-

1) Bei der systematischen Ausrottung der rebellischen Adelsgeschlechter theilt Kindasvinth seinen Getreuen (fidelibus) mit dem Vermögen auch die Frauen und Töchter der Verurtheilten zu Fredeg. p. 445.

2) L. V. III. 2, 1.

3) III. 3, 11 qui ingenuam absque regia jussione marito violenter tradere praesumserint, und daß es oft vorkam, auch mit Verletzung der canonischen Verwandtschaftsgrade, zeigt die besondere Erwähnung 3, 5, 1 exceptis iis . . quas per ordinationem et consensum principum etc. und III. 6, 2 verräth, wie die Frauen durch Gunst der Könige oder Richter ihre Ehen aufzulösen und neue einzugehen suchten.

4) Die Einmischung des Königs in Verheirathung der Mädchen L. V. III. 1, 2 und nach herrschender Lesart II. 1, 1. Die genaue Regelung der Größe der Mitgift 5 und deren Vererbung IV. 5, 2, sowie der Vererbung überhaupt im Interesse der Erhaltung größerer Vermögensmassen; die Bestimmung sogar des Preises des Gesetzbuchs V. 4, 22, die drei Gesetze über entflogne rc. Bienen VIII. 6, 1—3 und die peinlichen, kleinlichen Polizeibestimmungen VIII. 4, 1—31 de damnis animalium vel diversarum rerum z. B. 21 de laesione vestis, vgl. II. 1, 17; 2, 7.

5) III. 6, 2. VI. 1, 6.

6) Vgl. „Schlußbetrachtung".

7) II. 4, 4. 5.

8) II. 1, 28.

weisen grausame Königthum zugleich stets von, freilich wohlbegründetem [1]), Argwohn heimgesucht: es bebte unablässig vor Gift und Dolch und Empörung [2]), namentlich der Palatinen [3]); strenge Gesetze sollen Leben [4]), Thron und Vermögen des Herrschers und seines Hauses schützen [5]). Der Fluch der Kirche wird zu Hülfe gerufen und eine ständige Rubrik der Concilien wird die „über den Schutz der königlichen Kinder" [6]): alle Mittel, auf die Gewissen zu wirken, werden in Bewegung gesetzt [7]). Man sucht die Adelshäuser zuletzt dadurch abzuschrecken, daß man auch die Nachkommenschaft straft, d. h. von Palatinat und Vermögen ausschließt: und zwar mit bewußter Hinwegsetzung über Bibelstellen, welche die Kinder nicht für die Verbrechen der Väter

---

1) Man sehe die Aufzählung der gothischen Königsmorde und Palast-Revolutionen bei dem pathetischen Mavans y Siscar., vgl. Canciani IV. p. 55, Masdeu XI. p. 8, Bourret p. 161, Muñoz p. 379, zu beschönigend Romey II. p. 250; unter den acht Königen von Athaulf bis Alarich werden vier ermordet, vgl. Fauriel I. p. 517.

2) scandalum L. V. II. 1, 6. VI. 1, 2—6. 2, 1. XII. 2, 3. factionis II. 1. 2 (vgl. die inimici Greg. tur. III. 30) contra gentem, patriam, regnum IX. 2, 8. nefanda superbia L. V. II. 1, 7. seditiosus VI. 4, 7. II. 1, 7 klagt, daß man die Waffen öfter gegen Rebellen und Emigranten, L. V. II. 1, 7 profugi, als gegen Feinde zu führen habe II. 1, 4 principum tutanda salus. II. 1, 8 Cd. Leg. 6. (7 und 8) Folter in allen causis regiae potestatis vgl. VIII. 1, 3. IX. 2, 8.

3) L. V. II. 1. 6. 7. 8. Cd. L. Cc. T. VIII. Lex muß diese speciell bedrohen und wegen Versuchs macht II. 1, 7 des Palatinats unfähig.

4) Cc. T. VIII. 1 in necem regis.

5) L. V. II. 1, 6 Entthronung technisch (degradari Fred. p. 445) abjectio, a. regia Cc. T. XVI. 10 d. h. regis L. V. II. 1, 7. 8. nex vel a. nostra 6. dejectio, abdicari Cc. T. XVI. 8. Durch die „tyranni" d. h. Empörer Cc. T. VII. 1. XIII. tom. qui cum Paulo tyrannidem assumpserunt.

6) de munitione prolis regis Cc. T. V. 2. VI. 11. 16—18. XIII. 4. XVI. 8. XVII. 7. Vgl. Canciani IV. p. 56, Masdeu XI. p. 9, Cenni II. p. 7, Dunham I. p. 187, Davoud Oghlou I. p. 191, Muñoz p. 379, Manresa p. 48, Rühs S. 8, Merkel, bayer. Volks-R. S. 644.

7) Cc. Tol. VI. 18 beschwört bei Gott und aller Schaar der Engel, dem Chor der Propheten, Apostel und aller Martyrer und der ganzen Kirche und Christenheit unter Androhung unvermeidlicher ewiger Verdammniß sich der Verschwörung gegen den König zu enthalten, „den Gesalbten des Herrn" Cc. T. V. 2 vgl. VIII. lex; anathema Cc. T. XII. 1; schon wegen erigere vocem gegen den König; aber noch Cc. T. XVI. und XVII. wird um Gebet und Strafen gegen die perfidi angerufen.

strafbar erklären [1]): die feierliche dreimalige Verfluchungsformel von Cc. T. IV. 75 wird XVI. 10 wiederholt; bitterlich klagt über jene Nachstellungen die lex [2]); Cc. T. XVIII. tom. verlangt der König Litaneien zur Verminderung des Hochverraths und c. 6 werden sie bewilligt für Kirche und König; dieser Geist der Empörung ist vom Teufel eingehaucht [3]).

Aber auch schon jedes Schelt- und Fluch-Wort wider den König wird gestraft, „ja auch der Frevel des Gedankens" [4]). Daher muß der Vorschlag an den Vater, sich den Sohn zum Mitregenten zu bestellen, erst große Furcht überwinden und sehr vorsichtig auftreten: denn auch darin konnte ein crimen laesae erblickt werden [5]). Daher stellt man Todesstrafen auf bloßen Verdacht des Hochverraths [6]); auch die abergläubische Erforschung der Lebensdauer, des Todes des Königs gilt als Majestätsverbrechen [7]). Gegen Zauber und Verfluchung schirmt die Kirche [8]).

---

1) Cc. T. XVI. 10 quia et jusjurandi transgressio granditer inolevit et machinandi contra principes nostros consuetudo saeva percrebuit, quo aut nece diversa princeps interimatur aut regni dignitate privetur: ut qui suum non formidat exitium saltem filiorum cunctaeque suae posteritatis pertimescat interitum.

2) Ipsi perpendatis jamjamque antea plurimorum casus relatu opinabiles didicistis, quibus perfidorum quantisque *aemulorum* nefandis conatibus deceptionis meae quotidie excidium sentiam vel quanta patriae fuerint insolenter conturbia excitata.

3) Confiscation mit dem Todesurtheil wegen laes. maj. B. T. IX. 32, 1.

4) L. V. II. 1, 7 cogitationis nequitia vgl. Cc. Tol. VIII. „Lex": vel silenter mussitans vel aperte resultans proloqui praef. in necem regiam *cogitasse* noxia vel egisse.

5) ep. Braul. p. 684.

6) Fredeg. p. 445 non cessavit Chindasv. quos in *suspicione* habebat gladio trucidare.

7) L. V. VI. 2, 1, schon B. P. V. 23, 3 qui de salute principis vel de summa reipublicae mathematicos . . consulit. Doch ist die praktische Geltung dieses Theils von B. sehr zweifelig: wie „imperator" stehen blieb, ohne durch „rex" ersetzt zu werden, ist das bestiis objici, vivi exuri nicht praktisch gewesen, wohl aber der Thatbestand des Verbrechens als auch verbis impiis ac maledictis vollendet und die Aufzählung: cujus ope, consilio adversus imp. vel rempublicam arma mota sunt, exercitusve ejus in insidias deductus est quive injussu imperatoris bellum gesserit delectumve habuerit exercitum comparaverit sollicitaverit deseruerit imperatorem; antiquirt sind die noch strengeren Strafen gegen auctores seditionis et tumultus vel concitatores populi (crux, bestiae) P. V. 24, 1.

8) Cc. T. V. 4. 5 in L. V. VI. 2, 1 übergegangen; nach Cd. L. „antiqua" ebenso II. 1, 7. 8 aus c. 5 Cc. T. l. c. von Rekisvinth, nach Cd. L. von Kindasvinth, vgl. Helff. S. 81.

Im Dienst und Gefolge solch' absolutistischer Willkür und Angst steht nun weitverbreitete Angeberei, welche namentlich in politischen Verbrechen [1]) wühlt und den häufigen Verschwörungen zuvorkömmt — schon das „meditari" wird gestraft — oder nachschleicht; jeder, der etwas für das Wohl des Königs Wichtiges zu wissen erklärt, soll sofort Gehör erhalten [2]); auch anklagunfähige Ankläger werden in solchen Fällen zugelassen [3]). Gegen diese Denuntiationen und Verräthereien wurden nun allerdings auch die Abwehren aus dem römischen Recht herübergenommen [4]), aber sie reichten nicht aus. Schuldige Verschworne und unschuldige Gegner des Königs suchten sich zu decken durch eidliche Verpflichtung aller etwa gefährlichen Mitwisser zum Schweigen und Cc. T. XIII. c. 2 verlangte wenigstens öffentliche Verhandlung gegen Hochverräther, nachdem frühere Fürsten ohne ordnungsmäßige Ueberführung Absetzung, Kerker, Folter auf bloßen Verdacht politischer Verbrechen hin verhängt hatten. Der Confiscation suchten die Mißvergnügten durch simulirte Vergabungen zuvorkommend zu begegnen: auch dem trat das Gesetz entgegen [5]). Als Hauptmittel politischer Verfolgung konnte

---

1) Schon unter Eurich klagt Apoll. Sid. V. 7 schwer delatores inferre calumnias, deferre personas, afferre minas, auferre substantias. L. V. II. 1, 22 si forte quisquam pro utilitate regia aliquid scire se dixerit, aditus ei ad conspectum nostrae gloriae negari non poterit.

2) L. V. II. 1, 20.

3) Cc. T. VI. 11 ubi de capite regiae majestatis causa versatur; so schon nach B. T. IX. 8, 1 auch Sclaven, wo J. aber die Rhetorik des Cäsarismus doch nicht wiedergiebt: in quo etiam servis *honesta proditio* est! (vgl. Paul. V. 5, 3 de delatoribus) auch Freigelaßne und familiares 2 l. c. J. B. T. IX. 23, 1 begnügt sich, für concitare populum ad seditionem damna gravissima zu drohen. 27, 2 bei majestas oder patria oppugnata vel prodita giebt es auch nach Abolition der Parteien Verfolgung von Amtswegen B. P. V. 81, 1. 2 wird die lex jul. majestatis ohne J. recipirt: selbstverständlich gilt der König jetzt als Nachfolger des Imperators.

4) Dem falschen Ankläger droht B. T. X. 5, 1—5 Zungenausreißen, Erdrosseln, Schwert und stellt ein Verbot der Delation durch eigne Sclaven auf, dann der Erbittung confiscirter Güter, vorbehaltlich der unerbetnen Schenkung 4 l. c.; die Definition der delatores, auch facultatum, fügt erst J. bei; L. V. VI. 1, 5 Erheischung von Schrift- oder Zeugen-Form, Auslieferung des falschen Anklägers an die unschuldig Verklagten zur Talion d. h. zum Vollzug der Strafe, die diesen getroffen hätte; (die Kirche hatte längst ihrer alten Satzungen gegen die delatores vergessen. Cc. Illib. 73.) Die falsche politische Anklage ist der schwerste Fall der calumnia, denn höchste Gefahr ist es principum animos ad iracundiam promovere.

5) L. V. II. 1, 6. 4, 10.

das unbeschränkte Recht des Königs, Richter in allen Processen zu delegiren, gebraucht werden [1]).

Ausdruck und Mittel der königlichen Gewalt ist die jussio, der Befehl mit Zwangsgewalt [2]) — (so heißt aber auch die Amtsverleihung, wodurch der König den Knecht über den Herrn erhöht [3]), ein Todesurtheil [4]) und unmittelbare Entscheidung eines Processes durch den König [5]), — auch alloquium regale [6]); seiner Entbietung an den Hof [7]) hat auch der Bischof unbedingt zu gehorchen [8]) (evocari a principe) [9]): so zwingt Sisibut einen Bischof, wieder aus dem Kloster zu treten und ruft ihn an den Hof [10]); (gleichbedeutend auctoritas regia [11]), „ordinatio“). [12]) Vor dem Boten, der „umgürtet mit der auctoritas regis“, „regis auctoritate praecinctus“, erscheint, öffnen sich, obzwar widerstrebend, auch die Thore eines Nonnenklosters [13]). Wer solchen Befehl ignorirt oder nicht zu kennen vorgiebt, büßt mit 3 Pfund Gold oder 100 Hieben [14]), er ist reus regiae jussionis; wegen dieser unbedingten Gehorsamspflicht begründet auch Königsgebot echte, d. h. vom Gesetz [15]), auch der

---

1) L. V. II. 1, 5; eine schwache Schranke B. T. II. 1, 12.

2) jussio nostra L. V. II. 1, 10 regia 25. 29. 31; 2, 2. 5, 5. 11. III. 3, 11. VII. 3, 9. VIII. 1, 4 (daher, abgeleitet, auch von judices l. c.) IX. 2, 4. praeceptio r. II. 1, 29. VII. 5, 1. 9; ungenügend Davoud Oghlou I. p. 187,

3) Cc. T. XIII. 6. Erhebung zum Erzbischof ep. Braul. p. 678.

4) v. s. Caes. p. 662. L. V. II. 1, 16. IX. 2, 9 = praeceptio II. 1, 29

5) Ebenso B. T. IX. 30, 2.

6) L. V. VII. 2, 9 recitare j. r. 5, 9.

7) z. B. Apoll. Sid. ep. IV. 8 rege mandante Evodius Tolosam profectus est.

8) ep. Isid. ad Braul. p. 651 puer regius ad me venit et confestim ambulavi ad principem d. h. technisch (auch sonst Apoll. S. VII. 5) epistola evocatoria VIII. 12 römisch ep. Symmachi VI. 35. IX. 47 von Eurich Ennod. v. Epiph. p. 370.

9) Cc. T. XIII. 8.

10) ep. Siseb. Caec. p. 366: ad nostram celeriter fratrumque tuorum praesentiam, ut vivida voce increpatus et stilo verborum correptus tandem resipiscens redeas ad incrementa virtutum.

11) (dirigere Paul. Emer. p. 642.) ep. Isid. p. 654 quamvis jussio principis in itinere positum remeare me admonuisset, ego tamen quia propinquior eram praesentiae ipsius quam regressioni malui potius cursum itineris non intercludere.

12) ep. Braul. p. 679 rege mandante Apoll. S. IV. 8.

13) v. s. Fructuosi p. 430 seq.

14) L. V. II. 1, 31.

15) L. V. III. 2, 1. IX. 2, 9.

Kirche[1]), anerkannte Noth, d. h. Entschuldigung für Fristenversäumniß in Erfüllung anderer Pflichten. Fälschung einer solchen regia auctoritas[2]) ist eines der allerschwersten Verbrechen: der Frevler bemächtigt sich dadurch der mächtigsten Rechtsmaschine in diesem Reich[3]).

In alle Verhältnisse, auch in einen schwebenden Straf=[4]) oder Civilproceß, greift der König mit solchen praeceptiones ein[5]); das sich auf eine solche Urkunde, die natürlich producirt werden muß, Berufen heißt technisch offerre[6]); gleichbedeutend institutio, praeceptio[7]), commonitorium offerre[8]). Die jussiones regiae können auch von Privaten geschrieben werden, dann folgt das recitare und exhibere notariis roborandae[9]); sie werden eingetheilt in capitula[10]). Auch die Verletzung des Trauerjahres und die gewaltsame Auslieferung eines Weibes zur Ehe rechtfertigt die jussio regia[11]). Von dem Recht, alles Beliebige zu befehlen, ohne Genehmigung von Reichstag oder

---

1) Cc. Agd. c. 35. Em. 4. 5. T. XI. 16. XII. 6. 9: sogar der Fanatismus gegen die Juden verstummt vor der regia jussio.

2) L. V. II. 5, 12. V. 7, 19. VII. 5, 1. VI. 4, 5.

3) Daher sagt die J. zu B. T. I. 3, 1 si quis asserat, cum mandatis se venire dominorum secretis, omnes sciant, nemini quidquam nisi quod scriptis probaverit esse credendum nec ullius dignitate terreri, sed in omnibus scriptis principis esse credendum; vgl. B. P. I. 12, 1. L. V. VI. 1, 5. VII. 5, 1. 3. 9. gegen Erschleichung B. T. I. 2, 4. J. II. 6, 1; über die Namen auctoritas vel praeceptiones, VII. 5, 1. 2 aber auch judicis B. P. V. 5. 6 decreta, edicta vgl. Sickel I. p. 185 signum ist Siegel, anders zum Theil Sickel I. p. 108.

4) Ueber die argen Mißbräuche der „Tücke (subtilitas) und Gewalt“ Cc. T. XIII. 2 hierin, vgl. XV. oben „Gerichtshoheit“. L. V. II. 1, 28 erklärt solche aus Furcht vor dem König erlaßne Strafurtheile ungültig und die eingeschüchterten Richter straflos.

5) Das sollte freilich nicht contra leges geschehen B. T. I. 2. 1. J. 2 „peremtoria . . non valebit“, andere Beschränkung solcher Willkür II. 4, 3–5. 6, 1 f. oben „Gerichtshoheit“, aber Egika muß Unterstützung der Prinzen unter allen Umständen in ihren Processen eidlich geloben Cc. T. XV.

6) L. V. VII. 5, 1.

7) VII. 5, 9.

8) VII. 5, 3.

9) VII. 5, 9.

10) l. c. jussiones regni nostri d. h. unserer Regierung. Der Richter muß bei Strafe gehorchen B. T. I. 2, 5 J.

11) L. V. III. 2, 1. 3, 11.

Concil, macht nun die Krone manchmal sultanischen Gebrauch [1]): so wenn der Verkauf des Gesetzbuchs um mehr als 12 sol. auf Einmal an Verkäufer und Käufer mit hundert Hieben geahndet wird.

Ueber die Romanen hat der König das „imperium“: bei vertragsweiser Abtretung von Provinzen, z. B. Aquitaniens an Walja, mag sich der Kaiser eine Oberhoheit vorbehalten haben, die dann bei Bruch des foedus, z. B. durch Eurich vollends wegfiel: bei gewaltsamer Occupation, z. B. Spaniens durch Eurich, trat der König völlig in die Rechte des Kaisers über die Personen der Romanen [2]). An dem Land erwarb aber der König nicht dominium [3]) und der Landerwerb des Germanen an seiner sors geschah nicht durch Schenkung aus diesem etwa zunächst vom König für die Krone erworbenen Gut: diese ganze römische Vorstellung wurde nicht adoptirt: daher die Frage, ob König allein oder König und Volk das Recht am Land erworben [4]), gar nicht gestellt werden kann. Daß von besonderer sors des Königs keine Rede und doch überall terra fiscalis etc. zu finden ist, erklärt sich einfach aus dem Eintritt des Königs in alles Land des römischen Fiscus und den späteren Vermehrungen durch Confiscation u. s. w.

Die Titel des Königs sind ganz ähnlich den im Ostgothenreich begegnenden [5]); manchmal läßt J. einzelne Formeln des Imperialstils [6]) des Textes aus [7]). Die Anreden wechseln natürlich je nach der

---

1) Eine Selbst-Zügelung lag in dem recipirten römischen Satz, daß ein Todesurtheil, von dem erzürnten Fürsten ausgesprochen, erst nach Ablauf von 30 Tagen sollte vollstreckt werden B. T. IX. 30, 3.

2) Man sehe, wie J. überall die „rorum domini“ an die Stelle des „princeps“ treten läßt. B. T. IX. 30, 2 und oft. Daß die Könige seit Athaulf römische Würden und Titel geführt wie die der Burgunden, Ostgothen, Franken Garnier p. 11 u. A., ist nicht erweislich.

3) Wie Gaupp S. 185.

4) Wie von Gaupp l. c.

5) A. III. S. 294 und im Frankenreich; vgl. überhaupt die treffliche Darstellung des Titelwesens jener Zeit bei Sickel I. S. 180.

6) Der also auch in L. V. nicht erst Nachahmung Cassiodors und gleichzeitiger römischer Constitutionen ist wie Eichh. I. S. 218, vgl. Masdeu XI. p. 12. Romey II. p. 254, wenig bei Morales VI. p. 148, (rein römischen Amtstitel hat nur Alarich I. geführt A. V. S. 33, 49) Cénac Moncaut I. p. 423.

7) So B. T. II. 1, 9 das coeleste oraculum; 9, 1 umschreibt princeps mit potestates, nicht wie Haen. l. c. magistratus, hiefür steht judex; ebenso ist es 13, 1 nicht, wie Haen., magistratus, sondern potens. P. V. 27, 8 statt sacras constitutiones principum J.: oblatas leges vel juris species.

Person des Sprechenden[1]); im Verkehr der Bischöfe untereinander heißt der König stets dominus noster filius vester[2]). An gleichstehende Fürsten, z. B. der Langobarden, schreibt der Gothenkönig: d. eminentiss. ac venerandiss. et germana charitate mihi consociis fratri Adalvaldo regi gentis L. et Theodolindae reginae[3]). Graf Bulgachramn nennt den Frankenkönig Theodibert rex gloriosus, dagegen seinen König Gunthimar rex gloriossimus dominus meus[4]). Der byzantinische Statthalter schreibt: d. gloriosiss. atque clementiss. d. Sisib. regi Caesarius deo volente patricus venerator vester. Synonym mit rex steht princeps[5]). Auffällt, daß in den Briefen Childiberts und Brunichildens an den in Byzanz lebenden Prinzen Athanagild dieser rex genannt wird[6]); es ist das jedoch nur merowingische Redeweise, wonach alle Glieder des Königshauses reges heißen können: sogar unverheirathete Princessinnen heißen im Frankenreich reginae[7]). Andere Titel und Prädicate sind: gloria nostra, vestra[8]), serenitas[9]),

---

1) Der Mönch Tarra schreibt an Refared p. 21 gloriose triumphanti et invicta fide regnanti piissimo dom. meo R. regi servus tuus Tarra indignus: clementissime d. et inclyte princeps! Der Papst dagegen schreibt: gloriosissimo atque praecellentiss. filio R. regi G. atque Suevorum ep. Greg. VII. 127. Baluz. V. p. 473; (entsprechend Braulio ep. p. 668 an den Papst gloriosiss. fil. vester princeps noster.

2) z. B. ep. Aemiliani ad Braul. p. 675 oder praec. ac christ. rex fil. n. Leo II. Aguirre II. p. 713 oder d. excell. f. Ervigio regi p. 714; in Inschriften manchmal nur Sisib. regis z. B. Masdeu IX. p. 250. d. n. gl. r. Reccar. bei Pedraza p. 75, ebenso und ebenda von Vittiricus.

3) S. rex Wisig. ep. Sisib. p. 372.

4) ep. I. (filius vester heißt der König auch fränkischen Bischöfen gegenüber l. c. II.) serenissimus III.

5) L. V. II. 1, 4. VII. 1, 1. V. 7, 10. VI. 2, 1. B. T. I. 9, 2 J. III. 1, 2. IV. 2, 15. VII. 5, 9 pr. servitium IX. 2, 9. XII. 2, 15 pr. conlatio IV. 2, 15. F. N. 20 principis ac domini gloria nostra.

6) Bei Migne 71 p. 1170. 1171.

7) z. B. Venant. Fort. v. s. Germani 21. Migne 71 p. 461.

8) L. V. II. 1, 1. 5. 8. Cd. Leg. 12. 20. 28. V. 7, 19. IX. 1, 6. 8. excellentiss. IV. 2, 14. Cd. L. 15. IX. 1, 6. 2, 8. XII. 2, 16 ep. Braul. p. 678.

9) ep. Chindasv. p. 678 gloriosa L. V. II. 1, 1. 28. IV. 2, 15. XII. 3, 1. 27; vgl. add. Cd. Card. et S. J. R. glor. s. n. oraculum II, 1, 28. XII. 3, 1. ep. Braul. p. 684. serenissimus Cc. T. XVI. praef. s. princeps ep. Braul. p. 686. sereniss. Vitrici regis In. H. in der Alhambra a. 577 ebenso seren. Siseputhi (sic) zu Saragossa sereniss. dom. n. Wamba rex Jul. jud. p. 717. In. H. in der Alhambra a. 594, eine Inschrift bei Le Blant II. p. 475 (ebenso von Athanagild p. 474 und Leova p. 465) gloriosiss. D. n. Recaredi regis gl.,

tranquillitas[1]), clementia[2]), amplitudo[3]), sublimitas[4]), celsitudo[5]), mansuetudo[6]), magnitudo[7]), culmen nostrum[8]) (dies auch von Bischöfen[9]), nie vom Laienadel), dominus rerum[10]), dominus noster rex: so die Inschriften, z. B. die von Alcalá de Guadaira des Rebellen Hermenigild; dominos nennt schlechtweg die Könige B.T.[11]); clementissimus[12]) atque serenissimus[13]) dominus noster Recisv. rex[14]); die Concilien nennen erst seit der Bekehrung die Könige, abstufend und steigernd, — denn Amalarich heißt nur gloriosus d. et rex[15]) — gloriosiss. atque sanctiss. princeps, gl. piiss. et Deo fideliss.[16]), orthodoxus atque gl.[17]), orth. atque sereniss. dom.[18]), piissimus princeps n.[19]), sereniss. et amator Christi[20]). Die Münzen

---

gloriosiss. d. n. F. N. 5. 7. 25, ebenso die martyres 8. 9; gl. d. n. Egicani regis Inscr. in Toledo Gamero p. 401.

1) L. V. IX. 2, 8. II. 1, 27.

2) nostra ep. Chind. p. 678 L. V. IX. 2, 8. II. 1, 7. Cd. L. XII. 1, 2. VII. 2, 5. 5, 9. V. 7, 19. ep. Caesar. patr. p. 367; vgl. über Ineinanderschillern von Titeln und Appellativen A. III. S. 292—295, L. V. II. 4, 7. Cd. Card. X. 2, 6.

3) II. 1, 1. L. V.

4) Cc. T. XVI. 1. L. V. IX. 2, 9.

5) L. V. II. 1, 1. add. Cd. Card. S. J. R. V. 7, 19. 20. VII. 5, 9. Cc. T. XIII. tom.

6) L. V. II. 1, 5. XII. 2, 1. Cc. T. XIII. tom.

7) L. V. II. 1, 20.

8) II. 1, 1. Cd. Emer. II. 2, 2. 6.

9) II. 8, 1.

10) ep. Montani episc. ad Palent. v. s. Caes. Mab. p. 661. B. Nov. Th. 6 T. 31, 1. XI. 3, 1. 6, 1. Wiederholt überträgt so die Kaiserbezeichnungen J., so l. c. wo das: ad comitatum destinari heißt: ubi rerum domini fuerint. Dann IX. 30, 2 statt des Kaisers: ad rerum dominos judex referat, ut de hujusmodi personis quid fieri debeat dominorum justa praeceptio constituat.

11) B. T. I. 3, 1. J. II. 6, 1. 9, 1. d. nomina daher dominicus = königlich II. 1, 11, übrigens auch von Privaten d. sponsa mea F. N. 14 d. Thuribius et Erganes Cc. T. II. app., sogar domnissimus von Privaten F. N. 25.

12) Cc. T. VII. 1. VIII. decr. Em.

13) Cc. T. VII. 1. VIII. decr. Em.

14) L. V. XII. 2, 16.

15) Cc. T. II. epil.

16) Cc. Caes. II. 1. T. III.

17) Cc. T. VIII.

18) Cc. Caes. III.

19) Cc. T. IV.

20) Cc. T. VII.

gewähren die Titel: inclitus, valens, victor, pius, justus[1]) — ferner begegnet: sacer princeps[2]), christianissimum regnum, amator Christi[3]), religiosissimus[4]), d. n. et excellentiss. Sisin. r.[5]), excellentiss. et gloriosus princeps[6]), gloriosiss. d. n.[7]), summus orthodoxus et gloriosiss.[8]), princeps et triumphator in Christo[9]), christianiss. amator Christi[10]), amabilis Christo[11]); die theologischen Prädicate vermehren und erhöhen sich[12]): sacratissimus[13]), doch auch rector[14]), piissimus orthodoxus vir[15]), invictissimus[16]), perspicuus[17]), inclytus[18]); aber ganz irrig nahm die spanische Ueberlieferung[19]) wegen Recaredus vere Catholicus[20]) an, die Gothenkönige hätten seit der Bekehrung den Titel „Catholicus" geführt, den sich die spanischen Könige beigelegt[21]). Aus dem Imperialstyl herübergenommen ist perpetuitas nostra[22]), ebenso die Anrufung Gottes und des Fürsten in den Urkunden[23]).

---

1) Velasquez p. 10.

2) Cc. T. VIII. praef.

3) Besonders von Rekared Cc. Tol. III. etc.

4) Cc. T. IV. praef. XVI. praef. XVII., ebenso Jul. v. W. p. 710 seq.

5) Cc. T. IV. 47.

6) Cc. T. V. 9.

7) Cc. T. IV. 75.

8) Cc. T. VI. praef.

9) Cc. T. VI. praef.

10) Cc. Tol. VII. 1. XV.

11) Cc. T. IX. 3. 17. XI. 16 amabilis allein, Christo wohl vergessen.

12) Erv. amator verae fidei, immo amabilis filius ecclesiae Christi Cc. T. XVI. praef. magnus cultor Dei Cc. Caes. III. praef.

13) Cc. T. VIII. praef.

14) Cc. T. VIII. 10.

15) Cc. Em. 23.

16) Cc. T. XIII. 13.

17) Cc. T. XIV. praef.

18) Cc. T. XVI.

19) Aguirre II. p. 407, Saavedra y F. p. 271, Lopez Madera p. 59. Valiente p. 71.

20) Cc. T. III.

21) Valdesius p. 113 stellt nur das „catholicissimus" in Abrede, schon „catholicus" aber sei viel mehr als das „christianissimus" der französischen Könige.

22) F. N. 8 f. Biedenweg p. 29.

23) p. 81.

Den Beinamen Flavius führte bereits der Ostgothe Theoderich[1]): dann zuerst nachweisbar, in einer Inschrift[2]), Rekared[3]), der ihn als Concession an die Römer angenommen haben soll[4]), nicht aus Hochmuth[5]): denn nicht die Zerstörer Roms hätten ihn geführt, sondern auf Grund eines gewissen Erbrechts (!), um den Zusammenhang mit Rom darzuthun[6]). Andere kaiserliche Prädicate begegnen fast nie: majestas nur in F. N. 14, eine königliche dotis promissio, vgl. S. 441; irrig ist die Behauptung der Spanier des XVI—XVIII. Jahrh., daß die Gothenkönige von je „majestas" sich beigelegt. — Wenn Venantius Fortunatus VI. 1 caesareum jugum von der Verschwägerung mit Athanagild braucht, so ist das nur eine poetische Phrase[7]).

Verstorbene Könige heißen einfach in der Antiqua: bonae memoriae pater noster[8]), dann praecessor noster rex[9]), divae memoriae dominus et genitor[10]) meus[11]), reverendae mem.[12]), div. mem. R.

1) Fabeln hieran geknüpft „vallis Flaviana" du Mége I. p. 233.

2) In Acten zuerst Rekisvinth Conc. T. VIII. praef., Aschb. S. 259, Canciani ad L. V. II. 1, 1. Morales coron. gen. de Esp. XI. p. 98, Vaissette h. de Lang. I. p. 643. Daß das ganze Gothenreich Flavia geheißen, Du Cange s. h. v. V. p. 402, vgl. Rühs S. 26, Iserhielm p. 76 (angeblich soll in Occitanien eine tessera militaris und ein Marmor gefunden sein mit der Inscr. „cedat Latium Flaviae" d. h. regno Gothorum) nach Gariel praes. megalon. p. 5. Peringsköld not. ad vitam Th. M. p. 201, habe ich nirgends verbürgt gefunden. Auch Stiliko heißt Flavius s. die Inschrift bei Rut. Num. notae p. 85.

3) In der Inschrift bei Florez V. p. 214 und In. H. Toledo d. n. gloriosiss. fl. r. R. Mariana VI. p. 14, Rosseeuw I. p. 344, Masdeu XI. p. 11.

4) Wie Morales resp. ad Resend. p. 1027—31.

5) Wie Valdesius.

6) So auch Lafuente II. p. 368: Rekareds Großvater Severian sei Sohn Theoderich des Großen gewesen, dieser, ohnehin von Zeno adoptirt, habe eine vornehme Spanierin, vermuthlich aus dem Geschlecht des Theodosius (!), geheirathet: (Verwechslung mit Theudis!) auf dieser Basis fassen noch Helff. und v. Bethm. H. I. S. 205 diesen Titel als eine Concession an die Römer! s. dagegen Morales VI. p. 26; über Flavius vgl. Sickel I. p. 213 und Stark in Sitz.-Ber. der Wiener Akad. 1852 S. 304. Aeltere Erklärungen aus dem Gothischen! bei Masdeu XI. p. 13, aber noch Romey! II. p. 254.

7) Selten in L. V. imperiale II. 1, 5: verbum Cc. T. VIII. Lex sceptrum XIII. 13.

8) Antiqua 277.

9) Cc. T. XII. 2. 13. domini prac. n. XII. 3, 1. L. V. d. p. rex 2, 13. R. princeps. Jul. v. Wambae p. 715 oder L. V. Cd. Emil II. 1, 1. XII. 2, 15.

10) praecessor Cc. T. XV. rex l. c. glorios. XII. 3, 12.

11) Cc. T. VIII. praef. L. V. II. 1, 1.

12) L. V. II. 1, 7. 6. IX. 1, 12.

rex [1]), glorios. m. Ch. r. [2]), divus pater n. et socer [3]), der abgesetzte Wamba jedoch blos decessor, Kindasvinth bei Erwich nur dom. Ch. [4]), rex antecedens [5]), blos princeps [6]), aber XIII. tom. div. mem. praec., Rekared *sanctae* memoriae d. n. rex [7]), „dominus" allein Eurich [8]), dominium nostrum [9]) (unsere weltliche Herrschaft); dominus noster heißen übrigens auch fremde Fürsten, domna z. B. Brunichild [10]), und dominus wird von Privaten [11]), auch unter gleichstehenden, gebraucht [12]).

Die Königin heißt gloriosa regina (Baddo) [13]) — conjux Liuvigothona [14]) serenissima. Nachdem Königinnen wiederholt und sehr gefährlich in die Parteiungen eingegriffen, schrieb Cc. T. XIII. 5, angeblich aus Pietät für den verstorbenen König, vor, daß die Königin-Wittwe nicht wieder heirathen darf [15]), und Cc. Caes. III. 5 gebietet ihr lebenslängliches Klosterleben in geistlicher Tracht [16]).

---

1) C. Egabr.

2) Cc. T. VIII. decr.

3) Ganz wie römische heidnische Imperatoren, s. Mommsen Kaiserbezeichnungen. Cc. T. XV. tom.

4) L. V. Cd. Card. II. 4, 7.

5) Cc. T. XII.

6) Cc. T. XVI. tom.

7) ep. Bulgar. III.

8) Apoll. S. VIII. 9.

9) Apoll. S. IX. 5.

10) l. c.

11) ep. Braul. p. 675 Ataulfo d. meo.

12) Apoll. S. II. 9. „domina filia" ep. Symmachi VI. 4, sogar domina major Apoll. S. IV. 8. VIII. 4 d. n. Egicanus Masdeu IX. p. 464.

13) Cc. T. III. praef.

14) Cc. T. XIII. 4 serenissima domina gentis 5. gloriosa conjux vestra domina mea spricht Egika von ihr Cc. T. XV. Dagegen seine Braut heißt ancilla vestra sponsa mea: tantum culmen, wie König und Bischof Cc. Caes. III. 5. Die Prinzen und Prinzessinnen Egila's werden Cc. T. XVI. 9 ohne Prädicate aufgezählt: gloriosa domina Cixilo reg. XVII. 7; ihr patrocinium wird mit Geschenken und Gedichten erstrebt Apoll. S. IV. 8: culmen von ihr wie vom König: culmen herile, magna patrona, inclita, non aspernare clientem.

15) Weßhalb die zweite Ehe mit dem nachfolgenden König die Wittwe zu prostibulum foeditatis, reproba machen soll!?

16) Laboulaye p. 190. Die üble Nachrede bezog sich wohl auf Geschlechtliches, wie besonders auf Verschwörung. Die arabischen Sagen von Roderichs Wittwe Um-Amem, welche Abdulazis zu seinem Weibe macht, Pascal y Gayang. II. p. 30, sind nicht zu verwerthen, wie oft geschieht.

Die königlichen Kinder mußten, sahen wir, unter besondern Schutz gestellt werden[1]). Ein so klägliches Zeugniß dies an sich enthält, — eine Folge der Parteikämpfe, die stets auf Beraubung der zuletzt Herrschenden abzielten, — so fehlt es doch auch gar nicht an despotischen Velleitäten in Ausbeutung dieser Schutzgesetze; so wenn man geltend macht, in Folge dieses beschworenen Schutzgesetzes dürfe kein Unterthan gegen die Prinzen im Civilproceß als Kläger, Richter, Anwalt, Zeuge, Vertreter auftreten, was erst durch Cc. XV. abgewiesen werden muß[2]).

Die Könige, die Concilien[3]) und die Chronisten[4]) datiren nach Regierungsjahren der Könige: doch setzt z. B. Johannes von Biclaro die der byzantinischen Kaiser bei[5]).

Die Reichsangehörigen heißen wie bei den Ostgothen[6]) subditi[7]),

---

1) Oben S. 513.

2) Wenn Rekared schon bei Lebzeiten Leovigilds bei Joh. Biclar. einmal rex genannt wird, so ist das wohl Anticipation.

3) L. V. XII. 3, 14 sub die vel anno regio; vel aera 15; a primo anno, regni nostri 17; V. 1, 7; III. 1, 6; 5, 6. anno feliciter regni nostri XII. 2, 14 ab anno r. n. feliciter proximo; 3, 12 a primo anno regni n. hoc est a Kal. Febr. V. 1, 6, IX. 1, 21.

4) Cc. Caes. II.

5) Im Allgemeinen kann man den Ausführungen Le Blants préface p. LXV. seq. beipflichten, Datirung nach Consulnamen bezeichne größere Abhängigkeit, nach Königsnamen größere Unabhängigkeit dieser Reiche von Rom; erst seit Alarich II. a. 484—507 finde sich westgothische Consuldatirung: — indessen ist zu bemerken, daß wir von den Früheren, namentlich von Eurich, der interessant und entscheidend wäre, keine Aufzeichnung haben und das Commonitorium zu B., was Le Blant übersieht, datirt nach Alarichs Regierungsjahren. Ferner erklärt p. LXVI. die Weglassung von Amalarichs Namen auf einer Inschrift zu Narbonne neben dem genannten consul occidentis Mavortius (während Amalarichs Vor- und Nach-Gänger genannt werden) daraus, daß in Wahrheit der die legitime Continuität streng wahrende Amaler Theoderich an Amalarichs Statt regierte. Aber die Inschrift ist aus a. 527 und Theoderich stirbt 30. August a. 526. Man muß also annehmen, Amalarich promulgirte gleichwohl noch den consul occidentis. Zu beachten ist, daß die Inschrift dem gothischen Gallien angehört. Theudis datirt wieder nach Königsjahren. Uebrigens giebt p. LXVIII. zu, daß unter Alarich II. beide Systeme nebeneinander vorkommen. Am Längsten hat sich die Consulnennung im burgundischen Reich erhalten. Daher noch a. 527 die Inschrift von Evian. R. L. Roth im Anz. für Schweiz. Geschichte: Mavortio viro clariss. consule.

6) A. III. S. 296.

7) L. V. II. 1, 2. 3, 1. IX. 2, 9 ebenso technisch die niedrern Geistlichen Cc. Brac. III. 5.

subjecti[1]), auch fideles[2]) im Gegensatz zu Fremden[3]); aus den fideles[4]) hat man früher (Biener) die Feudalität im Westgothenstaat gefolgert[5]), es sind aber bald die Parteistützen[6]), bald noch allgemeiner alle Unterthanen, ziemlich wie exercitus[7]), personae vel gentes regno nostro subjugatae[8]); sogar servus nennt sich nicht blos der Mönch Tarra[9]) und den Eugenius Braulio[10]), ebenso heißen Bischöfe, Grafen, selbst der Kronprinz[11]); ähnlich famuli[12]). Die verlangte Gesinnung ist die devotio[13]), mit dem Tode sollten die subditi des Herrschers Liebe erkaufen[14]); sie haben die Pflicht der fidelitas[15]), die durch den Frevel der Empörung, der Untreue verletzt wird[16]). Der König verhält sich zu den Unterthanen wie das Haupt zu den Gliedern, „weßhalb vor Allem dies Verhältniß durch das Gesetz zu ordnen“[17]) ist. Dem princeps stehen entgegen die populi[18]) regni nostri[19]); cives heißen sie nur noch in dem Schul-

1) L. V. II. 1, 2. 5. subjectae plebes XII. 2, 1. Gegensatz: proximi d. h. königliche Familie.

2) L. V. XII. 1, 2. L 2, 6.

3) II. 1, 8 Cd. L. vgl. fides regia, lex de perfidis, fideliter laborare d. h. fechten pro patria; synonym mit subditi XII. 1, 2 ep. Braul. p. 684. Dagegen Gläubige XII. 2, 1. Cc. Caes. III. 1. T. XIII. tom.

4) Cc. T. V. 6. VI. 14.

5) Dagegen schon Aschb. S. 261.

6) Oben S. 456 f. praesentia regis L. V. IX. 2, 8 bes. Fredeg. p. 445.

7) Cc. Em. 3, vgl. Cc. Emer. 18 fideles utilitati ecclesiae.

8) L. V. II. 1, 1. Cd. Em.

9) ep. p. 21.

10) ep. p. 678.

11) l. c. p. 684 servus vester filius dom. Recisv.

12) Gegenüber dem dominus non sint superbi Joh. Biclar. selbst ein dux heißt f. J. Bicl.

13) L. V. IX. 2, 8. Cc. T. IV. 75. Das obsequium V. 6. VI. 14; man darf nicht handeln contra utilitatem regis.

14) L. V. I. 1, 7.

15) Ueber den dem König zu leistenden Eid „fides regia“, der hier zu erörtern käme, s. besser unten im Zusammenhang mit dem von dem König zu leistenden Eid. Daher zweimal auf Münzen omnes obediant nobis Masdeu IX. p. 325.

16) scelere infidelitatis Jul. v. W. p. 708, Cc. T. XVI. „decretum“ L. V. IX. 2, 8.

17) L. V. II. 1, 4.

18) X. 2, 7.

19) II. 1, 1. Zweifelhaft I. 2, 6 aus unsicherer, der Sprache nach später Zeit, nach Abschluß einer Gesetzesredaction und innerer Wirren, unmittelbar vor einem Krieg: principes, cives, populi; die principes scheinen Mitkönige, nicht Adel;

stil[1]), in der Sprache einer Rhetorik ohne Zusammenhang mit dem Leben[2]); doch ist in B. das Wort noch nicht ganz erstorben[3]); sie „dienen" dem König[4]).

Auch in andern Ausdrücken wird ein Absolutismus dieser Krone theoretisch behauptet, dem die Praxis mit ihren Schwankungen zwischen Willkür und Ohnmacht schroff widersprach: das Herrschaftsrecht über den Staat wird als ein Privatrecht, der Staat als dem Zweck der Herrlichkeit des Fürsten dienend dargestellt: das Reich heißt regnum nostrum[5]), die Feinde sind hostes gloriae nostrae[6]), die Heerbannmänner homines nostri[7]). Der Staat und die Regierung des einzelnen[8]) Herrschers werden daher gerne identificirt[9]), selten, nur noth-

der Gegensatz von cives und populi bezeichnet, wenn überhaupt etwas, vielleicht Städter (besonders Toledaner) und Provincial-, Land-Bevölkerung. plebes ist soviel als populi II. 14, 5. X. 2, 7. tota plebium massa generalis multitudo regimonii nostri II. 1, 2.

1) Der rechtsphilosophischen Einleitung der L. V. I. 1, 1. 2.

2) B. T. I. 6, 4 ist es Mitbürger 10, 1. W. hat für συμπολίτης gabaurgja Ephes. 2, 19, baurgja für πολίτης Luc. 19, 14. 15, 15. Apoll. Sid. III. 5 loco civis VI. 8. VII. 6 c. Gothus heißt daher wohl: ein gothischer Mitbürger in Air, Greg. tur. dagegen setzt zwei Germanen und cives sich entgegen mart. 24; ebenso auch Städler Cc. T. IV. 19, Apoll. S. VII. 5.

3) z. B. l. c. 11, 1 übersehen von Thierry dix ans p. 225. römische Freigelaßne, die cives romani werden, F. N. 2—6, vgl. v. Wietersh. Bevölker. S. 15.

4) serviunt L. V. I. 1, 7. 8. servitium sincerum Cc. T. VI. 14 regale L. V. II. 4, 4. grato famulatu servitii Cc. T. XII. 1. famulatus Jul. v. W. p. 708.

5) L. V. IX. 2, 8 = regimen XII. 2, 3. gentes nostrae V. 7, 19; auch imperium, falsch daher Zöpfl S. 409, II. 1, 1. Cd. Em. patria nostri regiminis.

6) L. V. V. 7, 20.

7) IX. 2, 8.

8) z. B. ep. Bulgar. III.

9) nex regia vel excidium gentis XVI. tom. u. 9: genauer regimen als regnum Cc. T. XVI. tom. jedenfalls bedeutungslos conjuratio Pauli contra gentem et patriam: Cc. T. XII. tom. regnum gentis nostrae, gedankenlos; Cc. T. IV. 75 nennt das Leben und die Regierung des Königs, status gentis Gothorum et conservatio patriae, neben einander. VII. 1 gens Gothorum vel patria vel princeps. VIII. 1 in necem regiam excidiumque Gothorum gentis et patriae: aber 10 wird doch unterschieden proprium commodum von patriae et gentis. Em. 3 regi fideliumque suorum genti vel patriae. Verrath zugleich gegen princeps patria gens Jul. jud. p. 710; regelmäßig ist identificirt util. publica L. V. II. 1, 20. V. 4, 19 und regia 1, 22, ebenso VI. 1, 5 rex vel patria.

gedrungen, auch getrennt [1]). Die ganze Rede- und (soweit es die Doppelaristokratie litt, auch) die Handlungs-Weise des Imperatorenthums [2]) war recipirt: Schranken in der Freiheit des Gesammtvolkes oder in der Idee des Staates standen dieser Regierung nicht entgegen: nur das selbstische Standesinteresse der Bischöfe und Großen, das nur selten, mittelbar und zufällig auch als Schutz des übrigen Volkes wirkte [3]). Des Königs Huld und Gnade ist nach der Gottes zumeist anzustreben [4]). Die persönliche Gunst oder Feindschaft des Königs ist deßhalb von größter Bedeutung [5]); sie zeichnet, wie hoher Rang, einzelne primates palatii aus [6]). Die Richter scheuen sich metu regiae potestatis, auf Günstlinge des Königs das Gesetz anzuwenden [7]). Nur „demüthig und leise" darf man ihn wegen seines Wandels mahnen — was unverkennbar auf die Priesterschaft zielt, die aber freilich auf den Concilien [8]) oft in schonungslosen Worten spricht [9]) und das Verbot, vom verstorbenen Könige übel zu reden [10]), arg verletzt. In den Gang der Justitz greifen die Könige, nament-

---

1) l. c. contra gentem et patriam nostrumque regnum d. h. unser Innehaben des Throns pro utilitate regiae potestatis, gentis et patriae l. c. conturbatio in contrarietatem regni nostri vel gentis II. 1, 6. VI. 1, 3 contra regem gentem vel patriam ebenso 5. vindicatio aut regis aut gentis et patriae vel fidelium praesentis regis IX. 2, 8 (sehr bezeichnend).

2) Man schwört bei dem regnum glorioss. dom. n., bei salus gentis suae und den coronae martyrum in Einem Athem F. N. 7. 24. 34. Doch verwandelt die J. zu B. T. I. 3, 1 die sacrae literae in principiis l., läßt das „oraculum" aus II. 4, 5 etc., aber die Concilien sprechen von sacratissimus fiscus Cc. T. XVI. 1. Bruch von unter solchen Formen geleisteten Versprechen ward nach II. 9, 1 mit Infamie und Verlust des Anspruchs zu Gunsten des vertragstreuen Contrahenten geahndet.

3) Daher ist es nur eine Phrase, wenn es bei Verzicht auf ein Fiscalprivileg heißt: eadem lex solle für princeps und populus gelten X. 2, 7; sehr vornehm dagegen II. 1, 2 de sublimitatis obtentu reclinamus ad vota supplicum tranquillae visionis aspectum.

4) Cc. T. IV. 75.

5) Greg. tur. patr. 18, 2 Sichlarius quidam Gothus qui magno cum Alarico rege amore diligebatur s. „Grundlagen".

6) Cc. T. VI. 13.

7) L. V. VII. 1, 1; naiv klingt, daß die Abhülfe des Königs hiegegen angerufen werden soll, aber wohlweislich stellt das Gesetz den Bischof daneben.

8) Und Jul. jud. p. 717 infaustum regnum.

9) L. V. II. 1, 8.

10) Cc. Tol. 8.

lich in politischen Processen, oft mit Gewalt und Einschüchterung ein. Man sehe die beredte Schilderung der königlichen Tücke und Gewalt auf einem Concil [1]). „Oft pflegen" die Richter aus Furcht oder Befehl des Königs wider Recht und Gesetz zu sprechen [2]). Deßhalb soll der König seine Processe nur durch Vertreter führen: „denn wenn der König in irgend einer Sache eine Anforderung stellen wollte, wer würde es wagen, ihm irgendwie zu widersprechen?" [3]) Sehr bezeichnend für die große Meinung, welche man von der Fülle der im Königthum beschloßnen Rechte hegte, ist die Stelle, wo die Juden dem Fürsten weitgehende Rechte einräumen, „nicht bloß vermöge der Machtfülle Eures Regiments, sondern noch speciell aus Anerkennung in dieser Verpflichtungs-Urkunde" [4]). Es ist ein Zeichen tiefsten Verfalls germanischer Gemeinfreiheit und fast schrankenloser Regierungswillkür, wenn für ein bloßes Unterlassungsvergehen, für Verletzung einer rein sicherheitspolizeilichen Norm, — Nichtergreifung eines flüchtigen Knechts — alle Bewohner einer Ortschaft, auch Weiber, auch Heer-Männer und Staatsbeamte, auch Edle, mit 200 Ruthenhieben gezüchtigt werden sollen — eine freilich wohl nie ausgeführte Drohung, denn wer sollte sie vollziehen?! die aber auch als bloße Drohung beredt genug spricht [5]). Ja, sogar gegenüber der stärksten geistigen Macht in diesem Staat, dem Fanatismus, kann das Königthum eine Zeit lang seinen Willen durchsetzen und Juden zu Beamten ernennen — was sicher nicht unentgeltlich d. h. nicht ohne große Vortheile für die königliche Kasse geschah [6]).

---

1) Cc. T. XIII. 2.

2) L. V. II. 1, 27 das ist die gravedo potestatis, der vigor regius (Cc. Tol. VIII. decr., XVII. tom.) violentia principalis Cc. T. XII. 4. trabale judicium XIII. 2. impulsu regiae potestatis Cc. T. XVI. lex: ebenda imperium gentis d. h. regis, eine nur diesmal vorkommende Gleichstellung.

3) L. V. II. 3, 1 nam si rex voluerit de re qualibet propositionem adsumere, quis erit qui ei audeat ullatenus resultare?

4) XII. 2, 16 non solum ex regni vestri potentia, sed etiam ex hujus placiti sponsione.

5) IX. 1, 21 omnes habitatores loci ipsius tam viri quam feminae cujuslibet sint gentis (also auch freie Gothen) generis (Edle) ordinis vel honoris (Amts- und Gesellschaftsrang) ducentis erunt flagellis publice a judicibus coercendi, auch thiuphadi, vicarii, alle Richter, numerarii, actores, procuratores, Priester: nur Bischöfe trifft statt dessen dreißigtägige Excommunication und strenge Fasten, judices und Grafen drei Pfund Gold.

6) L. V. XII. 3, 17.

Bei dem theologisch=canonistischen Geist dieser ganzen Gesetzgebung und Regierung (soll doch der König den correcten Glauben getaufter Judenkinder prüfen!) [1]) kann es auch nicht befremden, daß die der ganzen [2]) Zeit eigne theokratische Verbrämung des Absolutismus besonders widrig hervortritt. Der König vertritt auf Erden die göttliche Herrschaft [3]): das Erste ist, Gott gehorchen, das Zweite, den Königen, die er zu seinen Stellvertretern erkoren [4]); er ist vom heiligen Geist inspirirt [5]), zumal bei der Judenverfolgung [6]), hat eine von Gott verliehene Aufgabe und Gott fügt unmittelbar eingreifend die Thronerhebung jedes einzelnen Königs [7]). Daraus wird die besondere Pflicht zur Treue abgeleitet [8]), am widerlichsten zur Rechtfertigung Erwichs [9]): daher denn auch kirchliche Strafen für Vergehen gegen die Person des Königs, seines Hauses oder für Verletzungen der Wahlgesetze [10]). Der König erachtet seine Pflicht, für Glauben und Seelenheil zu wachen, für höher, als für Recht und Ordnung in weltlichen Dingen zu sorgen [11]); er läßt deßhalb keine Akatholiken in seinem Reiche leben [12]), sogar andern Völkern läßt er das orthodoxe Bekenntniß verkünden [13]). Beschirmung der Religion [14]) gegen Ketzerei ist seine erste zu beschwörende

---

1) XII. 2, 11.

2) So z. B. B. Nov. Th. 3.

3) L. V. IV. 2, 9 divini principatus quodammodo (bei Sorge für Nachgeborne) peragimus vicem.

4) Cc. T. XVI. 9 utpote jure vicario ab eo praelectis.

5) L. V. II. 1, 5 Cod. Leg. 7. II. 1, 1. Cod. Em. ducante (al. docente) adjuvante Domino 5 afflatu divinitus inspiratus . . Deo mediante . . opitulante Domino IX. 2, 8. II. 1, 5 afflatus divinitus. Conc. Emerit. 7 und fin.: cor regis in manu tenet.

6) Cc. T. VI. 3.

7) L. V. II. 1, 7 Cd. Leg. Cc. T. III. praef. regnum a Deo concessum V. praef. VI. 14. VIII. praef. XVII. tom.; vgl. auch das häufige regiones nostrae a Deo collatae L. V. III. 5, 1. XII. 2, 14. Gott hat den Rekisvinth zum Mitregenten erhöht Cc. T. VIII. praef.

8) Cc. T. XII. 1.

9) l. c.

10) Cc. T. V. Gibbon c. 38 the clergy always recommended and sometimes practised the duty of allegiance.

11) Cc. T. III. und decr. Gundemari.

12) Cc. T. VI. 3, besonders widerlich in den Judengesetzen XII. 2, 1—18.

13) Cc. T. VIII. 1 wohl nur Phrase.

14) Der katholischen: Cc. T. XIV. 13 sub cujus pace, pax ecclesiae.

Königspflicht [1]); in der Uebung der Kirchenhoheit ist er göttlich inspirirt [2]). Zur Vergeltung ordnet die Kirche tägliche Fürbitten und Messen für ihn und sein Haus in den Kirchen an [3]). Freilich konnte diese stark theokratische Färbung des Königthums wie dieses ganzen Staatswesens [4]) auch für die Kirche bedenklich werden: aus der obersten Pflicht, für Glauben, Seelenheil und Kirchenordnung zu wachen [5]), ließ sich das Recht des Eingriffs in das kirchliche Leben auch von solchen Herrschern geltend machen, die nicht im Gängelband der Priester wandelten: so von Wamba [6]). Daher sorgte die Kirche eifrig dafür, daß jene theokratischen Phrasen in ihren Anwendungen von den Concilien überwacht blieben [7]), und es ist eine ausgesuchte Feinheit, daß gerade in Ausübung seiner Kirchenhoheit der König als von Gott inspirirt [8]) dargestellt wird, auf daß die Bischöfe nur Gott, nicht der Staatsgewalt zu gehorchen scheinen [9]). Anderseits sind auch die Concilien, wie der König anerkennt [10]), inspirirt [11]). Unbrauchbar für Charakteristik dieses Königthums sind die zahlreichen rein rhetorischen, moralisirenden Phrasen der Concilien, welche man verwerthet hat [12]).

---

1) VIII. 10.

2) Cc. Em. praef. und 23.

3) Cc. T. XVI. 8. XVII. tom. und 6.

4) Und seiner Gesetzgebung, besonders L. V. I. 1, 5. 7. 2, 2. 4. 6. II. 1, 10. 17. 22. 28. 5, 7. Cod. leg. 7. 8. 3, 3. 4, 1. 7. Cod. tol. III. 5, 2. 3. 4. 6. 6, 2. 1, 1. IV. 2, 17—19. 3, 3. 4. V. 1, 5—7. 4, 17. 7, 10. 7, 2. VI. 1, 6. 2, 1—4. 4, 3. 5. 16. 21. VII. 5, 1. 9. VIII. 5, 6. IX. 1, 10. 2, 3. 8. 9. Cod. tol. 3, 1—4. XII. 1, 1—18. 3, 12. 15. 20. 22. Daher die häufigen Bibelstellen mitten in den weltlichen Gesetzen XII. 2, 2. 3, 2. 4—5. 9. 3, 1. 14. 15. 18. 23. IV. 2, 14 Cod. Leg. 15. VI. 5, 8.

5) Cc. T. praef. III. IV.

6) Cc. T. XII. 4.

7) Vgl. z. B. Cc. T. VII. 1. VIII. 10. XII. 4.

8) Cc. T. XVII. praef.

9) Cc. Em. 7: so beruft Gott ex jussu principis das Cc. Caes. III. cum consensu et jussu: hier besonders oft hortante pariter ac jubente Cc. T. XVI. 2.

10) Cc. T. XIII. tom. u. lex XV. tom. XVI. „lex“.

11) Interessant ist, daß Cc. T. XIV., während die frühern Cc. dem König das regnare in der Ewigkeit wünschen, beisetzt: *nobis con*regnandus; das commissi regi populi drückt bezeichnend die göttlichen Rechte, aber auch die Verantwortung, des Königs aus Cc. Tol. XVI. praef. u. 11 gens et patria regi credita. Die Abhängigkeit von der Kirche betont L. V. I. 2, 6 Cd. Leg. II. 1, 1. 2, die Pflicht des Königs XII. 1, 2.

12) z. B. Amaral p. 206 seq., Davoud Oghlou I. p. 187.

Von den beiden in der germanischen Kronfolge sich mischenden[1]) Momenten, Erbgang und Volkswahl, hat letztere von jeher bei diesem Stamm das Uebergewicht besessen und zuletzt die Alleinherrschaft errungen.

Daß kein Geschlecht sich in dem erblichen Besitz des Thrones zu erhalten vermochte, ist nicht minder Ursache als Folge der geringen Stärke dieses Königthums gewesen. Kräftigere, einsichtigere Herrscher versuchten oft, die Wahlhandlung wenigstens für die nächste Thronerledigung auszuschließen: dies glückte wiederholt, niemals aber gelang es, im Princip das Wahlrecht durch das Erbrecht zu verdrängen[2]). Das Westgothenreich war von Alarich I. bis Roderich wesentlich ein Wahlreich[3]) trotz einer gewissen Neigung, thatsächlich[4]) bei dem Geschlecht des letzten Herrschers zu bleiben, der aber die „abscheuliche Gewohnheit" des Königsmords fast die Wage hält[5]). Dabei wird dann thatsächlich begreiflichermaßen auch uneheliche Geburt berücksichtigt[6]). So heißt es von Athaulf: *διάδοχος (Ἀλαρίχου) καθίσταται*[7]). Da Alarichs Kinder jedenfalls noch sehr jung und vielleicht noch von Pollentia her gefangen waren, ist eine Vererbung im Geschlecht der Balthen nicht möglich: aber man blieb in der Wahl des Schwagers dieser Sippe nah[8]). Reine Wahl bei Sigrich[9]), ebenso bei Walja[10]). (Daß nach Walja's Tod Berismund, wenn er sich als Amaler zu erkennen gegeben, vor jedem Thronbewerber sicher den Vorzug auch bei den Westgothen erlangt haben würde, ist

---

1) A. I. S. 29 f., 228.

2) Wie Köpke S. 135 von Theoderich I. annimmt; „eine Art erblicher Könige" meint Rühs S. 7.

3) Masdeu IX. p. 10, Davoud Oghlou I. p. 188, Valdesius p. 123. Muñoz I. p. 374, R. A. S. 233, Waitz I. S. 295.

4) Das verkennt Lafuente II. p. 393.

5) S. A. V. S. 194, Waitz II. S. 9, Schulze S. 336. 337, irrig Leo I. S. 310; vgl. Moron II. p. 106—200.

6) Gesalich, Leova II. vgl. Schulze S. 339.

7) Olymp. p. 450.

8) Vgl. Köpke S. 130, etwas abweichend Waitz I. S. 299; keineswegs „ohne Zweifel" ebenfalls Balthe wie Thierry l. c., v. Wietersh. IV. S. 237. Nach Troya II. 2 append. p. 84 waren alle Könige von Alarich bis Theudis „de' Balti"!

9) rex constituitur Jord. c. 21.

10) l. c. c. 22.

doch wohl amalungische Uebertreibung)[1]: ihm folgt durch Wahl Theoderich I.[2]). Sein Sohn Thorismund wird auf dem Schlachtfeld[3]) von dem Volksheer zum König gewählt: aber er eilt nach Hause, um die Anerkennung auch der Uebrigen zu gewinnen, auf daß ihm nicht der eine oder andere seiner Brüder zuvorkomme, Anhang finde und sich von diesem vor ihm auf den Thron des Vaters erheben lasse[4]). Auch wo ein Verwandter, ja wo der Sohn ohne Concurrenz dem Vater folgt, wie Alarich II. dem Eurich, heißt es doch, er wird in der Regierung, im Reich „bestätigt"[5]). Am längsten erhielt sich thatsächlich die Krone im Geschlecht Theoderich I.: von a. 451 — a. 531[6]). Die Wahl wird von den Quellen auch bei den späteren Königen stets ausdrücklich betont, so bei Theudis[7]), Theudigisel[8]), Agila[9]), ebenso von Athanagild[10]), Leova und Leovigild[11]). Von der Wahl Wamba's heißt es: „Gott hat seine Regierung gewollt, bischöfliche Salbung erklärt, des ganzen Volkes und Landes Einstimmung gewählt, die Liebe der Menge (populorum amabilitas) ausgesucht und Orakel vorverkündet." Aber doch ist es

1) Bei Jord. c. 33.

2) Gothi Th. Walliae dedere successorem l. c. c. 23.

3) Jord. l. c. Gothi armis insonantibus regiam deferunt majestatem: in den später folgenden Fällen sind die Worte des Jord. meist farblos: succedere, regnum adeptus etc.

4) Greg. tur. II. 7; nicht nur, wie bei den Merowingen, eine Successionsordnung, Köpke S. 188, Anerkennung der Erb-Succession selbst in die Krone fehlt.

5) Prosp. contin. p. 29 locoque ejus (Eurici) Alaricus filius ejus confirmatur.

6)

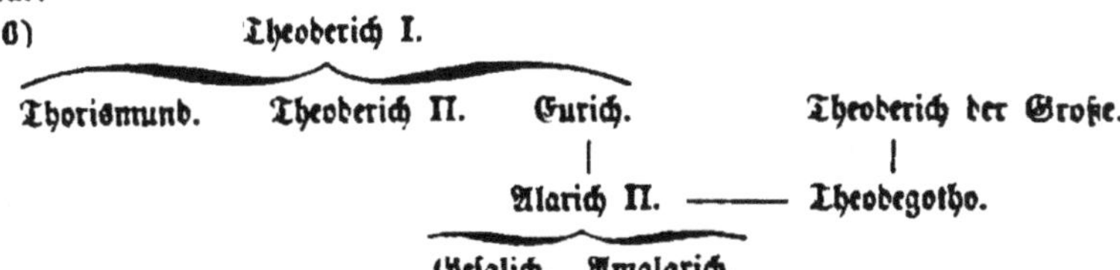

Irrig ist die Verknüpfung Theoderich I. mit Alarich I. (Gibbon c. 38, Iserhielm p. 68) oder Walja (S. A. V. S. 71). Die Verschwägerungen der Gothenkönige mit andern Herrschergeschlechtern zumal Asdingen, Amalern und Merowingen stellt zusammen Schulze S. 338, s. den Stammbaum A. V. S. 231.

7) Greg. tur. III. 30 Thioda rex ordinatur. Jord. Isid. creatur in regem. Proc. b. G. I. 13 steht nicht entgegen, wie Aschb. S. 186.

8) Greg. tur. l. c. Th. levaverunt regem.

9) l. c. accepit regnum.

10) IV. 8.

11) IV. 38.

einer der duces, der den Ausschlag giebt und Wamba zur Annahme bestimmt[1]). Manchmal läßt der König seinen Bruder[2]) oder Sohn zum Mitregenten[3]) und dadurch zugleich zum designirten (Allein-) Nachfolger bestellen. So Kindasvinth den Rekisvinth[4]), Egika den Witika[5]); in der Regel ist dabei Zustimmung des Reichstags vorauszusetzen, wenigstens des Anhangs des Königs, der dann auf dem Reichstag erschien[6]).

Selbstverständlich enthalten alle die zahlreichen gewaltsamen Thronwechsel eine Anerkennung des Wahlrechts, indem der Usurpator sich immer zunächst auf seiner Partei, dann auf des ganzen Volkes, oft entrissene, Zustimmung stützen muß[7]): das sind aber unter den 35 Fällen von Athaulf bis Roderich nicht weniger als 17, also die Hälfte, nämlich Sigrich, Walja, Theoderich II., Eurich, Gesalich, Theudis, Theudigisel, Agila, Athanagild, Leova, Leovigild, Witterich, Gunthimar, Sisinanth, Kindasvinth, Erwich und Roderich (?)[8]).

---

1) Jul. v. W. p. 707 quasi vice omnium acturus; erst Alf. M. p. 10 läßt ihn vom exercitus wählen.

2) Leova.

3) Svinthila den Rikimer A. V. S. 186.

4) R. in omni regno Spaniae regem stabilivit Fred. p. 445, vgl. Zuaznavar p. 61; gut und vorsichtig motivirt ep. Braul. p. 684 ut quia compendiosius nihil nec quieti vestrae nec casibus nostris prospicimus, in vita tua et te benevalente servum tuum dom. Recesv. dominum nobis et regem deposcimus: ut cujus aetatis est et belligerare et bellorum sudorem sufferre.. et noster possit esse dominus et defensor et serenitatis vestrae refectio. quatenus et inimicorum insidiae atque strepitus conquiescant et fidelium vestrorum vita absque pavore secura permaneat. neque enim poterit gloriae vestrae esse contemptus talis filii et tanti patris filio debitus profectus: auch dem Moses und David sei ein successor bestellt worden: etsi incurrimus petitionis temeritatem, non vero insolentia praesumtionis, sed cogitationis necessitate.

5) „petulanter" meint Isid. pac.; (dagegen Hermenigilds und Rekareds Beispiel unter Leovigild [so Mayans y Siscar I. S. 285] paßt nicht).

6) So wohl Isid. von Sisinanth: Ricimer in consortium regni *assumitur*; praeeligere bei Erwich und Egika Cc. T. XII. XV.

7) Das verkennt völlig Rosseeuw I. p. 341, v. Bethm. H. I. S. 188: in jeder solchen Palastrevolution liegt wenigstens Verneinung des „Erbrechts", das gar nicht bestand. Erst seit Witterich nimmt dieser das Wahlprincip an; seit Amalarich Pfahler A. S. 126 nach Zöpfl S. 402.

8) Ganz bodenlos sind die Bemühungen v. Daniels' I. S. 363, das Reich nicht als Wahl- sondern Erb-Reich darzustellen und den deutlichen Concilienschlüssen

Die Quellen und Schriftsteller Spaniens und Portugals [1]) nach a. 711 haben, in dem Bestreben des Nationalstolzes, die Continuität beider Reiche zu wahren, schon für das erste Reich Erblichkeit als vorherrschend darzustellen versucht [2]) durch Fiction von Verwandtschaft späterer mit früheren Königen, so daß, durch „Don Pelayo" vermittelt, die spanischen Könige des XVII. Jahrhunderts bis auf Leovigild, Severian und bis auf Kaiser Theodosius zurück in gerader Linie verwandt oder doch verschwägert erscheinen sollten [3]), wodurch kaiserlicher Rang und vollste Legitimität dieser Könige dargethan wird, während die römisch-deutschen Kaiser und die Franzosenkönige durch Usurpation gegen die römischen Imperatoren herrschten.

Ueber die Königswahl zuerst einige einleitende Bemerkungen. Von wem die Wahl geübt wurde, darüber schweigen die Quellen bis auf die Zeit der Reichsconcilien. Wir dürfen auch hier, entsprechend der Gesammtentwicklung in diesem Reich, eine verengende Bewegung annehmen: was Anfangs die Großen nicht ohne Befragung der Gemeinfreien vornehmen konnten, ging später inhaltlich allein von jenen aus, wenn auch der Form nach noch eine Zustimmung der Menge erfolgte: und selbst diese wurde immer bedeutungsloser. Viel kam auch auf die momentane Situation an: einen Thorismund erhebt das Volksheer in altgermanischen Formen [4]) auf dem Schlachtfeld —

Cc. T. IV.—VI. den Wahlgedanken abzusprechen: erst Cc. T. VIII. habe das Wahlprincip eingeführt: auch Sempere ed. Moreno I. p. 58 spricht hier von einer alteracion de la ley fundamental sobre la sucesion de la corona: aber es regelt offenbar nur die Anwendung des bestehenden Princips.

1) So Amaral p. 137 apparecem precididos de hum rei, cuja successaõ de ordinario passa de pai a filho ou de irmaõ a irmaõ.

2) Schon Luc. tud. von Wamba: gothico genere regali clarissimum.

3) Iserhielm p. 60 beweist die Legitimität der gothischen Herrschaft in Spanien nach Hugo Grotius, (richtiger Valdesius: die Gothen herrschten kraft desselben Rechts wie die Römer, d. h. durch Eroberung). Es soll nämlich nach diesen Fabeln (zumal Padre Macstro Berganza, historia de Cardeña Ferreras XVI. p. 60) Theoderich der Große, selbst schon Adoptivsohn des Kaisers Zeno, eine vornehme Spanierin geheirathet haben. Doña Sancha (!), ebenso Antiguad. p. 10—17, Alcocer I. 31. 38 (fol. 35). Yepes p. 94: Candesleda (sic) und Sanctia (doch als Gattin des Theudis), Julian del Castillo p. 93; über eine (fabelhafte) Tochter Theoderichs, Theodora, Beuter p. 398, weitere Fabeln über Doña Sancha's Descendenz p. 50, sie gilt als eine Verwandte der Kaiser Theodosius und Honorius (Anlaß d. h. Vorwand gab die Notiz bei Proc. b. G. I. 12 von der Heirath des Theudis): aus dieser Ehe entstammt dann Severian, der Vater der Theodosia, der Gattin Leovigilds, Mutter Rekareds. Vgl. A. V. S. 285—238.

4) Jord. c. 41 armis insonantibus.

dagegen die Verschwörer, die Leiter der Palast-Revolutionen werden zunächst von ihrem Anhang, Laien und Bischöfen, Gothen und Römern, ausgerufen: wenn der Handstreich gelungen, wird die Anerkennung der Gegner, dann der einflußlosen Menge in den Provinzen nachträglich erholt oder erzwungen: um solche Zufälligkeiten abzuschneiden, wird später Toledo oder der Sterbort als Wahlort bestimmt [1]). Von einem Wahlrecht der „Gefolgschaft" [2]) ist, wie von dieser selbst, nichts zu spüren.

Wie die Parteiungen der Aristokratie das Reich zerrütteten und zuletzt zerstörten, das findet in der Geschichte und Bestreitung der Wahlen den schärfsten Ausdruck.

Die späteren Concilien [3]) beschränken das active Wahlrecht auf die versammelten Bischöfe und Palatinen: die Zustimmung des vor den verschlossenen Kirchthüren harrenden Volkes zu der Verkündung des Gewählten war lediglich ein Jasagen, ohne Recht und Möglichkeit, ein Neinsagen durchzusetzen [4]). Auf den Concilien selbst wurden die Könige nicht gewählt: vielmehr auf außerordentlichen Zusammenkünften der Großen und der Bischöfe zu Toledo oder später in dem Sterbort, wobei der Zufall und das Interesse die wirklich Erscheinenden bestimmte [5]).

Das Recht, den neuen König zu wählen, steht ursprünglich der Gesammtheit zu, d. h. allen Freien, welche überhaupt die Volksversammlung und das Heer bilden [6]). In der Schlacht bei Châlons wählte das hier versammelte Volksheer: freilich sind hier nicht alle Wahlberechtigten vereint und es ist zu fürchten, daß die Brüder zu Toulouse die Krone an sich reißen mit Hülfe der daheim gebliebenen Gothen. Deren waren aber offenbar nicht viele und solche Erhebung derselben wäre eine rechtswidrige [7]). Sollte nun auch nach dem Princip germanischer

---

1) Cc. T. VIII. 10. Aschb. S. 259.

2) Schäffner I. S. 150.

3) Die electio, sublimatio principalis L. V. II. 1, 7, auch Cd. Leg.

4) Vgl. Sempere p. 17, hist. I. p. 86, Rico y Amat I. p. 14, Masdeu XI. p. 10 läßt diese späten Normen von Anbeginn gelten, vgl. Valiento p. 101, Phillips I. S. 428 nur die „Gefolgschaft" wählen. Iserhielm p. 67, Manresa p. 46.

5) Vgl. Marichalar II. p. 11; daß aber bei Wamba's, Gunnthimar's, Kindila's Wahl gar keine Bischöfe mitgewirkt, folgt doch nicht daraus, daß erst nach diesen Wahlen Cc. zusammentreten.

6) Das heißt bei Jord. Gothi, der „exercitus" s. A. I. S. 246.

7) „regnum *pervadere*" (vgl. invadere von Theudis c. 48), dagegen majestatem deferre.

Volksversammlungen bei mehrfachen Wahlen das Stimmenmehr die Rechtmäßigkeit entscheiden, so fügten sich eben doch in vielen Fällen starke Minoritäten jenem Rechtssatz nicht und ließen es auf die Entscheidung der Waffen ankommen — eine Unsitte, die sich ähnlich bei den deutschen Königswahlen bis in das XIV. Jahrh. erhielt. Das Bewußtsein der Nothwendigkeit, sich der Mehrzahl als Vertretern des Staatsganzen unterwerfen zu müssen, war so schwach, daß es gegen Ehrgeiz, Bestechung und andere Einflüsse wenig vermochte: am leichtesten widerstrebte man der Wahl der Mehrheit, wenn sich ein Formfehler oder eine Verkürzung im Wahlrecht, kurz eine Incorrectheit der Wahl, vorschützen ließ. Vielleicht wirkte ein solcher Vorwand schon bei den Wahlen aus dem Hause Theoderichs. Wiederholt scheinen die von dem Reichsmittelpunkt und dem Wahlort entferntern Gothen, besonders die östlich der Pyrenäen gelegenen Reichstheile, sich durch Wahlen, denen sie nicht beigewohnt, nicht gebunden erachtet zu haben. Es begreift sich daher, daß die Gesetzgebung später die Formen und Bedingungen einer unanfechtbar gültigen Wahl genau festzustellen versuchte, wie in objectiver (Ort, Zeit, Ceremonien) so in subjectiver Hinsicht (Wählbarkeit, Zuziehung aller Wahlberechtigten), freilich ohne Erfolg.

Ferner, da die staatsrechtliche Lehre von der Legitimirung angemaßter Gewalt durch ruhigen Besitz und Verjährung jenen Reichen fremd war, begreift sich, daß jede Usurpation der Krone, auch wenn sie gelungen und eine Zeit lang unangefochten war, der Rachsucht und der Herrschsucht der Parteien auch ganz spät noch zur Wiedervergeltung und zu gleichen Gewaltschritten Anhang zu werben erleichterte.

Es wählen nun nach Cc. T. IV. 95 der primatus totius gentis cum sacerdotibus consilio communi [1]) und Cc. T. VI. c. 17 drückt dies so aus: cum convenientia omnium sacerdotum et totius primatus Gotorum et consensu omnium populorum. Wahlberechtigt ist also zunächst der gothische Adel, vorab die Palatinen höheren Ranges [2]) und die auch auf den Concilien erscheinende höhere Priesterschaft, der römische Adel figurirt nicht unter diesen eigentlichen Wählern [3]). Darauf folgt noch eine Zustimmung „omnium populorum", die ebenso formlos wie unwesentlich war: sie bestand in dem Zuruf

1) Dasselbe meint Cc. T. V. 3 mit electio omnium, nicht auch das Volk.
2) Cc. T. VIII. majores palatii; eine genauere Abgrenzung fehlt.
3) S. jedoch oben S. 87.

der vor den Thüren der Kirche oder des Palastes versammelten Menge bei der Verkündung des gewählten — nicht etwa blos vorgeschlagenen — Fürsten und in der Zustimmung der Einzelnen, die in den Provinzen vereidigt wurden [1]). Das alte Recht der Gemeinfreien, mit zu wählen, wird in dem aristokratischen Geist dieser Reichsconcile nicht mehr anerkannt, sondern [2]) als der „aufrührerische Tumult bäuerischer Menge" [3]), als gleiches Unrecht angesehen wie die Verschwörung [4]) von Coterien zu willkürlicher Wahlbeherrschung [5]) oder der Eingriff der mit dem Reichsfeind verbundenen Emigration [6]): in der königlichen Stadt oder dem Sterbort des Königs soll er mit Zustimmung der Bischöfe und der Großen des Palastes gewählt werden [7]). Es wird eine förmliche „Wahlcapitulation" aufgestellt, d. h. eine Reihe von Verpflichtungen, welche der Gewählte vor der Thronbesteigung feierlich beschwören muß, nämlich: 1) Schutz der katholischen Religion gegen Judenthum und alle Ketzerei; 2) Bescheidenheit in That, Urtheil und Wandel; 3) Enthalt von aller Erpressung gegen die Unterthanen; 4) Verwaltung der Staatsgelder im Interesse der Gesammtheit, Vererbung nur des Privatvermögens auf die Erben [8]). Wer mit Verletzung dieser Wahlgesetze nach der Krone greift, wird am Schluß vom König excommunicirt und die Palatinen insbesondere werden mit Verbannung aus dem Palast, mit Amts- und Rangverlust und Confiscation bedroht [9]). Aber auch spätere Concilien müssen dies wiederholen und verschärfen: so Cc. T.

1) Ein so correct Gewählter erlangt den Thron ex Deo Cc. T. XVI. tom. So schildert die als besonders correct gepriesene Wahl Wamba's Julian hist. Wamb. c. 2 regis quem sacerdotalis unctio declaravit, quem totius gentis et patriae communio elegit, quem populorum amabilitas exquisivit; unrichtig ist, wenn Helff. S. 103 aus dieser Darstellung folgert, der Antheil der Geistlichkeit habe sich auf die spätere Salbung beschränkt: Cc. IV. und VI. räumen ganz ausdrücklich den Priestern das constituere successorem regni, das apicem regni provehere gemeinsam mit dem Weltadel ein: die Stelle (unctio sacerdotalis) Julians ist rhetorisch: sie geschweigt ja des Adels ganz; das VIII. Cc. T. nennt sogar die Priester zuerst: cum pontificum majorumque palatii eligantur assensu.

2) Trotz der electio omnium in Cc. T. V. 3.

3) rusticarum plebium tumultus seditiosus (tumultuosae plebes).

4) absconsa machinamenta.

5) conspiratio paucorum.

6) non forinsecus.

7) cum pontificum majorumque palatii . . assensu Cc. T. VIII. 10.

8) Wiederholt in decr. und lex.

9) „lex" l. c.

XVI. tom., welches das Trachten nach dem Thron (jactantiae tumore) und den Versuch des Königsmords und der Empörung mit Verlust des Palatinenrangs, auch für die ganze Nachkommenschaft mit Confiscation und Verknechtung straft.

Diese auf den geistlich-weltlichen Versammlungen von der Aristokratie erlassenen, vom König bestätigten, vom Volke gutgeheißenen Wahlgesetze beabsichtigten unverkennbar in wohlmeinender Sorge, die obengeschilderte Ordnungslosigkeit der Königswahl und die damit zusammenhangenden Erschütterungen zu beseitigen. Daß dabei der geistliche Einfluß sorgfältig gewahrt wurde, versteht sich von selbst: nicht minder absichtlich aber geschah die Beschränkung des Wahlrechts auf den Adel: die ganze Regelung zeigt die beiden Aristokratien bereits im Besitz der Herrschaft und braucht diese Machtstellung nur noch genauer zu fixiren und unangreifbar zu machen, indem sie das Thatsächliche zum unverbrüchlichen, durch Gott, Kirche und Staat geschützten Recht erhebt. Diese Wahlgesetze sind also zugleich der Triumph der Aristokratie und das Palladium der Freiheit, gegen die Willkür der Krone, die aber in diesem Staat nur noch dem Adel zu gute kam, nicht mehr dem Volke, und daher bedeuten diese Wahlgesetze die Sicherung der Adelsherrschaft gegen alle Versuche, die Krongewalt erblich und damit kräftig zu machen.

Die Wählbarkeit hat man vielleicht doch nur mißverständlich als durch einen spätern Concilsbeschluß ebenfalls an das Erforderniß gothischen Adels geknüpft dargestellt. Das V. Conc. Tol. schließt jene aus (c. 3), „welche weder origo noch virtus beruft": die electio omnium ist der ausschließliche Titel, nobilitas gothicae gentis muß den Gewählten erhöhen; das konnte möglicherweise heißen: das edle gothische Geblüt muß ihn würdig machen oder auch: der Adel des Gothenvolks muß ihn wählen[1]). Da aber Cc. T. VI. 17 ausschließt: 1) die in Folge geistlichen Gelübdes Tonsurirten, 2) die zur Ehrenstrafe Decalvirten, 3) die in Knechtschaft gebornen und Nicht-Gothen (genere Gothus), von Adel aber hier keine Rede ist: und da doch nur Cc. T. V. bestätigt werden soll, ist auch

---

1) c. 3 quos nec origo ornat nec virtus decorat, passim putant licenter ad regia potestatis pervenire fastigia.. quisquis talia meditatus fuerit quem nec electio omnium provehit nec gothicae gentis nobilitas ad hunc honoris apicem trahit sit a consortio Catholicorum privatus et divino anathemate condemnatus.

jenes Gesetz wohl nur zu verstehen von gothischer Abkunft [1]). Auch wurde thatsächlich nie ein Römer gewählt, wenn auch der Byzantiner Paulus Anhang fand, als er nach der Krone griff.

Aus früherer Zeit ist auch bei Westgothen [2]) ein Eid, den der König vor oder bei der Thronbesteigung zu schwören hätte, nicht bekannt. Erst nach dem zunehmenden Uebergewicht der Doppel-Aristokratie finden sich solche Eide speciellen Inhalts: seit Rekisvinth beschwört der König, das Gesetz bezüglich der Auseinanderhaltung von Privateigenthum des Königs und Krongut zu halten, nicht eher darf er den Thron besteigen [3]). Interessant für Geschichte und Staatsphilosophie ist, daß Cc. T. IV. 75 (Isidor) das Verhältniß zwischen König und Volk, wegen der Wahl und des Eides, auf ein *pactum* zurückführt, doch werden hieraus noch keine Folgen gezogen.

Die erste Spur des Inhalts der von dem König zu leistenden allgemeinen Antritts-Eide findet sich Cc. T. VI. 3, wo die Bischöfe mit Zustimmung der Optimaten und Vornehmen des Königs beschließen, daß künftig kein gewählter Fürst den Thron besteigen darf, bis er, außer den übrigen eidlichen Verpflichtungen, (inter reliqua conditionum sacramenta) versprochen hat Schutz der katholischen Religion, zumal gegen die Juden: erst dann ergreift er „das Steuer des Reichs". Leider erfahren wir nicht, was der Inhalt der „übrigen Eide" war; doch dürfen wir wohl ungefähr den gleichen Inhalt vermuthen, welchen c. 30 Cc. T. VI. voraussetzt, nämlich außer dem Schutz der katholischen Kirche die „Bescheidenheit" und die Normen über die Finanzverwaltung [4]).

Nach Cc. T. XV. darf man annehmen, der König habe auch schwören müssen, Gerechtigkeit dem Volk nicht vorzuenthalten und Nie-

---

1) Das nobilitas betont den Vorzug gothischer Nationalität vor römischer, fränkischer, nicht den edler Geburt innerhalb der gothischen: so muß ich gegen eine bald 1000jährige Auslegung (und ebenso noch Cenni II. p. 7, Türk S. 79, Rosseeuw I. p. 344 vielle race gothique) der Stelle nach langem Schwanken, s. S. 87, entscheiden.

2) Wie bei Ostgothen.

3) L. V. II. 1, 5 non antea quispiam solium regale conscendat quam juramenti foedere hanc legem se in omnibus complere promittat. ex more fidem populis reddidit vor der unctio. Andere specielle Eide: indulgentia, Erlaß der Todesstrafe vor Beginn politischer Processe Cc. T. IV. 31.

4) S. oben S. 254.

mand Unrecht zuzufügen[1]). Der König leistet diesen Eid vor der Salbung und zwar zur Zeit des Wamba bereits als altherkömmlichen[2]).

Erst ziemlich spät finden sich Spuren eines dem Könige zu leistenden[3]) Eides: wahrscheinlich kam diese Sitte Hand in Hand mit den vom König zu leistenden Eiden auf. Unter Egika freilich wird das jurari pro fide regia, *ut moris est*, als stehende Pflicht betrachtet und die Unterlassung schwer gestraft: besondere Eidesabnehmer (discussores juramenti) bereisen die verschiedenen Provinzen: bei Palatinen tritt noch die Pflicht hinzu, sofort an den Hof zu eilen und dem neugewählten König sich huldigend vorzustellen[4]). Den Wortlaut

---

1) Wenn dieser Eid auch im tomus als ein speciell von Erwich dem Egika abverlangter erscheint, schildern ihn später doch die Bischöfe als den allgemeinen Königseid: freilich *post* regnum adeptum, aber das ist nur rhetorische Antithese, denn im tom. sagt er: ut non *ante* regnum adirem. Deinceps ita erunt in regni gloriam praeficiendi rectores, ut aut in urbe regia aut in loco ubi princeps decesserit, cum pontificum majorumque palatii omnimodo eligantur assensu, non forinsecus, aut conspiratione paucorum aut rusticarum plebium seditioso tumultu; erunt catholicae fidei assertores eamque et ab hac quae imminet Judaeorum perfidia et a cunctarum haeresum injuria defendentes; erunt actibus judiciis et vita modesti; erunt in provisionibus rerum tam parci amplius quam (l. quam prius?) extenti, ut nulla vi aut factione scripturarum vel definitionum qualiumcumque contractus a subditis vel exigant vel exigendos intendant.. quaecumque inordinata reliquerint haereditabunt gloriam (l. gloriosi?) successores, propria eorum et ante regnum justissima conquisita aut filii aut haeredes capiant jure proximitatis . . et non prius apicem regni quisque percipiat quam se illam per omnia suppleturum jurisjurandi taxatione definiat.

2) Jul. v. W. p. 70 *ex more* fidem populis reddidit; s. über diesen Eid Cenni II. p. 13, R. A. S. 252, Lembke I. S. 173, Moron I. p. 190, Davoud Oghlou I. p. 189, Romey II. p. 253, Rico y Amat I. p. 14, Rosseeuw I. p. 343, über den Inhalt vgl. Cenni II. p. 14 professio non semper eadem pro temporum conditione aucta: vgl. Rosenstein Königthum S. 156 über ältere Eide.

3) Conc. T. IV. 75. VIII. praef. X. c. 2. L. Visig. V. 7, 19.

4) L. V. II. 1, 7 Cod. Leg. fides regia ist technisch: auch 8 l. c. Der Eid heißt Cc. T. IV. 75 sacramentum fidei, quod pro patriae gentisque Gothorum statu vel regiae salutis pollicitus est. omnis populus beschwört auch einzelne Concilien-Schlüsse Cc. T. VIII. praef. (vos omnisque populus); die Bischöfe, seniores, judices und homines palat. offic. Cc. T. VII. 1 schwören Ausschluß der Gnade für Hochverrath. VIII. 2 nimmt dies zurück, hält aber alle andern Eide pro regiae potestatis salute vel contutatione gentis vel patriae mit aller Strenge aufrecht. XVI. 0 bemerkt, daß der Bruch der Treue deßhalb so besonders schwer zu bestrafen, weil sie eidlich beschworen, daher 10 ein besonderer canon de his qui juramenti

der Eidformel erfahren wir nicht: der Inhalt ging auf Treue gegen den König und Eifer für Schutz und Wohlfahrt des Staates. Wir sahen, wie die Bischöfe die Unterthanen von dem Wamba geleisteten Eid entbanden [1]).

Die alten germanischen Formen der Königswahl scheinen vergessen [2]). Deutlich erkennt man den Zweck der umständlichen in den Concilien vorgeschriebenen Formen bei dem Thronwechsel in diesem Wahlreich. Die Salbung erfolgt in der Hauptkirche von Toledo, der der Apostelfürsten [3]): zuerst Oelgießung auf den Scheitel des knieenden Königs, dann Salbung; Witika wird erst gesalbt, als er Alleinherrscher geworden [4]). Wann zuerst mit der Krönung diese Salbung sich verband, ist ungewiß [5]); scharf unterscheidet von der Wahl

---

sui profanatores extiterint, vgl. 10. L. V. II. 5, 7 Cod. leg. 1, 8. Cd. Leg. 6. Cod. Lind. add. ad 6. Paulus nimmt die Versammelten sofort in Eid Jul. v. Wambae p. 700, jud. p. 718; der Bruch des Eides des Paulus wird constatirt Jul. jud. p. 718: daß die Wahl- und Eidformel schriftlich aufgesetzt und unterzeichnet wurde, zeigt diese Stelle, wo die subscriptio des Paulus verlesen wird. Ueber diesen „Fidelitätseid" vgl. noch Roth Ben. S. 111, Köpke S. 194, Waitz I. S. 312, Lembke I. S. 174, Davoud Oghlou I. p. 189, Rico y Amat I. p. 14, Gibbon c. 38. Das heißt jurare pro fide regia in ipso electionis primordio L. V. II. 1, 7. Cd. Leg. Auch Bischöfe und Geistliche schwören, was Cenni II. p. 22 besonders zu entschuldigen sucht.

1) Vgl. C. IV. 75. VI. 16. 17? XII. 4. L. V. II, 1, 8; 5, 10. Lembke S. 174. Cc. Tol. XII. 1. Damit läßt sich nur noch etwa zusammenhalten, daß Vorgang des Königs bei Gesetzverletzung die freiwilligen Gehülfen (ex delectatione) vom Anathem nicht befreit. (Cc. T. XV. entbindet den König von seinem Eide); freilich behaupten die Bischöfe bei Svinthila und Wamba freiwillige Thronentsagung.

2) Schilderhebung, welche nach Marin I. p. 306 Dunham I. p. 182 behauptet, ist nie, nicht einmal bei Thorismund, bezeugt; bei diesem heißt es nur „armis insonantibus" Jord. c. 41.

3) in praetoriensi ecclesia sc. ss. Petri et Pauli.

4) Vgl. Mayans h Siscar I. p. 382, Valiente p. 102, Cenni II. p. 12, Marin I. p. 204, Valdesius p. 122, Iserhielm p. 75. Die sog. via regia oder exhortatio ad principem, Aguirre I. p. 232, verräth ihren späten Ursprung durch die durchgängige Voraussetzung von Erbkönigthum; ich nehme (in Ermanglung von Autopsie der Handschriften) deßhalb Anstand sie zu verwerthen.

5) Beide confundirt v. Daniels I. S. 368. Die Spanier, z. B. Lafuente II. p. 363, nehmen die erste bei Rekared an, vgl. Romey II. p. 262, Rico y Amat I. p. 14. Richtig Cenni II. p. 11—13—16, Lembke I. l. c.; nach Aschb. S. 258: Nachahmung fränkischer Sitte: eher unmittelbar byzantinischer, jedenfalls ursprünglich jüdischer I. Samuel 10, 1. II. Buch der Könige 9, 6. 23. 30; vgl. Helff. S. 45 über Rekared, der wohl nur Aguirre I. p. 239, II. p. 500 folgt, welcher coronari und ungi

die „unctio sacerdotalis" Bischof Julian [1]) und zwar als festgewurzelte Sitte: 19 Tage nach der Wahl zu Gerticos fand sie zu Toledo statt [2]): „und obwohl ihn schon seit der Wahl mit königlichem Cult die hohen Aemter umgaben, wollte er sich doch nicht früher von der Hand des Bischofs salben lassen, als bis er den Sitz der Königsstadt betreten und den Boden (oder Thron) [3]) der alten Vorfahren, auf welchem ihm geziemte auch die Fahne (!) der heiligen Salbung zu empfangen und die Zustimmung auch der Entfernten zu seiner Wahl abzuwarten, auf daß er nicht scheine, von ungestümem Ehrgeiz fortgerissen, das Zeichen so hohen Ruhmes mehr usurpirt oder gestohlen als von Gott empfangen zu haben" [4]).

Theoderich II. trug das lang wallende Haar gothischer Volkssitte [5]) und nur Backenbart: der übrige Bart wird nach römischer Sitte beseitigt; einige Münzen Erwichs und Egika's zeigen aber die Köpfe mit langen Bärten [6]). Die ältern Gothenkönige scheinen die von den Römern immer wieder als charakteristisch [7]) geschilderte nationale Pelztracht ihrer Edeln getheilt zu haben [8]); man unterscheidet zur Zeit Eurichs die pelliti reges und die purpurati principes, d. h. Germanenkönige und Imperatoren [9]). Alarich I. droht [10]), die römischen Senato-

---

identificirt und die Salbung schon auf die ersten christlichen (!) Gothenkönige zurückführen will.

1) v. W. p. 707.

2) ne citra locum antiquae sedis sacraretur in principem.

3) solum oder sollum?

4) l. c. Bei Erwich soll sie die Illegitimität verdecken Cc. T. XII. tom.

5) Apoll. Sid. ep. I. 2, Fertig I. S. 29.

6) Velasquez p. 5; daß durch Scheeren des Haares der Gothe déclarait renoncer à sa nation et se faire Romain ist eine Phantasie von Romey II. p. 278; über cinnabar Gothorum Wackernagel Handel S. 556.

7) S. A. V. S. 27, VI. S. 78.

8) Prosp. Aquitan. de provid. ad Scythiae proceres regesque Getarum

Respice queis ostro contempto et vellere ferum
Eximius decor est tergis horrere ferarum.

Ferner die pelliti patres d. h. der Rath der Edeln Alarichs bei Claud. und vielleicht hienach die pelliti satellites bei Apoll. Sid. I. 2. VII. 9. pellitus von Theoderich II. carm. V. v. 562. pelliti principis aula VII. v. 221. pellitus Claud. in Ruf. II. v. 84. pellita juventus a. 306. Claud. VIII. curia b. G. 477. v. 460, anders schon damals die gothischen Frauen, XX. v. 180 und die Noten Gesners. Romey II. p. 253. 278.

9) Zur selben Zeit pellitus Geta Ennod. v. s. Epiph. p. 368.

10) Bei Prud. c. Sym. II. v. 699.

ren statt mit der toga mit der gothischen „mastruca“ zu bekleiden[1]). Wenn daher, nach einer übrigens ganz glaubhaften Nachricht[2]), erst seit Leovigild das persönliche Erscheinen des Königs mit größerm Pomp erfolgte, so bedeutet dies offenbar nur eine wohlberechnete Steigerung gegenüber der Glanz- und Macht-Entfaltung der Aristokratie, welche etwa unter den vorhergehenden Regierungen die Krone verdunkelt hatte[3]). Der Königsornat wird erwähnt[4]), aber nicht beschrieben bei Wamba's Krönung[5]); auch Paulus hatte die regalia indumenta angelegt[6]) und eine goldene Krone aufgesetzt, welche Rekared I. der Leiche des heiligen Felix geschenkt[7]); Purpur trugen diese Könige bestimmt nicht bis a. 475[8]), das war imperatorisches Vorrecht[9]); aber von Kindasvinth werden die biblatea tegmina regni, d. h. doppelt gefärbten Purpurmäntel bezeugt[10]). Im Felde müssen dem König, wenn er in die Schlachtreihe tritt, die „signa bandorum“, die Königsfahne, vorangetragen werden, so daß man aus deren Fehlen auf Abwesenheit des Königs oder absichtliches Verbergen schließen darf[11]). Der Thron wird zuerst Leovigild ausdrücklich beigelegt, d. h. ein besonders prachtvoller[12]): denn, wenn von der cathedra Theoderich I. Gregor von Tours[13])

---

1) Isidor. origin. XIX. 23 m. est vestis germanica e pelliculis ferarum.

2) Isidor. primus inter suos regali veste opertus solio resedit; nam ante eum et habitus et consessus communis ut genti ita regibus erat.

3) cultus regius Jul. v. W. p. 707. purpura L. V. I. 2, 6 ganz rhetorisch, solium XII. 2, 14. thronus sublimis II. 1, 1. judicialis Cd. Emer. Romey II. p. 146. Wulfila Col. 1, 16 giebt θρόνοι mit sitlos — offenbar nur wörtlich übersetzend — an „Throne“ Athanarichs ist kaum zu denken.

4) Einzelne Abzeichen der königlichen Gewalt setzt aber schon Eunap. p. 52 a. 377 voraus βασίλικα παράσημα ἔχοντες.

5) regio cultu Jul. v. W. p. 707, Masdeu XI. p. 12.

6) Jul. p. 713.

7) l. c. p. 715.

8) Apoll. S. VII. 9.

9) Vgl. über die insignia Theoderich I. Waitz I. S. 303.

10) Epitaph. Eugen.

11) Jul. p. 712; Paulus spricht: regem et exercitum ipsum hic videatis adesse. ad haec plerique ex suis adstruebant, *regem sine signis non* (bei Luc. tud. sine vexillis signorum, bandorum signis) *posse procedere*. ad quod ille commentabatur, ideo illum *cum bandorum signis* absconditis accessisse, ut intellectum suis hostibus celaret alium adhuc exercitum superesse.

12) Anders und irrig die bisherigen Deutungen bei Phillips I. S. 436 u. A.

13) Greg. tur. II. 7.

auch nur figürlich spricht, so nennt doch Apollinarius Sidonius[1]) die sella Theoderich II. bestimmt solium[2]); bei Paulus von Merida[3]) schleudert ein Donnerschlag Leovigild de throno und vom Thron herunter spricht Wamba, obzwar im Feldlager, das Urtheil über Paulus[4]).

Unsere Kenntniß der zum Hort gehörigen Kronen und Diademe, Scepter, Gürtel und Tracht der Gothenkönige war bisher nur den Münzen[5]) entnommen: sie hat nunmehr lebendige Erweiterung erfahren durch den Fund von Guarrazár[6]). Fundort[7]) war ein kleines Oratorium, zwei Leguas westlich von Toledo, wo man die Schätze offenbar vor den Mauren geborgen hatte: man fand dort bei einer Cisterne (Quelle?) 14 kleine, dann 8 (und 1) größere goldne Kronen, zum Theil mit dazu gehörigen Kreuzen, unter einem Stein mit der Grabschrift eines Priesters Crispinus von a. 693, welche die der Königin Rikiberga[8]) benützt; außerdem Gürtel, eine lebensgroße Taube, beide mit Perlen und Edelsteinen, ein Scepter mit Krystallknopf, Gefäße, Lampen; Jahre lang wanderten diese Kleinodien nach Frankreich[9]), ja zahlreiche Fundsachen wurden in der königlichen Münze zu Madrid eingeschmolzen[10]). Die kostbarste größte Krone mit 30 orientalischen Saphiren[11]) und ebensovielen kleinen und großen Perlen trägt die Inschrift:

---

1) I. 2.

2) Vgl. thr. judicialis L. V. II. 1, 5.

3) p. 651.

4) Jul. v. W. l. c.

5) Krone, Helm, Mantel, ein Kreuz auf der Brust Velasquez p. 4—6. Masdeu XI. p. 14 nennt unter Kindasvinth Purpur, Silberthrone, Scepter und Krone von Gold mit Edelsteinen; (woher?) wohl hienach Muñoz I. p. 174, Rosseeuw I. p. 344.

6) Vgl. de Lasteyrie, description du trésor de Guarrazar; dazu J. Q. (ungenannt) in biblioth. de l'école des chartes Ser. V. p. 458 du Somméraud p. 350—358; de los Rios, el arte latino-bizantino en España y las coronas visigodas de G., Helff. Ar. S. 71, Hübner, der Schatz von Guarrazar, dem ich folge: daselbst, bei Gamero p. 409—418 und bei Valentinelli p. 70—129 alle weitere mir unerreichbare Literatur.

7) „la fuente de Guarrazar" Somméraud p. 350, fons G., vicus Guadamar C. J. p. 417.

8) † c. a. 645, s. A. V. S. 197.

9) Colmeiro I. p. 134 que por nostra mala fortuna paran hoy en el museo de Cluny.

10) Die genaue Abbildung bei Peigné Delacourt p. 9. Beschreibung s. bei Hübner S. 574 f.

11) Smaragden nennt Eugen. epit. Chind. „gemmae virides", andere Steine nennt Somméraud p. 351.

Recisuinthus rex offerret (sic); eine andere kleinere mit: „Sonnica offerret“ hat man ohne Grund Rekisvinths angeblicher Gattin, weitere zahlreiche kleine seinen Kindern zugetheilt (er hatte aber nur einen Sohn und eine Tochter); eine dritte hat die Inschrift: Suinthilanus rex offerret. Viele dieser Kronen waren bloße Weihgeschenke[1]), andere aber sind, wie die Charniere und Vorrichtungen zur Fütterung zeigen, getragen worden[2]). Der Stil ist nicht ein germanischer, nordischer[3]), sondern der römisch-byzantinische[4]). Nach arabischen Quellen[5]) fanden die Mauren in der Kirche zu Toledo die Kronen 23 gothischer Könige, da jeder vor seinem Tode eine solche Krone mit Inschrift seines Namens[6]) geweiht habe; zu diesen können die in Guarrazár gefundenen nicht gehört haben[7]). Daß übrigens auch solche Weih-Kronen getragen werden konnten, zeigt der Rebell Paulus, der die von Rekared dem Skelett des heiligen Felix zu Narbonne geschenkte — offenbar eine solche Weihkrone — als seine Königskrone brauchte[8]). Erwähnt wird einmal der Siegelring des Königs Theudigisel[9]).

Von germanischen Gebräuchen im Hofleben ist nicht viel zu berichten: die 50 Jünglinge in seidenen Gewändern mit den Schalen

---

1) Daher auch eine von einem Abt Theodosius; eine solche von Rekared nach Gerunda geschenkt bei Puiades p. 313, wenn nicht Verwechslung mit Narbonne.

2) Vgl. besonders du Somméraud p. 353 und gegen Lasteyrie p. 352; auch die Rekisvinths.

3) Wie Lasteyrie.

4) Hübner, Rios., vgl. Dietrich S. 90 bezüglich der älteren Schatzstücke. Ob die angekündigte Ausgabe in den monumentos arquitectonicos de España schon erschienen, weiß ich nicht.

5) Bei Gayangos mahom. dynasties in Spain I. app. 48.

6) Mit Angabe seiner Lebens- (!) und Regierungsjahre und der Zahl seiner Kinder,

7) Hübner S. 579.

8) Jul. v. W. p. 715, Peigné Delacour recherches sur le lieu de la bataille d'Attila erklärte den cadavre de Pouans um seiner prächtigen Rüstung willen ohne Weiteres für die Leiche Theoderich I. (Kaufmann, Forsch. VIII. S. 128. Secretan p. 608) p. 5 „ornaments de Theodoric“! Für gothische Zugehörigkeit spricht die Inschrift Heva auf dem Ring (ein Mannsname? oder helva, Haus?)

9) Greg. tur. mart. 25. Gegen die vollständige „Blasonirung“ des gothischen „Königswappens“ (!) bei älteren Spaniern treffend schon Masdeu XI. p. 14: creo, haberse inventado para lisongear algunas familias nobles que quisieran dar à sus blasones mas antiguëdad que la que tienen; die maurischen Schilderungen von Roderichs Aufzug und Tracht in der letzten Schlacht (er fährt im Purpurmantel auf einem Wagen in die Schlacht mit allem hergebrachten gothischen Königsschmuck Abd El Hakem bei Johnes p. 22) verwerthe ich nicht.

von Silber und Edelsteinen [1]), ebenso der silberne Sarg für Athaulfs Knaben sind römisch. Die seltsame Mischung von germanischem, kirchlichem, römischem Wesen bei den Gothen jener Tage bringt trefflich zur Anschauung das Bild von Persönlichkeit und Tagesordnung Theoderichs II., welches uns ein Zeitgenosse mit vielem Detail [2]) ausgeführt. Der Held mit dem wallenden germanischen Haar und der weißen Hautfarbe wird wegen seiner römischen civilitas gepriesen [3]); mit seinen arianischen Priestern geht er vor Tagesanbruch zur Messe; „ein Waffenträger steht neben seinem Stuhl, während er die Regierungsgeschäfte erledigt: seine pelztragenden Leibwachen harren, durch Vorhänge geschieden, im Vorgemach, aber innerhalb der Thore des Palastes (exclusa velis, inclusa cancellis): die fremden Gesandten [4]) werden zuerst zugelassen, um acht Uhr erhebt er sich vom Thron und erfreut sich, seinen Schatz oder den Marstall zu besichtigen; auf der Jagd den Bogen selbst zu tragen dünkt ihm unköniglich, ein Diener reicht ihm denselben, zeigt sich ein Wild: aber er spannt ihn selbst, denn ihn sich gespannt geben lassen, dünkt ihm weibisch: dann läßt er sich das Ziel bestimmen, dessen er nie verfehlt [5]). An Werktagen gleicht seine Tafel [6]) der jedes Privaten: aber auch an Festtagen schleppt kein keuchender Aufwärter Lasten unreinlich gehaltnen Silbergeschirrs herbei: man pflegt ernste Gespräche, oder schweigt: Polster und Decken sind von Purpur oder Byssus; gute, nicht kostspielige Küche, reinliche, nicht übervolle Schüsseln: die selten gereichten Becher und Humpen lassen eher Durst als Trunkenheit zurück [7]); griechische Ele-

---

1) Olymp. p. 458.

2) Apoll. Sidon. I. 2. Die Ordnung dieses Hofhalts würde „leges Theodericianas" (s. westg. Stud.) Gaupp S. 388 doch nicht erheischen.

3) Er war durch Avitus mit römischer Literatur, z. B. Virgil, vertraut worden Apoll. S. c. VII. v. 503.

4) An die königliche Tafel gezogen Proc. b. V. I. 24.

5) Aus der Schilderung ergiebt sich der Langbogen, nicht die Armbrust.

6) Wiederholt wird der königlichen Tafel gedacht Greg. tur. III. 30 cum amicis suis; Ennod. v. Epiph. wird mit den arianischen Priestern Epiphanius, der Gesandte des Kaisers, geladen; über Theudis Proc. b. V. I.

7) In all' diesem ist der tendentiöse (man vgl. die Königstafel des Theudis, der den Gesandten der Vandalen trunken scheint Proc. b. V. I. 24) Gegensatz zu barbarischer Sitte (oft ist die Schilderung besprochen, diese Bedeutung nie erkannt, vgl. z. B. Krafft I. S. 67, Colmeiro I. p. 110, Fauriel I. p. 292—297, das Verständniß ist bei einigen Stellen schwer Gibbon c. 36, Fertig I. S. 28, Gabourd II p. 183, Rosseeuw I. p. 215, Cénac Moncaut I. p. 230, Revillout p. 133) unverkennbar.

ganz, gallische Fülle, italische Raschheit, Pracht, wie sie der Krone, Aufmerksamkeit, wie sie einer Haustafel, Ordnung, wie sie dem König gebührt. Aber der Luxus, der an den Festtagen entfaltet wird, bedarf der Schilderung nicht, sein Ruf ist zu den Geringsten gedrungen. Nach Tisch häufig keine, immer nur ganz kurze Siesta. Freut ihn das Spiel, so giebt er sich den Würfeln mit vollstem Eifer hin, schweigt beim Gewinn, lacht bei'm Verlust, zürnt in keinem, „philosophirt" in jedem Fall: man meint, es handle sich auch hier um Krieg, denn nur der Sieg ist sein Gedanke: er legt hier die königliche Strenge in etwas ab, ermuntert zum Spiel und scheut nur — die Scheu seiner Gäste. In glücklicher Stimmung des Gewinnens finden dann oft Gesuche, die lang von den Wogen der Fürbitte verschleppt worden, rasch den Hafen, ja ich selbst lasse mich oft im Spiele besiegen, im Ernst meine Sache zu gewinnen. Gegen drei Uhr (circa nonam) nimmt er wieder die Last der Regierung auf: es drängen sich überall Beschwerdeführer, Erledigte und Proceßparteien: erst gegen Abend, da das Nachtmahl des Königs mahnt, nimmt das Gewoge ab: die Einzelnen wenden sich an ihre Patrone und bleiben bei ihnen oft bis Mitternacht. Manchmal werden zum Nachtmahl Späße der Mimen zugelassen, aber kein Gast darf boshaft angegriffen werden; weder hydraulische Instrumente noch complicirte Concerte werden zugelassen: keine Lyra, keine Flöte, keine Paukenschlägerin, keine Harfenspielerin; der König liebt nur solche Musik, deren Text zugleich die Seele begeistert. (— Sollte man hienach annehmen dürfen, daß germanische Heldensage noch im Palaste zu Toulouse widerklang? schwerlich! —) Erhebt sich der König, so beginnt die Palastwache ihre nächtliche Runde, Bewaffnete stehen an den Thoren des Königshauses, wo sie die Stunden seines ersten Schlummers bewachen".

Wie schon bei den Ostgothen erörtert, ist es die persönliche Beziehung zum König[1]), welche ebenfalls als ein Erhöhungsgrund wirkt: der conspectus principis ist eine Wohlthat[2]). Bei dem palatinus wird daher besonders hervorgehoben, daß die Amtsentsetzung (wegen

1) Das „Verdienst der Gnade" Ce. Tol. VI. 13 vgl. besonders XII. 3 gratia, benignitas. Daher kann der König durch Verleihung des Palatinats selbst den Knecht über seinen bisherigen Herrn stellen.

2) L. V. II. 1, 11. Bei den königlichen Knechten im Palast hängt die Zeugnißfähigkeit von dem Gekanntsein durch den König ab.

Hochverraths) ihn von Gesellschaft und Verkehr des Palastes trennt[1]). Ein solcher wird von dem Brennpunct des politischen Lebens entfernt[2]). Fideles heißen daher zwar im weitern Sinne alle Unterthanen, im besondern aber noch jene Leute der steten Umgebungen des Königs, die notorisch ihm persönlich am nächsten stehen, deren Treue die Stütze seines Regiments bildet[3]). Die letzten schwachen Spuren einer germanischen Gefolgschaft erlöschen schon sehr frühe[4]). Der Abenteurer Sarus hat c. 200—300 Mann unter sich; er fällt wegen der Ermordung seines δομέστικος Βέλλαριτ von Honorius ab: und hat zuletzt nur 18—20 Mann bei sich: das mögen Gefolgschaftsverhältnisse sein: während der Volkskönig Athaulf zum bloßen Abfangen jener kleinen Schaar 10,000(!) verwenden kann. Die Gefolgschaft der ältern Könige trat unkenntlich in die Reihe des übrigen Palast- und Dienst-Adels ein: spätere Könige hatten wohl in den romanisirten Zuständen[5]) weder vor noch nach ihrer Thronbesteigung eine Gefolgschaft im technischen Sinn. Am meisten würde noch daran gemahnen, nach Analogie der fränkischen convivae regis, daß Cc. T. XII. 3 so großes Gewicht darauf legt, daß begnadigte, d. h. wieder in Huld aufgenommene Palatinen mit dem König „die Tafel theilen“[6]). Aber von echter Gefolgschaft hat sich bei den Königen keine sichere Spur erhalten[7]); ihre Stelle vertreten als Umgebung die aulici, palatini, gardingi, als Bewachung

1) II. 1, 5 palatinae dignitatis consortiis nudatus . . a totius palatii societate seclusus, ebenso Cc. Tol. VIII. „lex“.

2) Cc. T. VIII. „lex“.

3) L. V. VI. 1, 5; (wie der Ankläger selbst drei Zeugen wählen soll, quos noverit sibi [dem Privaten] fideles. Cc. Tol. VI. 14 schildert sie gut: qui fideli obsequio et sincero servitio voluntatibus vel jussis paruerint principis totaque intentione salutis ejus custodiam vel vigilantiam habuerint. Den Gegensatz bildet der infidelis in capite regio, vitae regis l. c. oder inutilis in rebus commissis.

4) Ganz irrig faßt noch Lembke nach einer älteren Ansicht die comites als Gefolgen.

5) Ein Römer von Narbonne ist familiarissimus des Athaulf Oros. VII. 43. Unter Alarich II. werden Römer in der Umgebung des Königs vorausgesetzt B. T. II. 1, 3 J.

6) cum rege convescunt — quos regia potestas aut in gratiam benignitatis receperit aut participes mensae suae effecerit.

7) Denn das οἰκεῖος (der Mörder Athaulfs) bei Olymp. p. 450 ist keine solche Spur, und ebensowenig der cliens, Mörder Thorismunds bei Jord., die pelliti satellites, der comes armiger, (kein „bewaffneter Graf“, sondern ein Begleiter, der des Königs Waffen trägt) der minimus comitatus (Höflinge) und die custodiae nocturnae (Leibwachen) oder die reguli sociique comitantes bei Apoll. S. I. 2 IV. 20.

im Frieden die Leibwachen, im Gefecht die fideles, die „in guardia regis" kämpfen, im Gegensatz zum gemeinen Heerbann [1]).

Mehr noch als bei den Ostgothen [2]) ist hier das palatium [3]) Mittelpunct und Schwerpunct des politischen Lebens: denn die beiden Gewalten, welche diesen Staat beherrschen, Königthum und Adel, haben hier die Stätte ihrer nächsten Machtentfaltung: war der Adel doch großentheils zugleich Palast-Adel, wenn auch freilich eine eifersüchtige Opposition des reinen Provincialadels und der großen Provincialämter gegen die herrschenden Kreise zu Toledo nicht zu verkennen ist, die oft bis zur Empörung sich steigert.

Schon ziemlich früh, bereits im gallischen Reich [4]) unter Theoderich II., ist Palast und Palastleben und Verkehr mit den Palastgenossen reich in festen Formen entwickelt, wie uns die lehrreiche Beschreibung eines Tages aus dem Leben dieses Königs zeigte. Im Palaste finden wir vor Allem die eigentlichen Palastbeamten, das officium palatinum mit seinen Rangstufen [5]); sie insceniren die Palastrevolutionen dieses Reichs und entscheiden oft die Königswahlen [6]) mit der geistlichen

---

1) Irrig läßt v. Bethm. H. I. S. 202 aus der Gefolgschaft den neuen Adel entstehen; wenn der Amaler Berismund conviva Theoderich I. wird, Jord. c. 26. 33, so ist das nicht etwa im fränkisch-technischen Sinn conviva regis; abgesehen von Andrem war er ja kein Römer; auch die comites, welche Zustimmung zu dem Zug gegen Attila erklären sind eher Grafen, höchstens, untechnisch gemeint, Begleiter, nicht Gefolgen. Vgl. Waitz in v. Sybels Z. XIII. S. 91.

2) A. III. S. 286—289.

3) Athaulf wird ermordet, während er im Marstall des Palastes die Rosse mustert. socios regiminis nennt die Palatinen der König geradezu Cc. T. VIII. 1. Die amici regis J. B. T. IV. 4, 2 sind römisch: man fürchtet Erpressung letztwilliger Zuwendungen an sie: aber die Anknüpfung an die römisch-kaiserliche militia palatina ist nur schwach, daher geschweigt J. zu B. T. 9 (10), 3 der palatina militia.

3) Die Namen sind palatium L. V. II. 4, 4. III. 1, 6. XII. 2, 14. seniores palatii IX. 2, 9 Cd. T. palatii majores VI. 1, 6. domus regia, aula reg. Venant. Fort. VI. 7. Isid. orig. XV. 3: aula est domus regia („Hludangardi" Oben, S. 48 wurde wohl kaum mehr gehört) Hildef. v. ill. p. 9 Helladius aulae regiae illustrissimus; über palatini, p. officium, servicium oben S. 107.

5) Oben S. 108. 305; auch Unfreie sind darunter, sie erfüllen ebenfalls ihre Wehrpflicht im Kriege in der persönlichen Begleitung, Bedeckung und Bedienung des Fürsten oder in Reih' und Glied mit den andern Heermännern.

6) Deßhalb wird von ihnen besondre Treue verlangt, deßhalb werden politisch Verdächtige von diesem gefährlichen Mittelpunct der Staatsangelegenheiten entfernt: sie sollen nie wieder fähig werden, ein Hofamt zu bekleiden, L. V. II. 1, 6, natürlich

Aristokratie, neben der sie die Concilien besuchen. Aber auch in den Provinzen können sie begegnen, vom Herrscher mit vorübergehenden Geschäften oder dauernden Aemtern in Krieg und Frieden betraut [1]); wie anderseits Provincial-Adel und -Beamte massenhaft in öffentlichen und eigenen Geschäften im Palatium erscheinen, ohne dadurch palatini zu werden: „hier ist bekanntlich ein Ort, wo Alle zusammenströmen", hier kann daher der flüchtige Knecht, der seinen Herrn nicht nennen will, am leichtesten von der „großen Menge Menschen", d. h. also ländlichen Grundherren, die den Hof besuchen, recognoscirt werden [2]). Die Söhne und Töchter der Großen wurden am Hof, dessen Dienste und Sitte zu lernen, erzogen [3]). In Athanagilds Palast drängen sich die proceres, famuli [4]).

Im Palaste hält der König auch das „Hofgericht" ab: hier ist die audientia principis [5]); es ist dies nicht ein aus ständigen der Zahl nach bestimmten Richtern, sondern ein von (nach Auswahl im Einzelfall) delegirten Palatinen und wohl auch Prälaten — die Bischöfe, die sich daselbst aufhalten, haben Sitz und Stimme [6]) — gebildetes Gericht, das unter Vorsitz des Königs oder eines von ihm bestellten Vertreters tagt.

In der Untersuchung über die Residenzen, d. h. die dauernden Hauptstädte des Gothenreichs hat man den Fehler begangen, „Palatia", deren die Könige in allen größern Städten hatten und welche sie, wie die „villas regias" auf dem flachen Lande, wechselnd bewohnten, mit wirklichen dauernden Hauptstädten zu verwechseln: als solche erscheinen nur Toulouse und Toledo, vorübergehend vielleicht Narbonne, aber nicht Arles [7])

Alles umsonst, wenn der Nachfolger der Gegenpartei angehörte und solche Männer rehabilitiren wollte honore sui ordinis (palatini) vel servitio domus regiae Cc. T. XIII. 2.

1) So den gardingus in prov. tarr. Jul. v. W. p. 708.

2) IX. 1, 8 regiis obtutibus praesentetur, ut principali potestate manifeste quaesitus ubi cunctorum constat adesse conventum cognitio per plurimos habeatur.

3) Rod. tol. III. 10.

4) Venant. Fort. VI. 7.

5) L. V. II. 1, 20. 22 sciat sibi ad audientiam principis appellare judicem esse permissum, jedes Gericht 5, 14 heißt audientia; bezeichnend B. T. II. 1, 3 in majore vel minore *judicio*: J. in cujuscunque *audientia*.

6) Cc. T. XIII. 2.

7) So Rosseeuw I. p. 227.

oder Barcelona oder Sevilla. Das angebliche „palatium Gothorum“ Athaulfs in der „selva gotesca“ an der Rhone an der Stelle der Abtei von St. Aegidius (St. Gilles), „noch zur Zeit Otto's von Freising und Gottfrieds von Viterbo so benannt“, ist eine unbeglaubigte Localtradition [1]). Nach Räumung Galliens weilte (nicht „residirte“), Athaulf [2]) bis zu seinem Tod in Barcelona [3]): an diese wechselnde Residenz zum Theil knüpft die zu Ende des vorigen Jahrhunderts [4]) mit mehr Eifer als Ersprießlichkeit erörterte Streitfrage, ob Athaulf, Walja oder Eurich als erster König des spanischen Gothenreichs zu betrachten sei.

Die Innenräume des Palastes zu Toulouse waren, nach antiker Sitte, durch Vorhänge (vela), die äußeren von dem Platz (platea) durch Gitter (cancelli) geschieden [5]). Hier finden sich damals schon, außer den höhern und niedrern Palastbeamten und der Umgebung des Königs [6]), die Gesandten der fremden Völker, die Bittsteller und Beschwerdeführer (pulsantes), die Proceßparteien und deren geistliche und weltliche Fürsprecher und Beschützer (patroni) ein [7]). Daß Walja bereits zu Toulouse residirt habe und dort gestorben sei [8]), ist unerweislich [9]); Narbonne war zweimal Hauptstadt des gothischen Galliens: unter Gesalich und unter Leova und blieb nach der Schlacht von Vouglé das wichtigste Besitzthum der Gothen östlich der Pyrenäen [10]). Schon Alarich II. bewohnte daselbst zeitweise das alte römische „capitolium“, das sein

---

1) Bei de Catel p. 453 und comtes de Toulouse p. 5, Alteserra aquit. p. 343, du Mége I. p. 283 in valle flaviana nach Theod. Flavius rex, noch festgehalten von de Mandajors p. 430.

2) So Sotelo p. 82.

3) A. V. S. 63; falsch ist seine Grabschrift bei Barcelona: noch als echt behandelt von Ruhnk. p. 32, de Catel p. 455.

4) Von de Luzan, de Huerta, de Ulloa und Masdeu X. p. 240 in den p. XIV.—XXXIV. des Bücherverzeichnisses A. V. angeführten Schriften.

5) Apoll. S. I. 2.

6) praesentia regis, servitium regis v. s. Fruct. p. 430.

7) l. c. VIII. 3 molibus motibusque aulicis; der König selbst hat karge (nec multum domino vacat vel ipsi) Zeit und Audienz ist schwer zu erlangen.

8) Ferreras II. § 63, Romey II. p. 31.

9) Ueber die Bedeutung von Toulouse de Catel p. 112—273, schon unter Athaulf Residenz!! p. 458.

10) Vgl. de Catel p. 73—111, Vaissette I. p. 278; aber nicht erst Leovigild, Cenni p. 177, hat das Schwergewicht des Reiches von Narbonne nach Spanien verlegt.

Palatium geworden[1]). Eurich starb wenigstens bei oder in Arles[2]); Alarich II. residirte zu Toulouse[3]), von wo auch die auctoritas des B. datirt[4]). Seit a. 506 verweilen die Gothenkönige aus nahe liegenden Gründen viel in der starken Grenzveste Barcelona, so Theudis; daß er oder[5]) Amalarich zu Sevilla „residirt", überhaupt vor Toledo Sevilla die *sedes regia*, nicht nur Ein palatium gehabt habe, ist eine willkürliche Annahme[6]). Ebensowenig hat Agila seine „Residenz" zu Merida[7]). Schon vor Leovigild hatten einzelne Fürsten wiederholt in Toledo verweilt, so besonders Athanagild: aber erst jener große König „gab dem Reich eine feste Residenzstadt in der Mitte des Landes und Toledo seine nachmalige Bedeutung"[8]). Der König weilt aber

---

1) „Capduell" Cénac Moncaut I. p. 249.

2) Chron. Prosp. cont.; daß er dort residirt (Mariana, Dunham I. p. 107, Sotelo p. 131) ist unerweislich; es war ein palatium daselbst wie in anderen Städten v. s. Caes. p. 663; seinen Aufenthalt in Toulouse bezeugt Ennod. v. s. Epiph., Apoll. S. IV. 8, in Bordeaux VIII. 9. Greg. tur. II. 27.

3) Greg. tur. II. 27.

4) Aber mißverständlich hat man (de Catel p. 481, Alteserra aquit. p. 350, Gothofr. prol. c. 5, dagegen Sav. II. S. 41) daraus Rex Tholosae gemacht und wenn Ennodius schon für die Zeit Eurichs die Gothen Tholosae alumnos nennt, so schrieb er doch erst c. a. 510 und er selbst sagt Tolosae, ubi E. *tunc degebat* p. 370; Aufenthalt Alarichs im palatium zu Lyon bezeugt Greg. tur. 92, vorübergehend in Aire (?) comm. alar.

5) Cénac Moncaut I. p. 327.

6) Mariana's V. 7. 11, Masdeu's XI. p. 28, Morales V. p. 463, Villadiego p. 37, Marin I. p. 215 aus Vorliebe für diese Stadt, ihnen folgen Dunham I. p. 109. 181, Romey II. p. 263, Gamero p. 259, Bourret p. 38 wegen des angeblichen spanischen Primats; Theudigisel allerdings wurde hier ermordet. Ueber diese Rivalitäten Romey II. p. 266, Gamero p. 261 (Sevilla, Cordova, Toledo, Memorial histor. español. I. p. 375); arabische Sagen von der Gothen-Residenz zu Merida, Cordova, Sevilla vor der zu „Toleytalah" bei Pascal y Gayangos I. p. 27. 46 fußen auf den Rivalitäten jener Städte; ein palatium und häufiger Aufenthalt zu Sevilla geben der Stadt noch nicht die Bedeutung, welche Toledo in der Folgezeit hatte.

7) Marichalar I. p. 349.

8) Helff. S. 8; nicht schon Eurich! wie Alcocer p. 27, Gamero p. 262; Athanagild starb daselbst Berganza p. 29, Masdeu XI. p. 28, Romey II. p. 125, f. Ferreras II. § 319, im Palaste daselbst wurden seine Töchter erzogen und Toledo erscheint schon damals im Ausland als Sitz des Reiches Venant. Fort. de Gailesvintha. Flores de la antiguedad y excelencias de Toledo Esp. sagr. V. p. 173. rex toletanus heißt aber der Gothenkönig erst im IX.—X.! Jahrh. chron. ovet., albeld., iriense, nicht schon Rekared wie Morales V. p. 560.

auch oft in „Villen“ [1]) oder in andern Städten [2]), z. B. in Cordova [3]); urbs regia heißt nur Toledo [4]); manchmal datiren die Gesetze, zumal wenn aus Concilienacten gebildet, aus Toledo [5]), doch auch aus Cordova [6]). Hildifuns rühmt, daß jene Stadt nicht nur ihr Volksreichthum, mehr noch die Gegenwart der ruhmreichen Fürsten verherrlicht [7]); zu Toledo starben Leovigild, Rekared, Gunthimar, Svinthila, Sisinanth, Kindila, Kindasvinth, Erwich, Egika und Witika [8]). Bauten finden sich daselbst von Sisibut und Wamba [9]).

2. Schranken des Königthums.

Von den alten Schranken germanischer Königsmacht, der Volksversammlung und dem Volksadel, war in dieser Periode nichts mehr übrig: dagegen hatten sich in der neuen Macht des Episkopats und des Palast- und Dienstadels neue, unter Umständen viel schärfere Begrenzungen des Königthums gestaltet. Die germanische Volksversammlung aller Freien kömmt in echter Form nicht mehr vor [10]): denn weder der conventus publicus vicinorum [11]), noch die Verkündung der Gesetze in der Kirche [12]), noch die curia der Municipes [13]), noch das formlose Versammeln auf dem „forum“ einer Stadt [14]), noch auch

1) Jul. v. W. p. 707.

2) L. V. VI. 1, 5 „ubi tunc“ Cc. T. VIII. 10.

3) L. V. IX. 1, 21. Daß Roderich oft in Merida Hof gehalten, Minutoli I. S. 19, ist wohl nur Localsage; wechselndes Hoflager VI. 1, 5.

4) In der ep. Liciniani episc. ad Greg. M. Aguirre II. p. 428 c. a. 590. Dann zuerst Cc. T. VIII. praef. 10 (dazu bedurfte man nicht des Vorbildes von Byzanz, wie Mariana V. 14) regia sedes VII. 6. ad *suam* sedem reversus de bello Em. 3. sedes nostra T. XII. tom. in hac urbe regia XIII. 9. in urbe regia Jul. l. c.; Cc. XIV. praef. epil.: urbis regiae metropolitanus XVI. lex.

5) L. V. V. 1, 6. 7.

6) IX. 1, 21.

7) d. v. illustr. p. 8, wo praesentia, nicht praesentiam zu lesen.

8) Chron. et ser. p. 705—706 celebritas urbis op. Braul. p. 674.

9) Florez V. p. 183; daß Toledo in der Gothenzeit (wegen der Concilien) „das katholische“ geheißen habe, Lorinser II. S. 207, ist nicht richtig.

10) Wie v. Brauch. S. 14 (nach Tacitus!) und Rico y Amat I. p. 8—9.

11) VIII. 5, 6. L. V. conventio II. 2, 8 ist Gerichtstag, ebenso conventus. VII. 2, 6. (Hinrichtung) 4, 7. IX. 3, 3; vgl. VIII. 4, 14. Moron II. p. 226.

12) Cc. T.

13) Oben S. 312 f., L. V. XII. 1, 2.

14) v. s. Caes. p. 663 publicant cunctis in foro: (vgl. p. 674) Verlesen des verrätherischen Judenbriefes zu Arles. Ob Apoll. S. V. 20 concilium civitatis (es wählt einen legatus) dies formlose Versammeln oder eine förmliche curia, steht dahin

die Heeresmusterung [1]), noch die Versammlung zur Königswahl [2]) oder die Reichsconcilien [3]) lassen sich ihr vergleichen: — eher das versammelte Volksheer, das auf dem Schlachtfeld den Nachfolger des erschlagenen Königs wählt. Die letzte Spur wenigstens einer Heeresversammlung, welche auch politische Fragen unter Leitung des Königs beräth, enthält eine Schilderung des Apollinaris Sidonius zu a. 455, welche neben aller abzuziehenden poetischen Zuthat doch den echten Zug enthält, daß solche Versammlungen immer noch nach alter Sitte im Neumond abgehalten wurden [4]). Und wenn das Volksheer, im Lager bewaffnet versammelt, seiner momentanen Kraft bewußt wird, setzt es freilich noch manchmal seinen Willen gegen den des Königs durch: so wird Alarich II. gegen seinen Willen zur Annahme der offnen Feldschlacht bei Vouglé gezwungen [5]). Daraus erklärt sich wohl auch, daß der König seinen Soldaten ihre Gefangenen abkaufen muß, nicht ihre Freilassung zu befehlen wagt [6]). An die Stelle der germanischen Volks- und Heerversammlung ist der völlig formlose Einfluß der geistlichen und weltlichen Großen in Fragen der äußern und innern Politik getreten [7]). Dagegen erhielten sich, scheint es, ziemlich lang die römischen conventus juridici: so der coetus omnis Galliae unter Leitung des praef. praet. Galliarum bis a. 449 [8]); noch a. 418 hatte Honorius solche jährliche Versammlungen zu Arles angeordnet [9]); es erscheinen daselbst außer dem praeses honorati, curiales,

1) Idac. p. 51.

2) Nach Cc. T. IV. VIII.

3) Gut hiegegen Gamero p. 455, vgl. v. Brauchitsch S. 17; grundverkehrt versteht Zöpfl S. 434 L. V. IX. 2 status patriae (Flor, Wohlstand) von „Ständen“ des Reichs!!

4) C. VII. v. 452 seq. luce nova veterum coetus de more Getarum contrahitur; daß dagegen dies concilium l. c. nur aus Greisen (senatus, seniores) bestanden ist theils dem römischen senatus, theils Claudian nachgebildet und sowenig wie die „freiwillige Armuth“ historisch; das verkennt v. Bethm. H. I. S. 195; auch Kaufm. Av. S. S. 27 und Fauriel I. p. 511.

5) Proc. b. G. I. 12.

6) Isid. chror. Goth. in fine p. 1073 pretio dato.

7) Eine höchst bedenkliche Quelle, v. Aviti petroc. erem. p. 361, seq. erwähnt einmal den assensus suorum bei Alarichs gewaltsamen Finanz-Maßregeln a. 506; ganz exceptionell ist das Gericht des ganzen Volksheers über Paulus Jul. v. W. p. 718.

8) Ueber die älteren zu Lyon Boissieu p. 263, Alteserra aquit. p. 233, vgl. Apoll. S. VII. v. 524 nobilitas coisse visa est.

9) const. Honor. bei Wenck p. 378, Raynouard I. S. 139, Giraud I. pièces just. I. p. 86.

possessores [1]); in den spanischen Städten bestanden solche conventus zu Carthagena, Tarracona, Saragossa, Coroña, Lugo, Braga, Cadix, Cordova, Ecija und zumal zu Sevilla [2]). Wann sie erloschen, ist unermittelbar; seit Constantin begünstigt zum Zweck der Abwehr der Barbaren, scheiterten sie hierin gerade in Spanien an dem Vereinzelungs-Hang der Städte und ihrer Gebiete [3]).

Daß es neben den Concilien und den Wahlversammlungen noch andre Versammlungen von geistlichen und weltlichen Großen im Palast und unter Leitung des Königs gab, wird schon durch das vom König zu haltende Gericht bedingt. Auch nennt II. 1, 1. L. V. eine solche [4]) Versammlung, da der König auf dem Thron sitzend vor allen Priestern (d. h. Bischöfen), Senioren des Palastes und Gardingen Gesetze publicirt. Schon zu Marichs II. Tagen fand zu Aire eine Versammlung von Bischöfen und Großen zum Zweck der Anerkennung des Breviars statt [5]) und L. V. XII. 2, 14 wird von Sisibut „cum omni palatino officio" das Judengesetz verkündet: dabei ist, da der Bischöfe gar nicht gedacht wird, an ein Concil nicht zu denken. In diesen Hof-Tagen äußerte sich der Einfluß des Adels auf die Regierung.

Aus der gesammten politischen Geschichte und der Darstellung der Concilien ergiebt sich, welch' gewaltige Schranke das Königthum in der spanischen Kirche sich gegenüberstehen hatte, ja [6]) wie allmälig die Kirchenhoheit der Krone einer Hoheit der Kirche über die Krone gewichen war.

Diese Ueberlegenheit war zunächst freilich eine thatsächliche auf Grund der geistigen und sittlichen Bildung des Klerus und der christlichen Lehre an sich: so erschien in der That als eine heilsame moralische Schranke des Königthums auch der Hinweis auf die Verantwortung vor Gott [7]); wie dem guten Fürsten die ewige Seligkeit, wird dem Bösen, d. h.

1) Vgl. Gaupp S. 73.

2) Vgl. Sempere p. 7, Böck. II. p. 461.

3) Vgl. Haenel in Mittermaiers Z.-Schr. S. 333.

4) Nicht ein Concil wie Lardizabal, s. Marichalar II. p. 35.

5) B. Common.; wenn auch eine gleiche zu Arles zur Anerkennung des Gesetzbuchs Eurichs, Marichalar II. p. 34, erst von Alf. Carth. † 1456! berichtet, also unerweislich ist, besser derselbe I. p. 313.

6) L. V. I. 2, 6 add. Cd. Leg. II. 1, 2—5. VI. 1, 6.

7) L. V. II. 1, 2 convenit omnium terrenarum quamvis excellentissimas potestates illi colla submittere mentis, cui etiam militiae coelestis famulatur dignitas servitutis. Cc. T. III. praef. IV. 75, Bourret p. 158. 168, Gamero p. 468.

freilich besonders dem der Kirche Widerspänstigen, der Fluch in Aussicht gestellt[1]); auch die höchsten Erdenmächte haben sich Gott zu beugen, dem ja auch die Fürstenthümer der himmlischen Heerschaaren dienen[2]). Gehorsam den himmlischen Befehlen giebt der König „bescheidene Gesetze" wie seinen Nachfolgern und allen Unterthanen, so sich selbst. Den Canones der Concilien wird auch der König unterworfen: über das alte Volksrecht hatte er sich weggesetzt. Die Sprache dieser theokratischen Zuchtmeister klingt oft sehr herb: Rekisvinth wird genöthigt, die „Willkürherrschaft" (libitus potestatis) seines eignen Vaters einzugestehen und die in diesem Geist erlassnen Gesetze zu verwerfen[3]): er muß die „Habgier seiner Vorfahren", die „Ruchlosigkeit der Fürsten" tadeln und für die Zukunft beschränken[4]). Das Cc. T. VII. wahrt die Gewissensfreiheit der Kirche mit Nachdruck, das Cc. T. VIII. giebt den künftigen Königen genaue Verhaltungsmaßregeln, bestimmt ihre politischen Pflichten, vorab gegen die Kirche, zügelt ihre „gräuliche Habgier" (horrenda cupiditas), verlangt Sparsamkeit, Vertheidigung des rechten Glaubens[5]) wider alle Ketzereien, zumal das Judenthum, regelt die Auseinandersetzung des Staatsguts und des Nachlasses der Fürsten, schreibt ihnen Bescheidenheit vor, und sagt dem König in sehr derben Worten, daß ihn nicht seine Person[6]), sondern das Recht zum König mache, daß er nicht vermöge seiner eignen Unbedeutendheit (mediocritas), sondern durch die Majestät seiner Würde so hoch stehe[7]): bisher habe sich nur der König, der Magen, gemästet, dagegen seien alle Glieder, das ganze Volk, aus

---

1) L. V. I. 2, 6 add. Cd. Leg. sanctam de praesentibus quam de futuris regibus hanc sententiam promulgamus: ut si quisque ex eis *contra reverentiam canonum* vel legum superba dominatione vel fastu regio in flagitiis vel facinore pravitatis sive cupiditatis elatus et avaritiae stimulis incitatus crudelissimam potestatem exercuerit in populos, anathematis sententia a Chr. d. condemnatus habeat a deo separationem atque judicium etc. aus Cc. T. IV. 75.

2) l. c.

3) L. V. II. 1, 1. Cd. Em.

4) II. 1, 5 resipiscat improbitas principis.

5) c. 12.

6) Auch F. N. 9 sagt, daß er die Krone nur Gottes Gnade verdanke.

7) regem etenim jura faciunt, non persona, quia nec constat sui mediocritate, sed sublimitatis honore.

Hunger und Mangel und Aussaugung herabgekommen [1]). Am wesentlichsten und an die Sprache mittelalterlicher Fueros gegen castilische Könige erinnernd aber ist, daß das Concil dem König vorhält, wie seine Unterthanen „seines Gleichen“ sind und er nur durch deren eigne Wahl über sie erhöht worden — eine ganz unbeachtete, merkwürdige Stelle [2]). Es handelt sich darum, dem König zu beweisen, daß er die Staatsmittel nicht für seine Person, sondern als Staatshaupt erlangt und zu verwenden, folglich nicht zu vererben hat. Darauf zieht der König in einer „Lex“, mit eignem Mund jene Rügen wiederholend, „sich selbst und allen Nachfolgern“ durch das Gesetz Schranken. Harter Tadel wird auch über Wamba ausgesprochen [3]) und für den Mißbrauch der Gerichtshoheit mit Tücke und Gewalt [4]) ergeht Androhung des Anathems und der Hölle; ebenso gegen Egika bezüglich seiner Vorgänger [5]); zuletzt erfolgt Bedrohung aller folgenden Könige, welche Egika's Schenkungen an Kirchen, Prinzen, Große anfechten wollen, mit der Hölle [6]).

Daß die Kirche nicht bei diesen Predigten stehen blieb, sondern sehr starke Rechte des Eingriffs in die Regierung erwarb, haben wir gesehen: von den Befugnissen der Bischöfe heben wir nochmal die Mitwirkung bei der Königs-Wahl und Salbung, das Recht in politischen Processen mitzurichten, die Begnadigung der Hochverräther zu genehmigen oder zu versagen [7]), und vor Allem das angemaßte Recht hervor, die Unterthanen von dem Eid der Treue zu entbinden [8]).

---

1) Cc. T. VIII. decr.; man vgl. die Drohungen Cc. T. IV. 75. VII. 1; den Tadel, daß sich die Könige zwischen Rekared und Sisibut durch die Juden haben berücken lassen L. V. XII. 2, 13.

2) nam numquid ad illos aut populorum adventus (i. e. Einkünfte) aut rerum poterat concurrere census, nisi extitissent gloriae sublimati culminibus? aut *ab aequalibus illi* potuerunt rerum coacervationes (l. coacervatione) ditari nisi subjectis potuissent glorioso apice attolli?

3) Cc. T. XII. 4.

4) Cc. T. XIII. 2.

5) Cc. T. XV. pressurae etc.

6) XVI. 10.

7) Mit dem Adel L. V. VI. 1, 6.

8) Cc. T. X. Daß dies cum gentis consultu geschehen, ist ebenso erlogen wie daß der König selbst die Krone niedergelegt.

Mit der Volksversammlung hat die Gemeinfreiheit[1]) auch in diesem Staat Mittel und Macht verloren, in altgermanischer Weise[2]) das Königthum zu beschränken: nicht mehr das Volk, die geistliche und weltliche Aristokratie in den Concilien und Reichstagen hemmt die Gewalt der Krone und die Geschichte dieser geistlich-weltlichen Versammlungen ist zugleich die Geschichte des wechselnden Kampfes zwischen einem starken, freilich oft despotischen Königthum und einer selbstischen, freilich manchmal mittelbar die Gesammt-Freiheit schützenden Aristokratie, welche die Herrschaft über den Staat, nicht nur in dem Staat, anstrebt und schließlich, zum Verderben des Reichs, erlangt: denn trotz aller Neigung zum Mißbrauch der Gewalt kann man doch nur in dem Königthum den Träger des nationalen Gedankens, den Vertreter der Reichsgesammtheit erblicken und der Gesammtinteressen des Volks.

---

1) Bloße Phrase ist L. V. III. 1, 2 die ingenita libertas (der Eheschließung) s. oben S. 160 f.

2) Das Gesetz soll zwar den König wie das Volk L. V. II. 1, 2 beschränken L. V. II. 1, 5. principum excessibus retinaculum; der König behält sich das Recht der Gesetzesneuerung ausdrücklich vor II. 1, 12, oder zieht sich selbst Schranken IX. 1, 9. II. 1, 28 und wird für den Fall der Gesetzesverletzung verflucht Cc. T. XIII. 2. Aber wir sahen, wie nur Adel und Klerus bei der Gesetzgebung mitwirkt: einmal II. 1, 1 Cd. Emer. heißt es universo assensu audientium: aber diese audientes sind nicht das Volk: populo omni vidente l. c. aber nur der Cd. Leg. erwähnt die Zustimmung des Volkes.

Das Reich der Sueven in Spanien.

1. Geschichte.

Im Herbst des Jahres 409 [1]) war mit den Vandalen und Alanen ein suevischer Stamm [2]), gleich den Vandalen in mehrere Bezirke gespalten, aus Gallien nach Spanien gezogen [3]), der sich in dem äußersten nordwestlichen Winkel der Halbinsel [4]), in der natürlichen Festung der galläcischen Gebirge niederließ a. 411: das Loos [5]) hatte ihnen mit einem Theil der Vandalen dieses felsumschanzte Gebiet zugewiesen —, was allein bei der geringen Stärke des Volkes, den zahlreichen und überlegenen Feinden und den häufigen innern Kämpfen [6]) den langen Bestand dieses Reiches erklärt. Wenige Jahre darauf, vor a. 417 [7]), schloßen sie, wie Vandalen und Alanen, ein foedus mit Kaiser Honorius ab, wonach sie Spanien gegen andere Barbaren vertheidigen und etwaige Kämpfe untereinander und mit den Westgothen das friedliche Verhältniß zu Rom nicht ändern sollten. Das Uebergewicht, welches die Alanen eine Zeit lang über die Sueven behauptet, wurde a. 418 von

---

1) Zwischen dem 28. September und dem 13. October.

2) Ueber dessen Vorgeschichte wissen wir nichts. Vermuthungen bei Zeuß p. 456. Aus Greg. tur. II. 2 Suevi id est Alamani folgt nichts: daher er den Suevenkönig auch rex Alamanorum nennt.

3) A. I. S. 138. 143. 145; nicht im IV. Jahrh. wie Colmeiro I. p. 111. Die verschiednen Zeitangaben vgl. bei Vasaeus p. 658.

4) Idac. p. 17 Gallaeciam sitam in extremitate oceani maris occidua; über die Grenzen Jord. c. 44, Cortes y Lopez III. p. 10.

5) Oros. VII. 40 habita sorte, Masdeu X. p. 8, dagegen Fauriel I. p. 97.

6) Vgl. Lafuente II. p. 250—252. 305, Alcántara I. p. 255; über das fabelhafte Suelo = Chipiona, das sie in Andalusien gegründet haben sollen, Morales Iliberia p. 70.

7) A. I. S. 145.

Walja gebrochen [1]). Aber darauf a. 419 erlitten die Sueven eine bedrohende Einschließung durch die übermächtigen Vandalen in den nervasischen Bergen [2]). Ihr König Hermerich (a. 410—440) war schwer bedrängt, bis der freiwillige [3]) Abzug der Vandalen nach dem Süden Luft schaffte. Der allzu vorschnelle Versuch, sofort die von den Vandalen, die eben im Aufbruch nach Afrika begriffen waren [4]), geräumten Gebiete zu besetzen oder doch zu verheeren, führte zu der schweren Niederlage bei Merida a. 429 [5]) durch den rasch noch einmal umkehrenden Genserich: ein Suevenkönig Hermigar, wahrscheinlich neben Hermerich [6]) stehend, ertrank auf der Flucht in der Guadiana, und die römische Bevölkerung [7]) war stark genug, von den festen Castellen aus auch später den Sueven unter Hermerich empfindliche Verluste beizubringen und Rückgabe aller Gefangenen als Friedensbedingung aufzulegen [8]). Schon im nächsten Jahr a. 430 brach Hermerich

1) A. I. S. 265.

2) Ueber diese Mariana V. 3, Hieron. Paul. de mont. Hisp. p. 839, Morales V. p. 363, Masdeu X. p. 25 (ahora Arvás). Zwischen Leon und Orviedo Cortes y Lopez III. p. 220.

3) A. I. S. 147. 420. Entsatz durch die Römer, Ferreras II. §64, ist unerweislich.

4) Der Abzug der Vandalen wurde nach einer fast ganz unbrauchbaren Sage bei Greg. tur. II. 2 durch Zweikampf entschieden. Es soll zwischen Vandalen und Sueven zu einer Schlacht kommen, „weil sie einander (zu) nah sind". Da spricht der Sueven-König: „wozu soll sich das Blutvergießen über alles Volk erstrecken? Nein; die Streithaufen unserer Völker sollen nicht untergehen, sondern zwei der Unseren sollen mit ihren Kriegswaffen auf's Schlachtfeld treten und kämpfen. Und das Volk, dessen Vertreter (puer, Unfreier) siegt, soll ohne Krieg das Land besitzen". Alles Volk stimmt zu, die „Knaben" fechten, der Vandale fällt und der König gelobt, Spanien zu räumen. Gregor ist aber hier so schlecht unterrichtet, daß er den Vandalenkönig Thrasamund zu Guntherichs Nachfolger macht und es ist aus der Tradition nur Gregors, nicht der Sueven, Anschauung zu erkennen; die Sage ist deßhalb für die Hoheitsrechte des Königs, Entscheidung des Volkes ꝛc. nicht zu verwerthen.

5) Nicht a. 419 und nicht durch Walja wie Fernand y Perez p. 111.

6) Sie identificirt Ulloa cronol. p. 285.

7) per plebem quae tutiora castella retinebat. Idac. ad h. a.

8) Idac. p. 23, der den ertrunkenen Hermigar aber nur Suevum, nicht regem Suevorum (vielleicht ein dux Hermerichs?) und im nächsten Jahr wieder jenen Hermerich nennt, den er schon a. 419 in den nervasischen Gebirgen belagert sein läßt; Mariana V. 3 hat das nicht bemerkt: Idac. scheint also zwei Suevenkönige gleichzeitig anzunehmen (Ferreras II. § 19 nimmt „Hermenerich II." als Nachfolger H. I. an, Lembke I. S. 25 schweigt). Vielleicht waren Hermigar und Hermerich Brüder; danach wäre dann A. I. S. 151 zu modificiren.

abermals durch einen Plünderungszug den Frieden: Bischof Idacius[1]) von Chiaves ging als Gesandter zu Aëtius nach Gallien, Abhülfe zu erbitten: denn jetzt, in der Zeit, da die Vandalen und Alanen Spanien geräumt und die Gothen es noch nicht wieder genommen hatten, also über 30 Jahre, von a. 429 bis Eurich a. 466, war die Halbinsel fast hülflos[2]) dem Stamm der Sueven allein preis gegeben: daß diese lange Zeit von demselben nur zur Verheerung, nicht zur Eroberung und Besiedelung des Landes[3]) benutzt wurde, gestattet den Schluß auf eine schwache Kopfzahl.

In den folgenden Jahren, seit a. 433[4]) bis an seinen Tod a. 440[5]), war Hermerich persönlich durch Krankheit etwas mehr Ruhe zu halten gezwungen: Bischöfe und Gesandte vermittelten den Frieden[6]): er scheint aber deßhalb seinen Sohn Rekila als Mitregenten angenommen zu haben, der noch bei des Vaters Lebzeiten[7]) am Flusse Singilis (Xenil) in Bätica den vom Kaiser gesendeten Feldherrn Andebotus auf's Haupt schlug und reiche Beute gewann[8]). Bald darauf drang Rekila an die Guadiana vor, nahm Merida und zwang einen römischen comes und Gesandten in Myrtilis[9]) zur Uebergabe a. 437—439[10]). Als sein Vater

---

1) Seit a. 427. Ueber ihn Padilla I. p. 341, Ceillier XV. p. 13—17.

2) Von a. 430—446 greifen Römer und Westgothen meist nur durch Gesandte in die spanischen Dinge Idac. p. 24—27 Vetto, Censorius, Censorius und Fretimund Wurm p. 58; nur mit der plebs Gallaeciae hat Hermerich regelmäßig zu fechten.

3) Solche Tendenzen mißt Mariana l. c. für jene Zeit ihnen ohne Grund bei, vgl. Colmeiro I. p. 113.

4) Clinton l. c. „pax in Gallaecia".

5) Daß er seit a. 408 herrscht, hat Mariana V. 3 nur gefolgert.

6) Idac. p. 26. H. pacem cum Gallaecis, quos praedabatur assidue, sub interventu episcopali *datis* sibi reformat *obsidibus:* die Geiselstellung der Römer zeigt die Ueberlegenheit des Sueven (umgekehrt Ferreras II. § 86), vgl. p. 27. Suevi cum parte plebis Gallaeciae cui adversabantur pacis jura confirmant.

7) Irrig Mariana V. 3, vgl. Padilla I. p. 370, Muñoz I. p. 355, Memorial histor. español. I. p. 377.

8) Idac. p. 27, Isid. hist. Suev. a. 439/40.

9) Hierüber Resend. de ant. Lus. p. 954, Ferreras II. § 94, Morales V. p. 390, Masdeu X. p. 31, Wurm p. 60, heute Mertola Cortes y Lopez III. p. 215, Alcántara I. p. 265.

10) Isid. l. c.; aber Siege über Alanen und Silingen bei Mar. V. 3 sind Erfindungen, da diese schon seit 11 Jahren das Feld geräumt. S. A. I. S. 152 gegen die Annahme von zurückgebliebenen Theilen.

a. 440[1]) gestorben, verfolgte Rekila, jetzt allein König (a. 440—448), den natürlichen Zug der Ausbreitung nach dem Südosten, ging von der Guadiana gegen den Bätis vor, gewann Sevilla und von da die ganze Provinz Bätica und die Karthaginiensis[2]). Der Versuch der Römer, wenigstens diese beiden Provinzen zu befreien[3]), endete mit der Niederlage des kaiserlichen magister militum Vitus[4]) (dessen zahlreiche Truppen wohl gothischer Zuzug noch verstärkt hatte) und mit noch schlimmerm Treiben der Sueven in diesen Provinzen[5]).

Im August des Jahres 448[6]) starb Rekila zu Merida: ihm folgte, nicht ohne heimlichen Widerstand anderer Thronbewerber[7]), sein katholisch getaufter[8]) Sohn Rekiar (a. 448—456), der sofort[9]) die nächsten römischen Gebiete, auch die Basken, mit Krieg und Plünderung überzog[10]) und sich mit der Tochter des Westgothen Theoderich I. vermählte“[11]): man maß ihm das Streben bei, ganz Spanien zu erobern[12]).

Man sieht, die Macht der Sueven war damals so im Steigen, und dazu in so drohender Bewegung selbst gegen Osten, die Pyrenäenpässe begriffen, daß der Gothenkönig vorübergehend ihr Bündniß dem römischen foedus vorzog: denn gegen Rom zunächst war diese enge Verbindung gerichtet[13]). Im Juli besuchte Rekiar seinen Schwiegervater[14]),

1) Clinton a. 441 und Marichalar I. p. 351.

2) Idac. p. 27.

3) So deute ich trotz des vexare, Idac. p. 32, den Zweck der Sendung.

4) Nicht Avitus wie Ferreras II. § 104.

5) a. 446. So Clinton l. c.

6) Clinton l. c. a. 447.

7) Idac. p. 31: nonnullis quidem sibi de gente sua aemulis sed latenter; obtento tamen regno etc.

8) Darauf gründete man im XVII. Jahrhundert, Valdesius p. 104, den Vorrang der spanischen vor den französischen Königen, da Rekiar 40 Jahre vor Chlodovech den Katholicismus angenommen.

9) Nach Clinton schon Februar und Juli a. 448.

10) Auch die Ermordung des Censorius zu Sevilla durch „Aiulf“ (Ferreras II. § 110 macht ihn zum „Befehlshaber“ der Stadt) hängt vielleicht mit dieser neuen Bewegung gegen Rom zusammen.

11) Februar a. 449, gewiß nicht deßhalb (wie Cénac Moncaut I. p. 214) sein Uebertritt zum Christenthum: sonst wäre er Arianer geworden.

12) Jord. c. 44.

13) Nicht für den Katholicismus oder gegen den Arianismus! Valdesius p. 105 focht und — plünderte dieser Fürst.

14) Ob gerade in dessen Residenz Toulouse, ungewiß: vgl. Ferreras II. § 110, Vaissette I. p. 187.

offenbar mit großem Gefolg: denn „auf dem Rückweg" [1]) verheerte er das Gebiet von Saragossa [2]) und überfiel mit gothischer Hülfe Lerida (Ilerda) [3]). In den nächsten Jahren, c. a. 451, suchen römische Gesandte, Mansuetus (er hieß noch comes Hispaniarum) und Fronto, dann a. 454 Justinianus den Frieden zu erhalten, vielleicht die Sueven zur Abwehr Attila's zu gewinnen [4]). Damals wohl [5]) hatten sie den Römern sogar die Carthaginiensis zurückgegeben, welche sie aber Ende a. 454 abermals plünderten. Vergebens suchten römische und gothische Gesandte Rekiar zur Haltung des foedus zu bewegen a. 455 [6]). Derselbe überfiel „mit Verachtung alles Rechts" die römische Tarraconensis a. 456 und nach einer zweiten fruchtlosen Gesandtschaft seine Schwähers [7]) Theoderichs II. zum zweiten Mal: er drohte Toulouse zu erobern, wenn man ihm die spanischen Städte verwehre. Das war eine thörige Ueberschätzung der suevischen Macht: gegen die Kernlande der Sueven im Norden der Halbinsel richtete sich alsbald der ernst gemeinte Angriff der verbündeten Römer und Gothen: nicht nur den Schutz der südöstlichen, später überfallenen, Provinzen galt es: bis an den Urbicus (Obrego) [8]) drangen die Römer ungehindert vor und wir sahen, wie hier bei Paramo, 12 Millien von Astorga, der Gothenkönig am 5. October a. 456 die Sueven auf's Haupt schlug [9]): verwundet und mit knapper Noth entkam Rekiar und floh in das „entlegenste Galläcien", wo er sich einschiffte: die Gothen verfolgen ihn fast ohne Widerstand zu treffen, mit großen Verheerungen ziehen sie, obwohl im Namen des Kaisers (!), in Braga ein, 28. October: bald darauf wird Rekiar, von widrigen Winden zurückgetrieben, zu Portus Cale [10]) gefangen: für

---

1) Mit Unrecht zweifelnd Romey II. p. 94, irrig in der Zeitfolge Cénac Moncaut I. p. 231.

2) Tomeo y Benedicto I. p. 141.

3) Idac. p. 32, Isid. h. Suev., irrig Cénac Moncaut p. 220: nicht für die Gothen.

4) Jord. nennt auch Sueven in der großen Hunnenschlacht, freilich vielleicht Donausueven in Attila's Heer. Zweifelhaft auch Mariana V. 8, dagegen Ferreras II. § 119.

5) So Lembke I. S. 35.

6) Vgl. Morales V. p. 406, Troya II. 2 app. p. 813.

7) cognatus sagt Jord. c. 44.

8) Orbega Masdeu X. p. 49, Orbigo Cortes y Lopez III. p. 495, Cénac Moncaut I. p. 225, Fauriel I. p. 252.

9) Wenn auch Jord. c. 44 übertreibt. A. V. S. 85.

10) Ueber das Alter dieses Namens s. Censurae Nonii l. c.

einen Augenblick erlischt aller Widerstand der Sueven: Idacius erblickt darin ein vollständiges Aufhören ihres Reiches [1]). Theoderich setzt einen von ihm abhängigen Warnen [2]), den schon erwähnten Aiulf [3]), zum Statthalter in den altsuevischen Landen, Galläcien, ein. Rekiar wird hingerichtet [4]).

Da lodert wieder eine schwache Erhebung auf: wohl im Nordwestrand Galläciens schaaren sich die suevischen Bergbewohner um einen neuen König (a. 456—468), Maldra, den Sohn des Massila: wie es scheint, nicht dem bisherigen Königshause verwandt; darin lag „eine Wiederaufrichtung des Suevenreichs" [5]). Der Gothenkönig aber wandte sich südlich nach Lusitanien, er mochte seinem Statthalter die Unterdrückung jener Bewegung überlassen: bald nach Ostern — 27. März — zog er von Merida nach Gallien ab [6]), schickte aber Truppen gegen den Norden nach Galläcien zurück, welche die römischen Städte Astorga und Pallentia unter friedlichen Vorwänden besetzten, dann auf's Aeußerste mit Mord, Raub und Brand heimsuchten, aber von dem castrum coviacense [7]), doch wohl durch Sueven, zurückgeschlagen nach Gallien abzogen [8]). Jetzt versuchte Aiulf, dem Andrängen der ihm untergebenen Sueven folgend — daneben hielt sich immer noch Maldra im Norden und Westen —, die gothische Herrschaft abzuwerfen und als freier nationaler König das Suevenreich wieder aufzurichten (a. 456—457): aber er wurde von einem gothischen Heer, das wahrscheinlich zurückgeblieben, nach Jordanis neu entsendet, nach Isidor verstärkt [9]) war, geschlagen [10]), von seinen Anhängern verlassen und zu Portus Cale gefangen und hingerichtet, Juni a. 457. Bischöfe suchten abermals den Frieden zu vermitteln: aber eine Eroberung von ganz Spanien [11]), eine vollständige Unterwerfung der Sueven erfolgte keines-

1) regnum destructum et finitum est Suevorum p. 89, „beinahe" fügt Isid. h. G. bei.

2) officier? Fauriel I. p. 253.

3) Agriwulf Jord. l. c., irrig Ferreras II. §§ 130. 134. A. V. S. 85.

4) October, so Ulloa p. 287 oder December 456.

5) Isid. h. G. regnumque reparatur Suevorum.

6) A. V. S. 85, Fauriel I. p. 254.

7) Coyanza Ferreras II. § 132.

8) Nicht richtig Lembke I. S. 36.

9) Die gothischen Feldherrn heißen Ceurila (Isid.) = Cyrila (Idac.) und Sunjarich = Singerich (Isid.); letzteres irrig.

10) Bei Lugo, behauptet Mariana V. 3.

11) Morales V. p. 415.

wegs: vielmehr wurde neben Maldra ein zweiter König der Sueven erhoben, Namens Franta (a. 457—458): nach Jordanis „gestattete" ihnen Theoderich „aus Großmuth" [1]) wieder einen König suevischen Stammes — eine tendentiös-gothische Darstellung: obenein ist Jordanis viel schlechter unterrichtet als Idacius = Isidor und kennt den Namen Franta gar nicht. Es scheint vielmehr Franta neben [2]) Maldra von einem andern der den Gothen widerstrebenden Bezirke erhoben worden zu sein. Wohl um die Gothen aus dem Lande zu bringen, suchten damals die Sueven mit der römischen Bevölkerung Galläciens Frieden. Bald aber brach denselben wieder Maldra, das Haupt der nördlichen und westlichen Bezirke, und nahm mit oft erprobter List und Untreue Lissabon.

Als zwischen Ostern und Pfingsten (Mai?) [3]) a. 458 Franta starb, vereinte dies die suevischen Bezirke wenigstens insofern, als seine Anhänger sich wieder an Maldra schloßen [4]), der ihnen seinen Sohn Remismund (a. 458— nach 468) zum König dieser Bezirke [5]) bestellt zu haben scheint [6]). Maldra's Schaaren verheerten die gallächischen Landschaften des Duero-Gebiets; im Juli erschien ein gothisches Heer unter Cyrila in Bätica, gleichzeitig mit vermittelnden Gesandten der Gothen und Vandalen; im nächsten Jahre, a. 459, wurde Cyrila durch Sigrich und dieser a. 460 durch Sunjarich abgelöst [7]): gleichwohl plündern die Sueven des Maldra Lusitanien, die des Remismund Gallācien; ersterer läßt seinen Bruder, vielleicht ebenfalls einen Bezirkskönig, ermorden

---

1) Ihm folgt Mariana V. 4, Lembke I. S. 36.

2) Von einem Bündniß zwischen Maldra und Franta weiß nur Mariana V. 3.

3) 20. April — 8. Juni Ulloa p. 280.

4) revertuntur.

5) regulus Jord. c. 44.

6) So suche ich zu vereinen Idac., der nach dem Tod des Franta neben Maldra Remismund (= Arismud Isid.) als Haupt der Sueven kennt und Jord. der, den Maldra und Franta nicht kennend, den Remismund als Nachfolger Aiulfs nennt c. 44 mit Isidor, der in h. G. den Arismod = Remismud einen Sohn des Maldra (so Mariana V. 8, Masdeu X. p. 59: der aber irrig jetzt schon Frumari auf Franta folgen läßt; unentschieden Lembke I. S. 38) und beide gleichzeitig reges Suevorum nennt, in der h. S. den Remismund ebenfalls Sohn des Maldra nennt und nach dem Tod des Franta dessen Anhänger zu Maldra zurückkehren (reverti) läßt; von Bestätigung durch Theoderich, Ferreras II. § 137, wissen die Quellen nichts; ungenügend auch v. Wietersh. IV. S. 313. 443. 445. Lafuente II. p. 320 rathlos: Maldra-Frumar, Remismund, qué podemos decir? Brauchbar immer noch Ulloa cronologia (de los reyes y años de su reynado) p. 284, irrig Cénac Moncaut I. p. 226—8 in der Zeitfolge.

7) Anders Fauriel I. p. 291.

und entreißt den Gothen Portus Cale. Darauf neuer Kampf zwischen Sueven und Römern in Galläcien wegen Ermordung „einiger Vernehmen" (Römer). Ende Februar a. 460[1]) fällt Maldra ebenfalls durch Mord: zu Ostern (April?) ermorden die Sueven in treulosem Ueberfall den rector und andere vornehme Römer[2]) zu Lugo[3]), was gothische Truppen, gemäß dem damaligen foedus mit Majorian, „in römischem Auftrag" durch einen Streifzug gegen die dortigen Sueven ahnden sollten: aber ihre Annäherung wurde von römischen Parteigängern den Sueven verrathen[4]) und sie mußten bald (Juni a. 460) wieder abziehen: Führer dieser Truppen waren der römische magister Negotianus und der oben genannte gothische comes Sunjarich[5]). Mit Hülfe derselben Verräther überfiel am 26. Juli a. 460 der Suevenhäuptling Frumari die Stadt Aquä Flaviä (Chiaves)[6]), nahm den Bischof Idacius in der Kirche gefangen nnd verheerte das ganze Gebiet, während König Remismund weiter nordöstlich die Landschaften der Auregenses und die Küstenstriche bei Lugo[7]), wohl zur Vergeltung der gothischen Invasion, überzog.

Erst jetzt sagt Idacius: „zwischen den beiden genannten (d. h. Remismund und Frumari) entstand Streit über die königliche Gewalt"[8]). Auf die Frage, welchen staatsrechtlichen Einfluß der Tod des Maldra geübt, giebt er keine Antwort: vielleicht war Frumari der Sohn des a. 460 ermordeten Bruders des Maldra, also ein Vetter des Remismund: daß Frumari, der bei dem Ueberfall von Aquä nicht König genannt wird[9]), seit Maldra's Tod bis dahin in Abhängkeit von Remismund die westlichen Gebiete beherrscht und jetzt erst Selbständigkeit gegenüber diesem angestrebt habe, ist nicht wahrscheinlich: erst nach seinem Tod spricht Idacius emphatisch von der Wiedervereinigung aller suevischen Bezirke unter Remismund; es scheint vielmehr

---

1) So auch Ulloa cronol.

2) Honesto natu, nicht den Befehlshaber Honestus! wie Ferreras II. S. 143.

3) Jn den Mai desselben Jahres fällt die verunglückte Expedition, A. I. S. 157, Majorian's von den spanischen Küsten aus gegen die Vandalen.

4) Anders versteht die dunklen Worte des Idac. Ferreras II. S. 143.

5) Nericus bei Mariana V. 4.

6) Cellier XV. p. 13. Vgl. Nic. Ant. III. 4. 76.

7) Idac., Isid. h. S.

8) *oritur* de regni potestate dissensio.

9) Es heißt nur cum *manu* Suevorum *quam habebat*, anders Romey II. p. 100.

nach Maldra's Tod bei den Westsueven ein ungeordneter Zustand eingetreten zu sein, in welchem Frumari hervorragte und nun sich zum König (460—463) dieser Bezirke erhob, während Remismund vergeblich dieselben mit seinen ostsuevischen zu vereinen suchte [1]).

In einer kurzen Waffenruhe zwischen Sueven und Römern in Galläcien gingen auch zwischen Sueven und Gothen Gesandte hin und her. Denn auch diese hielten sich zum Theil als römische foederati in einzelnen Städten der Halbinsel: der magister militum Negotian und der comes Sunjarich weilten ständig im Lande: letzterer entriß Scalabis [2]) am untern Lauf des Tajo den Sueven (October a. 461) und damals vielleicht auch Lissabon. Bald darauf erlangte Idacius nach dreimonatlicher Haft die Freiheit wieder und ging nach Aquä zurück (Nov. a. 461). Theoderich berief jetzt den Sunjarich ab und ersetzte Negotian durch Arborius (461/462). Remismund suchte damals, wie es scheint, die Gothen zur Beseitigung Frumari's zu gewinnen: der früher schon genannte Unterhändler und Feldherr Cyrila und ein vornehmer Provinciale Galläciens Palegorius kreuzen sich in Lugo mit Gesandten Remismunds: ja Remismund besucht zweimal den Gothenkönig zu Toulouse, während Cyrila in Galläcien bleibt, wie es scheint, mit gothischen Truppen gegen Frumari operirend, ohne zweimaligen neuen Ausbruch von Feindseligkeiten zwischen Sueven (Remismunds, schwerlich sind die Frumari's gemeint) und Galläciern verhindern zu können. Endlich — vor Mai 463 (?) — stirbt Frumari und nun vereinigt Remismund alle suevischen Bezirke [3]), sucht den Frieden zu befestigen und sich eng an Theoderich zu schließen, der ihn seinerseits durch reiche Geschenke (vielleicht auch durch Annahme zum Waffensohn) [4]) und durch Verschwägerung hierin zu bestärken trachtet [5]).

Die wichtigste Folge dieser engen Verbindung war die Verbreitung des Arianismus unter den bis dahin noch heidnischen oder auch katho-

1) Remismund erscheint immer im Osten neben Maldra und Frumari.

2) Seit dem Martyrium von Sanct Irene: Santarem.

3) Idac. Frumario mortuo R. omnibus Suevis in suam ditionem revocatis pacem reformat elapsam.

4) cum armorum adjectione.

5) missa conjuge quam haberet: das ist wohl vielleicht eine Verwandte, aber ohne Weiteres macht Mariana V. 5, Ferreras II. § 151 eine Tochter daraus, richtig Lembke I. S. 40, vgl. Fauriel I. p. 292.

lischen Sueven[1]) durch einen Bischof Ajax, der von Gallien aus nach Spanien gekommen war und vom König in seiner Propaganda eifrig unterstützt wurde. Es begreift sich, daß der häufige Wechsel von Frieden und Kampf mit Rom in der gothischen Politik schon wegen der Entfernung der beiden verbündeten Reiche von den Sueven nicht immer in gleichem Tact begleitet werden konnte: so mochte es den Gothen genehm sein, daß unmittelbar nach dem Tod des Aegidius, als sie wieder einmal die Gelegenheit zum Angriff gegen die Römer benutzten, auch die Sueven den Römern in Lusitanien Coimbria entrissen[2]): etwas später aber versucht Theoderich vergeblich durch Gesandte die Belagerung von Aunona[3]) durch die Sueven zu verhindern[4]). Bei der Thronbesteigung Eurichs a. 466 beginnt sofort ein lebhafter Verkehr Remismunds nach allen Seiten: seine Gesandten gehen, außer nach Toulouse, auch nach Rom und Karthago: von Eurich werden sie abgewiesen und ihnen folgt auf der Rückreise unmittelbar ein gothisches Heer, welches bis gegen Merida vordringt: Remismund ließ damals immer noch Aunona einschließen, wandte sich nach vergeblichen Verhandlungen selbst gegen Lusitanien, überfiel, plünderte und verbrannte abermals Coimbria und gewann durch Verrath des Befehlshabers Lusidius Lissabon[5]), und zwar entriß er es, wie es scheint, einer gothischen Besatzung: denn auf die Nachricht von jenem Verrath[6]) dehnen die Gothen die Feindseligkeiten auch auf die Römer aus, „welche den Sueven in Lusitanien dienten": gleichwohl schloß sich damals auch Annona den Sueven an, welche die widerstrebenden gothisch gesinnten Landschaften von Lusitanien und Asturien verheerten, während das gothische Heer in gleicher Weise die den Sueven geneigten oder gehörigen Gebiete heimsuchte: das unglückliche Land wurde von den beiden Germanen-Völkern wie von zwei Mühlsteinen zerrieben.

Hier (a. 468) bricht des Idacius Chronik ab, die werthvollste, weil gleichzeitige, ehrliche und detailirte, Quelle für die Geschichte der

---

1) So Isid. h. s. Ob der König selbst katholisch war bis dahin? vgl. Ferreras II. § 153.

2) Damals gingen zwei suevische Gesandtschaften an Theoderich; Abberufung des mag. mil. Arborius. Motiv? nur Einfälle bei Ferreras II. § 153.

3) Ueber die Lage Ferreras II. § 156.

4) Zwei Gesandtschaften Theoderichs an Remismund; (willkürlich über Salla, einen dieser Gesandten Mariana V. 5, anders Ferreras II. § 156) und eine ebenso vergebliche von Eurich.

5) Das also wieder verloren worden, seit a. 458, wovon wir nichts wissen.

6) Anders Ferreras II. § 163.

spanischen Sueven: für die nächsten hundert Jahre wissen wir von diesem Reich so gut wie nichts, nicht einmal die Namen der Könige: Isidor, der sie hätte erfahren können, hielt es nicht für der Mühe werth, die Namen dieser Arianer zu überliefern[1]). Nur das wissen wir, daß schon unter Eurich die Sueven alle ihre Besitzungen im Südosten der Halbinsel verloren und wieder auf ihre ursprünglichen Sitze, die galläcischen Gebirge, zurückgedrängt wurden[2]).

Erst mit dem Uebertritt des Königs und des größten Theils seines Volkes zum Katholicismus[3]) fällt einiges Licht, freilich nur der trübe Dämmer der Kirchenlegende, auf diesen Staat. König Theodemirs[4]) junger Erbe (c. a. 560)[5]) war tödtlich erkrankt: vergebens rief der Vater mit reichen Geschenken — das ganze Körpergewicht des Kranken in

1) Zwei zwischen Remismund und Theodemir eingeschobne angebliche Suevenkönige Rekila II. und Theudemund hat schon des Ferreras Kritik II. § 295 beseitigt; ebenso halte ich die Namen Hermenerich und dessen Sohn Ricilian in v. S. Vincentii legionensis Bolland. 11. März p. 62, Mabillon I. p. 304, Aguirre II. p. 336 für apokryph und dem echten Hermenerich und Rekila nachgemacht, a. M. Marichalar I. p. 351; jener Ricilian, z. B. bei Berganza p. 59, würde in das Jahr 584 fallen, in welchem Leovigild den Audica absetzt; daher die Noten l. c. Leovigild statt Ricilian substituiren. Das Chron. ovet. p. 61 läßt Theodemir unmittelbar auf Remismund folgen. Ricilian hält angeblich ein Arianerconcil und läßt St. Vincentius, den Abt Ranimir und 12 Mönche des Klosters St. Claudii tödten.

2) Deßhalb heißt z. B. immer Miro rex Gallaeciensis Greg. tur. V. 42, VI. 43, das Reich r. Gallaeciense.

3) Moron II. p. 25, Schröckh XVIII. S. 86, Rückert C. G. I. S. 267

4) Bei Greg. tur. de mir. s. M. I. 11 Cariarich (so Marichalar I. p. 351 Giesebrecht S. 275), wohl verdorben aus Ariamir: für die Identität dieser drei Namen auch Mabillon elog. s. Mart. p. 249. Nicol. Anton. IV. 3, 51. Dagegen halten Lembke I. l. c., Marichalar l. c. den Theodemir für Cariarichs Nachfolger, doch für identisch mit Ariamir, vgl. Reinkens Martin S. 169. In. H. nennen den Vater Theodemir, den Sohn Ariamir; Lafuente II. p. 346 läßt Cariarich, Miro, Theodemir einander folgen; vgl. Ulloa cronol. p. 291 vor Mai a. 559 bis Nov. a. 570; vgl. Masdeu XI. p. 122 gegen Florez: gegen Ferreras' Schwankungen Berganza, crisis p. 50; noch andere Meinungen bei Aguirre II. p. 296; für die Ansicht im Text besonders Isidor de vir. ill., der gleichzeitig mit Athanagild Theodemir als rex Suevorum nennt; das Chron. iriense p. 89 (aus dem X. Jahrh.!) läßt freilich den ersten katholischen König Miro zu Lugo im fünften Jahre auch das Reich des Ariamir zu Braga nach dessen Tod erwerben.

5) Zweifelhaft, ob der spätere Theodemir II. (oder Miro): so Giesebrecht p. 278.

Gold und Silber — die Fürbitte Martins von Tours[1]), des größten Heiligen von West-Europa, an: er erkannte, daß der katholische Heilige seine Kraft für den Ketzer nicht geltend machen wollte: da gelobte der König im Stillen den Uebertritt zum katholischen Glauben und die Erbauung einer dem heiligen Martin geweihten Kirche[2]) und alsbald genas der Knabe.

Soweit die Legende: fest steht nur[3]), daß im dritten oder vierten Jahre dieses Königs, der a. 559/560 die Regierung antrat[4]), a. 563 zu Braga eine Synode tagte, welche nach dem kurz vorher erfolgten Glaubenswechsel die Neugestaltung des kirchlichen Lebens ordnete, indem die bedeutende Persönlichkeit des Missionärs Martin von Dumium[5]) seit c. a. 550 der Ausbreitung des Katholicismus, zumal durch Stiftung von Klöstern, eifrig vorgearbeitet hatte und nun nachhalf[6]).

Der Nachfolger[7]) Theodemirs war Miro[8]) a. 570—583; er führte a. 571 einen Feldzug gegen die Rucconen in Cantabrien[9]) und suchte sich mit Guntchramn von Burgund wider das gewaltige Umsichgreifen Leovigilds zu verbünden, der a. 576 in das suevische Gebiet eingefallen und nur mit Mühe zur Gewährung von Frieden oder

1) Ueber Martins Bedeutung in jener Zeit und Gegend Guettée I. p. 81 f., Gilly p. 140 f., Bordier II. p. 443, Schotel p. 6—12; mit Grund nennt ihn St. Martin von Dumium den Schutzheiligen auch Galläciens: opuscula st. Martini dum. in bibl. max. patr. X. p. 380 patronum Gallaeciae; tua signa Suevus admirans didicit fidei quo tramite pergat.

2) Zu Orense Ferreras II. § 296; zu Braga Mariana V. 11; Mirakel hiebei a. 572 Morales V. p. 508; weitere Mirakel zu Tours Ferreras II. § 298; auch eine Pest im Suevenreich erlosch.

3) Aeltere Spanier recipiren die ganze Fabel z. B. Padilla II. p. 45; aber auch Jager II. p. 377 noch.

4) Lembke I. S. 65.

5) † a. 580; Greg. tur. V. 38; seine formula vitae honestae ist dem König Miro zugeeignet s. Achèry spicileg. X. p. 626 biblioth patr. X. p. 382. III. der neuen Ausgabe; Bähr I. S. 434.

6) Isid. h. Suevor., de vir. ill. p. 4. M. D. Suevorum populis regulam fidei constituit regnante Th. rege S., carmen Venant Fortun. Aguirre II. p. 324 oder Migne V. 1; vgl. Greg. tur. de mir. s. Mart. I. 11; Ferreras II. §§ 300—304. 316, Nicol. Anton. IV. 3. 47, Padilla II. p. 33, Masdeu XI. p. 122; (die Klöster zu Dumium, Tibaes, Lorban) Mabillon l. c.

7) Sohn? so Marichalar l. c.

8) Oder Theodemir II.: die beiden Doppelnamen von Vater und Sohn sind wohl mit Ferreras II. § 302 aus Umtaufung bei dem Glaubenswechsel zu erklären.

9) Joh. Biclar. p. 384 Isid. h. Suev.

doch Waffenstillstand zu bewegen war [1]). Miro's Gesandte wurden von Chilperich — denn dieser stand auf Seite Leovigilds [2]) — zu Paris ein Jahr lang gefangen gehalten [3]). Bei dem katholischen Aufstand Hermenigilds war dem Suevenkönig seine Politik klar vorgezeichnet: natürlich verband er sich mit dem Empörer und suchte dem in Sevilla Belagerten Entsatz zu bringen a. 583 [4]), ward aber von Leovigild eingeschlossen, zur eidlichen Unterwerfung und zur Heeresfolge gegen Hermenigild gezwungen [5]): er starb vor Sevilla oder bald nach der Heimkehr (a. 583) [6]). Sein Sohn und Nachfolger Eborich [7]) fügte sich der gothischen Oberhoheit: „er bat um Leovigilds Freundschaft, leistete ihm den Huldigungseid, wie sein Vater gethan, und übernahm das galläcische Reich" [8]): aber gerade diese Unterwerfung scheint den Grund oder Vorwand für die Erhebung seines Schwagers Audika [9]) gegeben zu haben, der alsbald (a. 584) an der Spitze eines Heeres den Knaben [10]) vom Throne stieß und geschoren in ein Kloster steckte: er heirathete dann die Wittwe Miro's, Sisiguntthis [11]). Aber Leovigild ließ nicht lang auf sich warten: Rache für seinen getreuen Schützling

1) Joh. Biclar. p. 388.

2) A. V. S. 143.

3) Greg. tur. V. 42.

4) A. V. S. 144.

5) Joh. B. Isid. Hist. S.

6) Greg. tur. VI. 43. So suche ich mit Ferreras II. § 380 und Aschb. S. 208 die Widersprüche der Quellen zu vereinen: Joh. Biclar. und Isid. h. Suevor. lassen ihn von Anfang Leovigild zu Hilfe ziehen, was ganz undenkbar; richtig Martin II. p. 135, Romey II. p. 135, Lafuente II. p. 349: dagegen Greg. tur. VI. 43 cognovit L. Mironem regem contra se cum exercitu residere, quo circum dato sacramenta exigit sibi in posterum fore fidelem et datis sibi invicem muneribus unusquisque ad propria est regressus. Der Bergkönig erkrankt „ungewohnt der Luft und Wasser der Niederung". Greg. tur. l. c.; nur wirre Fabeln in Chron. iriense p. 90. Mariana V. 12 erblickt in seinem Tod die Strafe für seine Hülfeleistung gegen seine katholischen Glaubensgenossen. Miro's Name in einer Inschrift um a. 572 (?) Masdeu IX. p. 6.

7) Isid. Eburicus. Joh. Biclar. Eburicius, Eborius, Eburicus Greg. tur. Euricus.

8) Greg. tur. l. c.

9) Joh. Biclar. Andeca, Audeca, Isid. Andeca, Andica, Greg. tur. Auduca epit. Audega.

10) adolescentem.

11) Joh. B. p. 391. Wohl die Stief-Mutter des Entthronten: er hatte (vorher?) die Schwester desselben zur Frau (desponsatam). Gener Mironis heißt er Greg. tur. h. epit.

und Wiederherstellung der gothischen Oberhoheit mußte er anstreben. Fast ohne Widerstand erlag Audika [1]): er wurde a. 585 [2]) gleichfalls geschoren und in das Kloster Beja (Badajoz) gesteckt: Eborich zu restituiren fällt aber diesem Rächer nicht ein — die Tonsur hätte ihn wohl nicht abgehalten: er fand es möglich und deßhalb geboten, das Sueven-Volk und -Land, nicht zu vergessen den Königsschatz (thesaurum), vollständig dem Gothenreich einzuverleiben und keinen suevischen König, wenn auch unter seiner Oberhoheit, mehr zu dulden [3]). Zwar versuchte noch im gleichen Jahre der Sueve Malorich [4]) die Wiederaufrichtung eines unabhängigen nationalen Königthums in Gallácien, ward aber sofort von den Feldherren Leovigilds überwältigt und diesem in Ketten nach Toledo geschickt.

Seither ging das Suevenreich im Gothenreich auf: doch mag auf die Verschiedenheit der Spanier und Portugiesen die Verschiedenheit des germanischen Elements in der Mischung der beiden germanischen Völker, dort gothisches, hier suevisches Blut, nicht ohne Einfluß geblieben sein. Daß sich manche Eigenthümlichkeiten in diesen Landen, z. B. auch im kirchlichen Leben, erhielten, haben wir gesehen [5]). Ob aber die Sueven seit der Einverleibung, bis auf die Herstellung eines westgothischen Landrechts unter Kindasvinth, ihr suevisches Stammesrecht behielten, ist nicht zu ermitteln: jedenfalls bewahrten sie es im Rechtsleben außer Proceß und in rein suevischen Fällen auch im Proceß sehr wahrscheinlich.

Wenn auch hin und wieder gothische Könige ihre Söhne, zum Theil als Mitregenten, im alten Suevenland residiren und mit regieren ließen, so hatte das doch sicher nicht den Sinn, das Suevenreich als ein besonderes wieder herzustellen [6]), sondern vielmehr den entgegen-

---

1) mira celeritate Isid. H. G.

2) a. 584 Ferreras II. § 395, Valesius II. p. 285.

3) Joh. B. p. 392 Suevorum gentem, thesaurum et patriam suam in potestatem redigit et Gothorum provinciam facit Isid. II. S. regnum S. deletum in Gothos transfertur: (er giebt diesem Reich nur 126 Jahre, das Richtige ergiebt die Addition der 38 Jahre der spanischen Aera, übersehen von Resendius de antiq. Lus. p. 940) H. G. regnum S. in jura (nicht injuria) gentis suae transmisit. App. chron. Marii bei Bouquet II. p. 19.

4) Joh. B. p. 393 Maluricus al. Malaricus. Mariana VI. 13 Amalaricus tyrannidem assumens quasi regnare vult.

5) A. V. S. 154.

6) Von einem bloßen Lehenverhältniß zum Gothenstaat, Lemble I. S. 187, Rosseeuw I. p. 430, ist keine Rede.

gesetzten Zweck [1]). Vielmehr nahmen die Gothenkönige seit a. 584 in ihren Titel manchmal den Zusatz „und König der Sueven" auf [2]).

Uebrigens gaben die Castilianer den Portugiesen bis auf die Zeiten Philipps II. im neckenden oder beschimpfenden Ton den Scheltnamen: los Sevosos, Suevosos, was vielleicht als eine Mißbildung des alten, als solchen nicht mehr verstandenen, Volksnamens der Sueven gedeutet werden mag [3]).

2. Verfassung.

Eine geregelte Landtheilung der Sueven mit den Römern ist nicht zu erweisen, aber zu vermuthen, weil das foedus mit Honorius Anwendung des Systems der hospitalitas voraussetzen läßt [4]). Das Schweigen des Idacius und seine Ausdrücke: „die in den Städten und Castellen noch übrigen Spanier unterwerfen sich der Herrschaft [5]) der in den einzelnen Provinzen gebietenden Barbaren" [6]) beweisen nichts gegen eine Landtheilung [7]). Bei den späteren Zügen der Sueven und ihrer Ausbreitung c. a. 430—440 aber kam es gewiß nicht mehr zu Landtheilungen; hier handelte es sich meist um Plünderung und etwa noch um Anerkennung der suevischen Staatsgewalt wegen der Steuern und Besetzung der Städte [8]). Außerhalb ihrer galläcischen Stammlande haben die Sueven offenbar nicht Ansiedlung, nur Raub gesucht: daher das unaufhörliche Plündern [9]) auch in Landschaften, die sich ihnen ergeben, daher das treulose Ausrauben und Wiederaufgeben friedlich besetzter

---

1) So ist zu beurtheilen Luc. tud. l. c. rex (Egica) participem in regno fecit (Witicanem filium) et in civitate tudensi habitare praecepit, ut ipse pater teneret regnum Gothorum et filius Suevorum. Vgl. Masf. XIV. c. 26, Anm. 24, Lemble I. 74. 117.

2) ep. Greg. M. ad Rec. regem. Gothorum et Suevorum Balus. Misc. V. p. 473. Sisibut aber unterschreibt nur r. Wisig. ep. p. 372.

3) Brito, monarchia lusitana II. 6, 4; ich citire dies nach Rosseeuw I. p. 254.

4) A. I. S. 142—145. 147; Gaupp S. 434; in den Bergschlössern halten sich noch römische Besatzungen a. 429.

5) servituti.

6) dominantium p. 16.

7) Das Chron. iriense aus dem X. Jahrhundert weiß freilich von solcher zu 2 und 1 Drittel zu erzählen, aber zugleich von Ilia, der Tochter des Königs von Troja.

8) So z. B. Idac. p. 52, wo die Römer in Lusitanien als den Sueven „dienend", „unterthan" bezeichnet werden.

9) depraedari, invadere.

Städte — was jeder politischen Tendenz schroff widerspricht und nur aus planloser Beutesucht des Barbarenthums sich erklärt.

Das von den Sueven occupirte Gebiet — der Ausdruck „Suevia" wird für dasselbe nicht gebraucht [1]) — wird noch [2]) in die alten römischen conventus gegliedert [3]), z. B. c. lucensis, dessen Mittelpunct und Versammlungsort Aquä Flaviä, c. bracarensis (loca maritima), c. asturicensis, lusitaniae.

Gleich in der ersten Zeit begegnet eine Spur von zwei gleichzeitigen Königen in diesem Stamm: Hermerich und Hermigar [4]) und lange Zeit besteht eine Neigung des Stammes, sich in zwei Gruppen, eine nordwestliche und eine östliche, zu gliedern: trotz der augenfälligen Nachtheile dieser Zersplitterung [5]) gegenüber den überlegenen Römern und Gothen und trotz des glücklichen Zufalls, der wiederholt den Einen König beseitigt — immer wieder erneut sich die Zweitheilung: zwar mochte dazu die räumliche Gliederung ihrer Sitze beitragen, sicher aber bildete alte Bezirkstheilung des Stammes die geschichtliche, die traditionelle Hauptursache: Hermerich und Hermigar, dann Hermerich und Rekila, Aiulf und Maldra, Maldra und Franta, Maldra und Remismund, — daß auch im letzten Fall keine Vereinung statt fand und der Vater den Ostbezirken einen besondern König geben muß, ist besonders auffallend — endlich Remismund und Frumari [6]).

Von den ständischen Verhältnissen der Sueven, Adel u. dergl. [7]) wissen wir nichts [8]): die der Provincialen waren aber selbstverständ-

---

1) Wie A. Morales Silva I. p. 2 behauptet.

2) Von Idacius p. 43 seq.

3) S. A. V. 65.

4) S. oben S. 560.

5) Un peuple insensé nennt sie deßhalb Desormeaux I. p. 151.

6) Dagegen gehört der gleichzeitig mit Miro von Joh. B. a. 577 p. 387 genannte rex Suevorum, den der römische mag. mil. gefangen mit Weib und Kind und thesaurus nach Byzanz bringt und dessen Provinz er den Römern wieder unterwirft, wohl nicht den spanischen Sueven an; und kein Gewicht lege ich zur Stütze meines Bezirkskönigthums auf die Nachricht des späten Chron. iriense, wonach Ariamir zu Braga, Miro zu Lugo gleichzeitig geherrscht und erst nach Ariamirs Tod alle Sueven vereinigt habe. Vgl. Lembke I. S. 64, Romey II. p. 132.

7) Die omnes catholici magnates Galliciae bei Aguirre II. p. 320 sind eine Fälschung; „fideles amici mei" werden von Theodemir entsendet Greg. tur. Martin I. 11.

8) Greg. tur. II. 2 nennt Unfreie pueri, famuli, s. aber oben S. 187, 188 und mir. Mart. IV. 7.

lich in Gallăcien und Lusitanien die gleichen wie im übrigen Spanien[1]). In den römischen Städten hatten sich die Municipalverfassung[2]) und auch ihre Privilegien, z. B. daß keine Leichen in ihren Mauern bestattet werden durften, erhalten. An der Spitze von Lugo[3]) steht ein rector, in Lissabon wird ebenfalls ein römischer Vorstand Lusidius belassen[4]). Wiederholt nennt Idacius Männer und Frauen von vornehmer Geburt[5]), z. B. eine edle Familie in Coimbria, und die Concilsacten lassen ungefähr dieselben Zustände in Gemeinde und Kirche erkennen wie im Gothenreich, weßhalb wir auf eine besondere Darstellung derselben für Gallăcien nicht eingehen. Nur wirkte die größere Rohheit der Sueven, die rauhe Gebirgsnatur und die Entlegenheit von allem Verkehr mit dem übrigen Europa hemmend auf die Entfaltung der Cultur; man fühlte sich in diesem Reich — und sprach es aus — „im abgelegensten Winkel Europa's".

Von den einzelnen Hoheitsrechten dieses Königthums erfahren wir sehr wenig.

Der König hat den Heerbann, befehligt seine Truppen[6]). Vom Gerichtsbann (und Begnadigungsrecht) haben wir eine legendenhafte, aber auch eine actenmäßige Ueberlieferung[7]). Von den Finanzen wissen wir nur, daß ein thesaurus besteht[8]), der König Geschenke mit andern Fürsten tauscht[9]) und reiche Gaben an Kirchen verleiht[10]), auch übt die Krone das Münzrecht. Man hat in neuerer Zeit unzweifelhafte

---

1) Daher in Lugo aliquanti *honesto natu* Idac. p. 44. Palaegorius vir *nobilis* Gallaeciae p. 50 *familiam nobilem* Cantabri in Conimbria spoliant et captivam abducunt matrem cum filiis.

2) Ob aber und wie lang in den Städten der einzelnen „conventus" noch die Versammlungen wirklich gehalten wurden, erhellt aus der bloßen Beibehaltung der Eintheilung nicht.

3) Vgl. Böck II. p. 1035.

4) p. 52 L. civis qui illic praeerat.

5) honesto natu.

6) Oben S. 561, 563 f.

7) Legende: König Miro droht dem mimus, der die Reben vor der Kirche des h. Martin von Braga beschnitten, Handabschneiden, die Fürbitte des Volkes befreit ihn Ferreras II. §§ 295 f. Acten: St. Martin von Dumium überträgt den Königen als solchen die Sorge für Vollstreckung seines Testaments oben S. 467.

8) Oben S. 572.

9) Oben S. 567.

10) Oben S. 570.

suevische Münzen in Spanien gefunden[1]); die Könige schrieben den Namen des Kaisers um das Haupt, um dem Gelde bei dem Volk willigere Annahme zu schaffen. Und ganz wie die Ostgothen noch unter Totila den Namen des längst verstorbenen Kaisers Anastasius auf ihre Münzen setzten[2]), weil dieser den Vertrag mit Theoderich über die Einräumung Italiens geschlossen, ganz ebenso führten die Suevenkönige, z. B. noch Rekiar a. 448—456 den Namen des Kaisers Honorius auf ihren Münzen[3]): offenbar deßwegen, weil dieser Kaiser durch das foedus von a. 417 die Rechtsbasis ihres Reiches den Provincialen gegenüber geschaffen hatte[4]).

Das Verhältniß der heidnischen und arianischen[5]) Könige zu der katholischen Kirche war häufig sehr feindlich: der Untergang des Suevenkönigs Hermigar ward als Strafgericht für Beleidigung der heiligen Eulalia von Merida angesehen[6]). Wohl suevischer Einfluß war es, der unter Rekila den Bischof Sabinus von Sevilla vertrieb und durch Epiphanius ersetzte[7]). Doch bestand das kirchliche Leben in Galläcien fort: die Bischöfe Antoninus von Merida, die von Lamego, Lugo, Chiaves oder Orense[8]), Idacius und Thuribius von Astorga konnten die Manichäer verfolgen und austreiben und untereinander[9]), ebenso mit Rom[10]) und Gallien verkehren und eine Disputation und Synode gegen die Priscillianisten abhalten[11]). Und auch in diesem Reich verhandeln die katholischen Bischöfe zum Schutz der Provincialen oft erfolgreich mit den Königen[12]). Erst unter Remismund wurde wäh-

---

1) Velasquez p. 110 konnte nur vermuthen, daß eine Münze mit „Curric“ von Cariarich stamme.

2) A. III. S. 235.

3) Das thatsächliche entnehme ich Lelevel p. 4.

4) Dieser Erklärungsgrund fehlt bei Lelevel l. c.

5) Nach Idac. p. 31 war Rekila noch Heide.

6) Idac. p. 24; über diese Heilige Padilla I. p. 350 seq. Als ausgemacht stellt das hin Ferreras II. § 96.

7) l. c. p. 27 factione depulso, fraude, non jure, ähnlich vielleicht in Lugo p. 25 und Astorga Ferreras II. § 58.

8) Ferreras II. § 165.

9) Idac. p. 28. 31.

10) Ferreras II. § 106. Die Briefe des Papstes Leo und des Thuribius von Astorga Aguirre II. p. 207—18.

11) l. c. 31 a. 448. Aguirre II. p. 218 seq., Mariana V. 4, Ferreras II. § 102. 107, Romey II. p. 187.

12) Idac. p. 25 sub interventu episcopali.

rend der engen Verbindung mit Theoderich II. von dem gothischen Gallien aus der Arianismus unter den Sueven verbreitet, besonders durch einen Bischof Ajax [1]), während bis dahin [2]) neben dem Heidenthum der Katholicismus, sogar in derselben Familie, in dem Volke herrscht: z. B. Rekila stirbt als Heide, sein Sohn Rekiar ist Katholik [3]). Doch bestand auch in der dunkeln Zeit von Remismund bis Theodemir die Diöcesan-Verfassung fort [4]). In das Jahr 554 wird verlegt das apokryphe Martyrthum des St. Vincentius, des Abtes Ranimir und der zwölf Mönche vom Kloster des St. Claudius [5]) durch die arianischen Sueven [6]).

Seit der Bekehrung übt der König die Kirchenhoheit über die katholische Kirche. Nach dieser Bekehrung trat am 1. Mai a. 563 die erste Synode zu Braga zusammen [7]) unter dem Vorsitz des Metropolitan Lucretius [8]) auf den Befehl des Königs Theodemir [9]). Der Erzbischof erklärt, nachdem ihr lang gehegter Wunsch nach Abhaltung einer Synode endlich durch Befehl (praeceptio) des von Gott hiezu inspirirten Königs erfüllt sei — die arianischen Vorgänger hatten, scheint es, seit lange kein katholisches Concil zusammentreten lassen [10]) — wollten sie zuerst die Ketzerei der Priscillianisten [11]) verwerfen, „um

---

1) Padilla I. p. 380 fälschlich Atar, vgl. Vaissette I. p. 211, Masdeu XI. p. 121, Revillout p. 63.

2) Mariana V. 2, Nic. Ant. IV. 3. 50, Romey II. p. 93. 112.

3) Hätte er, wie Masdeu XI. p. 130 meint, das Heidenthum der Verbindung mit der Tochter Theoderich's geopfert, so wäre er wohl Arianer geworden.

4) S. Ferreras II. § 295.

5) Bolland. 11. März p. 62, Salazar 11. März.

6) Masdeu IX. p. 286. XI. p. 130, nach Morales VI. p. 197 in das Jahr 630 durch die (längst katholischen) Gothen; für dieses Jahr ist aber keine Arianer-Erhebung, durch welche dieser das Ereigniß erklären will, bezeugt; s. Ferreras und gegen ihn Berganza, crisis p. 51.

7) a. 561, falsch Aguirre II. p. 292 Ulloa, tratado, richtig Pagi ad a. 563, Ferreras, Morales, Mariana, Ceillier XVI. p. 779. Ueber die Unechtheit der Acten der angeblichen I. Synode zu Braga von a. 411 bei Aguirre p. 190—195, Hefele II. S. 91 und die Literatur daselbst.

8) Mit 7 Bischöfen, darunter die Sueven Ildericus und (?) Mallosus.

9) Oder, wie die Acten sagen, Ariamir.

10) Doch berieth a. 446 unter dem Heiden Rekila das Concil von Astorga gegen dieselbe Ketzerei Idacius. Vgl. Hefele II. S. 288 und die Literatur daselbst; Bischof Thuribius von A. im Verkehr mit Papst Leo Aguirre II. p. 207; wahrscheinlich a. 448 ein zweites Concil in municipio celenensi Mansi VI. p. 491, Hefele l. c.

11) Mit Frohlocken findet Valdesius ad a. 563, daß die „heilige Inquisition“ schon in diesem Jahre in Spanien begonnen habe.

der am Ende der Welt (d. h. Europa's) und in den entlegensten Winkeln dieser Provinz waltenden Unkenntniß abzuhelfen", und es werden die Canones jener alten Concilien verlesen, welche Papst Leo a. 441 und 448 in Spanien gegen den Priscillianismus veranlaßte, und 17 neu redigirte Canones beschlossen. Darauf werden zahlreiche Beschlüsse älterer Synoden, ferner ein Brief des Papstes Vigilius an Profuturus von Braga von a. 458 mit großer Ehrerbietung gegen Rom [1]) verlesen [2]) und 22 weitere Canones festgestellt, um die [3]) gestörte Gleichmäßigkeit kirchlicher Uebung „in dieser entlegenen Provinz" zu restituiren [4]). Das Concil schließt, ohne des Königs noch einmal zu erwähnen.

Bestritten ist Echtheit und Existenz der Beschlüsse einer angeblichen Synode von Lugo [5]), auf welcher König Theodemir die Errichtung eines zweiten Erzbisthums für sein Reich zu Lugo, dann Vermehrung und genaue Begrenzung der Bischofssitze von dem Concil gefordert und erlangt habe [6]).

Dagegen trat im Jahre 572 am 1. Juni auf Befehl des Königs Miro das II. Concil von Braga zusammen unter dem Vorsitz des Martinus von Braga [7]), der erklärt, der König habe, offenbar in

1) Vgl. c. 4. 5.

2) Mansi IX. p. 777.

3) per incuriam, non, quod absit, per contentionem.

4) Von welchen Canones wir hervorheben: c. 5 über die Ordnung der Sitze auf dem Concil oben S. 445; über die Dreitheilung des Kirchenvermögens c. 7; über unkirchliche Bestattung der Selbstmörder und Hingerichteten 16; Verbot der Bestattung innerhalb der Kirchen, da ja sogar die Städte das Privileg unverletzt erhalten haben, daß keine Leiche innerhalb ihrer Mauern begraben werden darf c. 18; Verbot der Verleibung der Priesterweihe an Laien, bevor sie die canonischen Grade und Zeiten durchgemacht und eingehalten c. 20.

5) 1. Januar a. 569. So richtig Ulloa tratado, al. a. 564. 562.

6) S. die Literatur bei Aguirre II. l. c., Ferreras II. § 328, Morales V. p. 516, Hefele III. S. 25, Florez esp. sagr. IV. Risco l. c. XL. p. 229 sobre los documentos de la s. iglesia de Lugo que se dicen concilios lucenses celebrados en el Reynado de los Suevos; die Abhandlung von Garcias de Loaysa nach Mansi IX. p 815.

7) Ceillier XVI. p. 790; außer ihm Nitigisius als Erzbischof von Lugo und noch 10 Bischöfe, darunter die Sueven Remisol (über diesen Namen J. Grimm in Haupt's Z. VII.) besens., Adoricus egestan., Witimer auriens., Anila tudens., Mahiloc britonens.

Inspiration, die Bischöfe der beiden Erzbisthümer [1]) zur Versammlung befohlen [2]). Nach Verlesung der Canones von Cc. Brac. I. werden 10 rein disciplinäre Beschlüsse angefügt: zuerst wird die Pflicht jährlicher Kirchenvisitation den Bischöfen eingeschärft, zunächst gerichtet auf die Geistlichen, dann sollen am zweiten Tag die Laien [3]) versammelt und gegen Götzendienst, Tödtung, Ehebruch, Meineid, falsches Zeugniß und andere Todsünden verwarnt und zum Glauben an Auferstehung und jüngstes Gericht ermahnt werden. Bei diesen Reisen dürfen die Bischöfe nicht mehr als 2 sol. von jeder Kirche, nicht etwa ein Drittel ihrer Einkünfte, erheben, das für die Baulast und Beleuchtung bestimmt ist, oder die Geistlichen zu Frohnden zwingen [4]); sie sollen ferner nicht sich bestechen lassen, unwürdige mit Verbrechen belastete Laien zu Priestern zu weihen [5]); für Taufe [6]), Chrisam und Consecration von Kirchen nichts verlangen [7]) und keine Kirchen ohne Nachweis gehöriger Dotirung weihen [8]) oder solche, welche aus Speculation auf die Hälfte der für dieselbe erwarteten Opfer gegründet werden [9]). Anklagen wegen Unzucht gegen einen Priester sollen durch zwei Zeugen bewiesen, eventuell mit Excommunication gestraft werden [10]). Das Concil schließt ohne Erwähnung des Königs [11]). Den Anlaß zu der irrigen Annahme anderer Canones dieses Concils gaben die 84 von Martin aus dem Griechischen übersetzten und dem Nitigis von Lugo übersendeten älteren Canones, „universo *concilio* lucensis ecclesiae" zugedacht: d. h. der Provinz, nicht einem „Concil" von Lugo; dieselben haben nur sofern Bedeutung, als sie zeigen, in welchen Beziehungen die suevische Kirche bestimmter Winke bedurfte [12]).

---

1) concilium heißt nach dem Sprachgebrauch der suevischen Kirche „Provinz", vgl. auch Hefele III. S. 27.

2) ex ordinatione.

3) plebes = populus c. 9.

4) c. 2.

5) c. 3.

6) c. 7.

7) tremisses bisher.

8) c. 4. 5.

9) non pro sanctorum patrocinio, sed magis sub tributaria conditione.

10) c. 9 und 10 Osterfeier und Priscillianismus.

11) Andere angebliche Canones von Braga bei Mansi IX. p. 835; vgl. München II. S. 146. Ueber die angebliche II. Synode von Lugo a. 572 s. (Ceillier XVI. p. 793), s. die Literatur bei Hefele III. S. 27.

12) In diesem Sinne heben wir daraus hervor: die Wahl des Bischofs nicht

Bei der Bekehrung gründet der König Theodemir die berühmt gewordene Basilika des heiligen Martin zu Braga [1]), zu der er auch den umgebenden Grundbesitz schenkt [2]); die [3]) 29 „Diöcesen", in welche König Miro das Reich getheilt haben soll, sind, wie schon der Schlußsatz bezeugt [4]), erst aus spätern Concilien zusammengestellt [5]). Dieser König stand mit dem heiligen Martin, Bischof von Dumium, in regem Verkehr; wiederholt fordert er, obwohl des Lesens unkundig [6]), denselben zu schriftstellerischer Production auf. Endlich sandte ihm der Bischof eine Schrift: die „Anweisung zu einem ehrbaren Leben", welche zwar der König nicht bedürfe, bemerkt der Verfasser mit einer mehr höfischen als heiligen Feinheit — denn er sehe denselben mit der Einsicht natürlicher Weisheit ausgerüstet — wohl aber seine Umgebung [7]). Die Beziehungen der Landeskirche zu Rom waren zu Ende des V. Jahrhunderts lebhaft [8]).

---

durch den Vorgänger oder durch die Gemeinde, sondern durch das Concil der Bischöfe, eventuell durch drei, unter Leitung und Anwesenheit des Erzbischofs, ohne Erwähnung des Königs. Anerkennung des Primats des Erzbischofs; Verbot sich eigenmächtig aus Ehrgeiz von einer geringern zu einer höhern Stadt zu erheben oder Verletzung der Pfarr- und Diöcesanrechte: eventuell Zuziehung des nächsten Erzbischofs bei Zwiespalt der Diöcesanbischöfe 1—13. Verwaltung des Kirchenvermögens 14—17. Synoden 18. Ordinationsfähigkeit 19—25. Unfreie 47. Geschlechtsvergehen 25—32. 38. der Laien 76—81. Disciplin über den Klerus 33—38. Cultordnung 40—46—50. 63. Fasten, Aberglauben, Verweltlichung in Genuß (Tracht 66) und Geschäften 50—63. 68. 69. 71—74. 75. Lecture 67; über das Erzbisthum Lugo (neben dem von Braga), das nach der Einverleibung in's Gothenreich wieder verschwindet, s. Florez Esp. sagr. IV. de la division de obispados y metropolis del tiempo y dominio de los Suevos. Die von den Sueven von Merida losgerißnen, mit Braga vereinten Stücke von Lusitanien werden restituirt Cc. Emer. a. 666. Vgl. Salgado p. 206 über die suevischen Bisthümer und die Literatur daselbst. Ceillier l. c. nimmt noch Bestätigung der Diöcesanreform durch König „Ariamir" an.

1) Greg. tur. Mart. I. 11. IV. 7.

2) l. c. omnia enim quae in hoc habentur atrio s. M. sacrata sunt.

3) Von dem späten Chron. iriense p. 90 aufgezählten.

4) „et alias, quae in canonibus resonant".

5) Also falsch d. h. spät; vgl. In. II. über die Bekehrung und Kloster-Stiftung.

6) Dies ist daraus zu entnehmen, daß der Bischof ihm das zugeeignete Werk zum Vorlesen lassen (ad recitandum) übersendet.

7) Martin ep. libellus p. 626; die formula honestae vitae selbst bibl. max. patr. X. sowie die Schrift de moribus l. c. bieten nichts Geschichtliches.

8) Verkehr des Papstes Leo mit Thuribius von Astorga (Balconius von Astorga und Braga, des Vigilius mit Profuturus von Braga) zur Bekämpfung des Pris-

Der König übt das active und passive Gesandtschaftsrecht[1]). Von einer Entscheidung des Volkes über Krieg und Frieden begegnet[2]) keine Spur; der König empfängt, verbescheidet, entsendet Gesandte[3]). Die Titel des Königs sind: gloriosissimus[4]) atque piissimus filius[5]) noster, dominus rex[6]); bei Gregor von Tours rex gallaeciensis, nicht Suevorum[7]). Von den sonstigen Attributen dieses Königthums wissen wir nichts: die satellites, der finstere Kerker und der Ring des Königs Ricilian II.[8]) sind, wie dieser selbst, eine Mönchserfindung; wohl aber werden Hofbeamte (ministeriis tuis [regis] adstantes) genannt[9]), welchen Sittenverbesserung nicht schaden könnte. Erwähnt wird das palatium in der Hauptstadt des Reichs Braga[10]) und ein unfreier Hofnarr Miro's[11]). Früher weilten die Könige häufig zu Merida[12]).

In der Thronfolge begegnet einmal die Bestellung zum Mitregenten (und designatio successoris)[13]); bei Rekila dagegen ist wohl Wahl, Bestätigung durch das Volk anzunehmen[14]). Ganz entschieden waltet Volkswahl bei der Erhebung des Malbra[15]) und bei der Empörung des

cillianismus a. 476 f. epist. Leon. pap., vgl. Cc. Brac., Nic. Ant. III. 4. 96, Padilla I. p. 350, Aguirre l. c., Ferreras II. §§ 250 f., Gams II. a. 447. 476, Masdeu XI. p. 259—263, Cenni p. 193. 197.

1) Oben S. 570 f.

2) Außer in der unbrauchbaren Tradition bei Gregor II. 2.

3) Martin IV. 7. h. Fr. V. 42.

4) Cc. B. I. II. praef.

5) l. c. I. und II.

6) gloriosissimo ac tranquilissimo et insigni catholicae fidei praedito pietate Mironi regi humilis episcopus, schreibt Martin. dum. p. 626; clementissime rex, pietas tua, gravitas regalis reverentiae.

7) Martin I. 11. Interessant ist die einmal begegnende Composition gallisuebus (gallisueba salus) R. Venant. Fort. V. 1.

8) Aguirre II. p. 336.

9) Martin. dum. ep. p. 626.

10) Vgl. Dunham II. p. 81.

11) Greg. tur. Martin. IV. 7 puer, mimus, regis, qui ei per verba jocularia laetitiam erat solitus excitare.

12) Fernand. y Perez p. 111.

13) Hermericus .. morbo oppressus Rechilam filium substituit in regnum Idac. p. 27.

14) Da von nonnullis de gente sua aemulis sed latenter gesprochen wird.

15) Suevi qui remanserant in extrema parte Gallaeciae Massilae filium nomine Madram sibi regem constituunt: ein neues Königsgeschlecht, vgl. Muñoz I. p. 351.

Aiulf — hier setzt man sich sogar über seine unsuevische (warnische) Abstammung hinaus [1]) — sowie bei der des Franta [2]). Dasselbe ist anzunehmen [3]) bei der Erhebung des Frumari zum König der Westsueven und bei deren Anschluß an Remismund nach jenes Tod. Ob Miro Theodemirs Sohn war [4]), wissen wir nicht. Jenem folgt sein Sohn Eborich. Die Erhebungen des Audika und Malorich sind revolutionäre.

---

1) Jord. c. 44.

2) Suevi e quibus pars Frantanem pars Maldram regem appellat.

3) Ganz zuversichtlich Mar. V. 8.

4) So Ruinart ad Greg. tur. VI. 43, Mariana V. 11.

Anhang.

Beilagen.

Collectaneen zum Westgothenrecht.

I. Antiqua.

II. Lex Visigothorum.

Ergänzungen.

Zu A. V. S. 39 über Symmachus, seine Briefe, seine Parteistellung jetzt Dirksen ed. Sanio.

" " " S. 190 über Isidor denselben ebenda.

" " VI. S. 59. 240 über die Grenzen und Grenzzeichen (decuriae) Homeyer, Haus- und Hofmarken.

" " " S. 274. 295 über Archivwesen, Klosterschulen, Seminarien Wattenbach, Schriftwesen.

" " " S. 215. 216 über militia, miles, peculium: Fitting quasi castrense p. 471—477 f., 490.